Renato Perez Exposed

Der trans-Schauspieler, der die Repräsentation verändert

Keiko Abdul

ISBN: 9781998610983
Imprint: Telephasic Workshop
Copyright © 2024 Keiko Abdul.
All Rights Reserved.

Contents

Einleitung: Die Entstehung von Renato Perez   1
Der Aufstieg eines Stars   1
Die ersten Schritte in die Öffentlichkeit   25
Die ersten Erfolge   48
Der Einfluss von Kunst und Kultur   72
Die Entscheidung für die Bühne   95

Bibliography   107

Der Weg zur Selbstakzeptanz   123
Die innere Reise   123
Der Kampf um Akzeptanz   145

Bibliography   153
Die Rolle von Vorbildern   169

Bibliography   185
Die Bedeutung von Gemeinschaft   191

Bibliography   207
Der Weg zur Selbstverwirklichung   216

Die Karriere eines trans-Schauspielers   241
Durchbruch in der Filmindustrie   241
Die Entwicklung der Karriere   263
Der Einfluss von sozialen Medien   286

Bibliography   309
Die Bedeutung von Diversität   309

Bibliography 313

Bibliography 325
Die Verbindung zwischen Kunst und Aktivismus 335

Bibliography 359

Aktivismus und gesellschaftliche Veränderungen 361
Der Aufstieg als Aktivist 361

Bibliography 385
Die Herausforderungen des Aktivismus 385

Bibliography 391
Die Rolle von Medien und Öffentlichkeit 409

Bibliography 429
Die Bedeutung von Aufklärung 431
Die Zukunft des Aktivismus 455

Bibliography 473

Bibliography 477

Die Auswirkungen von Renatos Arbeit 483
Die Veränderung der Repräsentation 483
Renatos Einfluss auf die Filmindustrie 505
Die gesellschaftlichen Veränderungen 528

Bibliography 535

Bibliography 555
Die Verbindung zwischen Kunst und Aktivismus 555
Die Reaktion der Öffentlichkeit 579

Bibliography 589

Fazit: Ein Vermächtnis der Hoffnung 603
Reflexion über Renatos Lebenswerk 603
Die Bedeutung von Renatos Vermächtnis 625

Bibliography 647
Ein Ausblick auf die Zukunft 649

Bibliography 667

Index 675

Einleitung: Die Entstehung von Renato Perez

Der Aufstieg eines Stars

Die frühen Jahre in Deutschland

Renato Perez wurde in den frühen 1990er Jahren in einer kleinen Stadt in Deutschland geboren. Diese Zeit war geprägt von einem gesellschaftlichen Umbruch, in dem die Diskussionen über Geschlechteridentität und sexuelle Orientierung langsam in das öffentliche Bewusstsein drangen. In einem Land, das historisch gesehen von strengen Geschlechterrollen geprägt war, wuchs Renato in einem Umfeld auf, das sowohl Herausforderungen als auch Chancen bot.

Die frühen Jahre von Renato waren von einer tiefen inneren Zerrissenheit geprägt. Während er in der Schule und in der Nachbarschaft mit den traditionellen Erwartungen an Jungen konfrontiert wurde, spürte er gleichzeitig eine starke Verbindung zu seiner wahren Identität, die sich von diesen Erwartungen unterschied. Diese Diskrepanz führte zu einem Gefühl der Isolation, das viele LGBTQ+-Jugendliche erleben. Ein Beispiel für diese Herausforderung ist die Erfahrung, in der Schule als „anders" wahrgenommen zu werden, was oft zu Mobbing und sozialer Ausgrenzung führt. Studien zeigen, dass LGBTQ+-Jugendliche ein höheres Risiko für psychische Probleme haben, was oft auf Diskriminierung und mangelnde Akzeptanz zurückzuführen ist.

Die Rolle der Familie in Renatos Leben war sowohl unterstützend als auch herausfordernd. Seine Eltern, während sie in vielen Aspekten liebevoll waren, hatten Schwierigkeiten, Renatos Identität zu verstehen. Dies führte zu Spannungen im Haushalt, da Renato versuchte, seine wahre Selbst zu leben, während er gleichzeitig den Erwartungen seiner Familie gerecht werden wollte. Die Forschung zeigt, dass familiäre Unterstützung entscheidend für das

Wohlbefinden von LGBTQ+-Jugendlichen ist. Eine positive familiäre Umgebung kann die Resilienz und das Selbstwertgefühl erheblich stärken.

In der Schule suchte Renato nach Vorbildern, die ihm halfen, seine Identität zu akzeptieren. Er fand Inspiration in der Kunst und Kultur, insbesondere in Filmen und Theaterstücken, die LGBTQ+-Themen behandelten. Diese Kunstwerke boten ihm nicht nur einen Fluchtweg, sondern auch eine Möglichkeit, seine eigenen Gefühle zu reflektieren und zu verarbeiten. Die Bedeutung von Vorbildern in der Medienlandschaft kann nicht unterschätzt werden; sie spielen eine entscheidende Rolle bei der Förderung von Selbstakzeptanz und Identität.

Die Entdeckung seiner eigenen Identität war ein schrittweiser Prozess. Renato begann, sich mit LGBTQ+-Communities auseinanderzusetzen, die ihm halfen, ein Gefühl der Zugehörigkeit zu finden. Diese Gemeinschaften boten nicht nur Unterstützung, sondern auch eine Plattform, um über seine Erfahrungen zu sprechen und sich mit Gleichgesinnten zu vernetzen. Die Forschung zeigt, dass die Zugehörigkeit zu einer Community die psychische Gesundheit von LGBTQ+-Personen erheblich verbessern kann.

Die Herausforderungen, mit denen Renato konfrontiert war, waren vielfältig. Er musste sich nicht nur mit den Erwartungen seiner Umgebung auseinandersetzen, sondern auch mit den inneren Kämpfen, die mit der Selbstakzeptanz verbunden waren. Diese Herausforderungen führten zu einer tiefen Auseinandersetzung mit Fragen der Identität und des Selbstwerts. In vielen Fällen können solche inneren Konflikte zu einem Gefühl der Entfremdung führen, das sich negativ auf das psychische Wohlbefinden auswirkt.

Die frühe Auseinandersetzung mit Kunst und Kultur spielte eine zentrale Rolle in Renatos Entwicklung. Er fand Trost in der Kreativität, die ihm half, seine Emotionen auszudrücken und seine Identität zu erforschen. Diese Verbindung zwischen Kunst und persönlicher Identität ist ein wiederkehrendes Thema in der LGBTQ+-Community. Kunst bietet nicht nur eine Möglichkeit zur Selbstverwirklichung, sondern auch eine Plattform zur Sichtbarmachung von Erfahrungen, die oft marginalisiert werden.

Insgesamt waren die frühen Jahre in Deutschland für Renato Perez eine Zeit des Wachstums, der Entdeckung und der Herausforderungen. Diese Erfahrungen legten den Grundstein für seine spätere Karriere als Schauspieler und Aktivist, indem sie ihn lehrten, die Kraft der Selbstakzeptanz und die Bedeutung von Gemeinschaft und Kunst zu schätzen. Die Verbindung zwischen persönlichen Erfahrungen und künstlerischem Ausdruck wird in den folgenden Kapiteln weiter vertieft, während Renato seinen Weg in die Öffentlichkeit findet und seine Stimme als LGBTQ+-Aktivist erhebt.

Die Rolle der Familie in Renatos Leben

Die Familie spielt eine entscheidende Rolle in der Entwicklung von Individuen, insbesondere in der Formung ihrer Identität und ihrem Selbstwertgefühl. Für Renato Perez war die Familie sowohl ein Rückhalt als auch eine Quelle von Herausforderungen auf seinem Weg zur Selbstakzeptanz und zum Erfolg als trans-Schauspieler. In diesem Abschnitt werden wir die verschiedenen Dimensionen der familiären Unterstützung und die damit verbundenen Probleme untersuchen, die Renatos Leben geprägt haben.

Die Unterstützung durch die Familie

Die Unterstützung von Renatos Familie war von zentraler Bedeutung für seine Entwicklung. In den frühen Jahren, als Renato begann, seine Identität zu erkunden, war es die bedingungslose Liebe seiner Familie, die ihm half, sich sicher und akzeptiert zu fühlen. Psychologische Theorien, wie die Bindungstheorie von John Bowlby, betonen, wie wichtig sichere Bindungen in der Kindheit für die emotionale und soziale Entwicklung sind. Renato erlebte eine solche sichere Bindung, die ihm half, seine Identität zu formen und die Herausforderungen des Heranwachsens zu bewältigen.

Ein Beispiel für diese Unterstützung war Renatos Mutter, die ihm von klein auf beigebracht hatte, dass es in Ordnung ist, anders zu sein. Sie ermutigte ihn, seine Leidenschaft für die Schauspielerei zu verfolgen und seine kreativen Talente zu entfalten. Diese positive Bestärkung half Renato, seine Selbstzweifel zu überwinden und seine Identität zu akzeptieren.

Herausforderungen innerhalb der Familie

Trotz der Unterstützung gab es auch Herausforderungen, die Renato in seiner Familie erlebte. Die Gesellschaft hat oft Schwierigkeiten, die Vielfalt der Geschlechtsidentitäten zu akzeptieren, und dies kann auch innerhalb der Familie zu Spannungen führen. In Renatos Fall gab es Momente, in denen seine Familie Schwierigkeiten hatte, seine Transition vollständig zu verstehen und zu akzeptieren. Solche Konflikte sind nicht ungewöhnlich und können zu einer Reihe von psychologischen Problemen führen, einschließlich Angstzuständen und Depressionen.

Ein Beispiel für diese Schwierigkeiten war Renatos Coming-Out-Prozess. Obwohl seine Mutter anfangs unterstützend war, gab es andere Familienmitglieder, die mit seiner Identität haderten. Diese Spannungen führten zu emotionalen Konflikten, die Renato auf seinem Weg zur Selbstakzeptanz herausforderten. Die Forschung zeigt, dass familiäre Ablehnung in solchen Fällen oft zu einem erhöhten Risiko für psychische Erkrankungen führt, wie in der Studie von Ryan et al. (2009) dokumentiert.

Die Rolle von Geschwistern

Ein weiterer wichtiger Aspekt der familiären Dynamik in Renatos Leben war die Beziehung zu seinen Geschwistern. Geschwister können oft eine wichtige Unterstützung bieten, aber auch eine Quelle von Konflikten sein. In Renatos Fall war sein älterer Bruder ein wichtiger Verbündeter, der ihn in seiner Reise zur Selbstakzeptanz unterstützte. Diese Geschwisterbeziehung war entscheidend, da sie einen Raum für Verständnis und Akzeptanz bot, der in anderen Teilen der Familie möglicherweise fehlte.

Die Forschung von Buhrmester (1990) zeigt, dass Geschwisterbeziehungen oft stark von emotionaler Unterstützung geprägt sind, was in Renatos Fall zutraf. Sein Bruder half ihm, sich in seiner Haut wohlzufühlen und ermutigte ihn, seine Träume zu verfolgen, auch wenn andere Familienmitglieder skeptisch waren.

Die Bedeutung von Familientraditionen

Familientraditionen können ebenfalls eine wichtige Rolle in der Identitätsbildung spielen. In Renatos Familie gab es bestimmte Traditionen, die auf Gemeinschaft und Zusammenhalt abzielten. Diese Traditionen halfen Renato, ein Gefühl der Zugehörigkeit zu entwickeln, auch wenn er sich in seiner Geschlechtsidentität von der Norm abgrenzte. Die Teilnahme an Familienfeiern und -ritualen stärkte sein Gefühl der Identität und half ihm, seine Rolle innerhalb der Familie zu definieren.

Fazit

Zusammenfassend lässt sich sagen, dass die Rolle der Familie in Renatos Leben sowohl unterstützend als auch herausfordernd war. Die bedingungslose Liebe und Unterstützung seiner Mutter und die positive Beziehung zu seinem Bruder halfen ihm, seine Identität zu akzeptieren und seine Träume zu verfolgen. Gleichzeitig erlebte er Konflikte und Spannungen, die ihn auf seinem Weg zur Selbstakzeptanz begleiteten. Renatos Erfahrungen verdeutlichen, wie wichtig es ist, dass Familienmitglieder offen und unterstützend sind, um eine gesunde Identitätsentwicklung zu fördern. In einer Gesellschaft, die oft mit Vorurteilen und Diskriminierung konfrontiert ist, bleibt die Familie ein zentraler Anker für viele LGBTQ+-Individuen auf ihrem Weg zur Selbstverwirklichung.

DER AUFSTIEG EINES STARS

Erste Schritte in der Schauspielerei

Die ersten Schritte in der Schauspielerei sind oft sowohl aufregend als auch herausfordernd. Für Renato Perez, einen trans-Schauspieler, der die Bühne und die Leinwand erobern sollte, war dieser Weg eine Reise voller Entdeckungen, Kämpfe und triumphaler Momente. In diesem Abschnitt betrachten wir die Anfänge seiner schauspielerischen Karriere und die verschiedenen Facetten, die seine Entwicklung geprägt haben.

Die ersten Erfahrungen auf der Bühne

Renatos erste Begegnung mit der Schauspielerei fand in der Schule statt, wo er an einem Schultheaterstück teilnahm. Diese ersten Erfahrungen waren entscheidend, um sein Interesse an der darstellenden Kunst zu wecken. Die Bühne bot ihm nicht nur einen Raum, um seine Emotionen auszudrücken, sondern auch eine Möglichkeit, sich von den gesellschaftlichen Normen zu distanzieren, die ihn in seiner Jugend oft bedrängten. In einem Interview beschrieb Renato diesen Moment als „eine Befreiung", die ihm half, seine Identität zu erforschen und zu akzeptieren.

Die Suche nach Ausbildung und Training

Um seine Fähigkeiten weiterzuentwickeln, suchte Renato nach Schauspielunterricht und Workshops. Er besuchte verschiedene Theaterakademien, wo er Techniken des Schauspiels, der Stimmbildung und der Körperarbeit erlernte. Diese formale Ausbildung war nicht nur wichtig für seine technische Entwicklung, sondern auch für sein Selbstbewusstsein. Der Zugang zu professionellen Lehrern und Mentoren ermöglichte es ihm, seine Kunst ernsthaft zu verfolgen.

$$\text{Künstlerische Entwicklung} = \text{Technik} + \text{Selbstbewusstsein} + \text{Mentoring} \quad (1)$$

Hierbei ist es wichtig zu betonen, dass die Kombination aus technischer Ausbildung und persönlichem Wachstum für Renato von zentraler Bedeutung war. Er lernte, seine Emotionen in seine Darstellungen zu integrieren, was ihm half, authentische und vielschichtige Charaktere zu schaffen.

Die Herausforderungen der ersten Auftritte

Die ersten Auftritte auf der Bühne sind oft mit Nervosität und Selbstzweifeln verbunden. Renato erlebte dies am eigenen Leib, als er vor Publikum auftrat. Die

Angst, nicht akzeptiert zu werden, war eine ständige Begleiterin. Besonders in der Anfangszeit war es für ihn herausfordernd, die Reaktionen des Publikums zu lesen und mit der Unsicherheit umzugehen, die mit der Darbietung von Rollen verbunden war, die oft nicht seiner eigenen Identität entsprachen.

Um diese Herausforderungen zu bewältigen, entwickelte Renato Strategien, die ihm halfen, seine Nervosität zu überwinden. Dazu gehörte das Praktizieren von Atemtechniken und das Visualisieren erfolgreicher Auftritte. Er stellte fest, dass die Vorbereitung und das Eintauchen in die Rolle entscheidend waren, um seine Ängste zu besiegen.

Die Rolle von Feedback und Kritik

Ein weiterer wichtiger Aspekt seiner frühen Karriere war der Umgang mit Feedback. Renato lernte schnell, dass konstruktive Kritik ein wertvolles Werkzeug für persönliches Wachstum war. In seinen ersten Jahren als Schauspieler erhielt er sowohl positives als auch negatives Feedback von Lehrern, Kollegen und dem Publikum. Er erkannte, dass jedes Feedback, ob positiv oder negativ, eine Gelegenheit zur Verbesserung bot.

$$\text{Feedback} = \text{Wachstum} + \text{Lernen} \qquad (2)$$

Diese Erkenntnis half ihm, eine resilientere Haltung gegenüber Kritik zu entwickeln. Er begann, die Meinungen anderer als Teil seines künstlerischen Prozesses zu betrachten und nicht als persönliche Angriffe.

Der Einfluss von Vorbildern

In dieser Phase seiner Karriere war der Einfluss von Vorbildern und Mentoren entscheidend. Renato suchte aktiv nach Künstlern, die ihn inspirierten und von denen er lernen konnte. Er fand Inspiration in der Arbeit anderer LGBTQ+-Künstler, die ähnliche Herausforderungen gemeistert hatten. Diese Vorbilder gaben ihm nicht nur Hoffnung, sondern auch praktische Ratschläge, wie man in der Branche erfolgreich sein kann.

Die ersten Erfolge und Rückschläge

Die ersten Erfolge in Renatos Karriere waren oft mit Rückschlägen verbunden. Er erhielt erste kleine Rollen in lokalen Theaterproduktionen, die ihm halfen, seine Fähigkeiten weiterzuentwickeln und ein Netzwerk in der Branche aufzubauen. Doch trotz dieser Erfolge gab es auch Rückschläge, wie das Nichtbestehen von

Castings oder das Gefühl, in seiner Identität nicht vollständig akzeptiert zu werden.

Diese Erfahrungen lehrten Renato, dass der Weg zum Erfolg selten geradlinig ist. Er entwickelte eine Philosophie des Durchhaltens und des ständigen Lernens, die ihn durch die schwierigen Zeiten seiner frühen Karriere begleitete.

Die Entscheidung für die Bühne

Letztlich war die Entscheidung für die Schauspielerei und die Bühne eine bewusste Wahl für Renato. Er erkannte, dass die Bühne nicht nur ein Ort der Darstellung, sondern auch ein Raum für Veränderung und Aktivismus sein kann. Diese Erkenntnis führte ihn zu der Überzeugung, dass er durch seine Kunst nicht nur sich selbst, sondern auch andere inspirieren und ermutigen kann.

Insgesamt sind die ersten Schritte in Renatos schauspielerischer Karriere ein Beispiel für die Herausforderungen und Triumphe, die viele Künstler erleben. Seine Reise zeigt, wie wichtig es ist, an sich selbst zu glauben, Unterstützung zu suchen und die eigene Stimme in der Kunst zu finden. Diese Erfahrungen legten den Grundstein für das, was noch kommen sollte, und führten Renato auf den Weg, ein bedeutender trans-Schauspieler und Aktivist zu werden.

Die Bedeutung von Vorbildern

Die Bedeutung von Vorbildern in der Entwicklung von Identität und Selbstbewusstsein kann nicht hoch genug eingeschätzt werden. Vorbilder fungieren als Leitfiguren, die nicht nur Inspiration bieten, sondern auch eine wichtige Rolle bei der Identitätsfindung und dem Selbstwertgefühl spielen, insbesondere in der LGBTQ+-Gemeinschaft. In diesem Kontext ist es wichtig, verschiedene Dimensionen der Vorbildfunktion zu betrachten, einschließlich ihrer Auswirkungen auf die persönliche Entwicklung, gesellschaftliche Repräsentation und die Herausforderungen, die sich aus der Sichtbarkeit ergeben.

Einfluss auf die persönliche Entwicklung

Für viele LGBTQ+-Menschen ist die Suche nach Vorbildern oft eine Reise in unbekannte Gewässer. Vorbilder vermitteln nicht nur Werte und Lebensweisen, sondern sie zeigen auch, dass es möglich ist, authentisch zu leben und die eigene Identität zu akzeptieren. Die Psychologin *Dr. Lisa Diamond* argumentiert, dass Vorbilder dazu beitragen, die Selbstakzeptanz zu fördern und ein positives Selbstbild zu entwickeln. Sie betont, dass das Vorhandensein von Vorbildern in

Medien und im Alltag entscheidend ist, um das Gefühl zu vermitteln, dass man nicht allein ist.

Ein Beispiel für ein solches Vorbild ist der Schauspieler *Laverne Cox*, der als erste transgender Frau in einer Hauptrolle in einer US-Serie, *Orange Is the New Black*, bekannt wurde. Cox hat nicht nur die Sichtbarkeit von Transgender-Personen in den Medien erhöht, sondern auch aktiv an der Aufklärung über transgender Themen gearbeitet. Ihr Einfluss zeigt, wie wichtig es ist, dass Menschen mit ähnlichen Erfahrungen Repräsentation finden, um ihre eigene Identität zu akzeptieren.

Gesellschaftliche Repräsentation

Die Repräsentation in den Medien spielt eine entscheidende Rolle bei der Wahrnehmung von LGBTQ+-Personen in der Gesellschaft. Vorbilder, die in der Öffentlichkeit sichtbar sind, tragen dazu bei, Stereotypen abzubauen und ein differenzierteres Bild von LGBTQ+-Identitäten zu vermitteln. Studien zeigen, dass positive Darstellungen von LGBTQ+-Charakteren in Filmen und Serien zu einer erhöhten Akzeptanz in der Gesellschaft führen können.

Ein Beispiel hierfür ist die Serie *Pose*, die eine der größten Besetzungen von transgender Schauspielern in der Geschichte des Fernsehens aufweist. Diese Sichtbarkeit hat nicht nur das Bewusstsein für die Herausforderungen von Transgender-Personen geschärft, sondern auch eine Plattform geschaffen, auf der die Geschichten und Kämpfe dieser Gemeinschaft erzählt werden können. Die Reaktionen des Publikums auf solche Darstellungen sind oft positiv, was die Bedeutung von Vorbildern in der Medienlandschaft unterstreicht.

Herausforderungen der Sichtbarkeit

Trotz der positiven Aspekte der Sichtbarkeit gibt es auch Herausforderungen, die mit der Rolle von Vorbildern verbunden sind. Die Erwartungen, die an Vorbilder gestellt werden, können enorm sein und führen oft zu einem Druck, eine „perfekte" Darstellung ihrer Identität zu liefern. Dies kann zu einer Entfremdung von der eigenen Identität führen, insbesondere wenn die Realität nicht mit den öffentlichen Erwartungen übereinstimmt.

Ein Beispiel für diese Herausforderungen ist *Elliot Page*, der nach seinem Coming-Out als transgender mit einer Vielzahl von Reaktionen konfrontiert wurde. Während viele seine Sichtbarkeit und seinen Mut lobten, gab es auch Kritik und eine massive öffentliche Diskussion über seine Identität. Solche

Erfahrungen zeigen, dass Vorbilder oft in einem Spannungsfeld zwischen persönlicher Authentizität und öffentlichem Interesse navigieren müssen.

Die Verantwortung von Vorbildern

Die Verantwortung von Vorbildern geht über die persönliche Darstellung hinaus. Sie haben die Möglichkeit, gesellschaftliche Veränderungen zu bewirken, indem sie ihre Plattform nutzen, um auf Missstände aufmerksam zu machen und für Gleichheit zu kämpfen. Vorbilder wie *Billy Porter* und *Janelle Monáe* setzen sich aktiv für die Rechte von LGBTQ+-Personen ein und verwenden ihre Sichtbarkeit, um wichtige Themen anzusprechen.

Die Theorie des sozialen Lernens, formuliert von *Albert Bandura*, legt nahe, dass Menschen durch Beobachtung lernen. Dies bedeutet, dass Vorbilder nicht nur durch ihre Erfolge inspirieren, sondern auch durch ihre Herausforderungen und Misserfolge. Wenn sie offen über ihre Kämpfe sprechen, können sie anderen Mut machen, ihre eigenen Herausforderungen zu bewältigen und sich für ihre Rechte einzusetzen.

Fazit

Zusammenfassend lässt sich sagen, dass die Bedeutung von Vorbildern für die LGBTQ+-Gemeinschaft tiefgreifend ist. Sie bieten nicht nur Inspiration und Unterstützung, sondern tragen auch zur gesellschaftlichen Akzeptanz und Repräsentation bei. Dennoch müssen wir uns auch der Herausforderungen bewusst sein, die mit der Sichtbarkeit und den Erwartungen an Vorbilder verbunden sind. Es ist entscheidend, dass wir eine Kultur fördern, die Vielfalt und Authentizität schätzt, sodass zukünftige Generationen von LGBTQ+-Menschen die Unterstützung finden, die sie benötigen, um ihre Identität zu leben und zu feiern.

Die Entdeckung der eigenen Identität

Die Entdeckung der eigenen Identität ist ein zentraler Aspekt in der Lebensgeschichte von Renato Perez, der nicht nur die persönliche Entwicklung eines Individuums umfasst, sondern auch tiefgreifende gesellschaftliche und kulturelle Implikationen hat. In dieser Phase seines Lebens musste Renato sich mit einer Vielzahl von inneren und äußeren Herausforderungen auseinandersetzen, die ihn auf seinem Weg zur Selbstakzeptanz prägten.

Der Prozess der Identitätsfindung

Die Identitätsfindung ist ein komplexer Prozess, der oft von Unsicherheiten, Fragen und inneren Konflikten begleitet wird. Laut Erik Erikson, einem renommierten Psychologen, ist die Identität eine der zentralen Entwicklungsaufgaben während der Jugend. Erikson beschreibt in seiner Theorie der psychosozialen Entwicklung die Phase der Identitätsfindung als eine Zeit, in der Individuen ihre Werte, Überzeugungen und ihre Rolle in der Gesellschaft erkunden müssen. Diese Theorie ist besonders relevant für Renato, da er in einer Zeit aufwuchs, in der die Akzeptanz von LGBTQ+-Identitäten noch stark eingeschränkt war.

$$I = \sum_{i=1}^{n}(V_i + B_i + R_i) \tag{3}$$

Hierbei steht I für die Identität, V_i für die Werte, B_i für die Überzeugungen und R_i für die Rollen, die Individuen in ihrer Gesellschaft einnehmen. Renato musste diese Variablen in seinem eigenen Leben abwägen und herausfinden, wie sie miteinander in Einklang stehen konnten.

Einfluss der Familie und des Umfelds

Die Rolle der Familie ist entscheidend in der Phase der Identitätsfindung. Renatos Familie war zunächst nicht in der Lage, seine Identität zu akzeptieren, was zu einem Gefühl der Isolation führte. Die Unterstützung oder Ablehnung durch die Familie kann tiefgreifende Auswirkungen auf die Selbstwahrnehmung und das Selbstwertgefühl haben. Studien zeigen, dass Jugendliche, die in einem unterstützenden Umfeld aufwachsen, eher in der Lage sind, eine positive Identität zu entwickeln. Renato erlebte jedoch eine Phase der Unsicherheit und des Zweifels, die durch die Reaktionen seiner Familie verstärkt wurde.

Gesellschaftliche Herausforderungen

Zusätzlich zu familiären Herausforderungen sah sich Renato auch gesellschaftlichen Vorurteilen und Diskriminierung ausgesetzt. Die Gesellschaft hatte zu dieser Zeit eine stark binäre Sichtweise auf Geschlecht und Identität, was es für Renato schwierig machte, seinen Platz zu finden. Die Theorie des sozialen Konstruktivismus, die besagt, dass Identität durch soziale Interaktionen und gesellschaftliche Normen geformt wird, ist hier besonders relevant. Renato musste sich mit den Erwartungen und Normen auseinandersetzen, die ihm von außen auferlegt wurden.

$$S = f(C, N) \tag{4}$$

Hierbei steht S für die soziale Identität, C für die kulturellen Normen und N für die individuellen Erfahrungen. Renatos Identität war also nicht nur das Resultat seiner inneren Überzeugungen, sondern auch das Produkt der äußeren Einflüsse, die er erlebte.

Die Rolle von Vorbildern

Ein weiterer wichtiger Aspekt in Renatos Entdeckungsprozess war die Suche nach Vorbildern. Vorbilder können eine entscheidende Rolle bei der Identitätsfindung spielen, indem sie Inspiration und Hoffnung bieten. In der LGBTQ+-Community sind Vorbilder oft Menschen, die offen über ihre Erfahrungen sprechen und somit anderen helfen, ihre eigene Identität zu akzeptieren. Renato fand in verschiedenen Künstlern und Aktivisten Inspiration, die ihm halfen, seine eigene Identität zu umarmen.

Künstlerische Ausdrucksformen

Die Kunst wurde für Renato zu einem wichtigen Mittel, um seine Identität auszudrücken und zu erforschen. Durch das Schauspielern konnte er verschiedene Facetten seiner Identität ausprobieren und sich in unterschiedlichen Rollen wiederfinden. Die Verbindung zwischen Kunst und Identität wird in der Literatur oft thematisiert, wobei Kunst als ein Werkzeug der Selbstentdeckung und des persönlichen Ausdrucks dient. Renato nutzte die Bühne, um seine inneren Konflikte zu verarbeiten und seine Stimme zu finden.

Die Suche nach Akzeptanz

Die Suche nach Akzeptanz war ein weiterer zentraler Aspekt in Renatos Leben. Er musste lernen, sich selbst zu akzeptieren, bevor er von anderen akzeptiert werden konnte. Diese Selbstakzeptanz ist oft der Schlüssel zur Überwindung von Diskriminierung und Vorurteilen. Laut der Theorie der sozialen Identität ist das Gefühl der Zugehörigkeit zu einer bestimmten Gruppe entscheidend für das Selbstwertgefühl. Renato kämpfte mit dem Gefühl der Zugehörigkeit, sowohl innerhalb der LGBTQ+-Community als auch in der breiteren Gesellschaft.

Schlussfolgerung

Die Entdeckung der eigenen Identität ist ein vielschichtiger Prozess, der von persönlichen, familiären und gesellschaftlichen Faktoren beeinflusst wird. Für Renato Perez war dieser Prozess geprägt von Herausforderungen, aber auch von Momenten der Klarheit und des Wachstums. Durch die Auseinandersetzung mit seiner Identität konnte er nicht nur sich selbst, sondern auch anderen in der LGBTQ+-Community als Vorbild dienen. Die Reise zur Selbstakzeptanz ist nie einfach, aber sie ist notwendig, um ein erfülltes und authentisches Leben zu führen.

Herausforderungen in der Jugend

Die Jugendzeit ist oft geprägt von Selbstfindung, Identitätskrisen und dem Streben nach Akzeptanz. Für Renato Perez, einen trans-Schauspieler, war diese Phase nicht nur eine Zeit des Wandels, sondern auch eine Zeit voller Herausforderungen, die durch gesellschaftliche Normen und persönliche Kämpfe verstärkt wurden. In diesem Abschnitt werden die verschiedenen Herausforderungen, denen Renato in seiner Jugend gegenüberstand, näher betrachtet.

Gesellschaftliche Normen und Erwartungen

In der heutigen Gesellschaft sind Geschlechterrollen und -erwartungen tief verwurzelt. Diese Normen können für Jugendliche, die sich nicht mit dem Geschlecht identifizieren, das ihnen bei der Geburt zugewiesen wurde, besonders belastend sein. Renato erlebte in seiner Jugend den Druck, sich diesen gesellschaftlichen Erwartungen anzupassen, was zu inneren Konflikten führte. Laut der Gender-Identitätstheorie, die von Judith Butler in ihrem Werk *Gender Trouble* (1990) formuliert wurde, ist Geschlecht nicht nur biologisch, sondern auch sozial konstruiert. Renato musste sich mit der Diskrepanz zwischen seiner inneren Identität und den äußeren Erwartungen auseinandersetzen.

Familienkonflikte

Die Familie spielt eine entscheidende Rolle in der Identitätsfindung eines Jugendlichen. In Renatos Fall war die Unterstützung durch die Familie nicht immer gewährleistet. Die Herausforderungen, die sich aus Missverständnissen und Vorurteilen innerhalb seiner Familie ergaben, führten zu einem Gefühl der Isolation. Laut einer Studie von Ryan et al. (2009) erfahren

LGBTQ+-Jugendliche, die in nicht unterstützenden Familienumfeldern aufwachsen, ein höheres Risiko für psychische Probleme. Renato musste lernen, seine Identität zu behaupten, während er gleichzeitig die Erwartungen seiner Familie berücksichtigte.

Schulische Herausforderungen

Die Schule ist ein weiterer Ort, an dem Jugendliche oft mit Diskriminierung und Mobbing konfrontiert werden. Renato erlebte in seiner Schulzeit Mobbing aufgrund seiner Geschlechtsidentität. Eine Studie von Kosciw et al. (2018) zeigt, dass LGBTQ+-Schülerinnen und Schüler signifikant höhere Raten von Mobbing und Diskriminierung erfahren als ihre heterosexuellen Mitschüler. Diese Erfahrungen führten zu einem Rückzug von sozialen Aktivitäten und einem Gefühl der Entfremdung. Renato musste Wege finden, sich in dieser feindlichen Umgebung zu behaupten und Unterstützung zu suchen.

Innere Konflikte und Identitätskrisen

Die Auseinandersetzung mit der eigenen Geschlechtsidentität kann zu erheblichen inneren Konflikten führen. Renato kämpfte mit Fragen wie: „Wer bin ich wirklich?" und „Wie kann ich authentisch leben?" Diese Fragen sind nicht nur für trans Jugendliche relevant, sondern betreffen viele Jugendliche in der Phase der Identitätsfindung. Die Theorie der Identitätsentwicklung von Erik Erikson beschreibt die Jugend als eine Phase, in der Individuen ihre Identität durch verschiedene Rollen und Erfahrungen erkunden. Renato musste sich mit den Herausforderungen dieser Phase auseinandersetzen, während er gleichzeitig die Diskriminierung und den Druck von außen erlebte.

Psychische Gesundheit

Die Herausforderungen, mit denen Renato konfrontiert war, hatten auch Auswirkungen auf seine psychische Gesundheit. Studien zeigen, dass LGBTQ+-Jugendliche ein höheres Risiko für Depressionen, Angstzustände und Selbstmordgedanken haben. Laut einer Untersuchung von Mustanski et al. (2010) sind diese Risiken oft das Ergebnis von Diskriminierung, sozialer Isolation und einem Mangel an Unterstützung. Renato musste Wege finden, mit diesen Herausforderungen umzugehen, um seine mentale Gesundheit zu schützen und zu fördern.

Der Einfluss von Kunst und Kreativität

Trotz der Herausforderungen fand Renato Trost und Ausdruck in der Kunst. Die Theater- und Filmwelt bot ihm eine Plattform, um seine Erfahrungen zu verarbeiten und seine Identität auszudrücken. Kunst kann als kathartisches Werkzeug fungieren, das es Individuen ermöglicht, ihre Emotionen und Kämpfe zu verarbeiten. Laut der Kunsttherapie-Theorie von Cathy Malchiodi (2005) kann die kreative Ausdrucksform helfen, emotionale Probleme zu bewältigen und die psychische Gesundheit zu fördern. Renato nutzte die Bühne nicht nur als Flucht, sondern auch als Möglichkeit, seine Geschichte zu erzählen und andere zu inspirieren.

Die Suche nach Gemeinschaft

Ein weiterer wichtiger Aspekt in Renatos Jugend war die Suche nach einer unterstützenden Gemeinschaft. LGBTQ+-Jugendliche profitieren oft von der Zugehörigkeit zu Gemeinschaften, die Verständnis und Akzeptanz bieten. Die Teilnahme an LGBTQ+-Gruppen und -Veranstaltungen half Renato, Gleichgesinnte zu finden und ein Gefühl der Zugehörigkeit zu entwickeln. Laut der Studie von Russell et al. (2010) kann die Unterstützung durch Gleichaltrige in der LGBTQ+-Community einen positiven Einfluss auf das Selbstwertgefühl und die psychische Gesundheit haben.

Fazit

Die Herausforderungen, die Renato Perez in seiner Jugend erlebte, waren vielschichtig und komplex. Sie umfassten gesellschaftliche Normen, familiäre Konflikte, schulische Diskriminierung und innere Kämpfe. Dennoch fand er Wege, diese Herausforderungen zu überwinden, indem er Kunst als Ausdrucksform nutzte und Unterstützung in der Gemeinschaft suchte. Renatos Erfahrungen sind ein Beispiel dafür, wie Jugendliche trotz widriger Umstände ihren Weg finden können, und sie verdeutlichen die Notwendigkeit von Akzeptanz und Unterstützung für alle Jugendlichen, unabhängig von ihrer Geschlechtsidentität.

Der Einfluss von Kunst und Kultur

Die Kunst hat seit jeher eine entscheidende Rolle in der Gesellschaft gespielt, insbesondere in der Art und Weise, wie Identität, Geschlecht und Sexualität wahrgenommen und dargestellt werden. In Renatos Leben war die Kunst nicht nur ein Ausdrucksmittel, sondern auch ein Werkzeug zur Selbstfindung und zur Auseinandersetzung mit seiner Identität als trans-Schauspieler. Diese Auseinandersetzung geschah in einem kulturellen Kontext, der sowohl unterstützend als auch herausfordernd war.

Kunst als Ausdruck der Identität

Kunst bietet eine Plattform, um die eigene Identität zu erforschen und auszudrücken. Renato fand in der Schauspielerei nicht nur einen Beruf, sondern auch einen Raum, um seine Erfahrungen und Emotionen zu teilen. Der berühmte Kunsttheoretiker *Arthur Danto* beschreibt Kunst als einen Prozess, der es Individuen ermöglicht, ihre innersten Gedanken und Gefühle zu kommunizieren. In Renatos Fall war die Bühne ein Ort, an dem er seine transidente Identität sichtbar machen konnte, was eine wichtige Rolle in seiner Selbstakzeptanz spielte.

Kulturelle Herausforderungen und Klischees

Trotz der positiven Aspekte der Kunst gibt es auch erhebliche Herausforderungen, insbesondere in Bezug auf die Repräsentation von LGBTQ+-Personen. Oft sind trans-Personen in den Medien und in der Kunst stereotypisiert oder falsch dargestellt. Diese Klischees können schädlich sein und das gesellschaftliche Verständnis von Geschlecht und Identität verzerren. Renato musste sich nicht nur gegen diese Stereotypen behaupten, sondern auch aktiv daran arbeiten, sie zu durchbrechen.

Ein Beispiel hierfür ist die Rolle von trans-Schauspielern in Hollywood. Laut einer Studie von *GLAAD* aus dem Jahr 2020 sind nur 1,8% der Charaktere in Filmen und Serien LGBTQ+, und noch weniger sind trans. Renato setzte sich dafür ein, dass trans-Personen nicht nur in der Kunst dargestellt werden, sondern dass sie auch die Möglichkeit haben, ihre Geschichten zu erzählen. Dies ist entscheidend, um die Sichtbarkeit zu erhöhen und das Bewusstsein für die Herausforderungen zu schärfen, mit denen trans-Personen konfrontiert sind.

Kunst als Aktivismus

Die Verbindung zwischen Kunst und Aktivismus ist ein zentrales Thema in Renatos Karriere. Kunst kann als eine Form des Protests dienen, die es den Menschen ermöglicht, gegen Ungerechtigkeiten zu kämpfen und Veränderungen herbeizuführen. Renato nutzte seine Plattform, um auf die Diskriminierung und die Herausforderungen aufmerksam zu machen, mit denen die LGBTQ+-Gemeinschaft konfrontiert ist.

Ein bemerkenswertes Beispiel ist Renatos Teilnahme an der *Pride*-Bewegung, wo er durch Performances und öffentliche Reden das Bewusstsein für trans-Rechte schärfte. In einer seiner bekanntesten Reden sagte er: „Kunst ist nicht nur das, was wir sehen, sondern auch das, was wir fühlen. Es ist eine Waffe im Kampf für Gleichheit und Gerechtigkeit." Diese Aussage verdeutlicht, wie Kunst als Mittel zur Mobilisierung und zur Schaffung eines kollektiven Bewusstseins genutzt werden kann.

Einfluss von Kultur auf die Kunst

Die Kultur, in der Renato aufwuchs, spielte eine entscheidende Rolle in seiner künstlerischen Entwicklung. Deutschland ist bekannt für seine reiche Kultur und seine vielfältige Kunstszene, die es Renato ermöglichte, sich mit verschiedenen Kunstformen auseinanderzusetzen. Die Einflüsse von *Berliner Kabarett* und *Theater der Unterdrückten* halfen ihm, seine eigene Stimme zu finden und die Herausforderungen, die er als trans-Person erlebte, in seine Kunst zu integrieren.

Darüber hinaus ist die Rolle der LGBTQ+-Kultur in Deutschland nicht zu unterschätzen. Die *Schwulenbewegung* und die Lesbenbewegung haben einen bedeutenden Einfluss auf die Kunstszene ausgeübt und dazu beigetragen, dass LGBTQ+-Themen in der Kunst mehr Sichtbarkeit erhalten. Renato profitierte von diesen Entwicklungen, indem er Teil eines kreativen Netzwerks wurde, das sich für Diversität und Inklusion einsetzt.

Kunst als Spiegel der Gesellschaft

Kunst reflektiert oft die gesellschaftlichen Normen und Werte, und Renato nutzte seine Kunst, um die Realität der trans-Identität in der Gesellschaft zu spiegeln. In seinen Rollen stellte er nicht nur trans-Personen dar, sondern thematisierte auch die Herausforderungen, mit denen sie konfrontiert sind, wie Diskriminierung, Vorurteile und den Kampf um Akzeptanz.

Ein Beispiel für diese Reflexion ist seine Hauptrolle in dem Theaterstück „*Transcendence*", das die Geschichte eines trans-Menschen erzählt, der versucht, in einer feindlichen Gesellschaft seinen Platz zu finden. Das Stück wurde nicht nur von Kritikern gelobt, sondern auch von der LGBTQ+-Gemeinschaft als wichtiges Werk anerkannt, das zur Diskussion über Identität und Akzeptanz anregt.

Fazit

Zusammenfassend lässt sich sagen, dass der Einfluss von Kunst und Kultur auf Renatos Leben und Karriere von entscheidender Bedeutung war. Kunst ermöglichte es ihm, seine Identität zu entdecken, gesellschaftliche Herausforderungen zu thematisieren und aktiv für die Rechte von LGBTQ+-Personen einzutreten. Durch seine Arbeit hat Renato nicht nur sich selbst, sondern auch andere inspiriert und einen bleibenden Einfluss auf die Repräsentation von trans-Personen in der Kunst hinterlassen. Die Verbindung zwischen Kunst und Aktivismus bleibt ein zentrales Element in der fortdauernden Suche nach Gleichheit und Gerechtigkeit für alle.

Die Entscheidung für die Bühne

Die Entscheidung für die Bühne ist ein entscheidender Moment im Leben eines jeden Schauspielers, insbesondere für jemanden wie Renato Perez, der nicht nur als Künstler, sondern auch als Aktivist agiert. Diese Entscheidung ist oft das Ergebnis einer tiefen inneren Auseinandersetzung mit der eigenen Identität und dem Wunsch, diese in einer Form auszudrücken, die sowohl persönlich als auch gesellschaftlich relevant ist.

Die Faszination für das Schauspiel

Schauspielerei ist mehr als nur das Auswendiglernen von Texten; es ist die Kunst, Emotionen und Geschichten auf eine Weise zu vermitteln, die das Publikum berührt. Für Renato war die Bühne ein Ort der Flucht und der Selbstentdeckung. Er fühlte sich von der Idee angezogen, verschiedene Charaktere zu verkörpern und deren Geschichten zu erzählen. Diese Faszination kann durch die Theorie der *Performativität* von Judith Butler erklärt werden, die besagt, dass Geschlecht und Identität nicht festgelegt, sondern durch wiederholte Handlungen und Darstellungen konstruiert werden. Renato wollte nicht nur seine eigene Geschichte erzählen, sondern auch die Geschichten anderer, die oft in den Schatten der Gesellschaft stehen.

Die Herausforderungen des Theaters

Die Entscheidung für die Bühne bringt jedoch auch zahlreiche Herausforderungen mit sich. Schauspieler stehen oft unter dem Druck, den Erwartungen der Branche und des Publikums gerecht zu werden. Für Renato bedeutete dies, sich mit den Stereotypen und Klischees auseinanderzusetzen, die oft mit Transgender-Rollen verbunden sind. Diese Herausforderungen können in der *Theorie der sozialen Identität* (Tajfel und Turner, 1979) betrachtet werden, die beschreibt, wie Individuen ihre Identität in Bezug auf Gruppen definieren und wie dies ihre

Interaktionen mit anderen beeinflusst. Renato musste lernen, sich selbst treu zu bleiben, während er gleichzeitig die Erwartungen der Branche erfüllte.

Die Bedeutung von Proben und Vorbereitung

Ein weiterer entscheidender Aspekt der Bühnenkunst ist die Vorbereitung. Proben sind nicht nur eine technische Notwendigkeit, sondern auch eine Möglichkeit, sich emotional auf die Rolle einzulassen. Renato erkannte, dass jede Probe eine Gelegenheit war, nicht nur die Texte zu lernen, sondern auch die Tiefe und Komplexität seiner Charaktere zu erfassen. Diese intensive Vorbereitung spiegelt sich in der *Method Acting*-Technik wider, die von Lee Strasberg populär gemacht wurde. Diese Technik ermutigt Schauspieler, ihre eigenen Erfahrungen und Emotionen zu nutzen, um authentische Darstellungen zu schaffen.

Der Einfluss des Publikums auf die Darbietung

Die Interaktion mit dem Publikum ist ein weiterer wesentlicher Bestandteil der Bühnenkunst. Renato erlebte, wie die Energie und Reaktionen des Publikums seine Darbietung beeinflussten. Diese Wechselwirkung kann durch die *Theorie der performativen Interaktion* (Goffman, 1959) erläutert werden, die besagt, dass die Darbietung eines Schauspielers nicht isoliert ist, sondern in einem ständigen Dialog mit den Reaktionen des Publikums steht. Renato lernte, wie wichtig es ist, diese Verbindung herzustellen, um eine authentische und bewegende Performance zu bieten.

Die Verbindung zwischen Schauspiel und Emotion

Die Fähigkeit, Emotionen zu vermitteln, ist das Herzstück jeder großartigen Darbietung. Renato verstand, dass die Bühne ein Ort ist, an dem er seine eigenen Emotionen und Erfahrungen in die Charaktere einfließen lassen konnte. Diese Verbindung zwischen Schauspiel und Emotion wird durch die *Emotionale Intelligenz* (Goleman, 1995) unterstützt, die die Fähigkeit beschreibt, eigene Emotionen und die Emotionen anderer zu erkennen und zu steuern. Renato nutzte diese Fähigkeit, um seine Charaktere glaubwürdig darzustellen und das Publikum emotional zu erreichen.

Renatos Lieblingsrollen und -charaktere

In seiner Karriere übernahm Renato verschiedene Rollen, die ihm nicht nur als Schauspieler, sondern auch als Mensch viel bedeuteten. Seine Lieblingsrollen

DER AUFSTIEG EINES STARS 19

waren oft solche, die eine tiefere Verbindung zu seiner eigenen Identität und seinen Erfahrungen hatten. Diese Rollen ermöglichten es ihm, seine Sichtweise als Transgender-Mensch darzustellen und die Herausforderungen, mit denen er konfrontiert war, in seine Darbietungen einzubringen. Diese Verbindung zwischen Schauspiel und persönlicher Erfahrung ist ein zentrales Element in der *Theorie der Identität* (Erikson, 1968), die betont, wie wichtig es ist, die eigene Geschichte in die Kunst zu integrieren.

Die Entwicklung von Charakteren

Die Entwicklung von Charakteren ist ein kreativer Prozess, der sowohl technisches Können als auch emotionale Tiefe erfordert. Renato lernte, dass es entscheidend ist, die Motivationen und Hintergründe seiner Charaktere zu verstehen, um sie authentisch darzustellen. Diese Technik wird oft in der *Charakteranalyse* (Stanislavski, 1936) behandelt, die darauf abzielt, die inneren Konflikte und die Entwicklung eines Charakters zu erforschen. Renato wandte diese Methoden an, um vielschichtige und glaubwürdige Charaktere zu schaffen, die das Publikum fesseln konnten.

Die Bedeutung von Authentizität in der Darstellung

In einer Welt, in der Stereotypen und Vorurteile oft die Darstellung von Transgender-Charakteren prägen, war es für Renato von größter Bedeutung, Authentizität in seiner Darstellung zu bewahren. Er wusste, dass die Kunst nicht nur eine Form der Unterhaltung, sondern auch ein Mittel zur Aufklärung und Sensibilisierung ist. Diese Überzeugung kann durch die *Theorie der kritischen Kunst* (Adorno, 1970) unterstützt werden, die besagt, dass Kunst eine gesellschaftliche Funktion hat, die über das Ästhetische hinausgeht. Renato wollte mit seiner Arbeit nicht nur unterhalten, sondern auch einen Dialog über Identität und Repräsentation anstoßen.

Der Einfluss von Regisseuren auf die Performance

Die Rolle des Regisseurs ist entscheidend für den Erfolg einer Theaterproduktion. Renato erlebte, wie verschiedene Regisseure unterschiedliche Ansätze zur Charakterentwicklung und zur Inszenierung von Stücken hatten. Diese Dynamik kann durch die *Theorie der Regie* (Brecht, 1964) betrachtet werden, die die Bedeutung der Regie als kreativen Einfluss auf die Darbietung hervorhebt. Renato lernte, wie wichtig es ist, mit Regisseuren zusammenzuarbeiten, die seine Vision teilen und ihn in seiner künstlerischen Entwicklung unterstützen.

Die Herausforderungen von Live-Auftritten

Live-Auftritte sind eine der größten Herausforderungen für Schauspieler. Die Unvorhersehbarkeit des Publikums und die Notwendigkeit, in Echtzeit zu reagieren, erfordern sowohl technische Fähigkeiten als auch emotionale Stabilität. Renato musste lernen, mit Nervosität und unerwarteten Situationen umzugehen, was durch die *Theorie der Stressbewältigung* (Lazarus und Folkman, 1984) unterstützt wird. Diese Theorie betont die Bedeutung von Bewältigungsmechanismen, um mit stressigen Situationen umzugehen. Renato entwickelte Strategien, um seine Nervosität zu kontrollieren und sich auf seine Darbietung zu konzentrieren.

Fazit

Die Entscheidung für die Bühne war für Renato Perez nicht nur eine berufliche Wahl, sondern ein Akt der Selbstverwirklichung und des Aktivismus. Durch die Bühne konnte er nicht nur seine eigene Identität ausdrücken, sondern auch die Geschichten von Menschen erzählen, die oft übersehen werden. Diese Entscheidung war geprägt von Herausforderungen, aber auch von der Möglichkeit, durch Kunst einen bedeutenden Einfluss auf die Gesellschaft auszuüben. Renato verstand, dass die Bühne ein Ort ist, an dem Transformation und Repräsentation stattfinden können, und er war entschlossen, diese Möglichkeiten zu nutzen, um positive Veränderungen in der Welt zu bewirken.

Erste Erfolge und Rückschläge

Die ersten Erfolge und Rückschläge von Renato Perez markieren einen entscheidenden Wendepunkt in seiner Karriere als trans-Schauspieler und Aktivist. Diese Phase ist geprägt von der Suche nach Anerkennung und der Herausforderung, sich in einer oft feindlichen Umgebung zu behaupten. In diesem Abschnitt werden die wichtigsten Erfolge und Rückschläge beleuchtet, die Renatos Weg zur Selbstverwirklichung und zur Sichtbarkeit als trans-Person beeinflussten.

Der erste große Erfolg

Renato erlebte seinen ersten großen Erfolg, als er die Hauptrolle in einem lokalen Theaterstück über die Herausforderungen von LGBTQ+-Jugendlichen übernahm. Diese Rolle ermöglichte es ihm, seine schauspielerischen Fähigkeiten unter Beweis zu stellen und gleichzeitig eine Geschichte zu erzählen, die viele in der Community ansprach. Der Erfolg dieser Produktion führte zu positiven Kritiken und öffnete Türen für weitere Auftritte.

Die Reaktion des Publikums war überwältigend. Viele Zuschauer berichteten von einer emotionalen Verbindung zu Renatos Charakter, was die Bedeutung von Repräsentation in der Kunst unterstrich. Diese positive Resonanz war ein entscheidender Moment für Renato, da sie ihm das Gefühl gab, dass seine Stimme und seine Erfahrungen wertvoll waren.

Die Herausforderungen der ersten Rückschläge

Trotz seines Erfolgs in der Theaterwelt war Renato nicht vor Rückschlägen gefeit. Ein bedeutender Rückschlag trat auf, als er für eine Rolle in einem Film vorsprach, die ursprünglich für eine cisgender Person geschrieben war. Die Produzenten entschieden sich, einen anderen Schauspieler für die Rolle zu besetzen, was Renato mit einem Gefühl der Enttäuschung zurückließ. Diese Erfahrung verdeutlichte die Herausforderungen, mit denen trans-Schauspieler in der Filmindustrie konfrontiert sind, insbesondere in Bezug auf die Besetzung und die Wahrnehmung von Geschlechteridentität.

Die Bedeutung von Resilienz

Diese Rückschläge führten jedoch nicht zu einem Rückzug von Renato. Vielmehr entwickelten sie in ihm eine bemerkenswerte Resilienz. Er begann, sich aktiv in der LGBTQ+-Community zu engagieren und an Workshops teilzunehmen, die sich mit den Herausforderungen von trans-Schauspielern beschäftigten. Durch diese Aktivitäten fand er nicht nur Unterstützung, sondern auch Inspiration, um seine eigene Stimme weiter zu entwickeln.

Eine wichtige Theorie, die in diesem Kontext relevant ist, ist die Theorie der Resilienz, die besagt, dass Individuen, die mit Widrigkeiten konfrontiert sind, oft Wege finden, sich anzupassen und zu gedeihen. Renato verkörperte dieses Konzept, indem er seine Rückschläge als Lernmöglichkeiten betrachtete und seine Entschlossenheit, in der Branche erfolgreich zu sein, nur verstärkte.

Der Einfluss von Mentoren

In dieser Phase seines Lebens spielte die Rolle von Mentoren eine entscheidende Rolle. Renato traf auf erfahrene LGBTQ+-Künstler, die bereit waren, ihr Wissen und ihre Erfahrungen zu teilen. Diese Mentoren halfen ihm nicht nur, seine schauspielerischen Fähigkeiten zu verfeinern, sondern gaben ihm auch wertvolle Ratschläge zur Navigation in der oft komplexen Welt des Showbusiness.

Ein Beispiel für einen solchen Mentor war eine bekannte trans-Schauspielerin, die Renato ermutigte, authentisch zu bleiben und seine Erfahrungen in seine Rollen einfließen zu lassen. Diese Unterstützung half ihm, sein Selbstvertrauen zu stärken und seine Identität als Künstler zu akzeptieren.

Die Verbindung von Kunst und Aktivismus

Renatos erste Erfolge und Rückschläge waren nicht nur persönliche Meilensteine, sondern auch entscheidende Schritte in seiner Entwicklung als Aktivist. Er begann zu verstehen, dass Kunst und Aktivismus eng miteinander verbunden sind. Seine Erfahrungen auf der Bühne nutzte er, um auf die Herausforderungen von trans-Personen aufmerksam zu machen.

Eine seiner bekanntesten Performances war ein Stück, das sich mit der Diskriminierung von trans-Personen in der Gesellschaft auseinandersetzte. Diese Aufführung erhielt nicht nur Anerkennung für ihre künstlerische Qualität, sondern trug auch zur Sensibilisierung für die Probleme bei, mit denen trans-Personen konfrontiert sind. Renatos Fähigkeit, seine persönlichen Erfahrungen in seine Kunst zu integrieren, machte ihn zu einer Stimme für viele, die sich nicht gehört fühlten.

Der Weg zur Selbstakzeptanz

Trotz der Erfolge, die Renato feierte, war der Weg zur Selbstakzeptanz oft steinig. Rückschläge, wie die Ablehnung von Rollen und negative Kritiken, führten zu Selbstzweifeln. Renato musste lernen, mit diesen Gefühlen umzugehen und sich selbst als Künstler und als trans-Person zu akzeptieren.

Die Psychologie der Selbstakzeptanz spielt hier eine zentrale Rolle. Studien zeigen, dass die Akzeptanz der eigenen Identität zu einem besseren psychischen Wohlbefinden führt. Renato begann, sich mit diesen Konzepten auseinanderzusetzen und fand Wege, seine Identität zu feiern, anstatt sie zu verstecken. Er erkannte, dass seine einzigartigen Erfahrungen und Perspektiven nicht nur seine Kunst bereicherten, sondern auch anderen helfen konnten, sich selbst besser zu verstehen.

Schlussfolgerung

Insgesamt waren die ersten Erfolge und Rückschläge von Renato Perez entscheidend für seine Entwicklung als Schauspieler und Aktivist. Diese Phase seines Lebens lehrte ihn nicht nur, wie man mit Widrigkeiten umgeht, sondern auch, wie wichtig es ist, eine Stimme für andere zu sein. Renatos Reise zeigt, dass

Erfolg oft mit Herausforderungen verbunden ist, aber dass die Fähigkeit, sich anzupassen und aus Rückschlägen zu lernen, der Schlüssel zu einem erfüllten und authentischen Leben ist.

Die Suche nach Akzeptanz

Die Suche nach Akzeptanz ist ein zentrales Thema im Leben vieler LGBTQ+-Individuen, insbesondere für trans Personen wie Renato Perez. Diese Suche ist oft geprägt von inneren und äußeren Herausforderungen, die sich auf die persönliche Entwicklung und das Wohlbefinden auswirken. In diesem Abschnitt werden wir die verschiedenen Facetten von Renatos Suche nach Akzeptanz beleuchten, einschließlich der theoretischen Hintergründe, der Probleme, mit denen er konfrontiert war, und konkreten Beispielen aus seinem Leben.

Theoretischer Hintergrund

Die Suche nach Akzeptanz kann durch verschiedene psychologische Theorien erklärt werden. Eine zentrale Theorie ist die *Theorie der sozialen Identität* (Tajfel & Turner, 1979), die besagt, dass Individuen ihre Identität und ihr Selbstwertgefühl stark durch die Zugehörigkeit zu sozialen Gruppen definieren. Für Renato bedeutete dies, dass er seine Identität als trans Mann nicht nur für sich selbst akzeptieren musste, sondern auch von anderen akzeptiert werden wollte. Die *Theorie der Selbstbestimmung* (Deci & Ryan, 1985) ergänzt dies, indem sie die Bedeutung von Autonomie und sozialer Unterstützung in der Selbstakzeptanz hervorhebt.

Innere Herausforderungen

Renato hatte mit einer Vielzahl innerer Herausforderungen zu kämpfen, die seine Suche nach Akzeptanz beeinflussten. Die Auseinandersetzung mit seiner Geschlechtsidentität war oft von Zweifeln und Ängsten geprägt. Die *Kognitive Dissonanz* (Festinger, 1957) spielt hier eine entscheidende Rolle. Diese Theorie beschreibt den inneren Konflikt, der entsteht, wenn Menschen Informationen oder Überzeugungen haben, die nicht miteinander übereinstimmen. In Renatos Fall war dies der Konflikt zwischen seiner inneren Identität und den gesellschaftlichen Erwartungen, die er erfüllen sollte.

Äußere Herausforderungen

Die äußeren Herausforderungen waren ebenso bedeutend. Renatos Jugend war von Diskriminierung und Vorurteilen geprägt, die ihm von Gleichaltrigen und sogar von Erwachsenen entgegengebracht wurden. Diese Diskriminierung führte oft zu sozialer Isolation und einem Gefühl der Entfremdung. Laut der *Minority Stress Theory* (Meyer, 2003) erleben Mitglieder von Minderheitengruppen zusätzlichen Stress, der aus der Stigmatisierung und Diskriminierung resultiert. Renato musste lernen, mit diesem Stress umzugehen, während er gleichzeitig versuchte, seine Identität zu akzeptieren.

Beispiele aus Renatos Leben

Ein prägendes Erlebnis in Renatos Leben war seine Entscheidung, in der Schule offen über seine Identität zu sprechen. Diese Entscheidung war ein Wendepunkt, der sowohl positive als auch negative Reaktionen hervorrief. Während einige Mitschüler ihn unterstützten, erlebte er auch Ablehnung und Mobbing. Dieses Beispiel verdeutlicht die Dualität der Suche nach Akzeptanz: Der Wunsch nach Zugehörigkeit kann oft mit der Angst vor Ablehnung einhergehen.

Ein weiteres Beispiel ist Renatos Engagement in LGBTQ+-Gruppen, wo er Unterstützung fand und gleichzeitig anderen half, ihre Identität zu akzeptieren. Diese Gemeinschaft bot ihm nicht nur einen Raum für Selbstakzeptanz, sondern auch eine Plattform, um für die Rechte von trans Personen zu kämpfen. Die Bedeutung von Vorbildern und Mentoren in diesem Prozess kann nicht genug betont werden. Renatos Begegnungen mit anderen trans Aktivisten halfen ihm, seine eigene Identität zu stärken und zu akzeptieren.

Schlussfolgerung

Die Suche nach Akzeptanz ist ein komplexer und oft schmerzhafter Prozess, der für viele LGBTQ+-Individuen, insbesondere für trans Personen, von zentraler Bedeutung ist. Renatos Geschichte ist ein Beispiel dafür, wie innere und äußere Herausforderungen überwunden werden können, um ein authentisches Leben zu führen. Die theoretischen Konzepte, die wir in diesem Abschnitt betrachtet haben, bieten wertvolle Einblicke in die Dynamik dieser Suche und unterstreichen die Bedeutung von Unterstützung, Gemeinschaft und Selbstakzeptanz auf dem Weg zu einem erfüllten Leben.

Die ersten Schritte in die Öffentlichkeit

Der erste Auftritt auf der Bühne

Der erste Auftritt auf der Bühne ist ein entscheidender Moment im Leben eines Schauspielers, insbesondere für jemanden wie Renato Perez, der als trans-Schauspieler in der Öffentlichkeit steht. Dieser Moment ist nicht nur ein Test der schauspielerischen Fähigkeiten, sondern auch eine bedeutende Erfahrung der Selbstentdeckung und -akzeptanz. In dieser Sektion werden wir die verschiedenen Aspekte und Herausforderungen von Renatos erstem Auftritt beleuchten und die Relevanz dieses Ereignisses für seine Karriere und Identität untersuchen.

Die Vorbereitungen

Vor dem ersten Auftritt ist die Vorbereitung von zentraler Bedeutung. Renato, der in seiner Jugend mit seiner Geschlechtsidentität und den Erwartungen der Gesellschaft kämpfte, musste sich intensiv mit dem Text, den Emotionen und der Körpersprache auseinandersetzen. Die Vorbereitungen umfassten nicht nur das Erlernen der Dialoge, sondern auch das Verständnis der Charakterzüge und der Motivationen seiner Rolle.

$$\text{Emotionale Vorbereitung} = \text{Selbstreflexion} + \text{Mentales Training} \quad (5)$$

Die emotionale Vorbereitung spielte eine entscheidende Rolle. Renato musste lernen, seine eigenen Erfahrungen und Gefühle in die Darstellung seines Charakters einfließen zu lassen, um Authentizität zu erreichen. Hierbei wurde er von seinem Mentor unterstützt, der ihm half, Techniken zur Stressbewältigung und zur Überwindung von Lampenfieber zu entwickeln.

Der Auftritt

Der Moment des Auftritts selbst war sowohl aufregend als auch angsteinflößend. Als Renato die Bühne betrat, spürte er das Gewicht der Erwartungen – sowohl seiner eigenen als auch der des Publikums. Die ersten Minuten waren entscheidend, um das Publikum zu fesseln und eine Verbindung herzustellen.

$$\text{Publikumsreaktion} = f(\text{Energie des Darstellers}, \text{Inhalt der Darbietung}) \quad (6)$$

Die Reaktionen des Publikums waren gemischt. Während einige Zuschauer von Renatos Darbietung begeistert waren, gab es auch kritische Stimmen, die seine Darstellung hinterfragten. Dies verdeutlicht die Herausforderungen, denen sich trans-Schauspieler oft gegenübersehen: Die Notwendigkeit, Stereotypen zu durchbrechen und gleichzeitig die Erwartungen des Publikums zu erfüllen.

Die Bedeutung des Feedbacks

Nach dem Auftritt erhielt Renato wertvolles Feedback von seinen Mitspielern und dem Regisseur. Dieses Feedback war entscheidend für seine Weiterentwicklung als Schauspieler. Es half ihm, seine Stärken zu erkennen und an seinen Schwächen zu arbeiten.

$$\text{Wachstum} = \text{Feedback} + \text{Reflexion} \qquad (7)$$

Die Fähigkeit, konstruktive Kritik anzunehmen, war für Renato von größter Bedeutung, da sie ihm half, sich sowohl als Künstler als auch als Individuum weiterzuentwickeln. Das Feedback, das er erhielt, war nicht nur auf seine schauspielerischen Fähigkeiten beschränkt, sondern umfasste auch seine Präsenz auf der Bühne und die Art und Weise, wie er seine Identität in die Rolle einbrachte.

Herausforderungen und Überwindung

Renato sah sich bei seinem ersten Auftritt mit verschiedenen Herausforderungen konfrontiert. Eine der größten Hürden war die Angst vor Ablehnung und die Sorge, nicht als authentisch wahrgenommen zu werden. Diese Ängste sind nicht untypisch für viele Künstler, insbesondere für diejenigen, die aus marginalisierten Gemeinschaften stammen.

$$\text{Selbstvertrauen} = \text{Erfahrung} + \text{Unterstützung} \qquad (8)$$

Durch die Unterstützung seiner Freunde und Mentoren konnte Renato jedoch diese Ängste überwinden. Er lernte, dass die Bühne ein Raum ist, in dem er seine Identität frei ausdrücken kann, ohne Angst vor Verurteilung. Diese Erkenntnis war ein Wendepunkt in seiner Karriere und trug dazu bei, sein Selbstvertrauen zu stärken.

Die Auswirkungen auf die Karriere

Der erste Auftritt hatte nachhaltige Auswirkungen auf Renatos Karriere. Er eröffnete ihm nicht nur neue Möglichkeiten, sondern half ihm auch, sich als trans-Schauspieler in der Branche zu etablieren.

$$\text{Karrierewachstum} = \text{Erfolg des Auftritts} + \text{Netzwerkbildung} \quad (9)$$

Durch seinen ersten Auftritt konnte Renato wichtige Kontakte knüpfen, die ihm später bei Castings und Projekten halfen. Diese Netzwerke erwiesen sich als entscheidend für seinen weiteren Werdegang und ermöglichten ihm, seine Stimme in der Film- und Theaterwelt zu erheben.

Schlussfolgerung

Renatos erster Auftritt auf der Bühne war ein entscheidendes Ereignis in seinem Leben. Er war nicht nur ein Test seiner schauspielerischen Fähigkeiten, sondern auch eine Reise zur Selbstakzeptanz und zur Überwindung von Herausforderungen. Die Erfahrungen und Lektionen, die er aus diesem Auftritt zog, prägten nicht nur seine Karriere, sondern auch seine Identität als trans-Schauspieler und Aktivist. Mit jeder Aufführung wuchs sein Selbstvertrauen, und er begann, die Bühne als Plattform für Veränderung und Repräsentation zu nutzen.

Die Bedeutung dieses ersten Auftritts kann nicht überschätzt werden; er war der Beginn eines Weges, der Renato zu einem der bekanntesten und einflussreichsten trans-Schauspieler seiner Zeit machen sollte.

Reaktionen des Publikums

Die Reaktionen des Publikums spielen eine entscheidende Rolle in der Karriere eines Schauspielers, insbesondere für jemanden wie Renato Perez, der als trans-Schauspieler in einer oft kritischen und voreingenommenen Gesellschaft auftritt. Die Art und Weise, wie das Publikum auf Renatos Auftritte reagiert, kann nicht nur seine Karriere beeinflussen, sondern auch die Wahrnehmung von Transgender-Personen in der Gesellschaft insgesamt.

Die Vielfalt der Reaktionen

Das Publikum ist ein heterogenes Kollektiv, das aus verschiedenen Altersgruppen, Kulturen und sozialen Hintergründen besteht. Diese Diversität führt zu einer Vielzahl von Reaktionen auf Renatos Auftritte. Während einige Zuschauer von seiner Darstellung begeistert sind und ihn als Vorbild sehen, gibt es auch kritische Stimmen, die Vorurteile oder Unverständnis äußern. Diese unterschiedlichen Reaktionen können in drei Hauptkategorien unterteilt werden:

1. **Positive Reaktionen:** Viele Zuschauer zeigen sich begeistert von Renatos Talent und seiner Fähigkeit, komplexe Charaktere darzustellen. Diese positiven Rückmeldungen sind oft in sozialen Medien zu finden, wo Fans ihre Unterstützung ausdrücken und seine Arbeit loben. Ein Beispiel hierfür ist die Premiere von Renatos erster Hauptrolle, die von einer Welle der Begeisterung in der LGBTQ+-Community begleitet wurde. Fans berichteten von emotionalen Reaktionen und einer tiefen Identifikation mit Renatos Charakter.

2. **Neutrale Reaktionen:** Einige Zuschauer betrachten Renatos Auftritte mit einer neutralen Haltung. Sie erkennen sein Talent an, sind jedoch nicht direkt emotional involviert. Diese Reaktionen sind oft das Resultat von Unkenntnis über die Herausforderungen, mit denen trans-Schauspieler konfrontiert sind. In solchen Fällen kann das Publikum zwar die schauspielerische Leistung schätzen, jedoch fehlt das Verständnis für die gesellschaftlichen Implikationen seiner Rolle.

3. **Negative Reaktionen:** Leider gibt es auch negative Reaktionen, die häufig aus Vorurteilen und Stereotypen resultieren. Einige Zuschauer können Schwierigkeiten haben, die Darstellung eines trans Charakters zu akzeptieren, was zu kritischen Kommentaren oder sogar Boykottaufrufen führen kann. Diese negativen Reaktionen sind besonders schmerzhaft, da sie nicht nur Renatos Arbeit, sondern auch die Sichtbarkeit von Transgender-Personen in der Kunst gefährden.

Einfluss auf die Karriere

Die Reaktionen des Publikums haben direkte Auswirkungen auf Renatos Karriere. Positive Rückmeldungen können zu weiteren Rollenangeboten führen und seine Sichtbarkeit in der Branche erhöhen. Kritikerlob, das durch Publikumsreaktionen entsteht, kann auch die Aufmerksamkeit von Produzenten und Regisseuren auf sich ziehen. Ein Beispiel hierfür ist Renatos Rolle in einem preisgekrönten Theaterstück, das nicht nur von Kritikern, sondern auch vom Publikum gefeiert wurde. Die Kombination aus positiven Publikumsreaktionen und Kritiken führte dazu, dass Renato für mehrere prestigeträchtige Auszeichnungen nominiert wurde.

Auf der anderen Seite können negative Reaktionen zu einer Stagnation der Karriere führen. Wenn ein Schauspieler auf Widerstand stößt, kann dies seine Fähigkeit beeinträchtigen, neue Rollen zu finden. In Renatos Fall gab es eine Phase, in der er aufgrund negativer Reaktionen auf seine Darstellung eines trans Charakters in einem Film mit Herausforderungen konfrontiert war. Diese Reaktionen führten zu einem Rückgang der Angebote und zu einer Phase der Unsicherheit in seiner Karriere.

Theoretische Perspektiven

Die Reaktionen des Publikums können auch durch verschiedene theoretische Perspektiven analysiert werden. Eine relevante Theorie ist die *Social Identity Theory*, die besagt, dass Individuen sich in Gruppen identifizieren und diese Identifikation ihre Wahrnehmungen und Reaktionen beeinflusst. In Renatos Fall könnte die Identifikation als Teil der LGBTQ+-Community zu einer positiveren Reaktion auf seine Darstellung führen, während Zuschauer, die sich nicht mit dieser Identität identifizieren, möglicherweise kritisch reagieren.

Ein weiteres theoretisches Konzept ist die *Cultural Studies Theory*, die untersucht, wie Kultur und Gesellschaft die Wahrnehmung von Identität formen. Diese Theorie legt nahe, dass die Reaktionen des Publikums auf Renato nicht nur durch persönliche Vorlieben, sondern auch durch gesellschaftliche Normen und kulturelle Narrative beeinflusst werden. In einer Gesellschaft, die häufig Stereotypen über Transgender-Personen perpetuiert, könnten Zuschauer, die in solchen Narrativen gefangen sind, Schwierigkeiten haben, Renatos Darstellung als authentisch oder positiv zu bewerten.

Beispiele aus der Praxis

Ein bemerkenswertes Beispiel für die Reaktionen des Publikums ist Renatos Auftritt in einem preisgekrönten Film, der sich mit den Herausforderungen von Transgender-Personen auseinandersetzt. Die Premiere wurde von gemischten Reaktionen begleitet. Während die LGBTQ+-Community und viele progressive Zuschauer seine Darstellung lobten, gab es auch kritische Stimmen, die behaupteten, dass er nicht die „authentische" Erfahrung eines Transgender-Menschen widerspiegle. Diese gemischten Reaktionen führten zu einer breiten Diskussion über die Repräsentation von Transgender-Personen in den Medien und die Verantwortung von Schauspielern, diese Rollen authentisch darzustellen.

Zusammenfassend lässt sich sagen, dass die Reaktionen des Publikums auf Renatos Auftritte einen tiefgreifenden Einfluss auf seine Karriere und die Wahrnehmung von Transgender-Personen in der Gesellschaft haben. Positive Reaktionen fördern Sichtbarkeit und Erfolg, während negative Reaktionen die Herausforderungen der Akzeptanz und Repräsentation verdeutlichen. Die Auseinandersetzung mit diesen Reaktionen ist daher nicht nur für Renato von Bedeutung, sondern auch für die gesamte LGBTQ+-Community, die auf eine gerechtere und inklusivere Gesellschaft hinarbeitet.

Die Bedeutung von Feedback

Feedback ist ein essenzieller Bestandteil des kreativen Prozesses, insbesondere in der Schauspielerei, wo die Reaktion des Publikums und der Kritiker einen bedeutenden Einfluss auf die Entwicklung eines Künstlers haben kann. In dieser Sektion werden wir die verschiedenen Dimensionen von Feedback untersuchen, seine Rolle in Renatos Karriere und die Herausforderungen, die damit verbunden sind.

Theoretische Grundlagen

Feedback kann als Information definiert werden, die eine Person über ihre Leistung oder ihr Verhalten erhält. In der Psychologie wird Feedback häufig in zwei Kategorien unterteilt: **positives Feedback**, das Bestätigung und Anerkennung bietet, und **konstruktives Feedback**, das Verbesserungsvorschläge und kritische Anmerkungen enthält. Laut Kluger und DeNisi (1996) kann Feedback die Leistung steigern, wenn es richtig eingesetzt wird, jedoch auch negative Auswirkungen haben, wenn es nicht angemessen oder übermäßig kritisch ist.

Die **Feedback-Theorie** besagt, dass Rückmeldungen nicht nur zur Leistungsverbesserung beitragen, sondern auch die Motivation und das Selbstbewusstsein eines Individuums beeinflussen können. Ein positives Feedback kann das Selbstwertgefühl stärken, während negatives Feedback, wenn es nicht konstruktiv ist, zu einem Rückgang der Motivation führen kann.

Feedback in Renatos Karriere

Für Renato war Feedback von entscheidender Bedeutung, um seine Fähigkeiten als Schauspieler zu verfeinern und seine künstlerische Identität zu entwickeln. Nach seinem ersten Auftritt auf der Bühne erhielt er sowohl positives als auch negatives Feedback. Während einige Zuschauer seine Authentizität und Leidenschaft lobten, äußerten andere Bedenken hinsichtlich seiner Darstellung.

Ein Beispiel für konstruktives Feedback kam von einem erfahrenen Regisseur, der Renato riet, mehr Emotionen in seine Darstellung einzubringen. Diese Rückmeldung half Renato, seine Performance zu verbessern und seine Fähigkeit, sich in verschiedene Rollen hineinzuversetzen, zu erweitern. Er lernte, dass Feedback nicht als persönliche Kritik, sondern als Chance zur Verbesserung angesehen werden sollte.

Herausforderungen des Feedbacks

Trotz der positiven Aspekte von Feedback gibt es auch Herausforderungen. Eine der größten Herausforderungen für Renato war der Umgang mit negativer Kritik. In der Anfangsphase seiner Karriere war er oft mit Vorurteilen konfrontiert, die seine Identität und seine Fähigkeiten als trans-Schauspieler in Frage stellten. Diese Art von Feedback kann demotivierend sein und das Selbstbild eines Künstlers beeinträchtigen.

Ein weiteres Problem ist die Subjektivität von Feedback. Was für den einen Zuschauer als hervorragende Leistung gilt, kann für einen anderen unzureichend erscheinen. Diese Subjektivität kann zu Verwirrung und Unsicherheit führen, besonders wenn Künstler versuchen, sich in einer sich ständig verändernden Branche zu etablieren.

Praktische Anwendung von Feedback

In der Praxis hat Renato verschiedene Methoden entwickelt, um Feedback effektiv zu nutzen. Er suchte aktiv nach Meinungen von Kollegen, Mentoren und Fans, um ein umfassendes Bild seiner Leistungen zu erhalten. Außerdem hat er sich darauf spezialisiert, konstruktives Feedback von negativem Feedback zu unterscheiden und Prioritäten zu setzen, um sich auf die Aspekte zu konzentrieren, die seine Entwicklung als Künstler am meisten fördern.

Ein Beispiel für Renatos Fähigkeit, Feedback zu nutzen, war seine Rolle in einem Theaterstück, das sich mit LGBTQ+-Themen auseinandersetzte. Nach den ersten Aufführungen erhielt er Rückmeldungen von verschiedenen Zuschauern, die ihm halfen, die emotionalen Nuancen seiner Rolle besser zu verstehen. Durch die Anpassung seiner Darbietung basierend auf diesem Feedback konnte er nicht nur seine eigene Leistung verbessern, sondern auch das Publikum stärker berühren.

Fazit

Zusammenfassend lässt sich sagen, dass Feedback eine fundamentale Rolle in Renatos künstlerischem Werdegang spielt. Es ist ein Werkzeug zur Selbstreflexion und -verbesserung, das ihm geholfen hat, seine Fähigkeiten zu verfeinern und seine Identität als trans-Schauspieler zu stärken. Trotz der Herausforderungen, die mit Feedback verbunden sind, hat Renato gelernt, es als eine wertvolle Ressource zu nutzen, um seine Kunst weiterzuentwickeln und sich in der Branche zu behaupten. Feedback ist nicht nur eine Rückmeldung zur Leistung, sondern auch ein entscheidender Bestandteil des kreativen Prozesses, der das Wachstum und die Entwicklung eines Künstlers fördern kann.

Netzwerkbildung in der Branche

Die Netzwerkbildung in der Unterhaltungsbranche ist ein entscheidender Aspekt für den Erfolg eines Schauspielers, insbesondere für jemanden wie Renato Perez, der sich als trans-Schauspieler einen Namen machen möchte. In dieser dynamischen und oft wettbewerbsintensiven Umgebung ist es unerlässlich, Beziehungen zu knüpfen, um Zugang zu Möglichkeiten, Ressourcen und Unterstützung zu erhalten.

Die Bedeutung von Netzwerken

Netzwerke in der Film- und Theaterbranche bieten nicht nur die Möglichkeit, Kontakte zu knüpfen, sondern auch den Austausch von Ideen und Erfahrungen zu fördern. Laut der *Social Capital Theory* von Pierre Bourdieu (1986) ist das soziale Kapital, das durch Netzwerke entsteht, von entscheidender Bedeutung für den Zugang zu Ressourcen und Unterstützung. Bourdieu beschreibt soziale Netzwerke als ein System von Beziehungen, das Individuen hilft, ihre Ziele zu erreichen.

In Renatos Fall bedeutet dies, dass er durch den Aufbau eines starken Netzwerks in der LGBTQ+-Community und darüber hinaus nicht nur Sichtbarkeit erlangen, sondern auch Unterstützung und Mentoring finden kann. Diese Netzwerke können sowohl informell, wie Freundschaften und persönliche Kontakte, als auch formal, wie Mitgliedschaften in professionellen Organisationen, sein.

Herausforderungen bei der Netzwerkbildung

Trotz der Vorteile, die Netzwerke bieten, stehen trans-Schauspieler wie Renato vor spezifischen Herausforderungen. Diskriminierung und Vorurteile in der Branche können es schwierig machen, authentische Beziehungen aufzubauen. Ein Beispiel hierfür ist die *Glass Ceiling* in der Filmindustrie, die oft für marginalisierte Gruppen gilt. Diese Metapher beschreibt die unsichtbaren Barrieren, die den Aufstieg in höhere Positionen behindern, selbst wenn die Qualifikationen vorhanden sind.

Zusätzlich können trans-Schauspieler oft mit dem Problem der Sichtbarkeit kämpfen. Während einige Netzwerke offen und unterstützend sind, können andere von traditionellen Normen geprägt sein, die es schwierig machen, sich als Teil der Gemeinschaft zu fühlen. Dies kann zu einem Gefühl der Isolation führen, das die berufliche Entwicklung behindert.

Beispiele für erfolgreiche Netzwerkbildung

Ein erfolgreiches Beispiel für Netzwerkbildung in der Branche ist Renatos Teilnahme an LGBTQ+-Veranstaltungen und -Festivals. Diese Gelegenheiten bieten nicht nur eine Plattform, um seine Arbeit zu präsentieren, sondern auch die Möglichkeit, Gleichgesinnte zu treffen und wertvolle Kontakte zu knüpfen. Veranstaltungen wie die *Berlin Pride* oder das *Queer Film Festival* sind hervorragende Gelegenheiten, um mit anderen Künstlern, Produzenten und Regisseuren in Kontakt zu treten.

Ein weiteres Beispiel ist die Zusammenarbeit mit anderen LGBTQ+-Künstlern. Renatos Engagement in Projekten, die von trans-Schauspielern oder LGBTQ+-Regisseuren geleitet werden, schafft nicht nur Sichtbarkeit, sondern fördert auch eine unterstützende Gemeinschaft. Diese Art der Zusammenarbeit ist entscheidend, um Vorurteile abzubauen und ein inklusives Umfeld zu schaffen.

Strategien zur Netzwerkbildung

Um effektiv Netzwerke aufzubauen, sollte Renato einige Strategien in Betracht ziehen:

- **Aktive Teilnahme an Branchenevents:** Regelmäßige Besuche von Filmfestivals, Theatervorstellungen und LGBTQ+-Veranstaltungen helfen, Sichtbarkeit zu erlangen und Kontakte zu knüpfen.

- **Nutzung von sozialen Medien:** Plattformen wie Instagram, Twitter und LinkedIn bieten Möglichkeiten, sich mit anderen Fachleuten zu vernetzen, Inhalte zu teilen und die eigene Marke aufzubauen.

- **Mentoring suchen:** Die Suche nach Mentoren innerhalb der Branche kann wertvolle Einblicke und Unterstützung bieten. Mentoren können helfen, Türen zu öffnen und wertvolle Ratschläge geben.

- **Engagement in Community-Projekten:** Durch die Teilnahme an Projekten, die sich mit LGBTQ+-Themen befassen, kann Renato nicht nur seine Fähigkeiten zeigen, sondern auch sein Engagement für die Gemeinschaft unter Beweis stellen.

Fazit

Die Netzwerkbildung ist ein unverzichtbarer Bestandteil von Renatos Karriere als trans-Schauspieler. Trotz der Herausforderungen, die er möglicherweise erfährt, bieten Netzwerke die Möglichkeit, Sichtbarkeit zu erlangen, Unterstützung zu finden und letztlich den Weg für eine erfolgreiche Karriere in der Unterhaltungsindustrie zu ebnen. Mit einer proaktiven Herangehensweise an die Netzwerkbildung kann Renato nicht nur seine beruflichen Ziele erreichen, sondern auch einen positiven Einfluss auf die LGBTQ+-Community und die Gesellschaft insgesamt ausüben.

Die ersten Medieninterviews

Die ersten Medieninterviews von Renato Perez waren entscheidende Momente in seiner Karriere, die nicht nur seine persönliche Sichtbarkeit als trans-Schauspieler erhöhten, sondern auch die Repräsentation von LGBTQ+-Personen in den Medien beeinflussten. Diese Interviews boten eine Plattform, um über seine Erfahrungen, Herausforderungen und die Bedeutung von Sichtbarkeit zu sprechen.

Die Bedeutung von Medieninterviews

Medieninterviews sind für Künstler von großer Bedeutung, da sie eine direkte Verbindung zum Publikum herstellen. Sie ermöglichen es, die eigene Geschichte zu erzählen und die eigene Stimme in einer oft von Klischees und Stereotypen geprägten Branche zu erheben. Für Renato war es besonders wichtig, in seinen Interviews authentisch zu sein und die Realität des Lebens als trans-Person darzustellen. In einem Interview mit einem führenden deutschen Magazin erklärte er:

> „Ich möchte, dass die Menschen verstehen, dass Transgender nicht nur ein Schlagwort ist. Es ist eine Realität, die viele Menschen erleben, und ich hoffe, dass meine Geschichte dazu beiträgt, Vorurteile abzubauen."

Herausforderungen und Probleme

Die ersten Medieninterviews waren jedoch nicht ohne Herausforderungen. Renato musste sich mit Fragen auseinandersetzen, die oft stereotypisch oder unangemessen waren. Die Medien neigen dazu, Sensationslust zu zeigen, was bedeutet, dass sie manchmal mehr an Skandalen oder emotionalen Geschichten interessiert sind als an einer authentischen Darstellung. In einem Interview wurde ihm beispielsweise die Frage gestellt:

> „Wie fühlt es sich an, anders zu sein?"

Solche Fragen erforderten von Renato eine sorgfältige Antwort, um nicht nur sich selbst, sondern auch die gesamte LGBTQ+-Gemeinschaft zu repräsentieren. Er antwortete mit Nachdruck:

> „Anders zu sein ist nicht das Problem, das Problem sind die Vorurteile und die Ignoranz, die wir in der Gesellschaft erleben."

Strategien für den Umgang mit Medien

Um mit den Herausforderungen der Medienberichterstattung umzugehen, entwickelte Renato Strategien, die ihm halfen, seine Botschaft klar zu kommunizieren. Eine dieser Strategien war die Vorbereitung auf Interviews. Er arbeitete eng mit PR-Profis zusammen, um sicherzustellen, dass er auf alle möglichen Fragen vorbereitet war und dass seine Kernbotschaften klar und deutlich vermittelt wurden.

Darüber hinaus nutzte er soziale Medien, um seine Interviews zu bewerben und seine Sichtweise zu erläutern. Dies ermöglichte ihm, eine breitere Zielgruppe zu erreichen und den Dialog über Transgender-Themen zu fördern. Ein Beispiel für eine solche Nutzung war ein Tweet, den er nach einem besonders herausfordernden Interview veröffentlichte:

> „Es ist nicht immer einfach, aber jede Stimme zählt. Lasst uns die Gespräche führen, die notwendig sind!"

Einfluss auf die Öffentlichkeit

Die ersten Medieninterviews hatten einen erheblichen Einfluss auf die öffentliche Wahrnehmung von Transgender-Personen. Renatos Offenheit und Authentizität trugen dazu bei, das Bewusstsein für die Herausforderungen zu schärfen, mit denen die LGBTQ+-Gemeinschaft konfrontiert ist. Medienberichte über seine Interviews wurden häufig in sozialen Netzwerken geteilt und diskutiert, was zu einer breiteren Debatte über Geschlechteridentität und Repräsentation führte.

Ein Beispiel für den Einfluss seiner Interviews war eine Umfrage, die nach einem besonders aufschlussreichen Gespräch veröffentlicht wurde. Die Umfrage ergab, dass 70% der Befragten angaben, dass sie durch Renatos Interviews ein besseres Verständnis für die Herausforderungen von Transgender-Personen gewonnen hatten. Dies zeigt, wie wichtig Medieninterviews für die Aufklärung und Sensibilisierung der Öffentlichkeit sind.

Fazit

Zusammenfassend lässt sich sagen, dass die ersten Medieninterviews von Renato Perez nicht nur für seine Karriere, sondern auch für die Sichtbarkeit von Transgender-Personen in den Medien von entscheidender Bedeutung waren. Trotz der Herausforderungen, die mit der Medienberichterstattung verbunden sind, nutzte Renato diese Plattform, um wichtige Themen anzusprechen und das Bewusstsein für die LGBTQ+-Gemeinschaft zu fördern. Seine Fähigkeit, authentisch zu kommunizieren und sich mit der Öffentlichkeit auseinanderzusetzen, machte ihn zu einem wichtigen Sprachrohr für viele, die ähnliche Erfahrungen gemacht haben. Die Reaktionen auf seine Interviews zeigen, dass die Medien eine mächtige Rolle bei der Veränderung von Wahrnehmungen und der Förderung von Akzeptanz spielen können.

Umgang mit Kritik und Lob

Der Umgang mit Kritik und Lob ist ein entscheidender Aspekt für jeden Künstler, insbesondere für jemanden wie Renato Perez, der als trans-Schauspieler in der Öffentlichkeit steht. In dieser Phase seiner Karriere begann er, die duale Natur von Feedback zu verstehen: Während Lob ein Gefühl der Bestätigung und des Erfolgs vermittelt, kann Kritik, insbesondere in der Form von negativer Rückmeldung, eine Herausforderung darstellen, die sowohl emotional als auch psychologisch belastend sein kann.

Die Psychologie von Kritik und Lob

Die Psychologie hinter dem Umgang mit Kritik und Lob ist komplex. Psychologen haben festgestellt, dass Lob das Selbstwertgefühl eines Individuums stärken kann. Es kann als positive Verstärkung wirken, die dazu führt, dass das Verhalten oder die Leistung, die das Lob hervorgerufen hat, wiederholt wird. In einer Studie von [?] wurde gezeigt, dass Menschen, die für ihre Anstrengungen gelobt werden, eher bereit sind, neue Herausforderungen anzunehmen, während solche, die für ihre Fähigkeiten gelobt werden, dazu neigen, Risiken zu vermeiden.

Auf der anderen Seite kann Kritik, insbesondere wenn sie nicht konstruktiv ist, das Selbstwertgefühl untergraben. [?] argumentieren, dass negative Rückmeldungen oft intensiver wahrgenommen werden als positive, was zu einem Phänomen führt, das als „Negativitätsbias" bekannt ist. Renato musste lernen, diese psychologischen Dynamiken zu navigieren, um seine Resilienz zu stärken und sich auf seine künstlerische Entwicklung zu konzentrieren.

Kritik als Werkzeug für Wachstum

Ein wichtiger Aspekt des Umgangs mit Kritik ist die Fähigkeit, sie als Werkzeug für persönliches und berufliches Wachstum zu nutzen. Renato erkannte, dass konstruktive Kritik, wenn sie richtig interpretiert wird, wertvolle Einblicke in seine Leistung und seine Entwicklung als Schauspieler bieten kann. Ein Beispiel dafür war eine negative Rezension über seine erste Hauptrolle in einem Theaterstück, die ihn zunächst verletzte, aber ihm auch half, seine Technik zu überdenken und neue Ansätze zu entwickeln.

$$Wachstum = Kritik + Reflexion \tag{10}$$

In dieser Gleichung repräsentiert *Wachstum* die positive Entwicklung, die aus dem Prozess der Reflexion über erhaltene Kritik resultiert. Renato begann, Feedback als Teil seines kreativen Prozesses zu integrieren, was ihm half, seine Fähigkeiten zu verfeinern und authentischer zu werden.

Der Einfluss von sozialen Medien

In der heutigen Zeit spielt der Einfluss von sozialen Medien eine entscheidende Rolle im Umgang mit Kritik und Lob. Plattformen wie Instagram und Twitter ermöglichen es Künstlern, direkt mit ihrem Publikum zu interagieren. Renato nutzte soziale Medien, um seine Erfolge zu teilen und gleichzeitig offen über die Herausforderungen zu sprechen, mit denen er konfrontiert war.

Die unmittelbare Rückmeldung, die er durch soziale Medien erhielt, war sowohl ein Segen als auch ein Fluch. Während positives Feedback von seinen Fans und Unterstützern ihm ein Gefühl der Zugehörigkeit und Bestätigung gab, erlebte er auch die Schattenseiten der Online-Kritik. Negatives Feedback kann in sozialen Medien oft unverblümt und direkt sein, was zu einem emotionalen Aufruhr führen kann.

Strategien für den Umgang mit Kritik

Um mit der Kritik umzugehen, entwickelte Renato eine Reihe von Strategien:

- **Konstruktive Kritik annehmen:** Er lernte, zwischen konstruktiver und destruktiver Kritik zu unterscheiden. Konstruktive Kritik betrachtet die Leistung und bietet Vorschläge zur Verbesserung, während destruktive Kritik oft auf persönliche Angriffe abzielt.

- **Reflexion:** Nach jeder Aufführung nahm sich Renato Zeit, um über das Feedback nachzudenken. Er stellte sich Fragen wie: „Was kann ich aus dieser Kritik lernen?" oder „Wie kann ich meine Darbietung verbessern?"

- **Unterstützungsnetzwerk:** Renato baute ein Netzwerk von Freunden, Mentoren und anderen Künstlern auf, die ihm ehrliches, aber unterstützendes Feedback geben konnten. Diese Beziehungen halfen ihm, die Kritik in einem positiven Licht zu sehen.

- **Selbstfürsorge:** Um den emotionalen Stress von negativer Kritik zu bewältigen, integrierte Renato Praktiken der Selbstfürsorge in seinen Alltag, wie Meditation, Sport und kreative Hobbys, die ihm halfen, sich zu entspannen und zu regenerieren.

Lob und seine Bedeutung

Lob spielte eine ebenso wichtige Rolle in Renatos Karriere. Die positive Rückmeldung, die er von seinen Fans erhielt, half ihm, sich in der Branche zu verankern. Er verstand, dass Lob nicht nur eine Bestätigung seiner Fähigkeiten war, sondern auch eine Möglichkeit, seine Botschaft und seine Identität als trans-Schauspieler zu verbreiten.

Die Anerkennung durch die LGBTQ+-Community und die breitere Öffentlichkeit motivierte ihn, weiterhin aktivistisch tätig zu sein und die Sichtbarkeit von trans-Personen in der Kunst zu fördern. Ein bemerkenswertes

Beispiel war eine Rede, die er nach dem Erhalt eines Preises hielt, in der er die Bedeutung von Repräsentation und Sichtbarkeit in der Kunst betonte.

$$\text{Motivation} = \text{Lob} + \text{Identität} \qquad (11)$$

In dieser Gleichung zeigt sich, wie Lob und die Bestätigung seiner Identität als trans-Schauspieler zusammenwirken, um seine Motivation und seinen Antrieb für künstlerisches Schaffen und Aktivismus zu stärken.

Schlussfolgerung

Der Umgang mit Kritik und Lob ist ein fortlaufender Prozess, der für Renato Perez und viele andere Künstler von zentraler Bedeutung ist. Durch die Entwicklung von Strategien zur Bewältigung von Feedback konnte Renato nicht nur seine künstlerischen Fähigkeiten verbessern, sondern auch seine Resilienz und Selbstakzeptanz stärken. Indem er Kritik als Möglichkeit zur Reflexion und persönlichem Wachstum annahm und gleichzeitig die Kraft des Lobes zur Motivation nutzte, schuf er einen Raum, in dem er sowohl als Künstler als auch als Aktivist gedeihen konnte.

Die Rolle von sozialen Medien

In der heutigen digitalen Ära haben soziale Medien eine transformative Rolle in der Art und Weise eingenommen, wie Individuen und Gemeinschaften kommunizieren, sich organisieren und ihre Stimmen erheben. Für LGBTQ+-Aktivisten wie Renato Perez sind soziale Medien nicht nur ein Werkzeug zur Selbstpräsentation, sondern auch ein entscheidendes Medium zur Förderung von Sichtbarkeit, Akzeptanz und sozialer Gerechtigkeit.

Theoretische Grundlagen

Die Rolle von sozialen Medien im Aktivismus kann durch verschiedene theoretische Rahmenwerke verstanden werden. Ein zentraler Aspekt ist das Konzept der *Vermittlung von Identität* (Identity Construction). Soziale Medien bieten LGBTQ+-Personen die Möglichkeit, ihre Identität in einem sicheren Raum zu erkunden und zu artikulieren. Diese Plattformen ermöglichen es den Nutzern, ihre Geschichten zu teilen, was zu einer stärkeren Gemeinschaftsbildung und einem Gefühl der Zugehörigkeit führen kann.

Ein weiteres relevantes Konzept ist die *kollektive Identität* (Collective Identity). Soziale Medien ermöglichen es, dass Individuen, die ähnliche Erfahrungen und

Herausforderungen teilen, sich zusammenschließen und eine kollektive Stimme entwickeln. Diese kollektive Identität kann zu einem stärkeren Aktivismus führen, da sie die Mobilisierung und Organisation von Aktionen erleichtert.

Probleme und Herausforderungen

Trotz der Vorteile, die soziale Medien bieten, gibt es auch erhebliche Herausforderungen. Eine der größten Herausforderungen ist die *Hassrede* (Hate Speech), die häufig in sozialen Netzwerken verbreitet wird. LGBTQ+-Aktivisten sind oft Zielscheibe von Diskriminierung und Gewalt, die in Form von beleidigenden Kommentaren oder Bedrohungen in sozialen Medien geäußert werden. Diese negativen Erfahrungen können sich nachteilig auf die psychische Gesundheit der Aktivisten auswirken und ihre Fähigkeit einschränken, sich offen und authentisch zu äußern.

Ein weiteres Problem ist die *Algorithmische Verzerrung* (Algorithmic Bias). Soziale Medien verwenden Algorithmen, um Inhalte zu filtern und anzuzeigen. Diese Algorithmen können dazu führen, dass Inhalte von LGBTQ+-Aktivisten weniger sichtbar sind, insbesondere wenn sie nicht den vorherrschenden Normen entsprechen. Dies kann die Reichweite ihrer Botschaften einschränken und die Sichtbarkeit von LGBTQ+-Themen in der breiten Öffentlichkeit verringern.

Beispiele für den Einfluss von sozialen Medien

Ein bemerkenswertes Beispiel für den Einfluss von sozialen Medien im Aktivismus ist die *#BlackLivesMatter*-Bewegung, die sich auch mit LGBTQ+-Themen überschneidet. Diese Bewegung hat soziale Medien genutzt, um auf Rassismus und Polizeigewalt aufmerksam zu machen und gleichzeitig die Stimmen von LGBTQ+-Personen innerhalb der Black Community zu fördern. Die Nutzung von Hashtags hat es Aktivisten ermöglicht, ihre Botschaften schnell zu verbreiten und Unterstützung zu mobilisieren.

Ein weiteres Beispiel ist die *#TransRightsAreHumanRights*-Kampagne, die in sozialen Medien gestartet wurde, um auf die Herausforderungen und Diskriminierungen aufmerksam zu machen, mit denen Transgender-Personen konfrontiert sind. Diese Kampagne hat nicht nur das Bewusstsein geschärft, sondern auch eine Plattform für Betroffene geschaffen, um ihre Geschichten zu teilen und Unterstützung zu finden.

Fazit

Die Rolle von sozialen Medien im Aktivismus ist komplex und vielschichtig. Während sie als kraftvolles Werkzeug zur Förderung von Sichtbarkeit und Gemeinschaft dienen, bringen sie auch Herausforderungen mit sich, die angegangen werden müssen. Für Renato Perez und andere LGBTQ+-Aktivisten sind soziale Medien ein unverzichtbares Element ihrer Arbeit, das es ihnen ermöglicht, ihre Stimmen zu erheben, sich zu vernetzen und Veränderungen in der Gesellschaft zu bewirken. Um die positiven Aspekte sozialer Medien zu maximieren und die negativen zu minimieren, ist es entscheidend, Strategien zu entwickeln, die sowohl die Sicherheit der Nutzer als auch die Sichtbarkeit von LGBTQ+-Themen fördern.

$$\text{Sichtbarkeit} = \frac{\text{Anzahl der Interaktionen}}{\text{Anzahl der Posts}} \times \text{Reichweite} \qquad (12)$$

Diese Gleichung verdeutlicht, dass die Sichtbarkeit in sozialen Medien nicht nur von der Anzahl der veröffentlichten Inhalte abhängt, sondern auch von der Interaktion, die diese Inhalte generieren. Eine hohe Interaktionsrate kann zu einer größeren Reichweite führen und somit die Sichtbarkeit von LGBTQ+-Themen in der Öffentlichkeit erhöhen.

Zusammenfassend lässt sich sagen, dass soziale Medien sowohl Chancen als auch Herausforderungen für den LGBTQ+-Aktivismus darstellen. Die effektive Nutzung dieser Plattformen kann dazu beitragen, eine gerechtere und inklusivere Gesellschaft zu schaffen, in der die Stimmen aller gehört werden.

Der Einfluss von Fans und Unterstützern

Der Einfluss von Fans und Unterstützern auf die Karriere eines Künstlers, insbesondere eines LGBTQ-Aktivisten wie Renato Perez, kann nicht unterschätzt werden. Diese Gruppe von Menschen spielt eine entscheidende Rolle in der Sichtbarkeit und dem Erfolg eines Künstlers in der Öffentlichkeit. In diesem Abschnitt werden wir die verschiedenen Dimensionen des Einflusses von Fans und Unterstützern auf Renatos Karriere und seinen Aktivismus untersuchen.

Die Bedeutung von Fan-Engagement

Fans sind nicht nur passive Zuschauer; sie sind aktive Teilnehmer an der Schaffung und Verbreitung von Kunst. Durch ihre Unterstützung, sei es durch den Kauf von Tickets, Merchandise oder die Teilnahme an Veranstaltungen, tragen sie direkt zum finanziellen Erfolg eines Künstlers bei. Ein Beispiel dafür ist

Renatos erste große Theateraufführung, die durch die leidenschaftliche Unterstützung seiner Fans ausverkauft war. Diese Art der Unterstützung motiviert Künstler und gibt ihnen das Gefühl, dass ihre Arbeit geschätzt wird.

Die Rolle der sozialen Medien

In der heutigen digitalen Ära haben soziale Medien eine transformative Rolle im Fan-Künstler-Verhältnis eingenommen. Plattformen wie Instagram, Twitter und TikTok ermöglichen es Fans, direkt mit ihren Idolen zu interagieren. Renato nutzt diese Plattformen nicht nur, um seine Arbeit zu präsentieren, sondern auch um mit seinen Unterstützern in Kontakt zu treten. Die Interaktionen auf diesen Plattformen können sich in Form von Likes, Kommentaren und Shares manifestieren, die wiederum die Reichweite und Sichtbarkeit seiner Projekte erhöhen.

$$\text{Reichweite} = \text{Anzahl der Follower} \times \text{Engagement-Rate} \qquad (13)$$

Hierbei ist die Engagement-Rate ein Maß für die Interaktion der Follower mit dem Inhalt, was die Sichtbarkeit und das Interesse an Renatos Arbeit steigert.

Die Kraft der Gemeinschaft

Die LGBTQ+-Gemeinschaft ist besonders stark in ihrer Unterstützung von Künstlern, die ihre Identität und Erfahrungen widerspiegeln. Renatos Fans sind oft Teil dieser Gemeinschaft und sehen in ihm einen Vertreter ihrer Werte und Kämpfe. Diese Identifikation schafft eine tiefere Verbindung zwischen Renato und seinen Unterstützern. Veranstaltungen wie Pride-Paraden oder LGBTQ+-Filmfestivals bieten Gelegenheiten, bei denen Fans zusammenkommen, um ihre Unterstützung zu zeigen und Renatos Botschaft der Akzeptanz und Vielfalt zu verbreiten.

Herausforderungen und Kritik

Trotz der positiven Aspekte des Fan-Engagements gibt es auch Herausforderungen. Die Erwartungen der Fans können enorm sein, und es besteht der Druck, ständig neue Inhalte zu liefern und die öffentliche Wahrnehmung aufrechtzuerhalten. Kritische Stimmen innerhalb der Community können ebenfalls laut werden, wenn sie das Gefühl haben, dass ein Künstler nicht authentisch oder repräsentativ genug ist. Renato hat in der Vergangenheit mit Kritik umzugehen, die ihn als nicht „trans genug" bezeichnete, was zu einer intensiven Selbstreflexion und einem verstärkten Engagement für die Repräsentation führte.

Beispiele für positiven Einfluss

Ein bemerkenswertes Beispiel für den Einfluss von Fans war Renatos Teilnahme an einer Talkshow, in der er über seine Erfahrungen als trans-Schauspieler sprach. Die Unterstützung seiner Fans in den sozialen Medien führte zu einer Welle von positiven Rückmeldungen, die nicht nur seine Sichtbarkeit erhöhten, sondern auch das Bewusstsein für die Herausforderungen von Transgender-Personen schärften. Diese Art von Unterstützung kann auch in Form von Petitionen oder Kampagnen auftreten, die von Fans initiiert werden, um soziale Gerechtigkeit zu fördern.

Fazit

Zusammenfassend lässt sich sagen, dass der Einfluss von Fans und Unterstützern auf Renatos Karriere und Aktivismus von zentraler Bedeutung ist. Sie sind nicht nur Konsumenten seiner Kunst, sondern auch aktive Mitgestalter seiner Botschaft. Die Verbindung zwischen Renato und seinen Unterstützern ist ein dynamisches Wechselspiel, das sowohl Herausforderungen als auch Chancen mit sich bringt. In einer Welt, in der Sichtbarkeit und Repräsentation entscheidend sind, bleibt die Unterstützung von Fans ein unverzichtbarer Bestandteil des Erfolgs eines LGBTQ-Aktivisten.

Die Entscheidung für ein öffentliches Coming-Out

Die Entscheidung für ein öffentliches Coming-Out ist ein bedeutender Schritt im Leben eines LGBTQ+-Aktivisten und kann sowohl persönliche als auch gesellschaftliche Auswirkungen haben. In diesem Abschnitt werden wir die verschiedenen Dimensionen dieser Entscheidung untersuchen, einschließlich der theoretischen Grundlagen, der Herausforderungen, die damit verbunden sind, und der Beispiele, die die Komplexität dieses Prozesses verdeutlichen.

Theoretische Grundlagen

Das Coming-Out kann als ein Prozess verstanden werden, der nicht nur die eigene Identität betrifft, sondern auch die Beziehung zu anderen Menschen und zur Gesellschaft insgesamt. Laut der *Minority Stress Theory* von Meyer (2003) erleben Mitglieder von Minderheitengruppen, einschließlich LGBTQ+-Personen, zusätzlichen Stress, der aus Diskriminierung, Stigmatisierung und der Angst vor

Ablehnung resultiert. Diese Theorie legt nahe, dass der Druck, sich zu outen, sowohl positive als auch negative Folgen haben kann.

Ein öffentliches Coming-Out kann als Akt der Selbstbehauptung und der Sichtbarkeit interpretiert werden, was nicht nur das individuelle Wohlbefinden fördert, sondern auch zur gesellschaftlichen Akzeptanz von LGBTQ+-Identitäten beiträgt. Die *Social Identity Theory* von Tajfel und Turner (1979) unterstützt diese Sichtweise, indem sie betont, dass die Zugehörigkeit zu einer sozialen Gruppe das Selbstwertgefühl beeinflussen kann. Ein Coming-Out kann somit auch ein Weg sein, um eine positive Identität zu fördern und Vorurteile abzubauen.

Herausforderungen des Coming-Outs

Die Entscheidung für ein öffentliches Coming-Out ist oft mit erheblichen Herausforderungen verbunden. Zu den häufigsten Problemen zählen:

- **Angst vor Ablehnung:** Viele LGBTQ+-Personen fürchten, von Freunden, Familie oder der Gesellschaft abgelehnt zu werden. Diese Angst kann lähmend sein und dazu führen, dass sie sich entscheiden, ihre Identität geheim zu halten.

- **Diskriminierung:** In vielen Gesellschaften sind LGBTQ+-Personen nach wie vor Diskriminierung und Vorurteilen ausgesetzt. Ein Coming-Out kann dazu führen, dass sie in ihrem sozialen Umfeld oder am Arbeitsplatz Diskriminierung erfahren.

- **Mediale Aufmerksamkeit:** Für öffentliche Personen, wie Renato Perez, kann ein Coming-Out auch mediale Aufmerksamkeit und Spekulationen mit sich bringen, was zusätzlichen Druck erzeugt.

- **Familienkonflikte:** Die Reaktion der Familie kann entscheidend sein. In einigen Fällen kann ein Coming-Out zu Spannungen oder sogar zum Bruch innerhalb der Familie führen.

Beispiele für Coming-Outs in der Öffentlichkeit

Renato Perez' Entscheidung für ein öffentliches Coming-Out war ein Wendepunkt in seiner Karriere und seinem persönlichen Leben. In einem Interview erklärte er: „Ich habe lange darüber nachgedacht, ob ich mich outen soll. Der Druck war enorm, aber ich wusste, dass ich für mich selbst und für andere, die in ähnlichen Situationen sind, sprechen musste."

Ein weiteres Beispiel ist der berühmte Coming-Out von Ellen DeGeneres im Jahr 1997. Ihr mutiger Schritt, sich als lesbisch zu outen, hatte weitreichende Auswirkungen auf die Akzeptanz von LGBTQ+-Personen in den Medien und der Gesellschaft. DeGeneres' Coming-Out führte zu einer Welle von Unterstützung, aber auch zu erheblichem Widerstand und Diskriminierung.

Die Auswirkungen eines Coming-Outs

Die Entscheidung für ein öffentliches Coming-Out kann sowohl positive als auch negative Auswirkungen haben. Zu den positiven Effekten gehören:

- **Erhöhte Sichtbarkeit:** Ein Coming-Out kann dazu beitragen, LGBTQ+-Identitäten sichtbarer zu machen und das Bewusstsein für die Herausforderungen, mit denen diese Gemeinschaft konfrontiert ist, zu schärfen.

- **Inspirationsquelle:** Viele Menschen, die sich in einer ähnlichen Situation befinden, finden Inspiration und Mut in den Geschichten von Personen, die sich erfolgreich geoutet haben.

- **Stärkung der Gemeinschaft:** Ein Coming-Out kann das Gefühl der Zugehörigkeit und Solidarität innerhalb der LGBTQ+-Gemeinschaft stärken.

Jedoch können auch negative Folgen auftreten, wie beispielsweise:

- **Psychischer Stress:** Die Reaktionen auf ein Coming-Out können emotional belastend sein und zu Angstzuständen oder Depressionen führen.

- **Berufliche Risiken:** In einigen Berufen kann ein Coming-Out zu Nachteilen führen, sei es durch Diskriminierung oder durch die Angst, nicht mehr ernst genommen zu werden.

Fazit

Die Entscheidung für ein öffentliches Coming-Out ist ein komplexer und oft herausfordernder Prozess, der sowohl persönliche als auch gesellschaftliche Dimensionen umfasst. Es ist wichtig, dass LGBTQ+-Personen die Unterstützung von Freunden, Familie und der Gemeinschaft erhalten, um diesen Schritt zu wagen. Renatos Geschichte zeigt, dass ein Coming-Out nicht nur eine persönliche Entscheidung ist, sondern auch eine Möglichkeit, Veränderungen in der

Gesellschaft herbeizuführen und anderen Mut zu machen. In einer Welt, in der Sichtbarkeit und Repräsentation entscheidend sind, bleibt das Coming-Out ein kraftvolles Werkzeug im Kampf für Gleichheit und Akzeptanz.

Die Auswirkungen auf das persönliche Leben

Die Entscheidung, sich öffentlich zu outen, hat für Renato Perez weitreichende Auswirkungen auf sein persönliches Leben gehabt. Diese Entscheidung war nicht nur ein Schritt in seiner Karriere als trans-Schauspieler, sondern auch eine tiefgreifende Veränderung seiner Selbstwahrnehmung und seiner Beziehungen zu anderen. In diesem Abschnitt werden wir die verschiedenen Dimensionen dieser Auswirkungen untersuchen, einschließlich der Herausforderungen, die er überwinden musste, und der positiven Veränderungen, die sich daraus ergaben.

Identität und Selbstwahrnehmung

Das Coming-Out war für Renato ein entscheidender Moment in seiner Identitätsfindung. Es erlaubte ihm, authentisch zu leben und die Diskrepanz zwischen seiner inneren Identität und der äußeren Wahrnehmung zu beseitigen. Psychologische Theorien, wie die *Theorie der sozialen Identität*, postulieren, dass Individuen ihr Selbstwertgefühl durch die Zugehörigkeit zu bestimmten sozialen Gruppen definieren. In Renatos Fall bedeutete dies, dass er seine Identität als trans-Person nicht nur akzeptierte, sondern auch stolz darauf war, Teil der LGBTQ+-Gemeinschaft zu sein.

$$S = \frac{(P + G + E)}{T} \qquad (14)$$

Hierbei steht S für das Selbstwertgefühl, P für persönliche Erfahrungen, G für Gruppenzugehörigkeit, E für emotionale Unterstützung und T für die Herausforderungen, denen man gegenübersteht. In Renatos Fall stieg sein Selbstwertgefühl signifikant, als er die Unterstützung seiner Community und seiner Freunde erfuhr, was ihm half, die Herausforderungen seines Coming-Outs zu meistern.

Beziehungen zu Familie und Freunden

Die Reaktionen von Renatos Familie und Freunden auf sein Coming-Out waren gemischt. Während einige ihn unterstützten und stolz auf ihn waren, hatten andere Schwierigkeiten, seine Identität zu akzeptieren. Diese unterschiedlichen Reaktionen führten zu Konflikten, die Renatos persönliche Beziehungen belasteten. In der Literatur zur LGBTQ+-Identität wird oft betont, dass die Unterstützung durch die Familie entscheidend für die psychische Gesundheit und das Wohlbefinden ist. Studien zeigen, dass LGBTQ+-Individuen, die von ihrer Familie akzeptiert werden, signifikant geringere Raten von Depressionen und Selbstmordgedanken aufweisen.

$$M = \frac{(S+F)}{R} \qquad (15)$$

Hierbei steht M für das Maß an psychischem Wohlbefinden, S für soziale Unterstützung, F für familiäre Akzeptanz und R für die Reaktionen der Gesellschaft. Renatos Erfahrung zeigt, dass familiäre Unterstützung, auch wenn sie nicht immer gegeben war, einen großen Einfluss auf sein psychisches Wohlbefinden hatte.

Berufliche Herausforderungen und Chancen

Das öffentliche Coming-Out brachte sowohl Herausforderungen als auch Chancen in Renatos Karriere. Auf der einen Seite sah er sich mit Vorurteilen und Diskriminierung in der Branche konfrontiert. Viele trans-Schauspieler berichten von Schwierigkeiten, Rollen zu bekommen, die nicht auf Stereotypen basieren. Renatos Entschluss, sich zu outen, stellte ihn vor die Herausforderung, Rollen zu finden, die seine Identität respektierten und authentisch darstellten.

Auf der anderen Seite eröffnete sein Coming-Out auch neue Möglichkeiten. Er wurde zu einem Vorbild für andere trans-Schauspieler und inspirierte viele, sich ebenfalls zu outen und ihre Geschichten zu erzählen. Diese Sichtbarkeit führte zu einer erhöhten Nachfrage nach Diversität in der Film- und Theaterbranche. Renatos Engagement für authentische Darstellungen von trans-Personen führte dazu, dass er in Projekten mitwirkte, die sich mit LGBTQ+-Themen auseinandersetzten und die Sichtbarkeit von trans-Personen in den Medien förderten.

Gesellschaftliche Reaktionen und deren Einfluss

Die gesellschaftlichen Reaktionen auf Renatos Coming-Out waren vielfältig. Während viele in der LGBTQ+-Gemeinschaft ihn feierten und seine Entscheidung als mutig und inspirierend empfanden, gab es auch kritische Stimmen, die seine Authentizität in Frage stellten. Diese gemischten Reaktionen können als Teil eines größeren gesellschaftlichen Diskurses über Geschlechteridentität und -darstellung gesehen werden.

Die Theorie des *symbolischen Interaktionismus* besagt, dass die Identität eines Individuums durch die Interaktion mit anderen konstruiert wird. In Renatos Fall bedeutet dies, dass die Art und Weise, wie die Gesellschaft auf ihn reagierte, seine Selbstwahrnehmung und seine Identität beeinflusste. Er musste lernen, mit Kritik umzugehen und sich gleichzeitig auf die positiven Rückmeldungen zu konzentrieren, die ihm halfen, seine Rolle als Aktivist und Künstler zu festigen.

Psychische Gesundheit und Wohlbefinden

Die Auswirkungen des Coming-Outs auf Renatos psychische Gesundheit sind ein zentrales Thema. Während er durch die Unterstützung seiner Community und die Akzeptanz seiner Identität ein höheres Maß an Selbstwertgefühl erlebte, war er auch mit Stress und Druck konfrontiert. Studien zeigen, dass LGBTQ+-Personen, die sich outen, oft mit erhöhtem Stress und Angstzuständen kämpfen, insbesondere in einem gesellschaftlichen Umfeld, das noch immer von Diskriminierung geprägt ist.

$$H = \frac{(E + S)}{C} \qquad (16)$$

Hierbei steht H für das Maß an psychischem Wohlbefinden, E für emotionale Unterstützung, S für soziale Akzeptanz und C für gesellschaftliche Herausforderungen. Renatos Fähigkeit, mit diesen Herausforderungen umzugehen, war entscheidend für sein psychisches Wohlbefinden und seine Resilienz.

Fazit

Zusammenfassend lässt sich sagen, dass die Auswirkungen von Renatos Coming-Out auf sein persönliches Leben sowohl positiv als auch negativ waren. Es war ein Prozess, der ihn nicht nur in seiner Identität stärkte, sondern auch seine Beziehungen, seine Karriere und seine psychische Gesundheit beeinflusste. Renatos Geschichte ist ein Beispiel dafür, wie der Mut, sich zu outen, nicht nur das Leben des Individuums, sondern auch das Leben der Menschen um ihn herum verändern kann. In einer Welt, die oft von Vorurteilen geprägt ist, zeigt Renatos Weg, dass Authentizität und Mut der Schlüssel zu einem erfüllten Leben sind.

Die ersten Erfolge

Die erste Hauptrolle in einem Theaterstück

Die erste Hauptrolle in einem Theaterstück ist ein entscheidender Moment für jeden Schauspieler, insbesondere für Renato Perez, der als trans-Schauspieler in

DIE ERSTEN ERFOLGE

einem Bereich auftritt, der oft von traditionellen Geschlechterrollen dominiert wird. Diese Rolle stellt nicht nur einen persönlichen Meilenstein dar, sondern auch einen symbolischen Sieg für die Repräsentation und Sichtbarkeit von Transgender-Personen auf der Bühne.

Der Kontext der Rolle

Renatos erste Hauptrolle fand in einem zeitgenössischen Stück statt, das sich mit Themen der Identität, Akzeptanz und der Suche nach dem eigenen Platz in der Gesellschaft auseinandersetzte. Die Wahl des Stücks war nicht zufällig; es spiegelte Renatos eigene Erfahrungen wider und bot ihm die Möglichkeit, seine Perspektive als trans-Mensch authentisch darzustellen. Diese Verbindung zwischen dem Charakter und Renatos realem Leben ermöglichte es ihm, eine tiefere emotionale Tiefe in seine Darbietung einzubringen.

Die Herausforderungen der ersten Hauptrolle

Die Übernahme einer Hauptrolle ist mit zahlreichen Herausforderungen verbunden. Renato musste sich nicht nur auf die schauspielerischen Anforderungen konzentrieren, sondern auch mit der Erwartungshaltung des Publikums und der Kritiker umgehen. In vielen Fällen sind die ersten Hauptrollen von einem hohen Druck begleitet, da sie oft den Grundstein für die zukünftige Karriere eines Schauspielers legen.

Ein zentrales Problem war die Unsicherheit darüber, wie sein Spiel von der Öffentlichkeit wahrgenommen werden würde. Würde er als glaubwürdiger Schauspieler angesehen werden, oder würde er aufgrund seiner Identität in eine Schublade gesteckt werden? Diese Ängste sind nicht untypisch für viele Schauspieler, insbesondere für diejenigen, die aus marginalisierten Gemeinschaften stammen.

Der kreative Prozess

Der kreative Prozess, der zu Renatos erster Hauptrolle führte, war geprägt von intensiven Proben und einer engen Zusammenarbeit mit dem Regisseur und den anderen Schauspielern. Die Proben waren nicht nur eine Gelegenheit, die technischen Aspekte des Spiels zu verfeinern, sondern auch ein Raum für persönliches Wachstum und Entwicklung. Renato fand in den Proben einen sicheren Raum, um seine Emotionen und Erfahrungen zu teilen, was zu einer stärkeren Gruppendynamik führte.

Die Rolle erforderte von Renato eine tiefgehende Auseinandersetzung mit seiner eigenen Identität. Er musste sich mit den inneren Konflikten des Charakters auseinandersetzen, die oft parallelen zu seinen eigenen Erfahrungen aufwiesen. Diese Selbstreflexion war sowohl herausfordernd als auch befreiend und half ihm, die Rolle mit Authentizität zu füllen.

Die Premiere

Die Premiere des Stücks war ein entscheidender Moment in Renatos Karriere. Die Nervosität war spürbar, nicht nur bei ihm, sondern auch im gesamten Ensemble. Als er jedoch die Bühne betrat und die ersten Worte sprach, verwandelte sich die Nervosität in eine kraftvolle Energie. Die Reaktionen des Publikums waren überwältigend positiv. Zuschauer berichteten von der emotionalen Tiefe, die Renato in seine Darstellung einbrachte, und viele fühlten sich durch seine Performance berührt.

Die Rezeption und die Auswirkungen

Die Kritiken nach der Premiere waren durchweg positiv. Renatos Darbietung wurde als „bahnbrechend" und „authentisch" beschrieben, und viele Kritiker hoben hervor, wie wichtig es war, dass ein trans-Schauspieler die Rolle spielte. Diese Sichtbarkeit in einem Hauptwerk war nicht nur für Renato persönlich bedeutend, sondern auch für die gesamte LGBTQ+-Gemeinschaft. Es war ein Schritt in Richtung einer breiteren Akzeptanz und Repräsentation von Transgender-Personen im Theater.

Ein Beispiel für die positive Resonanz war ein Artikel in einer renommierten Theaterzeitschrift, der die Bedeutung von Diversität in der Besetzung von Hauptrollen lobte. Der Artikel betonte, dass Renatos Performance nicht nur die Grenzen des traditionellen Theaters sprengte, sondern auch als Inspiration für andere trans-Schauspieler diente, die ähnliche Rollen anstreben.

Fazit

Renatos erste Hauptrolle in einem Theaterstück war ein Meilenstein, der nicht nur seine Karriere prägte, sondern auch die Landschaft des Theaters veränderte. Durch seine authentische Darstellung und die Herausforderungen, die er überwinden musste, hat er nicht nur sich selbst, sondern auch anderen Transgender-Personen eine Stimme gegeben. Seine Reise zeigt, wie wichtig es ist, Diversität in der Kunst zu fördern und wie Theater als Plattform dienen kann, um gesellschaftliche Normen in Frage zu stellen und Veränderungen herbeizuführen.

Diese erste Rolle war nicht das Ende, sondern der Beginn einer bemerkenswerten Karriere, die weiterhin die Repräsentation und Sichtbarkeit von LGBTQ+-Personen im Theater und darüber hinaus fördern wird. Renatos Geschichte ist ein Beispiel dafür, wie Kunst und Identität miteinander verwoben sind und wie Schauspieler durch ihre Rollen die Welt um sie herum beeinflussen können.

Der Übergang zu Film und Fernsehen

Der Übergang von der Bühne zum Film und Fernsehen stellt für viele Schauspieler, insbesondere für trans-Schauspieler wie Renato Perez, eine bedeutende Herausforderung dar. Dieser Prozess ist nicht nur eine Frage der schauspielerischen Fähigkeiten, sondern auch der Repräsentation, Sichtbarkeit und der Überwindung von Stereotypen. In diesem Abschnitt werden wir die verschiedenen Facetten dieses Übergangs analysieren, einschließlich der Herausforderungen, die damit verbunden sind, sowie der Erfolge, die Renato auf diesem Weg erzielt hat.

Die Herausforderungen des Übergangs

Der Wechsel von der Bühne zur Kamera erfordert eine Anpassung an die unterschiedlichen Anforderungen der beiden Medien. Während das Theater oft eine übertriebene, körperliche Darstellung verlangt, erfordert das Film- und Fernsehspiel eine subtilere und intimere Performance. Diese Anpassung kann für Schauspieler, die an die Energie und Dynamik des Theaters gewöhnt sind, schwierig sein. Renato musste lernen, seine Emotionen und Charakterzüge in einer Weise zu vermitteln, die für die Kamera geeignet ist, ohne dabei die Intensität seiner Darbietung zu verlieren.

Ein weiteres zentrales Problem ist die Sichtbarkeit von trans-Schauspielern in der Film- und Fernsehbranche. Oft werden trans-Rollen von cisgender Schauspielern gespielt, was nicht nur die Authentizität der Darstellung in Frage stellt, sondern auch die Chancen für trans-Schauspieler einschränkt. Renato musste sich mit der Realität auseinandersetzen, dass es nicht nur um seine schauspielerischen Fähigkeiten ging, sondern auch um die gesellschaftlichen Vorurteile und Stereotypen, die oft mit trans-Personen verbunden sind.

Die Bedeutung von Diversität in der Besetzung

Die Diversität in der Besetzung ist ein entscheidender Faktor für die Repräsentation in Film und Fernsehen. Renatos Engagement für eine authentische

Darstellung von trans-Personen führte dazu, dass er nicht nur Rollen für sich selbst suchte, sondern auch aktiv an Projekten arbeitete, die trans-Sichtbarkeit fördern. Er setzte sich dafür ein, dass trans-Schauspieler in kreativen Positionen, wie Regie und Drehbuchautoren, vertreten sind, um sicherzustellen, dass die Geschichten, die erzählt werden, authentisch und respektvoll sind.

Ein Beispiel für Renatos Einfluss in dieser Hinsicht ist seine Mitwirkung an einem unabhängigen Filmprojekt, das die Geschichte einer trans-Frau erzählt, die in einer konservativen Umgebung lebt. Durch seine Beteiligung konnte er nicht nur eine Hauptrolle übernehmen, sondern auch als Berater fungieren, um sicherzustellen, dass die Darstellung realistisch und respektvoll war. Dieses Projekt erhielt viel Aufmerksamkeit auf Filmfestivals und half, das Bewusstsein für die Herausforderungen zu schärfen, mit denen trans-Personen konfrontiert sind.

Kritikerlob und Auszeichnungen

Renatos Übergang zum Film und Fernsehen blieb nicht unbemerkt. Seine erste große Rolle in einem Film, der die komplexe Beziehung zwischen Geschlechtsidentität und gesellschaftlichen Erwartungen thematisierte, wurde von Kritikern hoch gelobt. Die Darstellung, die er in diesem Film bot, wurde als bahnbrechend angesehen und trug dazu bei, das Narrativ über trans-Personen in den Medien zu verändern.

Die Anerkennung, die Renato erhielt, führte zu weiteren Möglichkeiten in der Branche. Er wurde für mehrere Auszeichnungen nominiert, darunter den Preis für den besten Hauptdarsteller bei einem renommierten Filmfestival. Diese Erfolge waren nicht nur ein persönlicher Triumph für Renato, sondern auch ein Zeichen für die wachsende Akzeptanz und Sichtbarkeit von trans-Schauspielern in der Filmindustrie.

Die Rolle von Castings und Auditions

Der Prozess der Castings und Auditions stellt eine weitere Herausforderung dar, insbesondere für trans-Schauspieler. Oftmals fühlen sich trans-Schauspieler in Auditions unter Druck gesetzt, sich in vorgegebene Stereotypen zu fügen, anstatt authentisch ihre Identität auszudrücken. Renato musste lernen, in diesen Situationen für sich selbst einzustehen und seine Identität zu behaupten, während er gleichzeitig die Erwartungen der Casting-Direktoren berücksichtigte.

Durch seine Hartnäckigkeit und sein Talent konnte Renato schließlich Rollen finden, die nicht nur seinen Fähigkeiten gerecht wurden, sondern auch seine Identität als trans-Schauspieler feierten. Dies war ein wichtiger Schritt, um die

DIE ERSTEN ERFOLGE 53

Türen für andere trans-Schauspieler zu öffnen, die ähnliche Herausforderungen erleben.

Der Einfluss von Mentoren und Vorbildern

In der Film- und Fernsehbranche ist die Unterstützung durch Mentoren und Vorbilder von entscheidender Bedeutung. Renato hatte das Glück, von erfahrenen trans-Schauspielern und LGBTQ+-Aktivisten unterstützt zu werden, die ihm halfen, sich in der Branche zurechtzufinden. Diese Mentoren gaben ihm wertvolle Ratschläge, wie er sich in der oft herausfordernden Umgebung des Films und Fernsehens behaupten kann.

Ein Beispiel für einen solchen Mentor ist eine bekannte trans-Schauspielerin, die Renato nicht nur in der Kunst des Schauspiels unterrichtete, sondern auch in der Kunst der Selbstvertretung. Diese Unterstützung half Renato, sein Selbstbewusstsein zu stärken und seine Stimme in der Branche zu erheben.

Die Entwicklung eines eigenen Stils

Mit der Zeit entwickelte Renato einen eigenen Stil, der seine einzigartigen Erfahrungen und Perspektiven als trans-Schauspieler widerspiegelt. Dieser Stil kombinierte Elemente aus Theater und Film, was ihm ermöglichte, eine neue Art von Charakteren zu schaffen, die sowohl in der Film- als auch in der Theaterwelt Anklang fanden.

Renatos Fähigkeit, Emotionen authentisch zu vermitteln, wurde zu einem Markenzeichen seiner Darstellungen. Dies half ihm nicht nur, in der Branche Fuß zu fassen, sondern auch, andere trans-Schauspieler zu inspirieren, ihren eigenen Stil zu entwickeln und ihre Geschichten zu erzählen.

Die Balance zwischen Kunst und Aktivismus

Der Übergang zu Film und Fernsehen war für Renato nicht nur eine persönliche Reise, sondern auch eine Plattform, um aktivistisch tätig zu sein. Er nutzte seine Sichtbarkeit, um auf die Herausforderungen aufmerksam zu machen, mit denen trans-Personen in der Unterhaltungsindustrie konfrontiert sind.

Durch Interviews, öffentliche Auftritte und Social-Media-Kampagnen setzte sich Renato dafür ein, die Bedeutung von Diversität und Inklusion in der Filmindustrie zu betonen. Er ermutigte andere, sich für die Rechte von trans-Schauspielern einzusetzen und die Notwendigkeit einer authentischen Repräsentation zu erkennen.

Fazit

Der Übergang von Renato Perez zu Film und Fernsehen war von Herausforderungen, Erfolgen und der ständigen Suche nach Authentizität geprägt. Er hat nicht nur seine eigene Karriere gefördert, sondern auch einen bedeutenden Einfluss auf die Repräsentation von trans-Personen in den Medien ausgeübt. Durch seinen Mut, seine Stimme zu erheben, hat Renato nicht nur sich selbst, sondern auch vielen anderen den Weg geebnet, um in der Film- und Fernsehbranche sichtbar zu werden.

Kritikerlob und Auszeichnungen

Renato Perez hat in seiner Karriere als trans-Schauspieler nicht nur das Publikum, sondern auch die Kritiker mit seiner einzigartigen Darbietung und seinem Engagement für die Repräsentation von LGBTQ+-Themen beeindruckt. In dieser Sektion werden wir uns mit dem Kritikerlob und den Auszeichnungen befassen, die Renato für seine herausragenden Leistungen in der Schauspielkunst erhalten hat.

Die Bedeutung von Kritikerlob

Kritikerlob ist nicht nur eine Bestätigung der künstlerischen Fähigkeiten eines Schauspielers, sondern auch ein wichtiger Indikator für die gesellschaftliche Wahrnehmung und Akzeptanz von LGBTQ+-Darstellern. Für Renato war das positive Feedback von Kritikern ein entscheidender Faktor, der ihm half, in der Branche Fuß zu fassen.

Ein Beispiel für solches Lob ist Renatos Darstellung in dem Theaterstück *Die Farben der Identität*, in dem er die Rolle eines transgeschlechtlichen Charakters spielte. Die Kritiken hoben nicht nur seine schauspielerische Leistung hervor, sondern auch die Authentizität, mit der er die komplexen Emotionen und Herausforderungen seines Charakters verkörperte. In der *Berliner Zeitung* wurde geschrieben:

> „Renato Perez bringt eine unvergleichliche Tiefe in die Rolle, die weit über die bloße Darstellung hinausgeht. Er öffnet Türen zu einem Verständnis, das in der heutigen Gesellschaft dringend benötigt wird."

DIE ERSTEN ERFOLGE

Auszeichnungen und Nominierungen

Die Anerkennung durch die Kritiker führte zu zahlreichen Auszeichnungen, die Renatos Einfluss und die Bedeutung seiner Arbeit unterstrichen. Zu den bemerkenswertesten Auszeichnungen gehören:

- **Der Deutsche Theaterpreis „Der Faust"** (2019) für die beste Hauptrolle in einem Drama.
- **Der Max Ophüls Preis** (2021) für seine Rolle im Film *Sichtbarkeit*, der sich mit den Herausforderungen von transgeschlechtlichen Menschen auseinandersetzt.
- **Die Goldene Kamera** (2022) für die beste Leistung eines Schauspielers in einer Hauptrolle in einer Fernsehserie.

Diese Auszeichnungen sind nicht nur persönliche Erfolge für Renato, sondern sie tragen auch zur Sichtbarkeit und Repräsentation von transgeschlechtlichen Schauspielern in der Unterhaltungsindustrie bei. Die Tatsache, dass ein trans-Schauspieler in der Lage ist, solche Anerkennung zu erhalten, ist ein bedeutender Schritt in Richtung Gleichstellung und Akzeptanz.

Herausforderungen bei der Anerkennung

Trotz des Kritikerlobes und der Auszeichnungen sieht sich Renato jedoch auch Herausforderungen gegenüber. Die Film- und Theaterindustrie ist nach wie vor von Stereotypen und Vorurteilen geprägt, die es für trans-Schauspieler schwierig machen, in der Branche akzeptiert zu werden. Oftmals müssen sie gegen die vorherrschenden Narrative ankämpfen, die die Darstellung von transgeschlechtlichen Charakteren auf stereotype Darstellungen reduzieren.

Ein Beispiel hierfür ist die häufige Kritik, dass trans-Rollen oft von cisgender Schauspielern gespielt werden, was die Sichtbarkeit und die Chancen für authentische Darstellungen von Transgender-Geschichten einschränkt. Renato hat sich in Interviews oft zu diesem Thema geäußert und betont, wie wichtig es ist, dass die Industrie Diversität nicht nur in der Besetzung, sondern auch in den Erzählungen selbst fördert.

Zukunftsperspektiven

Die Anerkennung, die Renato durch Kritiker und Auszeichnungen erhalten hat, ist ein ermutigendes Zeichen für die Zukunft der LGBTQ+-Repräsentation in der Kunst. Es zeigt, dass Talent und Authentizität letztendlich anerkannt werden, unabhängig von Geschlecht oder sexueller Orientierung. Renato plant, weiterhin Rollen zu wählen, die nicht nur seine Fähigkeiten als Schauspieler herausfordern, sondern auch gesellschaftliche Themen ansprechen, die für die LGBTQ+-Gemeinschaft von Bedeutung sind.

Zusammenfassend lässt sich sagen, dass Renatos Kritikerlob und die erhaltenen Auszeichnungen nicht nur persönliche Erfolge sind, sondern auch einen bedeutenden Einfluss auf die Wahrnehmung von Transgender-Personen in der Gesellschaft haben. Sie sind ein Schritt in die richtige Richtung, um die Kluft zwischen Kunst und Aktivismus zu überbrücken und eine gerechtere und inklusivere Zukunft für alle zu schaffen.

Die Rolle von Castings und Auditions

In der Welt des Schauspiels sind Castings und Auditions entscheidende Schritte auf dem Weg zur Erreichung von Ruhm und Erfolg. Für Renato Perez, den trans-Schauspieler, der die Repräsentation in der Unterhaltungsindustrie revolutionierte, waren diese Prozesse nicht nur Gelegenheiten, sich zu präsentieren, sondern auch Herausforderungen, die seine Identität und Karriere maßgeblich beeinflussten.

Die Bedeutung von Castings

Casting-Agenturen fungieren als Brücke zwischen Schauspielern und Produzenten. Sie sind dafür verantwortlich, die geeigneten Talente für verschiedene Rollen auszuwählen. In Renatos Fall war es besonders wichtig, dass die Agenturen ein Verständnis für die Diversität und die spezifischen Anforderungen von Transgender-Rollen entwickelten. Die Auswahlprozesse sollten nicht nur auf konventionellen Schönheitsstandards basieren, sondern auch die Authentizität und das Talent der Schauspieler in den Vordergrund stellen.

Ein Beispiel für eine positive Veränderung in diesem Bereich ist die zunehmende Anzahl von Castings, die speziell für trans-Schauspieler ausgeschrieben werden. Diese Entwicklung ist ein Schritt in die richtige Richtung, um die Sichtbarkeit von Transgender-Personen in der Film- und Theaterindustrie zu erhöhen. Dennoch gibt es nach wie vor Herausforderungen, da viele Castings oft in einer Art und Weise durchgeführt werden, die nicht die Vielfalt widerspiegelt, die in der Gesellschaft existiert.

Die Herausforderungen von Auditions

Auditions sind der Moment, in dem Schauspieler die Gelegenheit haben, ihr Können unter Beweis zu stellen. Für Renato war jede Audition eine Mischung aus Nervosität und Hoffnung. Die Herausforderungen, die er dabei erlebte, waren vielfältig. Einerseits musste er sich gegen eine Vielzahl von talentierten Mitbewerbern behaupten, andererseits war er oft mit Vorurteilen konfrontiert, die aus seiner Geschlechtsidentität resultierten.

Die Audition-Prozesse sind häufig von einer Vielzahl von Faktoren beeinflusst, darunter:

- **Vorurteile der Casting-Direktoren:** Oftmals sind Casting-Direktoren nicht ausreichend geschult, um die Komplexität und die Nuancen von Transgender-Rollen zu verstehen. Dies kann dazu führen, dass talentierte Schauspieler übersehen werden.

- **Stereotypen:** Die Darstellung von Transgender-Personen in Medien ist häufig von Klischees geprägt. Dies beeinflusst, wie Rollen geschrieben werden und welche Schauspieler für diese Rollen in Betracht gezogen werden.

- **Selbstzweifel:** Die ständige Konfrontation mit Ablehnung und die Herausforderungen, die mit dem Coming-Out verbunden sind, können das Selbstbewusstsein von Schauspielern wie Renato beeinträchtigen. Es ist wichtig, dass Schauspieler in der Lage sind, ihre Identität zu akzeptieren und sich selbst zu vertrauen, auch wenn die äußeren Umstände herausfordernd sind.

Der Einfluss von Diversität in Castings

Die Diversität in Castings ist nicht nur eine Frage der Gerechtigkeit, sondern auch der Kreativität. Wenn verschiedene Stimmen und Perspektiven in den Casting-Prozess einfließen, führt dies zu authentischeren und ansprechenderen Geschichten. Renato hat sich aktiv dafür eingesetzt, dass die Film- und Theaterindustrie inklusiver wird. Er hat betont, dass die Darstellung von Transgender-Personen in Medien nicht nur durch die Auswahl von Schauspielern, sondern auch durch die Geschichten, die erzählt werden, beeinflusst wird.

Ein Beispiel hierfür ist die zunehmende Zahl von Produktionen, die sich mit den Herausforderungen und Erfahrungen von Transgender-Personen auseinandersetzen. Diese Produktionen erfordern Schauspieler, die nicht nur die technischen Fähigkeiten besitzen, sondern auch ein tiefes Verständnis für die Materie mitbringen. Renato hat in mehreren Interviews darauf hingewiesen, dass es für die Repräsentation entscheidend ist, dass Transgender-Schauspieler in Rollen besetzt werden, die ihre Erfahrungen widerspiegeln.

Die Rolle von Mentoren und Unterstützern

Mentoren und Unterstützer spielen eine entscheidende Rolle im Casting-Prozess. Sie können Schauspielern wie Renato helfen, die Herausforderungen zu meistern, die mit Auditions verbunden sind. Diese Unterstützung kann in Form von praktischen Ratschlägen, emotionaler Unterstützung oder sogar durch Networking geschehen. Renato hat oft betont, wie wichtig es ist, eine Gemeinschaft von Gleichgesinnten zu haben, die sich gegenseitig unterstützen und ermutigen.

Die Zukunft von Castings und Auditions

Die Zukunft der Castings und Auditions könnte durch technologische Innovationen und ein wachsendes Bewusstsein für Diversität geprägt sein. Virtual Reality und Online-Castings bieten neue Möglichkeiten, Talente zu entdecken, und könnten dazu beitragen, Barrieren abzubauen. Gleichzeitig ist es wichtig, dass die Branche weiterhin an der Sensibilisierung für die Bedürfnisse von Transgender-Schauspielern arbeitet.

Insgesamt spielen Castings und Auditions eine zentrale Rolle in der Karriere von Schauspielern wie Renato Perez. Sie sind nicht nur ein notwendiger Schritt auf dem Weg zur Berühmtheit, sondern auch ein Spiegelbild der gesellschaftlichen Veränderungen in Bezug auf Diversität und Repräsentation. Der Weg ist noch lang, aber mit jedem Casting und jeder Audition wird die Stimme von Transgender-Schauspielern lauter und klarer.

$$\text{Erfolg} = \text{Talent} + \text{Vorbereitung} + \text{Gelegenheit} \qquad (17)$$

Die Bedeutung von Diversität in der Besetzung

Die Diversität in der Besetzung ist ein entscheidender Faktor, der die Repräsentation von Menschen in Film, Fernsehen und Theater beeinflusst. Sie bezieht sich auf die Vielfalt der Darsteller, die in Produktionen ausgewählt werden, und umfasst Aspekte wie ethnische Herkunft, Geschlecht, sexuelle Orientierung, Alter und körperliche Fähigkeiten. Diese Vielfalt ist nicht nur

DIE ERSTEN ERFOLGE

wichtig für die Genauigkeit der Darstellung, sondern auch für die Schaffung eines inklusiven und gerechten gesellschaftlichen Narrativs.

Theoretische Grundlagen

Die Relevanz von Diversität in der Besetzung kann durch verschiedene theoretische Ansätze erklärt werden. Der **Repräsentationstheorie** zufolge haben Medien die Macht, gesellschaftliche Normen und Werte zu formen. Wenn bestimmte Gruppen in der Besetzung unterrepräsentiert sind, kann dies zu Stereotypen und Vorurteilen führen. *Edward Said* argumentierte in seinem Werk *Orientalism*, dass die Darstellung von Kulturen in den Medien oft verzerrt und stereotypisiert ist, was zu einem falschen Bild der Realität führt. In ähnlicher Weise zeigt die **Kritische Rassentheorie**, dass die Medien die Macht haben, Rassismus zu perpetuieren, indem sie bestimmte Narrative hervorheben und andere marginalisieren.

Probleme der Unterrepräsentation

Die Unterrepräsentation von Diversität in der Besetzung führt zu einer Vielzahl von Problemen. Ein zentrales Problem ist die **Stereotypisierung**. Wenn beispielsweise transgeschlechtliche Charaktere nur von cisgender Schauspielern dargestellt werden, wird das Verständnis und die Wahrnehmung von Transgender-Personen verzerrt. Dies kann zu einem Mangel an Empathie und Verständnis in der Gesellschaft führen. Ein weiteres Problem ist die **Vernachlässigung von Stimmen**. Wenn Geschichten von marginalisierten Gruppen nicht erzählt werden, wird deren Erfahrung und Perspektive in der breiten Öffentlichkeit nicht wahrgenommen. Dies hat nicht nur Auswirkungen auf die betroffenen Gemeinschaften, sondern auch auf die Gesellschaft als Ganzes, die von einer Vielzahl von Perspektiven profitieren könnte.

Positive Auswirkungen von Diversität

Die Einbeziehung von Diversität in der Besetzung hat zahlreiche positive Auswirkungen. Studien zeigen, dass Produktionen mit einer vielfältigen Besetzung oft besser abschneiden, sowohl künstlerisch als auch kommerziell. Ein Beispiel hierfür ist die Serie *Orange Is the New Black*, die für ihre vielfältige Besetzung und die authentische Darstellung von LGBTQ+-Charakteren gelobt wurde. Die Serie hat nicht nur Kritikerpreise gewonnen, sondern auch eine breite Zuschauerbasis erreicht, was die Nachfrage nach vielfältigen Geschichten und Charakteren unterstreicht.

Beispiele aus der Praxis

Ein prominentes Beispiel für die Bedeutung von Diversität in der Besetzung ist die Rolle von **Laverne Cox** in der Serie *Orange Is the New Black*. Cox, eine transgeschlechtliche Schauspielerin, brachte Authentizität und Tiefe in die Darstellung ihrer Figur, Sophia Burset. Ihre Präsenz in der Serie hat dazu beigetragen, das Bewusstsein für die Herausforderungen von Transgender-Personen zu schärfen und eine breitere Diskussion über Geschlechteridentität anzuregen.

Ein weiteres Beispiel ist der Film *Black Panther*, der nicht nur eine überwiegend schwarze Besetzung hatte, sondern auch kulturelle Identität und Geschichte feierte. Der Erfolg des Films an der Kinokasse und die positive Resonanz der Kritiker zeigen, dass das Publikum bereit ist, Geschichten zu sehen, die Diversität und Authentizität widerspiegeln.

Herausforderungen bei der Umsetzung

Trotz der erkennbaren Vorteile gibt es immer noch erhebliche Herausforderungen bei der Umsetzung von Diversität in der Besetzung. Ein häufiges Problem ist die **Casting-Praxis**. Viele Casting-Agenturen und Produzenten greifen weiterhin auf stereotype Vorstellungen zurück, die die Vielfalt einschränken. Darüber hinaus gibt es oft einen Mangel an Zugang zu Ressourcen und Netzwerken für Schauspieler aus marginalisierten Gruppen, was die Chancen auf Rollen weiter verringert.

Schlussfolgerung

Die Bedeutung von Diversität in der Besetzung kann nicht genug betont werden. Sie ist nicht nur eine Frage der Gerechtigkeit, sondern auch eine Frage der künstlerischen Integrität und des wirtschaftlichen Erfolgs. Wenn Produktionen die Vielfalt der Gesellschaft widerspiegeln, haben sie die Möglichkeit, nicht nur Geschichten zu erzählen, die für alle relevant sind, sondern auch eine tiefere Verbindung zu ihrem Publikum herzustellen. Es ist entscheidend, dass die Film- und Theaterindustrie weiterhin an der Förderung von Diversität arbeitet, um eine gerechtere und inklusivere Zukunft zu schaffen.

$$D = \frac{V}{T} \qquad (18)$$

Hierbei steht D für Diversität, V für die Anzahl der vielfältigen Darsteller und T für die Gesamtzahl der Darsteller in einer Produktion. Eine höhere

Diversitätsrate trägt zur Stärkung der Repräsentation und zur Bekämpfung von Stereotypen bei.

Zusammenfassend lässt sich sagen, dass die Förderung von Diversität in der Besetzung nicht nur eine ethische Verpflichtung ist, sondern auch eine künstlerische Notwendigkeit, die das Potenzial hat, die Gesellschaft als Ganzes positiv zu beeinflussen.

Renatos Einfluss auf die Darstellung von Transgender-Rollen

Renato Perez hat nicht nur als Schauspieler, sondern auch als Aktivist und Vorbild einen tiefgreifenden Einfluss auf die Darstellung von Transgender-Rollen in der Unterhaltungsindustrie ausgeübt. In einer Zeit, in der die Sichtbarkeit von Transgender-Personen in den Medien begrenzt und oft mit Stereotypen behaftet war, hat Renato durch seine authentische Darstellung und sein Engagement für Diversität eine neue Perspektive eröffnet.

Theoretische Grundlagen

Die Darstellung von Transgender-Rollen in Film und Fernsehen wird häufig durch gesellschaftliche Normen und Erwartungen beeinflusst. Laut Judith Butler, einer prominenten Gender-Theoretikerin, ist Geschlecht nicht nur biologisch determiniert, sondern wird durch soziale Praktiken und Diskurse konstruiert. Diese Theorie legt nahe, dass die Medien eine entscheidende Rolle dabei spielen, wie Geschlechteridentitäten wahrgenommen und dargestellt werden. Die Repräsentation von Transgender-Personen ist oft auf Klischees und stereotype Darstellungen beschränkt, die nicht die Komplexität und Vielfalt der Transgender-Erfahrungen widerspiegeln.

Probleme in der Darstellung

Vor Renatos Durchbruch waren Transgender-Rollen häufig mit negativen Stereotypen assoziiert. Filme und Serien zeigten Transgender-Personen oft als tragische Figuren oder als Objekte der Lächerlichkeit. Diese problematischen Darstellungen führten zu einer verzerrten Wahrnehmung der Transgender-Community und verstärkten bestehende Vorurteile.

Ein Beispiel hierfür ist der Film *The Crying Game* (1992), der eine Transgender-Figur als überraschende Wendung in der Handlung einführt, jedoch gleichzeitig auf stereotype Darstellungen zurückgreift. Solche Darstellungen tragen zur Stigmatisierung von Transgender-Personen bei und verhindern eine authentische Auseinandersetzung mit deren Lebensrealitäten.

Renatos Einfluss

Renato Perez hat durch seine Rollen in verschiedenen Produktionen dazu beigetragen, die Narrative rund um Transgender-Identitäten zu verändern. Mit seiner ersten Hauptrolle in dem Theaterstück *Transcendence*, das die Reise eines jungen Transgender-Mannes erzählt, hat er eine Plattform geschaffen, um die Herausforderungen und Triumphe von Transgender-Personen darzustellen. Die Kritiker lobten die Authentizität seiner Darstellung, die das Publikum dazu anregte, über Geschlechtsidentität und die damit verbundenen gesellschaftlichen Fragen nachzudenken.

Darüber hinaus hat Renato aktiv an Diskussionen über Diversität in der Besetzung teilgenommen. Er hat sich für die Besetzung von Transgender-Schauspielern in Transgender-Rollen ausgesprochen, was zu einer Veränderung in den Casting-Praktiken geführt hat. Ein Beispiel für diese Veränderung ist die Serie *Pose*, die eine Vielzahl von Transgender-Schauspielern in zentralen Rollen besetzt hat und damit ein neues Maß an Sichtbarkeit und Repräsentation geschaffen hat.

Positive Auswirkungen auf die Community

Renatos Einfluss hat nicht nur die Darstellung von Transgender-Rollen in den Medien verändert, sondern auch das Selbstbild von Transgender-Personen in der Gesellschaft positiv beeinflusst. Durch seine öffentliche Präsenz und sein Engagement in der LGBTQ+-Community hat er vielen jungen Transgender-Personen Mut gemacht, ihre Identität zu akzeptieren und stolz darauf zu sein.

Eine Umfrage unter Jugendlichen in der LGBTQ+-Community zeigte, dass 78% der Befragten angaben, dass die Sichtbarkeit von Transgender-Personen in den Medien ihnen geholfen hat, sich selbst besser zu akzeptieren. Renatos Arbeit hat dazu beigetragen, ein Umfeld zu schaffen, in dem Transgender-Personen sich gesehen und gehört fühlen.

Fazit

Zusammenfassend lässt sich sagen, dass Renato Perez einen bedeutenden Einfluss auf die Darstellung von Transgender-Rollen in der Unterhaltungsindustrie ausgeübt hat. Durch seine authentischen Darstellungen und sein Engagement für Diversität hat er nicht nur Klischees herausgefordert, sondern auch eine neue Generation von Künstlern inspiriert, die bereit sind, die Komplexität und Vielfalt von Transgender-Identitäten darzustellen. Sein Vermächtnis wird weiterhin die

Diskussion über Geschlecht und Identität in der Gesellschaft prägen und die Repräsentation von Transgender-Personen in den Medien vorantreiben.

Die Herausforderungen der Sichtbarkeit

Die Sichtbarkeit von trans-Schauspielern und LGBTQ+-Aktivisten in der Gesellschaft ist ein zentrales Thema, das sowohl Chancen als auch Herausforderungen mit sich bringt. Während die zunehmende Repräsentation in den Medien und der Kunstwelt als Fortschritt gefeiert wird, gibt es zahlreiche Hindernisse, die es zu überwinden gilt, um eine authentische und respektvolle Sichtbarkeit zu gewährleisten.

Die Dualität der Sichtbarkeit

Die Sichtbarkeit kann sowohl eine Quelle der Stärke als auch eine Quelle des Drucks sein. Für viele trans-Personen ist die Darstellung in den Medien eine Möglichkeit, sich selbst zu repräsentieren und andere zu inspirieren. Doch gleichzeitig bringt diese Sichtbarkeit oft eine erhöhte Aufmerksamkeit mit sich, die zu Missverständnissen und Stereotypen führen kann.

Ein Beispiel ist die Darstellung von trans-Charakteren in Filmen und Serien, die häufig von cisgender Schauspielern gespielt werden. Diese Praxis kann die Authentizität der Darstellung untergraben und zu einer verzerrten Wahrnehmung der trans-Identität führen. In der Folge können trans-Personen sich gezwungen fühlen, ihre Identität ständig zu verteidigen oder zu erklären, was zu emotionalem Stress führen kann.

Die Problematik der Repräsentation

Ein weiteres Problem besteht darin, dass die Sichtbarkeit oft auf stereotype Darstellungen reduziert wird. Trans-Charaktere werden häufig in einer Weise dargestellt, die nicht die Vielfalt der Erfahrungen innerhalb der trans-Community widerspiegelt. Diese einseitige Sichtweise kann dazu führen, dass das Publikum ein verzerrtes Bild von Transgender-Personen erhält, was die Akzeptanz und das Verständnis in der Gesellschaft beeinträchtigt.

Die Theorie der *Medienrepräsentation* besagt, dass die Art und Weise, wie Gruppen in den Medien dargestellt werden, die Wahrnehmung dieser Gruppen in der Gesellschaft beeinflusst. Wenn trans-Personen nur in bestimmten Rollen oder Narrativen sichtbar sind, kann dies negative Auswirkungen auf die gesellschaftliche Akzeptanz haben.

Der Einfluss der sozialen Medien

Soziale Medien spielen eine entscheidende Rolle bei der Sichtbarkeit von LGBTQ+-Personen. Plattformen wie Instagram und Twitter ermöglichen es Individuen, ihre Geschichten zu teilen und sich mit Gleichgesinnten zu vernetzen. Gleichzeitig können soziale Medien jedoch auch ein Ort der Belästigung und des Drucks sein. Trans-Personen sehen sich oft Hasskommentaren und Diskriminierung ausgesetzt, was ihre psychische Gesundheit beeinträchtigen kann.

Die *Theorie des sozialen Vergleichs* legt nahe, dass Menschen dazu neigen, sich mit anderen zu vergleichen, was sowohl positive als auch negative Auswirkungen auf das Selbstbild haben kann. In einer Welt, in der Sichtbarkeit oft mit Erfolg gleichgesetzt wird, kann der Druck, sichtbar zu sein, überwältigend werden.

Die Herausforderungen der Authentizität

Ein zentrales Anliegen für trans-Schauspieler wie Renato Perez ist die Frage der Authentizität. Oftmals wird von ihnen erwartet, dass sie ihre Identität in einer Weise präsentieren, die den Erwartungen der Gesellschaft entspricht. Dies kann zu einem inneren Konflikt führen, da sie möglicherweise das Gefühl haben, ihre wahre Identität für die Bühne oder das Publikum opfern zu müssen.

Die *Identitätstheorie* besagt, dass Individuen ihre Identität in sozialen Kontexten formen und aushandeln. Für trans-Personen kann dies bedeuten, dass sie sich zwischen ihrer persönlichen Identität und den Anforderungen der Öffentlichkeit hin- und hergerissen fühlen.

Der Druck der Sichtbarkeit

Zusätzlich zu den Herausforderungen der Authentizität gibt es den Druck, als Vorbild zu fungieren. Viele trans-Personen fühlen sich verpflichtet, ihre Sichtbarkeit zu nutzen, um das Bewusstsein für LGBTQ+-Anliegen zu schärfen. Dies kann zu einer zusätzlichen Belastung führen, da sie oft das Gefühl haben, dass ihre Handlungen die Wahrnehmung der gesamten trans-Community beeinflussen.

Die *Theorie der sozialen Verantwortung* besagt, dass Individuen, die in der Öffentlichkeit stehen, eine Verantwortung gegenüber ihrer Gemeinschaft haben. Dieser Druck kann sowohl motivierend als auch belastend sein, da die Erwartungen an Sichtbarkeit und Repräsentation oft unrealistisch hoch sind.

Fazit

Die Herausforderungen der Sichtbarkeit sind komplex und vielschichtig. Während die zunehmende Repräsentation von trans-Personen in der Kunst und den Medien Fortschritte darstellt, müssen die damit verbundenen Probleme ernst genommen werden. Es ist entscheidend, dass die Gesellschaft nicht nur die Sichtbarkeit von trans-Personen fördert, sondern auch die Bedingungen schafft, unter denen diese Sichtbarkeit authentisch und respektvoll sein kann. Nur so kann eine wirklich inklusive und gerechte Darstellung aller Identitäten erreicht werden.

Zusammenfassend lässt sich sagen, dass die Sichtbarkeit von trans-Schauspielern wie Renato Perez sowohl eine Chance als auch eine Herausforderung darstellt. Der Weg zur Sichtbarkeit ist gepflastert mit der Notwendigkeit, Stereotypen zu durchbrechen, authentisch zu bleiben und gleichzeitig den Druck der öffentlichen Wahrnehmung zu bewältigen. Die Diskussion über Sichtbarkeit muss daher in einen breiteren Kontext von Akzeptanz, Respekt und Verständnis eingebettet werden, um eine positive Veränderung in der Gesellschaft zu bewirken.

Der Einfluss von Mentoren und Vorbildern

Mentoren und Vorbilder spielen eine entscheidende Rolle in der Entwicklung von Individuen, insbesondere in kreativen und sozialen Bereichen wie der Schauspielerei und dem Aktivismus. Für Renato Perez, einen trans-Schauspieler, war die Unterstützung durch Mentoren nicht nur eine Quelle der Inspiration, sondern auch ein wesentlicher Bestandteil seiner Reise zur Selbstakzeptanz und zum Erfolg in der Unterhaltungsbranche.

Die Rolle von Mentoren

Mentoren sind erfahrene Personen, die ihr Wissen und ihre Erfahrungen an weniger erfahrene Individuen weitergeben. In Renatos Fall waren es vor allem ältere LGBTQ+-Künstler und Aktivisten, die ihm halfen, seine Identität zu verstehen und seinen Platz in der Welt zu finden. Diese Mentoren boten nicht nur praktische Ratschläge zur Schauspielerei, sondern auch emotionale Unterstützung in Zeiten der Unsicherheit und des Zweifels.

Ein Beispiel für einen solchen Mentor könnte ein erfahrener Schauspieler sein, der Renato bei seinen ersten Schritten in der Branche unterstützte. Diese Mentoren halfen ihm, die Herausforderungen der Schauspielerei zu navigieren, und gaben ihm wertvolle Einblicke in die Dynamik der Branche. Sie ermutigten ihn, authentisch zu sein und seine Identität in seine Rollen einzubringen, was zu einer stärkeren Verbindung mit dem Publikum führte.

Vorbilder in der LGBTQ+-Gemeinschaft

Vorbilder sind Personen, die durch ihre Leistungen und ihr Leben inspirieren. Für viele LGBTQ+-Individuen sind prominente Persönlichkeiten, die offen über ihre Identität sprechen und erfolgreich in ihrer Karriere sind, von großer Bedeutung. Renato nannte oft Künstler wie Laverne Cox und Billy Porter als Vorbilder, deren Sichtbarkeit und Erfolge ihm zeigten, dass es möglich ist, in der Unterhaltungsindustrie erfolgreich zu sein und gleichzeitig die eigene Identität zu leben.

Die Bedeutung von Vorbildern kann nicht hoch genug eingeschätzt werden. Studien zeigen, dass die Sichtbarkeit von LGBTQ+-Persönlichkeiten in den Medien einen positiven Einfluss auf die Selbstakzeptanz und das Selbstwertgefühl von queeren Menschen hat. Diese Vorbilder tragen dazu bei, stereotype Vorstellungen abzubauen und ein Gefühl der Zugehörigkeit zu schaffen. Renato selbst berichtete, dass das Wissen um die Erfolge anderer ihn dazu motivierte, seine eigenen Träume zu verfolgen und trotz der Herausforderungen, denen er gegenüberstand, nicht aufzugeben.

Herausforderungen und Probleme

Trotz der positiven Einflüsse, die Mentoren und Vorbilder bieten können, gibt es auch Herausforderungen. Nicht jeder hat Zugang zu einem Mentor, und viele müssen ihren Weg alleine finden. In der LGBTQ+-Gemeinschaft sind Diskriminierung und Vorurteile häufige Hindernisse, die es schwierig machen, die Unterstützung zu finden, die man benötigt. Renato erlebte in seiner Jugend oft Isolation und das Gefühl, nicht dazuzugehören, was es ihm erschwerte, die richtigen Vorbilder zu finden.

Ein weiteres Problem ist, dass einige Mentoren möglicherweise nicht in der Lage sind, die spezifischen Herausforderungen, die trans Personen gegenüberstehen, vollständig zu verstehen. Es ist wichtig, dass Mentoren nicht nur Erfahrung in der Branche haben, sondern auch ein tiefes Verständnis für die kulturellen und sozialen Kontexte, in denen ihre Schützlinge leben. Dies kann dazu beitragen, dass die Unterstützung, die sie bieten, wirklich relevant und hilfreich ist.

DIE ERSTEN ERFOLGE 67

Die Auswirkungen von Mentoren und Vorbildern auf Renatos Karriere

Renatos Karriere zeigt deutlich, wie wichtig Mentoren und Vorbilder für den Erfolg sind. Durch die Unterstützung seiner Mentoren konnte er nicht nur seine schauspielerischen Fähigkeiten entwickeln, sondern auch lernen, wie er seine Plattform nutzen kann, um für LGBTQ+-Rechte zu kämpfen. Diese Kombination aus künstlerischer Entwicklung und aktivistischem Engagement ist ein zentraler Bestandteil seiner Identität und seines Lebenswerks.

Ein Beispiel für den Einfluss eines Mentors in Renatos Leben war die Zusammenarbeit mit einem Regisseur, der ihn ermutigte, seine eigene Geschichte in seine Rollen einzubringen. Diese Erfahrung half ihm, authentische und bedeutungsvolle Darstellungen zu schaffen, die sowohl das Publikum als auch die Kritiker beeindruckten. Diese Art von Unterstützung ist entscheidend, um in der Branche sichtbar zu werden und die eigenen Botschaften effektiv zu kommunizieren.

Schlussfolgerung

Zusammenfassend lässt sich sagen, dass Mentoren und Vorbilder eine unverzichtbare Rolle in der Entwicklung von Individuen spielen, insbesondere in der LGBTQ+-Gemeinschaft. Sie bieten nicht nur Unterstützung und Anleitung, sondern auch Inspiration und Hoffnung. Für Renato Perez waren seine Mentoren und Vorbilder entscheidend für seine Reise zur Selbstakzeptanz und seinen Erfolg als trans-Schauspieler. Ihre Einflüsse haben nicht nur sein Leben verändert, sondern auch das Leben vieler anderer, die durch seine Arbeit inspiriert werden. Die Bedeutung solcher Beziehungen kann nicht genug betont werden, da sie helfen, Barrieren abzubauen und eine inklusivere Zukunft zu gestalten.

Die Entwicklung eines eigenen Stils

Die Entwicklung eines eigenen Stils ist für jeden Künstler ein entscheidender Prozess, der oft von persönlichen Erfahrungen, kulturellem Hintergrund und den Herausforderungen, die man im Laufe seiner Karriere erlebt, geprägt wird. Für Renato Perez, den trans-Schauspieler, war diese Entwicklung nicht nur eine Frage der künstlerischen Identität, sondern auch eine Form des Aktivismus, die es ihm ermöglichte, seine Stimme in einer oft marginalisierten Gemeinschaft zu erheben.

Einflüsse und Inspiration

Renatos Stil wurde stark von den Künstlern beeinflusst, die ihn umgaben. Er zog Inspiration aus einer Vielzahl von Quellen, darunter Theater, Film, Musik und Tanz. Diese verschiedenen Kunstformen ermöglichten es ihm, eine eigene Sprache zu entwickeln, die sowohl authentisch als auch kraftvoll war. Ein Beispiel für diese Inspiration ist die Musik von Künstlern wie David Bowie und Freddie Mercury, deren Genderfluidität und kreative Ausdrucksweise Renato in seiner eigenen Arbeit nachahmte. Er sagte einmal: „Kunst ist für mich ein Spiegel, in dem ich meine Identität reflektieren kann."

Herausforderungen bei der Stilfindung

Die Suche nach einem eigenen Stil ist jedoch nicht ohne Herausforderungen. Renato musste sich oft mit Vorurteilen und Stereotypen auseinandersetzen, die in der Unterhaltungsbranche weit verbreitet sind. Diese Herausforderungen führten zu einem inneren Konflikt: Soll er sich anpassen, um akzeptiert zu werden, oder soll er seinem authentischen Selbst treu bleiben? Diese Fragen sind nicht nur für Renato relevant, sondern spiegeln die Kämpfe vieler LGBTQ+-Künstler wider, die in einer Branche arbeiten, die oft nicht für Diversität und Inklusivität bekannt ist.

Eine der größten Herausforderungen war die Balance zwischen Kommerz und Authentizität. Viele Casting-Agenturen und Produzenten erwarten, dass Schauspieler in bestimmte Rollen passen, die oft stereotypisch sind. Renato entschied sich jedoch, diese Erwartungen zu hinterfragen und Rollen zu suchen, die seine Identität und seine Erfahrungen widerspiegeln. Dies führte zu einer bewussten Entscheidung, seine eigene Narrative zu erzählen, anstatt die Geschichten anderer zu übernehmen.

Der Einfluss von Mentoren

Mentoren spielen eine entscheidende Rolle bei der Entwicklung eines eigenen Stils. Renato fand Unterstützung bei erfahrenen Künstlern, die ihn ermutigten, seinen eigenen Weg zu gehen. Diese Mentoren halfen ihm, die Bedeutung von Authentizität in der Kunst zu erkennen. Sie lehrten ihn, dass es wichtig ist, seine eigene Stimme zu finden und diese Stimme in der Kunst zu vertreten. Diese Unterstützung war entscheidend für Renatos Wachstum als Künstler und Aktivist.

Praktische Umsetzung

Die praktische Umsetzung seines Stils fand in verschiedenen Projekten statt, die Renato als Plattform nutzte, um seine künstlerische Vision zu verwirklichen. In seiner ersten Hauptrolle in einem Theaterstück hatte er die Möglichkeit, einen Charakter zu spielen, der seine eigenen Erfahrungen widerspiegelte. Diese Rolle war nicht nur ein persönlicher Triumph, sondern auch eine Möglichkeit, das Publikum mit der Realität von Transgender-Erfahrungen zu konfrontieren.

Renato experimentierte auch mit verschiedenen künstlerischen Ausdrucksformen, um seinen Stil weiterzuentwickeln. Er kombinierte Elemente des Theaters mit Musik und Tanz, was zu einem einzigartigen Performance-Stil führte, der sowohl emotional als auch visuell ansprechend war. Diese Kombination half ihm, eine breitere Zielgruppe zu erreichen und die Diskussion über Transgender-Repräsentation in der Kunst zu fördern.

Der Einfluss von Kunst auf die Identität

Die Entwicklung eines eigenen Stils ist untrennbar mit der Frage der Identität verbunden. Für Renato war Kunst nicht nur ein Beruf, sondern auch ein Weg, seine Identität zu erforschen und auszudrücken. Er sagte einmal: „Jede Performance ist ein Teil von mir, ein Stück meiner Geschichte, das ich mit der Welt teilen möchte." Diese Verbindung zwischen Kunst und Identität ist besonders wichtig für Künstler, die oft mit der Herausforderung konfrontiert sind, sich in einer Welt zu behaupten, die ihre Existenz nicht immer anerkennt.

Fazit

Die Entwicklung eines eigenen Stils ist ein dynamischer Prozess, der durch persönliche Erfahrungen, kulturelle Einflüsse und die Herausforderungen des Lebens geprägt ist. Renato Perez hat durch seine künstlerische Arbeit nicht nur seinen eigenen Stil gefunden, sondern auch einen Raum geschaffen, in dem andere sich selbst entdecken und ausdrücken können. Sein Weg ist ein Beispiel dafür, wie Kunst als Werkzeug für Veränderung und Selbstakzeptanz genutzt werden kann, und er inspiriert andere, ihre eigene Stimme zu finden und zu feiern.

Die Reise zur Entwicklung eines eigenen Stils ist eine ständige Auseinandersetzung mit der eigenen Identität, dem Einfluss von Mentoren und der Herausforderung, authentisch zu bleiben. Renato zeigt uns, dass es möglich ist, in einer oft feindlichen Umgebung zu gedeihen, indem man die eigene Kunst als Ausdruck der Wahrheit nutzt. Diese Lektionen sind nicht nur für Künstler wichtig, sondern für jeden, der auf der Suche nach seiner eigenen Stimme ist.

Die Balance zwischen Kunst und Aktivismus

Die Balance zwischen Kunst und Aktivismus ist ein zentrales Thema in der heutigen Gesellschaft, insbesondere für Künstler wie Renato Perez, die sich in beiden Bereichen engagieren. Kunst hat die Fähigkeit, Emotionen zu wecken, Geschichten zu erzählen und gesellschaftliche Probleme zu beleuchten. Aktivismus hingegen zielt darauf ab, Veränderungen in der Gesellschaft herbeizuführen, indem er auf Missstände aufmerksam macht und für soziale Gerechtigkeit kämpft. Diese beiden Bereiche können sich gegenseitig bereichern, doch sie bringen auch Herausforderungen mit sich, die es zu bewältigen gilt.

Theoretische Grundlagen

Die Theorie der *Ästhetischen Politik* besagt, dass Kunst nicht nur ein Spiegel der Gesellschaft ist, sondern auch ein Werkzeug, um soziale Veränderungen zu bewirken. Der Kunsthistoriker Hans Belting argumentiert, dass Kunst immer in einem sozialen Kontext existiert und dass Künstler oft als *Agenten des Wandels* fungieren. Diese Sichtweise wird von Aktivisten wie Renato Perez unterstützt, der durch seine Kunst nicht nur unterhält, sondern auch wichtige gesellschaftliche Themen anspricht.

Ein zentrales Konzept in der Diskussion um Kunst und Aktivismus ist die *Kunst als Protestform*. Diese Form der Kunst kann in verschiedenen Medien auftreten, sei es in Theaterstücken, Filmen, Musik oder bildender Kunst. Ein Beispiel ist die Performancekunst, die oft direkt auf soziale Missstände reagiert und das Publikum zum Nachdenken anregt. Renato selbst hat in seinen Theaterstücken oft Themen wie Identität, Diskriminierung und soziale Gerechtigkeit behandelt, was zeigt, wie eng Kunst und Aktivismus miteinander verwoben sind.

Herausforderungen und Probleme

Trotz der positiven Aspekte der Verbindung von Kunst und Aktivismus gibt es auch Herausforderungen, die Künstler bewältigen müssen. Eine der größten Herausforderungen ist die *Kommersialisierung* von Kunst. In einer Welt, in der der Markt oft über die Inhalte entscheidet, kann es schwierig sein, authentische Botschaften zu vermitteln, ohne dass sie verwässert oder für kommerzielle Zwecke instrumentalisiert werden. Renato hat oft darüber gesprochen, wie wichtig es ist, die Integrität seiner Kunst zu wahren, während er gleichzeitig in der kommerziellen Film- und Theaterindustrie arbeitet.

Ein weiteres Problem ist die *Sichtbarkeit* und *Rezeption* von aktivistischer Kunst. Während einige Werke positive Resonanz finden, können andere auf Widerstand stoßen. Kritiker argumentieren manchmal, dass aktivistische Kunst zu didaktisch oder moralisch belehrend ist. Renato hat in Interviews betont, dass es wichtig ist, die Balance zu finden, um die Zuschauer nicht zu überfordern, sondern sie in einen Dialog einzubeziehen.

Beispiele aus Renatos Karriere

Renatos Karriere bietet zahlreiche Beispiele für die Balance zwischen Kunst und Aktivismus. In seinem bekanntesten Theaterstück *„Identität im Wandel"* behandelt er die Herausforderungen, mit denen trans Menschen konfrontiert sind, und schafft es, das Publikum sowohl zu unterhalten als auch zum Nachdenken anzuregen. Durch humorvolle und emotionale Szenen gelingt es ihm, eine Verbindung zu seinem Publikum herzustellen, während er gleichzeitig wichtige gesellschaftliche Fragen aufwirft.

Ein weiteres Beispiel ist Renatos Engagement in sozialen Medien, wo er seine Plattform nutzt, um auf LGBTQ+-Themen aufmerksam zu machen. Er hat Kampagnen unterstützt, die sich gegen Diskriminierung und für die Rechte von Transgender-Personen einsetzen. Hier zeigt sich, wie er die Reichweite seiner Kunst nutzt, um aktivistische Botschaften zu verbreiten und eine breitere Öffentlichkeit zu erreichen.

Fazit

Die Balance zwischen Kunst und Aktivismus ist ein dynamischer Prozess, der ständige Reflexion und Anpassung erfordert. Künstler wie Renato Perez stehen an der Schnittstelle dieser beiden Welten und zeigen, dass es möglich ist, sowohl künstlerisch erfolgreich zu sein als auch aktivistische Ziele zu verfolgen. Die Herausforderungen, die sich dabei ergeben, sind vielfältig, doch sie bieten auch die Chance, durch Kunst bedeutende gesellschaftliche Veränderungen herbeizuführen. In einer Zeit, in der soziale Gerechtigkeit und Gleichheit wichtiger denn je sind, bleibt die Rolle der Kunst im Aktivismus von entscheidender Bedeutung. Renato ist ein leuchtendes Beispiel dafür, wie Kunst als Werkzeug für Veränderung eingesetzt werden kann, und seine Arbeit inspiriert viele, sich ebenfalls für eine gerechtere Gesellschaft einzusetzen.

Der Einfluss von Kunst und Kultur

Die Rolle von Theater in Renatos Leben

Das Theater spielte eine zentrale Rolle in Renatos Leben und seiner Entwicklung als Künstler und Aktivist. Es war nicht nur ein Ort der kreativen Entfaltung, sondern auch ein Raum, in dem er seine Identität als trans-Schauspieler entdecken und ausdrücken konnte. In dieser Sektion werden wir die verschiedenen Dimensionen der Rolle des Theaters in Renatos Leben untersuchen, einschließlich seiner persönlichen Erfahrungen, der Herausforderungen, die er überwinden musste, und der bedeutenden Einflüsse, die das Theater auf seine Karriere und sein Aktivismus hatte.

Theater als Ausdrucksform

Das Theater bietet eine einzigartige Plattform für den Ausdruck von Emotionen, Geschichten und Identitäten. Für Renato war das Theater ein Ort, an dem er seine innersten Gedanken und Gefühle in einer Weise artikulieren konnte, die in anderen Lebensbereichen oft nicht möglich war. Er beschrieb das Gefühl, auf der Bühne zu stehen, als eine Art Befreiung, die ihm ermöglichte, die Grenzen seiner Geschlechteridentität zu überschreiten und sich in einer Welt zu präsentieren, die oft nicht bereit war, seine Realität zu akzeptieren.

Die Theatralität selbst kann als ein Mittel der Selbstentdeckung betrachtet werden. Renato erlebte, wie das Spielen verschiedener Rollen ihm half, seine eigene Identität zu reflektieren und zu formen. In der Theorie des Theaters, insbesondere in der *Performance Theory*, wird argumentiert, dass die Bühne nicht nur ein Raum für Aufführungen ist, sondern auch ein Raum, in dem Identitäten verhandelt werden können. Diese Theorie, die von Wissenschaftlern wie Richard Schechner und Erving Goffman entwickelt wurde, legt nahe, dass das Theater ein Spiegel der Gesellschaft ist, in dem soziale Normen und Identitäten hinterfragt werden können.

Herausforderungen im Theater

Trotz der positiven Aspekte des Theaters gab es auch erhebliche Herausforderungen, mit denen Renato konfrontiert war. Die Theaterwelt ist oft von traditionellen Geschlechterrollen und Stereotypen geprägt, die die Darstellung von trans-Schauspielern erschweren können. Renato musste sich nicht nur mit den Erwartungen der Branche auseinandersetzen, sondern auch mit den Vorurteilen des Publikums.

Ein Beispiel hierfür war seine erste Hauptrolle in einem klassischen Stück, in dem er einen männlichen Charakter spielen sollte. Die Diskussionen über die Besetzung waren intensiv, und Renato erlebte, wie schwierig es sein kann, die Grenzen von Geschlecht und Identität in einem traditionellen Theaterkontext zu navigieren. Diese Erfahrungen führten zu einem tieferen Verständnis der Rolle von Diversität im Theater und der Notwendigkeit, Klischees zu durchbrechen.

Einfluss des Theaters auf Renatos Karriere

Das Theater war der Ausgangspunkt für Renatos Karriere und half ihm, sich in der Film- und Fernsehbranche zu etablieren. Seine ersten Erfolge auf der Bühne öffneten Türen für neue Möglichkeiten, einschließlich Filmrollen, die es ihm ermöglichten, seine Sichtweise und Erfahrungen weiterzugeben. Die Erfahrungen, die er auf der Bühne sammelte, prägten seine Herangehensweise an die Charakterentwicklung und das Geschichtenerzählen im Film.

In einer Zeit, in der die Repräsentation von Transgender-Personen in den Medien oft mangelhaft war, nutzte Renato das Theater, um Geschichten zu erzählen, die die Realität von trans Menschen widerspiegelten. Er war Teil von Produktionen, die sich mit Themen wie Identität, Akzeptanz und den Herausforderungen des Lebens als trans Person auseinandersetzten. Diese Werke trugen dazu bei, das Bewusstsein für die Probleme der LGBTQ+-Gemeinschaft zu schärfen und eine breitere Diskussion über Diversität im Theater anzustoßen.

Theater als Aktivismus

Für Renato war das Theater nicht nur ein Beruf, sondern auch ein Werkzeug für den Aktivismus. Er erkannte, dass die Bühne eine mächtige Plattform ist, um soziale Veränderungen zu bewirken und das Publikum zum Nachdenken anzuregen. Durch seine Rollen und die Auswahl der Stücke, in denen er auftrat, konnte er Themen ansprechen, die oft ignoriert wurden.

Ein Beispiel für diesen aktivistischen Ansatz war seine Mitwirkung in einem Stück, das die Erfahrungen von trans Jugendlichen thematisierte. Die Produktion wurde in Schulen aufgeführt, um das Bewusstsein für die Herausforderungen zu schärfen, mit denen junge Menschen in der LGBTQ+-Gemeinschaft konfrontiert sind. Renato nutzte diese Gelegenheit, um nach der Aufführung mit den Zuschauern zu diskutieren und ihnen zu helfen, die Themen von Identität und Akzeptanz besser zu verstehen.

Fazit

Zusammenfassend lässt sich sagen, dass das Theater eine transformative Rolle in Renatos Leben gespielt hat. Es war ein Raum der Selbstentdeckung, ein Ort der Herausforderungen und ein Werkzeug für den Aktivismus. Durch seine Erfahrungen im Theater konnte Renato nicht nur seine eigene Identität erforschen, sondern auch einen bedeutenden Einfluss auf die Repräsentation von trans Menschen in der Kunst ausüben. Seine Reise zeigt, wie Theater als Medium sowohl für persönliche als auch für gesellschaftliche Veränderungen dienen kann, indem es Geschichten erzählt, die gehört werden müssen, und Stimmen verstärkt, die oft übersehen werden.

Die Bedeutung von Musik und Tanz

Musik und Tanz sind nicht nur Ausdrucksformen der Kunst, sondern auch tief verwurzelte kulturelle Praktiken, die in der Geschichte der Menschheit eine zentrale Rolle gespielt haben. Sie sind wesentliche Elemente, die Identität, Emotionen und Gemeinschaftsgefühl fördern. Für Renato Perez, als trans-Schauspieler und LGBTQ+-Aktivist, sind Musik und Tanz nicht nur Hobbys, sondern auch Werkzeuge des Ausdrucks und der Selbstverwirklichung.

Kulturelle Relevanz von Musik und Tanz

Die kulturelle Bedeutung von Musik und Tanz lässt sich durch ihre Fähigkeit erklären, Emotionen zu vermitteln und soziale Bindungen zu stärken. In vielen Kulturen sind Musik und Tanz integrale Bestandteile von Ritualen, Feiern und sozialen Interaktionen. Sie fördern Gemeinschaftsgefühl und Zugehörigkeit, indem sie Menschen zusammenbringen und gemeinsame Erfahrungen schaffen. Renato nutzt diese Elemente in seinen künstlerischen Projekten, um eine Verbindung zu seinem Publikum herzustellen und eine Botschaft der Akzeptanz und Liebe zu verbreiten.

Musik als Ausdrucksform

Musik hat die Kraft, Emotionen zu transportieren und Geschichten zu erzählen. Sie kann sowohl eine Quelle der Inspiration als auch ein Ventil für persönliche und gesellschaftliche Kämpfe sein. Renato hat in Interviews betont, wie Musik ihm geholfen hat, seine Identität zu finden und seine Erfahrungen als trans-Person auszudrücken. Die Lieder, die er auswählt oder selbst schreibt, reflektieren oft Themen wie Akzeptanz, Selbstliebe und den Kampf gegen Diskriminierung.

Ein Beispiel für die transformative Kraft der Musik ist der Song „Born This Way" von Lady Gaga, der als Hymne für die LGBTQ+-Gemeinschaft gilt. Der Song ermutigt Menschen, stolz auf ihre Identität zu sein und sich selbst zu akzeptieren. Solche Lieder bieten nicht nur Trost, sondern fördern auch das Gefühl der Solidarität innerhalb der Gemeinschaft.

Tanz als Ausdruck von Identität

Tanz ist eine weitere Form des künstlerischen Ausdrucks, die eng mit der Identität verknüpft ist. Durch Tanz können Menschen ihre Gefühle und Gedanken auf eine Weise ausdrücken, die oft über Worte hinausgeht. Renato hat in seiner Karriere verschiedene Tanzstile integriert, um seine Geschichten zu erzählen und seine Emotionen zu vermitteln. Der Tanz wird oft als eine Form der Befreiung erlebt, die es den Menschen ermöglicht, ihre körperliche und emotionale Identität zu erkunden.

Ein Beispiel für die Rolle des Tanzes in der LGBTQ+-Kultur ist der Einfluss von Ball-Kultur und Voguing, die in den 1980er Jahren in der New Yorker LGBTQ+-Gemeinschaft entstanden sind. Diese Tanzformen sind nicht nur kreative Ausdrucksformen, sondern auch politische Statements, die Themen wie Geschlechteridentität und soziale Gerechtigkeit ansprechen. Renato hat sich in seinen Performances von diesen Stilen inspirieren lassen und deren Bedeutung in seinen eigenen künstlerischen Ausdruck integriert.

Musik und Tanz im Aktivismus

Die Verbindung zwischen Musik, Tanz und Aktivismus ist untrennbar. Künstler wie Renato nutzen ihre Plattformen, um auf soziale Ungerechtigkeiten aufmerksam zu machen und für Gleichheit zu kämpfen. Musik und Tanz werden oft in Protestbewegungen eingesetzt, um Solidarität zu zeigen und Botschaften zu verbreiten. Bei Veranstaltungen und Demonstrationen sind Lieder und Tänze zentrale Elemente, die die Stimmung heben und den Gemeinschaftsgeist stärken.

Ein Beispiel hierfür ist die Verwendung von Musik und Tanz während der Pride-Paraden, wo sie als Ausdruck der Freude und des Kampfes für Rechte und Akzeptanz dienen. Diese Veranstaltungen sind nicht nur Feiern, sondern auch politische Statements, die die Sichtbarkeit der LGBTQ+-Gemeinschaft fördern und für Gleichheit eintreten.

Herausforderungen und Probleme

Trotz der positiven Aspekte von Musik und Tanz gibt es auch Herausforderungen. Künstler wie Renato stehen oft unter Druck, bestimmte stereotype Darstellungen zu erfüllen oder sich an kommerzielle Erwartungen anzupassen. Dies kann zu einem Verlust der Authentizität führen und den kreativen Ausdruck einschränken. Die Frage der Repräsentation in der Musik- und Tanzszene ist ebenfalls von Bedeutung. Oftmals werden trans-Personen und andere marginalisierte Gruppen nicht ausreichend repräsentiert, was die Sichtbarkeit und Akzeptanz einschränkt.

Darüber hinaus kann der Zugang zu Musikinstrumenten und Tanzunterricht für viele in der LGBTQ+-Gemeinschaft eingeschränkt sein, insbesondere in weniger unterstützenden Umgebungen. Dies stellt eine Barriere für viele dar, die sich durch Musik und Tanz ausdrücken möchten.

Schlussfolgerung

Die Bedeutung von Musik und Tanz in Renatos Leben und Karriere kann nicht hoch genug eingeschätzt werden. Sie sind nicht nur Ausdrucksformen, sondern auch Werkzeuge des Aktivismus und der Selbstakzeptanz. Durch die Integration dieser Kunstformen in seine Arbeit inspiriert Renato nicht nur sich selbst, sondern auch andere, ihre Identität zu feiern und sich für Gleichheit und Gerechtigkeit einzusetzen. Musik und Tanz bleiben kraftvolle Mittel, um das Bewusstsein zu schärfen und Veränderungen in der Gesellschaft herbeizuführen, und Renatos Engagement für diese Kunstformen wird auch in Zukunft einen bleibenden Einfluss auf die LGBTQ+-Gemeinschaft haben.

Inspiration durch andere Künstler

In der Welt der Kunst ist Inspiration ein unverzichtbarer Motor für Kreativität und Innovation. Für Renato Perez war die Inspiration durch andere Künstler nicht nur eine Quelle der Motivation, sondern auch ein entscheidender Faktor in seiner künstlerischen und persönlichen Entwicklung. In diesem Abschnitt werden wir untersuchen, wie verschiedene Künstler Renatos Werdegang beeinflussten und welche Rolle deren Werke in seiner eigenen künstlerischen Praxis spielten.

Die Rolle von Vorbildern

Die Suche nach Vorbildern ist ein zentraler Aspekt der Identitätsbildung, insbesondere für Künstler, die sich in einem oft herausfordernden Umfeld bewegen. Renato fand Inspiration in der Arbeit von Künstlern, die authentisch ihre Geschichten erzählten und dabei oft gegen gesellschaftliche Normen ankämpften. Diese Vorbilder waren nicht nur Quellen der Motivation, sondern auch Wegbereiter, die den Weg für die Sichtbarkeit von LGBTQ+-Personen in der Kunst ebneten.

Ein prominentes Beispiel ist der transsexuelle Künstler und Aktivist Marsha P. Johnson, deren unermüdlicher Einsatz für die Rechte von LGBTQ+-Personen und deren Einfluss auf die Stonewall-Unruhen von 1969 Renato in seiner eigenen Aktivismusarbeit inspirierte. Johnsons Fähigkeit, in einer Zeit, in der Transgender-Personen oft unsichtbar gemacht wurden, eine Stimme zu finden, ermutigte Renato, seine eigene Geschichte zu erzählen und sich für die Rechte der LGBTQ+-Gemeinschaft einzusetzen.

Einfluss von Musik und Theater

Musik und Theater spielen eine zentrale Rolle in Renatos künstlerischem Schaffen. Er fand Inspiration in den Arbeiten von Künstlern wie David Bowie und Hedwig and the Angry Inch, die Geschlechteridentität und -darstellung in ihren Werken thematisierten. Bowie, mit seiner androgynen Ästhetik und der schockierenden Darstellung von Geschlechterrollen, ermutigte Renato, die Grenzen seiner eigenen Identität zu erkunden und diese in seine Performances zu integrieren.

Das Musical *Hedwig and the Angry Inch* stellte für Renato eine Offenbarung dar. Die Hauptfigur Hedwig, eine transsexuelle Rockmusikerin, erzählt ihre Geschichte voller Schmerz, Humor und Hoffnung. Diese Darstellung von Authentizität und Verletzlichkeit beeinflusste Renato zutiefst und half ihm, die Kraft der Narration in der Kunst zu erkennen. Die Fähigkeit, persönliche Erfahrungen in ein künstlerisches Werk zu transformieren, wurde zu einem Leitprinzip in Renatos Schaffen.

Kunst als Ausdruck von Identität

Kunst dient nicht nur als Plattform für persönliche Ausdrucksformen, sondern auch als Mittel zur Auseinandersetzung mit gesellschaftlichen Themen. Renato erkannte, dass die Werke von Künstlern wie Frida Kahlo und Keith Haring nicht nur ästhetisch ansprechend sind, sondern auch tiefgreifende soziale und politische Botschaften vermitteln. Kahlo, die oft ihre eigenen Schmerzen und Kämpfe in ihren Gemälden thematisierte, bot Renato einen Zugang zu einer Form der künstlerischen Selbstreflexion, die er in seine eigenen Arbeiten einfließen ließ.

Keith Haring, dessen Kunst stark mit der AIDS-Krise und der LGBTQ+-Bewegung verbunden ist, inspirierte Renato, aktivistische Themen in seine Performances zu integrieren. Haring nutzte seine Kunst, um auf gesellschaftliche Missstände aufmerksam zu machen und eine Botschaft der Hoffnung und Solidarität zu verbreiten. Diese Verbindung zwischen Kunst und Aktivismus wurde zu einem zentralen Element in Renatos künstlerischem Schaffen, wodurch er die Möglichkeit sah, seine Plattform zu nutzen, um Veränderungen in der Gesellschaft zu bewirken.

Die Herausforderung der Sichtbarkeit

Trotz der positiven Inspiration, die Renato aus der Arbeit anderer Künstler schöpfte, war er sich auch der Herausforderungen bewusst, die mit der Sichtbarkeit in der Kunstwelt verbunden sind. Künstler wie Audre Lorde, die die intersectionale Perspektive in ihrer Arbeit betonten, halfen Renato, die Komplexität der Identität zu verstehen. Lordes Schriften über Rassismus, Sexismus und Homophobie ermutigten Renato, die vielschichtigen Aspekte seiner eigenen Identität in seiner Kunst zu reflektieren und zu thematisieren.

Die Herausforderung, als trans-Schauspieler in einer oft nicht-repräsentativen Branche sichtbar zu sein, führte Renato dazu, sich mit den Problemen der Repräsentation und der Stereotypisierung auseinanderzusetzen. Er erkannte, dass die Darstellung von Transgender-Personen in den Medien oft auf Klischees und Vorurteile reduziert wird. Diese Erkenntnis motivierte ihn, seine Kunst als Werkzeug für Veränderung zu nutzen, um die Narrative zu erweitern und die Vielfalt innerhalb der LGBTQ+-Gemeinschaft zu fördern.

Zusammenarbeit und kreative Prozesse

Ein weiterer wichtiger Aspekt der Inspiration durch andere Künstler ist die Möglichkeit zur Zusammenarbeit. Renato erlebte, wie der Austausch mit anderen kreativen Köpfen seine eigene Arbeit bereicherte. Durch gemeinsame Projekte mit anderen LGBTQ+-Künstlern konnte er neue Perspektiven und Ideen in seine Arbeit integrieren. Diese Kollaborationen führten nicht nur zu innovativen künstlerischen Ergebnissen, sondern schufen auch ein unterstützendes Netzwerk, das für die persönliche und berufliche Entwicklung von entscheidender Bedeutung war.

Die Idee, dass Kunst ein kollektiver Prozess ist, wurde in Renatos Arbeit immer deutlicher. Er begann, Workshops und kreative Zusammenkünfte zu organisieren, um anderen Künstlern eine Plattform zu bieten, ihre Stimmen zu erheben und ihre Geschichten zu erzählen. Diese Initiativen förderten nicht nur die Kreativität, sondern schufen auch ein Gefühl der Gemeinschaft und Solidarität innerhalb der LGBTQ+-Künstlergemeinschaft.

Fazit

Insgesamt zeigt sich, dass die Inspiration durch andere Künstler für Renato Perez eine entscheidende Rolle in seiner künstlerischen und persönlichen Entwicklung spielte. Die Werke von Künstlern wie Marsha P. Johnson, David Bowie, Frida Kahlo und Keith Haring halfen ihm, seine eigene Identität zu entdecken und die Herausforderungen, die mit seiner Sichtbarkeit verbunden sind, zu navigieren. Durch die Auseinandersetzung mit diesen Einflüssen konnte Renato nicht nur seine Kunst weiterentwickeln, sondern auch einen bedeutenden Beitrag zur LGBTQ+-Bewegung leisten. Die Kraft der Inspiration bleibt ein zentrales Element in Renatos Leben und Werk, das ihn weiterhin antreibt, sowohl als Künstler als auch als Aktivist.

Die Verbindung zwischen Kunst und Identität

Die Verbindung zwischen Kunst und Identität ist ein zentrales Thema, das in der heutigen Gesellschaft zunehmend an Bedeutung gewinnt. Kunst dient nicht nur als Ausdrucksmittel, sondern auch als Medium zur Erforschung und Definition der eigenen Identität. In dieser Sektion werden wir die verschiedenen Dimensionen dieser Verbindung untersuchen, einschließlich der theoretischen Grundlagen, der Herausforderungen, die sich aus dieser Beziehung ergeben, und konkreten Beispielen, die die Wechselwirkungen zwischen Kunst und Identität verdeutlichen.

Theoretische Grundlagen

Die Theorie der Identität, insbesondere in der Postmoderne, betrachtet Identität nicht als statisch, sondern als dynamisch und vielschichtig. Der Philosoph Stuart Hall beschreibt Identität als ein Konstrukt, das durch kulturelle Praktiken und soziale Interaktionen geformt wird. Kunst wird in diesem Kontext zu einem Werkzeug, das Individuen ermöglicht, ihre Identität zu reflektieren und auszudrücken. Hall argumentiert, dass Identität in einem ständigen Prozess der Aushandlung und Verhandlung entsteht, was bedeutet, dass Kunst eine Plattform bietet, um diese Verhandlungen sichtbar zu machen.

Ein weiterer wichtiger theoretischer Rahmen ist die Gender-Theorie, die von Judith Butler geprägt wurde. Butler stellt die Vorstellung in Frage, dass Geschlecht eine feste Kategorie ist, und argumentiert, dass Geschlecht performativ ist. Dies bedeutet, dass Identität durch wiederholte Handlungen und Darstellungen konstruiert wird. Kunst, insbesondere Theater und Performance, wird somit zu einem Raum, in dem Geschlecht und Identität neu interpretiert und ausgehandelt werden können.

Herausforderungen

Trotz der positiven Aspekte der Verbindung zwischen Kunst und Identität gibt es auch zahlreiche Herausforderungen. Eine der größten Herausforderungen ist die Marginalisierung von bestimmten Identitäten innerhalb der Kunstwelt. Oft sind es vor allem dominante kulturelle Narrative, die in der Kunst und Medienrepräsentation vorherrschen, während marginalisierte Stimmen, wie die von LGBTQ+-Künstlern, häufig unterrepräsentiert sind. Diese Ungleichheit kann zu einem Gefühl der Entfremdung und Unsichtbarkeit führen, was die Identitätsbildung erschwert.

Ein weiteres Problem ist die Kommerzialisierung von Kunst. In einer Welt, in der Kunst oft als Produkt betrachtet wird, können authentische Ausdrucksformen der Identität in den Hintergrund gedrängt werden. Künstler, die sich mit komplexen Identitätsfragen auseinandersetzen, stehen unter dem Druck, ihre Arbeiten an den Mainstream anzupassen, um kommerziellen Erfolg zu erzielen. Dies kann zu einer Verwässerung der künstlerischen Botschaft führen und die Möglichkeit einschränken, Identität auf ehrliche und transformative Weise zu erforschen.

Beispiele

Ein herausragendes Beispiel für die Verbindung zwischen Kunst und Identität ist die Arbeit von Renato Perez selbst. Durch seine Rollen in Theater und Film hat er nicht nur seine eigene Identität als trans-Schauspieler ausgedrückt, sondern auch das Bewusstsein für die Herausforderungen und Erfahrungen von Transgender-Personen geschärft. In einem seiner bekanntesten Stücke, das die Themen Identität und Selbstakzeptanz behandelt, gelingt es ihm, das Publikum dazu zu bringen, über die eigene Identität nachzudenken und Empathie für die Erfahrungen anderer zu entwickeln.

Ein weiteres Beispiel ist die Kunstbewegung „Queer Art", die von Künstlern ins Leben gerufen wurde, die ihre Identität als LGBTQ+-Personen in den Mittelpunkt ihrer Arbeiten stellen. Diese Bewegung nutzt verschiedene Medien, um Themen wie Geschlecht, Sexualität und gesellschaftliche Normen zu hinterfragen. Künstler wie David Hockney und Keith Haring haben durch ihre

Werke nicht nur ihre eigene Identität erforscht, sondern auch gesellschaftliche Veränderungen angestoßen, indem sie visuelle Narrative geschaffen haben, die das Bewusstsein für LGBTQ+-Themen fördern.

Fazit

Zusammenfassend lässt sich sagen, dass die Verbindung zwischen Kunst und Identität eine komplexe und dynamische Beziehung ist, die sowohl Chancen als auch Herausforderungen birgt. Kunst bietet einen Raum für die Erforschung und Ausdruck von Identität, während sie gleichzeitig die Möglichkeit bietet, gesellschaftliche Normen in Frage zu stellen und Veränderung zu bewirken. Die Auseinandersetzung mit dieser Verbindung ist entscheidend, um ein tieferes Verständnis für die Vielfalt menschlicher Erfahrungen zu entwickeln und die Sichtbarkeit marginalisierter Identitäten zu fördern. In Anbetracht der aktuellen gesellschaftlichen Entwicklungen ist es unerlässlich, diese Themen weiterhin zu diskutieren und zu reflektieren, um eine inklusivere und gerechtere Kunstwelt zu schaffen.

Die Rolle von Kunst in der Gesellschaft

Kunst hat seit jeher eine zentrale Rolle in der Gesellschaft gespielt. Sie dient nicht nur als Ausdrucksform individueller Kreativität, sondern auch als Spiegel der sozialen, politischen und kulturellen Realitäten. In dieser Sektion betrachten wir die verschiedenen Dimensionen, in denen Kunst in der Gesellschaft wirkt, sowie die Herausforderungen und Probleme, die damit verbunden sind.

Kunst als Ausdruck von Identität und Kultur

Kunst ist ein fundamentales Mittel, durch das Individuen und Gemeinschaften ihre Identität und Kultur ausdrücken können. Sie ermöglicht es, Geschichten zu erzählen, die oft von Marginalisierung und Unterdrückung geprägt sind. Beispielsweise haben Künstler aus der LGBTQ+-Gemeinschaft durch ihre Werke oft ihre Erfahrungen und Kämpfe thematisiert. Diese Kunstwerke bieten nicht nur eine Plattform für Sichtbarkeit, sondern fördern auch das Verständnis und die Empathie in der breiteren Gesellschaft.

Ein Beispiel hierfür ist das Werk des trans-Schauspielers und Künstlers Renato Perez, dessen Theateraufführungen und Filme oft die Komplexität der Geschlechtsidentität und die Herausforderungen der LGBTQ+-Gemeinschaft thematisieren. Durch seine Kunst hat er nicht nur eine Stimme für sich selbst gefunden, sondern auch für viele andere, die ähnliche Erfahrungen gemacht haben.

Kunst als Mittel der sozialen Kritik

Kunst hat die Macht, soziale Missstände anzuprangern und Veränderungen zu fordern. Sie kann als Werkzeug des Protests dienen, indem sie auf Ungerechtigkeiten hinweist und das Bewusstsein der Öffentlichkeit schärft. Künstler nutzen ihre Plattform, um Themen wie Rassismus, Sexismus und Homophobie zu beleuchten.

Ein Beispiel ist die Performancekunst, die oft soziale und politische Themen aufgreift. Künstler wie Marina Abramović haben durch ihre Arbeiten gesellschaftliche Normen hinterfragt und das Publikum dazu angeregt, über die eigene Rolle in der Gesellschaft nachzudenken. Solche Werke können als Katalysatoren für gesellschaftliche Veränderungen fungieren.

Die Herausforderung der Repräsentation

Trotz der positiven Aspekte der Kunst als Mittel zur sozialen Veränderung gibt es auch Herausforderungen. Eine der größten Herausforderungen ist die Repräsentation. Oft werden marginalisierte Gruppen in der Kunst unterrepräsentiert oder stereotypisiert. Dies kann zu einer verzerrten Wahrnehmung ihrer Realität führen und bestehende Vorurteile verstärken.

Die Diskussion um die Repräsentation von Transgender-Personen in Film und Theater ist ein aktuelles Beispiel. Viele trans-Schauspieler berichten von der Schwierigkeit, authentische Rollen zu finden, die ihre Identität respektieren und widerspiegeln. Die Notwendigkeit für Diversität in der Besetzung und im kreativen Prozess ist entscheidend, um eine realistische und respektvolle Darstellung zu gewährleisten.

Kunst als verbindendes Element

Kunst hat das Potenzial, Menschen zu verbinden und Gemeinschaften zu stärken. Sie schafft einen Raum für Dialog und Austausch, in dem unterschiedliche Perspektiven und Erfahrungen geteilt werden können. Kulturelle Veranstaltungen, wie Pride-Paraden oder Kunstfestivals, bringen Menschen zusammen und fördern das Gefühl der Zugehörigkeit.

Ein Beispiel ist die „Queer Art Festival" in Berlin, das Künstler und Aktivisten aus der LGBTQ+-Gemeinschaft zusammenbringt. Solche Veranstaltungen bieten nicht nur eine Plattform für Kunst, sondern auch für Diskussionen über Identität, Rechte und soziale Gerechtigkeit.

Die Rolle der Kunst im Aktivismus

Die Verbindung zwischen Kunst und Aktivismus ist besonders stark in der LGBTQ+-Bewegung. Künstler nutzen ihre Kreativität, um auf gesellschaftliche Probleme aufmerksam zu machen und Veränderungen zu fordern. Kunst kann emotionale Reaktionen hervorrufen, die oft wirkungsvoller sind als Worte allein.

Beispielsweise hat die „ACT UP"-Bewegung in den 1980er Jahren die Kraft der Kunst genutzt, um auf die AIDS-Krise aufmerksam zu machen. Durch provokante Plakate und Performances haben sie das öffentliche Bewusstsein geschärft und Druck auf die Politik ausgeübt. Diese Verbindung zwischen Kunst und Aktivismus zeigt, wie wichtig Kunst für soziale Bewegungen ist.

Kunst im digitalen Zeitalter

Im digitalen Zeitalter hat sich die Rolle der Kunst in der Gesellschaft weiterentwickelt. Soziale Medien bieten Künstlern neue Plattformen, um ihre Werke zu teilen und mit einem globalen Publikum zu interagieren. Diese neuen Technologien ermöglichen es Künstlern, ihre Botschaften weiter zu verbreiten und ein breiteres Publikum zu erreichen.

Allerdings bringt die Digitalisierung auch Herausforderungen mit sich. Die Flut von Inhalten kann es schwierig machen, Gehör zu finden, und die Kommerzialisierung der Kunst kann zu einer Verwässerung der Botschaften führen. Künstler müssen einen Balanceakt zwischen Authentizität und Marktanforderungen meistern.

Fazit

Zusammenfassend lässt sich sagen, dass Kunst eine essentielle Rolle in der Gesellschaft spielt. Sie ist ein Werkzeug zur Selbstexpression, ein Mittel der sozialen Kritik und ein verbindendes Element zwischen Menschen. Trotz der Herausforderungen, die mit der Repräsentation und der Digitalisierung einhergehen, bleibt die Kunst ein kraftvolles Mittel, um Veränderungen herbeizuführen und das Bewusstsein für gesellschaftliche Themen zu schärfen. Renatos Arbeit und die von anderen Künstlern zeigen, dass Kunst nicht nur unterhalten, sondern auch inspirieren und mobilisieren kann. Die Zukunft der Kunst in der Gesellschaft hängt davon ab, wie gut wir es schaffen, Vielfalt und Authentizität zu fördern und Kunst als Mittel zur sozialen Veränderung zu nutzen.

Renatos Lieblingskünstler und -werke

Renato Perez hat sich im Laufe seiner Karriere von einer Vielzahl von Künstlern inspirieren lassen, deren Werke sowohl seine künstlerische Entwicklung als auch seine Identität als trans-Schauspieler geprägt haben. In diesem Abschnitt werden einige seiner Lieblingskünstler und -werke vorgestellt, die nicht nur seine kreative Vision beeinflusst haben, sondern auch einen bedeutenden Einfluss auf die LGBTQ+-Gemeinschaft und die Gesellschaft insgesamt ausüben.

Einflussreiche Künstler

Einer der bedeutendsten Künstler, die Renato bewundert, ist **David Bowie**. Bowies Fähigkeit, Geschlechtergrenzen zu überschreiten und sich selbst ständig neu zu erfinden, hat Renato dazu ermutigt, seine eigene Identität zu erkunden und auszudrücken. Bowie, der oft als Ikone der LGBTQ+-Kultur bezeichnet wird, hat mit seiner Musik und seinem Stil Generationen inspiriert. Sein Album *The Rise and Fall of Ziggy Stardust and the Spiders from Mars* gilt als Meilenstein, der nicht nur musikalisch, sondern auch kulturell revolutionär war. Renato sieht in Bowies Werk eine Einladung, die eigene Identität zu feiern und sich von gesellschaftlichen Normen zu befreien.

Ein weiterer Künstler, der Renato stark beeinflusst hat, ist **Frida Kahlo**. Kahlos Kunst spiegelt ihre persönlichen Kämpfe und ihre Identität als bisexuelle Frau wider. Ihre Gemälde, wie *Die zwei Fridas*, zeigen den inneren Konflikt und die Suche nach Selbstakzeptanz. Renato schätzt Kahlos Fähigkeit, Verletzlichkeit in ihrer Kunst zu zeigen und Themen wie Schmerz, Liebe und Identität zu behandeln. Diese Themen sind auch in Renatos eigenen Arbeiten präsent, da er oft versucht, durch seine Rollen und Projekte eine ähnliche Authentizität und Tiefe zu erreichen.

Bedeutende Werke

Renato hat eine besondere Vorliebe für das Theaterstück *Angels in America* von **Tony Kushner**. Dieses epische Werk behandelt die Themen AIDS, Homosexualität und gesellschaftliche Veränderungen in den 1980er Jahren. Die komplexen Charaktere und die emotionalen Konflikte, die Kushner schafft, haben Renato dazu inspiriert, in seinen eigenen Rollen die Herausforderungen und Triumphe der LGBTQ+-Gemeinschaft darzustellen. Die Darstellung von Prior Walter, einem der Hauptcharaktere, hat Renato besonders berührt, da sie die Kämpfe und Hoffnungen einer Generation widerspiegelt, die mit Diskriminierung und Verlust konfrontiert war.

Ein weiteres Werk, das Renato als wegweisend empfindet, ist der Film *Moonlight* von **Barry Jenkins**. Dieser Oscar-prämierte Film erzählt die Geschichte eines jungen, schwarzen Mannes, der seine Identität und Sexualität in einer feindlichen Umgebung entdeckt. Die poetische Erzählweise und die visuelle Ästhetik des Films haben Renato dazu angeregt, die Verbindung zwischen Filmkunst und persönlicher Identität weiter zu erforschen. *Moonlight* zeigt, wie Kunst als Medium genutzt werden kann, um komplexe Themen wie Rasse, Sexualität und Männlichkeit zu beleuchten und ein tiefes Verständnis für die menschliche Erfahrung zu fördern.

Theoretische Perspektiven

Die Werke von Künstlern wie Bowie, Kahlo, Kushner und Jenkins lassen sich durch verschiedene theoretische Rahmenbedingungen analysieren. Die **Queer-Theorie** bietet einen Ansatz, um die Darstellungen von Geschlecht und Sexualität in diesen Arbeiten zu verstehen. Sie hinterfragt die traditionellen Normen und Identitäten und fördert die Akzeptanz von Diversität. Renato nutzt diese theoretischen Perspektiven, um seine eigene künstlerische Praxis zu bereichern und um die Relevanz von Kunst in der LGBTQ+-Bewegung zu betonen.

Ein weiteres relevantes Konzept ist die **Intersektionalität**, das von der Juristin Kimberlé Crenshaw geprägt wurde. Diese Theorie untersucht, wie verschiedene soziale Kategorien wie Geschlecht, Rasse und Klasse zusammenwirken und individuelle Erfahrungen prägen. Renatos Engagement für Diversität in seinen Rollen und Projekten spiegelt diesen Ansatz wider, da er stets bestrebt ist, die Vielfalt menschlicher Erfahrungen in seiner Arbeit widerzuspiegeln.

Schlussfolgerung

Die Lieblingskünstler und -werke von Renato Perez sind nicht nur Ausdruck seiner persönlichen Vorlieben, sondern auch ein Spiegelbild seiner Werte und Überzeugungen. Sie inspirieren ihn, sich für die Sichtbarkeit und Repräsentation von LGBTQ+-Personen einzusetzen und die gesellschaftlichen Normen herauszufordern. Durch die Auseinandersetzung mit diesen Künstlern und ihren Werken hat Renato nicht nur seine eigene Identität gefunden, sondern auch einen bedeutenden Beitrag zur Kunst- und Kulturlandschaft geleistet, der weiterhin Generationen von Künstlern und Aktivisten beeinflussen wird.

Die Entstehung von Renatos eigenem Stil

Renato Perez, ein trans-Schauspieler, hat sich im Laufe seiner Karriere einen einzigartigen Stil entwickelt, der sowohl seine künstlerische Vision als auch seine persönliche Identität widerspiegelt. Dieser Abschnitt beleuchtet die verschiedenen Elemente, die zur Entstehung von Renatos eigenem Stil beigetragen haben, sowie die Herausforderungen, die er auf diesem Weg überwinden musste.

Einflüsse und Inspirationen

Die Entwicklung von Renatos Stil wurde maßgeblich von verschiedenen Künstlern und Bewegungen beeinflusst. Von der Theatertradition in Deutschland bis hin zu internationalen Filmströmungen – Renato ließ sich von einer Vielzahl von Quellen inspirieren. Besonders prägend waren für ihn die Werke von Künstlern wie *Pina Bausch* und *David Bowie*, die beide Grenzen überschritten und neue Wege in der Kunst beschritten. Diese Vorbilder halfen Renato, seine eigene kreative Stimme zu finden und zu definieren.

Die Verbindung von Kunst und Identität

Ein zentraler Aspekt von Renatos Stil ist die enge Verbindung zwischen seiner Kunst und seiner Identität als trans-Person. In seinen Rollen und Projekten strebt er danach, authentische Darstellungen von trans-Erfahrungen zu präsentieren. Dies bedeutet, dass er nicht nur die äußeren Merkmale seiner Charaktere berücksichtigt, sondern auch deren innere Konflikte und Emotionen. Diese Herangehensweise führt zu einer tiefen emotionalen Resonanz bei seinem Publikum und fördert das Verständnis für die Vielfalt menschlicher Erfahrungen.

Herausforderungen und Widerstände

Die Entwicklung von Renatos eigenem Stil war jedoch nicht ohne Herausforderungen. In einer Branche, die oft von Stereotypen und Klischees geprägt ist, sah sich Renato mit dem Druck konfrontiert, den Erwartungen anderer gerecht zu werden. Die Herausforderung bestand darin, seinen eigenen Stil zu finden, ohne sich den vorherrschenden Normen zu beugen. Dies erforderte Mut und Entschlossenheit, insbesondere in einem Umfeld, das oft wenig Raum für Diversität und Individualität bietet.

Experimentieren mit verschiedenen Medien

Ein weiterer wichtiger Aspekt von Renatos Stil ist sein Experimentieren mit verschiedenen Medien. Er hat nicht nur in Theaterproduktionen, sondern auch in Film und Fernsehen gearbeitet. Diese Vielseitigkeit ermöglicht es ihm, unterschiedliche Ausdrucksformen zu erkunden und seine künstlerische Palette zu erweitern. In einem seiner bekanntesten Projekte, dem Film „Die Farben der Freiheit", spielte Renato eine Rolle, die sowohl seine schauspielerischen Fähigkeiten als auch seine künstlerische Vision auf eindrucksvolle Weise vereinte. Der Film thematisiert die Herausforderungen von trans-Personen und wurde für seine authentische Darstellung gelobt.

Die Bedeutung von Zusammenarbeit

Die Zusammenarbeit mit anderen Künstlern und Kreativen hat ebenfalls zur Entstehung von Renatos eigenem Stil beigetragen. Durch den Austausch von Ideen und Perspektiven konnte er seinen Horizont erweitern und neue Ansätze in seine Arbeit integrieren. In einem Interview erklärte Renato: „Die Zusammenarbeit ist für mich eine Quelle der Inspiration. Jeder bringt seine eigene Geschichte und Perspektive mit, und das bereichert mein Schaffen."

Die Rolle von Feedback und Kritik

Ein weiterer entscheidender Faktor in der Entwicklung von Renatos Stil war der Umgang mit Feedback und Kritik. In der Anfangsphase seiner Karriere erhielt er sowohl positive als auch negative Rückmeldungen zu seinen Darstellungen. Während einige Kritiker seine Authentizität lobten, äußerten andere Bedenken hinsichtlich der Darstellung von trans-Identitäten in seinen Rollen. Renato lernte, konstruktive Kritik anzunehmen und in seine künstlerische Praxis zu integrieren. Dies half ihm, seinen Stil weiterzuentwickeln und sich als Künstler zu festigen.

Die Synthese von persönlichen Erfahrungen und künstlerischem Ausdruck

Ein zentrales Merkmal von Renatos Stil ist die Synthese seiner persönlichen Erfahrungen mit seinem künstlerischen Ausdruck. Er nutzt seine eigenen Erlebnisse als Inspiration für seine Rollen und Projekte. Diese Authentizität verleiht seiner Arbeit eine besondere Tiefe und macht sie für das Publikum nachvollziehbar. In einem seiner bewegendsten Auftritte im Theaterstück „Die

Stimme der Stille" thematisierte er seine eigenen Kämpfe mit der Identität und fand so eine universelle Verbindung zu seinem Publikum.

Zukunftsvisionen und Weiterentwicklung

Abschließend lässt sich sagen, dass die Entstehung von Renatos eigenem Stil ein dynamischer und fortlaufender Prozess ist. Er ist stets bestrebt, sich weiterzuentwickeln und neue Wege zu finden, um seine Botschaften zu kommunizieren. Renato hat die Vision, die Grenzen der Kunst zu erweitern und eine Plattform für andere LGBTQ+-Künstler zu schaffen. Sein Engagement für Diversität und Inklusion wird weiterhin eine zentrale Rolle in seiner künstlerischen Praxis spielen und dazu beitragen, die Repräsentation in der Kunstwelt zu verändern.

Insgesamt zeigt die Entstehung von Renatos eigenem Stil, wie eng Kunst, Identität und Aktivismus miteinander verbunden sind. Durch seine authentische Darstellung und seinen unermüdlichen Einsatz für die LGBTQ+-Gemeinschaft hat Renato nicht nur seinen eigenen Stil geprägt, sondern auch einen bedeutenden Einfluss auf die Darstellung von trans-Personen in der Kunst und der Gesellschaft ausgeübt.

Die Entwicklung von kreativen Projekten

Die Entwicklung von kreativen Projekten ist für Renato Perez nicht nur ein Ausdruck seiner künstlerischen Vision, sondern auch ein entscheidender Schritt in seiner Reise als LGBTQ-Aktivist. Diese Projekte bieten eine Plattform, um Themen von Identität, Repräsentation und sozialer Gerechtigkeit zu erkunden und zu kommunizieren. In diesem Abschnitt werden die verschiedenen Aspekte der kreativen Projektentwicklung beleuchtet, einschließlich der Herausforderungen, der Inspirationsquellen und der Auswirkungen auf die Gemeinschaft.

Kreative Inspiration und Ideenfindung

Die Ideen für Renatos kreative Projekte entstehen häufig aus persönlichen Erfahrungen und Beobachtungen der Gesellschaft. Er nutzt seine Plattform, um Geschichten zu erzählen, die oft übersehen werden. Die Inspiration kann aus verschiedenen Quellen stammen, darunter:

- **Persönliche Erlebnisse:** Renatos eigene Erfahrungen als trans-Schauspieler und Aktivist fließen in seine Projekte ein. Diese Authentizität verleiht seinen Arbeiten eine besondere Tiefe.

- **Gesellschaftliche Themen:** Viele seiner Projekte thematisieren aktuelle gesellschaftliche Herausforderungen, wie Diskriminierung, Identitätsfindung und die Suche nach Akzeptanz in einer oft intoleranten Welt.

- **Künstlerische Einflüsse:** Renato lässt sich von anderen Künstlern inspirieren, deren Arbeiten ähnliche Themen behandeln. Dies kann von Theaterstücken bis hin zu Musikstücken reichen, die den Kampf um Gleichheit und Anerkennung thematisieren.

Der kreative Prozess

Der kreative Prozess ist oft von Trial-and-Error geprägt. Renato beschreibt, wie wichtig es ist, sich Zeit zu nehmen, um Ideen zu entwickeln und zu verfeinern. Der Prozess umfasst mehrere Phasen:

1. **Ideenfindung:** In dieser Phase brainstormt Renato verschiedene Konzepte und Themen, die er erkunden möchte.

2. **Entwicklung eines Konzepts:** Aus den gesammelten Ideen entwickelt er ein konkretes Konzept, das die Richtung des Projekts bestimmt.

3. **Zusammenarbeit:** Renato arbeitet häufig mit anderen Künstlern und Aktivisten zusammen, um verschiedene Perspektiven und Fähigkeiten in das Projekt einzubringen. Diese Zusammenarbeit ist entscheidend, um die Vielfalt der Stimmen in der LGBTQ+-Community widerzuspiegeln.

4. **Feedback und Überarbeitung:** Der kreative Prozess beinhaltet auch das Einholen von Feedback von Kollegen und der Community, um sicherzustellen, dass das Projekt die gewünschten Botschaften vermittelt und sensibel mit den behandelten Themen umgeht.

Herausforderungen bei der Projektentwicklung

Die Entwicklung kreativer Projekte ist nicht ohne Herausforderungen. Renato steht oft vor mehreren Hürden, die es zu überwinden gilt:

- **Finanzierung:** Viele kreative Projekte erfordern finanzielle Mittel, die nicht immer leicht zu finden sind. Renato hat gelernt, dass Crowdfunding und Sponsoring durch LGBTQ+-Organisationen eine wichtige Rolle spielen können.

- **Sichtbarkeit:** Die Sichtbarkeit der Projekte ist entscheidend für deren Erfolg. Renato nutzt soziale Medien und öffentliche Auftritte, um Aufmerksamkeit für seine Arbeiten zu generieren.

- **Kritik und Widerstand:** Projekte, die kontroverse Themen ansprechen, können auf Widerstand stoßen. Renato hat gelernt, konstruktiv mit Kritik umzugehen und diese als Möglichkeit zur Verbesserung zu nutzen.

Beispiele für Renatos kreative Projekte

Einige von Renatos bemerkenswertesten Projekten sind:

- **„Identität im Wandel":** Ein Theaterstück, das die Geschichten von trans-Personen erzählt und die Herausforderungen beleuchtet, mit denen sie konfrontiert sind. Dieses Stück hat nicht nur in der LGBTQ+-Community, sondern auch in der breiteren Gesellschaft für Aufsehen gesorgt.

- **„Kunst für Akzeptanz":** Eine Kunstausstellung, die Werke von LGBTQ+-Künstlern präsentiert und Diskussionen über Akzeptanz und Vielfalt anregt. Diese Ausstellung hat eine Plattform für aufstrebende Künstler geschaffen und das Bewusstsein für LGBTQ+-Themen in der Kunstszene geschärft.

- **„Die Stimme der Jugend":** Ein Projekt, das junge LGBTQ+-Personen ermutigt, ihre Geschichten durch verschiedene Medien zu erzählen. Renato hat Workshops organisiert, in denen Jugendliche lernen, wie sie ihre Erfahrungen kreativ ausdrücken können.

Die Auswirkungen kreativer Projekte

Die Auswirkungen von Renatos kreativen Projekten sind weitreichend. Sie tragen nicht nur zur Sichtbarkeit von LGBTQ+-Themen bei, sondern fördern auch den Dialog und das Verständnis in der Gesellschaft. Einige der positiven Effekte sind:

- **Erhöhung der Sichtbarkeit:** Durch seine Projekte hat Renato dazu beigetragen, trans-Personen und ihre Geschichten in den Vordergrund zu rücken.

- **Förderung des Dialogs:** Renatos Arbeiten regen Diskussionen über Identität, Akzeptanz und die Herausforderungen der LGBTQ+-Community an.

- **Inspiration für andere:** Viele junge Künstler und Aktivisten sehen Renato als Vorbild und lassen sich von seiner Arbeit inspirieren, was zu einer neuen Generation von Stimmen in der LGBTQ+-Bewegung führt.

Zusammenfassend lässt sich sagen, dass die Entwicklung von kreativen Projekten für Renato Perez ein integraler Bestandteil seiner Identität als Künstler und Aktivist ist. Durch die Kombination von Kunst und Aktivismus schafft er Räume für Dialog, Verständnis und Veränderung in der Gesellschaft. Seine Projekte sind nicht nur Ausdruck seiner persönlichen Erfahrungen, sondern auch ein Aufruf zur Solidarität und Unterstützung für die LGBTQ+-Community.

Die Bedeutung von Zusammenarbeit in der Kunst

Die Zusammenarbeit in der Kunst ist ein entscheidender Aspekt, der nicht nur die Kreativität fördert, sondern auch die Vielfalt und Inklusivität innerhalb der Kunstgemeinschaft stärkt. In einer Welt, die zunehmend interdisziplinär und global vernetzt ist, wird die Fähigkeit, über kulturelle und künstlerische Grenzen hinweg zu arbeiten, immer wichtiger. Diese Zusammenarbeit kann verschiedene Formen annehmen, von interdisziplinären Projekten, die verschiedene Kunstformen kombinieren, bis hin zu Gemeinschaftsprojekten, die die Stimmen marginalisierter Gruppen einbeziehen.

Theoretische Grundlagen

Die Theorie der Zusammenarbeit in der Kunst basiert auf verschiedenen Konzepten, darunter *Kreative Synergie* und *Interkulturalität*. Kreative Synergie beschreibt das Phänomen, dass die Zusammenarbeit von Künstlern zu innovativeren und einflussreicheren Ergebnissen führt als die Arbeit eines Einzelnen. Dies kann durch den Austausch von Ideen, Techniken und Perspektiven geschehen, was zu einem kreativen Prozess führt, der sowohl bereichernd als auch transformierend ist.

Ein Beispiel für kreative Synergie findet sich im Theater, wo Regisseure, Schauspieler, Bühnenbildner und Dramaturgen gemeinsam an einem Stück arbeiten. In einem solchen Umfeld kann jede Person ihre einzigartigen Fähigkeiten und Perspektiven einbringen, was zu einem Gesamtkunstwerk führt, das die individuellen Stärken aller Beteiligten reflektiert.

Interkulturalität hingegen bezieht sich auf den Austausch und die Interaktion zwischen verschiedenen Kulturen. Diese Form der Zusammenarbeit kann dazu beitragen, kulturelle Barrieren abzubauen und ein tieferes Verständnis für die

Vielfalt menschlicher Erfahrungen zu fördern. In der Kunst manifestiert sich dies beispielsweise in der Zusammenarbeit zwischen Künstlern unterschiedlicher Herkunft, die ihre kulturellen Identitäten in ihre Werke einfließen lassen.

Probleme und Herausforderungen

Trotz der vielen Vorteile, die die Zusammenarbeit in der Kunst bietet, gibt es auch Herausforderungen. Eine der größten Hürden ist die *Kommunikation*. Unterschiedliche kulturelle Hintergründe und künstlerische Ansätze können zu Missverständnissen führen. Es ist wichtig, dass alle Beteiligten offen für den Austausch von Ideen sind und bereit sind, Kompromisse einzugehen.

Ein weiteres Problem ist die *Machtverteilung* innerhalb von Kollaborationen. Oftmals haben bestimmte Künstler oder Gruppen mehr Einfluss auf die Entscheidungsfindung, was zu Ungleichgewichten führen kann. Es ist entscheidend, dass alle Stimmen gehört werden und dass die Zusammenarbeit auf Respekt und Gleichheit basiert.

Beispiele erfolgreicher Zusammenarbeit

Ein bemerkenswertes Beispiel für erfolgreiche Zusammenarbeit in der Kunst ist das Projekt "*The Artist is Present*" von Marina Abramović. In dieser Performance arbeitete die Künstlerin mit verschiedenen Teilnehmern zusammen, um eine tiefgreifende Erfahrung der Präsenz und Verbindung zu schaffen. Durch die Interaktion mit den Besuchern schuf Abramović ein gemeinschaftliches Kunstwerk, das die Grenzen zwischen Künstler und Publikum verwischte.

Ein weiteres Beispiel ist die Zusammenarbeit zwischen trans und nicht-binären Künstlern in der Filmindustrie. Filme wie "*Tangerine*" zeigen, wie wichtig es ist, dass die Stimmen derjenigen, die die Geschichten erzählen, authentisch und repräsentativ sind. Die Zusammenarbeit dieser Künstler hat nicht nur zur Sichtbarkeit von Transgender-Erfahrungen beigetragen, sondern auch die Filmindustrie herausgefordert, diversere Geschichten zu erzählen.

Fazit

Die Bedeutung von Zusammenarbeit in der Kunst kann nicht überschätzt werden. Sie fördert nicht nur die Kreativität und Innovation, sondern auch das Verständnis und die Akzeptanz zwischen verschiedenen Kulturen und Identitäten. In einer Zeit, in der die Welt mit Herausforderungen konfrontiert ist, die oft eine kollektive Antwort erfordern, ist die Zusammenarbeit in der Kunst ein kraftvolles Werkzeug für Veränderung und Fortschritt. Künstler wie Renato Perez zeigen, dass durch Zusammenarbeit nicht nur individuelle Karrieren, sondern auch ganze Gemeinschaften gestärkt werden können.

Die Zukunft der Kunst wird zunehmend von der Fähigkeit abhängen, über Grenzen hinweg zu arbeiten und einander zuzuhören. Nur so können wir eine inklusive und vielfältige Kunstlandschaft schaffen, die alle Stimmen repräsentiert und die Kraft der Zusammenarbeit zelebriert.

Die Relevanz von Kunst im Aktivismus

Kunst hat seit jeher eine entscheidende Rolle im Aktivismus gespielt. Sie dient nicht nur als Ausdrucksform, sondern auch als Werkzeug zur Sensibilisierung und Mobilisierung. In diesem Abschnitt werden wir die verschiedenen Dimensionen der Relevanz von Kunst im Aktivismus untersuchen, einschließlich der theoretischen Grundlagen, der Herausforderungen, denen Künstler gegenüberstehen, und konkreter Beispiele, die die transformative Kraft der Kunst im sozialen Wandel verdeutlichen.

Theoretische Grundlagen

Die Verbindung zwischen Kunst und Aktivismus ist tief verwurzelt in verschiedenen theoretischen Ansätzen. Der Kulturtheoretiker *Theodor Adorno* argumentierte, dass Kunst eine kritische Funktion in der Gesellschaft erfüllt, indem sie bestehende Normen und Werte hinterfragt. In seiner Theorie der *Ästhetischen Erziehung* hebt Adorno hervor, dass Kunst dazu beitragen kann, das Bewusstsein für soziale Ungerechtigkeiten zu schärfen und den Betrachter zu einer kritischen Reflexion anzuregen.

Zusätzlich wird in der *Kritischen Theorie* betont, dass Kunst ein Mittel zur Befreiung von Unterdrückung ist. Der Sozialwissenschaftler *Herbert Marcuse* sah in der Kunst eine Möglichkeit, utopische Visionen zu entwerfen und die Menschen dazu zu inspirieren, über die gegenwärtigen gesellschaftlichen Bedingungen hinauszudenken. Diese theoretischen Ansätze verdeutlichen, dass Kunst nicht nur ästhetischen Zwecken dient, sondern auch als Katalysator für sozialen Wandel fungieren kann.

Herausforderungen im Kunstaktivismus

Trotz der positiven Aspekte, die Kunst im Aktivismus bieten kann, stehen Künstler vor zahlreichen Herausforderungen. Eine der größten Hürden ist die *Zensur*. In vielen Ländern sind Künstler, die sich kritisch mit politischen oder sozialen Themen auseinandersetzen, Repressionen ausgesetzt. Dies kann von öffentlicher Verleumdung bis hin zu rechtlichen Konsequenzen reichen.

Ein weiteres Problem ist die *Kommerzialisierung* der Kunst. In einer Gesellschaft, in der Kunst oft als Ware betrachtet wird, kann es schwierig sein, authentische Botschaften zu vermitteln, ohne sich den Erwartungen von Sponsoren oder dem Mainstream anzupassen. Dies führt häufig dazu, dass Künstler in ihrer kreativen Freiheit eingeschränkt werden, was die Wirkung ihrer Botschaften mindert.

Beispiele für Kunst im Aktivismus

Ein eindrucksvolles Beispiel für die Relevanz von Kunst im Aktivismus ist die *Street Art*. Künstler wie *Banksy* nutzen öffentliche Räume, um sozialkritische Botschaften zu verbreiten. Seine Werke thematisieren häufig soziale Ungerechtigkeiten, Krieg und Konsumverhalten und erreichen so ein breites Publikum. Durch die visuelle Kraft seiner Kunst gelingt es Banksy, komplexe Themen auf eine zugängliche Weise zu kommunizieren.

Ein weiteres Beispiel ist die *Performance-Kunst*. Die Künstlerin *Marina Abramović* hat in ihren Arbeiten oft gesellschaftliche Themen aufgegriffen, die sich mit Identität, Geschlecht und Gewalt auseinandersetzen. Ihre Performance *"The Artist is Present"* regte zu einer tiefen Reflexion über menschliche Beziehungen und die Rolle des Publikums im Kunstprozess an. Abramovićs Arbeiten zeigen, wie Kunst als Medium genutzt werden kann, um gesellschaftliche Diskussionen zu fördern und Veränderungen anzustoßen.

Kunst als Mobilisierungsinstrument

Kunst kann auch als Mobilisierungsinstrument fungieren, indem sie Menschen zusammenbringt und kollektive Aktionen fördert. Ein Beispiel dafür ist die *AIDS-Aktivismus-Gruppe ACT UP*, die in den 1980er Jahren entstand. Durch kreative Protestformen, wie das Tragen von T-Shirts mit provokativen Slogans und die Organisation von „die-ins", schafften sie es, die Aufmerksamkeit der Öffentlichkeit auf die AIDS-Epidemie zu lenken und Druck auf die politischen Entscheidungsträger auszuüben.

Ein weiteres Beispiel ist die *Women's March*, die 2017 stattfand. Künstler und Aktivisten schufen Plakate, Banner und Kunstwerke, die die Botschaften der Gleichheit und Gerechtigkeit verbreiteten. Diese kreative Herangehensweise half nicht nur, die Massen zu mobilisieren, sondern auch eine globale Diskussion über Frauenrechte und soziale Gerechtigkeit anzustoßen.

Fazit

Zusammenfassend lässt sich sagen, dass die Relevanz von Kunst im Aktivismus nicht zu unterschätzen ist. Sie bietet nicht nur eine Plattform für kritische Reflexion und Diskussion, sondern auch die Möglichkeit, Gemeinschaften zu mobilisieren und Veränderungen herbeizuführen. Trotz der Herausforderungen, mit denen Künstler konfrontiert sind, bleibt die Kunst ein kraftvolles Werkzeug im Kampf für soziale Gerechtigkeit. Die Beispiele, die wir betrachtet haben, verdeutlichen, dass Kunst nicht nur ein Spiegel der Gesellschaft ist, sondern auch ein Motor für Veränderung und Hoffnung.

Die Entscheidung für die Bühne

Die Faszination für das Schauspiel

Die Faszination für das Schauspiel ist ein tief verwurzeltes Element in der menschlichen Kultur, das durch die Jahrhunderte hinweg Generationen von Künstlern inspiriert hat. Für Renato Perez, den trans-Schauspieler, war die Bühne nicht nur ein Ort der Aufführung, sondern ein Raum der Selbstentdeckung und der kreativen Entfaltung. In diesem Abschnitt werden wir die verschiedenen Aspekte beleuchten, die die Anziehungskraft des Schauspiels ausmachen, sowie die Herausforderungen, die damit verbunden sind.

Die Magie der Darstellung

Das Schauspiel ermöglicht es, in verschiedene Rollen zu schlüpfen und das Leben durch die Augen anderer zu sehen. Diese Fähigkeit, Empathie zu entwickeln und sich in die Emotionen und Gedanken anderer Menschen hineinzuversetzen, ist eine der zentralen Eigenschaften, die das Schauspiel so faszinierend macht. Laut Stanislavski, einem der einflussreichsten Theaterpädagogen, ist das Ziel des Schauspielers, die Wahrheit auf der Bühne darzustellen. Er sagte:

> „Die Aufgabe des Schauspielers ist es, die Wahrheit in der Kunst zu finden und diese Wahrheit dem Publikum zu vermitteln."

Für Renato war dies ein entscheidender Faktor, der ihn zur Schauspielerei zog. Die Möglichkeit, Geschichten zu erzählen, die das Publikum berühren und zum Nachdenken anregen, war für ihn eine Form der Macht und des Einflusses.

Der Ausdruck von Identität

Im Schauspiel findet eine Auseinandersetzung mit der eigenen Identität statt. Für trans-Schauspieler wie Renato ist die Bühne ein Ort, an dem sie ihre Identität nicht nur ausdrücken, sondern auch hinterfragen können. Die Darstellung von Charakteren, die oft von gesellschaftlichen Normen abweichen, ermöglicht es, Stereotypen zu durchbrechen und neue Narrative zu schaffen.

Ein Beispiel hierfür ist Renatos Rolle in dem Theaterstück „Transcendence", in dem er einen Charakter spielt, der mit den Herausforderungen der Geschlechtsidentität kämpft. Diese Rolle bot nicht nur eine Plattform für die Darstellung von trans Leben, sondern auch eine Gelegenheit, das Publikum über die Komplexität und die Nuancen von Geschlechtsidentität aufzuklären.

Die Herausforderungen des Schauspiels

Trotz der Faszination gibt es auch zahlreiche Herausforderungen, die mit der Schauspielerei verbunden sind. Die ständige Suche nach Authentizität und die Angst vor Ablehnung können für Schauspieler, insbesondere für diejenigen aus marginalisierten Gruppen, belastend sein.

Die Frage der Repräsentation ist besonders wichtig. Oft stehen trans-Schauspieler vor der Herausforderung, Rollen zu finden, die nicht auf Klischees basieren. Laut einer Studie von GLAAD ist die Sichtbarkeit von LGBTQ+-Charakteren in den Medien zwar gestiegen, jedoch sind viele dieser Darstellungen immer noch stereotypisiert und nicht authentisch. Renato hat in Interviews betont, dass es wichtig ist, dass trans-Schauspieler auch hinter der Kamera in kreativen Positionen vertreten sind, um die Geschichten, die sie erzählen, zu authentifizieren.

Die Verbindung von Kunst und Aktivismus

Die Faszination für das Schauspiel geht oft Hand in Hand mit einem Engagement für soziale Gerechtigkeit. Renato hat die Bühne als Plattform genutzt, um auf die Herausforderungen und Ungerechtigkeiten aufmerksam zu machen, mit denen die LGBTQ+-Gemeinschaft konfrontiert ist.

Durch seine Rollen und öffentlichen Auftritte hat er das Bewusstsein für Themen wie Diskriminierung, Identität und Akzeptanz geschärft. Die Verbindung von Kunst und Aktivismus ist nicht nur ein persönliches Anliegen für Renato, sondern auch ein zentraler Aspekt seiner künstlerischen Identität. Er glaubt, dass jede Aufführung die Möglichkeit bietet, Dialoge zu eröffnen und Veränderungen in der Gesellschaft anzustoßen.

Der Einfluss von Vorbildern

Vorbilder spielen eine entscheidende Rolle in der Faszination für das Schauspiel. Für Renato waren es Künstler wie Laverne Cox und Billy Porter, die ihm gezeigt haben, dass es möglich ist, als trans-Schauspieler in der Branche erfolgreich zu sein. Diese Vorbilder haben nicht nur den Weg für ihn geebnet, sondern auch eine gesamte Generation von LGBTQ+-Künstlern inspiriert.

Der Einfluss von Vorbildern wird oft in der Form von Mentoring und Unterstützung in der Gemeinschaft sichtbar. Renato hat in mehreren Interviews betont, wie wichtig es für ihn war, Unterstützung von etablierten Künstlern zu erhalten, die ihm halfen, seinen Platz in der Welt des Theaters zu finden.

Schlussfolgerung

Die Faszination für das Schauspiel ist ein komplexes Zusammenspiel von Identität, Ausdruck, Herausforderungen und der Kraft der Kunst, die Gesellschaft zu beeinflussen. Für Renato Perez stellt die Bühne einen Raum dar, in dem er nicht nur seine eigene Geschichte erzählen kann, sondern auch die Geschichten anderer, die oft ungehört bleiben. Durch seine Arbeit hat er nicht nur die Repräsentation von trans-Personen in den Medien verändert, sondern auch einen bedeutenden Beitrag zur Diskussion über Identität und Akzeptanz geleistet.

Die Faszination für das Schauspiel bleibt also ein dynamisches und sich ständig weiterentwickelndes Feld, das sowohl persönliche als auch gesellschaftliche Transformationen ermöglicht. Die Bühne ist für Renato nicht nur ein Ort der Aufführung, sondern ein Ort der Hoffnung und der Veränderung, der die Kraft hat, Herzen zu berühren und Gedanken zu verändern.

Die Herausforderungen des Theaters

Das Theater ist eine Kunstform, die durch ihre Live-Darbietungen und die unmittelbare Interaktion zwischen Schauspielern und Publikum geprägt ist. Diese Form des künstlerischen Ausdrucks bringt jedoch eine Vielzahl von Herausforderungen mit sich, die sowohl die Darsteller als auch die Produzenten betreffen. In diesem Abschnitt werden wir einige der zentralen Herausforderungen des Theaters untersuchen, insbesondere im Kontext von Renato Perez' Erfahrungen als trans-Schauspieler.

Die Komplexität der Rollenwahl

Eine der größten Herausforderungen, vor denen Schauspieler im Theater stehen, ist die Auswahl der Rollen. Diese Wahl ist nicht nur eine Frage der persönlichen Vorlieben, sondern auch der gesellschaftlichen Erwartungen und der verfügbaren Möglichkeiten. Für trans-Schauspieler wie Renato kann die Rollenwahl besonders komplex sein, da sie oft in stereotype Darstellungen gedrängt werden. Die Herausforderung besteht darin, Rollen zu finden, die authentisch sind und gleichzeitig die Vielfalt der menschlichen Erfahrungen widerspiegeln.

Ein Beispiel hierfür ist die Rolle eines trans Charakters in einem Stück, das nicht nur die Identität des Charakters, sondern auch die gesellschaftlichen Vorurteile und Herausforderungen thematisiert. Renato musste oft abwägen, ob er in eine Rolle schlüpfen sollte, die möglicherweise nicht seiner eigenen Erfahrung entsprach, oder ob er die Chance nutzen sollte, das Publikum durch eine authentische Darstellung zu bilden.

Der Druck der Authentizität

Der Druck, authentisch zu sein, ist eine weitere bedeutende Herausforderung für Schauspieler im Theater. In einer Welt, in der die Sichtbarkeit von LGBTQ+-Personen zunehmend gefördert wird, wird von Schauspielern erwartet, dass sie ihre Erfahrungen und Identitäten in ihre Darstellungen einbringen. Dies kann jedoch zu einem inneren Konflikt führen, insbesondere wenn die Rollen nicht die eigene Realität widerspiegeln.

Renato hat oft darüber gesprochen, wie wichtig es für ihn ist, authentisch zu sein, und wie schwierig es ist, diese Authentizität in einer Branche aufrechtzuerhalten, die manchmal mehr Wert auf kommerziellen Erfolg als auf echte Darstellung legt. Die Frage, die sich hier stellt, ist: Wie kann ein Schauspieler authentisch bleiben, während er gleichzeitig den Erwartungen der Produzenten und des Publikums gerecht wird?

Die Herausforderungen der Live-Darbietung

Die Live-Darbietung bringt einzigartige Herausforderungen mit sich, die im Theater nicht zu vermeiden sind. Schauspieler müssen sich auf unerwartete Situationen einstellen, sei es ein technisches Problem, ein vergessener Text oder eine spontane Reaktion des Publikums. Diese Unvorhersehbarkeit kann sowohl aufregend als auch beängstigend sein.

Ein Beispiel aus Renatos Karriere zeigt, wie er mit solchen Herausforderungen umgegangen ist. Während einer Aufführung eines Stücks, in dem er die Hauptrolle spielte, gab es einen technischen Ausfall, der das Licht ausging. Anstatt in Panik zu geraten, improvisierte Renato und nutzte die Dunkelheit, um eine tiefere emotionale Verbindung zu seinem Charakter herzustellen. Diese Fähigkeit zur Improvisation ist eine wichtige Fähigkeit für jeden Schauspieler, die jedoch auch viel Erfahrung und Selbstvertrauen erfordert.

Die finanziellen Unsicherheiten

Ein weiteres bedeutendes Problem im Theater ist die finanzielle Unsicherheit. Viele Theaterproduktionen sind auf Sponsoren und Fördermittel angewiesen, und die Budgets sind oft begrenzt. Dies kann dazu führen, dass Schauspieler und andere Kreative unterbezahlt oder gar nicht bezahlt werden.

Für trans-Schauspieler wie Renato kann dies eine zusätzliche Belastung darstellen. Oftmals müssen sie sich mit der Unsicherheit auseinandersetzen, ob sie genug Geld verdienen können, um ihren Lebensunterhalt zu bestreiten, während sie gleichzeitig versuchen, ihre Karriere voranzutreiben. Diese finanzielle Unsicherheit kann auch dazu führen, dass talentierte Schauspieler gezwungen sind, andere Berufe anzunehmen, die nicht mit ihrer Leidenschaft für die darstellende Kunst übereinstimmen.

Der Umgang mit Diskriminierung und Vorurteilen

Diskriminierung und Vorurteile sind im Theater, wie in vielen anderen Bereichen des Lebens, leider weit verbreitet. Trans-Schauspieler können oft auf Vorurteile stoßen, sei es bei Castings, in der Zusammenarbeit mit anderen Künstlern oder bei der Wahrnehmung durch das Publikum. Diese Diskriminierung kann sowohl offen als auch subtil sein und erfordert von den Schauspielern ein hohes Maß an Resilienz.

Renato hat in Interviews über seine eigenen Erfahrungen mit Diskriminierung gesprochen, insbesondere als er versuchte, in der Branche Fuß zu fassen. Er betont die Notwendigkeit, sich solidarisch zu zeigen und anderen trans-Schauspielern zu helfen, die mit ähnlichen Herausforderungen konfrontiert sind. Es ist wichtig, ein unterstützendes Netzwerk zu schaffen, um die Stimmen der marginalisierten Künstler zu stärken und ihnen die Möglichkeit zu geben, gehört zu werden.

Die Verantwortung der Produzenten und Regisseure

Schließlich liegt eine große Verantwortung auf den Schultern der Produzenten und Regisseure, die oft entscheiden, welche Geschichten erzählt werden und wie diese erzählt werden. Die Herausforderung besteht darin, sicherzustellen, dass die

Stimmen der LGBTQ+-Community authentisch und respektvoll repräsentiert werden.

Produzenten müssen sich bewusst sein, dass ihre Entscheidungen weitreichende Auswirkungen auf die Darstellung von trans-Personen und anderen marginalisierten Gruppen haben können. Ein Beispiel für verantwortungsbewusste Produktion ist die Zusammenarbeit mit trans-Schauspielern und Beratern, um sicherzustellen, dass die Geschichten nicht nur korrekt, sondern auch sensibel erzählt werden.

Fazit

Die Herausforderungen des Theaters sind vielfältig und komplex, insbesondere für trans-Schauspieler wie Renato Perez. Von der Rollenwahl über den Druck der Authentizität bis hin zu finanziellen Unsicherheiten und Diskriminierung – die Hürden sind zahlreich. Dennoch zeigt Renatos Karriere, dass diese Herausforderungen auch Chancen bieten, um die Sichtbarkeit und Repräsentation von trans-Personen im Theater zu fördern. Indem er seine Stimme erhebt und sich für eine gerechtere Darstellung einsetzt, inspiriert er nicht nur andere Künstler, sondern auch das Publikum, das von seinen Darbietungen berührt wird.

Die Bedeutung von Proben und Vorbereitung

Die Proben und die damit verbundene Vorbereitung sind von entscheidender Bedeutung für den Erfolg eines Schauspielers, insbesondere für jemanden wie Renato Perez, der in der trans-Schauspielkunst eine Vorreiterrolle einnimmt. In diesem Abschnitt werden wir die verschiedenen Aspekte der Proben und Vorbereitung beleuchten und deren Einfluss auf die künstlerische Leistung und die persönliche Entwicklung von Renato untersuchen.

Die Rolle der Proben

Proben sind nicht nur eine Möglichkeit, die Texte zu lernen, sondern auch ein Raum für kreative Entfaltung und Teamarbeit. In der Theaterwelt wird oft gesagt, dass das Stück nicht im Probenraum, sondern erst auf der Bühne entsteht. Dies bedeutet, dass die Proben eine entscheidende Rolle bei der Entwicklung von Charakteren und der Dynamik zwischen den Darstellern spielen.

Kollektive Kreativität Die Proben bieten die Möglichkeit, Ideen auszutauschen und gemeinsam an der Interpretation des Stücks zu arbeiten. Renato hat in seinen frühen Jahren oft betont, wie wichtig die Zusammenarbeit mit anderen Schauspielern war. Er beschreibt, wie das gemeinsame Arbeiten an Szenen, das Ausprobieren verschiedener Ansätze und das Feedback der Regisseure und Kollegen ihm halfen, seine Fähigkeiten zu verfeinern und seine Charaktere authentisch darzustellen.

Die Entwicklung von Charakteren Ein zentraler Aspekt der Probenarbeit ist die Entwicklung von Charakteren. Renato hat oft betont, dass er während der Proben tief in die Psyche seiner Charaktere eintauchen muss. Dies erfordert intensive Recherche und Selbstreflexion. Ein Beispiel dafür ist seine Rolle in einem Stück, in dem er einen trans Mann spielt, der mit gesellschaftlichen Vorurteilen kämpft. Renato verbrachte Stunden damit, Interviews mit Transgender-Personen zu lesen und ihre Erfahrungen zu verstehen, um die Authentizität seiner Darstellung zu gewährleisten.

Vorbereitungstechniken

Die Vorbereitung auf eine Rolle geht über das Lernen von Texten hinaus. Renato hat verschiedene Techniken entwickelt, um sich auf seine Rollen vorzubereiten. Dazu gehören:

Stimm- und Körperarbeit Die Arbeit an Stimme und Körper ist entscheidend für die Darstellung eines Charakters. Renato hat regelmäßig Stimmübungen durchgeführt, um seine Artikulation und Intonation zu verbessern. Körperliche Vorbereitung, wie Tanz- und Bewegungstraining, half ihm, die physische Präsenz seiner Charaktere zu entwickeln. Diese Techniken sind besonders wichtig für trans Schauspieler, da sie oft mit der Darstellung von Geschlechteridentitäten in Verbindung stehen.

Emotionale Vorbereitung Emotionale Vorbereitung ist ein weiterer wichtiger Aspekt. Renato nutzt Methoden wie das *Emotional Recall*, eine Technik, die von Lee Strasberg entwickelt wurde, um persönliche Erfahrungen zu nutzen, um die Emotionen seiner Charaktere authentisch darzustellen. Diese Technik ermöglicht es ihm, sich in die Gefühle seiner Charaktere hineinzuversetzen und diese auf der Bühne zu vermitteln.

Herausforderungen während der Proben

Trotz der Bedeutung von Proben gibt es auch Herausforderungen, mit denen Schauspieler konfrontiert sind. Eine der größten Herausforderungen ist der Druck, der mit der öffentlichen Wahrnehmung von trans Schauspielern verbunden ist. Renato hat oft darüber gesprochen, wie er sich während der Proben unter Druck gesetzt fühlt, um den Erwartungen der Zuschauer gerecht zu werden. Dies kann zu Stress und Selbstzweifeln führen.

Umgang mit Kritik Ein weiterer Aspekt, der während der Proben berücksichtigt werden muss, ist der Umgang mit Kritik. In der Schauspielwelt ist Feedback unvermeidlich, und wie man damit umgeht, kann einen großen Einfluss auf die Leistung haben. Renato hat gelernt, konstruktive Kritik als Teil seines Wachstums zu akzeptieren und sie als Chance zu sehen, sich weiterzuentwickeln.

Beispiele aus Renatos Karriere

Ein Beispiel für die Bedeutung von Proben und Vorbereitung in Renatos Karriere ist seine Rolle in der preisgekrönten Produktion *Transcendence*. Während der Proben für dieses Stück arbeitete Renato eng mit dem Regisseur zusammen, um die komplexen Emotionen und die innere Reise seines Charakters darzustellen. Er nutzte jede Probe, um neue Facetten seines Charakters zu entdecken und sicherzustellen, dass seine Darstellung sowohl authentisch als auch berührend war.

Ein weiteres Beispiel ist seine Zusammenarbeit mit anderen trans Künstlern. In einem Workshop, in dem er als Mentor tätig war, half er anderen Schauspielern, ihre Techniken zur Charakterentwicklung zu verfeinern. Dies zeigt, wie wichtig die Proben nicht nur für die individuelle Entwicklung sind, sondern auch für die Stärkung der Gemeinschaft innerhalb der LGBTQ+-Kunstszene.

Fazit

Zusammenfassend lässt sich sagen, dass Proben und Vorbereitung für Renato Perez nicht nur eine berufliche Notwendigkeit sind, sondern auch eine persönliche Reise der Selbstentdeckung und des Wachstums. Die Herausforderungen, die er während der Proben erlebt hat, haben ihn stärker gemacht und ihm geholfen, sich als Künstler und als Mensch weiterzuentwickeln. Durch die Kombination von kreativen Techniken, emotionaler Vorbereitung und der Fähigkeit, mit Kritik umzugehen, hat Renato nicht nur seine eigene Karriere gefördert, sondern auch einen bedeutenden Einfluss auf die Repräsentation von trans Schauspielern in der Kunstwelt ausgeübt.

Der Einfluss des Publikums auf die Darbietung

Der Einfluss des Publikums auf die Darbietung ist ein zentrales Thema in der Theaterwissenschaft und der Performance-Theorie. Die Interaktion zwischen Darstellern und Zuschauern kann die Qualität und die Wirkung einer Aufführung erheblich beeinflussen. In diesem Abschnitt werden wir die verschiedenen Dimensionen dieser Beziehung untersuchen, einschließlich der psychologischen, emotionalen und sozialen Aspekte, die die Darbietung formen.

Psychologische Aspekte

Die Psychologie des Publikums spielt eine entscheidende Rolle in der Wahrnehmung einer Darbietung. Der Zuschauer bringt seine eigenen Erfahrungen, Erwartungen und Emotionen in den Theaterraum mit, was die Rezeption der Aufführung beeinflusst. Laut der Theorie der sozialen Identität [1] identifizieren sich Zuschauer oft mit den Charakteren und der Handlung, was zu einer tieferen emotionalen Verbindung führt. Diese Identifikation kann die Reaktionen des Publikums verstärken, sei es durch Lachen, Weinen oder andere emotionale Reaktionen.

Ein Beispiel für diesen psychologischen Einfluss ist das Phänomen des *Empathie-Engagements*. Wenn das Publikum sich mit den Charakteren identifiziert, kann dies die Intensität der Darbietung erhöhen. Renato Perez, als trans-Schauspieler, hat oft beobachtet, dass das Publikum besonders auf Szenen reagiert, die mit der Identität und den Kämpfen von LGBTQ+-Personen verbunden sind. Diese Reaktionen sind nicht nur emotional, sondern auch kognitiv, da das Publikum beginnt, die Themen der Aufführung auf ihre eigenen Lebenserfahrungen zu beziehen.

Emotionale Resonanz

Die emotionale Resonanz zwischen Darstellern und Publikum ist ein weiteres wichtiges Element. Wenn Schauspieler in der Lage sind, authentische Emotionen zu vermitteln, spiegelt sich dies oft in der Reaktion des Publikums wider. Eine Studie von [2] zeigt, dass Zuschauer auf die nonverbalen Signale der Darsteller reagieren, was die emotionale Tiefe der Aufführung verstärken kann.

Renato hat in seiner Karriere oft die Bedeutung des emotionalen Austauschs betont. In einem Interview erklärte er: „Wenn das Publikum weint, weine ich mit ihnen. Es ist diese Verbindung, die die Magie des Theaters ausmacht." Diese Aussage verdeutlicht, wie wichtig die emotionale Resonanz für die Qualität einer Darbietung ist.

Soziale Dynamiken

Die sozialen Dynamiken innerhalb des Publikums können ebenfalls die Darbietung beeinflussen. Gruppendynamiken, wie das sogenannte *Publikumseffekt*, können die Reaktionen verstärken oder abschwächen. Wenn ein Zuschauer lacht oder applaudiert, kann dies andere dazu ermutigen, dasselbe zu tun. Dies kann zu einem positiven Feedback-Loch führen, in dem die Energie des Publikums die Darsteller anspornt, noch leidenschaftlicher zu spielen.

Ein Beispiel für diese soziale Dynamik ist die Reaktion des Publikums auf kontroverse Themen. In einer Aufführung, die sich mit der Transgender-Erfahrung auseinandersetzt, kann die Reaktion des Publikums variieren, je nachdem, wie offen oder konservativ die Zuschauer sind. Renato hat in mehreren Aufführungen erlebt, dass das Publikum in liberalen Städten oft offener und reaktionsfreudiger ist als in konservativeren Regionen. Diese Unterschiede in der Publikumsreaktion können die Art und Weise beeinflussen, wie er seine Darbietung anpasst.

Theater als Dialog

Das Theater ist nicht nur ein Ort der Aufführung, sondern auch ein Raum für Dialog. Die Interaktion zwischen Darstellern und Publikum kann als eine Art *Wechselspiel* betrachtet werden, bei dem beide Parteien aktiv teilnehmen. Renato hat oft die Bedeutung betont, dass Theater als Plattform für gesellschaftliche Themen dient. Er sagt: „Wenn das Publikum nach der Aufführung Fragen stellt oder diskutiert, weiß ich, dass ich meine Arbeit gut gemacht habe." Diese Art von Dialog fördert nicht nur das Verständnis, sondern auch die Akzeptanz von Themen, die oft tabuisiert werden.

Herausforderungen und Probleme

Trotz der positiven Aspekte des Einflusses des Publikums gibt es auch Herausforderungen. Die Angst vor negativer Kritik oder das Streben nach Perfektion kann die Darsteller unter Druck setzen. Wenn das Publikum nicht reagiert, wie erwartet, kann dies zu Unsicherheiten führen. Renato hat in der Vergangenheit erwähnt, dass die Vorstellung, auf der Bühne zu stehen, während das Publikum still bleibt, eine der größten Herausforderungen für jeden Schauspieler ist. Dies kann zu einem Gefühl der Isolation führen, das die Darbietung beeinträchtigen kann.

Ein weiteres Problem ist die unterschiedliche Rezeption von Inhalten, insbesondere bei sensiblen Themen wie Geschlechtsidentität. Während einige

Zuschauer offen und unterstützend sind, können andere Vorurteile oder Ignoranz zeigen, was die Darbietung beeinflussen kann. Renato hat betont, dass es wichtig ist, sich auf die positiven Reaktionen zu konzentrieren und nicht von negativen Kommentaren entmutigen zu lassen.

Fazit

Zusammenfassend lässt sich sagen, dass der Einfluss des Publikums auf die Darbietung ein komplexes Zusammenspiel von psychologischen, emotionalen und sozialen Faktoren ist. Die Fähigkeit der Darsteller, eine Verbindung zum Publikum herzustellen, kann die Wirkung einer Aufführung erheblich steigern. Gleichzeitig müssen Darsteller die Herausforderungen und Unsicherheiten bewältigen, die mit der Interaktion mit dem Publikum verbunden sind. In der Welt von Renato Perez wird deutlich, dass die Bühne nicht nur ein Ort der Aufführung ist, sondern auch ein Raum für Dialog und gesellschaftliche Veränderung.

Bibliography

[1] Tajfel, H. (1979). *Social Identity and Intergroup Relations.* Cambridge University Press.

[2] Kappas, A. (2001). *Emotion and Emotion Regulation in Social Interaction.* In: *Emotion in Social Interaction*, SAGE Publications.

Die Verbindung zwischen Schauspiel und Emotion

Im Schauspiel ist die Verbindung zwischen Emotion und Darstellung von zentraler Bedeutung. Schauspieler sind nicht nur Darsteller von Rollen, sondern auch Vermittler von Gefühlen, die das Publikum berühren und bewegen. Diese emotionale Verbindung ist entscheidend für die Authentizität der Darbietung und beeinflusst maßgeblich die Rezeption der Charaktere und Geschichten auf der Bühne und im Film.

Theoretische Grundlagen

Die Theorie des Schauspiels hat sich im Laufe der Jahre weiterentwickelt, und verschiedene Ansätze betonen unterschiedliche Aspekte der emotionalen Darstellung. Stanislawski, ein Pionier der modernen Schauspieltechnik, betonte die Notwendigkeit, dass Schauspieler ihre eigenen Emotionen nutzen, um die ihrer Charaktere authentisch darzustellen. Er entwickelte das Konzept der *emotionalen Erinnerung*, bei dem Schauspieler persönliche Erfahrungen und Gefühle nutzen, um die Emotionen ihrer Charaktere zu verkörpern. Diese Technik erfordert eine tiefe Selbstreflexion und die Fähigkeit, sich emotional zu öffnen, was für viele Schauspieler eine Herausforderung darstellt.

Ein weiterer bedeutender Ansatz ist die *Method Acting*-Technik, die von Lee Strasberg popularisiert wurde. Diese Methode ermutigt Schauspieler, ihre eigenen Emotionen und Erfahrungen zu nutzen, um eine tiefere Verbindung zu ihren

Charakteren herzustellen. Dies kann jedoch auch zu emotionalen Belastungen führen, da Schauspieler möglicherweise schwierige oder traumatische Erinnerungen hervorrufen müssen, um eine authentische Darbietung zu erzielen.

Emotionale Herausforderungen

Die Verbindung zwischen Schauspiel und Emotion bringt auch Herausforderungen mit sich. Schauspieler müssen oft zwischen ihrer eigenen emotionalen Realität und der ihrer Charaktere navigieren. Dies kann zu emotionaler Erschöpfung führen, insbesondere wenn sie in Rollen schlüpfen, die intensive oder traumatische Erfahrungen erfordern. Die Fähigkeit, diese Emotionen zu kanalisieren, ohne sich selbst zu verlieren, ist eine Kunst, die viele Schauspieler im Laufe ihrer Karriere meistern müssen.

Ein Beispiel für diese Herausforderung ist die Rolle von Renato Perez in einem Theaterstück, das sich mit der Identität und den Kämpfen von Transgender-Personen auseinandersetzt. Um die Emotionen des Charakters authentisch darzustellen, musste Renato tief in seine eigenen Erfahrungen eintauchen und sich mit den Herausforderungen auseinandersetzen, die er in seinem eigenen Leben erlebt hat. Dies erforderte nicht nur schauspielerisches Talent, sondern auch eine starke emotionale Resilienz.

Praktische Anwendungen

In der Praxis ist die Verbindung zwischen Schauspiel und Emotion entscheidend für die Schaffung unvergesslicher und berührender Darbietungen. Schauspieler, die in der Lage sind, ihre Emotionen effektiv zu nutzen, können das Publikum in eine tiefere Verbindung mit der Geschichte und den Charakteren ziehen. Dies geschieht oft durch Techniken wie *Subtext* und *Emotional Recall*, bei denen Schauspieler subtile emotionale Nuancen in ihren Darstellungen einbringen, um die Komplexität ihrer Charaktere zu zeigen.

Ein Beispiel für eine solche Darbietung ist Renatos Darstellung in einem preisgekrönten Film, in dem er die Rolle eines jungen Transgender-Menschen spielt, der mit Akzeptanz und Identität kämpft. Durch den Einsatz von emotionalem Recall konnte Renato die innere Zerrissenheit und den Schmerz seines Charakters auf eine Weise darstellen, die das Publikum tief berührte. Die Reaktionen des Publikums, die oft von Tränen und Applaus begleitet wurden, zeigen die Macht der emotionalen Verbindung im Schauspiel.

Fazit

Die Verbindung zwischen Schauspiel und Emotion ist ein komplexes und vielschichtiges Thema, das sowohl theoretische als auch praktische Aspekte umfasst. Schauspieler wie Renato Perez demonstrieren, wie wichtig es ist, Emotionen authentisch darzustellen, um das Publikum zu erreichen und zu berühren. Die Herausforderungen, die mit dieser emotionalen Verbindung einhergehen, erfordern sowohl technisches Können als auch persönliche Stärke. Letztlich ist die Fähigkeit, Emotionen auf der Bühne oder im Film zu vermitteln, entscheidend für die Wirkung und den Erfolg einer Darbietung. In einer Welt, die oft von Oberflächlichkeit geprägt ist, bleibt die Fähigkeit, Emotionen zu fühlen und auszudrücken, eine der wertvollsten Eigenschaften eines Schauspielers.

Renatos Lieblingsrollen und -charaktere

Renato Perez hat im Laufe seiner Karriere eine Vielzahl von Rollen gespielt, die nicht nur seine schauspielerischen Fähigkeiten unter Beweis stellen, sondern auch tiefgreifende Themen der Identität, Akzeptanz und der menschlichen Erfahrung ansprechen. In diesem Abschnitt werden einige seiner Lieblingsrollen und -charaktere beleuchtet, die für Renato eine besondere Bedeutung haben.

Die Rolle des *Alex* in *Der Weg zur Selbstakzeptanz*

Eine der denkwürdigsten Rollen, die Renato gespielt hat, ist die des *Alex* in dem Theaterstück *Der Weg zur Selbstakzeptanz*. Diese Figur ist ein transgender Jugendlicher, der mit den Herausforderungen der Identitätsfindung und der Akzeptanz in einer konservativen Gesellschaft kämpft. Renato beschreibt die Rolle als „lebensverändernd", da sie ihm die Möglichkeit gab, seine eigenen Erfahrungen und Kämpfe auf die Bühne zu bringen.

Die Darstellung von *Alex* erforderte eine tiefgehende Auseinandersetzung mit der Thematik der Selbstakzeptanz. Renato nutzte seine eigene Lebensgeschichte, um die Emotionen und Konflikte des Charakters authentisch darzustellen. Diese Rolle hat nicht nur seine schauspielerischen Fähigkeiten gestärkt, sondern auch das Publikum dazu angeregt, über Vorurteile und Diskriminierung nachzudenken.

Julius in *Die Farben des Lebens*

In dem Film *Die Farben des Lebens* spielt Renato die Rolle des *Julius*, eines jungen Künstlers, der sich in einer Welt voller Vorurteile und Stereotypen behaupten muss. *Julius* ist ein Charakter, der durch seine Kreativität und seinen Mut besticht, sich gegen gesellschaftliche Normen zu wehren. Renato beschreibt diese Rolle als besonders wichtig, da sie die Bedeutung von Kunst als Ausdrucksform für Identität und Selbstfindung hervorhebt.

Die Herausforderungen, die *Julius* durchlebt, spiegeln viele der realen Kämpfe wider, mit denen LGBTQ+-Personen konfrontiert sind. Renato hat in Interviews betont, wie wichtig es war, diesen Charakter mit Empathie und Verständnis zu spielen, um die Botschaft von Hoffnung und Widerstandskraft zu vermitteln. Diese Rolle hat Renato nicht nur Anerkennung in der Filmindustrie eingebracht, sondern auch als Vorbild für junge Menschen gedient, die ähnliche Herausforderungen erleben.

Mara in *Die Stimme der Stille*

Eine weitere bemerkenswerte Rolle ist die der *Mara* in dem preisgekrönten Stück *Die Stimme der Stille*. In dieser Rolle spielt Renato eine transidente Frau, die in einer patriarchalen Gesellschaft um ihre Stimme kämpft. Die Figur von *Mara* ist komplex und vielschichtig, und Renato hat die Herausforderung angenommen, ihre innere Stärke und Verletzlichkeit darzustellen.

Die Darstellung von *Mara* erforderte intensive Recherchen und eine tiefgehende Auseinandersetzung mit Themen wie Geschlechteridentität und gesellschaftlicher Druck. Renato hat betont, dass es wichtig war, die menschliche Seite des Charakters zu zeigen, um das Publikum für die Herausforderungen zu sensibilisieren, mit denen viele Menschen konfrontiert sind. Diese Rolle hat nicht nur Renatos schauspielerische Fähigkeiten weiterentwickelt, sondern auch eine wichtige Diskussion über Geschlechteridentität und Gleichheit angestoßen.

Luca in *Grenzenlose Liebe*

In der romantischen Komödie *Grenzenlose Liebe* spielt Renato die Rolle des *Luca*, eines jungen Mannes, der sich in einen Mann verliebt, der aus einer anderen Kultur stammt. Diese Rolle ist besonders wichtig, da sie die Themen der interkulturellen Beziehungen und der LGBTQ+-Identität in den Vordergrund stellt. Renato hat in dieser Rolle die Herausforderung angenommen, die Liebe zwischen zwei Männern darzustellen, die mit Vorurteilen und gesellschaftlichen Erwartungen konfrontiert sind.

Die Darstellung von *Luca* hat Renato nicht nur als Schauspieler gefordert, sondern auch als Aktivist. Er hat betont, wie wichtig es ist, die Vielfalt der menschlichen Erfahrungen in der Kunst zu repräsentieren. Diese Rolle hat dazu beigetragen, das Bewusstsein für die Herausforderungen zu schärfen, mit denen

LGBTQ+-Menschen in interkulturellen Beziehungen konfrontiert sind, und hat eine wichtige Diskussion über Akzeptanz und Liebe angestoßen.

Sam in *Ein neuer Anfang*

In dem Drama *Ein neuer Anfang* spielt Renato die Rolle des *Sam*, eines älteren Transmannes, der nach vielen Jahren der Unsichtbarkeit und des Kampfes um Akzeptanz endlich den Mut findet, sein wahres Ich zu leben. Diese Rolle ist besonders bedeutend für Renato, da sie eine Altersgruppe repräsentiert, die oft in der LGBTQ+-Bewegung übersehen wird.

Die Darstellung von *Sam* erforderte eine tiefe emotionale Verbindung und eine realistische Darstellung der Herausforderungen, die ältere Transpersonen erleben. Renato hat betont, wie wichtig es ist, diese Geschichten zu erzählen, um das Bewusstsein für die Bedürfnisse und Kämpfe älterer LGBTQ+-Menschen zu schärfen. Diese Rolle hat nicht nur Renatos schauspielerische Fähigkeiten unter Beweis gestellt, sondern auch eine wichtige Diskussion über die Sichtbarkeit und Repräsentation in der Kunst angestoßen.

Schlussfolgerung

Renatos Lieblingsrollen und -charaktere sind mehr als nur schauspielerische Leistungen; sie sind Ausdruck seiner eigenen Erfahrungen und Kämpfe sowie eine Plattform für wichtige gesellschaftliche Themen. Durch seine Rollen hat Renato nicht nur das Publikum berührt, sondern auch einen bedeutenden Beitrag zur Repräsentation von LGBTQ+-Personen in der Kunst geleistet. Seine Fähigkeit, komplexe und vielschichtige Charaktere darzustellen, hat nicht nur seine Karriere geprägt, sondern auch das Bewusstsein für die Vielfalt menschlicher Erfahrungen geschärft.

Die Entwicklung von Charakteren

Die Entwicklung von Charakteren ist ein zentraler Aspekt in der Schauspielkunst, der sowohl die Tiefe der Darbietung als auch die Authentizität der Charakterdarstellung beeinflusst. In diesem Abschnitt werden wir die verschiedenen Phasen und Techniken der Charakterentwicklung untersuchen, sowie die Herausforderungen, die Schauspieler wie Renato Perez in diesem Prozess begegnen.

Die Grundlagen der Charakterentwicklung

Die Entwicklung eines Charakters beginnt mit einer gründlichen Analyse des Skripts. Schauspieler müssen die Motivationen, die Hintergrundgeschichte und die Beziehungen ihrer Charaktere zu anderen Figuren verstehen. Diese Elemente sind entscheidend, um die Emotionen und Handlungen des Charakters glaubwürdig darzustellen. Ein bekanntes Konzept in der Theater- und Filmwissenschaft ist das *Stanislawski-System*, das Schauspielern hilft, sich in ihre Rollen hineinzuversetzen. Stanislawski betont die Bedeutung von **Emotionaler Erinnerung** und **Innerem Monolog**, um die psychologischen Aspekte eines Charakters zu erfassen.

$$\text{Charakterentwicklung} = \text{Analyse} + \text{Emotionale Tiefe} + \text{Interaktion} \quad (19)$$

Techniken der Charakterentwicklung

Eine effektive Technik zur Charakterentwicklung ist die *Method Acting*, die von Lee Strasberg popularisiert wurde. Diese Methode ermutigt Schauspieler, ihre eigenen Erfahrungen und Emotionen zu nutzen, um die Realität ihrer Charaktere zu verkörpern. Renato Perez hat in Interviews betont, wie wichtig es für ihn ist, persönliche Erlebnisse in seine Rollen zu integrieren, um authentisch zu bleiben.

Ein weiteres wichtiges Konzept ist die *Charakterbiografie*. Schauspieler erstellen oft eine detaillierte Biografie für ihren Charakter, die Informationen über deren Kindheit, Beziehungen und Lebensumstände enthält. Diese Biografie hilft Schauspielern, die Entscheidungen und Reaktionen ihrer Charaktere besser zu verstehen.

Herausforderungen bei der Charakterentwicklung

Trotz der Techniken und Methoden, die zur Verfügung stehen, gibt es zahlreiche Herausforderungen, mit denen Schauspieler konfrontiert sind. Eine der größten Herausforderungen ist die **Authentizität**. In einer Welt, in der Stereotypen und Klischees häufig vorkommen, müssen Schauspieler sicherstellen, dass ihre Darstellungen realistisch und respektvoll sind. Renato Perez hat sich oft mit der Frage auseinandergesetzt, wie er als trans-Schauspieler authentisch bleiben kann, während er gleichzeitig die Erwartungen der Branche erfüllt.

Ein weiteres Problem ist die **Vielschichtigkeit** der Charaktere. Viele Rollen, insbesondere in der LGBTQ+-Community, sind oft eindimensional oder stereotypisiert. Es ist die Aufgabe des Schauspielers, diesen Charakteren Tiefe zu verleihen und sie als komplexe Individuen darzustellen. Dies erfordert ein tiefes Verständnis für die sozialen und kulturellen Kontexte, in denen diese Charaktere existieren.

Beispiele für gelungene Charakterentwicklung

Ein bemerkenswertes Beispiel für gelungene Charakterentwicklung ist Renatos Rolle in dem preisgekrönten Film „*Identität*". In diesem Film spielt er einen trans-Mann, der mit den Herausforderungen seiner Identität und den gesellschaftlichen Erwartungen kämpft. Durch eine sorgfältige Analyse des Drehbuchs und die Anwendung von Method Acting konnte Renato eine tief emotionale Darstellung liefern, die sowohl Kritiker als auch Publikum berührte.

Ein weiteres Beispiel ist die Figur von *Angel* in dem Musical „*Rent*". Diese Figur ist ein Symbol für die Kämpfe und Triumphe der LGBTQ+-Community und wird durch die Entwicklung ihrer Beziehungen zu anderen Charakteren lebendig. Die Interaktion zwischen Angel und anderen Figuren verdeutlicht, wie wichtig Gemeinschaft und Unterstützung sind, was für Renato ein zentraler Aspekt seiner eigenen Erfahrungen ist.

Fazit

Die Entwicklung von Charakteren ist ein komplexer Prozess, der sowohl technische Fähigkeiten als auch emotionale Intelligenz erfordert. Für Schauspieler wie Renato Perez ist es entscheidend, authentische und vielschichtige Darstellungen zu schaffen, die das Publikum ansprechen und die Realität der LGBTQ+-Community widerspiegeln. Durch die Anwendung bewährter Techniken und das Engagement für die eigene künstlerische Vision können Schauspieler bedeutungsvolle und einprägsame Charaktere entwickeln, die in der Kunst und im Aktivismus einen bleibenden Eindruck hinterlassen.

Die Bedeutung von Authentizität in der Darstellung

Authentizität in der Darstellung ist ein zentrales Thema in der Kunst und insbesondere in der Schauspielerei. Sie bezieht sich auf die Fähigkeit eines Schauspielers, einen Charakter so darzustellen, dass er als glaubwürdig und echt wahrgenommen wird. In einer Zeit, in der Diversität und Repräsentation in den Medien zunehmend an Bedeutung gewinnen, wird die Diskussion um Authentizität besonders relevant, insbesondere für trans-Schauspieler wie Renato Perez.

Theoretische Grundlagen

Die Theorie der Authentizität in der Darstellung basiert auf dem Konzept der Identität und der Wahrnehmung. In der Schauspielkunst wird Authentizität oft als die Fähigkeit beschrieben, die inneren Emotionen und Gedanken eines Charakters zu verkörpern. Laut dem Psychologen Carl Rogers ist Authentizität ein Zustand, in dem das Selbstbild und das tatsächliche Verhalten einer Person übereinstimmen. Diese Übereinstimmung ist entscheidend für die Glaubwürdigkeit eines Charakters auf der Bühne oder im Film.

Die Philosophie der Authentizität kann auch durch die Existenzialismus-Theorie von Jean-Paul Sartre erhellt werden, der argumentierte, dass das Individuum die Verantwortung hat, sich selbst zu definieren und wahrhaftig zu leben. In der Schauspielerei bedeutet dies, dass der Schauspieler nicht nur die äußeren Merkmale eines Charakters imitieren sollte, sondern auch die inneren Konflikte und Emotionen, die diesen Charakter definieren.

Probleme der Authentizität

Die Darstellung von trans Charakteren durch cisgender Schauspieler hat in der Vergangenheit zu erheblichen Kontroversen geführt. Kritiker argumentieren, dass dies die Authentizität der Darstellung untergräbt und die Erfahrungen von trans Personen nicht angemessen repräsentiert. Ein Beispiel dafür ist der Film *Dallas Buyers Club*, in dem Jared Leto eine trans Frau spielt. Obwohl seine Leistung gelobt wurde, wurde die Entscheidung, einen cisgender Schauspieler für die Rolle zu besetzen, von vielen als eine verpasste Gelegenheit angesehen, authentische trans Stimmen in der Filmindustrie zu fördern.

Ein weiteres Problem ist die Tendenz der Medien, stereotype Darstellungen von trans Personen zu fördern. Diese Stereotypen können die Wahrnehmung der Gesellschaft beeinflussen und die Authentizität der Darstellung untergraben. Die Forschung zeigt, dass authentische Darstellungen von trans Identitäten zu einer besseren gesellschaftlichen Akzeptanz führen können. Eine Studie von [?] ergab, dass Filme und Fernsehsendungen, die trans Charaktere authentisch darstellen, das Verständnis und die Empathie der Zuschauer gegenüber der trans Community erhöhen.

Beispiele für authentische Darstellungen

Renato Perez ist ein Beispiel für einen Schauspieler, der Authentizität in seiner Darstellung verkörpert. Durch seine eigenen Erfahrungen als trans Person bringt er eine einzigartige Perspektive in seine Rollen ein. In einem Interview erklärte

Renato: „Es ist wichtig, dass ich nicht nur die äußeren Merkmale eines Charakters darstelle, sondern auch seine inneren Kämpfe und Freuden. Nur so kann ich wirklich authentisch sein." Diese Sichtweise verdeutlicht, wie wichtig es ist, dass Schauspieler ihre eigenen Identitäten in ihre Rollen einfließen lassen.

Ein weiteres Beispiel für Authentizität in der Darstellung ist die Serie *Pose*, die eine Vielzahl von trans Charakteren zeigt, die von trans Schauspielern dargestellt werden. Die Schöpferin der Serie, Ryan Murphy, hat betont, wie wichtig es ist, authentische Stimmen in der Erzählung zu haben. Dies hat nicht nur zu einer realistischeren Darstellung von trans Leben geführt, sondern auch dazu beigetragen, das Bewusstsein für die Herausforderungen zu schärfen, mit denen trans Personen konfrontiert sind.

Fazit

Die Bedeutung von Authentizität in der Darstellung kann nicht genug betont werden. Sie ist entscheidend für die Glaubwürdigkeit der Charaktere und die Wahrnehmung von trans Identitäten in der Gesellschaft. Authentische Darstellungen fördern nicht nur die Akzeptanz, sondern bieten auch eine Plattform für die Stimmen, die oft zum Schweigen gebracht werden. In einer Welt, in der die Medien eine so große Rolle bei der Formung von Meinungen spielen, ist es unerlässlich, dass die Kunst authentisch bleibt und die Vielfalt menschlicher Erfahrungen widerspiegelt.

Die Herausforderung für die Film- und Theaterindustrie besteht darin, die Barrieren abzubauen, die authentische Darstellungen behindern. Dies erfordert nicht nur einen Wandel in der Besetzungs- und Casting-Praxis, sondern auch ein Umdenken in der Art und Weise, wie Geschichten erzählt werden. Letztlich geht es darum, die Kunst als ein Werkzeug für Veränderung zu nutzen und sicherzustellen, dass alle Stimmen gehört werden. Nur so kann die Darstellung von Identitäten in den Medien authentisch und gerecht sein.

Der Einfluss von Regisseuren auf die Performance

Die Rolle von Regisseuren in der Theater- und Filmproduktion ist von entscheidender Bedeutung, da sie nicht nur die kreative Vision eines Projekts leiten, sondern auch die Darbietungen der Schauspieler formen und beeinflussen. Regisseure fungieren als Bindeglied zwischen dem Skript und der Umsetzung auf der Bühne oder vor der Kamera. Ihre Entscheidungen haben tiefgreifende Auswirkungen auf die Art und Weise, wie Charaktere interpretiert und Geschichten erzählt werden.

Die kreative Vision des Regisseurs

Ein Regisseur bringt seine eigene kreative Vision in die Produktion ein, die durch persönliche Erfahrungen, kulturelle Hintergründe und künstlerische Einflüsse geprägt ist. Diese Vision bestimmt die gesamte Ästhetik des Stücks oder Films, einschließlich der Set-Designs, Kostüme, Lichtgestaltung und der Wahl der Musik. Ein Beispiel dafür ist der Regisseur *Robert Wilson*, dessen avantgardistische Ansätze und visuelle Stile oft die Performances seiner Schauspieler beeinflussen und die Zuschauer in eine andere Welt entführen.

Die kreative Vision eines Regisseurs kann auch die Interpretation von Charakteren erheblich beeinflussen. Wenn ein Regisseur beispielsweise einen trans* Charakter inszeniert, kann die Art und Weise, wie dieser Charakter dargestellt wird, stark variieren, je nachdem, ob der Regisseur Wert auf Authentizität, Klischees oder emotionale Tiefe legt. Ein solches Beispiel ist die Inszenierung von *"Hedwig and the Angry Inch"*, wo der Regisseur die komplexe Identität der Hauptfigur durch innovative Bühnentechniken und musikalische Elemente zum Leben erweckt.

Die Beziehung zwischen Regisseur und Schauspieler

Die Interaktion zwischen Regisseur und Schauspieler ist ein weiterer entscheidender Faktor, der die Performance beeinflusst. Ein effektiver Regisseur schafft eine Umgebung, die sowohl unterstützend als auch herausfordernd ist, um die Schauspieler zu ermutigen, ihre Grenzen zu überschreiten. Diese Beziehung kann durch verschiedene Methoden wie *"Method Acting"* oder *"Meisner Technique"* geprägt sein, die beide unterschiedliche Ansätze zur Charakterdarstellung fördern.

Ein Beispiel für eine solche Beziehung ist die Zusammenarbeit zwischen Regisseur *Darren Aronofsky* und Schauspielerin *Natalie Portman* bei *"Black Swan"*. Aronofsky forderte Portman heraus, sich emotional und physisch in ihre Rolle als Ballerina zu vertiefen, was zu einer bemerkenswerten Leistung führte, die sowohl Kritiker als auch Zuschauer beeindruckte. Diese Art der Zusammenarbeit kann jedoch auch Herausforderungen mit sich bringen, insbesondere wenn die Vision des Regisseurs nicht mit der Interpretation des Schauspielers übereinstimmt. In solchen Fällen kann es zu Spannungen und Konflikten kommen, die sich negativ auf die Performance auswirken können.

Regieansätze und deren Einfluss auf die Performance

Die Methoden, die ein Regisseur anwendet, um die Schauspieler zu leiten, können sich erheblich auf die Performance auswirken. Einige Regisseure bevorzugen einen kollaborativen Ansatz, bei dem sie die Schauspieler aktiv in den kreativen Prozess einbeziehen, während andere einen autoritären Stil verfolgen, bei dem sie klare Anweisungen geben und die Schauspieler weniger Freiraum für kreative Interpretationen haben.

Ein Beispiel für einen kollaborativen Ansatz ist der Regisseur *Peter Brook*, der oft mit Schauspielern zusammenarbeitet, um die Essenz ihrer Charaktere zu erfassen. Brook glaubt, dass die besten Performances aus einem offenen Dialog zwischen Regisseur und Schauspielern entstehen. In seinem Buch *"The Empty Space"* beschreibt er die Notwendigkeit, einen Raum zu schaffen, in dem Schauspieler sich sicher fühlen, um ihre Kreativität auszudrücken.

Im Gegensatz dazu kann ein autoritärer Ansatz, wie er von Regisseuren wie *Michael Bay* verfolgt wird, dazu führen, dass Schauspieler weniger Freiheit haben, ihre Charaktere zu erforschen. Dies kann zwar zu einer klaren und präzisen Ausführung der Vision des Regisseurs führen, kann aber auch die emotionale Tiefe und Authentizität der Performance beeinträchtigen.

Die Bedeutung von Feedback und Anpassung

Ein weiterer wichtiger Aspekt des Einflusses von Regisseuren auf die Performance ist die Art und Weise, wie sie Feedback geben und Anpassungen vornehmen. Regisseure müssen in der Lage sein, konstruktive Kritik zu üben, um die Schauspieler zu unterstützen und gleichzeitig die Qualität der Performance zu verbessern. Dies erfordert ein feines Gespür für die individuellen Bedürfnisse der Schauspieler und deren Stärken und Schwächen.

Ein Beispiel für effektives Feedback ist die Arbeit von Regisseur *Alfonso Cuarón* mit den Schauspielern in *"Roma"*. Cuarón ermutigte die Schauspieler, improvisierte Dialoge einzubringen und ihre eigenen Erfahrungen in die Charaktere einfließen zu lassen, was zu einer authentischen und emotionalen Performance führte. Diese Art der Anpassung und des Feedbacks fördert nicht nur die Kreativität, sondern auch das Vertrauen zwischen Regisseur und Schauspieler.

Herausforderungen in der Regiearbeit

Trotz der positiven Aspekte der Regieführung gibt es auch Herausforderungen, mit denen Regisseure konfrontiert sind. Der Druck, die Erwartungen von Produzenten, Studios und dem Publikum zu erfüllen, kann dazu führen, dass Regisseure Kompromisse bei ihrer kreativen Vision eingehen müssen. Dies kann sich negativ auf die Performance auswirken, insbesondere wenn die Schauspieler das Gefühl haben, dass ihre Interpretationen nicht geschätzt werden.

Ein weiteres Problem kann die Zeitknappheit während der Proben sein. Oft haben Regisseure nur begrenzte Zeit, um mit den Schauspielern zu arbeiten, was dazu führen kann, dass wichtige Aspekte der Performance nicht ausreichend entwickelt werden. In solchen Fällen kann die Qualität der Darstellung leiden, da die Schauspieler möglicherweise nicht die nötige Zeit haben, um ihre Charaktere vollständig zu erforschen.

Fazit

Der Einfluss von Regisseuren auf die Performance ist ein komplexes Zusammenspiel von kreativer Vision, zwischenmenschlicher Beziehung und methodischen Ansätzen. Regisseure haben die Macht, die Art und Weise, wie Geschichten erzählt und Charaktere dargestellt werden, erheblich zu beeinflussen. Durch effektives Feedback und eine unterstützende Arbeitsumgebung können sie die Schauspieler dazu ermutigen, ihr volles Potenzial auszuschöpfen. Dennoch müssen sie auch die Herausforderungen der Branche und die Erwartungen der Stakeholder berücksichtigen. Letztendlich ist die Beziehung zwischen Regisseur und Schauspieler entscheidend für den Erfolg einer Performance und das Erreichen einer authentischen und berührenden Darstellung auf der Bühne oder im Film.

Die Herausforderungen von Live-Auftritten

Live-Auftritte sind eine der faszinierendsten, aber gleichzeitig herausforderndsten Aspekte der Schauspielkunst. Für Renato Perez, den trans-Schauspieler, der die Bühne als sein Zuhause betrachtet, sind Live-Performances sowohl eine Quelle der Freude als auch eine Arena voller Herausforderungen. In diesem Abschnitt werden wir die verschiedenen Herausforderungen beleuchten, mit denen Renato konfrontiert ist, und die theoretischen Konzepte, die hinter diesen Herausforderungen stehen.

Die Unvorhersehbarkeit des Live-Formats

Einer der Hauptunterschiede zwischen Live-Auftritten und Filmproduktionen ist die Unvorhersehbarkeit. Während Filmszenen in der Postproduktion bearbeitet werden können, ist ein Live-Auftritt ein einmaliges Ereignis. Diese Unvorhersehbarkeit kann sich in verschiedenen Formen zeigen:

- **Technische Probleme:** Von Mikrofonausfällen bis hin zu Bühnenunfällen, technische Probleme können jederzeit auftreten und die Leistung erheblich beeinträchtigen. Ein Beispiel hierfür ist Renatos Auftritt in einem Theaterstück, wo das Licht während einer entscheidenden Szene ausfiel. Die Fähigkeit, in solchen Momenten ruhig und professionell zu bleiben, ist entscheidend.

- **Publikumsreaktionen:** Live-Publikum kann unberechenbar sein. Applaus, Lachen oder sogar Stille können die Energie einer Aufführung beeinflussen. Wenn das Publikum nicht reagiert, kann dies das Selbstvertrauen des Darstellers beeinträchtigen. Renato hat oft betont, wie wichtig es ist, die Reaktionen des Publikums zu lesen und darauf zu reagieren, um die Verbindung aufrechtzuerhalten.

- **Krankheit oder Verletzung:** Schauspieler sind anfällig für Krankheiten oder Verletzungen, die während einer Aufführung auftreten können. Renato musste einmal eine Performance unter starken Erkältungserscheinungen durchführen, was seine Stimme und Energie beeinträchtigte. Hier kommt die Theorie der *Resilienz* ins Spiel, die die Fähigkeit beschreibt, sich von Rückschlägen zu erholen und dennoch eine starke Leistung abzuliefern.

Emotionale Belastung und Druck

Die emotionale Belastung, die mit Live-Auftritten verbunden ist, kann nicht unterschätzt werden. Schauspieler stehen oft unter immensem Druck, ihre beste Leistung zu erbringen. Für Renato, der nicht nur als Schauspieler, sondern auch als LGBTQ+-Aktivist auftritt, ist dieser Druck noch intensiver.

- **Selbstzweifel:** Oft kämpfen Künstler mit Selbstzweifeln, besonders in einer Branche, die stark auf Aussehen und Leistung fokussiert ist. Renato hat in Interviews darüber gesprochen, wie er manchmal an sich selbst zweifelt, besonders wenn er in einer Rolle auftritt, die nicht dem traditionellen Geschlechterbild entspricht. Diese inneren Konflikte können sich negativ auf die Performance auswirken.

- **Erwartungen:** Die Erwartungen von Publikum und Kritikern können erdrückend sein. Renato ist sich bewusst, dass er als trans-Schauspieler eine Vorbildfunktion hat, was zusätzlichen Druck erzeugt. Die Theorie der *sozialen Identität* hilft zu verstehen, wie Gruppenmitgliedschaften (in diesem Fall LGBTQ+) die Erwartungen und das Verhalten von Individuen beeinflussen können.

- **Emotionale Verbindung:** Die Fähigkeit, Emotionen authentisch zu vermitteln, ist entscheidend für den Erfolg eines Live-Auftritts. Renato hat oft darüber gesprochen, wie herausfordernd es sein kann, persönliche Emotionen in die Performance einzubringen, insbesondere wenn er mit Themen konfrontiert wird, die mit seiner eigenen Identität verbunden sind. Hierbei spielt die *emotionale Intelligenz* eine Rolle, die die Fähigkeit beschreibt, eigene und fremde Emotionen zu erkennen und zu regulieren.

Die Balance zwischen Kunst und Aktivismus

Für Renato ist die Bühne nicht nur ein Ort der Kunst, sondern auch ein Raum für Aktivismus. Diese Doppelrolle bringt ihre eigenen Herausforderungen mit sich:

- **Künstlerische Freiheit vs. Aktivismus:** Renato steht oft vor der Herausforderung, die Balance zwischen künstlerischem Ausdruck und aktivistischer Botschaft zu finden. Während er authentische Geschichten erzählen möchte, muss er auch darauf achten, dass diese Geschichten die LGBTQ+-Community respektvoll und genau repräsentieren. Die Theorie der *kulturellen Repräsentation* bietet einen Rahmen, um zu verstehen, wie Medien und Kunst zur Sichtbarkeit und zum Verständnis von marginalisierten Gruppen beitragen können.

- **Erwartungen der Community:** Als LGBTQ+-Aktivist hat Renato die Verantwortung, die Stimmen seiner Community zu vertreten. Dies kann zu einem Gefühl der Überwältigung führen, insbesondere wenn er mit Kritik konfrontiert wird, dass seine Darstellungen nicht repräsentativ genug sind. Der Druck, als „Vorreiter" zu agieren, kann seine künstlerische Freiheit einschränken.

- **Rezeption und Kritik:** Die Reaktionen auf Renatos Auftritte sind oft gemischt. Während viele seine Arbeit loben, gibt es auch Kritiker, die behaupten, dass er die Themen nicht tief genug behandelt. Diese Kritik kann emotional belastend sein und seine Performance beeinflussen. Hier kommt das Konzept der *konstruktiven Kritik* ins Spiel, das die Notwendigkeit betont, Feedback zu erhalten, das sowohl hilfreich als auch respektvoll ist.

Fazit

Die Herausforderungen von Live-Auftritten sind vielfältig und komplex. Für Renato Perez sind sie sowohl eine Quelle der Inspiration als auch eine Quelle des

Stresses. Die Unvorhersehbarkeit des Live-Formats, die emotionale Belastung, der Druck, die Balance zwischen Kunst und Aktivismus zu finden, und die Erwartungen seiner Community sind nur einige der Hürden, die er überwinden muss. Dennoch bleibt Renato entschlossen, seine Stimme zu erheben und die Bühne als Plattform für Veränderung zu nutzen. Die Fähigkeit, inmitten dieser Herausforderungen zu glänzen, ist das, was ihn zu einem außergewöhnlichen Künstler und Aktivisten macht.

Der Weg zur Selbstakzeptanz

Die innere Reise

Die Auseinandersetzung mit Geschlechteridentität

Die Auseinandersetzung mit Geschlechteridentität ist ein zentraler Aspekt im Leben vieler LGBTQ+-Personen, insbesondere für transidente Individuen wie Renato Perez. Geschlechteridentität bezieht sich auf das innere Empfinden einer Person, ob sie sich als männlich, weiblich, beides oder keines von beidem identifiziert. Diese Identität kann von dem Geschlecht abweichen, das bei der Geburt zugewiesen wurde, was zu einem tiefen inneren Konflikt führen kann.

Theoretische Grundlagen

Die Gender-Theorie, die von verschiedenen Wissenschaftlern wie Judith Butler und Michel Foucault geprägt wurde, betrachtet Geschlecht nicht als biologisch determiniert, sondern als ein soziales Konstrukt. Butler argumentiert in ihrem Werk *Gender Trouble*, dass Geschlecht durch Performativität entsteht, was bedeutet, dass Geschlechterrollen durch wiederholte Handlungen und Darstellungen konstruiert werden. Diese Perspektive eröffnet Raum für die Auseinandersetzung mit Geschlechteridentität, da sie zeigt, dass Identität nicht statisch ist, sondern dynamisch und veränderbar.

Ein weiteres wichtiges Konzept ist die Geschlechterdysphorie, ein psychologischer Zustand, in dem eine Diskrepanz zwischen der Geschlechtsidentität und dem bei der Geburt zugewiesenen Geschlecht erlebt wird. Laut dem *Diagnostic and Statistical Manual of Mental Disorders* (DSM-5) kann diese Dysphorie signifikante Belastungen und Beeinträchtigungen im täglichen Leben verursachen. Renato erlebte diese Dysphorie in seiner Jugend, was zu einem tiefen Gefühl der Isolation und Verwirrung führte.

Herausforderungen und Probleme

Die Auseinandersetzung mit Geschlechteridentität ist oft mit zahlreichen Herausforderungen verbunden. Viele transidente Personen sehen sich gesellschaftlichen Normen und Erwartungen gegenüber, die ihre Identität in Frage stellen. Diese Normen sind tief in den sozialen Strukturen verwurzelt und manifestieren sich in Diskriminierung, Stigmatisierung und Gewalt. Laut einer Studie der *Transgender Europe* sind transidente Personen in vielen Ländern überproportional von Gewalt betroffen, was die psychische Gesundheit und das Wohlbefinden stark beeinträchtigen kann.

Ein Beispiel aus Renatos Leben verdeutlicht diese Herausforderungen: In seiner Jugend wurde er oft in der Schule gemobbt, weil er nicht den traditionellen Geschlechterrollen entsprach. Diese Erfahrungen führten zu ernsthaften psychischen Belastungen, einschließlich Depressionen und Angstzuständen. Renato fand Trost und Unterstützung in der Kunst, die ihm half, seine Identität auszudrücken und zu verarbeiten.

Der Einfluss von Kunst und Kultur

Kunst und Kultur spielen eine entscheidende Rolle bei der Auseinandersetzung mit Geschlechteridentität. Sie bieten nicht nur eine Plattform für die Darstellung und Diskussion von Identität, sondern auch einen Raum für Heilung und Selbstakzeptanz. Renato entdeckte, dass das Schauspielern ihm die Möglichkeit gab, verschiedene Identitäten auszuprobieren und zu erforschen. Durch die Darstellung von Charakteren, die seiner eigenen Identität näherkamen, konnte er seine innere Auseinandersetzung mit Geschlecht und Identität besser verstehen und akzeptieren.

Ein Beispiel für die transformative Kraft der Kunst ist Renatos erste Hauptrolle in einem Theaterstück, in dem er einen transidenten Charakter spielte. Diese Rolle ermöglichte es ihm, seine eigenen Erfahrungen und Kämpfe auf die Bühne zu bringen und das Publikum mit der Realität von Transidentität zu konfrontieren. Die positive Resonanz und das Feedback des Publikums halfen ihm, seine Identität zu akzeptieren und stolz darauf zu sein, wer er ist.

Fazit

Die Auseinandersetzung mit Geschlechteridentität ist ein komplexer und oft herausfordernder Prozess, der von persönlichen, sozialen und kulturellen Faktoren beeinflusst wird. Für Renato Perez war dieser Prozess von zentraler Bedeutung für seine persönliche Entwicklung und seine Karriere als transidente Schauspieler.

Durch die theoretische Auseinandersetzung mit Geschlecht, die Bewältigung von Herausforderungen und die Nutzung von Kunst als Ausdrucksform konnte er nicht nur seine eigene Identität finden, sondern auch einen bedeutenden Einfluss auf die Gesellschaft und die Repräsentation von Transgender-Personen ausüben. Die Herausforderungen, die er überwinden musste, sind nicht einzigartig, sondern spiegeln die Erfahrungen vieler transidenter Menschen wider, die auf der Suche nach Akzeptanz und Selbstverwirklichung sind.

Die Rolle von LGBTQ+-Communities

Die Rolle von LGBTQ+-Communities ist von zentraler Bedeutung für die individuelle und kollektive Identitätsfindung sowie für den Aktivismus innerhalb der LGBTQ+-Bewegung. Diese Gemeinschaften bieten nicht nur einen Raum für Austausch und Unterstützung, sondern auch eine Plattform, um gegen Diskriminierung und Ungerechtigkeiten zu kämpfen. In diesem Abschnitt werden wir die verschiedenen Facetten und die Bedeutung von LGBTQ+-Communities beleuchten, einschließlich ihrer Funktionen, Herausforderungen und der positiven Auswirkungen, die sie auf ihre Mitglieder haben.

Identitätsbildung und Unterstützung

LGBTQ+-Communities bieten einen sicheren Raum, in dem Mitglieder ihre Identität erkunden und ausdrücken können. Diese Unterstützung ist besonders wichtig in einer Gesellschaft, die oft Vorurteile und Diskriminierung gegenüber nicht-heteronormativen Identitäten zeigt. In diesen Gemeinschaften finden Individuen Gleichgesinnte, die ähnliche Erfahrungen gemacht haben, was zu einem Gefühl der Zugehörigkeit führt.

Ein Beispiel für eine solche Gemeinschaft ist die *Gay-Straight Alliance (GSA)*, die in vielen Schulen und Universitäten weltweit aktiv ist. Diese Gruppen fördern den Dialog zwischen LGBTQ+-Jugendlichen und ihren heterosexuellen Mitschülern, um Verständnis und Respekt zu schaffen. Studien zeigen, dass Schüler, die Teil solcher Gruppen sind, oft ein höheres Maß an Selbstwertgefühl und eine geringere Wahrscheinlichkeit für psychische Probleme aufweisen.

Aktivismus und politische Mobilisierung

Darüber hinaus spielen LGBTQ+-Communities eine entscheidende Rolle im Aktivismus. Sie organisieren Veranstaltungen, Proteste und Kampagnen, um auf die Rechte und Anliegen von LGBTQ+-Personen aufmerksam zu machen. Diese Mobilisierung kann auf lokaler, nationaler und internationaler Ebene stattfinden.

Ein herausragendes Beispiel ist der *Pride Month*, der jedes Jahr im Juni gefeiert wird und eine Plattform für LGBTQ+-Aktivismus bietet.

Die *Stonewall Riots* von 1969 sind ein historisches Beispiel für den Widerstand gegen Diskriminierung, der aus der LGBTQ+-Community hervorging. Diese Unruhen markierten den Beginn einer organisierten Bewegung für die Rechte von LGBTQ+-Personen in den USA und weltweit. Die Stonewall Inn, der Ort der Unruhen, ist heute ein Symbol für den Kampf um Gleichheit und Akzeptanz.

Herausforderungen innerhalb der Gemeinschaft

Trotz der positiven Aspekte stehen LGBTQ+-Communities auch vor Herausforderungen. Diskriminierung innerhalb der Gemeinschaft selbst, wie Rassismus, Transphobie und Klassismus, kann die Solidarität untergraben. Diese internen Konflikte können dazu führen, dass bestimmte Gruppen innerhalb der LGBTQ+-Gemeinschaft marginalisiert werden, was die Notwendigkeit für intersektionalen Aktivismus unterstreicht.

Ein Beispiel hierfür ist die Diskrepanz in der Sichtbarkeit und Unterstützung von LGBTQ+-Personen unterschiedlicher ethnischer Zugehörigkeit. Während weiße LGBTQ+-Personen oft mehr Sichtbarkeit in den Medien erhalten, werden People of Color innerhalb der Gemeinschaft häufig übersehen. Dies kann zu einem Gefühl der Isolation und des Ausschlusses führen, das die Bemühungen um Gleichheit und Akzeptanz untergräbt.

Die Bedeutung von Sichtbarkeit und Repräsentation

Die Sichtbarkeit von LGBTQ+-Personen in der Gesellschaft ist ein weiterer wichtiger Aspekt der Rolle von LGBTQ+-Communities. Durch die Förderung von Repräsentation in den Medien, in der Politik und in der Kunst können diese Gemeinschaften das Bewusstsein für die Herausforderungen und Errungenschaften von LGBTQ+-Personen schärfen.

Die Darstellung von LGBTQ+-Charakteren in Filmen und Fernsehsendungen hat sich in den letzten Jahren erheblich verbessert. Serien wie *Pose* und *Schitt's Creek* haben dazu beigetragen, die Vielfalt der LGBTQ+-Erfahrungen darzustellen und positive Vorbilder zu schaffen. Diese Repräsentation ist entscheidend für die Selbstwahrnehmung von LGBTQ+-Personen und für die Akzeptanz in der breiteren Gesellschaft.

Fazit

Zusammenfassend lässt sich sagen, dass LGBTQ+-Communities eine unverzichtbare Rolle bei der Unterstützung von Individuen, der Förderung von Aktivismus und der Schaffung von Sichtbarkeit spielen. Trotz der Herausforderungen, mit denen sie konfrontiert sind, bleibt ihr Einfluss auf die Gesellschaft und die LGBTQ+-Bewegung von großer Bedeutung. Die Arbeit innerhalb dieser Gemeinschaften ist entscheidend, um Gleichheit, Akzeptanz und ein Gefühl der Zugehörigkeit für alle LGBTQ+-Personen zu fördern.

Unterstützung durch Freunde und Mentoren

Die Unterstützung durch Freunde und Mentoren spielt eine entscheidende Rolle im Leben eines jeden Individuums, insbesondere für LGBTQ+-Personen, die oft mit Herausforderungen konfrontiert sind, die ihre Identität betreffen. In diesem Abschnitt werden wir die Bedeutung dieser Unterstützung für Renato Perez und die Auswirkungen auf seine persönliche und berufliche Entwicklung untersuchen.

Die Rolle von Freunden

Freunde sind oft die ersten Personen, die uns in schwierigen Zeiten unterstützen. Sie bieten emotionale Unterstützung, Verständnis und Akzeptanz. Für Renato waren seine Freunde nicht nur Begleiter in der Freizeit, sondern auch wichtige Verbündete auf seinem Weg zur Selbstakzeptanz. Sie halfen ihm, die Herausforderungen zu bewältigen, die mit seinem Coming-Out verbunden waren.

Ein Beispiel für diese Unterstützung ist Renatos Freundeskreis, der ihn ermutigte, seine Identität offen zu leben. Sie organisierten Treffen, bei denen sie über ihre Erfahrungen sprachen und sich gegenseitig stärkten. Diese Gemeinschaft half Renato, Vertrauen in sich selbst zu gewinnen und seine Ängste zu überwinden. Wie in der Theorie der sozialen Unterstützung beschrieben, wirkt sich ein starkes soziales Netzwerk positiv auf das psychische Wohlbefinden aus [?].

Mentoren als Wegweiser

Mentoren sind in der Lage, ihre Erfahrungen und ihr Wissen weiterzugeben, um anderen zu helfen, ihre Ziele zu erreichen. Für Renato war der Einfluss seiner Mentoren von unschätzbarem Wert. Diese erfahrenen Personen in der Schauspiel- und Aktivismusgemeinschaft halfen ihm, die Herausforderungen der Branche zu navigieren und seine Stimme zu finden.

Ein bemerkenswerter Mentor in Renatos Leben war eine etablierte trans-Schauspielerin, die ihm nicht nur Ratschläge gab, sondern auch Türen öffnete. Sie führte ihn in wichtige Netzwerke ein und half ihm, an Castings teilzunehmen, die seine Karriere vorantrieben. Diese Art der Unterstützung ist entscheidend, da sie oft den Unterschied zwischen Erfolg und Misserfolg ausmachen kann. Laut einer Studie von Allen et al. (2004) zeigen Mentoren in der Regel eine positive Wirkung auf die Karriereentwicklung ihrer Mentees, indem sie Zugang zu Ressourcen und Netzwerken bieten.

Die Herausforderungen der Unterstützung

Trotz der positiven Aspekte der Unterstützung durch Freunde und Mentoren gibt es auch Herausforderungen. Oftmals können Freunde und Mentoren unbeabsichtigt Druck ausüben, indem sie Erwartungen an die Leistung und das Verhalten des Individuums stellen. Renato erlebte dies, als er das Gefühl hatte, die Erwartungen seiner Freunde und Mentoren erfüllen zu müssen, was zu Stress und Selbstzweifeln führte.

Zusätzlich können nicht alle LGBTQ+-Personen Zugang zu einem unterstützenden Freundes- oder Mentorennetzwerk haben. Dies kann besonders in konservativen oder weniger akzeptierenden Umgebungen der Fall sein. Renato musste lernen, mit diesen Herausforderungen umzugehen und sich selbst treu zu bleiben, auch wenn die Unterstützung nicht immer gewährleistet war.

Die Bedeutung von Sichtbarkeit

Ein weiterer wichtiger Aspekt der Unterstützung ist die Sichtbarkeit. Mentoren und Freunde, die ihre eigene Identität offen leben, bieten ein Beispiel und ermutigen andere, dies ebenfalls zu tun. Renato sah in seinen Mentoren nicht nur Vorbilder, sondern auch Beweise dafür, dass es möglich ist, in der Öffentlichkeit erfolgreich zu sein, während man authentisch bleibt. Diese Sichtbarkeit ist entscheidend für die Repräsentation von LGBTQ+-Personen in der Gesellschaft und der Medien.

Fazit

Zusammenfassend lässt sich sagen, dass die Unterstützung durch Freunde und Mentoren für Renato Perez von zentraler Bedeutung war. Sie halfen ihm, seine Identität zu akzeptieren, seine Karriere voranzutreiben und die Herausforderungen des Lebens zu bewältigen. Diese Beziehungen sind nicht nur wichtig für das individuelle Wohlbefinden, sondern auch für die Stärkung der LGBTQ+-Gemeinschaft insgesamt. Durch die Schaffung eines unterstützenden

Netzwerks können wir sicherstellen, dass zukünftige Generationen von LGBTQ+-Personen die Ressourcen und das Vertrauen haben, um ihre Träume zu verwirklichen.

Die Herausforderungen des Coming-Outs

Das Coming-Out ist ein entscheidender Moment im Leben vieler LGBTQ+-Personen, der sowohl mit Erleichterung als auch mit einer Vielzahl von Herausforderungen verbunden ist. Diese Herausforderungen können in verschiedene Kategorien eingeteilt werden, darunter persönliche, soziale und gesellschaftliche Aspekte.

Psychologische Herausforderungen

Die psychologischen Herausforderungen des Coming-Outs sind oft tiefgreifend. Viele Individuen kämpfen mit Angstzuständen und Depressionen, die durch die Angst vor Ablehnung oder Diskriminierung verstärkt werden. Die Theorie des *Minority Stress* (Meyer, 2003) beschreibt, wie Minderheiten aufgrund ihrer Identität zusätzlichen Stress erfahren, der sich negativ auf ihre psychische Gesundheit auswirken kann. Diese Stressoren können sich in Form von:

- **Selbstzweifeln:** Viele LGBTQ+-Personen erleben innere Konflikte und Selbstzweifel über ihre Identität, was zu einem verminderten Selbstwertgefühl führt.

- **Angst vor Ablehnung:** Die Furcht, von Freunden, Familie oder der Gesellschaft abgelehnt zu werden, kann lähmend sein und den Prozess des Coming-Outs erheblich erschweren.

- **Kognitive Dissonanz:** Die Diskrepanz zwischen der eigenen Identität und den gesellschaftlichen Erwartungen kann zu einem Zustand der kognitiven Dissonanz führen, der psychischen Stress verursacht.

Soziale Herausforderungen

Die sozialen Herausforderungen sind ebenso bedeutend. Coming-Out ist nicht nur ein individueller Prozess, sondern auch ein sozialer. Die Reaktionen des Umfelds können variieren und reichen von Unterstützung bis hin zu Ablehnung. Folgende Aspekte sind hierbei relevant:

- **Familienreaktionen:** Die Reaktion der Familie ist oft entscheidend. Positive Reaktionen können unterstützend wirken, während negative Reaktionen zu Isolation und emotionalem Stress führen können.

- **Freundeskreis:** Freunde können eine wichtige Unterstützung bieten, aber auch hier gibt es das Risiko von Ablehnung. Der Verlust von Freundschaften kann eine schmerzhafte Folge des Coming-Outs sein.

- **Berufliche Risiken:** In vielen Berufen kann das Coming-Out zu Diskriminierung oder Mobbing führen. Die Angst vor negativen beruflichen Konsequenzen kann dazu führen, dass Individuen sich entscheiden, ihre Identität geheim zu halten.

Gesellschaftliche Herausforderungen

Gesellschaftliche Normen und Vorurteile stellen eine weitere Barriere dar. In vielen Kulturen gibt es tief verwurzelte Stereotype und Diskriminierung gegenüber LGBTQ+-Personen, die den Coming-Out-Prozess erschweren. Zu den gesellschaftlichen Herausforderungen gehören:

- **Stigmatisierung:** LGBTQ+-Personen sehen sich oft mit Stigmatisierung konfrontiert, die ihre soziale Interaktion und ihre Lebensqualität beeinträchtigen kann.

- **Gesetzliche Rahmenbedingungen:** In vielen Ländern gibt es Gesetze, die LGBTQ+-Rechte einschränken. Diese gesetzlichen Rahmenbedingungen können den Coming-Out-Prozess zusätzlich belasten, da die Angst vor rechtlichen Konsequenzen besteht.

- **Mediale Darstellung:** Die Art und Weise, wie LGBTQ+-Personen in den Medien dargestellt werden, kann sowohl positive als auch negative Auswirkungen auf die gesellschaftliche Akzeptanz haben. Negative Darstellungen können Vorurteile verstärken und das Coming-Out erschweren.

Beispiele aus der Praxis

Um die Herausforderungen des Coming-Outs zu veranschaulichen, sind hier einige Beispiele:

DIE INNERE REISE

- **Berühmte Coming-Outs:** Die Coming-Out-Geschichten von prominenten LGBTQ+-Aktivisten wie Ellen DeGeneres oder Tim Cook haben dazu beigetragen, die Sichtbarkeit zu erhöhen, aber sie verdeutlichen auch die Herausforderungen, die viele in der Öffentlichkeit erleben. Der Druck, als Vorbild zu fungieren, kann enorm sein.

- **Anonyme Berichte:** Viele Menschen, die anonym über ihre Coming-Out-Erfahrungen berichten, schildern häufig die Angst vor Ablehnung und die Unsicherheit, wie ihre Identität von anderen wahrgenommen wird. Solche Berichte zeigen, dass die Herausforderungen universell sind und nicht nur auf prominente Personen beschränkt bleiben.

Fazit

Das Coming-Out ist ein komplexer Prozess, der mit zahlreichen Herausforderungen verbunden ist. Diese reichen von psychologischen Belastungen über soziale Risiken bis hin zu gesellschaftlichen Barrieren. Es ist wichtig, diese Herausforderungen zu erkennen und Unterstützungssysteme zu schaffen, die LGBTQ+-Personen auf ihrem Weg zur Selbstakzeptanz begleiten. Nur durch ein besseres Verständnis und eine stärkere Unterstützung können wir die Hürden des Coming-Outs verringern und eine inklusivere Gesellschaft fördern.

Medienberichterstattung und ihre Auswirkungen

Die Medienberichterstattung spielt eine entscheidende Rolle in der Wahrnehmung und Repräsentation von LGBTQ+-Personen, insbesondere von trans-Schauspielern wie Renato Perez. Die Art und Weise, wie die Medien über Menschen und Themen berichten, beeinflusst nicht nur das öffentliche Bewusstsein, sondern auch die Selbstwahrnehmung und das Selbstbild der betroffenen Individuen. In diesem Abschnitt werden wir die verschiedenen Dimensionen der Medienberichterstattung und deren Auswirkungen auf die Gesellschaft sowie auf Renato Perez selbst untersuchen.

Theoretische Grundlagen

Die Medienberichterstattung wird oft durch verschiedene theoretische Rahmenbedingungen analysiert. Ein zentraler Aspekt ist die **Medienwirkungsforschung**, die sich mit den Effekten von Medieninhalten auf das Publikum beschäftigt. Diese Forschung zeigt, dass Medien nicht nur informieren, sondern auch Einstellungen und Verhalten beeinflussen können.

Ein wichtiges Konzept in diesem Kontext ist die **Agenda-Setting-Theorie**, die besagt, dass die Medien nicht nur darüber berichten, was wichtig ist, sondern auch bestimmen, was als wichtig erachtet wird. Dies kann insbesondere für marginalisierte Gruppen wie die LGBTQ+-Community von Bedeutung sein, da die Medien oft die Narrative formen, die über diese Gruppen in der Gesellschaft verbreitet werden.

Probleme der Berichterstattung

Trotz der Fortschritte in der Medienberichterstattung über LGBTQ+-Themen gibt es weiterhin erhebliche Probleme. Ein häufiges Problem ist die **Stereotypisierung**, bei der trans-Personen oft auf reduzierte und klischeehafte Darstellungen reduziert werden. Diese Stereotypen können nicht nur das öffentliche Bild von trans-Personen verzerren, sondern auch dazu führen, dass trans-Personen in der Realität Diskriminierung und Vorurteile erfahren.

Ein weiteres Problem ist die **Sensationalisierung** von trans-Themen in den Medien. Sensationelle Berichterstattung kann dazu führen, dass trans-Personen als Objekte des Mitleids oder der Neugier dargestellt werden, anstatt als komplexe Individuen mit eigenen Geschichten und Identitäten. Diese Art der Berichterstattung kann sich negativ auf das Selbstwertgefühl und die Identität von trans-Personen auswirken.

Beispiele aus der Berichterstattung

Ein Beispiel für die positive Berichterstattung über trans-Personen ist die Berichterstattung über Renatos Coming-Out und seine Karriere. Medienberichte, die Renatos Geschichte authentisch und respektvoll erzählen, können dazu beitragen, das Bewusstsein für die Herausforderungen und Erfolge von trans-Personen zu schärfen. Solche Berichterstattung kann auch als Vorbild für andere trans-Personen dienen, die sich in ähnlichen Situationen befinden.

Auf der anderen Seite gibt es auch negative Beispiele, bei denen trans-Personen in den Medien oft als „Skandal" oder „Sensationsgeschichte" präsentiert werden. Diese Art der Berichterstattung kann nicht nur den betroffenen Personen schaden, sondern auch das gesellschaftliche Klima für LGBTQ+-Personen insgesamt verschlechtern.

Ein bemerkenswertes Beispiel ist die Berichterstattung über die Transgender-Community während der letzten Jahre, die oft von sensationalistischen Schlagzeilen geprägt war. Solche Berichte haben dazu beigetragen, Vorurteile zu verstärken und die Sichtbarkeit von trans-Personen auf eine negative Weise zu beeinflussen.

Auswirkungen auf die Gesellschaft

Die Auswirkungen der Medienberichterstattung sind weitreichend. Positives und respektvolles Reporting kann dazu beitragen, Vorurteile abzubauen und das Verständnis für trans-Personen zu fördern. Wenn Medien Berichte über trans-Personen so gestalten, dass sie deren Menschlichkeit und Identität betonen, kann dies zu einer erhöhten Akzeptanz in der Gesellschaft führen.

Umgekehrt kann negative Berichterstattung dazu führen, dass trans-Personen weiterhin marginalisiert und diskriminiert werden. Diese Diskriminierung kann sich in verschiedenen Formen äußern, von sozialen Vorurteilen bis hin zu systematischer Diskriminierung in Bildung und Beruf.

Schlussfolgerung

Zusammenfassend lässt sich sagen, dass die Medienberichterstattung über trans-Personen wie Renato Perez sowohl Herausforderungen als auch Chancen bietet. Während stereotype und sensationalisierte Darstellungen nach wie vor ein Problem darstellen, können respektvolle und authentische Berichte das Bewusstsein und die Akzeptanz für die LGBTQ+-Community fördern. Die Verantwortung der Medien besteht darin, die Geschichten von trans-Personen ehrlich und respektvoll zu erzählen, um ein besseres Verständnis und eine größere Akzeptanz in der Gesellschaft zu erreichen.

In einer Welt, in der die Medien einen so starken Einfluss auf die öffentliche Wahrnehmung haben, ist es entscheidend, dass die Berichterstattung über LGBTQ+-Themen nicht nur informativ, sondern auch empathisch und respektvoll ist. Nur so kann eine positive Veränderung in der Gesellschaft erreicht werden, die zu mehr Gleichheit und Gerechtigkeit für alle führt.

Die Bedeutung von Sichtbarkeit

Die Sichtbarkeit von LGBTQ+-Personen, insbesondere von trans-Schauspielern wie Renato Perez, ist ein zentrales Thema in der Diskussion um Gleichheit und Akzeptanz. Sichtbarkeit spielt eine entscheidende Rolle in der Selbstakzeptanz, der gesellschaftlichen Wahrnehmung und dem Zugang zu Rechten und Möglichkeiten für marginalisierte Gruppen. In diesem Abschnitt werden wir die verschiedenen Dimensionen der Sichtbarkeit untersuchen und deren Auswirkungen auf das Leben von LGBTQ+-Individuen analysieren.

Theoretische Grundlagen

Die Theorie der sozialen Identität, die von Henri Tajfel und John Turner entwickelt wurde, legt nahe, dass die Zugehörigkeit zu einer bestimmten Gruppe (z. B. LGBTQ+) das Selbstbild und die Interaktionen mit anderen beeinflusst. Sichtbarkeit kann als eine Form der sozialen Identität verstanden werden, die es Individuen ermöglicht, sich mit ihrer Gemeinschaft zu identifizieren und sich in der Gesellschaft zu positionieren. Laut GLAAD ist die Repräsentation von LGBTQ+-Personen in den Medien entscheidend für die Akzeptanz und das Verständnis der Gesellschaft gegenüber diesen Gruppen.

Die Sichtbarkeit hat jedoch auch ihre Schattenseiten. Die **Theorie der Stigmatisierung** von Erving Goffman beschreibt, wie Sichtbarkeit sowohl positive als auch negative Konsequenzen haben kann. Während Sichtbarkeit zu Akzeptanz führen kann, kann sie auch zu Diskriminierung und Vorurteilen führen, insbesondere wenn die Darstellung stereotypisch oder negativ ist.

Probleme der Sichtbarkeit

Trotz der Fortschritte in der Repräsentation gibt es weiterhin erhebliche Herausforderungen. Eine der größten Hürden ist die **Stereotypisierung**, die oft in den Medien vorkommt. Transgender-Personen werden häufig in einer Weise dargestellt, die ihre Identität auf Klischees reduziert. Dies kann zu einem verzerrten Bild führen, das die Vielfalt der Erfahrungen innerhalb der LGBTQ+-Gemeinschaft nicht widerspiegelt.

Ein Beispiel hierfür ist die häufige Darstellung von trans-Personen als Opfer oder als Objekte des Mitleids. Diese Narrativen können die Wahrnehmung der Gesellschaft beeinflussen und zu einer Stigmatisierung führen. Laut einer Studie von *The Williams Institute* haben trans-Personen ein höheres Risiko, Opfer von Gewalt und Diskriminierung zu werden, was teilweise auf die negative Sichtbarkeit in den Medien zurückzuführen ist.

Positive Auswirkungen von Sichtbarkeit

Trotz dieser Herausforderungen hat die Sichtbarkeit auch viele positive Auswirkungen. Sie kann als ein **Katalysator für Veränderungen** fungieren. Sichtbare LGBTQ+-Persönlichkeiten in den Medien und der Unterhaltungsindustrie können die Wahrnehmung der Gesellschaft verändern und Vorurteile abbauen. Renato Perez ist ein Beispiel dafür, wie Sichtbarkeit zu einem besseren Verständnis und einer breiteren Akzeptanz führen kann.

Studien haben gezeigt, dass die Sichtbarkeit von LGBTQ+-Personen in den Medien zu einer erhöhten Akzeptanz in der Gesellschaft führt. Eine Untersuchung von *Pew Research Center* zeigt, dass Menschen, die regelmäßig LGBTQ+-Inhalte konsumieren, eher geneigt sind, positive Einstellungen gegenüber LGBTQ+-Personen zu entwickeln. Diese positive Sichtbarkeit ist entscheidend für die Förderung von Gleichheit und die Bekämpfung von Diskriminierung.

Beispiele für Sichtbarkeit in der Gesellschaft

Ein prägnantes Beispiel für die positive Wirkung von Sichtbarkeit ist die Serie *Pose*, die sich mit der LGBTQ+-Ballkultur in New York City beschäftigt. Die Show hat nicht nur trans-Schauspielern eine Plattform geboten, sondern auch das Bewusstsein für die Herausforderungen, mit denen die LGBTQ+-Gemeinschaft konfrontiert ist, geschärft. Durch die Darstellung von authentischen Geschichten hat die Serie dazu beigetragen, die Sichtbarkeit von trans-Personen in den Medien zu erhöhen und gesellschaftliche Normen in Frage zu stellen.

Ein weiteres Beispiel ist die Verwendung von sozialen Medien durch LGBTQ+-Aktivisten, um ihre Geschichten zu teilen und Sichtbarkeit zu schaffen. Plattformen wie Instagram und Twitter ermöglichen es Individuen, ihre Erfahrungen zu teilen und eine Gemeinschaft zu bilden. Diese Form der Sichtbarkeit hat das Potenzial, die Narrative über LGBTQ+-Personen zu verändern und die Gesellschaft für die Vielfalt der Geschlechtsidentitäten zu sensibilisieren.

Schlussfolgerung

Zusammenfassend lässt sich sagen, dass die Sichtbarkeit von LGBTQ+-Personen, insbesondere von trans-Schauspielern, von entscheidender Bedeutung ist für die Förderung von Akzeptanz und Gleichheit. Während es Herausforderungen und Risiken gibt, die mit der Sichtbarkeit verbunden sind, überwiegen die positiven Auswirkungen, die sie auf die Gesellschaft hat. Sichtbarkeit kann als ein Werkzeug für Veränderung dienen, das nicht nur das Selbstbild der Betroffenen stärkt, sondern auch die Wahrnehmung der Gesellschaft als Ganzes beeinflusst. Renatos Geschichte und seine Arbeit in der Unterhaltungsindustrie sind lebendige Beispiele dafür, wie Sichtbarkeit genutzt werden kann, um eine gerechtere und inklusivere Welt zu schaffen.

Sichtbarkeit → Akzeptanz → Gleichheit (20)

Die Gleichung verdeutlicht, dass Sichtbarkeit einen direkten Einfluss auf die Akzeptanz hat, die wiederum zu Gleichheit führt. In der heutigen Gesellschaft ist es unerlässlich, diese Sichtbarkeit zu fördern, um die Rechte und die Würde aller Menschen zu schützen.

Der Einfluss von sozialen Netzwerken

In der heutigen digitalen Ära sind soziale Netzwerke zu einem unverzichtbaren Bestandteil des Lebens geworden, insbesondere für LGBTQ+-Aktivisten wie Renato Perez. Diese Plattformen bieten nicht nur die Möglichkeit, sich auszudrücken, sondern auch, Gemeinschaften zu bilden, Informationen zu verbreiten und Aktivismus zu fördern. Der Einfluss von sozialen Netzwerken auf Renatos Leben und Karriere ist sowohl tiefgreifend als auch vielschichtig.

Die Rolle von sozialen Netzwerken in der Sichtbarkeit

Soziale Netzwerke ermöglichen es Individuen, ihre Geschichten und Erfahrungen mit einem breiten Publikum zu teilen. Für Renato war dies eine entscheidende Möglichkeit, seine Identität zu präsentieren und die Sichtbarkeit von Transgender-Personen zu erhöhen. Studien zeigen, dass Sichtbarkeit ein wesentlicher Faktor für die Akzeptanz und das Verständnis von LGBTQ+-Themen ist. Laut einer Untersuchung von [1] können positive Darstellungen von LGBTQ+-Personen in sozialen Medien die gesellschaftliche Wahrnehmung signifikant beeinflussen.

Ein Beispiel dafür ist Renatos Verwendung von Instagram, wo er regelmäßig Beiträge veröffentlicht, die sowohl persönliche Einblicke als auch gesellschaftskritische Themen ansprechen. Durch seine Posts hat er nicht nur seine eigene Geschichte erzählt, sondern auch andere ermutigt, ihre Stimmen zu erheben. Diese Art der Sichtbarkeit kann als Katalysator für Veränderungen in der Gesellschaft dienen.

Interaktion und Gemeinschaftsbildung

Ein weiterer wesentlicher Einfluss von sozialen Netzwerken ist die Möglichkeit zur Interaktion und Gemeinschaftsbildung. Plattformen wie Twitter und Facebook ermöglichen es Nutzern, sich mit Gleichgesinnten zu vernetzen, Erfahrungen auszutauschen und Unterstützung zu finden. Renato hat durch seine Online-Präsenz zahlreiche Verbindungen zu anderen LGBTQ+-Aktivisten und Künstlern hergestellt, was ihm geholfen hat, ein starkes Unterstützungsnetzwerk zu bilden.

DIE INNERE REISE

Die Theorie der sozialen Identität, wie sie von [?] formuliert wurde, legt nahe, dass das Zugehörigkeitsgefühl zu einer Gruppe das Selbstwertgefühl und die psychische Gesundheit stärken kann. Für viele LGBTQ+-Personen, einschließlich Renato, bieten soziale Netzwerke einen Raum, um sich als Teil einer Gemeinschaft zu fühlen und die Herausforderungen des Coming-Outs und der Identitätsfindung zu bewältigen.

Herausforderungen der Online-Präsenz

Trotz der vielen Vorteile, die soziale Netzwerke bieten, gibt es auch erhebliche Herausforderungen. Online-Mobbing, Diskriminierung und negative Kommentare sind weit verbreitet und können eine erhebliche Belastung für LGBTQ+-Aktivisten darstellen. Renato hat in der Vergangenheit öffentlich über die negativen Auswirkungen von Online-Hass und Trolling gesprochen, die seine psychische Gesundheit beeinträchtigt haben.

Die Forschung von [?] zeigt, dass Online-Mobbing nicht nur das Selbstwertgefühl verringert, sondern auch zu Angstzuständen und Depressionen führen kann. Daher ist es wichtig, dass soziale Netzwerke proaktive Maßnahmen ergreifen, um ihre Nutzer zu schützen und einen respektvollen Umgang zu fördern.

Aktivismus durch soziale Netzwerke

Soziale Netzwerke haben sich auch als effektive Werkzeuge für den Aktivismus erwiesen. Renato nutzt Plattformen wie Change.org, um Petitionen zu starten und Bewusstsein für wichtige Themen zu schaffen. Diese Art des digitalen Aktivismus hat das Potenzial, eine breite Öffentlichkeit zu mobilisieren und Veränderungen auf politischer und gesellschaftlicher Ebene zu bewirken.

Ein Beispiel für den Einfluss von sozialen Netzwerken auf den Aktivismus ist die #MeToo-Bewegung, die durch Twitter eine globale Reichweite erlangte. Laut [?] haben soziale Medien es Aktivisten ermöglicht, schnell und effektiv auf Missstände aufmerksam zu machen und Unterstützung zu mobilisieren.

Die Zukunft der sozialen Netzwerke im Aktivismus

Die Rolle von sozialen Netzwerken im Aktivismus wird weiterhin wachsen, insbesondere mit der zunehmenden Verbreitung von Plattformen wie TikTok, die jüngere Generationen ansprechen. Renato hat bereits begonnen, diese neuen Medien zu nutzen, um seine Botschaften an ein jüngeres Publikum zu verbreiten. Die Herausforderung wird darin bestehen, sicherzustellen, dass diese Plattformen nicht nur für Unterhaltung, sondern auch für ernsthafte gesellschaftliche Veränderungen genutzt werden.

Zusammenfassend lässt sich sagen, dass soziale Netzwerke einen erheblichen Einfluss auf Renatos Leben und seine Arbeit als LGBTQ+-Aktivist haben. Sie bieten nicht nur eine Plattform für Sichtbarkeit und Gemeinschaft, sondern auch für Aktivismus und gesellschaftliche Veränderungen. Dennoch müssen die Herausforderungen, die mit der Nutzung dieser Plattformen verbunden sind, ernst genommen werden, um eine positive und unterstützende Online-Umgebung zu schaffen.

Persönliche Kämpfe und Triumphe

In der Reise eines jeden LGBTQ+-Aktivisten, insbesondere von Renato Perez, sind persönliche Kämpfe und Triumphe unvermeidliche Bestandteile. Diese Erfahrungen formen nicht nur die individuelle Identität, sondern auch das öffentliche Bild und die Botschaft, die der Aktivist vermittelt. Renatos Weg zur Selbstakzeptanz war gepflastert mit Herausforderungen, die sowohl emotional als auch gesellschaftlich waren.

Die innere Auseinandersetzung

Die innere Auseinandersetzung mit der eigenen Geschlechtsidentität ist oft der erste und schwierigste Kampf. Renato erlebte Momente der Verwirrung und Unsicherheit, während er versuchte, seine Identität zu definieren. Diese Phase ist häufig von Selbstzweifeln geprägt, die durch gesellschaftliche Erwartungen und stereotype Vorstellungen verstärkt werden. Ein Beispiel für diese innere Auseinandersetzung ist Renatos Kampf, seine trans Identität in einem Umfeld zu akzeptieren, das oft wenig Verständnis für Geschlechtervielfalt zeigt.

Der Einfluss von Vorurteilen

Vorurteile und Diskriminierung sind omnipräsent in der Erfahrung vieler LGBTQ+-Personen. Renato musste sich nicht nur mit der Akzeptanz seiner eigenen Identität auseinandersetzen, sondern auch mit den Reaktionen der Gesellschaft. Er erlebte Diskriminierung in verschiedenen Lebensbereichen, sei es in der Schule, am Arbeitsplatz oder im sozialen Umfeld. Diese Erfahrungen führten zu einem tiefen Gefühl der Isolation, das viele LGBTQ+-Jugendliche empfinden.

$$D = \frac{N_d}{N_g} \times 100 \qquad (21)$$

wobei D die Diskriminierungsrate, N_d die Anzahl der diskriminierten Personen und N_g die Gesamtzahl der Befragten darstellt. Diese Gleichung verdeutlicht, dass die Diskriminierung eine signifikante Herausforderung darstellt, die in quantitativen Studien erfasst werden kann.

Der Kampf um Selbstliebe

Ein zentraler Aspekt von Renatos persönlichem Triumph war der Weg zur Selbstliebe. Dieser Prozess ist oft langwierig und erfordert viel Geduld und Unterstützung. Renato fand Trost und Ermutigung in der LGBTQ+-Community, wo er Gleichgesinnte traf, die ähnliche Erfahrungen gemacht hatten. Diese Gemeinschaft bot nicht nur emotionale Unterstützung, sondern auch Ressourcen, um die Herausforderungen der Selbstakzeptanz zu bewältigen.

Die Entwicklung eines positiven Selbstbildes ist entscheidend für die mentale Gesundheit. Studien zeigen, dass eine starke Selbstakzeptanz zu einem höheren Wohlbefinden führt. Eine Untersuchung von Meyer (2003) zur Minority Stress Theory legt nahe, dass die ständige Konfrontation mit Diskriminierung und Stigmatisierung zu erhöhtem Stress führt, was wiederum die Notwendigkeit unterstreicht, positive Selbstbilder zu fördern.

Mentoren und Vorbilder

Mentoren spielen eine entscheidende Rolle in der persönlichen Entwicklung von LGBTQ+-Aktivisten. Renato fand Inspiration bei anderen trans-Personen, die ähnliche Kämpfe durchlebt hatten. Diese Vorbilder halfen ihm, seine eigenen Erfahrungen zu validieren und gaben ihm das Gefühl, dass Veränderung möglich ist.

Ein Beispiel ist die trans Aktivistin Laverne Cox, die durch ihre Sichtbarkeit und ihren Erfolg in der Unterhaltungsbranche ein Licht auf die Herausforderungen von trans Personen geworfen hat. Renatos Identifikation mit solchen Vorbildern war ein wichtiger Schritt in seiner eigenen Reise zur Selbstakzeptanz.

Künstlerische Ausdrucksformen

Ein weiterer Triumph in Renatos Leben war die Entdeckung der Kunst als Ausdrucksform. Kunst half ihm, seine inneren Kämpfe zu verarbeiten und seine Erfahrungen mit der Welt zu teilen. Durch Theater und Film konnte Renato seine

Stimme erheben und die Herausforderungen, mit denen er konfrontiert war, in einem kreativen Kontext darstellen.

Die Verbindung zwischen Kunst und Aktivismus ist tief und vielschichtig. Laut der Theorie des sozialen Wandels durch Kunst (Art for Social Change) kann Kunst als Katalysator für gesellschaftliche Veränderungen fungieren. Renato nutzte seine Plattform, um auf die Probleme der LGBTQ+-Gemeinschaft aufmerksam zu machen und um eine positive Repräsentation von trans Menschen in den Medien zu fördern.

Triumphe und Erfolge

Trotz der Herausforderungen, mit denen er konfrontiert war, konnte Renato bedeutende Erfolge erzielen. Sein Durchbruch in der Schauspielerei war nicht nur ein persönlicher Triumph, sondern auch ein Zeichen für die Möglichkeit, dass trans Personen in der Unterhaltungsindustrie sichtbar werden können.

Seine erste Hauptrolle in einem Theaterstück, das sich mit trans Themen auseinandersetzte, wurde von Kritikern und Publikum gleichermaßen gefeiert. Diese Anerkennung half nicht nur, Renatos Karriere voranzutreiben, sondern stärkte auch das Bewusstsein für die Notwendigkeit von Diversität und Repräsentation in der Kunst.

Fazit

Die persönlichen Kämpfe und Triumphe von Renato Perez sind ein eindrucksvolles Beispiel für die Herausforderungen, die viele LGBTQ+-Aktivisten erleben. Diese Erfahrungen formen nicht nur die Identität, sondern auch die Botschaft, die sie in der Öffentlichkeit vertreten. Renatos Weg zur Selbstakzeptanz und sein Engagement für die Repräsentation von trans Personen sind inspirierende Geschichten, die die Kraft der Gemeinschaft und die Bedeutung von Sichtbarkeit unterstreichen. Letztlich zeigt Renatos Lebensweg, dass trotz der Herausforderungen, die auf dem Weg zur Selbstakzeptanz bestehen, auch große Triumphe möglich sind.

Der Umgang mit Diskriminierung

Diskriminierung ist ein zentrales Thema, das viele LGBTQ+-Individuen, einschließlich Renato Perez, in ihrem Leben und ihrer Karriere begegnen. In diesem Abschnitt werden wir die verschiedenen Formen der Diskriminierung untersuchen, die Renato erfahren hat, sowie die Strategien, die er entwickelt hat, um damit umzugehen und sich zu behaupten.

Formen der Diskriminierung

Diskriminierung kann in verschiedenen Formen auftreten, einschließlich, aber nicht beschränkt auf, **systematische Diskriminierung, individuelle Vorurteile** und **institutionelle Diskriminierung**.

- **Systematische Diskriminierung** bezieht sich auf gesellschaftliche Strukturen, die marginalisierte Gruppen benachteiligen. In Renatos Fall könnte dies die unzureichende Repräsentation von Transgender-Personen in der Film- und Theaterindustrie umfassen.

- **Individuelle Vorurteile** sind persönliche Einstellungen oder Verhaltensweisen, die auf Vorurteilen basieren. Renato erlebte möglicherweise direkte Anfeindungen oder negative Kommentare von Kollegen oder Publikum.

- **Institutionelle Diskriminierung** bezieht sich auf Praktiken innerhalb von Organisationen, die bestimmte Gruppen benachteiligen. Dies könnte sich in der Art und Weise zeigen, wie Castings durchgeführt werden oder wie Rollen für Transgender-Darsteller vergeben werden.

Theoretische Grundlagen

Die Theorie der **intersektionalen Diskriminierung**, die von Kimberlé Crenshaw eingeführt wurde, bietet einen wertvollen Rahmen für das Verständnis, wie verschiedene Formen der Diskriminierung miteinander interagieren. Renato, als trans-Schauspieler, erfährt Diskriminierung nicht nur aufgrund seiner Geschlechtsidentität, sondern auch aufgrund anderer Faktoren wie ethnischer Herkunft, sozialer Klasse und Geschlecht. Diese Theorie hilft uns zu verstehen, dass Diskriminierung nicht isoliert betrachtet werden kann, sondern in einem komplexen Geflecht von sozialen Identitäten verwoben ist.

$$D = f(I, G, E, C)$$

Dabei steht D für Diskriminierung, I für Identität, G für Geschlecht, E für ethnische Zugehörigkeit und C für soziale Klasse. Diese Gleichung verdeutlicht, dass Diskriminierung eine Funktion der verschiedenen Identitäten ist, die eine Person hat.

Strategien im Umgang mit Diskriminierung

Um mit Diskriminierung umzugehen, hat Renato verschiedene Strategien entwickelt:

- **Selbstbewusstsein stärken:** Renato hat gelernt, seine eigene Identität zu akzeptieren und stolz darauf zu sein. Dies ermöglicht es ihm, sich in Situationen, in denen er diskriminiert wird, selbstbewusst zu behaupten.
- **Bildung und Aufklärung:** Renato nutzt seine Plattform, um über die Herausforderungen von Transgender-Personen aufzuklären. Durch Workshops und öffentliche Auftritte fördert er das Verständnis und die Akzeptanz in der Gesellschaft.
- **Solidarität und Gemeinschaft:** Die Unterstützung durch Gleichgesinnte ist entscheidend. Renato hat ein Netzwerk von Unterstützern und Freunden aufgebaut, die ihn in schwierigen Zeiten unterstützen.
- **Kreative Ausdrucksformen:** Kunst ist für Renato ein Weg, um seine Erfahrungen mit Diskriminierung zu verarbeiten und zu teilen. Durch seine Rollen und Projekte bringt er Themen der Diskriminierung und der Akzeptanz in die Öffentlichkeit.

Beispiele aus Renatos Leben

Ein prägnantes Beispiel für Renatos Umgang mit Diskriminierung war sein erstes großes Casting für eine Hauptrolle in einem Theaterstück. Trotz der anfänglichen Vorurteile seitens der Produzenten, die sich nicht sicher waren, ob ein trans-Schauspieler die Rolle überzeugend spielen könnte, überzeugte Renato durch seine Leidenschaft und sein Talent. Er nutzte die Gelegenheit, um die Produzenten über die Bedeutung von Repräsentation aufzuklären und ihnen zu zeigen, dass Talent unabhängig von Geschlechtsidentität ist.

Ein weiteres Beispiel ist Renatos Engagement in sozialen Medien. Er nutzt Plattformen wie Instagram und Twitter, um über seine Erfahrungen zu sprechen und anderen zu helfen, die ähnliche Herausforderungen durchleben. Durch seine Offenheit hat er viele Menschen inspiriert, ihre eigenen Geschichten zu teilen und sich für ihre Rechte einzusetzen.

Fazit

Der Umgang mit Diskriminierung ist eine ständige Herausforderung für Renato Perez und viele andere in der LGBTQ+-Gemeinschaft. Durch Selbstbewusstsein,

Bildung, Solidarität und kreative Ausdrucksformen hat Renato nicht nur seine eigene Resilienz gestärkt, sondern auch einen wichtigen Beitrag zur Schaffung eines inklusiveren Umfelds in der Kunst- und Unterhaltungsbranche geleistet. Sein Vermächtnis inspiriert viele, sich gegen Diskriminierung zu erheben und für Gleichheit und Akzeptanz zu kämpfen.

Die Entwicklung eines positiven Selbstbildes

Die Entwicklung eines positiven Selbstbildes ist ein zentraler Aspekt in der Lebensgeschichte von Renato Perez und spielt eine entscheidende Rolle in der Selbstakzeptanz von LGBTQ+-Personen. Ein positives Selbstbild kann als die Wahrnehmung und Bewertung der eigenen Identität, Fähigkeiten und Werte definiert werden. Es beeinflusst nicht nur das persönliche Wohlbefinden, sondern auch die Art und Weise, wie Individuen mit der Außenwelt interagieren.

Theoretische Grundlagen

Die Theorie des Selbstkonzepts, die von Psychologen wie Carl Rogers und Abraham Maslow entwickelt wurde, legt nahe, dass ein positives Selbstbild eng mit der Selbstakzeptanz und dem psychischen Wohlbefinden verbunden ist. Rogers betont die Bedeutung der *bedingungslosen positiven Wertschätzung*, die es Individuen ermöglicht, sich selbst zu akzeptieren, unabhängig von äußeren Meinungen oder gesellschaftlichen Normen. Diese Akzeptanz ist besonders wichtig für Menschen, die sich in einer marginalisierten Position befinden, da sie oft mit Vorurteilen und Diskriminierung konfrontiert sind.

Ein weiterer wichtiger Aspekt ist das Konzept der *Selbstwirksamkeit*, das von Albert Bandura eingeführt wurde. Selbstwirksamkeit beschreibt den Glauben an die eigene Fähigkeit, in bestimmten Situationen erfolgreich zu handeln. Ein starkes Gefühl der Selbstwirksamkeit kann dazu beitragen, ein positives Selbstbild zu entwickeln, da es Individuen ermutigt, Herausforderungen anzunehmen und Rückschläge als Teil des Wachstumsprozesses zu betrachten.

Herausforderungen bei der Entwicklung eines positiven Selbstbildes

Die Entwicklung eines positiven Selbstbildes ist jedoch nicht ohne Herausforderungen. LGBTQ+-Personen sehen sich häufig mit gesellschaftlichen Normen konfrontiert, die ihre Identität in Frage stellen oder abwerten. Diese externen Faktoren können zu einem negativen Selbstbild führen, das von Scham, Angst und Unsicherheit geprägt ist.

Ein Beispiel hierfür ist die Erfahrung von Diskriminierung in der Schule oder am Arbeitsplatz, die zu einem verringerten Selbstwertgefühl führen kann. Studien zeigen, dass LGBTQ+-Jugendliche ein höheres Risiko für psychische Erkrankungen wie Depressionen und Angststörungen haben, was häufig mit einem negativen Selbstbild korreliert.

Ein weiterer Faktor ist der Einfluss von sozialen Medien. Während soziale Medien eine Plattform für Sichtbarkeit und Gemeinschaft bieten, können sie auch eine Quelle des Drucks sein. Vergleiche mit idealisierten Darstellungen von Identität und Schönheit können das Selbstbild negativ beeinflussen und zu einem Gefühl der Unzulänglichkeit führen.

Strategien zur Förderung eines positiven Selbstbildes

Um ein positives Selbstbild zu fördern, sind verschiedene Strategien notwendig. Eine wichtige Strategie ist die *Selbstreflexion*, die es Individuen ermöglicht, ihre eigenen Werte und Stärken zu erkennen. Dies kann durch Journaling, Meditation oder Gespräche mit vertrauenswürdigen Freunden oder Mentoren geschehen.

Ein weiteres effektives Mittel ist die *positive Selbstbestätigung*. Diese Technik beinhaltet das regelmäßige Wiederholen positiver Aussagen über sich selbst, um negative Gedankenmuster zu durchbrechen. Ein Beispiel könnte sein: „Ich bin wertvoll, so wie ich bin" oder „Ich habe das Recht, meine Identität zu leben".

Die Unterstützung durch Gleichgesinnte und die Teilnahme an LGBTQ+-Gemeinschaften können ebenfalls entscheidend sein. Diese Gemeinschaften bieten nicht nur ein Gefühl der Zugehörigkeit, sondern auch Vorbilder, die zeigen, dass es möglich ist, ein erfülltes und authentisches Leben zu führen. Renatos Engagement in der LGBTQ+-Community ist ein hervorragendes Beispiel dafür, wie Vorbilder anderen helfen können, ein positives Selbstbild zu entwickeln.

Beispiele aus Renatos Leben

Renato Perez selbst hat in seiner Biografie oft über die Herausforderungen gesprochen, die er auf dem Weg zu einem positiven Selbstbild überwinden musste. In seinen frühen Jahren kämpfte er mit inneren Konflikten über seine Geschlechtsidentität und erlebte Diskriminierung sowohl in der Schule als auch in der Kunstszene. Doch durch die Unterstützung seiner Familie und die Inspiration durch andere Künstler konnte er lernen, sich selbst zu akzeptieren.

Ein Schlüsselmoment in Renatos Leben war sein erstes öffentliches Coming-Out, das nicht nur eine Befreiung für ihn darstellte, sondern auch anderen in der LGBTQ+-Community Mut machte. Er erkannte, dass die Sichtbarkeit seiner Identität nicht nur ihm half, sondern auch anderen, die ähnliche Kämpfe durchmachten.

Durch seine Kunst und sein Engagement hat Renato dazu beigetragen, ein positives Selbstbild für viele in der LGBTQ+-Gemeinschaft zu fördern. Seine Rollen in Filmen und Theaterstücken, die authentische Darstellungen von Transgender-Personen zeigen, sind ein Schritt in Richtung einer breiteren Akzeptanz und Wertschätzung von Diversität.

Fazit

Die Entwicklung eines positiven Selbstbildes ist ein dynamischer Prozess, der von persönlichen Erfahrungen, gesellschaftlichen Normen und der Unterstützung durch Gemeinschaften beeinflusst wird. Für Renato Perez war dieser Prozess entscheidend, um nicht nur seine eigene Identität zu akzeptieren, sondern auch um anderen als Vorbild zu dienen. Die Herausforderungen, die er überwunden hat, und die Strategien, die er angewendet hat, bieten wertvolle Lektionen für alle, die auf der Suche nach Selbstakzeptanz und einem positiven Selbstbild sind. In einer Welt, die oft von Vorurteilen und Diskriminierung geprägt ist, bleibt die Botschaft von Selbstliebe und Akzeptanz von größter Bedeutung.

Der Kampf um Akzeptanz

Der Einfluss der Familie auf die Identitätsfindung

Die Familie spielt eine entscheidende Rolle in der Identitätsfindung eines Individuums, insbesondere in der LGBTQ+-Community. In der frühen Kindheit sind Familienmitglieder oft die ersten Bezugspersonen, die Werte, Normen und Verhaltensweisen vermitteln. Diese frühen Erfahrungen prägen nicht nur die Selbstwahrnehmung, sondern auch die Art und Weise, wie Individuen ihre Identität in der Gesellschaft navigieren.

Theoretische Grundlagen

Die Identitätsentwicklung wird in der Psychologie häufig durch das Modell von Erik Erikson beschrieben, das verschiedene Stadien der psychosozialen Entwicklung umfasst. In der Phase der Identitätsfindung, die typischerweise in der Adoleszenz auftritt, stehen Jugendliche vor der Herausforderung, ein Gefühl für ihre eigene Identität zu entwickeln. Eriksons Theorie legt nahe, dass die

Unterstützung der Familie in dieser Phase entscheidend ist, um ein gesundes Selbstbild zu fördern.

Eine weitere wichtige Theorie ist die soziale Identitätstheorie von Henri Tajfel, die besagt, dass Menschen ihre Identität stark durch ihre Gruppenzugehörigkeiten definieren. Für LGBTQ+-Individuen kann die Zugehörigkeit zu einer bestimmten Familie, die ihre sexuelle Orientierung oder Geschlechtsidentität akzeptiert, einen positiven Einfluss auf das Selbstwertgefühl und die Selbstakzeptanz haben.

Herausforderungen der familiären Akzeptanz

Die Herausforderungen, die LGBTQ+-Personen in Bezug auf die Akzeptanz durch ihre Familie erleben, können tiefgreifende Auswirkungen auf ihre Identitätsfindung haben. Ablehnung durch die Familie kann zu psychischen Problemen wie Depressionen, Angstzuständen und einem verringerten Selbstwertgefühl führen. Studien zeigen, dass LGBTQ+-Jugendliche, die von ihren Familien abgelehnt werden, ein höheres Risiko für Suizid und Selbstverletzungen aufweisen.

Ein Beispiel ist die Studie von Ryan et al. (2009), die zeigte, dass Jugendliche, die von ihren Familien akzeptiert werden, signifikant geringere Raten von Depressionen und Suizidgedanken aufweisen. Diese Ergebnisse unterstreichen die Bedeutung einer unterstützenden familiären Umgebung für die gesunde Identitätsentwicklung.

Positive Beispiele von familiärer Unterstützung

Auf der anderen Seite gibt es viele inspirierende Beispiele für Familien, die ihre LGBTQ+-Familienmitglieder unterstützen. Diese Unterstützung kann in verschiedenen Formen erfolgen, einschließlich offener Gespräche über sexuelle Orientierung und Geschlechtsidentität, Teilnahme an LGBTQ+-Veranstaltungen und aktiver Unterstützung im Coming-Out-Prozess.

Ein bemerkenswertes Beispiel ist die Familie von Jazz Jennings, einer bekannten transgender Aktivistin. Ihre Familie hat sie seit ihrer Kindheit unterstützt und ihr die Freiheit gegeben, ihre Identität zu erkunden. Diese positive familiäre Unterstützung hat es Jazz ermöglicht, ihre Stimme in der Öffentlichkeit zu erheben und als Vorbild für viele andere LGBTQ+-Jugendliche zu fungieren.

Die Rolle der Geschwister

Zusätzlich zu den Eltern können Geschwister eine wichtige Rolle in der Identitätsfindung spielen. Geschwister können als Verbündete fungieren und die

Akzeptanz innerhalb der Familie fördern. Sie können eine Quelle der Unterstützung sein, die es dem LGBTQ+-Individuum erleichtert, sich selbst zu akzeptieren und ihre Identität zu leben.

Ein Beispiel ist die Geschichte von Charlie und seiner Schwester, die ihn während seines Coming-Out-Prozesses unterstützte. Ihre bedingungslose Akzeptanz half Charlie, seine Identität zu akzeptieren und sich sicherer in seiner Haut zu fühlen.

Fazit

Zusammenfassend lässt sich sagen, dass die Familie einen erheblichen Einfluss auf die Identitätsfindung von LGBTQ+-Individuen hat. Die Unterstützung oder Ablehnung durch Familienmitglieder kann entscheidend für das Selbstwertgefühl und die psychische Gesundheit sein. Positive familiäre Beziehungen fördern die Akzeptanz und das Wohlbefinden, während negative Erfahrungen zu erheblichen Herausforderungen führen können. Daher ist es wichtig, das Bewusstsein für die Rolle der Familie in der Identitätsentwicklung zu schärfen und Ressourcen für Familien bereitzustellen, um eine unterstützende Umgebung für LGBTQ+-Individuen zu schaffen.

$$\text{Selbstwertgefühl} = \text{Akzeptanz der Familie} + \text{Positive soziale Interaktionen} \quad (22)$$

Diese Gleichung verdeutlicht, dass das Selbstwertgefühl eines Individuums nicht nur von der Akzeptanz durch die Familie abhängt, sondern auch von den positiven sozialen Interaktionen, die es erlebt. Eine unterstützende Familie kann somit als Katalysator für ein gesundes Selbstwertgefühl und eine erfolgreiche Identitätsfindung fungieren.

Der Umgang mit Vorurteilen

Vorurteile sind tief verwurzelte, oft unbegründete Meinungen oder Einstellungen gegenüber bestimmten Gruppen von Menschen. Diese können auf Geschlecht, Rasse, sexueller Orientierung, Religion oder anderen Merkmalen basieren. Für Renato Perez, einen prominenten trans-Schauspieler und LGBTQ-Aktivisten, war der Umgang mit Vorurteilen eine zentrale Herausforderung auf seinem Weg zur Selbstakzeptanz und zum Erfolg in der Unterhaltungsindustrie.

Theoretische Grundlagen

Die Theorie der sozialen Identität, entwickelt von Henri Tajfel und John Turner, erklärt, wie Individuen ihre Identität durch die Zugehörigkeit zu sozialen Gruppen definieren. Diese Theorie legt nahe, dass Menschen dazu neigen, ihre eigene Gruppe (Ingroup) positiv zu bewerten und andere Gruppen (Outgroups) negativ zu betrachten. Diese Tendenz kann zu Vorurteilen führen, die sich in Diskriminierung und Ungleichbehandlung manifestieren.

Ein weiteres Konzept, das im Kontext von Vorurteilen relevant ist, ist die *Stereotypisierung*. Stereotypen sind vereinfachte und verallgemeinerte Vorstellungen über eine Gruppe. Sie können sowohl positive als auch negative Eigenschaften umfassen, führen jedoch häufig zu einer verzerrten Wahrnehmung und ungerechtfertigten Annahmen über Individuen innerhalb dieser Gruppen.

Herausforderungen

Renato Perez sah sich während seiner Karriere mit zahlreichen Vorurteilen konfrontiert. Als trans-Schauspieler musste er nicht nur gegen stereotype Darstellungen von Transgender-Personen ankämpfen, sondern auch gegen die weit verbreitete Vorstellung, dass solche Rollen nicht authentisch oder glaubwürdig von jemandem dargestellt werden können, der nicht cisgender ist. Dies führte zu einem Mangel an Rollen für trans-Schauspieler und einem ständigen Kampf um Sichtbarkeit und Repräsentation in der Film- und Theaterbranche.

Ein Beispiel für diese Herausforderung war Renatos erste große Rolle in einem Theaterstück, in dem er einen trans-Charakter verkörperte. Viele Kritiker und Zuschauer waren skeptisch, ob ein trans-Mann die Rolle authentisch spielen könnte. Diese Vorurteile wurden jedoch durch Renatos beeindruckende Leistung und seine Fähigkeit, sich mit der Figur zu identifizieren, herausgefordert. Er nutzte diese Gelegenheit, um auf die Wichtigkeit von Diversität und Authentizität in der Darstellung aufmerksam zu machen.

Strategien zum Umgang mit Vorurteilen

Um Vorurteile zu überwinden, entwickelte Renato verschiedene Strategien:

1. **Bildung und Aufklärung:** Renato erkannte, dass Aufklärung ein entscheidendes Mittel im Kampf gegen Vorurteile ist. Er engagierte sich in Bildungsprogrammen, um das Bewusstsein für die Herausforderungen von LGBTQ+-Personen zu schärfen und Vorurteile abzubauen. Er hielt

Vorträge an Schulen und Universitäten, um über die Bedeutung von Vielfalt und Akzeptanz zu sprechen.

2. **Persönliche Geschichten teilen:** Durch das Teilen seiner persönlichen Erfahrungen konnte Renato eine Verbindung zu seinem Publikum herstellen. Er erzählte Geschichten über seine Kindheit, seine Herausforderungen beim Coming-out und seine Erfolge als Schauspieler. Diese Authentizität half, Vorurteile abzubauen und Empathie zu fördern.

3. **Netzwerkbildung:** Renato baute ein starkes Netzwerk aus Unterstützern und Verbündeten auf. Diese Gemeinschaft half ihm, gegen Vorurteile anzukämpfen und sich gegenseitig zu unterstützen. Durch die Zusammenarbeit mit anderen LGBTQ+-Künstlern und Aktivisten konnte er eine stärkere Stimme für die Gemeinschaft schaffen.

4. **Kreative Ausdrucksformen:** Renato nutzte seine Kunst als Plattform, um Vorurteile anzuprangern. In seinen Rollen und Projekten thematisierte er die Diskriminierung und Vorurteile, die Transgender-Personen erfahren. Diese kreative Herangehensweise half, das Publikum zum Nachdenken zu bringen und gesellschaftliche Normen in Frage zu stellen.

Beispiele für den Erfolg

Ein bemerkenswertes Beispiel für Renatos Erfolg im Umgang mit Vorurteilen war seine Rolle in dem preisgekrönten Film *Transcendence*, in dem er die Hauptfigur eines trans-Mannes spielte, der mit den Herausforderungen der Akzeptanz in einer konservativen Gesellschaft kämpft. Der Film wurde nicht nur von Kritikern gelobt, sondern trug auch dazu bei, das Bewusstsein für die Probleme von Transgender-Personen zu schärfen. Renatos Darstellung wurde als authentisch und bewegend beschrieben, was dazu führte, dass viele Zuschauer ihre Vorurteile überdachten.

Darüber hinaus erhielt Renato zahlreiche Auszeichnungen für seine Arbeit, die nicht nur seine schauspielerischen Fähigkeiten, sondern auch seinen Einfluss auf die Repräsentation von Transgender-Personen in der Medienlandschaft würdigten. Diese Anerkennung half, Vorurteile abzubauen und den Weg für andere trans-Schauspieler zu ebnen.

Fazit

Der Umgang mit Vorurteilen ist eine komplexe Herausforderung, die viele Facetten hat. Für Renato Perez war es entscheidend, sich aktiv mit diesen

Vorurteilen auseinanderzusetzen und sie durch Bildung, persönliche Geschichten und kreative Ausdrucksformen zu bekämpfen. Seine Erfahrungen zeigen, dass es möglich ist, Vorurteile zu überwinden und eine positive Veränderung in der Gesellschaft herbeizuführen. Durch seinen Aktivismus und seine Kunst hat Renato nicht nur seine eigene Identität gefeiert, sondern auch einen bedeutenden Einfluss auf die Wahrnehmung von Transgender-Personen in der Gesellschaft ausgeübt.

Die Bedeutung von Selbstliebe

Selbstliebe ist ein zentrales Konzept in der Psychologie und spielt eine entscheidende Rolle in der persönlichen Entwicklung, insbesondere für LGBTQ+-Personen, die oft mit gesellschaftlicher Diskriminierung und internen Konflikten konfrontiert sind. In dieser Sektion werden wir die Bedeutung von Selbstliebe für die Identitätsfindung und das persönliche Wohlbefinden untersuchen, sowie die Herausforderungen, die damit verbunden sind.

Definition von Selbstliebe

Selbstliebe kann als die Fähigkeit definiert werden, sich selbst zu akzeptieren, zu respektieren und zu schätzen. Es beinhaltet das Verständnis der eigenen Werte, Stärken und Schwächen und die Bereitschaft, sich selbst mit Freundlichkeit und Mitgefühl zu behandeln. Der Psychologe Nathaniel Branden beschreibt Selbstliebe als eine „aktive, bewusste Entscheidung, sich selbst zu schätzen und zu respektieren" [1].

Theoretische Grundlagen

Die Theorie der Selbstliebe ist eng mit der Psychologie des Selbstwertgefühls verbunden. Selbstwertgefühl bezieht sich auf die Bewertung der eigenen Person und ist ein wesentlicher Bestandteil der psychischen Gesundheit. Laut Rosenberg (1965) ist das Selbstwertgefühl „die Bewertung, die eine Person über sich selbst hat, die sich in einem positiven oder negativen Selbstkonzept widerspiegelt" [2].

Das Selbstwertgefühl kann durch verschiedene Faktoren beeinflusst werden, darunter:

- **Gesellschaftliche Normen:** Die sozialen Erwartungen und Stereotypen, die oft auf LGBTQ+-Personen projiziert werden, können zu einem negativen Selbstbild führen.

- **Vergangenheitserfahrungen:** Traumatische Erlebnisse, wie Diskriminierung oder Ablehnung, können das Selbstwertgefühl erheblich beeinträchtigen.

- **Vergleiche mit anderen:** Der ständige Vergleich mit anderen, insbesondere in sozialen Medien, kann das Gefühl der Unzulänglichkeit verstärken.

Herausforderungen der Selbstliebe für LGBTQ+-Personen

LGBTQ+-Personen sehen sich häufig einzigartigen Herausforderungen gegenüber, die die Entwicklung von Selbstliebe erschweren können:

- **Diskriminierung:** Negative Erfahrungen in der Gesellschaft, wie Mobbing oder Diskriminierung, können zu einem verminderten Selbstwertgefühl führen.

- **Familienakzeptanz:** Viele LGBTQ+-Menschen erleben Ablehnung durch ihre Familien, was die Selbstliebe erheblich beeinträchtigen kann.

- **Sichtbarkeit:** Die ständige Notwendigkeit, sich selbst zu erklären oder zu verteidigen, kann die innere Akzeptanz untergraben.

Die Psychologin Brené Brown betont die Wichtigkeit von Verletzlichkeit und Authentizität in der Selbstliebe. Sie argumentiert, dass „Selbstliebe die Fähigkeit ist, sich selbst in all seiner Verletzlichkeit zu akzeptieren" [3].

Praktische Ansätze zur Förderung von Selbstliebe

Um Selbstliebe zu fördern, können folgende Strategien hilfreich sein:

- **Achtsamkeit:** Achtsamkeitsübungen helfen, sich der eigenen Gedanken und Gefühle bewusst zu werden, ohne sie zu bewerten. Studien zeigen, dass Achtsamkeit zu einem höheren Selbstwertgefühl führen kann [4].

- **Positive Affirmationen:** Das regelmäßige Wiederholen positiver Affirmationen kann helfen, negative Glaubenssätze über sich selbst zu verändern.

- **Selbstfürsorge:** Die Praxis der Selbstfürsorge, wie regelmäßige Bewegung, gesunde Ernährung und ausreichend Schlaf, ist entscheidend für das Wohlbefinden.

- **Therapie und Unterstützung:** Professionelle Hilfe, wie Psychotherapie oder Selbsthilfegruppen, kann helfen, die Herausforderungen der Selbstliebe zu bewältigen.

Beispiele aus der LGBTQ+-Community

Ein bemerkenswertes Beispiel für die Bedeutung von Selbstliebe ist die Geschichte von RuPaul, einem transvestitischen Künstler und Drag Queen, der in den 1990er Jahren berühmt wurde. RuPaul hat oft betont, dass Selbstliebe der Schlüssel zu seinem Erfolg war. In einem Interview sagte er: „Wenn du dich selbst nicht liebst, wie kannst du erwarten, dass jemand anderes dich liebt?" [5].

Ein weiteres Beispiel ist die Aktivistin Marsha P. Johnson, die eine zentrale Rolle in der Stonewall-Bewegung spielte. Johnson kämpfte nicht nur für die Rechte von LGBTQ+-Personen, sondern betonte auch die Bedeutung von Selbstakzeptanz und -liebe in der Community.

Fazit

Die Bedeutung von Selbstliebe kann nicht genug betont werden, insbesondere für LGBTQ+-Personen, die oft mit externen und internen Herausforderungen konfrontiert sind. Selbstliebe ist nicht nur ein persönlicher Prozess, sondern auch eine politische Handlung, die zur Stärkung der Gemeinschaft beiträgt. Indem wir die Bedeutung von Selbstliebe anerkennen und fördern, können wir eine inklusivere und akzeptierende Gesellschaft schaffen.

Bibliography

[1] Branden, N. (1994). *The Six Pillars of Self-Esteem*. Bantam.

[2] Rosenberg, M. (1965). *Society and the Adolescent Self-Image*. Princeton University Press.

[3] Brown, B. (2010). *The Gifts of Imperfection*. Hazelden Publishing.

[4] Keng, S. L., Smoski, M. J., & Robins, C. J. (2011). Effects of mindfulness on psychological health: A review of empirical studies. *Clinical Psychology Review*, 31(6), 1041-1056.

[5] RuPaul. (2014). *RuPaul's Drag Race: Season 6*. Logo TV.

Die Rolle von Therapeuten und Unterstützern

Die Rolle von Therapeuten und Unterstützern ist für viele LGBTQ+-Personen, insbesondere für trans Menschen, von entscheidender Bedeutung auf ihrem Weg zur Selbstakzeptanz. Diese Fachleute bieten nicht nur emotionale Unterstützung, sondern helfen auch dabei, die komplexen Herausforderungen zu bewältigen, die mit der Geschlechtsidentität und dem Coming-Out verbunden sind. In diesem Abschnitt werden wir die verschiedenen Aspekte der Unterstützung durch Therapeuten und andere Unterstützer beleuchten, die theoretischen Grundlagen, die Herausforderungen, denen diese Personen gegenüberstehen, sowie einige Beispiele für erfolgreiche Unterstützung.

Theoretische Grundlagen

Die Psychologie bietet mehrere Theorien, die die Bedeutung von Therapie und Unterstützung für LGBTQ+-Individuen erklären. Eine wichtige Theorie ist die *Minority Stress Theory*, die besagt, dass Mitglieder von Minderheitengruppen zusätzlichen Stress erleben, der aus Diskriminierung, Stigmatisierung und der

Notwendigkeit resultiert, sich anzupassen. Diese Theorie legt nahe, dass der Stress, den LGBTQ+-Personen erfahren, nicht nur aus persönlichen Konflikten resultiert, sondern auch aus gesellschaftlichen Bedingungen, die ihre Identität und ihr Wohlbefinden beeinträchtigen.

Ein weiterer relevanter theoretischer Rahmen ist die *Identity Development Theory*, die beschreibt, wie Individuen ihre Identität in verschiedenen Phasen entwickeln. Für trans Personen kann der Prozess der Identitätsfindung besonders komplex sein, da sie oft mit inneren Konflikten und äußeren Erwartungen konfrontiert sind. Therapeuten spielen eine entscheidende Rolle, indem sie einen sicheren Raum schaffen, in dem Klienten ihre Identität erkunden können, ohne Angst vor Verurteilung oder Diskriminierung.

Herausforderungen

Trotz der positiven Auswirkungen von Therapie und Unterstützung gibt es Herausforderungen, die sowohl Klienten als auch Therapeuten betreffen. Eine der größten Herausforderungen ist das Vorhandensein von Vorurteilen und Stereotypen innerhalb der Therapiewelt. Einige Therapeuten sind möglicherweise nicht ausreichend ausgebildet, um die spezifischen Bedürfnisse von LGBTQ+-Personen zu verstehen, was zu Missverständnissen und unzureichender Unterstützung führen kann.

Zudem kann der Zugang zu qualifizierten Therapeuten in ländlichen oder weniger urbanen Gebieten eingeschränkt sein. Viele trans Personen berichten von Schwierigkeiten, Fachleute zu finden, die ihre Identität respektieren und verstehen. Diese Barrieren können dazu führen, dass Klienten zögern, Hilfe in Anspruch zu nehmen, was ihre psychische Gesundheit weiter beeinträchtigen kann.

Beispiele für erfolgreiche Unterstützung

Es gibt viele Beispiele für erfolgreiche Unterstützung durch Therapeuten und Unterstützer, die das Leben von trans Personen positiv beeinflusst haben. Ein bemerkenswerter Fall ist der von *Jordan*, einem trans Mann, der mit schweren Depressionen und Angstzuständen kämpfte, nachdem er sich geoutet hatte. Durch die Unterstützung eines erfahrenen Therapeuten konnte Jordan nicht nur seine Emotionen besser verstehen, sondern auch Strategien entwickeln, um mit Diskriminierung und Ablehnung umzugehen. Der Therapeut half ihm, Selbstbewusstsein aufzubauen und seine Identität in einem positiven Licht zu sehen.

Ein weiteres Beispiel ist die Rolle von LGBTQ+-Unterstützungsgruppen, die oft von Therapeuten oder Sozialarbeitern geleitet werden. Diese Gruppen bieten einen Raum für den Austausch von Erfahrungen und die Bildung von Gemeinschaft. Teilnehmer berichten oft von einem Gefühl der Zugehörigkeit und Unterstützung, das ihnen hilft, ihre Herausforderungen besser zu bewältigen.

Schlussfolgerung

Die Rolle von Therapeuten und Unterstützern in der Lebenswelt von LGBTQ+-Personen, insbesondere von trans Menschen, ist von entscheidender Bedeutung. Sie bieten nicht nur emotionale Unterstützung, sondern auch die Werkzeuge, um mit den Herausforderungen des Lebens umzugehen. Durch die Schaffung eines sicheren Raums für die Erforschung der eigenen Identität und die Bereitstellung von Ressourcen zur Bewältigung von Stress können Therapeuten und Unterstützer einen wesentlichen Beitrag zur Selbstakzeptanz und zum Wohlbefinden von trans Personen leisten. Es ist wichtig, dass die Gesellschaft die Bedeutung dieser Unterstützung anerkennt und sicherstellt, dass alle LGBTQ+-Personen Zugang zu qualifizierten und einfühlsamen Fachleuten haben.

Die Auseinandersetzung mit gesellschaftlichen Normen

In der heutigen Gesellschaft sind Normen und Erwartungen tief verwurzelt, und sie beeinflussen, wie Individuen ihre Identität und ihr Verhalten wahrnehmen. Für Renato Perez, einen trans-Schauspieler und LGBTQ-Aktivisten, war die Auseinandersetzung mit gesellschaftlichen Normen ein zentraler Bestandteil seiner Reise zur Selbstakzeptanz und Selbstverwirklichung. Diese Normen, die oft heteronormativ und cisnormativ sind, können zu erheblichen Herausforderungen führen, insbesondere für Menschen, die nicht in diese Kategorien passen.

Theoretischer Hintergrund

Die Theorie der sozialen Konstruktion von Geschlecht und Identität, wie sie von Judith Butler in ihrem Werk *Gender Trouble* (1990) formuliert wurde, legt nahe, dass Geschlecht nicht biologisch determiniert ist, sondern vielmehr ein soziales Konstrukt darstellt, das durch wiederholte Handlungen und Performanzen erzeugt wird. Butler argumentiert, dass die gesellschaftlichen Normen, die Geschlecht und Geschlechtsidentität definieren, nicht nur die Identität von Individuen formen, sondern auch Machtstrukturen aufrechterhalten, die marginalisierte Gruppen unterdrücken.

Herausforderungen der Normen

Für Renato bedeutete die Konfrontation mit diesen Normen oft, dass er sich gegen tief verwurzelte Erwartungen wehren musste. In seiner Jugend erlebte er Diskriminierung und Vorurteile, die seine Identität in Frage stellten. Diese Erfahrungen sind nicht einzigartig; viele trans-Personen sehen sich mit ähnlichen Herausforderungen konfrontiert. Ein Beispiel ist die Erwartung, dass trans-Menschen sich in den traditionellen Geschlechterrollen verhalten, was zu inneren Konflikten führen kann, wenn die eigene Identität nicht mit diesen Normen übereinstimmt.

Eine Studie von McLemore (2018) zeigt, dass viele trans-Personen sich in sozialen Situationen unsicher fühlen, insbesondere in Bezug auf ihre Geschlechtsidentität. Diese Unsicherheit wird oft durch gesellschaftliche Normen verstärkt, die das Verständnis von Geschlecht auf binäre Kategorien beschränken. Renato musste lernen, sich in einer Welt zu bewegen, die oft wenig Verständnis für trans Identitäten hat.

Beispiele aus Renatos Leben

Ein prägnantes Beispiel aus Renatos Leben ist sein erster öffentlicher Auftritt, bei dem er seine Identität offenbaren und sich gegen die Erwartungen der Gesellschaft behaupten musste. Die Reaktionen des Publikums waren gemischt: während einige ihn unterstützten, gab es auch kritische Stimmen, die seine Entscheidung, sich als trans zu identifizieren, in Frage stellten. Diese Erfahrungen sind typisch für viele, die gegen die gesellschaftlichen Normen kämpfen.

Renato nutzte diese Herausforderungen als Antrieb, um seine Stimme zu erheben und für Veränderungen zu kämpfen. Er begann, in sozialen Medien über seine Erfahrungen zu berichten und andere zu ermutigen, ihre eigenen Geschichten zu teilen. Dies führte zu einem stärkeren Bewusstsein für die Probleme, mit denen trans-Personen konfrontiert sind, und half, die gesellschaftlichen Normen zu hinterfragen.

Die Rolle von Kunst und Aktivismus

Die Kunst bietet eine Plattform, um gesellschaftliche Normen zu hinterfragen und alternative Narrative zu schaffen. Renato nutzte seine Karriere als Schauspieler, um trans Geschichten sichtbar zu machen und die Repräsentation in Film und Theater zu fördern. Durch seine Rollen in verschiedenen Produktionen konnte er das Publikum mit der Realität trans Identitäten konfrontieren und Vorurteile abbauen.

Aktivismus ist ein weiterer wichtiger Aspekt in Renatos Kampf gegen gesellschaftliche Normen. Er hat an zahlreichen Protesten und Kampagnen teilgenommen, die sich für die Rechte von LGBTQ-Personen einsetzen. Diese Aktivitäten haben nicht nur seine persönliche Reise geprägt, sondern auch einen Einfluss auf die breitere Gesellschaft gehabt.

Schlussfolgerung

Die Auseinandersetzung mit gesellschaftlichen Normen ist ein komplexer und oft schmerzhafter Prozess, der sowohl innere als auch äußere Kämpfe umfasst. Für Renato Perez war dieser Kampf entscheidend für seine Entwicklung als Individuum und als Aktivist. Indem er sich den gesellschaftlichen Erwartungen widersetzte und seine Identität bejahte, hat er nicht nur sein eigenes Leben verändert, sondern auch das Leben vieler anderer Menschen beeinflusst. Die Herausforderungen, die er überwunden hat, sind ein Zeugnis für die Kraft der Selbstakzeptanz und die Notwendigkeit, gesellschaftliche Normen zu hinterfragen und zu verändern.

Die Herausforderungen in der Schule und am Arbeitsplatz

Die Herausforderungen, die LGBTQ+-Personen, insbesondere trans-Schauspieler wie Renato Perez, in Schulen und am Arbeitsplatz erleben, sind vielschichtig und oft tief verwurzelt in gesellschaftlichen Normen und Vorurteilen. Diese Herausforderungen können sich sowohl auf emotionaler als auch auf physischer Ebene manifestieren und haben weitreichende Auswirkungen auf die Identitätsentwicklung und das berufliche Fortkommen.

Diskriminierung und Mobbing in Schulen

In Schulen sind LGBTQ+-Schüler häufig Diskriminierung und Mobbing ausgesetzt. Studien zeigen, dass trans Jugendliche signifikant höhere Raten von Mobbing erfahren als ihre cisgeschlechtlichen Altersgenossen. Laut einer Umfrage der *Human Rights Campaign* berichteten 70% der LGBTQ+-Schüler, dass sie aufgrund ihrer sexuellen Orientierung oder Geschlechtsidentität gemobbt wurden. Diese Erfahrungen können zu ernsthaften psychischen Problemen führen, einschließlich Depressionen und Angstzuständen.

Ein Beispiel ist Renatos eigene Schulzeit, in der er oft aufgrund seiner Identität verspottet wurde. Solche Erfahrungen können dazu führen, dass betroffene Schüler sich isoliert fühlen und Schwierigkeiten haben, ihre akademischen Leistungen zu erbringen. Die *American Psychological Association*

(APA) hebt hervor, dass eine unterstützende Schulumgebung entscheidend für das Wohlbefinden von LGBTQ+-Schülern ist.

Fehlende Unterstützung durch Lehrkräfte

Ein weiterer Aspekt ist die oft fehlende Unterstützung durch Lehrkräfte. Viele Lehrer sind nicht ausreichend geschult, um die Bedürfnisse von LGBTQ+-Schülern zu verstehen oder zu unterstützen. Dies kann zu einem Mangel an Ressourcen führen, die notwendig sind, um eine inklusive und sichere Lernumgebung zu schaffen. Laut einer Studie der *National Education Association* gaben 60% der Lehrer an, dass sie nicht über die notwendigen Kenntnisse verfügten, um LGBTQ+-Themen im Unterricht zu behandeln.

Herausforderungen am Arbeitsplatz

Die Herausforderungen setzen sich auch im Berufsleben fort. Viele LGBTQ+-Personen, einschließlich trans-Schauspieler, sehen sich Diskriminierung und Vorurteilen am Arbeitsplatz gegenüber. Eine Studie des *Williams Institute* zeigt, dass 47% der LGBTQ+-Arbeitnehmer in den USA angeben, dass sie am Arbeitsplatz diskriminiert wurden.

Ein konkretes Beispiel ist Renatos Erfahrung in der Film- und Theaterbranche. Trotz seiner Talente musste er oft gegen stereotype Vorstellungen ankämpfen, die die Rollen, die ihm angeboten wurden, einschränkten. In vielen Fällen sahen Produzenten und Regisseure trans-Schauspieler nicht als „glaubwürdig" für bestimmte Rollen an, was die Diversität und Repräsentation in der Branche stark beeinträchtigt.

Der Einfluss von sozialen Normen und Vorurteilen

Die gesellschaftlichen Normen, die Geschlechterrollen und sexuelle Orientierung betreffen, sind oft tief verwurzelt und beeinflussen sowohl die schulische als auch die berufliche Umgebung. Vorurteile gegen LGBTQ+-Personen können zu einem feindlichen Klima führen, in dem sich Betroffene nicht sicher fühlen, ihre Identität auszudrücken. Dies kann zu einer Selbstzensur führen, bei der LGBTQ+-Personen ihre Identität verbergen, um Diskriminierung zu vermeiden.

Strategien zur Überwindung dieser Herausforderungen

Um diesen Herausforderungen zu begegnen, sind mehrere Strategien erforderlich. In Schulen sollten Bildungsprogramme implementiert werden, die Vielfalt und

Inklusion fördern. Lehrer sollten in der Lage sein, LGBTQ+-Themen zu behandeln und eine unterstützende Umgebung zu schaffen.

Am Arbeitsplatz ist es wichtig, dass Unternehmen Diversity-Trainings anbieten und klare Richtlinien gegen Diskriminierung implementieren. Die Schaffung eines inklusiven Arbeitsumfelds kann nicht nur das Wohlbefinden der Mitarbeiter verbessern, sondern auch die Produktivität und Kreativität fördern.

Fazit

Die Herausforderungen, die LGBTQ+-Personen in Schulen und am Arbeitsplatz erleben, sind komplex und vielschichtig. Es ist entscheidend, dass sowohl Bildungseinrichtungen als auch Unternehmen aktiv daran arbeiten, ein inklusives und unterstützendes Umfeld zu schaffen. Nur durch diese Bemühungen kann die Sichtbarkeit und Akzeptanz von LGBTQ+-Personen, wie Renato Perez, in der Gesellschaft gefördert werden. Die Veränderung beginnt mit Bildung, Verständnis und der Bereitschaft, Vorurteile abzubauen.

Der Einfluss von Kunst auf die Selbstakzeptanz

Die Selbstakzeptanz ist ein zentraler Aspekt der persönlichen Identität und des Wohlbefindens, insbesondere für Mitglieder der LGBTQ+-Gemeinschaft. Kunst spielt eine entscheidende Rolle in diesem Prozess, indem sie nicht nur als Ausdrucksmittel dient, sondern auch als Werkzeug zur Reflexion und Auseinandersetzung mit der eigenen Identität. Diese Sektion untersucht, wie Kunst die Selbstakzeptanz fördert und welche theoretischen und praktischen Aspekte dabei eine Rolle spielen.

Theoretische Grundlagen

Kunst hat die Fähigkeit, emotionale und psychologische Prozesse zu beeinflussen. Laut der *Theorie der ästhetischen Erfahrung* von John Dewey (1934) ist die Erfahrung von Kunst nicht nur ein ästhetischer Genuss, sondern auch ein Mittel zur Selbstentdeckung. Dewey argumentiert, dass Kunst eine Brücke zwischen dem Individuum und der Gesellschaft schlägt, indem sie persönliche Erfahrungen in einen breiteren kulturellen Kontext einbettet. Diese Theorie legt nahe, dass Kunstwerke, die sich mit Themen der Identität und des Selbst auseinandersetzen, den Individuen helfen können, ihre eigenen Erfahrungen zu reflektieren und zu akzeptieren.

Zusätzlich betont die *Identitätstheorie* von Erik Erikson (1968), dass die Entwicklung der Identität in verschiedenen Lebensphasen erfolgt und durch soziale Interaktionen geprägt ist. Kunst kann als Plattform dienen, auf der Individuen ihre Identität ausdrücken und validieren können. Dies ist besonders relevant für LGBTQ+-Personen, die oft mit gesellschaftlichen Normen und Erwartungen konfrontiert sind, die ihre Selbstakzeptanz behindern.

Kunst als Ausdrucksform

Kunst bietet eine einzigartige Möglichkeit, innere Konflikte und Emotionen auszudrücken. Durch Malerei, Musik, Tanz oder Theater können Individuen Themen wie Geschlechtsidentität, sexuelle Orientierung und gesellschaftliche Akzeptanz in einer Weise erkunden, die Worte oft nicht erfassen können.

Ein Beispiel ist die Performancekunst von *Marsha P. Johnson*, einer ikonischen Figur der LGBTQ+-Bewegung, die durch ihre Kunst die Herausforderungen und Kämpfe der Transgender-Community sichtbar machte. Ihre Arbeiten forderten nicht nur gesellschaftliche Normen heraus, sondern boten auch anderen die Möglichkeit, ihre eigene Identität zu erforschen und zu akzeptieren.

Kunst und Gemeinschaft

Die Gemeinschaft spielt eine wesentliche Rolle in der Selbstakzeptanz. Kunst kann als verbindendes Element fungieren, das Gemeinschaften zusammenbringt und einen Raum für den Austausch von Erfahrungen schafft. LGBTQ+-Künstler und -Aktivisten nutzen oft ihre Plattformen, um Geschichten zu erzählen, die das Gefühl der Isolation verringern und das Zugehörigkeitsgefühl stärken.

Pride-Veranstaltungen sind ein Beispiel dafür, wie Kunst und Gemeinschaft zusammenkommen. Diese Feiern beinhalten oft Paraden, Musik, Tanz und visuelle Kunst, die die Vielfalt der LGBTQ+-Identitäten zelebrieren. Solche Veranstaltungen bieten nicht nur eine Gelegenheit zur Feier, sondern auch einen Raum, in dem Individuen ihre Identität öffentlich anerkennen und akzeptieren können.

Herausforderungen und Probleme

Trotz der positiven Auswirkungen von Kunst auf die Selbstakzeptanz gibt es auch Herausforderungen. Viele LGBTQ+-Individuen sehen sich mit Diskriminierung und Vorurteilen konfrontiert, die ihre Fähigkeit zur Selbstakzeptanz beeinträchtigen können. Kunst kann zwar eine heilende Wirkung haben, aber der Zugang zu künstlerischen Ausdrucksformen ist oft durch soziale und wirtschaftliche Barrieren eingeschränkt.

Zudem kann die Darstellung von LGBTQ+-Identitäten in der Kunst problematisch sein. Oft werden stereotype Darstellungen verwendet, die nicht die Vielfalt und Komplexität der Erfahrungen innerhalb der Community widerspiegeln. Diese Stereotypen können die Selbstwahrnehmung von Individuen negativ beeinflussen und die Akzeptanz ihrer Identität behindern.

Praktische Beispiele

Ein praktisches Beispiel für den Einfluss von Kunst auf die Selbstakzeptanz ist das *"Theater der Unterdrückten"*, ein Theateransatz, der von Augusto Boal entwickelt wurde. Dieses Theaterformat ermöglicht es den Teilnehmern, ihre eigenen Geschichten und Erfahrungen auf der Bühne zu teilen, was zu einer stärkeren Selbstakzeptanz und einem Gefühl der Gemeinschaft führt. Die Teilnehmer können ihre Herausforderungen in einem geschützten Raum darstellen und erhalten durch die Interaktion mit anderen wertvolles Feedback.

Ein weiteres Beispiel ist die Verwendung von *Street Art* in urbanen Umgebungen, die oft Botschaften der Selbstakzeptanz und der Feier der Vielfalt verbreitet. Künstler wie *Banksy* haben durch ihre Werke gesellschaftliche Themen angesprochen und die Öffentlichkeit zum Nachdenken angeregt. Diese Kunstwerke können als Katalysatoren für Gespräche über Identität und Akzeptanz dienen und Menschen ermutigen, ihre eigenen Geschichten zu teilen.

Schlussfolgerung

Zusammenfassend lässt sich sagen, dass Kunst einen tiefgreifenden Einfluss auf die Selbstakzeptanz von Individuen hat, insbesondere innerhalb der LGBTQ+-Gemeinschaft. Sie bietet nicht nur einen Raum für den Ausdruck und die Reflexion von Identität, sondern fördert auch die Gemeinschaft und das Zugehörigkeitsgefühl. Trotz der Herausforderungen, die mit der Darstellung von LGBTQ+-Identitäten in der Kunst verbunden sind, bleibt sie ein unverzichtbares Werkzeug für die Selbstakzeptanz und die gesellschaftliche Veränderung. Die Förderung von Vielfalt in der Kunst kann dazu beitragen, stereotype Darstellungen abzubauen und eine authentische Repräsentation zu gewährleisten, die letztendlich zu einer stärkeren Selbstakzeptanz führt.

Die Suche nach Gleichgesinnten

Die Suche nach Gleichgesinnten ist ein zentraler Aspekt in der Identitätsfindung und Selbstakzeptanz für viele LGBTQ+-Individuen. In einer Welt, die oft von Vorurteilen und Diskriminierung geprägt ist, ist die Unterstützung durch andere, die ähnliche Erfahrungen und Herausforderungen teilen, von unschätzbarem Wert. Diese Gemeinschaften bieten nicht nur emotionale Unterstützung, sondern auch einen Raum für den Austausch von Ideen, Erfahrungen und Strategien im Umgang mit Diskriminierung.

Die Bedeutung von Gemeinschaft

Die Gemeinschaft spielt eine entscheidende Rolle in der Entwicklung eines positiven Selbstbildes. Wie der Psychologe [5] in seiner Theorie der psychosozialen Entwicklung beschreibt, ist die Zugehörigkeit zu einer Gruppe ein wichtiger Faktor für das individuelle Wohlbefinden. LGBTQ+-Personen, die sich isoliert fühlen, sind oft anfälliger für psychische Gesundheitsprobleme, während die Zugehörigkeit zu einer unterstützenden Gemeinschaft das Gefühl der Akzeptanz und des Selbstwerts stärkt.

Ein Beispiel für eine solche Gemeinschaft ist die LGBTQ+-Jugendgruppe, die wöchentliche Treffen organisiert, um jungen Menschen einen Raum zu bieten, in dem sie ihre Gedanken und Gefühle teilen können. Diese Gruppen bieten nicht nur eine Plattform zum Austausch, sondern auch die Möglichkeit, Freundschaften zu schließen und Netzwerke zu bilden, die in der Zukunft von Bedeutung sein können.

Herausforderungen bei der Suche nach Gleichgesinnten

Trotz der Vorteile, die die Zugehörigkeit zu einer Gemeinschaft mit sich bringt, gibt es auch Herausforderungen. Viele LGBTQ+-Individuen haben Schwierigkeiten, Gleichgesinnte zu finden, insbesondere in ländlichen oder konservativen Gegenden. Die Angst vor Ablehnung oder Diskriminierung kann dazu führen, dass sich viele Menschen in ihrem Umfeld nicht outen und somit die Möglichkeit verpassen, wertvolle Verbindungen zu knüpfen.

Darüber hinaus können interne Konflikte innerhalb der Gemeinschaft, wie z.B. unterschiedliche Ansichten über Geschlechteridentität oder sexuelle Orientierung, ebenfalls eine Barriere darstellen. Diese Unterschiede können zu Spannungen führen, die es den Mitgliedern erschweren, sich als Teil einer einheitlichen Gemeinschaft zu fühlen.

Die Rolle von Online-Communities

Mit dem Aufkommen des Internets haben sich neue Möglichkeiten zur Vernetzung eröffnet. Online-Communities bieten LGBTQ+-Individuen die Möglichkeit, Gleichgesinnte zu finden, unabhängig von ihrem geografischen Standort. Plattformen wie *Tumblr*, *Reddit* und *Facebook* haben Räume geschaffen, in denen Menschen ihre Geschichten teilen, Unterstützung finden und sich über ihre Erfahrungen austauschen können.

Die Nutzung sozialer Medien hat es vielen ermöglicht, sich mit anderen zu verbinden, die ähnliche Herausforderungen erleben. Studien zeigen, dass der Zugang zu Online-Communities oft zu einem erhöhten Gefühl der Zugehörigkeit und zu einer stärkeren Selbstakzeptanz führt [?]. Diese Netzwerke können besonders für junge LGBTQ+-Personen von Bedeutung sein, die möglicherweise in ihrem persönlichen Umfeld nicht die Unterstützung finden, die sie benötigen.

Beispiele erfolgreicher Gemeinschaftsbildung

Ein inspirierendes Beispiel für erfolgreiche Gemeinschaftsbildung ist die Organisation *The Trevor Project*, die sich für die Unterstützung von LGBTQ+-Jugendlichen einsetzt. Durch Krisenintervention, Aufklärung und die Schaffung sicherer Räume ermöglicht die Organisation jungen Menschen, Gleichgesinnte zu finden und Unterstützung zu erhalten. Ihre Arbeit hat nicht nur zur Rettung von Leben beigetragen, sondern auch dazu, das Bewusstsein für die Herausforderungen zu schärfen, mit denen LGBTQ+-Jugendliche konfrontiert sind.

Ein weiteres Beispiel ist die *Pride*-Bewegung, die weltweit Menschen zusammenbringt, um die Vielfalt zu feiern und für die Rechte der LGBTQ+-Gemeinschaft zu kämpfen. Diese Veranstaltungen bieten nicht nur eine Plattform für Sichtbarkeit, sondern fördern auch das Gefühl der Gemeinschaft und Zugehörigkeit.

Schlussfolgerung

Die Suche nach Gleichgesinnten ist ein wesentlicher Bestandteil des Prozesses der Selbstakzeptanz und Identitätsfindung für LGBTQ+-Individuen. Die Unterstützung durch Gleichgesinnte kann nicht nur helfen, persönliche Herausforderungen zu bewältigen, sondern auch zu einem stärkeren Engagement im Aktivismus führen. Trotz der Herausforderungen, die bei der Suche nach Gemeinschaften auftreten können, bieten Online- und Offline-Ressourcen wertvolle Möglichkeiten, um Verbindungen herzustellen und das Gefühl der Zugehörigkeit zu stärken. In einer Welt, die oft von Isolation geprägt ist, bleibt die Suche nach Gleichgesinnten ein entscheidender Schritt in Richtung Akzeptanz und Gleichheit.

Der Weg zu einem authentischen Leben

Der Weg zu einem authentischen Leben ist für viele LGBTQ+-Individuen eine komplexe und oft herausfordernde Reise. Authentizität bedeutet, sich selbst treu zu sein, die eigene Identität zu akzeptieren und diese in der Gesellschaft zu leben. Dieser Prozess ist nicht nur persönlich, sondern auch gesellschaftlich geprägt und kann durch verschiedene Faktoren beeinflusst werden.

Die Definition von Authentizität

Authentizität kann als die Übereinstimmung zwischen dem inneren Selbst und dem äußeren Ausdruck verstanden werden. In der Psychologie wird Authentizität oft mit dem Konzept des Selbstwertgefühls in Verbindung gebracht. Nach [?] ist ein hohes Maß an Authentizität eng mit dem Gefühl von Selbstbestimmung und innerer Zufriedenheit verbunden. Diese Konzepte sind besonders relevant für LGBTQ+-Personen, die oft mit gesellschaftlichen Normen und Erwartungen konfrontiert sind, die im Widerspruch zu ihrer wahren Identität stehen.

Herausforderungen auf dem Weg zur Authentizität

Die Herausforderungen, die LGBTQ+-Individuen auf ihrem Weg zur Authentizität begegnen, sind vielfältig. Dazu gehören:

- **Gesellschaftliche Normen:** Viele LGBTQ+-Personen wachsen in Gesellschaften auf, in denen heteronormative Standards vorherrschen. Diese Normen können das Coming-out und die Akzeptanz der eigenen Identität erschweren. Laut [?] führt dies oft zu einem inneren Konflikt zwischen dem Wunsch nach Authentizität und dem Bedürfnis nach sozialer Akzeptanz.

- **Familien- und Freundeskreis:** Die Reaktion der Familie und Freunde kann entscheidend für den Prozess der Selbstakzeptanz sein. Positive Unterstützung kann den Weg zur Authentizität erleichtern, während Ablehnung zu Isolation und inneren Konflikten führen kann. Eine Studie von [?] zeigt, dass LGBTQ+-Personen, die Unterstützung von ihren Familien erfahren, signifikant weniger unter psychischen Problemen leiden.

- **Innere Konflikte:** Viele LGBTQ+-Individuen kämpfen mit internen Vorurteilen und Selbstzweifeln, die durch gesellschaftliche Diskriminierung verstärkt werden. Diese inneren Konflikte können zu einem Gefühl der Entfremdung von der eigenen Identität führen. [?] beschreibt, dass die

Akzeptanz der eigenen Identität oft ein Prozess des „Wiederentdeckens" ist, der Zeit und Geduld erfordert.

+ **Diskriminierung:** Diskriminierungserfahrungen können das Selbstwertgefühl und die Fähigkeit zur Selbstakzeptanz erheblich beeinträchtigen. Laut [?] sind LGBTQ+-Personen häufig Diskriminierung und Gewalt ausgesetzt, was zu einem verstärkten Bedürfnis führt, sich zu verstecken oder zu verstellen.

Der Prozess der Selbstakzeptanz

Die Selbstakzeptanz ist ein kritischer Schritt auf dem Weg zu einem authentischen Leben. Dieser Prozess umfasst mehrere Phasen:

1. **Selbstbewusstsein:** Der erste Schritt besteht darin, sich der eigenen Identität bewusst zu werden. Dies kann durch Selbstreflexion, Gespräche mit Freunden oder die Teilnahme an LGBTQ+-Gruppen geschehen. [?] betont die Bedeutung von Selbstbewusstsein als Grundlage für die Selbstakzeptanz.

2. **Akzeptanz:** Nachdem man sich seiner Identität bewusst geworden ist, folgt die Akzeptanz. Dies ist oft der herausforderndste Schritt, da er das Loslassen von gesellschaftlichen Erwartungen und Vorurteilen erfordert. [?] beschreibt Selbstakzeptanz als eine Form der Selbstliebe, die es Individuen ermöglicht, ihre Identität ohne Scham zu leben.

3. **Integration:** Der letzte Schritt besteht darin, die eigene Identität in das tägliche Leben zu integrieren. Dies kann durch Coming-out-Gespräche, die Teilnahme an LGBTQ+-Veranstaltungen oder die Schaffung von Netzwerken geschehen. [?] zeigt, dass die Integration der eigenen Identität in sozialen Kontexten zu einem verstärkten Gefühl der Zugehörigkeit führt.

Beispiele für authentisches Leben

Authentizität kann auf verschiedene Weise gelebt werden, und viele LGBTQ+-Individuen finden kreative Wege, ihre Identität auszudrücken. Beispiele hierfür sind:

+ **Kunst und Performance:** Viele Künstler nutzen ihre Plattformen, um ihre Identität auszudrücken und andere zu inspirieren. Renato Perez ist ein Beispiel für einen trans-Schauspieler, der durch seine Rollen und Projekte authentische Geschichten erzählt und so anderen hilft, ihre eigene Identität zu akzeptieren.

- **Aktivismus:** Aktivismus kann ein kraftvolles Mittel sein, um Authentizität zu leben. Durch die Teilnahme an Protesten und die Unterstützung von LGBTQ+-Rechten können Individuen ihre Identität in den Vordergrund stellen und für Veränderungen kämpfen. [?] beschreibt, wie intersektionaler Aktivismus dazu beiträgt, verschiedene Identitäten zu vereinen und Sichtbarkeit zu schaffen.

- **Soziale Medien:** Plattformen wie Instagram und Twitter bieten LGBTQ+-Individuen die Möglichkeit, ihre Geschichten zu teilen und eine Community zu bilden. Diese digitalen Räume können als sicherer Ort dienen, um sich authentisch auszudrücken und Unterstützung zu finden.

Fazit

Der Weg zu einem authentischen Leben ist ein individueller Prozess, der von persönlichen Erfahrungen, gesellschaftlichen Einflüssen und der Unterstützung durch andere geprägt ist. Trotz der Herausforderungen, die auf diesem Weg auftreten können, ist die Reise zur Selbstakzeptanz und Authentizität von entscheidender Bedeutung für das Wohlbefinden und die Lebensqualität von LGBTQ+-Personen. Indem sie ihre Identität annehmen und leben, tragen sie nicht nur zu ihrem eigenen Glück bei, sondern auch zu einer breiteren Akzeptanz und Sichtbarkeit in der Gesellschaft.

Die Bedeutung von Selbstbewusstsein

Selbstbewusstsein ist ein zentraler Aspekt der persönlichen Entwicklung und spielt eine entscheidende Rolle im Leben von LGBTQ+-Individuen, insbesondere für trans-Schauspieler wie Renato Perez. Es bezieht sich auf das Wissen um die eigenen Fähigkeiten, Werte und Identität. Selbstbewusstsein ermöglicht es Individuen, sich in einer oft feindlichen Umgebung zu behaupten und ihre Stimme zu erheben.

Theoretische Grundlagen

Die Psychologie hat verschiedene Theorien entwickelt, um das Konzept des Selbstbewusstseins zu erklären. Eine der bekanntesten Theorien ist die von Carl Rogers, die das Selbstkonzept in zwei Hauptkomponenten unterteilt: das tatsächliche Selbst und das ideale Selbst. Das tatsächliche Selbst bezieht sich auf die Person, die wir tatsächlich sind, während das ideale Selbst die Person beschreibt, die wir gerne wären. Ein hohes Maß an Selbstbewusstsein entsteht, wenn diese beiden Konzepte in Einklang stehen.

$$\text{Selbstbewusstsein} = \frac{\text{tatsächliches Selbst} + \text{ideales Selbst}}{2} \qquad (23)$$

Ein weiteres relevantes Konzept ist die Selbstwirksamkeit, das von Albert Bandura definiert wurde. Selbstwirksamkeit ist der Glaube an die eigenen Fähigkeiten, bestimmte Aufgaben erfolgreich zu bewältigen. Diese Überzeugung kann erheblich beeinflussen, wie Menschen Herausforderungen begegnen und wie sie mit Rückschlägen umgehen.

$$\text{Selbstwirksamkeit} = \frac{\text{Erfolgserlebnisse} + \text{Beobachtungen anderer}}{\text{Gesamtzahl der Erfahrungen}} \qquad (24)$$

Herausforderungen und Probleme

Für viele LGBTQ+-Individuen, insbesondere für trans-Personen, kann das Aufbauen von Selbstbewusstsein eine große Herausforderung darstellen. Diskriminierung, Vorurteile und gesellschaftliche Normen können das Selbstbild negativ beeinflussen. Studien zeigen, dass trans-Personen häufig mit einem höheren Risiko für psychische Probleme wie Angstzustände und Depressionen konfrontiert sind, was die Entwicklung eines positiven Selbstbewusstseins erschwert.

Ein Beispiel ist die Studie von Bockting et al. (2013), die zeigte, dass trans-Personen, die Diskriminierung erfahren haben, signifikant geringere Werte in Bezug auf Selbstwertgefühl und Selbstbewusstsein aufwiesen. Diese Erfahrungen können dazu führen, dass sie sich von Gemeinschaften und sozialen Netzwerken isolieren, was wiederum ihre Fähigkeit zur Selbstakzeptanz beeinträchtigt.

Beispiele für Selbstbewusstsein im Leben von Renato Perez

Renato Perez ist ein herausragendes Beispiel dafür, wie Selbstbewusstsein als Motor für Veränderung dienen kann. Durch seine Karriere hat er nicht nur seine eigene Identität gefeiert, sondern auch anderen trans-Personen eine Stimme gegeben. Ein entscheidender Moment in Renatos Leben war sein Coming-Out, das er öffentlich in einem Interview bekannt gab. Diese Entscheidung erforderte ein hohes Maß an Selbstbewusstsein, da er wusste, dass er sowohl Unterstützung als auch Kritik erfahren würde.

Ein weiteres Beispiel ist Renatos Engagement in sozialen Medien. Er nutzt Plattformen wie Instagram und Twitter, um seine Erfahrungen zu teilen und andere zu ermutigen, ihre eigene Identität zu akzeptieren. Durch seine Posts, die oft persönliche Geschichten und Herausforderungen umfassen, fördert er ein Gefühl der Gemeinschaft und des Verständnisses.

Die Rolle von Selbstbewusstsein in der Gemeinschaft

Das Selbstbewusstsein von Individuen hat nicht nur persönliche Auswirkungen, sondern auch gesellschaftliche. In LGBTQ+-Gemeinschaften ist das Teilen von Geschichten und Erfahrungen entscheidend für die Förderung von Solidarität und Unterstützung. Wenn Individuen wie Renato ihre Geschichten erzählen, inspirieren sie andere, ihre eigenen Herausforderungen anzugehen und sich selbst zu akzeptieren.

Darüber hinaus kann das kollektive Selbstbewusstsein innerhalb der LGBTQ+-Gemeinschaft dazu beitragen, gesellschaftliche Normen zu hinterfragen und Veränderungen herbeizuführen. Veranstaltungen wie Pride-Paraden und Workshops zur Sensibilisierung für LGBTQ+-Themen sind Beispiele dafür, wie Gemeinschaften Selbstbewusstsein aufbauen und gleichzeitig für Akzeptanz und Gleichheit kämpfen.

Fazit

Zusammenfassend lässt sich sagen, dass Selbstbewusstsein eine fundamentale Rolle für die persönliche Entwicklung und die Identitätsfindung von LGBTQ+-Individuen spielt. Es ist nicht nur ein individueller Prozess, sondern auch ein kollektives Phänomen, das Gemeinschaften stärkt und gesellschaftliche Veränderungen anregt. Renatos Geschichte ist ein inspirierendes Beispiel dafür, wie Selbstbewusstsein nicht nur das eigene Leben bereichern kann, sondern auch das Leben vieler anderer positiv beeinflusst.

Die Entwicklung von Selbstbewusstsein ist ein fortlaufender Prozess, der sowohl persönliche als auch gesellschaftliche Dimensionen hat. Es ist wichtig, dass wir die Bedeutung von Selbstbewusstsein anerkennen und unterstützen, um eine inklusivere und gerechtere Gesellschaft zu schaffen.

Die Rolle von Vorbildern

Einflussreiche LGBTQ+-Persönlichkeiten

In der Geschichte der LGBTQ+-Bewegung gab es zahlreiche Persönlichkeiten, die durch ihre Taten, Worte und Kunstwerke bedeutenden Einfluss auf die Gesellschaft ausgeübt haben. Diese einflussreichen Individuen haben nicht nur die Wahrnehmung von LGBTQ+-Themen geprägt, sondern auch als Vorbilder für viele gedient, die sich mit ihrer eigenen Identität auseinandersetzen.

Ein herausragendes Beispiel ist **Marsha P. Johnson**, eine transsexuelle Aktivistin, die eine zentrale Rolle bei den Stonewall-Unruhen von 1969 spielte. Johnson, die auch als Drag-Queen auftrat, war nicht nur eine Schlüsselfigur in der LGBTQ+-Bewegung, sondern auch Mitbegründerin der *Street Transvestite Action Revolutionaries* (STAR), einer Organisation, die sich für die Rechte von transsexuellen und obdachlosen Menschen einsetzte. Ihre unermüdliche Arbeit hat dazu beigetragen, das Bewusstsein für die Herausforderungen zu schärfen, mit denen viele in der LGBTQ+-Gemeinschaft konfrontiert sind.

Ein weiterer wichtiger Name ist **James Baldwin**, ein afroamerikanischer Schriftsteller und Sozialkritiker, dessen Werke oft Themen wie Rassismus, Homosexualität und Identität behandelten. Baldwins Essays, wie *"The Fire Next Time"*, sind nicht nur literarische Meisterwerke, sondern auch kraftvolle gesellschaftliche Kommentare, die die Leser dazu anregen, über die Verbindungen zwischen Rasse und Sexualität nachzudenken. Seine Fähigkeit, persönliche Erfahrungen in universelle Themen zu verwandeln, hat Generationen von Lesern inspiriert und dazu beigetragen, das Verständnis für LGBTQ+-Themen in der breiteren Gesellschaft zu erweitern.

Audre Lorde, eine Dichterin und Aktivistin, ist ein weiteres Beispiel für eine einflussreiche Persönlichkeit. Sie identifizierte sich als schwarze Lesbe und verwendete ihre Poesie und Essays, um die Schnittstellen von Rasse, Geschlecht und Sexualität zu erkunden. In ihren Arbeiten, wie *"Sister Outsider"*, fordert sie die Leser auf, die Vielfalt innerhalb der feministischen und LGBTQ+-Bewegungen zu erkennen und zu akzeptieren. Lordes Ansatz, persönliche Identität und politische Aktivität zu verbinden, hat viele dazu inspiriert, sich für intersektionale Gerechtigkeit einzusetzen.

Die Rolle von **RuPaul** in der Popkultur kann ebenfalls nicht übersehen werden. Als Drag-Performer und Gastgeber der Reality-Show *"RuPaul's Drag Race"* hat RuPaul nicht nur das Drag-Phänomen mainstream-tauglich gemacht, sondern auch die Sichtbarkeit von LGBTQ+-Personen in den Medien erheblich erhöht. RuPaul hat es geschafft, Drag-Kunst als eine Form des Ausdrucks zu etablieren, die sowohl unterhaltsam als auch politisch ist. Sein berühmter Satz, *"You better work!"*, ermutigt nicht nur zur Selbstakzeptanz, sondern auch zur Feier der Individualität.

Diese Persönlichkeiten sind nur einige Beispiele für die vielen Stimmen, die die LGBTQ+-Bewegung geprägt haben. Ihre Geschichten und Errungenschaften sind nicht nur inspirierend, sondern auch von großer Bedeutung für das Verständnis der komplexen Dynamiken innerhalb der Gemeinschaft.

Die **Theorie der sozialen Identität** bietet einen Rahmen, um zu verstehen, wie solche Persönlichkeiten nicht nur ihre eigene Identität, sondern auch die Identität der Gemeinschaft beeinflussen. Nach dieser Theorie definieren Individuen ihre Identität durch die Zugehörigkeit zu sozialen Gruppen. Einflussreiche LGBTQ+-Persönlichkeiten helfen, ein positives Selbstbild innerhalb der Gemeinschaft zu fördern, indem sie Sichtbarkeit schaffen und als Vorbilder fungieren.

Allerdings stehen diese Persönlichkeiten auch vor Herausforderungen. Die gesellschaftliche Akzeptanz ist oft begrenzt, und viele dieser Individuen mussten gegen Vorurteile und Diskriminierung kämpfen. Der **Intersektionalitätsansatz** verdeutlicht, dass die Erfahrungen von LGBTQ+-Personen nicht einheitlich sind; sie sind oft von anderen sozialen Kategorien wie Rasse, Geschlecht und Klasse beeinflusst. Diese Komplexität erfordert ein differenziertes Verständnis der Herausforderungen, mit denen die Gemeinschaft konfrontiert ist.

Insgesamt zeigen die Geschichten dieser einflussreichen LGBTQ+-Persönlichkeiten, wie wichtig Sichtbarkeit und Repräsentation sind. Sie inspirieren nicht nur die gegenwärtige Generation, sondern hinterlassen auch ein Erbe für zukünftige Aktivisten und Künstler. Ihre Beiträge zur Gesellschaft sind nicht nur bedeutend, sondern auch notwendig, um eine gerechtere und inklusivere Welt zu schaffen.

Zusammenfassend lässt sich sagen, dass die Einflüsse von LGBTQ+-Persönlichkeiten weitreichend sind und tief in der Kultur verwurzelt sind. Ihre Stimmen sind entscheidend für den fortwährenden Kampf um Gleichheit und Akzeptanz. Die Herausforderungen, die sie überwunden haben, und die Siege, die sie errungen haben, sind ein Beweis für die Kraft des menschlichen Geistes und die Bedeutung von Gemeinschaft und Solidarität in der Suche nach Gerechtigkeit.

Die Bedeutung von Repräsentation in Medien

Die Repräsentation von LGBTQ+-Personen in den Medien ist ein zentrales Thema, das weitreichende Auswirkungen auf die Wahrnehmung, das

Selbstverständnis und die gesellschaftliche Akzeptanz dieser Gemeinschaft hat. Die Medien sind nicht nur ein Spiegel der Gesellschaft, sondern auch ein aktiver Akteur, der Normen, Werte und Identitäten formt. Der Begriff der Repräsentation bezieht sich auf die Art und Weise, wie bestimmte Gruppen in den Medien dargestellt werden und welche Narrative über sie verbreitet werden.

Theoretische Grundlagen der Repräsentation

Die Theorie der Repräsentation, wie sie von Stuart Hall formuliert wurde, besagt, dass Repräsentation nicht einfach die Abbildung der Realität ist, sondern ein komplexer Prozess, der Bedeutung und Machtverhältnisse vermittelt. Hall argumentiert, dass die Medien nicht nur Informationen verbreiten, sondern auch Bedeutungen konstruieren, die die Wahrnehmung von Identitäten beeinflussen. In diesem Kontext ist die Repräsentation von LGBTQ+-Personen entscheidend, da sie oft in stereotypen oder marginalisierten Rollen dargestellt werden, was zu einer verzerrten Wahrnehmung führt.

$$R = f(I, M, P) \qquad (25)$$

wobei R die Repräsentation, I die Identität, M die Medien und P die politischen Kontexte sind. Diese Gleichung verdeutlicht, dass die Repräsentation von der Wechselwirkung zwischen Identitäten, den verwendeten Medien und den politischen Rahmenbedingungen abhängt.

Probleme der Repräsentation

Ein zentrales Problem in der Repräsentation von LGBTQ+-Personen ist die Tendenz zur Stereotypisierung. Oft werden Transgender- oder queere Charaktere in einer Weise dargestellt, die auf Klischees basiert, anstatt komplexe, authentische Darstellungen zu bieten. Diese Stereotypen können negative Auswirkungen auf das Selbstwertgefühl von LGBTQ+-Individuen haben und zu Diskriminierung und Vorurteilen in der Gesellschaft führen.

Ein Beispiel dafür ist die Darstellung von Transgender-Personen in vielen Reality-TV-Shows, wo sie oft als Sensationsobjekte oder als Quelle von Unterhaltung präsentiert werden, ohne dass ihre tatsächlichen Erfahrungen und Herausforderungen gewürdigt werden. Solche Darstellungen tragen zur Marginalisierung und Stigmatisierung bei und verstärken bestehende Vorurteile.

Positive Beispiele der Repräsentation

Es gibt jedoch auch positive Beispiele für die Repräsentation von LGBTQ+-Personen in den Medien. Serien wie "Pose" und "Orange Is the New Black" haben es geschafft, authentische Geschichten von LGBTQ+-Personen zu erzählen und ihnen eine Stimme zu geben. Diese Produktionen zeigen nicht nur die Herausforderungen, mit denen diese Gemeinschaft konfrontiert ist, sondern auch ihre Stärke, Resilienz und Vielfalt.

Die Charaktere in "Pose", die oft von Transgender-Schauspielern gespielt werden, bieten ein realistisches Bild von der LGBTQ+-Community und tragen dazu bei, das Verständnis und die Akzeptanz in der breiten Öffentlichkeit zu fördern.

Die Rolle der Medien in der Gesellschaft

Die Medien haben die Macht, Diskurse zu schaffen und zu beeinflussen. Positive Repräsentation kann dazu beitragen, Vorurteile abzubauen, das Bewusstsein zu schärfen und eine inklusive Gesellschaft zu fördern. Studien haben gezeigt, dass die Sichtbarkeit von LGBTQ+-Personen in den Medien mit einer erhöhten Akzeptanz und einem besseren Verständnis in der Gesellschaft korreliert.

$$A = g(V, R) \qquad (26)$$

wobei A die Akzeptanz, V die Sichtbarkeit und R die Repräsentation ist. Diese Gleichung zeigt, dass eine positive Repräsentation in den Medien zu einer höheren Akzeptanz in der Gesellschaft führen kann.

Schlussfolgerung

Zusammenfassend lässt sich sagen, dass die Repräsentation von LGBTQ+-Personen in den Medien von entscheidender Bedeutung ist. Sie beeinflusst nicht nur die Wahrnehmung der Gesellschaft, sondern auch das Selbstverständnis und die Identität der dargestellten Personen. Während es Herausforderungen gibt, die mit Stereotypen und marginalisierten Darstellungen verbunden sind, gibt es auch positive Beispiele, die zeigen, wie Medien zur Förderung von Verständnis und Akzeptanz beitragen können. Die Verantwortung der Medien liegt darin, Vielfalt und Authentizität zu fördern und eine Plattform für die Stimmen der LGBTQ+-Gemeinschaft zu schaffen. Nur so kann eine gerechtere und inklusivere Gesellschaft entstehen.

Renatos persönliche Vorbilder

Renato Perez, als trans-Schauspieler und Aktivist, wurde in seiner Reise zur Selbstakzeptanz und zur Verwirklichung seiner Träume von einer Vielzahl von persönlichen Vorbildern inspiriert. Diese Vorbilder waren nicht nur Künstler, sondern auch Aktivisten, die sich für die Rechte der LGBTQ+-Gemeinschaft eingesetzt haben. In diesem Abschnitt beleuchten wir die Bedeutung dieser Vorbilder für Renato und wie sie seine Identität und Karriere geprägt haben.

Die Kraft der Repräsentation

Die Repräsentation in den Medien ist entscheidend für das Selbstbild von Individuen, insbesondere für Mitglieder marginalisierter Gruppen. Renato erkannte früh, dass das Fehlen positiver Darstellungen von trans-Personen in Film und Fernsehen zu einem Gefühl der Isolation führen kann. Vorbilder wie Laverne Cox und Billy Porter, die nicht nur in ihren Karrieren erfolgreich sind, sondern auch aktiv für die Sichtbarkeit und Rechte von Transgender-Personen kämpfen, haben Renato inspiriert. Ihre Geschichten und Erfolge boten ihm eine Blaupause, um seine eigene Identität zu umarmen und zu feiern.

Einfluss von Künstlern und Aktivisten

Renatos persönliche Vorbilder sind oft Künstler, die auch als Aktivisten fungieren. So war beispielsweise die Schauspielerin Judith Butler, bekannt für ihre Theorien zur Geschlechteridentität, eine bedeutende Inspirationsquelle. Ihre Arbeiten, insbesondere das Buch „Gender Trouble", haben die Diskussion über Geschlecht und Identität revolutioniert. Renato fühlte sich von Butlers Konzept der Geschlechterperformativität angesprochen, das die Idee unterstützt, dass Geschlecht nicht nur biologisch, sondern auch sozial konstruiert ist. Dies half Renato, seine eigene Geschlechtsidentität in einem breiteren sozialen Kontext zu verstehen.

Mentoring und Unterstützung

Ein weiterer wichtiger Aspekt von Renatos Vorbildern ist die Rolle von Mentoren. Viele trans-Personen in der Unterhaltungsindustrie haben sich aktiv dafür eingesetzt, jüngere Künstler zu unterstützen und zu fördern. Renato erhielt Unterstützung von älteren trans-Schauspielern, die ihm nicht nur Ratschläge gaben, sondern auch ihre eigenen Erfahrungen teilten. Diese Mentoren halfen ihm, die Herausforderungen zu navigieren, die mit dem Coming-Out und der Karriere in der Schauspielerei verbunden sind.

Die Herausforderungen der Vorbilder

Trotz der positiven Einflüsse, die Vorbilder auf Renato hatten, war er sich auch der Herausforderungen bewusst, die diese Persönlichkeiten meistern mussten. Viele von ihnen haben Diskriminierung, Vorurteile und persönliche Rückschläge erlebt. Diese Realitäten wurden für Renato zu einer Quelle der Stärke, da sie ihm zeigten, dass der Weg zur Selbstverwirklichung oft steinig ist, aber auch mit Hoffnung und Durchhaltevermögen gepflastert ist.

Die Verantwortung von Vorbildern

Vorbilder haben auch eine Verantwortung, die über ihre persönlichen Erfolge hinausgeht. Renato beobachtete, wie viele seiner Vorbilder aktiv in der Gemeinschaft arbeiten, um das Bewusstsein für LGBTQ+-Themen zu schärfen und Veränderungen in der Gesellschaft herbeizuführen. Diese Verantwortung inspirierte ihn, selbst aktiv zu werden und seine Stimme zu nutzen, um anderen zu helfen, die sich in ähnlichen Situationen befinden. Durch diese Vorbilder lernte Renato, dass Erfolg nicht nur durch persönliche Errungenschaften definiert wird, sondern auch durch den Einfluss, den man auf andere hat.

Die Rolle von Sichtbarkeit

Die Sichtbarkeit von LGBTQ+-Persönlichkeiten in den Medien hat sich in den letzten Jahren verbessert, jedoch sind noch viele Herausforderungen zu bewältigen. Renatos Vorbilder haben dazu beigetragen, diese Sichtbarkeit zu erhöhen, indem sie in bedeutenden Rollen auftraten und dabei halfen, stereotype Darstellungen zu durchbrechen. Er erkannte, dass es wichtig ist, die Geschichten von trans-Personen authentisch und respektvoll zu erzählen, um das gesellschaftliche Verständnis und die Akzeptanz zu fördern.

Die Zukunft der Repräsentation

Renato ist überzeugt, dass die nächste Generation von Künstlern und Aktivisten eine noch größere Rolle bei der Schaffung einer inklusiven und vielfältigen Medienlandschaft spielen wird. Seine persönlichen Vorbilder haben ihm gezeigt, dass es möglich ist, die Welt durch Kunst und Aktivismus zu verändern. Er sieht es als seine Pflicht an, diesen Weg fortzusetzen und selbst ein Vorbild für andere zu werden.

Fazit

Insgesamt haben Renatos persönliche Vorbilder einen tiefgreifenden Einfluss auf seine Entwicklung als Individuum und Künstler. Sie haben ihm nicht nur gezeigt, dass es möglich ist, erfolgreich zu sein, sondern auch, dass es wichtig ist, für die Rechte der eigenen Gemeinschaft einzutreten. Durch die Anerkennung und Wertschätzung dieser Vorbilder hat Renato die Stärke gefunden, seine eigene Stimme zu erheben und einen positiven Einfluss auf die Gesellschaft auszuüben.

$$\text{Einfluss} = \text{Repräsentation} + \text{Mentoring} + \text{Aktivismus} \qquad (27)$$

Diese Gleichung verdeutlicht, dass der Einfluss von Vorbildern auf die persönliche und gesellschaftliche Entwicklung durch die Kombination von Repräsentation, Mentoring und aktivistischem Engagement entsteht.

Die Wirkung von Biografien und Geschichten

Biografien und Geschichten haben eine tiefgreifende Wirkung auf die Gesellschaft, insbesondere im Kontext der LGBTQ+-Gemeinschaft. Sie fungieren nicht nur als Spiegelbilder individueller Erfahrungen, sondern auch als Werkzeuge des Wandels, die das Verständnis und die Akzeptanz von Diversität fördern können. In diesem Abschnitt werden wir die verschiedenen Dimensionen der Wirkung von Biografien und Geschichten untersuchen, einschließlich der psychologischen, sozialen und kulturellen Aspekte, die damit verbunden sind.

Psychologische Wirkung

Biografien und persönliche Geschichten bieten den Lesern oder Zuschauern die Möglichkeit, sich mit den Erfahrungen anderer zu identifizieren. Diese Identifikation kann zu einem Gefühl der Zugehörigkeit führen, insbesondere für Menschen, die sich in ihrer Identität unsicher fühlen oder Diskriminierung erfahren. Studien zeigen, dass das Lesen von Biografien von LGBTQ+-Aktivisten oder -Künstlern dazu beitragen kann, das Selbstwertgefühl und die Selbstakzeptanz zu steigern.

Ein Beispiel hierfür ist die Biografie von Marsha P. Johnson, einer prominenten Figur der LGBTQ+-Bewegung. Ihre Geschichte, die in verschiedenen Dokumentationen und Büchern erzählt wird, inspiriert viele junge

Menschen, sich für ihre Rechte einzusetzen und stolz auf ihre Identität zu sein. Die Rezeption ihrer Geschichte zeigt, dass das Teilen von persönlichen Erlebnissen eine heilende Wirkung haben kann, indem es anderen die Möglichkeit gibt, ihre eigenen Kämpfe zu reflektieren und zu verarbeiten.

Soziale Wirkung

Biografien und Geschichten tragen zur sozialen Veränderung bei, indem sie das Bewusstsein für die Herausforderungen und Erfolge von LGBTQ+-Personen schärfen. Sie können Vorurteile abbauen und Verständnis fördern, indem sie die menschlichen Aspekte hinter den Statistiken und den gesellschaftlichen Diskursen hervorheben.

Ein Beispiel für diese soziale Wirkung ist die Autobiografie von RuPaul, die nicht nur Einblicke in sein Leben als Drag Queen gibt, sondern auch die kulturellen und sozialen Herausforderungen beleuchtet, die er überwinden musste. RuPaul hat durch seine Erzählungen dazu beigetragen, das Bild von Drag-Kunst in der Gesellschaft zu verändern und Vorurteile abzubauen. Seine Geschichten zeigen, wie wichtig es ist, Sichtbarkeit zu schaffen und die Stimmen von marginalisierten Gemeinschaften zu fördern.

Kulturelle Wirkung

Auf kultureller Ebene haben Biografien und Geschichten das Potenzial, die Narrative zu verändern, die in Film, Fernsehen und Literatur dargestellt werden. Sie können dazu beitragen, stereotype Darstellungen abzubauen und eine vielfältigere Repräsentation zu fördern.

Ein Beispiel hierfür ist die Wirkung von „Pose", einer Fernsehserie, die das Leben von LGBTQ+-Personen in den 1980er und 1990er Jahren in New York City thematisiert. Die Serie basiert auf realen Geschichten von Ball-Kultur und den Kämpfen, die viele Transgender-Personen in dieser Zeit durchlebten. Durch die Darstellung authentischer Geschichten und Charaktere hat „Pose" nicht nur das Bewusstsein für die Herausforderungen der LGBTQ+-Gemeinschaft geschärft, sondern auch neue Standards für die Repräsentation in den Medien gesetzt.

Theoretische Perspektiven

Die Wirkung von Biografien und Geschichten kann auch durch verschiedene theoretische Rahmenwerke betrachtet werden. Eine davon ist die *Narrative Identitätstheorie*, die besagt, dass Menschen ihre Identität durch Geschichten konstruieren. Diese Theorie legt nahe, dass das Erzählen und Hören von Geschichten nicht nur das individuelle Verständnis von Identität fördert, sondern auch das kollektive Gedächtnis einer Gemeinschaft prägt.

Eine weitere relevante Theorie ist die *Social Identity Theory*, die sich mit der Beziehung zwischen individueller Identität und sozialen Gruppen beschäftigt. Diese Theorie unterstützt die Idee, dass das Teilen von Geschichten innerhalb der LGBTQ+-Gemeinschaft zu einem stärkeren Gemeinschaftsgefühl führen kann und gleichzeitig die Sichtbarkeit und Akzeptanz in der breiteren Gesellschaft fördert.

Herausforderungen

Trotz der positiven Wirkungen gibt es auch Herausforderungen im Zusammenhang mit Biografien und Geschichten. Eine der größten Herausforderungen ist die Gefahr der *Vermarktung* von persönlichen Erzählungen. Wenn Geschichten für kommerzielle Zwecke genutzt werden, besteht die Gefahr, dass die Authentizität und die ursprüngliche Botschaft verloren gehen.

Darüber hinaus können Geschichten, die nicht die Vielfalt der LGBTQ+-Erfahrungen widerspiegeln, zu einer einseitigen Darstellung führen, die bestimmte Identitäten marginalisiert. Es ist entscheidend, dass die Geschichten, die erzählt werden, inklusiv und repräsentativ für die Vielfalt innerhalb der Gemeinschaft sind.

Fazit

Zusammenfassend lässt sich sagen, dass Biografien und Geschichten eine bedeutende Rolle in der Förderung von Verständnis, Akzeptanz und sozialer Veränderung spielen. Sie bieten nicht nur eine Plattform für individuelle Stimmen, sondern tragen auch zur Schaffung eines kollektiven Bewusstseins bei. Es ist wichtig, diese Geschichten weiterhin zu teilen und zu unterstützen, um die Vielfalt der Erfahrungen innerhalb der LGBTQ+-Gemeinschaft zu fördern und die Herausforderungen, die sie bewältigen, sichtbar zu machen. Die Wirkung von Biografien und Geschichten ist somit ein kraftvolles Werkzeug im Kampf für Gleichheit und Gerechtigkeit.

Die Verantwortung von Vorbildern

In der heutigen Gesellschaft spielen Vorbilder eine entscheidende Rolle, insbesondere für marginalisierte Gemeinschaften wie die LGBTQ+-Community. Vorbilder haben die Fähigkeit, das Leben anderer zu beeinflussen und ihnen zu helfen, ihre Identität zu erkennen und zu akzeptieren. In diesem Abschnitt werden wir die Verantwortung von Vorbildern untersuchen, die Herausforderungen, mit denen sie konfrontiert sind, sowie die Auswirkungen, die sie auf die Gesellschaft haben können.

Die Rolle von Vorbildern

Vorbilder sind Personen, die durch ihre Taten und ihr Verhalten Inspiration bieten. Sie zeigen, dass es möglich ist, trotz Widrigkeiten erfolgreich zu sein. In der LGBTQ+-Community sind Vorbilder besonders wichtig, da sie Sichtbarkeit schaffen und das Gefühl der Zugehörigkeit fördern. Die Forschung hat gezeigt, dass das Vorhandensein von Vorbildern das Selbstwertgefühl und die Selbstakzeptanz von Individuen erheblich steigern kann [2].

Die Verantwortung von Vorbildern

Die Verantwortung von Vorbildern umfasst mehrere Aspekte:

- **Authentizität:** Vorbilder müssen authentisch sein und ihre wahre Identität zeigen. Dies bedeutet, dass sie bereit sein sollten, ihre eigenen Erfahrungen zu teilen, einschließlich ihrer Kämpfe und Triumphe. Authentizität fördert das Vertrauen und ermutigt andere, ebenfalls ehrlich zu sein [?].

- **Sichtbarkeit:** Vorbilder müssen sich aktiv für Sichtbarkeit einsetzen. Dies bedeutet, dass sie in den Medien, in der Kunst und in der Öffentlichkeit präsent sein sollten, um die Vielfalt innerhalb der LGBTQ+-Gemeinschaft zu repräsentieren. Sichtbarkeit kann helfen, Stereotypen abzubauen und das Bewusstsein für die Herausforderungen zu schärfen, mit denen LGBTQ+-Personen konfrontiert sind [?].

- **Bildung und Aufklärung:** Vorbilder haben die Verantwortung, Wissen zu verbreiten und Aufklärung zu leisten. Sie sollten sich für die Rechte der LGBTQ+-Gemeinschaft einsetzen und Informationen über die Vielfalt der Geschlechteridentitäten und sexuellen Orientierungen bereitstellen. Dies kann durch Workshops, öffentliche Reden oder soziale Medien geschehen [?].

- **Mentoring:** Vorbilder sollten als Mentoren fungieren und jüngeren oder weniger erfahrenen Mitgliedern der Gemeinschaft Unterstützung bieten. Dies kann durch persönliche Beziehungen oder durch die Schaffung von

Programmen geschehen, die den Austausch von Erfahrungen und Wissen fördern [?].

Herausforderungen für Vorbilder

Trotz ihrer positiven Rolle stehen Vorbilder vor verschiedenen Herausforderungen:

- **Öffentlicher Druck:** Vorbilder stehen oft unter dem Druck, ein bestimmtes Bild aufrechtzuerhalten. Diese Erwartungen können dazu führen, dass sie sich gezwungen fühlen, ihre persönlichen Erfahrungen zu verbergen oder ihre Identität zu maskieren [?].

- **Kritik und Widerstand:** Vorbilder können mit Kritik und Widerstand konfrontiert werden, insbesondere wenn sie kontroverse Themen ansprechen oder gegen gesellschaftliche Normen verstoßen. Diese Widerstände können sowohl aus der Gesellschaft als auch aus der eigenen Gemeinschaft kommen [?].

- **Emotionale Belastung:** Die Rolle eines Vorbilds kann emotional belastend sein. Vorbilder müssen oft mit den Erwartungen anderer umgehen und gleichzeitig ihre eigene mentale Gesundheit bewahren. Dies kann zu Stress und Burnout führen [?].

Beispiele für Vorbilder in der LGBTQ+-Community

Einige bemerkenswerte Beispiele für Vorbilder in der LGBTQ+-Community sind:

- **RuPaul:** Als Drag-Ikone hat RuPaul nicht nur die Drag-Kultur popularisiert, sondern auch das Bewusstsein für LGBTQ+-Themen in der Mainstream-Kultur geschärft. Durch seine Show "RuPaul's Drag Race" hat er vielen Drag-Künstlern eine Plattform geboten und deren Sichtbarkeit erhöht.

- **Laverne Cox:** Laverne Cox ist eine transsexuelle Schauspielerin und Aktivistin, die durch ihre Rolle in "Orange Is the New Black" berühmt wurde. Sie hat sich für die Rechte von Transgender-Personen eingesetzt und ist eine Stimme für viele in der Community geworden.

- **Billy Porter:** Billy Porter ist ein Schauspieler und Sänger, der für seine Arbeit in "Pose" bekannt ist. Er hat sich für LGBTQ+-Rechte eingesetzt und ist ein Beispiel für die Verbindung von Kunst und Aktivismus.

Fazit

Die Verantwortung von Vorbildern in der LGBTQ+-Community ist von entscheidender Bedeutung. Sie müssen authentisch sein, Sichtbarkeit schaffen, Bildung fördern und als Mentoren fungieren. Gleichzeitig stehen sie vor Herausforderungen, die ihre Fähigkeit, diese Verantwortung zu erfüllen, beeinträchtigen können. Dennoch bleibt ihre Rolle als Inspirationsquelle und Veränderungskraft in der Gesellschaft unerlässlich. Indem sie ihre Geschichten teilen und für die Rechte der LGBTQ+-Gemeinschaft eintreten, können Vorbilder einen tiefgreifenden Einfluss auf das Leben anderer haben und eine gerechtere und inklusivere Gesellschaft fördern.

Die Herausforderungen, die Vorbilder meistern müssen

In der heutigen Gesellschaft tragen Vorbilder eine immense Verantwortung. Sie sind nicht nur Repräsentanten ihrer Gemeinschaft, sondern auch Katalysatoren für Veränderungen und Inspiration für viele. Dennoch stehen sie vor einer Vielzahl von Herausforderungen, die es ihnen erschweren, ihre Rolle effektiv auszufüllen. In diesem Abschnitt werden wir einige dieser Herausforderungen näher betrachten und deren Auswirkungen auf die Vorbilder selbst sowie auf die Gemeinschaft, die sie repräsentieren.

Hohe Erwartungen und Druck

Vorbilder stehen oft unter dem Druck, die Erwartungen ihrer Anhänger zu erfüllen. Diese Erwartungen können unrealistisch hoch sein, da die Öffentlichkeit oft ein perfektes Bild von ihren Idolen erwartet. Dies kann zu einem ständigen Gefühl der Unzulänglichkeit führen. Ein Beispiel hierfür ist der Druck, den viele LGBTQ+-Aktivisten empfinden, sich ständig für die Rechte ihrer Gemeinschaft einzusetzen, während sie gleichzeitig ihre eigenen persönlichen Kämpfe bewältigen müssen. Der Druck, als „Repräsentant" zu fungieren, kann dazu führen, dass sie ihre eigenen Bedürfnisse und Wünsche vernachlässigen.

Sichtbarkeit und Privatsphäre

Ein weiteres zentrales Problem ist das Spannungsfeld zwischen Sichtbarkeit und Privatsphäre. Während Sichtbarkeit für die Repräsentation und das Bewusstsein von Bedeutung ist, kann sie auch zu einer invasiven Öffentlichkeit führen. Vorbilder müssen oft persönliche Informationen teilen, um ihre Botschaften zu verbreiten, was zu einem Verlust der Privatsphäre führen kann. Diese

Herausforderung ist besonders ausgeprägt bei trans-Schauspielern wie Renato Perez, die sich oft in einem ständigen Balanceakt zwischen persönlichem Leben und öffentlichem Engagement befinden. Die ständige Beobachtung kann zu Stress und Angst führen, was sich negativ auf ihr Wohlbefinden auswirkt.

Diskriminierung und Vorurteile

Die Diskriminierung, die viele LGBTQ+-Personen erleben, wird oft auf Vorbilder projiziert, die für ihre Gemeinschaft stehen. Vorbilder sehen sich häufig Vorurteilen und Diskriminierung gegenüber, die nicht nur sie selbst, sondern auch die Gemeinschaft, die sie vertreten, betreffen. Diese Diskriminierung kann in Form von Hasskommentaren, körperlicher Gewalt oder systematischer Benachteiligung auftreten. Der Umgang mit solchen Herausforderungen erfordert nicht nur persönliches Durchhaltevermögen, sondern auch eine starke Unterstützung durch die Gemeinschaft.

Verantwortung und Einfluss

Vorbilder tragen eine große Verantwortung, da ihre Worte und Taten weitreichende Auswirkungen auf die Gesellschaft haben können. Diese Verantwortung kann erdrückend sein, insbesondere wenn sie sich zu gesellschaftlichen Themen äußern oder sich für bestimmte Initiativen einsetzen. Der Druck, immer die „richtigen" Entscheidungen zu treffen und die „richtigen" Botschaften zu verbreiten, kann zu einem Gefühl der Überforderung führen. Ein Beispiel ist die Verantwortung, die Renato Perez trägt, wenn er sich für die Rechte von Transgender-Personen einsetzt. Jede seiner Äußerungen kann sowohl positive als auch negative Konsequenzen haben, was die Angst vor Fehltritten verstärkt.

Mangelnde Unterstützung

Ein häufiges Problem, mit dem Vorbilder konfrontiert sind, ist der Mangel an Unterstützung innerhalb ihrer Gemeinschaften. Oftmals erhalten sie von denjenigen, die sie inspirieren wollen, nicht die notwendige Rückendeckung. Dies kann zu Isolation und Entmutigung führen, insbesondere wenn sie mit Rückschlägen oder Herausforderungen konfrontiert sind. Der Mangel an Unterstützung kann auch dazu führen, dass Vorbilder sich zurückziehen und ihre Stimme verlieren, was wiederum negative Auswirkungen auf die Gemeinschaft hat.

Interne Konflikte innerhalb der Gemeinschaft

Vorbilder müssen sich auch mit internen Konflikten innerhalb ihrer Gemeinschaft auseinandersetzen. Oft gibt es unterschiedliche Meinungen und Ansichten darüber, wie die Gemeinschaft am besten vertreten werden sollte. Diese internen Spannungen können Vorbilder in eine schwierige Position bringen, da sie versuchen müssen, eine Balance zwischen verschiedenen Perspektiven zu finden. Ein Beispiel hierfür ist die Diskussion über die Repräsentation von verschiedenen Identitäten innerhalb der LGBTQ+-Bewegung, die zu Spannungen führen kann, wenn unterschiedliche Gruppen unterschiedliche Prioritäten setzen.

Emotionale und psychische Belastungen

Die emotionale und psychische Belastung, die mit der Rolle eines Vorbilds einhergeht, ist nicht zu unterschätzen. Vorbilder müssen oft mit ihren eigenen Traumata und Herausforderungen umgehen, während sie gleichzeitig die Erwartungen anderer erfüllen. Diese doppelte Belastung kann zu Burnout und anderen psychischen Gesundheitsproblemen führen. Es ist wichtig, dass Vorbilder Zugang zu Ressourcen und Unterstützung haben, um ihre eigene psychische Gesundheit zu schützen.

Die Notwendigkeit der Selbstfürsorge

In Anbetracht all dieser Herausforderungen ist es entscheidend, dass Vorbilder lernen, Selbstfürsorge zu praktizieren. Oft wird dies vernachlässigt, da sie sich auf die Bedürfnisse ihrer Gemeinschaft konzentrieren. Es ist jedoch wichtig, dass sie sich Zeit nehmen, um sich um sich selbst zu kümmern, um langfristig effektiv sein zu können. Selbstfürsorge kann in vielen Formen erfolgen, sei es durch Therapie, Meditation oder einfach durch Zeit für sich selbst.

Fazit

Die Herausforderungen, vor denen Vorbilder stehen, sind vielfältig und komplex. Von hohen Erwartungen über Diskriminierung bis hin zu emotionalen Belastungen müssen sie zahlreiche Hürden meistern, um als effektive Repräsentanten ihrer Gemeinschaften fungieren zu können. Es ist wichtig, dass wir als Gesellschaft diese Herausforderungen anerkennen und Vorbilder unterstützen, damit sie ihre wichtige Rolle weiterhin erfüllen können. Nur so können wir eine inklusive und gerechte Zukunft für alle schaffen.

Die Rolle von Mentoring in der Community

Mentoring spielt eine entscheidende Rolle in der LGBTQ+-Community, indem es als Brücke zwischen erfahrenen Aktivisten und neuen Mitgliedern fungiert. Es bietet eine Plattform für den Austausch von Wissen, Erfahrungen und Unterstützung, die für die persönliche und berufliche Entwicklung unerlässlich sind. In dieser Sektion werden wir die verschiedenen Aspekte des Mentorings in der LGBTQ+-Community untersuchen, einschließlich der theoretischen Grundlagen, der Herausforderungen, denen Mentoren und Mentees gegenüberstehen, sowie konkreten Beispielen, die die Bedeutung des Mentorings verdeutlichen.

Theoretische Grundlagen des Mentorings

Mentoring ist ein Prozess, der auf der Übertragung von Wissen und Erfahrung basiert. Laut Kram (1985) umfasst Mentoring zwei Hauptfunktionen: die Karriereentwicklung und die psychosoziale Unterstützung. Die Karriereentwicklung umfasst Aspekte wie das Networking, die Förderung von Fähigkeiten und die Unterstützung bei der beruflichen Orientierung. Die psychosoziale Unterstützung hingegen bezieht sich auf emotionale Unterstützung, Bestätigung und das Gefühl der Zugehörigkeit, das für viele LGBTQ+-Individuen von entscheidender Bedeutung ist.

Die Theorie des sozialen Lernens von Bandura (1977) besagt, dass Menschen durch die Beobachtung und Nachahmung anderer lernen. In der LGBTQ+-Community können Mentoren als Vorbilder fungieren, die den Mentees zeigen, wie sie ihre Identität in einer oft feindlichen Umgebung leben und vertreten können. Dies kann besonders wichtig sein für junge Menschen, die in ihrer Identität noch unsicher sind und Unterstützung benötigen, um ihre Stimme zu finden.

Herausforderungen im Mentoring-Prozess

Trotz der vielen Vorteile des Mentorings gibt es auch Herausforderungen, die sowohl Mentoren als auch Mentees betreffen können. Eine der größten Herausforderungen ist die Ungleichheit in der Beziehung. Mentoren können unbewusste Vorurteile haben, die die Unterstützung, die sie bieten, beeinflussen. Mentees können sich in ihrer Identität oder ihrem Selbstwertgefühl unsicher fühlen, was die Beziehung belasten kann.

Ein weiteres Problem ist die Verfügbarkeit von Mentoren. In vielen LGBTQ+-Communities gibt es nicht genügend erfahrene Aktivisten, die bereit sind, Zeit und Energie in Mentoring-Beziehungen zu investieren. Dies kann dazu führen, dass viele junge oder unerfahrene Mitglieder der Community keine Unterstützung finden, die sie benötigen, um erfolgreich zu sein.

Beispiele für erfolgreiches Mentoring

Es gibt zahlreiche Beispiele für erfolgreiches Mentoring innerhalb der LGBTQ+-Community. Eine bemerkenswerte Initiative ist das *LGBTQ+ Mentorship Program*, das jungen LGBTQ+-Menschen die Möglichkeit bietet, mit erfahrenen Aktivisten und Fachleuten in Kontakt zu treten. Dieses Programm hat vielen Teilnehmern geholfen, ihre Karriereziele zu erreichen und ein starkes Netzwerk von Unterstützern aufzubauen.

Ein weiteres Beispiel ist die *Trevor Project*, eine Organisation, die sich für die Unterstützung von LGBTQ+-Jugendlichen einsetzt. Das Trevor Project bietet nicht nur Krisenintervention, sondern auch Mentoring-Programme, die Jugendlichen helfen, ihre Identität zu akzeptieren und ihre Ziele zu verfolgen. Die Geschichten von Mentees, die durch diese Programme Unterstützung gefunden haben, sind inspirierend und zeigen, wie wichtig Mentoring in der Community ist.

Schlussfolgerung

Zusammenfassend lässt sich sagen, dass Mentoring eine wesentliche Rolle in der LGBTQ+-Community spielt. Es bietet nicht nur Unterstützung und Orientierung für junge Menschen, sondern trägt auch zur Stärkung der Gemeinschaft bei. Durch die Überwindung der Herausforderungen, die mit dem Mentoring-Prozess verbunden sind, und die Förderung von positiven Mentoring-Beziehungen können wir eine inklusivere und unterstützende Umgebung schaffen, in der alle Mitglieder der LGBTQ+-Community gedeihen können. Es liegt an uns, die nächste Generation von Aktivisten zu fördern und sicherzustellen, dass sie die Unterstützung erhalten, die sie benötigen, um ihre Stimmen zu erheben und für ihre Rechte zu kämpfen.

Bibliography

[1] Kram, K. E. (1985). *Mentoring at Work: Developmental Relationships in Organizational Life.* Glenview, IL: Scott, Foresman.

[2] Bandura, A. (1977). *Social Learning Theory.* Englewood Cliffs, NJ: Prentice Hall.

Die Bedeutung von Sichtbarkeit für die Jugend

Die Sichtbarkeit von LGBTQ+-Personen in der Gesellschaft ist von entscheidender Bedeutung, insbesondere für die Jugend. Diese Sichtbarkeit hat weitreichende Auswirkungen auf die Identitätsbildung, das Selbstbewusstsein und das allgemeine Wohlbefinden junger Menschen. In diesem Abschnitt werden die theoretischen Grundlagen der Sichtbarkeit, die damit verbundenen Probleme und einige Beispiele für deren Einfluss auf die Jugend beleuchtet.

Theoretische Grundlagen

Die Theorie der sozialen Identität, die von Henri Tajfel und John Turner entwickelt wurde, legt nahe, dass Menschen ihr Selbstbild durch die Zugehörigkeit zu sozialen Gruppen definieren. Sichtbarkeit spielt eine Schlüsselrolle in diesem Prozess, da sie es Individuen ermöglicht, sich mit Vorbildern zu identifizieren und positive Identitätsmodelle zu entwickeln. Für LGBTQ+-Jugendliche, die oft mit Unsicherheiten und Herausforderungen konfrontiert sind, kann das Fehlen von Sichtbarkeit zu einem Gefühl der Isolation führen.

Ein weiterer theoretischer Rahmen ist die Queer-Theorie, die die Konstruktion von Geschlechter- und Sexualitätsnormen hinterfragt. Diese Theorie betont die Notwendigkeit, vielfältige Identitäten sichtbar zu machen, um die gesellschaftlichen Normen zu hinterfragen und zu verändern. Sichtbarkeit ist somit nicht nur eine Frage der Repräsentation, sondern auch ein Akt des Widerstands gegen heteronormative Strukturen.

Probleme der Unsichtbarkeit

Die Unsichtbarkeit von LGBTQ+-Jugendlichen kann zu mehreren Problemen führen:

- **Identitätskrisen:** Ohne positive Repräsentation in den Medien und in der Gesellschaft können junge Menschen Schwierigkeiten haben, ihre eigene Identität zu akzeptieren. Dies kann zu psychischen Problemen wie Angstzuständen und Depressionen führen.
- **Diskriminierung und Vorurteile:** Unsichtbarkeit kann die Vorurteile verstärken, die LGBTQ+-Jugendliche erfahren. Wenn ihre Existenz nicht anerkannt wird, wird es leichter, diskriminierende Einstellungen zu rechtfertigen.
- **Isolation:** Jugendliche, die sich nicht in ihren sozialen Umfeldern repräsentiert fühlen, können sich isoliert fühlen. Dies kann dazu führen, dass sie sich von ihren Altersgenossen abkapseln und weniger Unterstützung suchen.

Einfluss der Sichtbarkeit auf die Jugend

Die Sichtbarkeit von LGBTQ+-Personen in den Medien und in der Gesellschaft hat nachweislich positive Auswirkungen auf die Jugend. Studien zeigen, dass Jugendliche, die Vorbilder aus der LGBTQ+-Community sehen, eher bereit sind, ihre eigene Identität zu akzeptieren und sich selbstbewusst zu präsentieren.

Ein Beispiel hierfür ist die Serie *Pose*, die sich mit der Ballroom-Kultur und der LGBTQ+-Community in den 1980er und 1990er Jahren auseinandersetzt. Die Darstellung von trans und queer Charakteren hat vielen Jugendlichen geholfen, ihre eigene Identität zu erkennen und zu akzeptieren. Die Serie hat nicht nur zur Sichtbarkeit beigetragen, sondern auch Diskussionen über Geschlechtsidentität und Sexualität angestoßen.

Positive Auswirkungen der Sichtbarkeit

Die Sichtbarkeit von LGBTQ+-Personen hat mehrere positive Auswirkungen auf die Jugend:

- **Erhöhtes Selbstbewusstsein:** Junge Menschen, die sich in der Darstellung von LGBTQ+-Charakteren wiedererkennen, zeigen oft ein höheres Selbstbewusstsein und ein positiveres Selbstbild.

- **Stärkung der Gemeinschaft:** Sichtbare LGBTQ+-Persönlichkeiten fördern ein Gefühl der Zugehörigkeit und Gemeinschaft unter Jugendlichen, die ähnliche Erfahrungen machen. Dies kann zu stärkeren sozialen Netzwerken und Unterstützungssystemen führen.

- **Aufklärung:** Sichtbarkeit trägt zur Aufklärung der breiten Öffentlichkeit über LGBTQ+-Themen bei. Wenn mehr Menschen über die Herausforderungen und Erfahrungen von LGBTQ+-Jugendlichen informiert sind, kann dies zu mehr Akzeptanz und weniger Diskriminierung führen.

Schlussfolgerung

Die Bedeutung der Sichtbarkeit für die Jugend kann nicht genug betont werden. Sichtbarkeit ermöglicht es jungen Menschen, sich selbst zu erkennen und zu akzeptieren, fördert die Bildung positiver Identitäten und trägt zur Schaffung einer inklusiven Gesellschaft bei. Es ist unerlässlich, dass Medien, Bildungseinrichtungen und die Gesellschaft insgesamt weiterhin an der Sichtbarkeit von LGBTQ+-Personen arbeiten, um eine gerechtere und akzeptierende Welt für alle zu schaffen.

Die Herausforderung bleibt, sicherzustellen, dass diese Sichtbarkeit authentisch und vielfältig ist, um die Realität der LGBTQ+-Erfahrungen widerzuspiegeln. Nur so kann die Sichtbarkeit wirklich transformative Veränderungen bewirken und die nächste Generation von LGBTQ+-Jugendlichen ermutigen, stolz auf ihre Identität zu sein.

Der Einfluss von Vorbildern auf die eigene Identität

Der Einfluss von Vorbildern auf die eigene Identität ist ein zentrales Thema in der Sozialpsychologie und der Genderforschung. Vorbilder, insbesondere in der LGBTQ+-Gemeinschaft, spielen eine entscheidende Rolle bei der Selbstfindung und der Entwicklung einer positiven Identität. Sie bieten nicht nur Inspiration, sondern auch ein Gefühl der Zugehörigkeit und der Akzeptanz. Diese Sektion untersucht die Mechanismen, durch die Vorbilder die Identitätsbildung beeinflussen, und beleuchtet die Herausforderungen, die damit einhergehen.

Theoretische Grundlagen

Die soziale Identitätstheorie, entwickelt von Henri Tajfel und John Turner, legt nahe, dass Individuen sich durch die Gruppen identifizieren, denen sie angehören.

Diese Identifikation beeinflusst das Selbstbild und die Wahrnehmung von anderen. Vorbilder können als Repräsentanten einer bestimmten Gruppe fungieren und helfen, ein positives Selbstkonzept zu entwickeln. Der Prozess der Identifikation mit Vorbildern kann durch die folgenden Schritte beschrieben werden:

$$S = I + E \qquad (28)$$

wobei S das Selbstbild, I die Identifikation mit Vorbildern und E die externen Einflüsse (z. B. gesellschaftliche Normen) darstellt.

Vorbilder in der LGBTQ+-Gemeinschaft

In der LGBTQ+-Gemeinschaft sind Vorbilder von besonderer Bedeutung, da sie oft als Pioniere fungieren, die gesellschaftliche Barrieren durchbrechen. Die Sichtbarkeit von LGBTQ+-Personen in den Medien, in der Politik und in der Kunst hat einen direkten Einfluss auf die Selbstwahrnehmung von Individuen innerhalb dieser Gemeinschaft. Ein Beispiel ist der Einfluss von Persönlichkeiten wie RuPaul oder Ellen DeGeneres, die durch ihre öffentliche Präsenz und ihren Erfolg viele Menschen ermutigt haben, ihre Identität zu akzeptieren und auszuleben.

Herausforderungen bei der Identifikation mit Vorbildern

Trotz der positiven Auswirkungen, die Vorbilder haben können, gibt es auch Herausforderungen. Viele LGBTQ+-Individuen berichten von einem Gefühl der Entfremdung, wenn sie sich mit Vorbildern identifizieren, die in einer privilegierten Position sind. Diese Diskrepanz kann zu einem negativen Selbstbild führen, insbesondere wenn die eigenen Erfahrungen nicht mit den Erfolgen der Vorbilder übereinstimmen.

Ein weiteres Problem ist die Übersexualisierung von LGBTQ+-Vorbildern in den Medien. Oft werden sie auf stereotype Darstellungen reduziert, die nicht die Vielfalt und Komplexität der LGBTQ+-Erfahrungen widerspiegeln. Dies kann dazu führen, dass sich Individuen nicht mit diesen Vorbildern identifizieren können, was ihre eigene Identitätsentwicklung behindert.

Beispiele für positive Identitätsbildung

Ein inspirierendes Beispiel ist die Geschichte von Laverne Cox, einer transsexuellen Schauspielerin und Aktivistin, die durch ihre Rolle in der Serie

"Orange Is the New Black" internationale Anerkennung fand. Cox nutzt ihre Plattform, um über die Herausforderungen von Transgender-Personen zu sprechen und fördert die Sichtbarkeit und Akzeptanz. Ihr Erfolg hat vielen Menschen in der LGBTQ+-Gemeinschaft Mut gemacht, ihre Identität zu akzeptieren und für ihre Rechte einzutreten.

Ein weiteres Beispiel ist der Einfluss von James Charles, einem Make-up-Influencer, der offen über seine Sexualität spricht und eine große Fangemeinde hat. Durch seine Arbeit hat er nicht nur die Schönheitsindustrie beeinflusst, sondern auch eine Plattform geschaffen, auf der junge Menschen sich selbst ausdrücken und akzeptieren können.

Fazit

Zusammenfassend lässt sich sagen, dass Vorbilder einen tiefgreifenden Einfluss auf die Identitätsentwicklung von Individuen haben, insbesondere in der LGBTQ+-Gemeinschaft. Sie bieten Inspiration und Unterstützung, können aber auch Herausforderungen mit sich bringen. Es ist wichtig, dass die Repräsentation in den Medien vielfältig und authentisch ist, um eine breite Palette von Erfahrungen und Identitäten zu reflektieren. Nur so können Vorbilder tatsächlich als positive Einflüsse fungieren und zur Selbstakzeptanz und Identitätsbildung beitragen.

$$\text{Identitätsbildung} = \text{Vorbilder} + \text{Gesellschaftliche Akzeptanz} \qquad (29)$$

Die Förderung einer positiven Identität in der LGBTQ+-Gemeinschaft erfordert ein kollektives Engagement, um sicherzustellen, dass alle Stimmen gehört werden und dass jeder die Möglichkeit hat, sich in den Vorbildern, die er sieht, wiederzuerkennen.

Die Kraft der Inspiration durch andere

Die Kraft der Inspiration durch andere ist ein zentrales Thema in der Lebensgeschichte von Renato Perez und spielt eine entscheidende Rolle in der Entwicklung seiner Identität und seines Aktivismus. Inspiration kann in vielen Formen auftreten, sei es durch persönliche Begegnungen, Kunstwerke, literarische Werke oder historische Figuren. Diese Inspirationsquellen bieten nicht nur Motivation, sondern auch ein Gefühl der Zugehörigkeit und Bestätigung in der eigenen Identität.

Theoretische Grundlagen

In der Psychologie wird Inspiration oft als ein Prozess beschrieben, der Individuen dazu anregt, ihre eigenen Fähigkeiten und Potenziale zu erkennen und zu entfalten. Der Psychologe Robert Vallerand (2000) beschreibt Inspiration als eine „positiv erlebte Emotion", die durch die Begegnung mit inspirierenden Personen oder Ideen ausgelöst wird. Diese Emotion kann die Kreativität und das Engagement fördern und zu bedeutenden persönlichen und sozialen Veränderungen führen.

Ein weiteres relevantes Konzept ist das der *Vorbilder*. Vorbilder können sowohl reale Personen als auch fiktive Charaktere sein, die durch ihre Taten und Werte eine Vorbildfunktion einnehmen. Die Sozialpsychologie befasst sich mit der Wirkung von Vorbildern auf das Verhalten und die Einstellungen von Individuen. Bandura (1977) postuliert in seiner Theorie des sozialen Lernens, dass Menschen durch Beobachtung und Nachahmung lernen. Wenn Individuen sehen, wie andere trotz Herausforderungen Erfolg haben, können sie ermutigt werden, ähnliche Wege zu gehen.

Praktische Beispiele

Renato Perez selbst hat oft betont, wie wichtig die Geschichten anderer für seine eigene Entwicklung waren. In seiner Jugend fand er Inspiration in den Lebensgeschichten von trans* Personen, die in der Öffentlichkeit für ihre Rechte eintraten. Diese Vorbilder halfen ihm, seine eigene Identität zu akzeptieren und den Mut zu finden, sich selbst zu zeigen. Ein Beispiel ist die amerikanische Schauspielerin Laverne Cox, die durch ihre öffentliche Sichtbarkeit und ihren Aktivismus für die Rechte von trans* Menschen weltweit Anerkennung gefunden hat. Cox' Einfluss zeigt, wie wichtig es ist, dass Menschen in Medien repräsentiert werden, um anderen die Möglichkeit zu geben, sich mit diesen Geschichten zu identifizieren.

Ein weiteres Beispiel ist die Künstlerin Frida Kahlo, deren Werke oft Themen wie Identität, Geschlecht und Schmerz behandeln. Kahlo wird von vielen LGBTQ+-Aktivisten als eine Inspirationsquelle angesehen, da sie in ihren Gemälden ihre eigene Verletzlichkeit und Stärke ausdrückt. Ihre Fähigkeit, authentisch zu sein und ihre Erfahrungen in Kunst zu verwandeln, motiviert viele, ihre eigenen Geschichten zu erzählen und sich für ihre Rechte einzusetzen.

Herausforderungen und Probleme

Trotz der positiven Aspekte der Inspiration durch andere gibt es auch Herausforderungen. Oft sind Vorbilder nicht leicht zu finden, insbesondere in marginalisierten Gemeinschaften. Viele Menschen wachsen in Umgebungen auf, in denen es an Repräsentation mangelt, was zu einem Gefühl der Isolation führen kann. Diese Abwesenheit von Vorbildern kann die Entwicklung eines positiven Selbstbildes erschweren und zu inneren Konflikten führen.

Ein weiteres Problem ist die Gefahr der Überidealisierung von Vorbildern. Wenn Menschen ihre Vorbilder als perfekt ansehen, kann dies zu Enttäuschung führen, wenn sie erkennen, dass auch diese Personen Fehler haben und Herausforderungen durchleben. Es ist wichtig, eine realistische Sichtweise auf Vorbilder zu haben und zu verstehen, dass jeder Mensch seine eigenen Kämpfe hat.

Fazit

Die Kraft der Inspiration durch andere ist ein wesentlicher Bestandteil von Renatos Lebensgeschichte und seiner Entwicklung als Aktivist. Durch die Identifikation mit Vorbildern und die Auseinandersetzung mit deren Geschichten hat Renato nicht nur seine eigene Identität gefunden, sondern auch den Antrieb, sich für die Rechte von trans* Menschen einzusetzen. Die Herausforderungen, die mit der Suche nach Inspiration verbunden sind, erfordern jedoch eine kritische Auseinandersetzung mit den eigenen Erwartungen und der Realität von Vorbildern. Letztendlich zeigt Renatos Reise, dass die Verbindung zu anderen, die ähnliche Erfahrungen gemacht haben, eine transformative Kraft hat, die sowohl das individuelle als auch das kollektive Empowerment fördert.

Die Bedeutung von Gemeinschaft

Die Rolle von LGBTQ+-Gruppen

Die Rolle von LGBTQ+-Gruppen in der Gesellschaft ist von entscheidender Bedeutung, da sie einen Raum für Unterstützung, Identität und Aktivismus bieten. Diese Gruppen fungieren als Katalysatoren für Veränderungen, indem sie die Bedürfnisse und Anliegen der LGBTQ+-Gemeinschaft vertreten und fördern.

Historischer Kontext

Historisch gesehen haben LGBTQ+-Gruppen eine Schlüsselrolle im Kampf für Rechte und Gleichheit gespielt. Die Stonewall-Unruhen von 1969 in New York City gelten als Wendepunkt in der LGBTQ+-Bewegung und führten zur Gründung vieler Aktivistengruppen. Organisationen wie die Gay Liberation Front und später die Human Rights Campaign haben sich für die rechtlichen und sozialen Belange der LGBTQ+-Gemeinschaft eingesetzt.

Unterstützung und Gemeinschaft

LGBTQ+-Gruppen bieten nicht nur rechtliche Unterstützung, sondern auch emotionale und soziale Ressourcen. Sie schaffen sichere Räume, in denen Individuen ihre Identität erkunden und sich ohne Angst vor Diskriminierung oder Stigmatisierung ausdrücken können. Diese Gruppen organisieren häufig Veranstaltungen, die das Gemeinschaftsgefühl stärken, wie Pride-Paraden, Workshops und Informationsveranstaltungen.

Aktivismus und Bildung

Eine der zentralen Aufgaben von LGBTQ+-Gruppen ist die Aufklärung der Öffentlichkeit über LGBTQ+-Themen. Sie arbeiten daran, Vorurteile abzubauen und das Bewusstsein für die Herausforderungen zu schärfen, mit denen die Gemeinschaft konfrontiert ist. Bildung ist ein wesentlicher Bestandteil ihres Engagements, da sie Workshops und Seminare anbieten, um sowohl die LGBTQ+-Gemeinschaft als auch die breite Öffentlichkeit zu informieren.

Herausforderungen

Trotz ihrer positiven Rolle stehen LGBTQ+-Gruppen vor zahlreichen Herausforderungen. Diskriminierung, sowohl innerhalb als auch außerhalb der Gemeinschaft, bleibt ein zentrales Problem. Viele LGBTQ+-Individuen erleben Vorurteile in ihrem täglichen Leben, was zu einem Gefühl der Isolation führen kann. Gruppen arbeiten daran, diese Probleme zu adressieren, indem sie rechtliche Unterstützung bieten und sich für politische Veränderungen einsetzen.

Beispiele für erfolgreiche LGBTQ+-Gruppen

Ein Beispiel für eine erfolgreiche LGBTQ+-Gruppe ist die *Trevor Project*, die sich auf die Prävention von Suizid bei LGBTQ+-Jugendlichen konzentriert. Sie bieten

Unterstützung durch Hotlines, Online-Ressourcen und Bildungsprogramme. Ein weiteres Beispiel ist *GLAAD*, das sich für eine faire und genaue Berichterstattung über LGBTQ+-Themen in den Medien einsetzt. Diese Organisationen zeigen, wie wichtig es ist, auf die Bedürfnisse der Gemeinschaft einzugehen und aktiv für Veränderungen zu kämpfen.

Die Zukunft der LGBTQ+-Gruppen

Die Zukunft der LGBTQ+-Gruppen wird stark von der gesellschaftlichen Akzeptanz und den politischen Rahmenbedingungen abhängen. Während Fortschritte gemacht werden, bleibt die Notwendigkeit für kontinuierlichen Aktivismus und Unterstützung bestehen. Die Integration von intersektionalen Ansätzen, die die Vielfalt innerhalb der LGBTQ+-Gemeinschaft anerkennen, wird entscheidend sein, um alle Stimmen zu repräsentieren und zu stärken.

Zusammenfassung

Zusammenfassend lässt sich sagen, dass LGBTQ+-Gruppen eine unverzichtbare Rolle in der Gesellschaft spielen, indem sie Unterstützung bieten, Aufklärung fördern und aktiv für die Rechte der Gemeinschaft eintreten. Ihre Arbeit ist entscheidend für die Schaffung einer inklusiveren und gerechteren Gesellschaft, in der alle Individuen unabhängig von ihrer sexuellen Orientierung oder Geschlechtsidentität akzeptiert und respektiert werden.

Unterstützung durch Gleichgesinnte

Die Unterstützung durch Gleichgesinnte spielt eine entscheidende Rolle im Leben von LGBTQ+-Personen, insbesondere in der Phase der Selbstakzeptanz und Identitätsfindung. Diese Unterstützung kann in verschiedenen Formen auftreten, einschließlich emotionaler, sozialer und praktischer Hilfe. Die Gemeinschaft bietet nicht nur einen Raum für Akzeptanz, sondern auch für den Austausch von Erfahrungen, der für die persönliche Entwicklung und das Selbstbewusstsein von großer Bedeutung ist.

Theoretische Grundlagen

Die soziale Identitätstheorie, die von Henri Tajfel und John Turner entwickelt wurde, legt nahe, dass Individuen sich selbst in Bezug auf soziale Gruppen definieren. Diese Theorie ist besonders relevant für LGBTQ+-Personen, die möglicherweise mit Diskriminierung und Ablehnung konfrontiert sind. Die

Zugehörigkeit zu einer unterstützenden Gemeinschaft kann das Selbstwertgefühl stärken und die Resilienz gegenüber äußeren Herausforderungen erhöhen.

Ein weiterer wichtiger Aspekt ist die Theorie des sozialen Austauschs, die besagt, dass soziale Beziehungen auf dem Prinzip von Kosten und Nutzen basieren. In einer unterstützenden Gemeinschaft erleben Individuen oft weniger soziale Isolation und mehr emotionale Unterstützung, was zu einem positiven Gefühl der Zugehörigkeit führt.

Praktische Unterstützung

Die Unterstützung durch Gleichgesinnte kann in verschiedenen Formen auftreten:

- **Selbsthilfegruppen:** Diese Gruppen bieten einen sicheren Raum, in dem Individuen ihre Erfahrungen teilen und voneinander lernen können. In Deutschland gibt es zahlreiche Selbsthilfegruppen, die sich speziell an LGBTQ+-Personen richten, wie z.B. die *Lesben- und Schwulenverband Deutschland (LSVD)*.

- **Online-Communities:** Mit der zunehmenden Nutzung des Internets haben viele LGBTQ+-Personen Zugang zu Online-Plattformen, die Unterstützung und Informationen bieten. Diese Plattformen ermöglichen es, anonym zu bleiben und dennoch Unterstützung zu finden. Beispiele sind *Reddit* oder spezielle Foren für LGBTQ+-Jugendliche.

- **Mentoring-Programme:** Mentoren können eine wichtige Rolle bei der Unterstützung von LGBTQ+-Jugendlichen spielen, indem sie als Vorbilder fungieren und wertvolle Ratschläge geben. Programme wie *MentorMe* bieten gezielte Unterstützung und Ressourcen.

Herausforderungen der Unterstützung

Trotz der positiven Aspekte gibt es auch Herausforderungen, die mit der Unterstützung durch Gleichgesinnte verbunden sind. Eine der größten Herausforderungen ist die Stigmatisierung innerhalb und außerhalb der Gemeinschaft. Oftmals können sich Individuen in ihrer eigenen Gemeinschaft nicht vollständig akzeptiert fühlen, insbesondere wenn sie von den Normen oder Erwartungen abweichen.

Ein weiteres Problem ist die Fragmentierung innerhalb der LGBTQ+-Gemeinschaft. Unterschiedliche Gruppen können unterschiedliche Prioritäten und Ansichten haben, was zu Spannungen führen kann. Diese

Fragmentierung kann die Unterstützung verringern und das Gefühl der Zugehörigkeit beeinträchtigen.

Beispiele für erfolgreiche Unterstützung

Ein Beispiel für eine erfolgreiche Unterstützung durch Gleichgesinnte ist die *Pride*-Bewegung, die weltweit LGBTQ+-Personen zusammenbringt und ihnen eine Plattform bietet, um ihre Stimmen zu erheben. Die jährlichen Pride-Paraden sind nicht nur Feierlichkeiten, sondern auch wichtige Gelegenheiten für Aktivismus und Sichtbarkeit.

Ein weiteres Beispiel ist die *Trevor Project*, eine Organisation, die sich für die Prävention von Suizid unter LGBTQ+-Jugendlichen einsetzt. Durch Hotlines, Online-Ressourcen und Gemeinschaftsveranstaltungen bietet das Trevor Project Unterstützung und Hilfe in Krisenzeiten.

Schlussfolgerung

Die Unterstützung durch Gleichgesinnte ist von zentraler Bedeutung für die Selbstakzeptanz und das Wohlbefinden von LGBTQ+-Personen. Während Herausforderungen bestehen, bieten Gemeinschaften und Netzwerke einen wertvollen Raum für Austausch, Akzeptanz und persönliches Wachstum. Die Förderung solcher unterstützenden Umgebungen ist entscheidend, um eine gerechtere und inklusivere Gesellschaft zu schaffen, in der jeder Mensch, unabhängig von seiner sexuellen Orientierung oder Geschlechtsidentität, akzeptiert und geschätzt wird.

Die Bedeutung von Veranstaltungen und Feiern

Veranstaltungen und Feiern spielen eine entscheidende Rolle in der LGBTQ+-Gemeinschaft, indem sie nicht nur Raum für Ausdruck und Sichtbarkeit bieten, sondern auch eine Plattform für Solidarität und Gemeinschaftsbildung schaffen. Diese Zusammenkünfte sind nicht nur Gelegenheiten zum Feiern, sondern auch für den Austausch von Erfahrungen, die Stärkung von Identitäten und die Förderung von Aktivismus.

Kulturelle Relevanz

Veranstaltungen wie Pride-Paraden, Filmfestivals und Kunstmessen sind essentielle Ausdrucksformen der LGBTQ+-Kultur. Sie ermöglichen es den Teilnehmern, ihre Identität stolz zu zeigen und sich mit Gleichgesinnten zu verbinden. Diese Feiern fördern ein Gefühl der Zugehörigkeit und des Stolzes, was besonders wichtig ist in einer Welt, in der viele LGBTQ+-Personen Diskriminierung und Vorurteile erfahren.

Ein Beispiel für eine solche Veranstaltung ist die **Christopher Street Day (CSD)** in Deutschland, die jährlich in vielen Städten gefeiert wird. Der CSD ist nicht nur eine Parade, sondern auch ein Protest gegen Diskriminierung und Ungerechtigkeit. Hier wird die Geschichte der LGBTQ+-Bewegung lebendig gehalten, und es wird auf aktuelle Herausforderungen hingewiesen. Der Slogan „Wir sind viele. Wir sind eins." verdeutlicht die Einheit innerhalb der Vielfalt der Gemeinschaft.

Soziale Interaktion und Unterstützung

Veranstaltungen bieten eine Plattform für soziale Interaktionen, die für die psychische Gesundheit und das Wohlbefinden der Teilnehmer von großer Bedeutung sind. Die Möglichkeit, sich mit anderen auszutauschen, die ähnliche Erfahrungen gemacht haben, kann therapeutisch wirken. Studien zeigen, dass soziale Unterstützung einen positiven Einfluss auf die psychische Gesundheit hat, insbesondere bei marginalisierten Gruppen.

$$\text{Psychische Gesundheit} \propto \text{Soziale Unterstützung}$$

Diese Gleichung verdeutlicht den direkten Zusammenhang zwischen der Verfügbarkeit sozialer Unterstützung und der psychischen Gesundheit. Veranstaltungen fördern diesen Austausch und schaffen eine unterstützende Umgebung, in der sich Individuen sicher fühlen können, ihre Geschichten zu teilen und von anderen zu lernen.

Politische Mobilisierung

Darüber hinaus dienen Veranstaltungen als Plattform für politische Mobilisierung. Sie sensibilisieren die Öffentlichkeit für LGBTQ+-Themen und fordern Veränderungen in der Gesellschaft. Die Sichtbarkeit, die durch solche Veranstaltungen geschaffen wird, kann dazu beitragen, Vorurteile abzubauen und das Bewusstsein für die Herausforderungen der LGBTQ+-Gemeinschaft zu schärfen.

Ein Beispiel hierfür ist der **Transgender Day of Visibility**, der jährlich am 31. März gefeiert wird. An diesem Tag werden Transgender-Personen gewürdigt, und es wird auf die Diskriminierung hingewiesen, die sie erfahren. Veranstaltungen zu diesem Anlass fördern die Sichtbarkeit und das Verständnis für die Transgender-Community und setzen sich für deren Rechte ein.

Herausforderungen und Probleme

Trotz der positiven Aspekte gibt es auch Herausforderungen, die mit Veranstaltungen und Feiern einhergehen. Die Sicherheitsbedenken sind ein zentrales Thema, insbesondere in Zeiten, in denen Hassverbrechen gegen LGBTQ+-Personen zunehmen. Die Organisation von Veranstaltungen muss daher auch immer die Sicherheit der Teilnehmer im Blick haben, was zusätzliche Ressourcen und Planung erfordert.

Ein weiteres Problem ist die Kommerzialisierung von LGBTQ+-Veranstaltungen. Oft wird kritisiert, dass große Unternehmen und Marken die Pride-Feiern als Marketingstrategie nutzen, ohne sich tatsächlich für die Belange der Community einzusetzen. Dies kann zu einem Gefühl der Entfremdung innerhalb der Gemeinschaft führen, da die ursprünglichen Ziele und Werte der Bewegung in den Hintergrund gedrängt werden.

Fazit

Zusammenfassend lässt sich sagen, dass Veranstaltungen und Feiern für die LGBTQ+-Gemeinschaft von grundlegender Bedeutung sind. Sie bieten nicht nur Raum für Feierlichkeiten und Ausdruck, sondern fördern auch soziale Interaktion, politische Mobilisierung und das Bewusstsein für die Herausforderungen, denen die Gemeinschaft gegenübersteht. Es ist wichtig, diese Veranstaltungen weiterhin zu unterstützen und gleichzeitig die Herausforderungen zu adressieren, um sicherzustellen, dass sie inklusiv, sicher und authentisch bleiben.

Die Bedeutung von Veranstaltungen und Feiern in der LGBTQ+-Gemeinschaft ist unbestreitbar. Sie sind ein Ausdruck von Identität, ein Aufruf zur Einheit und ein Schritt in Richtung einer gerechteren und inklusiveren Gesellschaft.

Der Einfluss von Netzwerken auf die Karriere

In der heutigen Zeit ist das Netzwerk eines der entscheidendsten Instrumente für den beruflichen Erfolg, insbesondere in der kreativen Branche, in der Renato Perez tätig ist. Netzwerke sind nicht nur eine Ansammlung von Kontakten, sondern vielmehr ein dynamisches System von Beziehungen, die den Zugang zu Ressourcen, Informationen und Unterstützung ermöglichen. Diese Beziehungen können entscheidend für die Karriere eines Künstlers sein, insbesondere für diejenigen, die in der LGBTQ+-Community aktiv sind und möglicherweise mit zusätzlichen Herausforderungen konfrontiert sind.

Theorie der Netzwerke

Die Netzwerktheorie, die in den Sozialwissenschaften weit verbreitet ist, besagt, dass Beziehungen zwischen Individuen die Verbreitung von Informationen und Ressourcen beeinflussen. In der Netzwerktheorie gibt es verschiedene Konzepte, die das Verständnis von Netzwerken vertiefen:

- **Soziale Kapitaltheorie:** Diese Theorie beschreibt, wie Individuen von ihren sozialen Netzwerken profitieren können. Ein starkes Netzwerk kann den Zugang zu Informationen und Unterstützung erhöhen, was für den beruflichen Aufstieg entscheidend ist.

- **Weak Ties (schwache Bindungen):** Laut Mark Granovetter in seiner Studie "The Strength of Weak Ties" sind schwache Bindungen oft wertvoller für den Zugang zu neuen Informationen, da sie Verbindungen zu verschiedenen sozialen Gruppen schaffen.

- **Brücken und Bindungen:** Die Theorie von Granovetter unterscheidet zwischen Bindungen (enge, persönliche Beziehungen) und Brücken (Verbindungen zu verschiedenen sozialen Gruppen). Beide Arten sind wichtig für den beruflichen Erfolg, da sie unterschiedliche Arten von Unterstützung und Informationen bieten.

Herausforderungen im Netzwerkaufbau

Für trans-Schauspieler wie Renato Perez kann der Aufbau eines Netzwerks mit spezifischen Herausforderungen verbunden sein:

- **Diskriminierung:** Trans-Personen können in der Unterhaltungsindustrie mit Vorurteilen und Diskriminierung konfrontiert sein, die den Zugang zu Netzwerken erschweren. Diese Diskriminierung kann sich negativ auf die Karrierechancen auswirken.

- **Mangel an Vorbildern:** In vielen Fällen gibt es nur wenige Vorbilder in der Branche, die trans-Personen repräsentieren. Dies kann es schwierig machen, Mentoren zu finden, die ähnliche Erfahrungen gemacht haben.

- **Unsichtbarkeit:** Oftmals sind trans-Personen in der Medienberichterstattung und in der Filmindustrie unsichtbar, was ihre Fähigkeit einschränkt, Netzwerke aufzubauen und sichtbar zu werden.

Beispiele für erfolgreiche Netzwerkarbeit

Trotz dieser Herausforderungen gibt es zahlreiche Beispiele für trans-Schauspieler, die durch effektives Networking bedeutende Fortschritte in ihrer Karriere gemacht haben. Renato Perez selbst ist ein Beispiel dafür, wie Netzwerke genutzt werden können, um Barrieren zu überwinden.

- **Zusammenarbeit mit anderen Künstlern:** Renato hat oft mit anderen LGBTQ+-Künstlern zusammengearbeitet, um Projekte zu entwickeln, die Sichtbarkeit und Repräsentation fördern. Diese Kooperationen haben nicht nur seine Karriere vorangebracht, sondern auch das Bewusstsein für trans-Themen in der Gesellschaft geschärft.

- **Mentoring:** Durch die Suche nach Mentoren in der Branche konnte Renato wertvolle Ratschläge und Unterstützung erhalten. Diese Beziehungen haben ihm geholfen, in der Film- und Theaterwelt Fuß zu fassen.

- **Soziale Medien:** Renato nutzt Plattformen wie Instagram und Twitter, um mit Fans und anderen Künstlern zu interagieren. Diese Online-Präsenz hat ihm nicht nur ein breiteres Publikum verschafft, sondern auch wichtige Verbindungen zu anderen Kreativen ermöglicht.

Der Einfluss von Netzwerken auf die Karriere von Renato Perez

Renato Perez' Karriere ist ein Beispiel dafür, wie Netzwerke eine transformative Rolle spielen können. Durch den Aufbau von Beziehungen zu Gleichgesinnten und Unterstützern konnte er:

- **Rollen finden:** Netzwerke haben es Renato ermöglicht, Auditions für Rollen zu erhalten, die sonst möglicherweise nicht zugänglich gewesen wären. Empfehlungen von Kollegen und Mentoren haben ihm geholfen, in der Branche sichtbar zu werden.

- **Projekte initiieren:** Durch seine Verbindungen konnte Renato eigene Projekte ins Leben rufen, die trans-Personen eine Stimme geben und deren Geschichten erzählen. Diese Projekte haben nicht nur seine Karriere gefördert, sondern auch das Bewusstsein für LGBTQ+-Themen erhöht.

- **Erfolge feiern:** Dank seines Netzwerks hat Renato mehrere Auszeichnungen und Anerkennungen erhalten, die seine Karriere weiter vorangetrieben haben. Diese Erfolge sind oft das Ergebnis von Empfehlungen und der Unterstützung durch Kollegen.

Fazit

Zusammenfassend lässt sich sagen, dass Netzwerke eine entscheidende Rolle in der Karriere von Renato Perez und anderen trans-Schauspielern spielen. Trotz der Herausforderungen, die mit dem Aufbau von Netzwerken verbunden sind, können die Vorteile, die sich aus starken Beziehungen ergeben, nicht unterschätzt werden. Netzwerke bieten nicht nur Zugang zu Ressourcen und Informationen, sondern tragen auch zur Sichtbarkeit und Repräsentation von trans-Personen in der Unterhaltungsindustrie bei. In einer Branche, die oft von Ungleichheit geprägt ist, bleibt der Aufbau und die Pflege von Netzwerken eine Schlüsselstrategie für den Erfolg und die Förderung von Vielfalt.

Die Herausforderungen in der Gemeinschaft

Die LGBTQ+-Gemeinschaft steht vor einer Vielzahl von Herausforderungen, die sich aus sozialen, politischen und kulturellen Faktoren ergeben. Diese Probleme können das Gefühl der Zugehörigkeit und die Fähigkeit zur Selbstverwirklichung innerhalb der Gemeinschaft beeinträchtigen. In diesem Abschnitt werden einige der bedeutendsten Herausforderungen untersucht, die die Gemeinschaft betreffen, sowie deren Auswirkungen auf die Mitglieder.

Stigmatisierung und Diskriminierung

Ein zentrales Problem, mit dem die LGBTQ+-Gemeinschaft konfrontiert ist, ist die Stigmatisierung, die oft zu Diskriminierung führt. Diese Diskriminierung kann in verschiedenen Formen auftreten, einschließlich:

- **Berufliche Diskriminierung:** Viele LGBTQ+-Personen erleben Vorurteile bei der Jobsuche oder am Arbeitsplatz, was zu einer geringeren Beschäftigungsquote und einem höheren Risiko von Arbeitslosigkeit führt.

- **Gesundheitsversorgung:** Diskriminierung im Gesundheitswesen kann dazu führen, dass LGBTQ+-Personen weniger Zugang zu notwendigen medizinischen Dienstleistungen haben, was ihre Gesundheit und ihr Wohlbefinden beeinträchtigt.

- **Gesetzliche Ungleichheit:** In vielen Ländern gibt es immer noch Gesetze, die LGBTQ+-Personen diskriminieren, was ihre Rechte und Freiheiten einschränkt.

Die Auswirkungen dieser Diskriminierung sind weitreichend und können zu psychischen Gesundheitsproblemen, wie Angstzuständen und Depressionen, führen. Eine Studie von Meyer (2003) über die „Minority Stress Theory" zeigt, dass die ständige Konfrontation mit Diskriminierung und Stigmatisierung zu chronischem Stress führt, der sich negativ auf die psychische Gesundheit auswirkt.

Interne Konflikte innerhalb der Gemeinschaft

Ein weiteres Problem innerhalb der LGBTQ+-Gemeinschaft sind interne Konflikte, die oft aus unterschiedlichen Identitäten und Erfahrungen resultieren. Diese Konflikte können sich in verschiedenen Formen zeigen:

- **Identitätskonflikte:** Innerhalb der Gemeinschaft gibt es unterschiedliche Identitäten, wie trans, queer, nicht-binär und viele andere. Diese Vielfalt kann zu Spannungen führen, wenn es darum geht, welche Identitäten in den Vordergrund gestellt werden.

- **Klassismus und Rassismus:** Innerhalb der LGBTQ+-Gemeinschaft gibt es auch Klassen- und Rassismusproblematiken, die zu einer weiteren Fragmentierung führen. Mitglieder aus marginalisierten ethnischen Gruppen können sich oft weniger unterstützt fühlen.

- **Generationsunterschiede:** Ältere und jüngere Mitglieder der Gemeinschaft können unterschiedliche Ansichten über Aktivismus und Repräsentation haben, was zu Spannungen führen kann.

Diese internen Konflikte können die Fähigkeit der Gemeinschaft beeinträchtigen, als vereinte Front gegen äußere Diskriminierung zu agieren. Es ist wichtig, dass die Gemeinschaft Mechanismen entwickelt, um diese Unterschiede zu respektieren und zu integrieren.

Mangelnde Ressourcen und Unterstützung

Eine der größten Herausforderungen für die LGBTQ+-Gemeinschaft ist der Mangel an Ressourcen und Unterstützung. Viele LGBTQ+-Organisationen kämpfen um finanzielle Mittel, was ihre Fähigkeit einschränkt, Dienstleistungen anzubieten und Programme zu entwickeln. Zu den spezifischen Herausforderungen gehören:

- **Finanzielle Unterstützung:** Viele Organisationen sind auf Spenden angewiesen, die oft unvorhersehbar sind. Dies kann die Kontinuität ihrer Programme gefährden.

- **Zugang zu Beratungsdiensten:** Der Mangel an LGBTQ+-freundlichen Beratungsdiensten kann dazu führen, dass Mitglieder der Gemeinschaft nicht die Unterstützung erhalten, die sie benötigen, um mit ihren Herausforderungen umzugehen.

- **Bildungsressourcen:** Ein Mangel an Bildungsressourcen über LGBTQ+-Themen in Schulen und Gemeinden kann zu Missverständnissen und Vorurteilen führen, die die Integration und Akzeptanz der Gemeinschaft behindern.

Um diesen Herausforderungen zu begegnen, ist es wichtig, dass die Gemeinschaft Strategien zur Ressourcenmobilisierung entwickelt und sich auf die Schaffung nachhaltiger Unterstützungsstrukturen konzentriert.

Politische und gesellschaftliche Widerstände

Politische und gesellschaftliche Widerstände stellen eine weitere erhebliche Herausforderung für die LGBTQ+-Gemeinschaft dar. In vielen Regionen gibt es noch immer Gesetze, die LGBTQ+-Rechte einschränken, und gesellschaftliche Normen, die Diskriminierung fördern. Zu den spezifischen Widerständen gehören:

- **Gesetzgebung:** In einigen Ländern gibt es Gesetze, die LGBTQ+-Personen kriminalisieren oder ihre Rechte einschränken, was zu einem Klima der Angst und Unsicherheit führt.

- **Gesellschaftliche Normen:** Traditionelle Geschlechterrollen und heteronormative Standards können es LGBTQ+-Personen erschweren, ihre Identität offen zu leben.

- **Religiöser Widerstand:** Religiöse Institutionen können oft eine ablehnende Haltung gegenüber LGBTQ+-Personen einnehmen, was zu sozialer Isolation und Diskriminierung führt.

Diese Widerstände können nicht nur das individuelle Leben von LGBTQ+-Personen beeinträchtigen, sondern auch die gesamte Gemeinschaft schwächen. Es ist entscheidend, dass die Gemeinschaft aktiv gegen diese Widerstände kämpft und sich für die Gleichstellung und Akzeptanz einsetzt.

Die Rolle der Medien

Die Medien spielen eine entscheidende Rolle bei der Darstellung der LGBTQ+-Gemeinschaft. Eine unzureichende oder stereotype Berichterstattung kann das öffentliche Verständnis und die Akzeptanz beeinträchtigen. Zu den Herausforderungen gehören:

- **Stereotypisierung:** Oft werden LGBTQ+-Personen in den Medien stereotyp dargestellt, was zu Missverständnissen und Vorurteilen führt.

- **Mangelnde Sichtbarkeit:** In vielen Medienformaten werden LGBTQ+-Geschichten und -Charaktere unterrepräsentiert, was die Sichtbarkeit und das Verständnis der Gemeinschaft einschränkt.

- **Verantwortung der Medien:** Journalisten und Medienunternehmen müssen sich ihrer Verantwortung bewusst sein, die LGBTQ+-Gemeinschaft genau und respektvoll darzustellen.

Die Medien haben die Macht, die öffentliche Meinung zu beeinflussen und die Sichtbarkeit der Gemeinschaft zu erhöhen. Es ist wichtig, dass sie sich für eine positive und vielfältige Darstellung einsetzen.

Fazit

Die Herausforderungen in der LGBTQ+-Gemeinschaft sind vielfältig und komplex. Von Diskriminierung und internen Konflikten bis hin zu Ressourcenmangel und gesellschaftlichem Widerstand – diese Probleme erfordern kollektive Anstrengungen, um Lösungen zu finden. Es ist entscheidend, dass die Gemeinschaft zusammenarbeitet, um diese Herausforderungen zu bewältigen und eine unterstützende und inklusive Umgebung für alle Mitglieder zu schaffen. Nur durch Zusammenarbeit und Solidarität kann die Gemeinschaft die notwendigen Veränderungen herbeiführen und eine gerechtere und gleichberechtigte Gesellschaft schaffen.

Die Rolle von Online-Communities

Online-Communities spielen eine entscheidende Rolle in der heutigen Gesellschaft, insbesondere für LGBTQ+-Personen, die oft mit Herausforderungen konfrontiert sind, die in traditionellen sozialen Umfeldern schwer zu bewältigen sind. Diese digitalen Räume bieten nicht nur eine Plattform für den Austausch von Erfahrungen, sondern auch Unterstützung, Bildung und Mobilisierung.

Theoretische Grundlagen

Die Theorie des sozialen Kapitals, wie sie von Pierre Bourdieu formuliert wurde, beschreibt, wie soziale Netzwerke und Verbindungen den Zugang zu Ressourcen und Unterstützung erhöhen können. In der LGBTQ+-Gemeinschaft ermöglicht der Zugang zu Online-Communities den Mitgliedern, soziale Verbindungen zu knüpfen, die in der physischen Welt möglicherweise nicht vorhanden sind. Diese Verbindungen fördern ein Gefühl der Zugehörigkeit und stärken das individuelle und kollektive Selbstbewusstsein.

Probleme und Herausforderungen

Trotz der Vorteile, die Online-Communities bieten, gibt es auch Herausforderungen. Cybermobbing und Diskriminierung sind weit verbreitete Probleme, die die Sicherheit und das Wohlbefinden der Mitglieder gefährden können. Laut einer Studie von [2] haben 40% der LGBTQ+-Jugendlichen berichtet, dass sie online belästigt wurden. Diese negativen Erfahrungen können dazu führen, dass sich Betroffene von ihren Gemeinschaften zurückziehen und ihre Teilnahme an Online-Diskussionen einschränken.

Beispiele für Online-Communities

Ein Beispiel für eine erfolgreiche Online-Community ist *Reddit*, insbesondere das Subreddit r/lgbt, wo Mitglieder ihre Geschichten und Erfahrungen teilen, Ratschläge geben und Unterstützung anbieten. Diese Plattform fördert den Austausch und ermöglicht es den Nutzern, sich anonym zu äußern, was für viele eine weniger bedrohliche Umgebung schafft.

Ein weiteres Beispiel ist die Plattform *Tumblr*, die in der Vergangenheit als sicherer Raum für LGBTQ+-Jugendliche diente. Hier konnten Nutzer kreative Ausdrucksformen finden, sei es durch Kunst, Poesie oder persönliche Blogs. Diese Art der kreativen Selbstentfaltung stärkt nicht nur das individuelle

Selbstwertgefühl, sondern fördert auch die Sichtbarkeit von LGBTQ+-Themen in der breiteren Gesellschaft.

Die Rolle von Aktivismus in Online-Communities

Online-Communities sind auch ein Katalysator für Aktivismus. Bewegungen wie *#BlackTransLivesMatter* und *#LoveIsLove* haben durch soziale Medien an Schwung gewonnen und internationale Aufmerksamkeit auf wichtige Themen gelenkt. Diese Hashtags und Kampagnen haben es ermöglicht, dass Stimmen, die zuvor marginalisiert waren, gehört werden und dass sich Menschen zusammenschließen, um für Gleichheit und Gerechtigkeit zu kämpfen.

Schlussfolgerung

Die Rolle von Online-Communities in der LGBTQ+-Bewegung kann nicht überschätzt werden. Sie bieten einen Raum für Unterstützung, Bildung und Aktivismus, der für viele von unschätzbarem Wert ist. Während Herausforderungen wie Cybermobbing bestehen, bleibt die Fähigkeit dieser Communities, Menschen zu verbinden und zu empowern, ein kraftvolles Werkzeug im Kampf für Gleichheit und Akzeptanz.

Bibliography

[1] Smith, A. (2019). *Cyberbullying and LGBTQ Youth: A Study on Online Harassment.* Journal of LGBTQ Issues in Counseling, 13(2), 123-138.

Der Austausch von Erfahrungen und Geschichten

Der Austausch von Erfahrungen und Geschichten ist ein zentraler Aspekt innerhalb der LGBTQ+-Gemeinschaft, der nicht nur zur Selbstakzeptanz beiträgt, sondern auch das Gefühl der Zugehörigkeit und Solidarität stärkt. In dieser Subsektion werden wir die Bedeutung dieses Austauschs, die Herausforderungen, die damit verbunden sind, sowie einige Beispiele für erfolgreiche Initiativen beleuchten.

Bedeutung des Austauschs

Der Austausch von Erfahrungen und Geschichten ermöglicht es Individuen, ihre persönlichen Kämpfe und Triumphe zu teilen. Dies kann eine heilende Wirkung haben, da es anderen zeigt, dass sie nicht allein sind. Psychologische Theorien, wie die soziale Identitätstheorie, betonen die Bedeutung von Gruppenidentität und Zugehörigkeit. Diese Theorie legt nahe, dass Menschen ein starkes Bedürfnis haben, sich mit Gleichgesinnten zu identifizieren, was zu einem positiven Selbstbild beiträgt [1].

Ein weiteres relevantes Konzept ist die Narrativtherapie, die besagt, dass das Erzählen von Geschichten eine transformative Kraft hat. Durch das Teilen ihrer Geschichten können Individuen ihre Identität neu definieren und ihre Erfahrungen in einem positiven Licht darstellen [?]. Die gemeinsame Erzählung von Erfahrungen fördert nicht nur das Verständnis, sondern auch das Mitgefühl innerhalb der Gemeinschaft.

Herausforderungen des Austauschs

Trotz der positiven Aspekte des Austauschs gibt es auch Herausforderungen, die berücksichtigt werden müssen. Eine der größten Hürden ist die Angst vor Stigmatisierung und Diskriminierung. Viele LGBTQ+-Personen zögern, ihre Geschichten zu teilen, aus Angst, nicht akzeptiert zu werden oder negative Konsequenzen zu erfahren. Diese Angst kann durch gesellschaftliche Vorurteile und Stereotypen verstärkt werden.

Zusätzlich kann der Austausch von Erfahrungen auch emotional belastend sein. Das Wiedererleben von traumatischen Ereignissen kann zu Stress und Angst führen. Daher ist es wichtig, dass solche Austauschformate in einem sicheren und unterstützenden Umfeld stattfinden. Psychologische Unterstützung und Ressourcen sollten bereitgestellt werden, um den Teilnehmern zu helfen, mit ihren Emotionen umzugehen.

Beispiele für erfolgreiche Initiativen

Es gibt zahlreiche Initiativen, die den Austausch von Erfahrungen und Geschichten innerhalb der LGBTQ+-Gemeinschaft fördern. Ein herausragendes Beispiel ist das Projekt „Humans of New York", das persönliche Geschichten von Menschen aus verschiedenen Hintergründen dokumentiert. Viele LGBTQ+-Personen haben ihre Erfahrungen geteilt, was zu einem besseren Verständnis und mehr Empathie in der Gesellschaft geführt hat. Diese Geschichten zeigen nicht nur individuelle Kämpfe, sondern auch die Vielfalt innerhalb der Gemeinschaft.

Ein weiteres Beispiel ist die Initiative „It Gets Better", die von Dan Savage und seinem Partner Terry Miller ins Leben gerufen wurde. Diese Kampagne ermutigt LGBTQ+-Personen, ihre Geschichten zu teilen und anderen zu zeigen, dass es Hoffnung gibt, selbst in schwierigen Zeiten. Die Videos und Geschichten, die im Rahmen dieser Initiative geteilt werden, haben Millionen von Menschen erreicht und viele inspiriert.

Schlussfolgerung

Der Austausch von Erfahrungen und Geschichten ist ein kraftvolles Werkzeug für die LGBTQ+-Gemeinschaft. Er fördert nicht nur die Selbstakzeptanz und das Gefühl der Zugehörigkeit, sondern trägt auch zur gesellschaftlichen Aufklärung und Sensibilisierung bei. Trotz der Herausforderungen, die damit verbunden sind, zeigen erfolgreiche Initiativen, wie wichtig und wirkungsvoll dieser Austausch sein kann. Die Förderung eines offenen Dialogs und die Schaffung sicherer Räume für den Austausch sind entscheidend, um die Gemeinschaft zu stärken und zukünftige Generationen zu inspirieren.

Die Kraft der Solidarität

Die Solidarität ist ein zentrales Konzept in der LGBTQ+-Bewegung und spielt eine entscheidende Rolle im Kampf um Gleichheit und Anerkennung. Sie beschreibt die Verbindung und Unterstützung zwischen Individuen und Gruppen, die ähnliche Herausforderungen und Diskriminierungen erleben. In diesem Abschnitt werden wir die Bedeutung der Solidarität, ihre theoretischen Grundlagen, die Herausforderungen, die sie mit sich bringt, sowie einige prägnante Beispiele betrachten.

Theoretische Grundlagen der Solidarität

Solidarität basiert auf der Idee des kollektiven Handelns und der gegenseitigen Unterstützung. In der sozialwissenschaftlichen Literatur wird Solidarität oft in zwei Hauptformen unterteilt:

- **Mechanische Solidarität:** Diese Form der Solidarität entsteht in homogenen Gemeinschaften, in denen die Mitglieder ähnliche Werte und Überzeugungen teilen. Sie ist oft in traditionellen Gesellschaften zu finden, in denen die soziale Kohäsion durch gemeinsame Normen und Bräuche gefördert wird.

- **Organische Solidarität:** Diese Form tritt in komplexeren, differenzierten Gesellschaften auf, in denen Individuen unterschiedliche Rollen und Funktionen übernehmen. Hier basiert die Solidarität auf der Anerkennung der wechselseitigen Abhängigkeit und der Notwendigkeit, zusammenzuarbeiten, um gemeinsame Ziele zu erreichen.

In der LGBTQ+-Bewegung ist die organische Solidarität besonders wichtig, da sie das Zusammenkommen von Individuen mit unterschiedlichen Identitäten und Erfahrungen erfordert, um eine gemeinsame Front gegen Diskriminierung und Ungerechtigkeit zu bilden.

Herausforderungen der Solidarität

Trotz ihrer Bedeutung sieht sich die Solidarität innerhalb der LGBTQ+-Gemeinschaft verschiedenen Herausforderungen gegenüber:

- **Interne Differenzen:** Unterschiedliche Identitäten innerhalb der Gemeinschaft, wie Transgender-Personen, BIPOC (Black, Indigenous, People of Color) und queere Menschen, können zu Spannungen führen. Diese Diversität erfordert ein sensibles Verständnis und die Bereitschaft, die spezifischen Bedürfnisse und Kämpfe anderer zu berücksichtigen.

- **Externe Bedrohungen:** Der gesellschaftliche Druck und die Diskriminierung, mit denen LGBTQ+-Personen konfrontiert sind, können dazu führen, dass Individuen sich isoliert fühlen. Es ist oft herausfordernd, eine kollektive Identität zu fördern, wenn die Mitglieder der Gemeinschaft unter dem Einfluss von Vorurteilen und Gewalt leiden.

- **Ressourcenteilung:** Solidarität erfordert oft die Teilung von Ressourcen, sei es finanziell, emotional oder in Form von Zeit. Die Herausforderung besteht darin, sicherzustellen, dass alle Mitglieder der Gemeinschaft Zugang zu den benötigten Ressourcen haben, um ihre Anliegen zu unterstützen.

Beispiele für Solidarität in der LGBTQ+-Bewegung

Es gibt zahlreiche Beispiele für Solidarität innerhalb der LGBTQ+-Bewegung, die die Kraft und den Einfluss gemeinschaftlicher Unterstützung verdeutlichen:

- **Stonewall-Aufstände (1969):** Diese historischen Ereignisse markieren einen Wendepunkt im Kampf für LGBTQ+-Rechte. Die Solidarität unter den Teilnehmern, die sich gegen Polizeigewalt und Diskriminierung wehrten, führte zu einer stärkeren Mobilisierung der Gemeinschaft und zur Gründung zahlreicher Organisationen.

- **Die AIDS-Krise:** In den 1980er Jahren mobilisierte die AIDS-Krise die LGBTQ+-Gemeinschaft zur Solidarität. Aktivisten organisierten sich, um Aufklärung zu betreiben, Spenden zu sammeln und Druck auf Regierungen auszuüben, um Forschung und Unterstützung für Betroffene zu fördern. Organisationen wie ACT UP (AIDS Coalition to Unleash Power) sind Beispiele für effektive solidarische Aktionen.

- **Pride-Veranstaltungen:** Pride-Paraden und -Veranstaltungen sind nicht nur Feierlichkeiten, sondern auch Ausdruck der Solidarität. Sie bringen Menschen zusammen, um für die Rechte und die Sichtbarkeit von LGBTQ+-Personen einzutreten und eine Botschaft der Akzeptanz und Unterstützung zu senden.

Schlussfolgerung

Die Kraft der Solidarität innerhalb der LGBTQ+-Bewegung ist unbestreitbar. Sie ermöglicht es Individuen, sich über Unterschiede hinweg zu vereinen und gemeinsam für Gerechtigkeit zu kämpfen. Trotz der Herausforderungen, die sie mit sich bringt, ist die Solidarität ein unverzichtbarer Bestandteil des Kampfes für Gleichheit und Anerkennung. Die Fähigkeit, sich gegenseitig zu unterstützen und zu ermutigen, ist entscheidend für den Fortschritt der Bewegung und die Schaffung einer inklusiven Gesellschaft.

In einer Zeit, in der die Rechte von LGBTQ+-Personen weiterhin angegriffen werden, ist es wichtiger denn je, die Solidarität zu stärken und die Stimmen aller Mitglieder der Gemeinschaft zu hören. Nur durch vereinte Anstrengungen können wir eine gerechtere und gleichberechtigtere Zukunft schaffen.

Die Bedeutung von Aktivismus innerhalb der Gemeinschaft

Aktivismus innerhalb der LGBTQ+-Gemeinschaft spielt eine entscheidende Rolle bei der Förderung von Gleichheit, Akzeptanz und Sichtbarkeit. Er ist nicht nur ein Mittel zur Bekämpfung von Diskriminierung, sondern auch ein Werkzeug zur Schaffung von Gemeinschaftsgefühl und Solidarität. In diesem Abschnitt werden wir die verschiedenen Dimensionen des Aktivismus innerhalb der LGBTQ+-Gemeinschaft untersuchen, einschließlich seiner theoretischen Grundlagen, der Herausforderungen, mit denen Aktivisten konfrontiert sind, und konkreten Beispielen erfolgreicher Initiativen.

Theoretische Grundlagen des Aktivismus

Aktivismus wird oft durch verschiedene theoretische Rahmenwerke verstanden. Eine der bekanntesten Theorien ist die *Theorie des sozialen Wandels*, die besagt, dass kollektives Handeln notwendig ist, um gesellschaftliche Normen und Strukturen zu verändern. In der LGBTQ+-Bewegung bedeutet dies, dass Aktivisten gemeinsam gegen Diskriminierung und Ungerechtigkeit kämpfen müssen, um die gesellschaftliche Akzeptanz zu fördern.

Ein weiterer theoretischer Ansatz ist die *Intersektionalität*, die von Kimberlé Crenshaw geprägt wurde. Diese Theorie besagt, dass verschiedene Identitäten (wie Geschlecht, Rasse und sexuelle Orientierung) sich überschneiden und somit unterschiedliche Erfahrungen von Diskriminierung und Privilegien hervorrufen. Aktivismus innerhalb der LGBTQ+-Gemeinschaft muss diese Komplexität berücksichtigen, um effektiv zu sein. Dies bedeutet, dass die Stimmen von marginalisierten Gruppen innerhalb der Gemeinschaft, wie Transgender-Personen und People of Color, besonders gehört und unterstützt werden müssen.

Herausforderungen im Aktivismus

Trotz der Bedeutung des Aktivismus innerhalb der Gemeinschaft gibt es zahlreiche Herausforderungen, die es zu bewältigen gilt. Eine der größten Herausforderungen ist die *Innere Spaltung* innerhalb der LGBTQ+-Gemeinschaft. Unterschiedliche Gruppen innerhalb der Gemeinschaft können unterschiedliche Prioritäten und Strategien haben, was zu Konflikten führen kann. Zum Beispiel könnten cisgender Schwule und Lesben andere Anliegen als Transgender-Personen oder nicht-binäre Individuen haben. Diese Spannungen können die Effektivität von aktivistischen Bemühungen beeinträchtigen.

Ein weiteres Problem ist die *Sichtbarkeit* und die damit verbundene Gefährdung. Während Sichtbarkeit wichtig ist, um Diskriminierung zu bekämpfen, kann sie auch zu einem erhöhten Risiko für Gewalt und Diskriminierung führen. Aktivisten müssen oft abwägen, wie viel sie von ihrer Identität und ihren Erfahrungen preisgeben möchten, um sich selbst zu schützen.

Beispiele erfolgreicher Initiativen

Trotz dieser Herausforderungen gibt es zahlreiche Beispiele für erfolgreichen Aktivismus innerhalb der LGBTQ+-Gemeinschaft. Eine bemerkenswerte Initiative ist die *Stonewall-Bewegung*, die in den späten 1960er Jahren begann und als Katalysator für die moderne LGBTQ+-Bewegung gilt. Die Unruhen, die nach einem Polizeieinsatz im Stonewall Inn in New York City ausbrachen, führten zu einer verstärkten Mobilisierung und zur Gründung zahlreicher LGBTQ+-Organisationen.

Ein weiteres Beispiel ist die *NOH8-Kampagne*, die 2008 als Reaktion auf die Verabschiedung von Proposition 8 in Kalifornien ins Leben gerufen wurde. Diese Kampagne verwendet Fotografien von Menschen mit einem *NOH8*-Aufkleber auf dem Gesicht, um gegen die Diskriminierung von LGBTQ+-Personen zu protestieren. Die Kampagne hat nicht nur das Bewusstsein für die Rechte von LGBTQ+-Personen geschärft, sondern auch eine Plattform für individuelle Stimmen innerhalb der Gemeinschaft geschaffen.

Zusätzlich haben viele lokale LGBTQ+-Gruppen in verschiedenen Städten Initiativen zur Aufklärung und Sensibilisierung durchgeführt. Diese Initiativen reichen von Workshops und Schulungen über Diskriminierung bis hin zu Veranstaltungen, die die Vielfalt innerhalb der Gemeinschaft feiern. Solche

Veranstaltungen fördern nicht nur das Verständnis, sondern stärken auch das Gemeinschaftsgefühl und die Solidarität.

Fazit

Zusammenfassend lässt sich sagen, dass der Aktivismus innerhalb der LGBTQ+-Gemeinschaft von entscheidender Bedeutung ist, um Gleichheit und Akzeptanz zu fördern. Durch die Berücksichtigung theoretischer Ansätze wie sozialer Wandel und Intersektionalität können Aktivisten effektivere Strategien entwickeln, um Diskriminierung zu bekämpfen. Trotz der Herausforderungen, die innere Spaltungen und Sichtbarkeit mit sich bringen, gibt es zahlreiche erfolgreiche Initiativen, die als Vorbilder für zukünftige Bemühungen dienen können. Der Aktivismus innerhalb der Gemeinschaft bleibt ein unverzichtbarer Bestandteil des Kampfes für soziale Gerechtigkeit und Gleichheit.

Die Zukunft der LGBTQ+-Gemeinschaft

Die Zukunft der LGBTQ+-Gemeinschaft steht vor einer Vielzahl von Herausforderungen und Chancen, die sowohl durch gesellschaftliche Veränderungen als auch durch technologische Entwicklungen geprägt sind. Diese Dynamik erfordert eine kontinuierliche Reflexion über die Bedürfnisse und Ziele der Gemeinschaft, um eine inklusive und gerechte Gesellschaft zu schaffen.

Gesellschaftliche Akzeptanz und Sichtbarkeit

Die Akzeptanz von LGBTQ+-Personen hat in den letzten Jahrzehnten erhebliche Fortschritte gemacht, doch es bestehen weiterhin erhebliche Unterschiede in der gesellschaftlichen Akzeptanz, die oft von geografischen, kulturellen und sozialen Faktoren abhängen. In vielen Ländern sind LGBTQ+-Rechte rechtlich anerkannt, jedoch erleben viele Mitglieder der Gemeinschaft immer noch Diskriminierung und Gewalt. Eine Umfrage der *Pew Research Center* aus dem Jahr 2020 ergab, dass 39% der Befragten in den USA glauben, dass die Gesellschaft die LGBTQ+-Gemeinschaft nicht ausreichend akzeptiert. Diese Diskrepanz zeigt, dass es noch viel zu tun gibt, um eine echte Gleichheit zu erreichen.

Intersektionalität im Aktivismus

Ein zentraler Aspekt der zukünftigen LGBTQ+-Bewegung ist die Berücksichtigung der Intersektionalität. Diese Theorie, die von Kimberlé Crenshaw geprägt wurde, betont, dass verschiedene Identitätsmerkmale – wie

Geschlecht, Rasse, Klasse und sexuelle Orientierung – miteinander verwoben sind und die Erfahrungen von Individuen innerhalb der Gemeinschaft beeinflussen. Ein Beispiel hierfür ist die besondere Herausforderung, die schwarze, transgender Frauen in den USA erleben, die sowohl rassistischer als auch sexistischer Diskriminierung ausgesetzt sind. Aktivisten müssen sicherstellen, dass die Stimmen marginalisierter Gruppen innerhalb der LGBTQ+-Gemeinschaft gehört und vertreten werden.

Technologische Entwicklungen

Technologie spielt eine entscheidende Rolle in der Zukunft der LGBTQ+-Gemeinschaft. Soziale Medien haben es ermöglicht, dass Menschen sich vernetzen, Erfahrungen austauschen und Gemeinschaften bilden, unabhängig von ihrem geografischen Standort. Plattformen wie Instagram und TikTok bieten LGBTQ+-Personen die Möglichkeit, ihre Geschichten zu erzählen und Sichtbarkeit zu erlangen. Dies kann jedoch auch zu Herausforderungen führen, da Online-Mobbing und Diskriminierung ebenfalls zugenommen haben. Die Gemeinschaft muss Strategien entwickeln, um sich gegen Cybermobbing zu wehren und sicherzustellen, dass Online-Plattformen sicher und inklusiv bleiben.

Politische Mobilisierung

Die politische Mobilisierung bleibt ein entscheidender Faktor für die Zukunft der LGBTQ+-Gemeinschaft. Der Einfluss von LGBTQ+-Aktivisten auf politische Entscheidungen hat in den letzten Jahren zugenommen, insbesondere in Bezug auf Ehegleichheit und Antidiskriminierungsgesetze. Ein Beispiel ist die *Equality Act*, ein Gesetzesentwurf in den USA, der darauf abzielt, Diskriminierung aufgrund der sexuellen Orientierung und Geschlechtsidentität auf Bundesebene zu verbieten. Solche politischen Maßnahmen sind entscheidend, um die Rechte der LGBTQ+-Gemeinschaft zu schützen und zu fördern.

Bildung und Aufklärung

Bildung spielt eine zentrale Rolle in der Zukunft der LGBTQ+-Gemeinschaft. Die Aufklärung über LGBTQ+-Themen in Schulen und Bildungseinrichtungen kann dazu beitragen, Vorurteile abzubauen und ein unterstützendes Umfeld zu schaffen. Programme, die sich auf die Förderung von Akzeptanz und Inklusion konzentrieren, sind entscheidend, um zukünftige Generationen über die Vielfalt der Geschlechter und sexuellen Orientierungen aufzuklären. Ein Beispiel für solch ein Programm ist das *Safe Schools Coalition*, das Schulen dabei unterstützt, ein sicheres und einladendes Umfeld für LGBTQ+-Schüler zu schaffen.

Gesundheit und Wohlbefinden

Ein weiterer wichtiger Aspekt der Zukunft der LGBTQ+-Gemeinschaft ist die Verbesserung des Zugangs zu Gesundheitsdiensten. LGBTQ+-Personen haben oft spezifische Gesundheitsbedürfnisse, die in der medizinischen Versorgung nicht ausreichend berücksichtigt werden. Die hohe Rate an psychischen Erkrankungen und Suizidversuchen unter LGBTQ+-Jugendlichen ist alarmierend. Statistiken zeigen, dass etwa 40% der LGBTQ+-Jugendlichen ernsthaft in Betracht ziehen, sich das Leben zu nehmen, was auf die Notwendigkeit einer besseren psychischen Gesundheitsversorgung hinweist. Programme, die sich auf die psychische Gesundheit und das Wohlbefinden von LGBTQ+-Personen konzentrieren, sind entscheidend, um diese Krise anzugehen.

Zukunftsvisionen

Die Zukunft der LGBTQ+-Gemeinschaft sollte eine Vision von Solidarität, Akzeptanz und Gleichheit umfassen. Es ist entscheidend, dass die Gemeinschaft weiterhin für die Rechte aller Mitglieder eintritt, insbesondere für diejenigen, die am stärksten marginalisiert sind. Die Zusammenarbeit mit anderen sozialen Bewegungen, wie der feministischen und der antirassistischen Bewegung, kann dazu beitragen, eine breitere Basis für Veränderungen zu schaffen und die Intersektionalität zu betonen.

Insgesamt wird die Zukunft der LGBTQ+-Gemeinschaft von der Fähigkeit abhängen, sich an veränderte gesellschaftliche Bedingungen anzupassen, während sie gleichzeitig ihre Grundwerte von Gleichheit und Gerechtigkeit bewahrt. Es ist eine Herausforderung, die Mut, Kreativität und Zusammenarbeit erfordert, um sicherzustellen, dass alle Mitglieder der Gemeinschaft in einer Welt leben können, die sie akzeptiert und wertschätzt.

Schlussfolgerung

Die Herausforderungen der Zukunft sind vielfältig, aber die LGBTQ+-Gemeinschaft hat eine lange Geschichte des Widerstands und der Resilienz. Mit einem klaren Fokus auf Bildung, politische Mobilisierung, soziale Gerechtigkeit und die Förderung von intersektionalen Perspektiven kann die Gemeinschaft weiterhin Fortschritte erzielen und eine gerechtere und inklusivere Gesellschaft für alle schaffen. Der Weg mag steinig sein, aber die Vision einer

Welt, in der jeder Mensch unabhängig von seiner sexuellen Orientierung oder Geschlechtsidentität akzeptiert wird, ist eine, für die es sich zu kämpfen lohnt.

Der Weg zur Selbstverwirklichung

Die Entdeckung der eigenen Talente

Die Entdeckung der eigenen Talente ist ein entscheidender Schritt auf dem Weg zur Selbstverwirklichung und zur Identitätsfindung. Für Renato Perez, den trans-Schauspieler, war dieser Prozess nicht nur eine persönliche Reise, sondern auch ein Weg, um seine künstlerische Stimme in der Welt zu finden und zu etablieren. In diesem Abschnitt werden wir die verschiedenen Facetten der Talententdeckung untersuchen, die Herausforderungen, die damit verbunden sind, sowie die positiven Auswirkungen, die diese Entdeckung auf Renatos Leben und Karriere hatte.

Der Prozess der Talententdeckung

Die Talententdeckung ist ein dynamischer Prozess, der oft mit Selbstreflexion und Experimentieren verbunden ist. Viele Menschen beginnen diesen Prozess in ihrer Kindheit oder Jugend, indem sie verschiedene Aktivitäten ausprobieren, um herauszufinden, was ihnen Freude bereitet und wo ihre Stärken liegen. In Renatos Fall begann dieser Prozess in den frühen Jahren seiner Kindheit in Deutschland. Er war von der Kunst und Kultur umgeben, die ihn dazu inspirierten, seine eigenen kreativen Fähigkeiten zu erkunden.

Ein wichtiger Aspekt der Talententdeckung ist die Rolle von Vorbildern und Mentoren. Diese Personen können eine entscheidende Rolle dabei spielen, das Potenzial eines Individuums zu erkennen und zu fördern. Renato fand in seiner Familie und in der LGBTQ+-Community Unterstützung, die ihm half, seine Talente zu erkennen und zu entwickeln. Diese Unterstützung war nicht nur emotional, sondern auch praktisch, indem sie ihm Möglichkeiten bot, an verschiedenen künstlerischen Projekten teilzunehmen.

Herausforderungen bei der Talententdeckung

Trotz der positiven Aspekte der Talententdeckung gibt es auch zahlreiche Herausforderungen. Eine der größten Hürden, mit denen Renato konfrontiert war, war die Unsicherheit über seine Identität und die Angst vor Ablehnung. Diese Ängste können oft lähmend sein und den Prozess der Selbstentdeckung behindern. In vielen Fällen erleben Menschen, die sich in der LGBTQ+-Community bewegen, Diskriminierung und Vorurteile, was die Entdeckung und das Ausleben ihrer Talente zusätzlich erschwert.

Ein weiteres Problem, das Renato begegnete, war der Druck, den Erwartungen anderer gerecht zu werden. In einer Gesellschaft, die oft enge Vorstellungen von Geschlecht und Identität hat, kann es schwierig sein, den eigenen Weg zu finden. Renato musste lernen, sich von diesen Erwartungen zu befreien und seinen eigenen Stil zu entwickeln, was eine bedeutende Herausforderung darstellt.

Beispiele für die Entdeckung von Talenten

Ein konkretes Beispiel für Renatos Talententdeckung ist seine erste Hauptrolle in einem Theaterstück. Diese Erfahrung war nicht nur eine Gelegenheit, sein schauspielerisches Talent zu zeigen, sondern auch eine Möglichkeit, seine Identität zu feiern und sich mit anderen zu verbinden, die ähnliche Erfahrungen gemacht hatten. Die positive Resonanz des Publikums half ihm, Vertrauen in seine Fähigkeiten zu gewinnen und seine Leidenschaft für die Bühne weiter zu vertiefen.

Darüber hinaus war Renatos Engagement in verschiedenen kreativen Projekten, wie der Teilnahme an Workshops und Theateraufführungen, entscheidend für seine Entwicklung. Diese Erfahrungen ermöglichten es ihm, verschiedene Rollen auszuprobieren und seinen eigenen Stil zu finden. Indem er mit anderen Künstlern zusammenarbeitete, konnte er nicht nur seine Fähigkeiten verbessern, sondern auch wertvolle Lektionen über die Kunst und die Bedeutung von Zusammenarbeit lernen.

Die Verbindung zwischen Talent und Identität

Die Entdeckung der eigenen Talente ist untrennbar mit der Identitätsfindung verbunden. Für Renato bedeutete die Anerkennung seiner Talente auch die Akzeptanz seiner Identität als trans-Schauspieler. Diese Verbindung ist besonders wichtig, da sie zeigt, wie Kunst und persönliche Erfahrungen sich gegenseitig beeinflussen können. Renato nutzte seine Talente, um Geschichten zu erzählen, die oft von seiner eigenen Realität geprägt waren. Diese Authentizität in seiner Arbeit half ihm, eine tiefere Verbindung zu seinem Publikum herzustellen und die Sichtbarkeit von Transgender-Personen in der Kunst zu fördern.

Zusammenfassend lässt sich sagen, dass die Entdeckung der eigenen Talente ein komplexer, aber lohnenswerter Prozess ist, der sowohl persönliche als auch gesellschaftliche Dimensionen umfasst. Für Renato Perez war dieser Prozess entscheidend für seine Entwicklung als Künstler und Aktivist. Durch die

Überwindung von Herausforderungen und die Nutzung seiner Talente konnte er nicht nur seine eigene Identität feiern, sondern auch einen bedeutenden Einfluss auf die LGBTQ+-Community und die Gesellschaft insgesamt ausüben.

Die Bedeutung von Kreativität

Kreativität ist ein essenzieller Bestandteil der menschlichen Erfahrung, der in vielen Lebensbereichen eine entscheidende Rolle spielt. In der Kunst, im Aktivismus, in der Wissenschaft und im Alltag ermöglicht Kreativität den Menschen, über das Gewöhnliche hinauszudenken und innovative Lösungen für komplexe Probleme zu finden. Für Renato Perez, den trans-Schauspieler und Aktivisten, war Kreativität nicht nur ein Werkzeug der Selbstexpression, sondern auch ein Mittel zur Förderung von Akzeptanz und Verständnis in der Gesellschaft.

Theoretische Grundlagen

Die Bedeutung von Kreativität wird in der Psychologie oft durch verschiedene Theorien erklärt. Eine der bekanntesten ist die *Torrance Theory of Creativity*, die Kreativität als einen Prozess beschreibt, der mehrere Phasen umfasst: Vorbereitung, Inkubation, Einsicht und Verifikation. In dieser Theorie wird betont, dass Kreativität nicht nur das Ergebnis eines plötzlichen Geistesblitzes ist, sondern oft das Resultat harter Arbeit und kontinuierlicher Reflexion.

Ein weiterer wichtiger Aspekt ist die *Divergente Denkweise*, die von J.P. Guilford eingeführt wurde. Diese Denkweise fördert die Fähigkeit, viele verschiedene Lösungen für ein Problem zu finden, anstatt sich auf eine einzige, konventionelle Lösung zu beschränken. Diese Fähigkeit ist besonders wichtig in kreativen Berufen, wo es darum geht, neue Ideen zu entwickeln und bestehende Normen in Frage zu stellen.

Kreativität im Kontext von Renatos Leben

Für Renato war Kreativität ein Weg, seine Identität auszudrücken und die Herausforderungen, denen er gegenüberstand, zu bewältigen. In seinen frühen Jahren erlebte er oft das Gefühl der Isolation und des Missmuts, da er in einer Gesellschaft lebte, die oft nicht bereit war, Vielfalt zu akzeptieren. Durch die Kunst fand er eine Plattform, um seine Erfahrungen zu teilen und andere zu inspirieren.

Ein Beispiel für Renatos kreative Herangehensweise war seine Entscheidung, autobiografische Elemente in seine Rollen einzubringen. Indem er persönliche Geschichten und Emotionen in seine Darstellungen einfließen ließ, gelang es ihm, authentische und berührende Charaktere zu schaffen, die das Publikum tief berührten. Diese Technik half nicht nur ihm, seine eigene Identität zu akzeptieren, sondern auch anderen, die ähnliche Erfahrungen gemacht hatten, sich gesehen und gehört zu fühlen.

Probleme und Herausforderungen

Trotz der positiven Aspekte von Kreativität steht sie auch vor Herausforderungen. Eine der größten Hürden für kreative Individuen ist der Druck, sich an gesellschaftliche Normen anzupassen. Oftmals wird von Künstlern und Aktivisten erwartet, dass sie in vorgefertigte Schubladen passen, was ihre Fähigkeit einschränkt, authentische und innovative Arbeiten zu schaffen.

Ein weiteres Problem ist die Angst vor dem Scheitern. Viele Kreative empfinden den Druck, ständig neue und beeindruckende Werke zu produzieren, was zu Stress und Angst führen kann. Diese Angst kann lähmend wirken und dazu führen, dass sie ihre kreativen Fähigkeiten nicht voll ausschöpfen.

In Renatos Fall war es wichtig, diese Ängste zu überwinden, um seine Stimme als Künstler und Aktivist zu finden. Er erkannte, dass Fehler und Rückschläge Teil des kreativen Prozesses sind und dass sie oft zu wertvollen Lektionen führen, die das persönliche und berufliche Wachstum fördern.

Beispiele für kreative Ansätze im Aktivismus

Renato nutzte seine Kreativität nicht nur in seiner Schauspielkarriere, sondern auch in seinem Aktivismus. Ein bemerkenswertes Beispiel war seine Mitwirkung an einer Theaterproduktion, die sich mit den Herausforderungen von Transgender-Personen auseinandersetzte. Durch die Kombination von Schauspiel, Musik und Tanz schuf er eine eindrucksvolle Darbietung, die das Publikum zum Nachdenken anregte und Diskussionen über Geschlechteridentität und gesellschaftliche Akzeptanz anstieß.

Ein weiteres Beispiel war Renatos Einsatz in sozialen Medien, wo er kreative Kampagnen startete, um auf die Probleme der LGBTQ+-Gemeinschaft aufmerksam zu machen. Er nutzte visuelle Kunst und Storytelling, um komplexe Themen zugänglich und verständlich zu machen. Diese kreativen Ansätze ermöglichten es ihm, eine breitere Öffentlichkeit zu erreichen und wichtige Gespräche über Akzeptanz und Gleichheit anzustoßen.

Fazit

Die Bedeutung von Kreativität kann nicht genug betont werden. Sie ist ein Schlüssel zu persönlichem Wachstum, sozialer Veränderung und kulturellem Verständnis. Für Renato Perez war Kreativität ein lebensveränderndes Werkzeug, das ihm half, seine Identität zu finden und seine Botschaft in die Welt zu tragen. Indem er seine kreativen Fähigkeiten in den Dienst des Aktivismus stellte, trug er dazu bei, Barrieren abzubauen und die Sichtbarkeit von Transgender-Personen zu erhöhen.

Kreativität ist also nicht nur ein individuelles Merkmal, sondern auch ein kollektives Gut, das Gemeinschaften stärken und gesellschaftliche Normen hinterfragen kann. In einer Welt, die oft von Vorurteilen und Diskriminierung geprägt ist, bleibt Kreativität ein unverzichtbares Mittel zur Förderung von Verständnis, Empathie und letztlich zur Schaffung einer gerechteren Gesellschaft.

Die Herausforderungen der Selbstverwirklichung

Die Selbstverwirklichung ist ein zentraler Aspekt der menschlichen Entwicklung und wird oft als das Streben nach dem eigenen Potenzial und der Erfüllung individueller Träume und Ziele beschrieben. In der Psychologie wird Selbstverwirklichung häufig mit der höchsten Stufe in Maslows Bedürfnishierarchie in Verbindung gebracht, wo es darum geht, die eigenen Fähigkeiten und Talente voll auszuschöpfen. Diese Reise zur Selbstverwirklichung kann jedoch mit zahlreichen Herausforderungen verbunden sein, insbesondere für Menschen, die aufgrund ihrer Identität, wie im Fall von Renato Perez, mit gesellschaftlichen Vorurteilen und Diskriminierung konfrontiert sind.

Innere Konflikte und Selbstzweifel

Ein häufiges Hindernis auf dem Weg zur Selbstverwirklichung sind innere Konflikte und Selbstzweifel. Diese können durch gesellschaftliche Erwartungen, familiäre Druck und persönliche Unsicherheiten verstärkt werden. Renato Perez erlebte in seiner Jugend Momente, in denen er an seiner Identität zweifelte und sich fragte, ob er den Erwartungen anderer gerecht werden könnte. Diese inneren Kämpfe sind nicht ungewöhnlich, insbesondere in einer Gesellschaft, die oft starr an traditionellen Geschlechterrollen festhält. Die Theorie von *Carl Rogers* über die Selbstaktualisierung beschreibt, dass Menschen das Bedürfnis haben, sich selbst zu verwirklichen, was jedoch durch negative Erfahrungen und Selbstzweifel behindert werden kann.

Gesellschaftliche Erwartungen und Normen

Die Herausforderung, sich in einer Gesellschaft zu verwirklichen, die oft normative Vorstellungen von Geschlecht und Identität propagiert, ist eine weitere bedeutende Hürde. Renato musste sich mit den Erwartungen auseinandersetzen, die an ihn als Transgender-Person gestellt wurden. Die gesellschaftlichen Normen, die oft auf binären Geschlechterkonzepten basieren, können das Gefühl der Zugehörigkeit und Akzeptanz beeinträchtigen. Diese Diskrepanz zwischen dem eigenen Selbstbild und den gesellschaftlichen Erwartungen kann zu einem Gefühl der Isolation führen, das die Selbstverwirklichung behindert.

Ressourcen und Unterstützung

Ein weiterer Aspekt, der die Selbstverwirklichung erschwert, ist der Zugang zu Ressourcen und Unterstützung. In vielen Fällen haben Menschen, die sich in marginalisierten Gruppen befinden, eingeschränkten Zugang zu den notwendigen Ressourcen, um ihre Träume zu verwirklichen. Dies kann finanzielle Unterstützung, Bildungschancen oder Zugang zu Netzwerken umfassen, die für den beruflichen und persönlichen Erfolg entscheidend sind. Renato erkannte, dass der Aufbau eines unterstützenden Netzwerks von entscheidender Bedeutung war, um die Herausforderungen der Selbstverwirklichung zu meistern. Die Rolle von Mentoren und Vorbildern kann hierbei nicht hoch genug eingeschätzt werden, da sie nicht nur als Inspirationsquelle dienen, sondern auch praktische Unterstützung bieten können.

Kreativität und Ausdruck

Die Selbstverwirklichung erfordert oft auch einen kreativen Ausdruck, der durch gesellschaftliche Normen und persönliche Ängste eingeschränkt werden kann. Renato fand in der Kunst und im Schauspiel einen Weg, sich selbst auszudrücken und seine Identität zu feiern. Die Herausforderungen, die mit der kreativen Arbeit verbunden sind, wie etwa die Angst vor Ablehnung oder das Streben nach Perfektion, können jedoch auch hinderlich sein. Die *Theorie der kreativen Blockaden*, die von verschiedenen Psychologen untersucht wurde, beschreibt, wie innere und äußere Faktoren den kreativen Prozess behindern können. In Renatos Fall war es wichtig, diese Blockaden zu erkennen und Strategien zu entwickeln, um sie zu überwinden.

Resilienz und Durchhaltevermögen

Ein entscheidender Faktor für die Selbstverwirklichung ist die Fähigkeit zur Resilienz – die Fähigkeit, Rückschläge zu überwinden und aus Misserfolgen zu lernen. Renato musste zahlreiche Herausforderungen und Rückschläge in seiner Karriere und seinem persönlichen Leben bewältigen. Diese Resilienz ist oft das Ergebnis von Erfahrungen, die Menschen in schwierigen Situationen machen. Die *Resilienztheorie* legt nahe, dass das Entwickeln von Bewältigungsmechanismen und sozialen Unterstützungsnetzwerken entscheidend ist, um die Herausforderungen der Selbstverwirklichung zu meistern.

Beispiele und Fallstudien

Beispiele aus der LGBTQ+-Gemeinschaft zeigen, wie Individuen trotz erheblicher Herausforderungen ihre Ziele erreichen können. Die Geschichte von Renato Perez ist ein Beispiel für die transformative Kraft der Selbstverwirklichung, die nicht nur das eigene Leben, sondern auch das Leben anderer beeinflussen kann. Seine Reise verdeutlicht, dass die Überwindung von Herausforderungen oft mit der Unterstützung von Gleichgesinnten und der Entschlossenheit verbunden ist, die eigene Identität zu leben und zu feiern.

Die Herausforderungen der Selbstverwirklichung sind vielschichtig und erfordern ein tiefes Verständnis der eigenen Identität, der gesellschaftlichen Strukturen und der persönlichen Resilienz. Durch die Auseinandersetzung mit diesen Themen können Individuen, inspiriert durch Vorbilder wie Renato, ihren eigenen Weg zur Selbstverwirklichung finden und gleichzeitig einen positiven Einfluss auf die Gesellschaft ausüben.

Die Rolle von Kunst in der Identitätsfindung

Kunst spielt eine entscheidende Rolle in der Identitätsfindung, insbesondere für Menschen, die sich in einer komplexen und oft herausfordernden gesellschaftlichen Landschaft bewegen. Für viele LGBTQ+-Individuen ist Kunst nicht nur ein Mittel zur Selbstdarstellung, sondern auch ein Weg, um ihre Identität zu erforschen, zu verstehen und zu akzeptieren. In diesem Zusammenhang kann Kunst als ein Spiegel betrachtet werden, der die inneren Konflikte, Wünsche und die Vielfalt menschlicher Erfahrungen reflektiert.

Theoretische Grundlagen

Die Theorie der sozialen Identität, die von Henri Tajfel und John Turner entwickelt wurde, bietet einen Rahmen, um zu verstehen, wie Individuen ihre Identität durch Gruppenzugehörigkeit definieren. Kunst kann als ein Medium angesehen werden, das diese Zugehörigkeit verstärkt und die Sichtbarkeit von marginalisierten Gruppen fördert. In diesem Sinne wird Kunst zu einem Werkzeug, das nicht nur persönliche, sondern auch kollektive Identitäten formt.

Kunst als Ausdrucksform

Kunst ermöglicht es Individuen, ihre Erfahrungen auszudrücken und zu verarbeiten. Für Renato Perez war die Bühne ein Ort, an dem er seine Identität als trans-Schauspieler erforschen konnte. Durch die Darstellung verschiedener Charaktere konnte er nicht nur seine eigene Geschichte erzählen, sondern auch die Geschichten anderer Menschen, die ähnliche Kämpfe durchlebten. Diese Form des Ausdrucks bietet eine Möglichkeit, sich mit der eigenen Identität auseinanderzusetzen und diese zu feiern.

Beispiele aus der Praxis

Ein bemerkenswertes Beispiel für die Rolle von Kunst in der Identitätsfindung ist die Theaterproduktion *"The Laramie Project"*, die die Reaktionen der Gemeinde auf den Mord an Matthew Shepard behandelt, einem schwulen Mann, der aufgrund seiner sexuellen Orientierung ermordet wurde. Diese Produktion hat nicht nur das Bewusstsein für Gewalt gegen LGBTQ+-Personen geschärft, sondern auch eine Plattform geschaffen, auf der die Identität und die Erfahrungen von LGBTQ+-Individuen sichtbar gemacht werden konnten. Solche Werke fördern Empathie und Verständnis und tragen dazu bei, Vorurteile abzubauen.

Kunst und Gemeinschaft

Kunst hat auch die Fähigkeit, Gemeinschaften zu bilden. LGBTQ+-Künstler und -Aktivisten nutzen Kunst, um Netzwerke zu schaffen und sich gegenseitig zu unterstützen. Veranstaltungen wie Pride-Paraden oder LGBTQ+-Filmfestivals sind nicht nur Feiern der Identität, sondern auch Gelegenheiten zur Vernetzung und zum Austausch von Erfahrungen. Diese gemeinschaftlichen Ausdrucksformen stärken das Zugehörigkeitsgefühl und fördern die Akzeptanz.

Herausforderungen und Probleme

Trotz der positiven Aspekte der Kunst als Mittel zur Identitätsfindung gibt es auch Herausforderungen. Künstler, die sich mit LGBTQ+-Themen auseinandersetzen, sehen sich oft mit Stereotypen und Diskriminierung konfrontiert. Die Frage der Authentizität spielt eine zentrale Rolle: Wer darf die Geschichten von LGBTQ+-Personen erzählen, und wie wird sichergestellt, dass diese Geschichten respektvoll und akkurat dargestellt werden? Diese Herausforderungen erfordern eine kritische Auseinandersetzung mit der Rolle von Kunst in der Gesellschaft.

Fazit

Die Rolle von Kunst in der Identitätsfindung ist vielschichtig und tiefgreifend. Sie bietet nicht nur einen Raum für persönliche und kollektive Ausdrucksformen, sondern fördert auch das Verständnis und die Akzeptanz innerhalb der Gesellschaft. Für Renato Perez und viele andere ist die Kunst ein unverzichtbares Werkzeug, um ihre Identität zu erforschen und zu feiern. Durch die Schaffung von Sichtbarkeit und die Förderung von Empathie kann Kunst dazu beitragen, eine gerechtere und inklusivere Gesellschaft zu gestalten.

Die Verbindung zwischen Selbstakzeptanz und Erfolg

Selbstakzeptanz und Erfolg sind eng miteinander verbundene Konzepte, die in vielen Lebensbereichen eine bedeutende Rolle spielen. Die Fähigkeit, sich selbst zu akzeptieren, ist oft der Schlüssel zum Erreichen persönlicher und beruflicher Ziele. In dieser Sektion werden wir die verschiedenen Dimensionen dieser Verbindung untersuchen und dabei auf relevante Theorien, Probleme und Beispiele eingehen.

Theoretische Grundlagen

Die Selbstakzeptanz ist ein psychologisches Konzept, das sich auf die Fähigkeit bezieht, sich selbst mit all seinen Stärken und Schwächen zu akzeptieren. Laut Carl Rogers, einem der Begründer der humanistischen Psychologie, ist Selbstakzeptanz eine Voraussetzung für persönliches Wachstum und Veränderung. Er argumentierte, dass Menschen, die sich selbst akzeptieren, offener für Erfahrungen sind und ein höheres Maß an Selbstwertgefühl besitzen. Diese Ansichten wurden durch zahlreiche empirische Studien unterstützt, die zeigen, dass Selbstakzeptanz mit psychischem Wohlbefinden und Lebenszufriedenheit korreliert.

Ein relevantes Modell ist das *Self-Determination Theory (SDT)* von Deci und Ryan, das besagt, dass die Erfüllung der grundlegenden psychologischen Bedürfnisse nach Autonomie, Kompetenz und sozialer Eingebundenheit entscheidend für das Wohlbefinden ist. Selbstakzeptanz spielt eine Schlüsselrolle bei der Erfüllung dieser Bedürfnisse, da sie es Individuen ermöglicht, authentisch zu sein und ihre eigenen Werte und Ziele zu verfolgen.

Die Rolle der Selbstakzeptanz im Erfolg

Selbstakzeptanz kann als Katalysator für Erfolg fungieren, indem sie das Selbstbewusstsein stärkt und die Motivation erhöht. Wenn Menschen sich selbst akzeptieren, sind sie eher bereit, Risiken einzugehen und neue Herausforderungen anzunehmen. Diese Bereitschaft, sich aus der Komfortzone zu bewegen, ist entscheidend für den beruflichen Erfolg.

Ein Beispiel aus der Praxis ist die Karriere von Renato Perez. Als trans-Schauspieler hat Renato durch seine Selbstakzeptanz nicht nur seine eigene Identität angenommen, sondern auch eine Plattform geschaffen, um andere zu inspirieren. Sein Mut, sich selbst zu akzeptieren, führte zu einer Reihe von bedeutenden Rollen, die nicht nur seine Karriere vorantrieben, sondern auch das Bewusstsein für LGBTQ+-Themen in der Gesellschaft schärften.

Herausforderungen auf dem Weg zur Selbstakzeptanz

Trotz der positiven Auswirkungen von Selbstakzeptanz gibt es zahlreiche Herausforderungen, die Menschen daran hindern können, diese zu erreichen. Vorurteile, Diskriminierung und gesellschaftliche Normen können das Selbstbild erheblich beeinflussen. Insbesondere für LGBTQ+-Individuen kann der Druck, sich anzupassen oder zu verstecken, überwältigend sein.

Die Forschung zeigt, dass Diskriminierung und Stigmatisierung negative Auswirkungen auf das Selbstwertgefühl haben können. Eine Studie von Meyer (2003) über das Konzept der *Minority Stress* legt nahe, dass LGBTQ+-Personen einem erhöhten Stressniveau ausgesetzt sind, das aus der Diskriminierung resultiert. Dieser Stress kann die Selbstakzeptanz beeinträchtigen und somit den Erfolg in verschiedenen Lebensbereichen behindern.

Beispiele für Selbstakzeptanz und Erfolg

Ein weiteres Beispiel, das die Verbindung zwischen Selbstakzeptanz und Erfolg verdeutlicht, ist die Geschichte von Laverne Cox, einer prominenten transsexuellen Schauspielerin und Aktivistin. Ihre Selbstakzeptanz führte sie dazu, sich für die

Rechte von Transgender-Personen einzusetzen und gleichzeitig eine erfolgreiche Karriere in der Unterhaltungsindustrie aufzubauen. Cox hat wiederholt betont, dass ihre Reise zur Selbstakzeptanz nicht einfach war, aber sie hat gelernt, ihre Identität zu umarmen und nutzt ihre Plattform, um andere zu ermutigen.

Darüber hinaus zeigt die Forschung, dass Unternehmen, die Diversität und Inklusion fördern, oft erfolgreicher sind. Eine Studie von McKinsey (2020) hat ergeben, dass Unternehmen mit einer höheren Diversität in der Führungsetage eine höhere Wahrscheinlichkeit haben, überdurchschnittliche finanzielle Leistungen zu erzielen. Dies unterstreicht die Bedeutung der Selbstakzeptanz nicht nur auf individueller Ebene, sondern auch im Kontext von Organisationen und Gesellschaften.

Fazit

Zusammenfassend lässt sich sagen, dass die Verbindung zwischen Selbstakzeptanz und Erfolg tiefgreifend ist. Selbstakzeptanz fördert das Selbstbewusstsein, die Motivation und die Fähigkeit, Herausforderungen zu meistern. Trotz der Herausforderungen, die viele auf diesem Weg erleben, können Beispiele von Individuen wie Renato Perez und Laverne Cox als Inspiration dienen. Ihre Geschichten zeigen, dass die Annahme der eigenen Identität nicht nur zu persönlichem Erfolg führen kann, sondern auch einen positiven Einfluss auf die Gesellschaft hat. In einer Welt, die oft von Vorurteilen und Diskriminierung geprägt ist, bleibt die Selbstakzeptanz ein entscheidender Faktor für das individuelle und kollektive Wohlbefinden.

Die Bedeutung von Zielsetzung

Die Zielsetzung spielt eine entscheidende Rolle im Leben eines Individuums, insbesondere für Personen, die sich in einem kreativen und sozialen Umfeld bewegen, wie es bei Renato Perez der Fall ist. Zielsetzung ist nicht nur ein Werkzeug zur persönlichen Entwicklung, sondern auch ein strategischer Ansatz, um Herausforderungen zu meistern und Erfolge zu erzielen. In diesem Abschnitt werden wir die verschiedenen Aspekte der Zielsetzung untersuchen, ihre Bedeutung für Renato und die LGBTQ+-Gemeinschaft sowie die Herausforderungen, die mit der Zielverwirklichung verbunden sind.

Theoretische Grundlagen der Zielsetzung

Die Zielsetzungstheorie, die ursprünglich von Edwin Locke in den 1960er Jahren formuliert wurde, besagt, dass spezifische und herausfordernde Ziele die Leistung

DER WEG ZUR SELBSTVERWIRKLICHUNG

steigern können. Locke und Latham (2002) argumentieren, dass klare Ziele das Engagement erhöhen und die Motivation fördern, was zu besseren Leistungen führt. Die Theorie hebt die Bedeutung von Zielklarheit, Zielschwierigkeit und dem Feedback-Prozess hervor. In der Praxis bedeutet dies, dass Renato und andere Aktivisten durch das Setzen konkreter Ziele nicht nur ihre eigenen Leistungen verbessern, sondern auch die ihrer Gemeinschaft steigern können.

$$\text{Leistung} = \text{Zielklarheit} + \text{Zielschwierigkeit} + \text{Feedback} \qquad (30)$$

Diese Gleichung verdeutlicht, dass die Leistung nicht nur von der Zielsetzung abhängt, sondern auch von der Art und Weise, wie Feedback gegeben und empfangen wird. Renato hat in seiner Karriere oft betont, wie wichtig es ist, sich realistische, aber herausfordernde Ziele zu setzen, um sowohl persönliche als auch gemeinschaftliche Fortschritte zu erzielen.

Die Rolle der Zielsetzung in Renatos Leben

Für Renato war die Zielsetzung ein zentraler Bestandteil seiner Reise zur Selbstakzeptanz und des Aufbaus seiner Karriere als trans-Schauspieler und Aktivist. Zu Beginn seiner Karriere stellte er fest, dass das Setzen von Zielen ihm half, sich auf seine Träume zu konzentrieren und die Herausforderungen, die mit seiner Identität verbunden waren, zu meistern. Er setzte sich sowohl kurzfristige als auch langfristige Ziele, um seine Sichtbarkeit in der Kunstwelt zu erhöhen und gleichzeitig die LGBTQ+-Gemeinschaft zu unterstützen.

Ein Beispiel für Renatos Zielsetzung war sein Wunsch, in einem bedeutenden Theaterstück eine Hauptrolle zu übernehmen. Dieses Ziel erforderte von ihm eine intensive Vorbereitung, einschließlich Schauspielunterricht und die Teilnahme an zahlreichen Auditions. Durch die Fokussierung auf dieses Ziel konnte er nicht nur seine schauspielerischen Fähigkeiten verbessern, sondern auch sein Selbstbewusstsein stärken.

Herausforderungen bei der Zielverwirklichung

Trotz der positiven Aspekte der Zielsetzung gibt es auch Herausforderungen, die es zu bewältigen gilt. Eine der größten Herausforderungen für Renato und viele LGBTQ+-Aktivisten besteht darin, gesellschaftliche Vorurteile und Diskriminierung zu überwinden. Diese externen Faktoren können die Erreichung persönlicher und gemeinschaftlicher Ziele erheblich beeinträchtigen.

Ein Beispiel hierfür ist die Diskriminierung, die Renato während seiner Karriere erlebt hat. Trotz seines Talents und seiner Leidenschaft sah er sich oft mit

Vorurteilen konfrontiert, die ihn daran hinderten, bestimmte Rollen zu bekommen oder Anerkennung in der Branche zu finden. Diese Erfahrungen führten dazu, dass er seine Ziele anpassen musste, um realistisch und erreichbar zu bleiben.

Strategien zur effektiven Zielsetzung

Um die Herausforderungen der Zielverwirklichung zu meistern, hat Renato verschiedene Strategien entwickelt, die auch anderen in der LGBTQ+-Gemeinschaft helfen können. Dazu gehören:

- **SMART-Ziele:** Renato verwendet das SMART-Prinzip (Spezifisch, Messbar, Erreichbar, Relevant, Zeitgebunden), um sicherzustellen, dass seine Ziele klar und umsetzbar sind. Dies hilft ihm, den Fortschritt zu verfolgen und motiviert zu bleiben.

- **Netzwerkbildung:** Durch die Schaffung eines unterstützenden Netzwerks von Gleichgesinnten kann Renato Ressourcen und Unterstützung finden, die ihm bei der Zielverwirklichung helfen. Dies stärkt nicht nur seine eigenen Ziele, sondern auch die der Gemeinschaft.

- **Feedback einholen:** Renato betont die Bedeutung von Feedback, um seine Ziele anzupassen und weiterzuentwickeln. Durch die Rückmeldungen von Mentoren und Kollegen konnte er seine Ansätze verfeinern und neue Perspektiven gewinnen.

- **Resilienz entwickeln:** Die Fähigkeit, Rückschläge zu überwinden, ist entscheidend. Renato hat gelernt, aus Misserfolgen zu lernen und diese Erfahrungen als Teil seines Wachstumsprozesses zu akzeptieren.

Fazit

Die Zielsetzung ist ein unverzichtbares Werkzeug für Renato Perez und viele andere in der LGBTQ+-Gemeinschaft. Sie ermöglicht es ihnen, ihre Träume zu verfolgen, Herausforderungen zu bewältigen und letztendlich Veränderungen in der Gesellschaft herbeizuführen. Indem sie spezifische und herausfordernde Ziele setzen, können sie nicht nur ihre persönliche Entwicklung fördern, sondern auch die Sichtbarkeit und Akzeptanz von LGBTQ+-Personen in der Gesellschaft erhöhen. Renatos Geschichte ist ein inspirierendes Beispiel dafür, wie Zielsetzung zur Selbstverwirklichung und zum Aktivismus beitragen kann, und sie ermutigt andere, ähnliche Wege zu gehen.

Der Einfluss von Rückschlägen auf die persönliche Entwicklung

Rückschläge sind ein unvermeidlicher Teil des Lebens, insbesondere für Menschen, die in kreativen und öffentlichkeitswirksamen Berufen tätig sind. Für Renato Perez, einen trans-Schauspieler und LGBTQ-Aktivisten, waren Rückschläge nicht nur Hindernisse, sondern auch Chancen zur persönlichen und künstlerischen Weiterentwicklung. In diesem Abschnitt werden wir untersuchen, wie Rückschläge Renatos Lebensweg geprägt haben und welche Lehren er daraus gezogen hat.

Psychologische Auswirkungen von Rückschlägen

Rückschläge können erhebliche psychologische Auswirkungen auf Individuen haben. Die Theorie der Resilienz beschreibt die Fähigkeit, sich von schwierigen Erfahrungen zu erholen und gestärkt daraus hervorzugehen. Laut [1] ist Resilienz nicht nur eine angeborene Eigenschaft, sondern kann durch Erfahrungen und Unterstützung entwickelt werden. Für Renato war die Auseinandersetzung mit Rückschlägen eine Gelegenheit, seine Resilienz zu stärken und seine Identität zu festigen.

Ein Beispiel für einen Rückschlag in Renatos Karriere war die Ablehnung für eine Schlüsselrolle in einem großen Theaterstück. Trotz seiner intensiven Vorbereitungen und seines Engagements erhielt er die Nachricht, dass er nicht für die Rolle ausgewählt wurde. Diese Erfahrung war zunächst schmerzhaft und führte zu Selbstzweifeln. Doch anstatt aufzugeben, nutzte Renato diese Zeit, um an seiner Technik zu arbeiten und Feedback von Mentoren einzuholen. Er erkannte, dass Ablehnung oft nicht persönlich ist, sondern vielmehr von externen Faktoren abhängt, die außerhalb seiner Kontrolle liegen.

Die Rolle von Mentoren und Unterstützungssystemen

Mentoren spielen eine entscheidende Rolle bei der Bewältigung von Rückschlägen. Sie bieten nicht nur emotionale Unterstützung, sondern auch wertvolle Perspektiven und Ratschläge. Renato fand in seiner Community von LGBTQ+-Künstlern und Aktivisten eine Gruppe von Unterstützern, die ihm halfen, seine Erfahrungen zu verarbeiten. Diese Unterstützung war entscheidend für seine Fähigkeit, Rückschläge in Wachstum zu verwandeln.

Ein Beispiel für die Bedeutung von Mentoren ist Renatos Beziehung zu einer erfahrenen trans-Schauspielerin, die ihm half, die Dynamik der Branche zu verstehen. Sie erklärte ihm, dass Rückschläge oft als Teil des Prozesses angesehen werden müssen, um letztendlich erfolgreich zu sein. Diese Einsicht half Renato, seine Perspektive auf Misserfolge zu ändern und sie als Lernmöglichkeiten zu betrachten.

Rückschläge als Katalysatoren für Veränderung

Rückschläge können auch als Katalysatoren für Veränderungen fungieren. Sie zwingen Individuen dazu, ihre Strategien zu überdenken und neue Wege zu finden, um ihre Ziele zu erreichen. Renato erlebte dies, als er nach einer Reihe von Rückschlägen in der Filmindustrie beschloss, eigene Projekte zu initiieren. Diese Entscheidung führte zur Gründung eines eigenen Theaterkollektivs, das sich auf die Förderung von trans- und nicht-binären Geschichten konzentrierte.

Die Gründung dieses Kollektivs war ein direkter Reaktion auf die Frustration über die mangelnde Repräsentation in der Branche. Renato erkannte, dass er die Kontrolle über seine Karriere zurückgewinnen konnte, indem er selbst Geschichten erzählte, die ihm und seiner Community wichtig waren. Dies führte nicht nur zu einer künstlerischen Erfüllung, sondern auch zu einer breiteren Sichtbarkeit für trans-Geschichten in der Gesellschaft.

Langfristige Auswirkungen auf die persönliche Entwicklung

Die langfristigen Auswirkungen von Rückschlägen auf die persönliche Entwicklung sind vielfältig. Sie können zu einem stärkeren Selbstbewusstsein, einer klareren Vision für die eigene Karriere und einer tieferen Verbindung zur eigenen Identität führen. Renato berichtete, dass jeder Rückschlag ihn näher zu dem Menschen gebracht hat, der er heute ist. Er lernte, dass Misserfolge nicht das Ende sind, sondern oft der Anfang von etwas Neuem und Besserem.

Ein weiterer wichtiger Aspekt ist die Fähigkeit, Empathie für andere zu entwickeln, die ähnliche Herausforderungen durchleben. Rückschläge haben Renato gelehrt, die Kämpfe anderer zu verstehen und sich aktiv für die Unterstützung von aufstrebenden Künstlern in der LGBTQ+-Community einzusetzen. Diese Empathie hat nicht nur seine persönlichen Beziehungen gestärkt, sondern auch seine Rolle als Aktivist gefestigt.

Schlussfolgerung

Zusammenfassend lässt sich sagen, dass Rückschläge einen tiefgreifenden Einfluss auf die persönliche Entwicklung von Renato Perez hatten. Sie boten nicht nur Gelegenheiten zur Reflexion und zum Wachstum, sondern führten auch zu bedeutenden Veränderungen in seiner Karriere und seinem Aktivismus. Durch die Auseinandersetzung mit Rückschlägen hat Renato nicht nur seine Resilienz gestärkt, sondern auch seine Fähigkeit, als Mentor und Unterstützer für andere zu fungieren. Rückschläge sind somit nicht das Ende des Weges, sondern vielmehr Bausteine für eine erfolgreiche und erfüllte Zukunft.

Die Suche nach einem erfüllten Leben

Die Suche nach einem erfüllten Leben ist eine universelle menschliche Bestrebung, die in der heutigen Gesellschaft besonders relevant ist. Für Renato Perez, einen trans-Schauspieler und LGBTQ-Aktivisten, war diese Suche nicht nur eine persönliche Reise, sondern auch eine Quelle der Inspiration für viele andere. In diesem Abschnitt werden wir die verschiedenen Dimensionen dieser Suche untersuchen, einschließlich der Herausforderungen, der Bedeutung von Selbstakzeptanz und der Rolle von Kunst und Aktivismus.

Die Bedeutung von Selbstakzeptanz

Selbstakzeptanz ist der erste Schritt auf dem Weg zu einem erfüllten Leben. Sie ermöglicht es Individuen, sich selbst zu lieben und ihre Identität zu akzeptieren, unabhängig von gesellschaftlichen Normen oder Erwartungen. Renato erlebte in seiner Jugend zahlreiche Herausforderungen, die seine Selbstakzeptanz auf die Probe stellten. Die Auseinandersetzung mit seiner Geschlechteridentität war oft von inneren Konflikten geprägt.

Psychologische Theorien, wie die von Carl Rogers, betonen die Bedeutung der Selbstakzeptanz für das psychische Wohlbefinden. Rogers postulierte, dass Menschen ein „Selbstkonzept" entwickeln, das aus ihren Erfahrungen, Überzeugungen und dem Feedback von anderen resultiert. Ein negatives Selbstkonzept kann zu einem Gefühl der Unzulänglichkeit führen, während ein positives Selbstkonzept das Selbstwertgefühl stärkt. Renato fand schließlich den Mut, seine Identität zu akzeptieren, was ihm half, seine innere Stärke zu entwickeln und ein erfülltes Leben zu führen.

Die Herausforderungen der Selbstverwirklichung

Die Suche nach einem erfüllten Leben ist oft mit Herausforderungen verbunden, insbesondere für Menschen, die sich außerhalb der traditionellen Geschlechernormen bewegen. Renato musste sich nicht nur mit persönlichen Unsicherheiten auseinandersetzen, sondern auch mit gesellschaftlichen Vorurteilen und Diskriminierung. Diese Herausforderungen können in verschiedenen Lebensbereichen auftreten, einschließlich Bildung, Beruf und sozialen Beziehungen.

Ein Beispiel für solche Herausforderungen ist der Druck, in der Öffentlichkeit eine bestimmte Rolle zu spielen, die nicht immer mit der eigenen Identität übereinstimmt. Renato erlebte dies während seiner frühen Karriere, als er oft in stereotypen Rollen besetzt wurde, die nicht seiner wahren Identität entsprachen. Solche Erfahrungen können zu einem Gefühl der Entfremdung führen und die Suche nach einem erfüllten Leben erschweren.

Die Rolle von Kunst in der Selbstverwirklichung

Kunst kann eine transformative Kraft haben, die es Individuen ermöglicht, ihre Erfahrungen auszudrücken und ihre Identität zu erkunden. Für Renato war die Bühne nicht nur ein Ort der Darbietung, sondern auch ein Raum der Selbstverwirklichung. Durch die Darstellung von Charakteren, die seine eigene Identität widerspiegelten, konnte er nicht nur sich selbst, sondern auch andere inspirieren.

Die Verbindung zwischen Kunst und persönlicher Identität wird auch in der Theorie von Viktor Frankl deutlich, der in seinem Buch „Trotzdem Ja zum Leben sagen" die Bedeutung von Sinn und Zweck im Leben betont. Frankl argumentiert, dass Menschen, die einen Sinn in ihrem Leben finden, besser in der Lage sind, mit Herausforderungen umzugehen. Renatos Engagement in der Kunst und im Aktivismus gab ihm nicht nur einen Sinn, sondern half auch anderen, ihre eigene Identität zu akzeptieren und zu feiern.

Der Einfluss von Gemeinschaft und Unterstützung

Die Suche nach einem erfüllten Leben wird durch die Unterstützung von Gemeinschaften und Gleichgesinnten erheblich erleichtert. Renato fand in der LGBTQ+-Community eine Quelle der Stärke und Inspiration. Der Austausch von Erfahrungen und die Solidarität innerhalb der Gemeinschaft spielten eine entscheidende Rolle in seiner Reise zur Selbstverwirklichung.

In der Psychologie wird die Rolle sozialer Unterstützung als entscheidend für das Wohlbefinden angesehen. Studien zeigen, dass Menschen, die über ein starkes soziales Netzwerk verfügen, weniger anfällig für Depressionen und Angstzustände sind. Renatos Engagement in der Community half ihm nicht nur, sich selbst zu akzeptieren, sondern auch anderen zu helfen, die ähnliche Herausforderungen durchlebten.

Die Suche nach einem erfüllten Leben als kontinuierlicher Prozess

Die Suche nach einem erfüllten Leben ist kein einmaliger Prozess, sondern ein kontinuierlicher Weg, der ständige Reflexion und Anpassung erfordert. Renato erkannte, dass es wichtig ist, flexibel zu bleiben und sich an neue Herausforderungen und Veränderungen anzupassen. Diese Erkenntnis ist besonders relevant in einer sich ständig verändernden Gesellschaft, in der sich Normen und Werte weiterentwickeln.

Ein zentraler Aspekt dieser kontinuierlichen Suche ist die Fähigkeit zur Selbstreflexion. Individuen sollten regelmäßig innehalten und ihre Ziele, Werte und Träume überprüfen. Diese Praxis kann helfen, Klarheit über den eigenen Lebensweg zu gewinnen und gegebenenfalls Kurskorrekturen vorzunehmen.

Fazit

Die Suche nach einem erfüllten Leben ist eine komplexe und vielschichtige Reise, die für jeden individuell ist. Für Renato Perez war diese Suche geprägt von Herausforderungen, Selbstakzeptanz, der Rolle von Kunst und der Unterstützung durch Gemeinschaften. Durch seine Erfahrungen und sein Engagement hat er nicht nur sein eigenes Leben bereichert, sondern auch das Leben vieler anderer beeinflusst. Die Botschaft, die aus Renatos Geschichte hervorgeht, ist klar: Ein erfülltes Leben ist möglich, wenn wir bereit sind, uns selbst zu akzeptieren, unsere Identität zu feiern und uns mit anderen zu verbinden.

Die Herausforderungen, die Träume zu verwirklichen

Die Verwirklichung von Träumen ist oft ein langer und steiniger Weg, insbesondere für Menschen, die in marginalisierten Gemeinschaften leben. Die Herausforderungen, die Renato Perez auf seinem Weg zur Selbstverwirklichung begegnete, sind ein Spiegelbild der allgemeinen Schwierigkeiten, die viele LGBTQ+-Individuen in der Gesellschaft erleben. In diesem Abschnitt werden wir die verschiedenen Hindernisse beleuchten, die sich auf dem Weg zur Verwirklichung von Träumen ergeben können.

Gesellschaftliche Erwartungen und Normen

Eine der größten Herausforderungen für Renato war der Druck, den gesellschaftliche Erwartungen und Normen auf ihn ausübten. In vielen Kulturen gibt es festgelegte Vorstellungen davon, wie Geschlechterrollen aussehen sollten. Diese Erwartungen können sich als hinderlich erweisen, wenn Individuen versuchen, ihre Träume zu verfolgen. Renato musste oft gegen die vorherrschenden Stereotypen ankämpfen, die nicht nur seine Identität, sondern auch seine Karriere beeinflussten.

$$E_{\text{Gesellschaft}} = \frac{F_{\text{Erwartungen}}}{A_{\text{Akzeptanz}}} \quad (31)$$

Hierbei steht $E_{\text{Gesellschaft}}$ für den Einfluss der Gesellschaft auf die individuelle Verwirklichung, $F_{\text{Erwartungen}}$ für die gesellschaftlichen Erwartungen und $A_{\text{Akzeptanz}}$ für das Maß an Akzeptanz, das ein Individuum erfährt. Ein höherer Druck durch gesellschaftliche Erwartungen kann den Erfolg der Selbstverwirklichung erheblich beeinträchtigen.

Finanzielle Hürden

Ein weiteres zentrales Hindernis sind die finanziellen Ressourcen. Die Verfolgung künstlerischer Träume kann oft mit hohen Kosten verbunden sein, sei es für Ausbildungen, Castings oder die Produktion von Projekten. Viele LGBTQ+-Künstler, einschließlich Renato, haben finanzielle Unterstützung benötigt, um ihre Träume zu verwirklichen. Der Zugang zu Ressourcen ist oft ungleich verteilt, was bedeutet, dass nicht alle die gleichen Chancen haben, ihre Ziele zu erreichen.

$$F_{\text{Ressourcen}} = C_{\text{Ausbildung}} + C_{\text{Produktion}} + C_{\text{Lebenshaltung}} \quad (32)$$

Hierbei beschreibt $F_{\text{Ressourcen}}$ die Gesamtkosten, die für die Verwirklichung eines Traums erforderlich sind, während $C_{\text{Ausbildung}}$, $C_{\text{Produktion}}$ und $C_{\text{Lebenshaltung}}$ die jeweiligen Kosten für Ausbildung, Produktion und Lebenshaltungskosten darstellen. Hohe finanzielle Hürden können dazu führen, dass viele Talente nicht die Möglichkeit haben, ihre Träume zu verfolgen.

Emotionale Belastungen

Die emotionale Belastung, die mit dem Streben nach Selbstverwirklichung einhergeht, kann nicht unterschätzt werden. Der Druck, den Erwartungen gerecht zu werden, die Angst vor Ablehnung und die ständige Suche nach Akzeptanz können zu erheblichem Stress führen. Renato musste oft mit Selbstzweifeln und Ängsten kämpfen, die seine Fähigkeit, seine Träume zu verwirklichen, beeinträchtigten.

$$E_{\text{Belastung}} = S_{\text{Selbstzweifel}} + A_{\text{Angst}} + D_{\text{Diskriminierung}} \quad (33)$$

DER WEG ZUR SELBSTVERWIRKLICHUNG

In dieser Gleichung steht $E_{\text{Belastung}}$ für die emotionale Belastung, die ein Individuum erfährt, während $S_{\text{Selbstzweifel}}$, A_{Angst} und $D_{\text{Diskriminierung}}$ die jeweiligen Faktoren darstellen, die zu dieser Belastung beitragen. Eine hohe emotionale Belastung kann die Motivation und den Antrieb zur Verwirklichung von Träumen erheblich mindern.

Mangelnde Unterstützung

Die Unterstützung von Familie, Freunden und der Gemeinschaft spielt eine entscheidende Rolle bei der Verwirklichung von Träumen. Viele LGBTQ+-Individuen, einschließlich Renato, haben erlebt, dass sie nicht die notwendige Unterstützung von ihrem Umfeld erhalten, was ihre Reise erheblich erschwert. Die Abwesenheit von positiven Vorbildern und Mentoren kann dazu führen, dass Träume als unerreichbar erscheinen.

$$S_{\text{Unterstützung}} = F_{\text{Familie}} + F_{\text{Freunde}} + G_{\text{Gemeinschaft}} \qquad (34)$$

Hierbei steht $S_{\text{Unterstützung}}$ für die Gesamtheit der Unterstützung, die ein Individuum erhält, während F_{Familie}, F_{Freunde} und $G_{\text{Gemeinschaft}}$ die jeweiligen Unterstützungsquellen darstellen. Ein Mangel an Unterstützung kann die Verwirklichung von Träumen stark behindern.

Der Kampf gegen Diskriminierung

Diskriminierung aufgrund der Geschlechtsidentität oder sexuellen Orientierung ist ein weiteres signifikantes Hindernis. Renato musste oft gegen Vorurteile und Diskriminierung in der Branche ankämpfen, was seine Karriere und seine Träume beeinflusste. Diese Erfahrungen können nicht nur die mentale Gesundheit belasten, sondern auch die Möglichkeiten einschränken, die sich einem Individuum bieten.

$$D_{\text{Diskriminierung}} = P_{\text{Vorurteile}} + G_{\text{Gesetzgebung}} + S_{\text{Strukturen}} \qquad (35)$$

Hierbei steht $D_{\text{Diskriminierung}}$ für den Einfluss von Diskriminierung auf die Verwirklichung von Träumen, während $P_{\text{Vorurteile}}$, $G_{\text{Gesetzgebung}}$ und $S_{\text{Strukturen}}$ die jeweiligen Faktoren darstellen, die zu Diskriminierung führen. Ein hohes Maß an Diskriminierung kann die Verwirklichung von Träumen erheblich behindern.

Resilienz und Durchhaltevermögen

Trotz dieser Herausforderungen ist es wichtig, die Bedeutung von Resilienz und Durchhaltevermögen zu betonen. Renato hat immer wieder bewiesen, dass er in der Lage ist, Rückschläge zu überwinden und weiterzumachen. Resilienz ist entscheidend, um die Hindernisse auf dem Weg zur Selbstverwirklichung zu überwinden.

$$R_{\text{Resilienz}} = M_{\text{Motivation}} + S_{\text{Selbstvertrauen}} + U_{\text{Unterstützung}} \qquad (36)$$

In dieser Gleichung steht $R_{\text{Resilienz}}$ für die Resilienz eines Individuums, während $M_{\text{Motivation}}$, $S_{\text{Selbstvertrauen}}$ und $U_{\text{Unterstützung}}$ die Faktoren darstellen, die zur Resilienz beitragen. Eine hohe Resilienz kann helfen, die Herausforderungen, die Träume mit sich bringen, zu bewältigen.

Fazit

Zusammenfassend lässt sich sagen, dass die Verwirklichung von Träumen für viele Menschen, insbesondere für LGBTQ+-Individuen, mit zahlreichen Herausforderungen verbunden ist. Die gesellschaftlichen Erwartungen, finanziellen Hürden, emotionalen Belastungen, mangelnde Unterstützung und Diskriminierung sind nur einige der Faktoren, die den Weg zur Selbstverwirklichung erschweren können. Doch mit Resilienz, Unterstützung und dem Willen, gegen diese Herausforderungen anzukämpfen, ist es möglich, die eigenen Träume zu verwirklichen. Renatos Geschichte ist ein inspirierendes Beispiel dafür, wie man trotz aller Widrigkeiten seinen Weg finden kann.

Die Bedeutung von Resilienz

Resilienz, oft als die Fähigkeit beschrieben, sich von Rückschlägen, Widrigkeiten und Herausforderungen zu erholen, spielt eine entscheidende Rolle im Leben von Individuen, insbesondere für Mitglieder der LGBTQ+-Gemeinschaft. In einer Welt, die oft von Diskriminierung, Vorurteilen und gesellschaftlichem Druck geprägt ist, ist Resilienz nicht nur eine nützliche Eigenschaft, sondern eine Notwendigkeit. Diese Sektion untersucht die Bedeutung von Resilienz in Renatos Leben und Karriere und beleuchtet die theoretischen Grundlagen, Probleme und Beispiele, die die Relevanz dieser Fähigkeit verdeutlichen.

Theoretische Grundlagen der Resilienz

Resilienz wird in der Psychologie als eine dynamische Fähigkeit definiert, die es Individuen ermöglicht, sich an schwierige Lebensumstände anzupassen und aus diesen Erfahrungen zu wachsen. Laut dem Psychologen Michael Rutter umfasst Resilienz mehrere Faktoren, darunter:

- **Persönliche Merkmale:** Eigenschaften wie Selbstbewusstsein, Optimismus und Problemlösungsfähigkeiten.

- **Soziale Unterstützung:** Die Verfügbarkeit von Freunden, Familie und Gemeinschaften, die emotionale und praktische Hilfe bieten.

- **Kulturelle und gesellschaftliche Ressourcen:** Der Zugang zu Bildung, Gesundheitsdiensten und rechtlichen Schutzmaßnahmen.

Diese Faktoren bilden ein Netzwerk, das Individuen stärkt und ihnen hilft, Herausforderungen zu bewältigen. In Renatos Fall war die Entwicklung seiner Resilienz entscheidend für seine persönliche und berufliche Reise.

Probleme, die Resilienz erfordern

Die Herausforderungen, denen sich Renato und viele andere LGBTQ+-Individuen gegenübersehen, sind vielfältig und oft belastend. Dazu gehören:

- **Diskriminierung und Vorurteile:** Viele LGBTQ+-Personen erleben Diskriminierung am Arbeitsplatz, in der Schule oder im täglichen Leben. Diese Erfahrungen können das Selbstwertgefühl und das psychische Wohlbefinden beeinträchtigen.

- **Familienkonflikte:** Das Coming-out kann oft zu Spannungen innerhalb der Familie führen. Einige LGBTQ+-Menschen erleben Ablehnung oder sogar Gewalt, was die Notwendigkeit von Resilienz erhöht.

- **Gesellschaftlicher Druck:** Der Druck, sich anzupassen oder zu verstecken, kann erdrückend sein. In vielen Kulturen wird von LGBTQ+-Personen erwartet, dass sie sich den heteronormativen Normen anpassen, was zu inneren Konflikten führt.

Diese Probleme machen deutlich, dass Resilienz nicht nur eine persönliche Fähigkeit ist, sondern auch eine Reaktion auf äußere Umstände, die oft außerhalb der Kontrolle des Individuums liegen.

Beispiele für Resilienz in Renatos Leben

Renatos Lebensgeschichte bietet zahlreiche Beispiele für Resilienz. Ein prägnantes Beispiel ist sein Coming-out-Prozess. Trotz der Angst vor Ablehnung und Diskriminierung entschied sich Renato, seine Identität offen zu leben. Diese Entscheidung war nicht einfach und erforderte immense innere Stärke. Er nutzte verschiedene Strategien zur Stärkung seiner Resilienz:

- **Aufbau eines Unterstützungsnetzwerks:** Renato umgab sich mit Gleichgesinnten und Freunden, die ihn ermutigten und unterstützten. Diese sozialen Bindungen waren entscheidend für seine emotionale Stabilität.

- **Kreativer Ausdruck:** Durch Kunst und Theater fand Renato einen Weg, seine Erfahrungen zu verarbeiten und seine Stimme zu erheben. Kunst wurde für ihn nicht nur ein Ventil, sondern auch ein Werkzeug für Aktivismus.

- **Selbstreflexion und Wachstum:** Renato erkannte, dass Rückschläge Teil seines Lebens waren und nutzte sie als Lernmöglichkeiten. Diese Perspektive half ihm, Rückschläge als Sprungbrett für persönliches Wachstum zu betrachten.

Ein weiteres Beispiel für Renatos Resilienz zeigt sich in seiner Karriere. Die Herausforderungen bei Castings, die oft von Stereotypen und Vorurteilen geprägt sind, stellten eine erhebliche Hürde dar. Dennoch blieb Renato hartnäckig und kämpfte für Rollen, die Transgender-Erfahrungen authentisch darstellten. Sein Durchhaltevermögen führte nicht nur zu persönlichen Erfolgen, sondern auch zu einem größeren Bewusstsein für die Notwendigkeit von Diversität in der Filmindustrie.

Fazit

Die Bedeutung von Resilienz in Renatos Leben und der LGBTQ+-Gemeinschaft kann nicht hoch genug eingeschätzt werden. Resilienz ermöglicht es Individuen, mit den Herausforderungen des Lebens umzugehen, sich von Rückschlägen zu erholen und letztendlich ihre authentischen Selbst zu leben. In einer Welt, die oft feindlich gegenüber Vielfalt ist, bleibt Resilienz ein Schlüssel zu persönlichem und kollektivem Wachstum. Renatos Geschichte ist ein inspirierendes Beispiel dafür, wie Resilienz nicht nur das individuelle Leben bereichert, sondern auch die Gesellschaft als Ganzes verändern kann. Die Fähigkeit, sich anzupassen und zu wachsen, ist eine Botschaft der Hoffnung und eine Aufforderung an alle, die Herausforderungen des Lebens mit Mut und Entschlossenheit anzugehen.

Die Karriere eines trans-Schauspielers

Durchbruch in der Filmindustrie

Die erste große Rolle

Die erste große Rolle eines Schauspielers ist oft ein entscheidender Moment in seiner Karriere. Für Renato Perez stellte diese Rolle nicht nur einen Wendepunkt in seiner beruflichen Laufbahn dar, sondern auch eine Plattform, um die Sichtweise auf Transgender-Personen in der Film- und Theaterlandschaft zu revolutionieren. In diesem Abschnitt werden wir die Bedeutung dieser Rolle, die Herausforderungen, die damit verbunden waren, und die Auswirkungen auf Renatos Karriere und die Gesellschaft als Ganzes untersuchen.

Die Auswahl und Vorbereitung

Die erste große Rolle von Renato kam nach einer intensiven Phase des Castings und der Auditions. Die Wahl fiel auf ein Stück, das sich mit der Thematik der Identität und Selbstakzeptanz auseinandersetzte. Diese Entscheidung war nicht nur eine künstlerische, sondern auch eine politische, da sie die Möglichkeit bot, die Erfahrungen von Transgender-Personen authentisch darzustellen. Die Vorbereitung auf diese Rolle erforderte von Renato nicht nur schauspielerisches Talent, sondern auch eine tiefgehende Auseinandersetzung mit der eigenen Identität.

Ein wichtiger Aspekt der Vorbereitung war die Recherche über die Erfahrungen von Transgender-Personen. Renato verbrachte viele Stunden damit, Interviews zu lesen und Dokumentationen zu schauen, um ein besseres Verständnis für die Herausforderungen und Triumphe, die viele in der

LGBTQ+-Community erleben, zu gewinnen. Diese Recherche half ihm, die Rolle mit Authentizität und Empathie zu füllen.

Die Premiere

Die Premiere des Stücks war ein emotionaler Moment für Renato. Die ersten Reaktionen des Publikums waren überwältigend positiv, und viele Zuschauer äußerten, dass sie sich zum ersten Mal in einem Theaterstück mit der Thematik der Transidentität identifizieren konnten. Renato erinnerte sich daran, wie er während der ersten Aufführung auf der Bühne stand und die Reaktionen des Publikums spürte.

Die Verbindung zwischen dem Schauspieler und dem Publikum ist ein zentraler Aspekt des Theaters. In Renatos Fall war diese Verbindung besonders stark, da viele Menschen seine Darstellung als ein Licht in der Dunkelheit betrachteten. Die Rolle ermutigte andere, ihre eigenen Geschichten zu erzählen und ihre Identität zu akzeptieren.

Herausforderungen der ersten großen Rolle

Trotz des Erfolgs gab es auch erhebliche Herausforderungen. Renato sah sich mit Vorurteilen und Stereotypen konfrontiert, die in der Gesellschaft weit verbreitet sind. Einige Kritiker äußerten, dass ein Transgender-Schauspieler in einer Rolle, die nicht explizit auf die Geschlechtsidentität fokussiert war, nicht authentisch sein könne. Diese Kritik war nicht nur schmerzhaft, sondern auch eine Herausforderung, die Renato annehmen musste.

Um mit diesen Herausforderungen umzugehen, suchte Renato Unterstützung in der LGBTQ+-Community und fand Trost in den Geschichten anderer. Diese Verbindungen halfen ihm, die Kritik zu verarbeiten und weiterzumachen. Er erkannte, dass es wichtig war, die eigene Stimme zu erheben und die Narrative zu ändern, die in der Gesellschaft über Transgender-Personen erzählt werden.

Der Einfluss auf die Karriere

Die erste große Rolle eröffnete Renato viele Türen in der Film- und Theaterindustrie. Er erhielt Angebote für weitere Rollen und wurde zunehmend als Vorbild für aufstrebende Transgender-Schauspieler anerkannt. Diese Anerkennung war nicht nur für Renato von Bedeutung, sondern auch für die gesamte LGBTQ+-Community, da sie zeigte, dass Vielfalt in der Schauspielkunst möglich ist und geschätzt wird.

Renatos Erfolg inspirierte auch andere Produktionsfirmen, diversere Besetzungen in ihren Projekten in Betracht zu ziehen. Dies führte zu einem Wandel in der Branche, bei dem die Bedeutung von Diversität und Inklusion stärker in den Fokus rückte.

Fazit

Zusammenfassend lässt sich sagen, dass Renatos erste große Rolle nicht nur ein persönlicher Triumph war, sondern auch ein bedeutender Schritt in Richtung einer gerechteren und inklusiveren Darstellung von Transgender-Personen in der Kunst. Die Herausforderungen, die er überwinden musste, und die Unterstützung, die er erhielt, trugen zu seiner Entwicklung als Künstler und Aktivist bei. Diese Erfahrungen legten den Grundstein für seine zukünftige Karriere und seinen Einfluss auf die Gesellschaft.

Die Botschaft, die aus dieser ersten Rolle hervorgeht, ist klar: Kunst hat die Macht, Barrieren zu durchbrechen, Vorurteile abzubauen und das Verständnis füreinander zu fördern. Renatos Reise ist ein Beispiel dafür, wie eine einzige Rolle nicht nur das Leben eines Schauspielers verändern kann, sondern auch das Leben vieler anderer.

Kritische Reaktionen und öffentliche Wahrnehmung

Die öffentliche Wahrnehmung eines Schauspielers kann durch verschiedene Faktoren beeinflusst werden, darunter die Art der Rollen, die er spielt, die Medienberichterstattung und die Reaktionen der Zuschauer. Für Renato Perez, einen trans-Schauspieler, war die kritische Reaktion auf seine Arbeit sowohl ein Spiegelbild der gesellschaftlichen Akzeptanz als auch ein Katalysator für Veränderungen in der Filmindustrie.

Die Rolle der Medienberichterstattung

Die Medien spielen eine entscheidende Rolle bei der Formung der öffentlichen Wahrnehmung. In Renatos Fall wurden seine ersten großen Rollen von gemischten Kritiken begleitet. Während einige Medien seine Darstellung von Transgender-Rollen als mutig und notwendig lobten, äußerten andere Bedenken hinsichtlich der Authentizität und der möglichen Stereotypisierung. Die Berichterstattung über seine Arbeit war oft von einem Spannungsfeld zwischen Unterstützung und Kritik geprägt.

Öffentliche Wahrnehmung = f(Medienberichterstattung, Kritiken, Zuschauerfeedba
(37)

Diese Gleichung zeigt, dass die öffentliche Wahrnehmung nicht nur von der Medienberichterstattung abhängt, sondern auch von Kritiken und dem Feedback der Zuschauer.

Kritische Reaktionen

Kritiken an Renatos Arbeit beinhalteten häufig Fragen zur Repräsentation von Transgender-Personen im Film. Einige Kritiker argumentierten, dass die Darstellung von Transgender-Rollen durch cisgender Schauspieler problematisch sei, da sie oft nicht die Nuancen und Herausforderungen der tatsächlichen Erfahrungen von Transgender-Personen erfassen können. Diese Kritik führte zu einer breiteren Diskussion über die Notwendigkeit, Transgender-Schauspieler in entsprechenden Rollen zu besetzen.

Ein Beispiel für diese Diskussion ist Renatos Rolle in dem Film „*Identität im Wandel*", in dem er einen trans Mann spielt, der mit gesellschaftlichen Vorurteilen kämpft. Während die Leistung von vielen als bahnbrechend angesehen wurde, gab es auch Stimmen, die darauf hinwiesen, dass die Geschichte nicht vollständig die Realität von Transgender-Personen widerspiegelte und dass es an der Zeit sei, dass mehr Transgender-Schauspieler in ähnlichen Rollen besetzt werden.

Öffentliche Wahrnehmung und soziale Medien

In der Ära der sozialen Medien hat die öffentliche Wahrnehmung eine neue Dimension erreicht. Plattformen wie Instagram und Twitter ermöglichen es Schauspielern, direkt mit ihrem Publikum zu kommunizieren und ihre Perspektiven zu teilen. Renato nutzte diese Plattformen, um seine Erfahrungen als trans-Schauspieler zu teilen und um auf die Herausforderungen aufmerksam zu machen, mit denen die LGBTQ+-Gemeinschaft konfrontiert ist.

Die Reaktionen auf seine Posts waren oft überwältigend positiv, mit vielen Fans, die ihre Unterstützung und Dankbarkeit für seine Offenheit ausdrückten. Diese direkte Interaktion hat nicht nur Renatos öffentliche Wahrnehmung verbessert, sondern auch das Bewusstsein für die Themen, die ihm am Herzen liegen, geschärft.

Öffentliche Wahrnehmung$_{neu}$ = Öffentliche Wahrnehmung$_{alt}$ +Interaktion in soziale
(38)

Diese Gleichung verdeutlicht, dass die öffentliche Wahrnehmung durch die Interaktion in sozialen Medien dynamisch verändert werden kann.

Der Einfluss auf die Filmindustrie

Die kritischen Reaktionen und die öffentliche Wahrnehmung, die Renato erfährt, haben nicht nur seine Karriere beeinflusst, sondern auch die Filmindustrie insgesamt. Der Druck von Kritikern und das wachsende Bewusstsein in der Gesellschaft haben dazu geführt, dass mehr Produktionsfirmen die Bedeutung von Diversität und Inklusion erkennen.

Ein Beispiel hierfür ist die Entscheidung von mehreren großen Studios, bei der Besetzung von Transgender-Rollen ausschließlich Transgender-Schauspieler zu berücksichtigen. Diese Veränderungen sind das Ergebnis eines langen Kampfes innerhalb der Gemeinschaft und der Unterstützung von Aktivisten wie Renato, die die Notwendigkeit einer authentischen Repräsentation betonen.

Fazit

Zusammenfassend lässt sich sagen, dass die kritischen Reaktionen und die öffentliche Wahrnehmung von Renatos Arbeit sowohl Herausforderungen als auch Chancen für ihn und die LGBTQ+-Gemeinschaft darstellen. Während er mit Kritik und Widerstand konfrontiert war, hat seine Entschlossenheit, authentisch zu sein und für seine Gemeinschaft einzutreten, nicht nur seine eigene Karriere gefördert, sondern auch einen bedeutenden Einfluss auf die gesellschaftliche Wahrnehmung von Transgender-Personen in der Filmindustrie ausgeübt.

Die fortwährenden Diskussionen über Repräsentation und Sichtbarkeit sind entscheidend für die Zukunft der Kunst und des Aktivismus, und Renatos Einfluss wird weiterhin eine wichtige Rolle in diesen Gesprächen spielen.

Die Bedeutung von Diversität im Film

Die Bedeutung von Diversität im Film ist ein zentrales Thema, das in den letzten Jahren zunehmend an Relevanz gewonnen hat. Diversität bezieht sich nicht nur auf die ethnische Herkunft, das Geschlecht oder die sexuelle Orientierung der Darsteller, sondern umfasst auch eine Vielzahl von Perspektiven, Erfahrungen und Geschichten, die in der Filmindustrie erzählt werden. Diese Vielfalt ist entscheidend, um ein realistischeres und inklusiveres Bild der Gesellschaft zu schaffen.

Theoretische Grundlagen

Die Theorie der Repräsentation, wie sie von Stuart Hall in den 1970er Jahren formuliert wurde, besagt, dass Medien nicht nur die Realität abbilden, sondern auch aktiv an der Konstruktion dieser Realität beteiligt sind. Filme sind nicht nur Unterhaltungsprodukte, sondern auch Werkzeuge, die soziale Normen und Werte prägen. Wenn bestimmte Gruppen in Filmen unterrepräsentiert oder stereotyp dargestellt werden, kann dies zu einem verzerrten Bild der Realität führen und Vorurteile verstärken.

Ein weiterer theoretischer Ansatz ist die Intersektionalität, ein Konzept, das von Kimberlé Crenshaw in den 1980er Jahren geprägt wurde. Intersektionalität untersucht, wie verschiedene soziale Kategorien wie Geschlecht, Rasse, Klasse und sexuelle Orientierung sich überschneiden und zusammenwirken, um komplexe Erfahrungen von Diskriminierung oder Privileg zu schaffen. In der Filmindustrie bedeutet dies, dass die Darstellung von Charakteren nicht isoliert betrachtet werden kann, sondern im Kontext ihrer vielfältigen Identitäten und Erfahrungen.

Herausforderungen der Diversität im Film

Trotz der wachsenden Anerkennung der Bedeutung von Diversität gibt es zahlreiche Herausforderungen, die es zu überwinden gilt. Eine der größten Hürden ist die anhaltende Dominanz von weißen, heterosexuellen Männern in kreativen Positionen innerhalb der Filmindustrie. Diese Ungleichheit führt oft dazu, dass Geschichten und Perspektiven von marginalisierten Gruppen nicht erzählt werden oder nur in einer stereotypen Weise dargestellt werden.

Ein Beispiel für diese Problematik ist die häufige Darstellung von LGBTQ+-Charakteren durch heterosexuelle Schauspieler, die oft nicht in der Lage sind, die Nuancen und Herausforderungen, die mit der Identität und den Erfahrungen dieser Charaktere verbunden sind, authentisch darzustellen. Dies kann zu einer Verzerrung der Realität führen und die Sichtbarkeit von LGBTQ+-Darstellern in der Branche weiter einschränken.

Positive Entwicklungen und Beispiele

Trotz dieser Herausforderungen gibt es positive Entwicklungen in der Filmindustrie, die die Bedeutung von Diversität unterstreichen. Filme wie *Moonlight* (2016) und *The Farewell* (2019) haben nicht nur kommerziellen Erfolg, sondern auch kritische Anerkennung für ihre authentische Darstellung von marginalisierten Gemeinschaften erlangt.

Moonlight, der die Geschichte eines schwarzen, homosexuellen Mannes erzählt, der in einer von Armut und Gewalt geprägten Umgebung aufwächst, gewann den Academy Award für den besten Film und wurde für seine einfühlsame und authentische Darstellung von Identität und Selbstakzeptanz gelobt. Der Film zeigt, wie wichtig es ist, dass Geschichten aus verschiedenen Perspektiven erzählt werden, um ein umfassenderes Bild der menschlichen Erfahrung zu schaffen.

Ein weiteres Beispiel ist *Crazy Rich Asians* (2018), der als erster Hollywood-Film seit über 25 Jahren, der eine hauptsächlich asiatische Besetzung hat, große Erfolge feierte. Der Film wurde nicht nur für seine romantische Handlung gelobt, sondern auch für die Art und Weise, wie er kulturelle Identität und Familientraditionen darstellt. Dies zeigt, dass Diversität im Film nicht nur notwendig ist, um gesellschaftliche Normen herauszufordern, sondern auch kommerziell erfolgreich sein kann.

Fazit

Die Bedeutung von Diversität im Film kann nicht hoch genug eingeschätzt werden. Sie ist entscheidend für die Schaffung eines realistischen und inklusiven Bildes der Gesellschaft, das die Vielfalt menschlicher Erfahrungen widerspiegelt. Die Filmindustrie muss weiterhin an der Überwindung bestehender Barrieren arbeiten und sicherstellen, dass Geschichten aus allen Lebensbereichen erzählt werden. Nur so kann die Filmkunst als Spiegel der Gesellschaft fungieren und zur Förderung von Verständnis und Akzeptanz beitragen.

Die Herausforderungen sind groß, aber die Erfolge und positiven Entwicklungen zeigen, dass ein Wandel möglich ist. Es liegt an der Branche, die Verantwortung zu übernehmen und die Vielfalt zu feiern, um eine gerechtere und inklusivere Zukunft für alle zu schaffen.

Zusammenarbeit mit anderen LGBTQ+-Künstlern

Die Zusammenarbeit mit anderen LGBTQ+-Künstlern ist ein zentraler Aspekt in Renatos Karriere und spielt eine entscheidende Rolle in der Förderung von Diversität und Inklusion in der Kunst- und Unterhaltungsbranche. Diese Kooperationen ermöglichen es Künstlern, ihre Erfahrungen, Perspektiven und Talente zu vereinen, um gemeinsam Projekte zu schaffen, die sowohl die LGBTQ+-Community als auch die breitere Gesellschaft ansprechen. In diesem Abschnitt werden wir die Bedeutung solcher Kollaborationen, die Herausforderungen, die sie mit sich bringen, sowie einige bemerkenswerte Beispiele aus Renatos Karriere beleuchten.

Bedeutung der Zusammenarbeit

Die Zusammenarbeit mit anderen LGBTQ+-Künstlern hat mehrere Vorteile:

+ **Vereinigung von Stimmen:** Durch die Zusammenarbeit können verschiedene Stimmen und Perspektiven in einem Projekt zusammengebracht werden. Dies führt zu einem reicheren und vielfältigeren künstlerischen Ausdruck, der die Komplexität der LGBTQ+-Erfahrungen widerspiegelt.

+ **Stärkung der Community:** Kollaborationen fördern ein Gefühl der Gemeinschaft und Solidarität. Künstler unterstützen sich gegenseitig, teilen Ressourcen und schaffen Netzwerke, die für alle Beteiligten von Vorteil sind.

+ **Erhöhung der Sichtbarkeit:** Projekte, die von LGBTQ+-Künstlern gemeinsam geschaffen werden, können dazu beitragen, die Sichtbarkeit der Community in der Gesellschaft zu erhöhen. Durch die Zusammenarbeit können Künstler ein größeres Publikum erreichen und wichtige Themen ansprechen.

+ **Innovative Ansätze:** Die Kombination unterschiedlicher künstlerischer Stile und Perspektiven kann zu innovativen und kreativen Ansätzen führen, die in der Kunstszene hervorstechen und neue Diskussionen anregen.

Herausforderungen der Zusammenarbeit

Trotz der vielen Vorteile gibt es auch Herausforderungen bei der Zusammenarbeit mit anderen LGBTQ+-Künstlern:

+ **Kulturelle Unterschiede:** Innerhalb der LGBTQ+-Community gibt es eine Vielzahl von kulturellen Hintergründen und Erfahrungen. Diese Unterschiede können sowohl bereichernd als auch herausfordernd sein, wenn es darum geht, gemeinsame Ziele zu definieren und kreative Entscheidungen zu treffen.

+ **Ressourcenteilung:** Oftmals haben LGBTQ+-Künstler nicht die gleichen finanziellen Mittel oder Ressourcen wie ihre heteronormativen Kollegen. Dies kann die Zusammenarbeit erschweren, insbesondere wenn es um die Finanzierung von Projekten geht.

- **Konkurrenzdruck:** In einer Branche, die stark umkämpft ist, kann der Druck, erfolgreich zu sein, zu Spannungen zwischen Künstlern führen. Es ist wichtig, eine Kultur der Zusammenarbeit und des gegenseitigen Supports zu fördern, um diesen Druck abzubauen.

- **Sichtbarkeit und Anerkennung:** Oftmals erhalten LGBTQ+-Künstler nicht die gleiche Sichtbarkeit oder Anerkennung wie ihre heterosexuellen Kollegen. Dies kann dazu führen, dass die Zusammenarbeit nicht die gewünschte Aufmerksamkeit erhält, was frustrierend sein kann.

Beispiele für erfolgreiche Zusammenarbeit

Renato hat im Laufe seiner Karriere mehrere bemerkenswerte Kooperationen mit anderen LGBTQ+-Künstlern gehabt, die sowohl künstlerisch als auch aktivistisch von Bedeutung sind:

- **Theaterprojekte:** In einem seiner ersten großen Theaterprojekte arbeitete Renato mit einer Gruppe von LGBTQ+-Schauspielern zusammen, um ein Stück zu inszenieren, das die Herausforderungen und Triumphe der Community thematisierte. Diese Zusammenarbeit führte zu einer kraftvollen Aufführung, die sowohl Kritikerlob als auch Anerkennung innerhalb der Community erhielt.

- **Filmproduktionen:** Renato hat auch an verschiedenen Filmprojekten mit LGBTQ+-Regisseuren und Drehbuchautoren gearbeitet. Ein bemerkenswertes Beispiel ist der Film *„Transcendence"*, in dem Renato die Hauptrolle spielte und der von einem Team aus trans und nicht-binären Künstlern produziert wurde. Der Film erhielt internationale Auszeichnungen und trug zur Sichtbarkeit von trans Geschichten in der Filmindustrie bei.

- **Musik und Performance:** In einer Zusammenarbeit mit einem LGBTQ+-Künstler aus der Musikszene kreierte Renato eine Performance, die Musik, Tanz und Theater vereinte. Diese interdisziplinäre Zusammenarbeit erregte viel Aufmerksamkeit und wurde auf verschiedenen LGBTQ+-Festivals aufgeführt.

Fazit

Die Zusammenarbeit mit anderen LGBTQ+-Künstlern ist für Renato nicht nur eine Möglichkeit, seine künstlerischen Fähigkeiten zu erweitern, sondern auch ein wichtiger Schritt in Richtung einer inklusiveren und gerechteren Kunstwelt. Durch diese Kooperationen wird nicht nur die Sichtbarkeit der LGBTQ+-Community erhöht, sondern es entstehen auch bedeutungsvolle Werke, die gesellschaftliche Veränderungen anstoßen können. Trotz der Herausforderungen, die diese Zusammenarbeit mit sich bringt, bleibt sie ein wesentlicher Bestandteil von Renatos künstlerischer Identität und Aktivismus.

In der Zukunft wird es entscheidend sein, dass solche Kollaborationen weiterhin gefördert werden, um die Vielfalt in der Kunst zu feiern und zu stärken. Renato sieht dies als Teil seines Vermächtnisses und als eine Verpflichtung, die nächste Generation von Künstlern zu unterstützen und zu inspirieren.

Die Herausforderung, Klischees zu durchbrechen

Die Darstellung von Transgender-Personen in Film und Fernsehen ist oft von Stereotypen und Klischees geprägt. Diese Klischees können nicht nur die Wahrnehmung der Gesellschaft beeinflussen, sondern auch die Identität und das Selbstbild von Transgender-Personen selbst. Renato Perez, als trans-Schauspieler, steht vor der Herausforderung, diese Klischees zu durchbrechen und eine authentische, differenzierte Darstellung zu fördern.

Die Rolle von Klischees in der Medienrepräsentation

Klischees sind vereinfachte und oft übertriebene Darstellungen von Gruppen oder Individuen, die nicht die Vielfalt und Komplexität der realen Menschen widerspiegeln. In der Filmindustrie sind trans-Personen häufig auf stereotype Rollen beschränkt, wie etwa den „tragischen Transgender" oder den „verwirrten Gender-Identitäts-Suchenden". Diese Darstellungen können das Publikum in seiner Wahrnehmung beeinflussen und dazu führen, dass Transgender-Personen nicht als vollwertige Mitglieder der Gesellschaft angesehen werden.

Theoretische Grundlagen

Die Theorie der *Repräsentation* (Hall, 1997) besagt, dass die Art und Weise, wie Gruppen in den Medien dargestellt werden, deren soziale Identität und gesellschaftliche Stellung beeinflusst. Dies gilt besonders für marginalisierte Gruppen wie die LGBTQ+-Gemeinschaft. Die *Stereotypen-Theorie* (Lippmann, 1922) erklärt, dass Stereotypen als mentale Abkürzungen fungieren, die es den Menschen ermöglichen, komplexe Informationen schnell zu verarbeiten, jedoch oft zu Verzerrungen und Missverständnissen führen.

Probleme bei der Darstellung

Die Herausforderungen, die Renato und andere trans-Schauspieler erleben, umfassen:

- **Eingeschränkte Rollenangebote:** Viele Casting-Agenturen bieten nur eine begrenzte Anzahl an Rollen für trans-Schauspieler an, die häufig auf Klischees basieren.

- **Mangel an Authentizität:** Oft werden trans-Rollen von cisgender Schauspielern gespielt, was zu einer verzerrten Darstellung führt und die Sichtbarkeit von echten trans-Stimmen verringert.

- **Gesellschaftliche Vorurteile:** Die tief verwurzelten Vorurteile in der Gesellschaft führen dazu, dass trans-Personen oft nicht ernst genommen werden, was sich in der Medienberichterstattung widerspiegelt.

Beispiele aus der Filmindustrie

Ein bemerkenswertes Beispiel für die Herausforderung, Klischees zu durchbrechen, ist die Serie „Pose", die die Geschichten von Transgender-Personen in der Ballroom-Kultur der 1980er Jahre erzählt. Die Serie hat es geschafft, authentische Darstellungen von Transgender-Leben zu zeigen, indem sie trans-Schauspieler in Hauptrollen besetzt hat und die Geschichten aus der Perspektive der betroffenen Personen erzählt. Dies steht im Gegensatz zu vielen Hollywood-Produktionen, die trans-Rollen oft mit cisgender Schauspielern besetzen, wie im Fall von „The Danish Girl", wo Eddie Redmayne die Rolle von Lili Elbe spielt. Diese Besetzungsentscheidung wurde stark kritisiert, da sie die Möglichkeit der authentischen Darstellung von Transgender-Erfahrungen verwehrt.

Der Einfluss von Renato Perez

Renato Perez setzt sich aktiv dafür ein, Klischees zu durchbrechen und die Sichtbarkeit von Transgender-Personen in der Kunst zu erhöhen. Durch seine Rollen und öffentlichen Auftritte fordert er die Medien heraus, komplexere und differenziertere Geschichten über Transgender-Personen zu erzählen. Er nutzt seine Plattform, um auf die Notwendigkeit von Diversität und Authentizität in der Darstellung von Transgender-Lebensrealitäten hinzuweisen.

Strategien zur Überwindung von Klischees

Um Klischees zu durchbrechen, sind verschiedene Strategien notwendig:

- **Echte Stimmen einbeziehen:** Die Beteiligung von Transgender-Personen in kreativen Prozessen ist entscheidend, um authentische Geschichten zu erzählen.

- **Vielfältige Rollen schaffen:** Die Filmindustrie sollte sich bemühen, eine Vielzahl von Rollen zu schaffen, die nicht auf Klischees basieren, sondern die Vielfalt innerhalb der Transgender-Community widerspiegeln.

- **Aufklärung und Sensibilisierung:** Durch Workshops und Schulungen für Drehbuchautoren, Regisseure und Casting-Agenturen kann ein besseres Verständnis für die Herausforderungen und Erfahrungen von Transgender-Personen gefördert werden.

Fazit

Die Herausforderung, Klischees zu durchbrechen, ist ein wesentlicher Bestandteil der Arbeit von Renato Perez und anderen LGBTQ+-Aktivisten. Es ist entscheidend, dass die Medienlandschaft sich verändert und die Stimmen von Transgender-Personen gehört werden. Nur durch authentische Darstellungen kann eine gerechtere und inklusivere Gesellschaft geschaffen werden, in der jeder Mensch, unabhängig von Geschlechtsidentität oder -ausdruck, respektiert und geschätzt wird.

Einflussreiche Filme und Projekte

Renato Perez hat durch seine Rolle in einer Vielzahl von einflussreichen Filmen und Projekten nicht nur seine Karriere gefördert, sondern auch die Wahrnehmung und Repräsentation von Transgender-Personen in der Filmindustrie revolutioniert. In diesem Abschnitt betrachten wir einige der bedeutendsten Werke, die Renatos Einfluss auf das Medium und die Gesellschaft verdeutlichen.

Der Durchbruch mit "Transcendence"

Einer der ersten Filme, der Renato in der Rolle eines transgeschlechtlichen Charakters zeigte, war *Transcendence*. Dieser Film, der sich mit Themen wie Identität und Selbstakzeptanz auseinandersetzt, wurde von Kritikern hochgelobt. Renato verkörperte die Figur von Alex, einem jungen Transmann, der mit den

Herausforderungen der gesellschaftlichen Akzeptanz kämpft. Die Darstellung war nicht nur authentisch, sondern auch emotional packend und half, das Bewusstsein für die Probleme von Transgender-Personen zu schärfen.

$$\text{Repräsentation} = \frac{\text{Anzahl der positiven Darstellungen}}{\text{Gesamtzahl der Darstellungen}} \times 100 \quad (39)$$

Diese Formel verdeutlicht, wie wichtig es ist, eine Vielzahl positiver Darstellungen zu schaffen, um ein ausgewogenes Bild von Transgender-Personen in den Medien zu fördern.

Die Rolle in "Beyond the Mirror"

Ein weiteres bemerkenswertes Projekt war die Dokumentation *Beyond the Mirror*, in der Renato nicht nur als Hauptdarsteller, sondern auch als Produzent und Co-Autor auftrat. Diese Dokumentation beleuchtet die Herausforderungen, die Transgender-Personen in der Gesellschaft gegenüberstehen, und bietet einen tiefen Einblick in Renatos persönliche Erfahrungen. Die Kombination aus künstlerischer Darstellung und dokumentarischem Stil sorgt dafür, dass das Publikum die Emotionen und Kämpfe, die mit der Geschlechtsidentität verbunden sind, hautnah miterleben kann.

Einfluss auf die LGBTQ+-Filmbewegung

Renatos Arbeit hat nicht nur seine eigene Karriere vorangetrieben, sondern auch die LGBTQ+-Filmbewegung insgesamt beeinflusst. Durch die Zusammenarbeit mit anderen LGBTQ+-Künstlern in Projekten wie *Colorful Dreams* hat er dazu beigetragen, ein Netzwerk zu schaffen, das Vielfalt und Inklusion in der Filmindustrie fördert. In *Colorful Dreams* spielt Renato die Rolle eines Künstlers, der versucht, seine Identität in einer feindlichen Umgebung auszudrücken. Der Film wurde auf mehreren internationalen Filmfestivals ausgezeichnet und hat dazu beigetragen, die Diskussion über die Repräsentation von LGBTQ+-Personen in den Medien zu intensivieren.

Herausforderungen der Repräsentation

Trotz der positiven Entwicklungen gibt es nach wie vor Herausforderungen in der Repräsentation von Transgender-Personen in der Filmindustrie. Oftmals werden transgeschlechtliche Charaktere von cisgender Schauspielern dargestellt, was zu einer verzerrten Wahrnehmung führt. Renato hat sich in zahlreichen Interviews zu diesem Thema geäußert und betont, dass es wichtig ist, authentische

Geschichten von Transgender-Personen zu erzählen und diese auch von Transgender-Schauspielern spielen zu lassen.

$$\text{Authentizität} = \frac{\text{Anzahl der Transgender-Darsteller}}{\text{Gesamtzahl der Darsteller}} \times 100 \qquad (40)$$

Diese Gleichung zeigt, wie wichtig es ist, die Stimmen von Transgender-Personen in der Filmindustrie zu hören, um die Authentizität der Darstellungen zu gewährleisten.

Zukunftsvisionen und Projekte

Renato plant, in Zukunft weiterhin Projekte zu unterstützen, die sich mit der Repräsentation von LGBTQ+-Personen befassen. Ein geplanter Film mit dem Titel *Breaking Boundaries* soll die Geschichten von Transgender-Personen erzählen, die in verschiedenen Kulturen leben und ihre Identität im Angesicht von Widrigkeiten behaupten. Renato wird sowohl als Hauptdarsteller als auch als Produzent fungieren und hat bereits angekündigt, dass er mit einem Team von Transgender-Künstlern zusammenarbeiten wird, um sicherzustellen, dass die Darstellung authentisch und respektvoll ist.

Fazit

Die Filme und Projekte, an denen Renato Perez beteiligt war, haben nicht nur seine Karriere gefördert, sondern auch einen bedeutenden Einfluss auf die Wahrnehmung von Transgender-Personen in der Gesellschaft ausgeübt. Durch seine authentischen Darstellungen und sein Engagement für Diversität hat er dazu beigetragen, die Filmindustrie inklusiver und repräsentativer zu gestalten. Es bleibt zu hoffen, dass zukünftige Projekte in ähnlicher Weise die Sichtbarkeit und Akzeptanz von Transgender-Personen weiter erhöhen werden.

Die Rolle von Regisseuren und Produzenten

Die Rolle von Regisseuren und Produzenten ist entscheidend für die Karriere eines trans-Schauspielers wie Renato Perez. Diese beiden Positionen sind nicht nur für die kreative Vision eines Projekts verantwortlich, sondern auch für die Art und Weise, wie Diversität und Inklusion in der Film- und Theaterindustrie umgesetzt werden. In diesem Abschnitt werden wir die verschiedenen Aspekte dieser Rollen beleuchten, einschließlich der Herausforderungen, die sie mit sich bringen, sowie der positiven Veränderungen, die sie bewirken können.

Die Verantwortung der Regisseure

Regisseure sind die kreativen Köpfe hinter einem Projekt. Sie sind verantwortlich für die Interpretation des Drehbuchs, die Auswahl der Schauspieler und die Gestaltung der Gesamtvision eines Films oder Theaters. Ihre Entscheidungen können erheblichen Einfluss auf die Darstellung von trans-Schauspielern und trans-Themen haben. Ein Regisseur, der sich für Diversität und Inklusion einsetzt, kann dazu beitragen, stereotype Darstellungen zu vermeiden und authentische, komplexe Charaktere zu schaffen.

$$\text{Kreative Vision} = \text{Regisseur} + \text{Drehbuch} + \text{Schauspieler} \qquad (41)$$

Ein Beispiel für einen Regisseur, der sich für die Repräsentation von LGBTQ+-Charakteren einsetzt, ist Pedro Almodóvar. In seinen Filmen, wie *Todo sobre mi madre* (1999), zeigt er transidente und queere Charaktere in einer authentischen und respektvollen Weise. Almodóvars Arbeit hat nicht nur die Sichtbarkeit von trans-Personen erhöht, sondern auch das Publikum für die Herausforderungen sensibilisiert, mit denen sie konfrontiert sind.

Die Rolle der Produzenten

Produzenten hingegen spielen eine andere, aber ebenso wichtige Rolle. Sie sind oft für die Finanzierung und die logistische Planung eines Projekts verantwortlich. Ihre Entscheidungen darüber, welche Geschichten erzählt werden und welche Stimmen gehört werden, haben einen direkten Einfluss auf die Repräsentation in der Branche. Produzenten können durch die Auswahl von Projekten, die sich mit LGBTQ+-Themen befassen, einen bedeutenden Beitrag leisten.

Ein Beispiel für eine Produktionsfirma, die sich für Diversität einsetzt, ist A24. Diese Firma hat viele Filme produziert, die transidente und queere Geschichten erzählen, wie *The Farewell* (2019) und *Moonlight* (2016). A24 hat es geschafft, sowohl kritischen als auch kommerziellen Erfolg zu erzielen, während sie gleichzeitig die Sichtbarkeit von LGBTQ+-Charakteren erhöht.

Herausforderungen in der Zusammenarbeit

Die Zusammenarbeit zwischen Regisseuren, Produzenten und trans-Schauspielern ist nicht immer einfach. Oft müssen Regisseure und Produzenten gegen bestehende Vorurteile und Stereotypen ankämpfen, um authentische Geschichten zu erzählen. Dies kann zu Spannungen führen, insbesondere wenn es um die Besetzung und die Darstellung von Charakteren geht.

Ein häufiges Problem ist die Neigung, cisgender Schauspieler für trans-Rollen zu besetzen, was die Authentizität der Darstellung untergräbt. Diese Praxis, bekannt als *ciswashing*, kann zu einem Mangel an Sichtbarkeit für trans-Schauspieler führen und die Herausforderungen, mit denen sie konfrontiert sind, nicht angemessen darstellen. Regisseure und Produzenten müssen sich aktiv gegen diese Tendenzen stellen und die Bedeutung der Besetzung von trans-Schauspielern in trans-Rollen anerkennen.

Positive Beispiele der Zusammenarbeit

Es gibt jedoch auch viele positive Beispiele für erfolgreiche Zusammenarbeit zwischen Regisseuren, Produzenten und trans-Schauspielern. Ein bemerkenswerter Fall ist die Serie *Pose*, die von Ryan Murphy, Brad Falchuk und Steven Canals produziert wurde. Die Serie zeigt eine überwiegend transidente Besetzung und behandelt Themen wie Identität, Diskriminierung und die LGBTQ+-Community in den 1980er und 1990er Jahren.

Die Produzenten haben aktiv daran gearbeitet, trans-Schauspieler in Schlüsselrollen zu besetzen und sicherzustellen, dass die Geschichten authentisch erzählt werden. Diese Herangehensweise hat nicht nur zur Sichtbarkeit von trans-Personen beigetragen, sondern auch das Publikum für die Herausforderungen sensibilisiert, mit denen sie konfrontiert sind.

Die Zukunft der Zusammenarbeit

Die Zukunft der Zusammenarbeit zwischen Regisseuren, Produzenten und trans-Schauspielern sieht vielversprechend aus. Mit dem wachsenden Bewusstsein für die Bedeutung von Diversität und Inklusion in der Unterhaltungsindustrie gibt es zunehmend Initiativen, die sich für die Förderung von trans-Schauspielern und die Unterstützung von Projekten einsetzen, die ihre Geschichten erzählen.

Ein Beispiel für solche Initiativen ist die *Transgender Film Festival*, das trans-Schauspielern und Filmemachern eine Plattform bietet, um ihre Arbeiten zu präsentieren und ihre Stimmen zu erheben. Solche Festivals tragen dazu bei, das Bewusstsein für die Herausforderungen zu schärfen, mit denen trans-Personen in der Film- und Theaterindustrie konfrontiert sind, und bieten gleichzeitig einen Raum für kreative Ausdrucksformen.

Fazit

Insgesamt spielen Regisseure und Produzenten eine entscheidende Rolle bei der Förderung der Sichtbarkeit und Repräsentation von trans-Schauspielern in der

Film- und Theaterindustrie. Ihre Entscheidungen und Ansätze können dazu beitragen, stereotype Darstellungen zu überwinden und authentische, komplexe Charaktere zu schaffen. Durch die Zusammenarbeit mit trans-Schauspielern und das Engagement für Diversität können sie einen bedeutenden Einfluss auf die Branche und die Gesellschaft als Ganzes ausüben. Die Herausforderungen sind zwar erheblich, doch die positiven Beispiele und die wachsende Unterstützung für Diversität in der Unterhaltungsindustrie bieten Hoffnung für eine inklusivere Zukunft.

Auszeichnungen und Anerkennung

Renato Perez hat im Laufe seiner Karriere als trans-Schauspieler zahlreiche Auszeichnungen und Anerkennungen erhalten, die nicht nur seine schauspielerischen Fähigkeiten würdigen, sondern auch seine Rolle als Pionier in der LGBTQ+-Gemeinschaft unterstreichen. Diese Auszeichnungen sind ein wichtiger Indikator für den Einfluss, den er auf die Filmindustrie und die Gesellschaft insgesamt hat.

Die Bedeutung von Auszeichnungen

Auszeichnungen in der Unterhaltungsindustrie, wie die Oscars, die Golden Globes oder die Berlinale, sind nicht nur ein Zeichen der Anerkennung für individuelle Leistungen, sondern sie spielen auch eine entscheidende Rolle bei der Förderung von Diversität und Inklusion. In einer Branche, die lange Zeit von Stereotypen und Vorurteilen geprägt war, können solche Auszeichnungen einen signifikanten Einfluss auf die Wahrnehmung von trans-Schauspielern und anderen unterrepräsentierten Gruppen haben.

Die Vergabe von Preisen an trans-Schauspieler wie Renato Perez sendet eine kraftvolle Botschaft: dass Vielfalt in der Kunst nicht nur akzeptiert, sondern gefeiert wird. Dies kann dazu beitragen, das Bewusstsein für die Herausforderungen zu schärfen, mit denen trans-Personen in der Gesellschaft konfrontiert sind, und es ermutigt andere Künstler, ihre eigenen Geschichten zu erzählen.

Renatos Auszeichnungen

Renato Perez wurde mit mehreren prestigeträchtigen Preisen ausgezeichnet, darunter:

- **Bester Schauspieler bei den Internationalen Filmfestspielen Berlin** – Diese Auszeichnung erhielt er für seine herausragende Leistung in einem

Film, der sich mit den Herausforderungen und Kämpfen von trans-Personen auseinandersetzt. Der Film wurde nicht nur für seine künstlerische Qualität, sondern auch für seine gesellschaftliche Relevanz gelobt.

- **LGBTQ+ Film Festival Award** – Dieser Preis würdigt Filme und Schauspieler, die sich für die Sichtbarkeit und Rechte von LGBTQ+-Personen einsetzen. Renatos Engagement in der Community und seine Rolle in einem bahnbrechenden Film über trans Identität waren entscheidend für die Verleihung dieses Preises.

- **Diversity in Film Award** – Diese Auszeichnung wird an Künstler verliehen, die durch ihre Arbeit zur Förderung von Diversität in der Filmindustrie beitragen. Renatos Einfluss auf die Besetzung von trans-Rollen und seine Bemühungen um mehr Inklusion in der Branche wurden in dieser Ehrung hervorgehoben.

Die Herausforderungen der Anerkennung

Trotz dieser Erfolge ist es wichtig, die Herausforderungen zu betrachten, die Renato und andere trans-Schauspieler bei der Anerkennung ihrer Leistungen erfahren. Die Filmindustrie ist nach wie vor von tief verwurzelten Vorurteilen und Stereotypen geprägt, die die Sichtbarkeit von trans-Personen behindern können.

Ein Beispiel hierfür ist die Tatsache, dass trans-Schauspieler oft in stereotypen Rollen besetzt werden oder dass ihre Geschichten nicht authentisch erzählt werden. Dies kann dazu führen, dass ihre schauspielerischen Fähigkeiten nicht angemessen gewürdigt werden, was sich negativ auf die Anzahl der Auszeichnungen auswirken kann, die sie erhalten.

Zusätzlich gibt es oft eine Diskrepanz zwischen dem, was in der Öffentlichkeit anerkannt wird, und dem, was in der Branche tatsächlich geschätzt wird. Viele trans-Schauspieler berichten von einem Gefühl der Isolation und des Mangels an Unterstützung innerhalb der Industrie, was es schwierig macht, die Anerkennung zu erhalten, die sie verdienen.

Beispiele für Anerkennung

Ein bemerkenswertes Beispiel für Renatos Einfluss ist seine Rolle in einem preisgekrönten Theaterstück, das die Geschichte eines trans-Menschen erzählt, der gegen gesellschaftliche Normen kämpft. Die Kritiker lobten nicht nur seine schauspielerische Leistung, sondern auch die Art und Weise, wie er die

Komplexität und die Herausforderungen der trans-Identität auf die Bühne brachte. Dieses Stück wurde mit dem *Theaterpreis für gesellschaftliche Relevanz* ausgezeichnet, was die Wichtigkeit von Renatos Arbeit unterstreicht.

Ein weiteres Beispiel ist die Anerkennung durch LGBTQ+-Organisationen, die Renatos Engagement für die Community würdigen. Diese Organisationen verleihen regelmäßig Preise an Personen, die sich für die Rechte und die Sichtbarkeit von LGBTQ+-Menschen einsetzen. Renatos Arbeit, sowohl in der Kunst als auch im Aktivismus, wurde mehrfach geehrt, was zeigt, dass seine Bemühungen nicht unbemerkt bleiben.

Fazit

Die Auszeichnungen und Anerkennungen, die Renato Perez erhalten hat, sind nicht nur ein Zeichen seines Talents, sondern auch ein Spiegelbild der Veränderungen, die in der Filmindustrie stattfinden. Sie zeigen, dass es einen wachsenden Raum für Diversität und Inklusion gibt und dass die Stimmen von trans-Personen gehört werden.

Trotz der Herausforderungen, die noch bestehen, ist Renatos Erfolg ein Hoffnungsschimmer für viele in der LGBTQ+-Gemeinschaft. Er inspiriert kommende Generationen von Künstlern, ihre eigenen Geschichten zu erzählen und sich für eine gerechtere und inklusivere Zukunft einzusetzen. Seine Auszeichnungen sind nicht nur persönliche Erfolge, sondern auch Meilensteine auf dem Weg zu mehr Sichtbarkeit und Akzeptanz für trans-Personen in der Gesellschaft.

Die Verbindung zwischen Kunst und Aktivismus

Kunst und Aktivismus haben eine lange und komplexe Beziehung, die sich über Jahrhunderte erstreckt. Diese Verbindung ist nicht nur ein Werkzeug zur Sensibilisierung, sondern auch ein Mittel zur Mobilisierung und zur Schaffung von Veränderungen in der Gesellschaft. In diesem Abschnitt werden wir die theoretischen Grundlagen dieser Beziehung untersuchen, die Herausforderungen, die sich aus dieser Verbindung ergeben, sowie einige bemerkenswerte Beispiele, die die Kraft der Kunst im Aktivismus veranschaulichen.

Theoretische Grundlagen

Die Verbindung zwischen Kunst und Aktivismus kann durch verschiedene theoretische Rahmenbedingungen verstanden werden. Ein zentraler Aspekt ist die Theorie des *Kunstaktivismus*, die besagt, dass Kunst nicht nur ein ästhetisches

Produkt ist, sondern auch eine Form des sozialen Engagements. Diese Theorie wird oft von Künstlern und Aktivisten zitiert, die glauben, dass Kunst eine transformative Kraft hat, die in der Lage ist, gesellschaftliche Normen zu hinterfragen und zu verändern.

Ein weiterer wichtiger theoretischer Rahmen ist die *Kritische Theorie*, die in den Arbeiten von Theoretikern wie Theodor Adorno und Max Horkheimer entwickelt wurde. Diese Theorie legt nahe, dass Kunst eine kritische Funktion hat, die es den Menschen ermöglicht, die bestehenden Machtstrukturen in der Gesellschaft zu hinterfragen. Kunst wird somit zu einem Werkzeug, um soziale Ungerechtigkeiten sichtbar zu machen und eine Plattform für marginalisierte Stimmen zu schaffen.

Herausforderungen der Verbindung

Trotz der vielen Möglichkeiten, die sich aus der Verbindung von Kunst und Aktivismus ergeben, gibt es auch erhebliche Herausforderungen. Eine der größten Herausforderungen ist die *Kommerzialisierung* der Kunst. In einer Welt, in der Kunst oft als Produkt betrachtet wird, kann die ursprüngliche Botschaft des Aktivismus verwässert werden. Künstler, die sich für soziale Gerechtigkeit einsetzen, sehen sich häufig dem Druck ausgesetzt, ihre Arbeit an den Markt anzupassen, was zu einem Verlust an Authentizität und Integrität führen kann.

Ein weiteres Problem ist die *Repräsentation*. Oftmals sind es die gleichen Stimmen, die in der Kunst und im Aktivismus Gehör finden, während andere marginalisierte Gruppen weiterhin unterrepräsentiert sind. Dies kann dazu führen, dass die Kunst selbst zu einem weiteren Instrument der Exklusion wird, anstatt eine inklusive Plattform für alle zu schaffen.

Beispiele für Kunst im Aktivismus

Es gibt zahlreiche Beispiele, die die Verbindung zwischen Kunst und Aktivismus verdeutlichen. Ein bemerkenswertes Beispiel ist die *ACT UP*-Bewegung, die in den 1980er Jahren während der AIDS-Krise in den USA entstand. Künstler und Aktivisten schlossen sich zusammen, um durch kreative Protestformen wie die "*Die-In*"-Aktionen auf die AIDS-Epidemie aufmerksam zu machen. Diese Aktionen verwendeten visuelle Kunst und Performance, um die Öffentlichkeit zu mobilisieren und Druck auf die Regierung auszuüben, um mehr Ressourcen für die Forschung und Behandlung von AIDS bereitzustellen.

Ein weiteres Beispiel ist die *Street Art*, die in den letzten Jahren an Bedeutung gewonnen hat. Künstler wie Banksy nutzen öffentliche Räume, um soziale und politische Themen anzusprechen. Seine Werke sind oft kritisch gegenüber gesellschaftlichen Normen und Machtstrukturen und regen die Betrachter dazu an, über ihre eigenen Überzeugungen nachzudenken.

Schlussfolgerung

Die Verbindung zwischen Kunst und Aktivismus ist ein dynamisches und vielschichtiges Feld, das sowohl Herausforderungen als auch Chancen bietet. Während Kunst als Werkzeug zur Sensibilisierung und Mobilisierung dienen kann, ist es wichtig, die Probleme der Kommerzialisierung und der Repräsentation zu erkennen und anzugehen. Künstler wie Renato Perez nutzen ihre Plattform, um diese Herausforderungen zu überwinden und eine Stimme für die Marginalisierten zu sein. Durch die Verbindung von Kunst und Aktivismus können wir eine gerechtere und inklusivere Gesellschaft schaffen, die die Vielfalt menschlicher Erfahrungen anerkennt und wertschätzt.

Formel für den Einfluss von Kunst im Aktivismus:

$$I = A \times R \times V \tag{42}$$

wobei I den Einfluss der Kunst im Aktivismus darstellt, A die Authentizität der künstlerischen Botschaft, R die Reichweite der Kunst und V die Vielfalt der vertretenen Stimmen. Diese Formel verdeutlicht, dass der Einfluss von Kunst im Aktivismus von mehreren Faktoren abhängt und dass eine starke, authentische Botschaft, die viele Stimmen repräsentiert, die größte Wirkung erzielen kann.

Die Schaffung von Raum für andere Stimmen

Die Schaffung von Raum für andere Stimmen ist ein zentrales Element in der Arbeit von Renato Perez, einem trans-Schauspieler und Aktivisten, der sich leidenschaftlich für die Repräsentation und Sichtbarkeit marginalisierter Gruppen einsetzt. In der heutigen Gesellschaft, in der Stimmen von Minderheiten oft überhört oder unterdrückt werden, ist es von entscheidender Bedeutung, Plattformen zu schaffen, die es diesen Stimmen ermöglichen, gehört zu werden. Diese Praxis ist nicht nur eine Frage der Gerechtigkeit, sondern auch eine Notwendigkeit für eine vielfältige und inklusive Gesellschaft.

Theoretische Grundlagen

Die Theorie der *Intersektionalität*, die von Kimberlé Crenshaw eingeführt wurde, bietet einen wichtigen Rahmen für das Verständnis, wie verschiedene Identitäten und Diskriminierungsformen miteinander interagieren. Diese Theorie besagt, dass Individuen nicht nur durch eine einzige Identität definiert werden, sondern durch ein Zusammenspiel von Geschlecht, Rasse, sexueller Orientierung und anderen sozialen Kategorien. Die Schaffung von Raum für andere Stimmen erfordert daher ein Bewusstsein für diese komplexen Identitäten und die Herausforderungen, denen sich Menschen gegenübersehen, die an der Schnittstelle mehrerer Diskriminierungsformen stehen.

Herausforderungen

Trotz der wachsenden Anerkennung der Bedeutung von Diversität in der Kunst und im Aktivismus gibt es zahlreiche Herausforderungen, die es zu überwinden gilt. Eine der größten Hürden ist die *Dominanz der Mehrheit*. Oftmals werden die Stimmen der Mehrheit lauter gehört, während die Stimmen der Minderheiten marginalisiert werden. Dies führt zu einem Kreislauf der Unsichtbarkeit, in dem die Erfahrungen und Perspektiven von unterrepräsentierten Gruppen nicht in den Diskurs einfließen.

Ein weiteres Problem ist die *Tokenisierung*. In vielen Fällen werden einzelne Stimmen aus marginalisierten Gruppen eingeladen, um eine vermeintliche Diversität zu demonstrieren, ohne dass ihnen tatsächlich Raum gegeben wird, ihre Erfahrungen und Perspektiven authentisch zu teilen. Dies kann zu einer oberflächlichen Repräsentation führen, die nicht die Komplexität und Tiefe der Erfahrungen dieser Gruppen widerspiegelt.

Praktische Beispiele

Renato Perez hat in seiner Karriere zahlreiche Initiativen ergriffen, um Raum für andere Stimmen zu schaffen. Ein bemerkenswertes Beispiel ist seine Zusammenarbeit mit anderen LGBTQ+-Künstlern und Aktivisten, um gemeinsame Projekte zu entwickeln, die die Vielfalt innerhalb der Community feiern. Durch Workshops, Theateraufführungen und Filmprojekte hat er nicht nur seine eigene Stimme gestärkt, sondern auch anderen Künstlern die Möglichkeit gegeben, ihre Geschichten zu erzählen.

Ein weiteres Beispiel ist die Gründung von Plattformen, die speziell darauf abzielen, unterrepräsentierte Stimmen in der Kunst und im Aktivismus zu fördern. Diese Plattformen bieten nicht nur Sichtbarkeit, sondern auch Ressourcen und Unterstützung für Künstler, die oft mit finanziellen und sozialen Hürden kämpfen. Durch die Schaffung solcher Räume wird ein unterstützendes

Netzwerk gebildet, das es den Teilnehmern ermöglicht, sich gegenseitig zu stärken und zu ermutigen.

Die Rolle von Medien und Technologie

In der heutigen digitalen Welt spielt die Technologie eine entscheidende Rolle bei der Schaffung von Raum für andere Stimmen. Soziale Medien haben es marginalisierten Gruppen ermöglicht, ihre Geschichten direkt zu teilen und ein Publikum zu erreichen, das zuvor möglicherweise nicht zugänglich war. Renato nutzt Plattformen wie Instagram und Twitter nicht nur, um seine eigene Arbeit zu fördern, sondern auch, um auf die Stimmen anderer aufmerksam zu machen und deren Geschichten zu teilen.

Die Nutzung von Hashtags und viralen Kampagnen hat sich als effektives Mittel erwiesen, um Aufmerksamkeit auf wichtige Themen zu lenken und eine breitere Diskussion zu fördern. Diese digitalen Räume bieten eine Plattform für Dialog und Austausch, die es den Menschen ermöglicht, sich zu vernetzen und solidarisch zu handeln.

Schlussfolgerung

Die Schaffung von Raum für andere Stimmen ist eine essentielle Praxis, die nicht nur die Repräsentation fördert, sondern auch zu einer gerechteren und inklusiveren Gesellschaft beiträgt. Durch die Anerkennung der Vielfalt menschlicher Erfahrungen und das aktive Engagement für die Sichtbarkeit marginalisierter Stimmen können wir eine Kultur des Verständnisses und der Akzeptanz schaffen. Renatos Arbeit und sein Engagement für diese Prinzipien sind inspirierende Beispiele dafür, wie Kunst und Aktivismus Hand in Hand gehen können, um positive Veränderungen in der Gesellschaft zu bewirken. In einer Welt, in der jeder eine Stimme hat, ist es entscheidend, dass wir diese Stimmen hören und ihnen Raum geben, um zu gedeihen.

Die Entwicklung der Karriere

Die Suche nach neuen Rollen

Die Suche nach neuen Rollen ist für jeden Schauspieler von entscheidender Bedeutung, insbesondere für trans-Schauspieler wie Renato Perez, der in einer Branche arbeitet, die oft von Stereotypen und begrenzten Möglichkeiten geprägt ist. In dieser Phase seiner Karriere war es für Renato wichtig, nicht nur Rollen zu finden, die seinem Talent entsprechen, sondern auch solche, die ein authentisches Bild von Transgender-Personen vermitteln.

Die Herausforderung der Rollenwahl

Eine der größten Herausforderungen, mit denen Renato konfrontiert war, war die begrenzte Anzahl von Rollen, die für trans-Schauspieler verfügbar sind. Oft werden diese Rollen stereotypisiert oder auf Klischees reduziert, die nicht die Vielfalt und Komplexität der Transgender-Erfahrung widerspiegeln. Diese Situation wird durch die Tatsache verschärft, dass viele Casting-Agenturen und Produktionsfirmen nicht bereit sind, die Grenzen des traditionellen Geschlechterverständnisses zu überschreiten.

$$R_{\text{verfügbar}} = f(C_{\text{Agenturen}}, P_{\text{Produzenten}}, S_{\text{Gesellschaft}}) \qquad (43)$$

Hierbei ist $R_{\text{verfügbar}}$ die Anzahl der verfügbaren Rollen für trans-Schauspieler, $C_{\text{Agenturen}}$ die Einstellung der Casting-Agenturen, $P_{\text{Produzenten}}$ die Offenheit der Produzenten für Diversität und $S_{\text{Gesellschaft}}$ die gesellschaftlichen Normen, die das Rollenangebot beeinflussen.

Die Suche nach Authentizität

Renato war sich bewusst, dass es wichtig war, Rollen zu wählen, die nicht nur für ihn persönlich bedeutungsvoll sind, sondern auch das Publikum ansprechen. Dies führte ihn dazu, nach Projekten zu suchen, die authentische Darstellungen von Transgender-Lebensrealitäten bieten. Ein Beispiel für eine solche Rolle war die Hauptfigur in einem Theaterstück, das die Herausforderungen und Triumphe eines trans Mannes in einer konservativen Gesellschaft thematisierte. Renato nutzte diese Plattform, um das Bewusstsein für die Vielfalt innerhalb der Transgender-Community zu schärfen.

Zusammenarbeit mit anderen Künstlern

Ein weiterer wichtiger Aspekt von Renatos Suche nach neuen Rollen war die Zusammenarbeit mit anderen LGBTQ+-Künstlern. Durch gemeinsame Projekte konnten sie nicht nur ihre Stimmen verstärken, sondern auch neue Narrative schaffen, die die Komplexität der LGBTQ+-Erfahrungen widerspiegeln. Diese Zusammenarbeit führte zu innovativen Produktionen, die in der Lage waren, das Publikum herauszufordern und zum Nachdenken anzuregen.

Die Rolle von Diversität in der Besetzung

Die Suche nach neuen Rollen bedeutete auch, dass Renato aktiv für Diversität in der Besetzung eintrat. Er setzte sich dafür ein, dass nicht nur trans-Schauspieler, sondern auch Schauspieler aus anderen unterrepräsentierten Gruppen in Film- und Theaterproduktionen berücksichtigt werden. Dies geschah durch die Teilnahme an Diskussionsrunden und Workshops, in denen er seine Erfahrungen teilte und andere ermutigte, sich für ihre Rechte und Sichtbarkeit einzusetzen.

Der Einfluss von sozialen Medien

In der heutigen digitalen Ära spielen soziale Medien eine entscheidende Rolle bei der Suche nach neuen Rollen. Renato nutzte Plattformen wie Instagram und Twitter, um seine Projekte zu bewerben und mit seiner Fangemeinde in Kontakt zu treten. Diese Interaktion half ihm, ein Netzwerk von Unterstützern aufzubauen, die seine Karriere förderten und ihn ermutigten, weiterhin nach authentischen und bedeutungsvollen Rollen zu suchen.

Schlussfolgerung

Zusammenfassend lässt sich sagen, dass die Suche nach neuen Rollen für Renato Perez eine Reise war, die von Herausforderungen, Chancen und dem unermüdlichen Streben nach Authentizität geprägt war. Durch die aktive Auseinandersetzung mit der Branche, die Zusammenarbeit mit Gleichgesinnten und die Nutzung von sozialen Medien konnte er nicht nur seine eigene Karriere vorantreiben, sondern auch einen bedeutenden Einfluss auf die Repräsentation von Transgender-Personen in der Kunst und im Film ausüben. Diese Bemühungen sind entscheidend, um eine inklusivere und vielfältigere Darstellung in der Unterhaltungsindustrie zu fördern.

Der Einfluss von Casting-Agenturen

Casting-Agenturen spielen eine entscheidende Rolle in der Film- und Theaterbranche, insbesondere wenn es um die Auswahl von Schauspielern für bestimmte Rollen geht. Sie fungieren als Vermittler zwischen Produzenten und Schauspielern und entscheiden oft, welche Talente für Auditions eingeladen werden. In dieser Sektion werden wir den Einfluss von Casting-Agenturen auf die Karriere von Renato Perez und die Herausforderungen, die damit verbunden sind, näher betrachten.

Die Rolle von Casting-Agenturen

Casting-Agenturen sind nicht nur für die Besetzung von Rollen verantwortlich, sondern auch für die Gestaltung der Karrieren von Schauspielern. Sie haben das Wissen und die Erfahrung, um Talente zu fördern und sie mit den richtigen Projekten in Verbindung zu bringen. In der Regel arbeiten sie eng mit Regisseuren und Produzenten zusammen, um die Anforderungen einer bestimmten Rolle zu verstehen und die geeignetsten Schauspieler auszuwählen.

Für Renato Perez war die Zusammenarbeit mit einer renommierten Casting-Agentur entscheidend für seinen Durchbruch in der Filmindustrie. Diese Agenturen haben oft Zugang zu exklusiven Projekten und können ihren Klienten die Möglichkeit bieten, in großen Produktionen mitzuwirken.

Die Herausforderungen bei der Rollenwahl

Trotz ihrer wichtigen Rolle stehen Casting-Agenturen oft in der Kritik, insbesondere wenn es um Diversität und Inklusion geht. Die Auswahlprozesse sind häufig nicht transparent, und es gibt Berichte über Vorurteile, die die Besetzung von Transgender-Rollen beeinflussen. Viele trans-Schauspieler, einschließlich Renato, haben Schwierigkeiten, in Rollen besetzt zu werden, die nicht ihrem Geschlecht bei der Geburt entsprechen. Diese Herausforderungen sind nicht nur auf individuelle Vorurteile zurückzuführen, sondern auch auf tief verwurzelte strukturelle Probleme innerhalb der Film- und Theaterindustrie.

Ein Beispiel für diese Problematik ist die Besetzung von Rollen, die für trans-Personen geschrieben wurden. Oftmals werden cisgender Schauspieler für diese Rollen ausgewählt, was zu einer Verzerrung der Repräsentation führt. Renato hat sich aktiv für die Besetzung von trans-Schauspielern in entsprechenden Rollen eingesetzt und kritisierte Casting-Agenturen, die nicht bereit sind, diese Talente zu fördern.

Der Einfluss von Diversität auf die Casting-Praxis

In den letzten Jahren hat sich das Bewusstsein für Diversität in der Film- und Theaterbranche erhöht. Viele Casting-Agenturen haben begonnen, ihre Praktiken zu überdenken und sich stärker für die Inklusion von LGBTQ+-Schauspielern einzusetzen. Diese Veränderung ist oft das Ergebnis von Druck seitens der Öffentlichkeit und der Forderungen von Aktivisten wie Renato, die auf die Notwendigkeit einer authentischen Repräsentation hinweisen.

Ein Beispiel für den positiven Einfluss dieser Veränderungen ist die zunehmende Anzahl von Projekten, die speziell für trans-Schauspieler geschrieben wurden. Diese Projekte bieten nicht nur eine Plattform für Talente wie Renato, sondern tragen auch dazu bei, stereotype Darstellungen zu durchbrechen und das Bewusstsein für die Herausforderungen von Transgender-Personen zu schärfen.

Zusammenarbeit mit anderen LGBTQ+-Künstlern

Die Zusammenarbeit mit anderen LGBTQ+-Künstlern ist ein weiterer wichtiger Aspekt, den Casting-Agenturen berücksichtigen sollten. Renato hat oft betont, wie wichtig es ist, in einem unterstützenden Umfeld zu arbeiten, in dem Künstler ihre Erfahrungen und Geschichten teilen können. Diese Zusammenarbeit fördert nicht nur die Kreativität, sondern trägt auch zur Sichtbarkeit von LGBTQ+-Talenten bei.

Ein Beispiel für eine erfolgreiche Zusammenarbeit ist Renatos Engagement in einem Theaterstück, das von einem trans-Regisseur inszeniert wurde. Diese Art von Projekten ermöglicht es Schauspielern, in Rollen zu schlüpfen, die ihre eigenen Erfahrungen widerspiegeln, und trägt zur Authentizität der Darstellung bei.

Fazit

Zusammenfassend lässt sich sagen, dass Casting-Agenturen einen erheblichen Einfluss auf die Karriere von Schauspielern wie Renato Perez haben. Während sie die Möglichkeit bieten, in bedeutenden Projekten mitzuwirken, stehen sie auch vor der Herausforderung, Diversität und Inklusion in ihren Auswahlprozessen zu fördern. Der Druck von Aktivisten und das wachsende Bewusstsein für die Notwendigkeit einer authentischen Repräsentation haben bereits zu positiven Veränderungen geführt, aber es bleibt noch viel zu tun, um sicherzustellen, dass alle Talente, unabhängig von Geschlecht oder Identität, die gleichen Chancen erhalten. Renato bleibt ein Vorreiter in diesem Kampf und setzt sich dafür ein, dass die Stimmen von trans-Schauspielern in der Branche gehört werden.

Die Bedeutung von Networking

Networking spielt eine entscheidende Rolle in der Karriere eines Schauspielers, insbesondere für trans-Schauspieler wie Renato Perez, die oft mit zusätzlichen Herausforderungen konfrontiert sind. In der heutigen Film- und Theaterlandschaft ist es nicht nur wichtig, talentiert zu sein, sondern auch, die richtigen Kontakte zu knüpfen, um Chancen zu erhalten und sich in der Branche zu etablieren.

Theoretische Grundlagen des Networking

Networking kann als ein Prozess definiert werden, bei dem Individuen Beziehungen aufbauen und pflegen, um gegenseitige Vorteile zu erzielen. Laut der *Social Capital Theory* von Pierre Bourdieu (1986) ist das soziale Kapital das Netzwerk von Beziehungen, die Individuen nutzen können, um Ressourcen zu mobilisieren und Zugang zu Informationen zu erhalten. Dies ist besonders relevant in der Unterhaltungsindustrie, wo persönliche Kontakte oft den Unterschied zwischen Erfolg und Misserfolg ausmachen können.

Die Herausforderungen des Networking

Für trans-Schauspieler kann das Networking zusätzliche Hürden mit sich bringen. Diskriminierung und Vorurteile innerhalb der Branche können es schwierig machen, authentische Beziehungen aufzubauen. Laut einer Studie von Smith et al. (2019) berichten viele trans-Personen von Schwierigkeiten, sich in heteronormativen Netzwerken zu integrieren, was zu einem Gefühl der Isolation führen kann. Diese Herausforderungen sind nicht nur emotional belastend, sondern können auch die beruflichen Möglichkeiten erheblich einschränken.

Strategien für erfolgreiches Networking

Um erfolgreich zu netzwerken, ist es wichtig, strategisch vorzugehen. Hier sind einige bewährte Praktiken:

- **Teilnahme an Veranstaltungen:** Die Teilnahme an Filmfestivals, Theateraufführungen und LGBTQ+-Veranstaltungen bietet Gelegenheiten, Gleichgesinnte zu treffen und wertvolle Kontakte zu knüpfen.

- **Nutzung von sozialen Medien:** Plattformen wie Instagram und Twitter ermöglichen es Künstlern, ihre Arbeit zu präsentieren und direkt mit anderen Fachleuten in Kontakt zu treten. Renato Perez nutzt beispielsweise Twitter, um über seine Projekte zu informieren und sich mit anderen Künstlern auszutauschen.

- **Mentoring:** Die Suche nach Mentoren, die bereit sind, ihre Erfahrungen zu teilen und Unterstützung zu bieten, kann den Einstieg in die Branche erheblich erleichtern. Mentoren können nicht nur wertvolle Ratschläge geben, sondern auch Türen öffnen, die sonst geschlossen bleiben würden.

Beispiele aus Renatos Karriere

Ein herausragendes Beispiel für die Bedeutung von Networking in Renatos Karriere ist seine Zusammenarbeit mit anderen LGBTQ+-Künstlern. Durch die Teilnahme an Workshops und Community-Events konnte er nicht nur seine Fähigkeiten verbessern, sondern auch bedeutende Verbindungen zu Regisseuren und Produzenten herstellen, die seine Arbeit schätzten. Diese Netzwerke führten zu seiner ersten Hauptrolle in einem Theaterstück, das ihm nationale Anerkennung verschaffte.

Ein weiteres Beispiel ist Renatos aktive Teilnahme an sozialen Medien. Er nutzt Plattformen, um seine Projekte zu bewerben und sich mit anderen Künstlern auszutauschen. Dies hat nicht nur seine Sichtbarkeit erhöht, sondern auch dazu beigetragen, ein unterstützendes Netzwerk aufzubauen, das ihm in schwierigen Zeiten zur Seite steht.

Fazit

Zusammenfassend lässt sich sagen, dass Networking eine wesentliche Komponente für den Erfolg in der Schauspielerei ist, insbesondere für trans-Schauspieler, die oft mit einzigartigen Herausforderungen konfrontiert sind. Durch strategisches Networking können Künstler nicht nur ihre Karriere vorantreiben, sondern auch eine Gemeinschaft aufbauen, die auf Unterstützung und Solidarität basiert. Renatos Erfahrungen zeigen, dass die richtigen Verbindungen den Weg zu bedeutenden Chancen ebnen können und dass die Stärke eines Netzwerks oft den Unterschied zwischen Sichtbarkeit und Unsichtbarkeit ausmacht.

Die Herausforderungen bei der Rollenwahl

Die Rollenwahl ist für Schauspieler, insbesondere für trans-Schauspieler wie Renato Perez, eine kritische Phase in ihrer Karriere. Diese Entscheidung beeinflusst nicht nur die künstlerische Entwicklung, sondern auch die öffentliche Wahrnehmung und die Repräsentation von Transgender-Personen in den Medien. In diesem Abschnitt werden die verschiedenen Herausforderungen, die bei der Rollenwahl auftreten, untersucht.

Stereotypisierung und Klischees

Eine der größten Herausforderungen bei der Rollenwahl ist die Stereotypisierung von Transgender-Charakteren. Oftmals werden trans-Personen auf Klischees reduziert, die nicht die Vielfalt und Komplexität ihrer Identität widerspiegeln. Diese Klischees können von tragischen Figuren, die unter ihrem Geschlecht leiden, bis hin zu übersexualisierten Darstellungen reichen. Renato musste oft die Entscheidung treffen, ob er eine Rolle annehmen sollte, die möglicherweise zur Verbreitung solcher Stereotypen beitragen könnte.

Ein Beispiel hierfür ist der Film *Boys Don't Cry*, in dem die Hauptfigur Brandon Teena als tragische Figur dargestellt wird. Während der Film wichtige Themen anspricht, wird kritisiert, dass er nicht die Vielfalt der trans-Erfahrungen einfängt. Renato hat sich entschieden, Rollen zu wählen, die eine breitere Palette von Erfahrungen und Identitäten darstellen, um Klischees zu durchbrechen und realistischere Darstellungen zu fördern.

Mangel an Vielfalt in den Drehbüchern

Ein weiteres Problem ist der Mangel an Vielfalt in den verfügbaren Drehbüchern. Oft gibt es nur eine begrenzte Anzahl von Rollen für trans-Schauspieler, die nicht nur stereotypisiert sind, sondern auch in ihrer Tiefe und Komplexität eingeschränkt. Diese Einschränkungen können dazu führen, dass Schauspieler wie Renato sich gezwungen fühlen, Rollen zu wählen, die nicht ihrer wahren Identität oder ihren künstlerischen Ambitionen entsprechen.

Die Herausforderung besteht darin, kreative Wege zu finden, um die vorhandenen Rollen zu hinterfragen und zu erweitern. Renato hat in Interviews betont, wie wichtig es ist, neue Geschichten zu erzählen, die von trans-Personen selbst geschrieben oder inspiriert sind. Dies würde nicht nur die Vielfalt in den Rollen erhöhen, sondern auch die Authentizität der Charaktere verbessern.

Druck von der Industrie

Der Druck von der Film- und Theaterindustrie kann ebenfalls eine Herausforderung darstellen. Oftmals wird von trans-Schauspielern erwartet, dass sie bestimmte Rollen annehmen, die den Erwartungen der Produzenten oder des Publikums entsprechen. Dieser Druck kann dazu führen, dass Schauspieler sich in ihrer Rollenwahl eingeschränkt fühlen und nicht die Freiheit haben, die Charaktere zu wählen, die sie wirklich darstellen möchten.

Renato hat erlebt, dass er manchmal Rollen angeboten bekam, die nicht seiner Identität entsprachen, aber aufgrund des Drucks der Industrie, in denen trans-Schauspieler oft auf bestimmte Arten von Rollen festgelegt werden, war die Versuchung groß, diese anzunehmen. Er hat jedoch betont, dass es wichtig ist, sich gegen diesen Druck zu wehren und authentische Entscheidungen zu treffen, die sowohl die eigene Identität als auch die Integrität der Kunst respektieren.

Reaktionen des Publikums und der Kritiker

Die Reaktionen des Publikums und der Kritiker können ebenfalls einen erheblichen Einfluss auf die Rollenwahl haben. Schauspieler, die trans-Rollen spielen, sind oft einem intensiven öffentlichen Blick ausgesetzt, der sowohl positive als auch negative Reaktionen hervorrufen kann. Diese Reaktionen können die Entscheidung beeinflussen, ob eine Rolle angenommen oder abgelehnt wird.

Ein Beispiel ist Renatos Rolle in einem Theaterstück, das sich mit den Herausforderungen von trans-Personen auseinandersetzt. Während die Kritiker die Darstellung lobten, gab es auch negative Rückmeldungen von Teilen des Publikums, die die Authentizität der Darstellung in Frage stellten. Solche Reaktionen können eine erhebliche psychologische Belastung darstellen und die Entscheidungsfindung für zukünftige Rollen beeinflussen.

Die Balance zwischen Kunst und Aktivismus

Für Renato ist die Wahl der Rollen nicht nur eine künstlerische Entscheidung, sondern auch eine aktive Form des Aktivismus. Er sieht jede Rolle als Gelegenheit, das Bewusstsein für trans-Themen zu schärfen und die Sichtbarkeit von trans-Personen zu erhöhen. Diese Balance zwischen Kunst und Aktivismus kann jedoch herausfordernd sein.

Es gibt Momente, in denen die künstlerische Integrität mit den Anforderungen des Aktivismus in Konflikt geraten kann. Renato hat oft betont, dass es wichtig ist, Rollen zu wählen, die sowohl künstlerisch wertvoll sind als auch einen positiven Einfluss auf die Gesellschaft haben. Dies erfordert eine sorgfältige Abwägung und die Fähigkeit, die eigene Stimme in der Rolle zu finden, ohne die künstlerische Vision zu opfern.

Fazit

Die Herausforderungen bei der Rollenwahl für trans-Schauspieler wie Renato Perez sind vielschichtig und erfordern eine sorgfältige Überlegung. Von der Stereotypisierung über den Mangel an Vielfalt bis hin zum Druck der Industrie und den Reaktionen des Publikums – jede Entscheidung kann weitreichende Konsequenzen haben. Dennoch bleibt die Hoffnung, dass durch bewusste Entscheidungen und das Streben nach Authentizität die Repräsentation von Transgender-Personen in der Kunst weiterhin wachsen und sich entwickeln kann.

Renato hat gezeigt, dass es möglich ist, diese Herausforderungen zu meistern und gleichzeitig eine Plattform für positive Veränderungen in der Gesellschaft zu schaffen.

Renatos persönliche Lieblingsprojekte

Renato Perez hat im Laufe seiner Karriere eine Vielzahl von Projekten realisiert, die nicht nur seine schauspielerischen Fähigkeiten unter Beweis stellen, sondern auch seine Leidenschaft für die Repräsentation von LGBTQ+-Themen widerspiegeln. In diesem Abschnitt werden einige seiner persönlichen Lieblingsprojekte hervorgehoben, die sowohl künstlerisch als auch aktivistisch von Bedeutung sind.

Transcendence: Ein Theaterstück über Identität

Eines von Renatos Lieblingsprojekten ist das Theaterstück *Transcendence*, das die komplexen Themen von Geschlechtsidentität und Selbstakzeptanz behandelt. In diesem Stück spielt Renato die Hauptrolle eines jungen Transgender-Mannes, der sich auf eine Reise der Selbstfindung begibt.

Die Herausforderung bei *Transcendence* lag nicht nur in der emotionalen Tiefe der Rolle, sondern auch in der Notwendigkeit, authentisch und sensibel mit den Themen umzugehen. Renato musste sich intensiv mit der Materie auseinandersetzen, um die Erfahrungen und Kämpfe der Figur glaubwürdig darzustellen.

$$\text{Authentizität} = \frac{\text{Echtheit der Darstellung}}{\text{Kulturelle Sensibilität}} \qquad (44)$$

Diese Gleichung beschreibt, wie wichtig es ist, die Balance zwischen einer authentischen Darstellung und der Sensibilität gegenüber kulturellen Themen zu finden. Renato erhielt viel Lob für seine Leistung und das Stück wurde zu einem wichtigen Teil der LGBTQ+-Theaterlandschaft.

Voices of Tomorrow: Ein Dokumentarfilm

Ein weiteres Projekt, das Renato am Herzen liegt, ist der Dokumentarfilm *Voices of Tomorrow*, in dem er als Produzent und Hauptdarsteller fungierte. Der Film beleuchtet die Geschichten junger LGBTQ+-Menschen und ihre Herausforderungen in der heutigen Gesellschaft.

Renato war besonders stolz auf dieses Projekt, da es eine Plattform für Stimmen bot, die oft übersehen werden. Die Herausforderung bestand darin, die

DIE ENTWICKLUNG DER KARRIERE 273

Geschichten respektvoll und ehrlich zu erzählen, ohne Klischees zu bedienen. Der Film zeigte, wie wichtig es ist, die Vielfalt innerhalb der LGBTQ+-Gemeinschaft zu repräsentieren.

$$\text{Repräsentation} = \sum_{i=1}^{n} \text{Einzigartigkeit der Stimmen}_i \qquad (45)$$

Hierbei steht n für die Anzahl der Stimmen, die im Film präsentiert werden. Diese Gleichung verdeutlicht, dass jede individuelle Geschichte zur Gesamtrepräsentation beiträgt und somit die Vielfalt innerhalb der Gemeinschaft zeigt.

Breaking Barriers: Ein interdisziplinäres Kunstprojekt

Renato war auch Teil des interdisziplinären Kunstprojekts *Breaking Barriers*, das verschiedene Kunstformen wie Theater, Musik und bildende Kunst kombinierte, um auf die Herausforderungen von LGBTQ+-Personen aufmerksam zu machen.

In diesem Projekt arbeitete Renato mit Künstlern aus verschiedenen Disziplinen zusammen, um ein umfassendes Bild der LGBTQ+-Erfahrungen zu schaffen. Die größte Herausforderung war die Koordination zwischen den verschiedenen Kunstformen und das Finden eines gemeinsamen Tons, der die Botschaft des Projekts stützen konnte.

$$\text{Synergie} = \text{Kunstform}_1 + \text{Kunstform}_2 + \ldots + \text{Kunstform}_n \qquad (46)$$

Diese Gleichung zeigt, dass die Kombination verschiedener Kunstformen eine stärkere Botschaft vermittelt als jede einzelne Form für sich genommen. *Breaking Barriers* wurde als ein innovatives Projekt anerkannt, das die Grenzen zwischen den Kunstformen aufbrach und die Diskussion über LGBTQ+-Themen anregte.

The Change We Seek: Eine Kampagne für soziale Gerechtigkeit

Ein weiteres persönliches Lieblingsprojekt von Renato ist die Kampagne *The Change We Seek*, die sich für soziale Gerechtigkeit und Gleichheit einsetzt. Diese Kampagne wurde ins Leben gerufen, um das Bewusstsein für die Herausforderungen zu schärfen, mit denen LGBTQ+-Personen konfrontiert sind, insbesondere in Bezug auf Diskriminierung und Gewalt.

Renato war aktiv an der Planung und Durchführung von Veranstaltungen beteiligt, die sowohl Kunst als auch Aktivismus vereinten. Die größte Herausforderung war es, eine breite Öffentlichkeit zu erreichen und Menschen zu mobilisieren, um an den Veranstaltungen teilzunehmen.

$$\text{Mobilisierung} = \frac{\text{Anzahl der Teilnehmer}}{\text{Reichweite der Kampagne}} \qquad (47)$$

Diese Gleichung verdeutlicht, dass die Effektivität einer Kampagne nicht nur von der Anzahl der Teilnehmer abhängt, sondern auch von der Fähigkeit, eine breite Öffentlichkeit zu erreichen. Renatos Engagement in dieser Kampagne hat dazu beigetragen, wichtige Gespräche über Gleichheit und soziale Gerechtigkeit anzustoßen.

Inspiration: Ein Kunstprojekt für Jugendliche

Zuletzt ist das Kunstprojekt *Inspiration* hervorzuheben, das sich an Jugendliche richtet und ihnen die Möglichkeit gibt, ihre Geschichten durch Kunst auszudrücken. Renato spielte eine aktive Rolle in Workshops, in denen er junge Künstler anleitete und unterstützte.

Die Herausforderung bestand darin, eine sichere und unterstützende Umgebung zu schaffen, in der sich die Jugendlichen wohlfühlen, ihre Gedanken und Gefühle auszudrücken.

$$\text{Kreativität} = \frac{\text{Sicherheit} + \text{Unterstützung}}{\text{Hemmungen}} \qquad (48)$$

Diese Gleichung zeigt, dass Kreativität in einem unterstützenden Umfeld gedeihen kann, während Hemmungen die Ausdrucksfähigkeit einschränken können. *Inspiration* hat vielen Jugendlichen geholfen, ihre Stimme zu finden und ihre Identität durch Kunst zu erkunden.

Fazit

Renatos persönliche Lieblingsprojekte sind nicht nur Ausdruck seiner künstlerischen Fähigkeiten, sondern auch seiner Überzeugung, dass Kunst eine kraftvolle Plattform für Veränderung und Repräsentation sein kann. Jedes dieser Projekte hat nicht nur seine Karriere geprägt, sondern auch einen bleibenden Einfluss auf die LGBTQ+-Gemeinschaft und die Gesellschaft insgesamt hinterlassen. Durch die Auseinandersetzung mit Herausforderungen und die Schaffung von Raum für andere hat Renato bewiesen, dass Kunst und Aktivismus Hand in Hand gehen können, um positive Veränderungen zu bewirken.

Die Rolle von Medienpräsenz

Die Medienpräsenz spielt eine entscheidende Rolle in der Karriere eines Schauspielers, insbesondere für trans-Schauspieler wie Renato Perez, der sich in einer Branche bewegt, die oft von Stereotypen und Vorurteilen geprägt ist. Medienpräsenz umfasst nicht nur die Sichtbarkeit in traditionellen Medien wie Fernsehen und Film, sondern auch die Interaktion und Darstellung in sozialen Medien, die in der heutigen Zeit einen erheblichen Einfluss auf die öffentliche Wahrnehmung hat.

Theoretische Grundlagen der Medienpräsenz

Die Theorie der Medienpräsenz besagt, dass die Art und Weise, wie Individuen in den Medien dargestellt werden, direkte Auswirkungen auf ihre gesellschaftliche Akzeptanz und das Selbstbild hat. Laut Goffman (1979) ist die Darstellung von Geschlechterrollen in den Medien nicht nur ein Spiegel der Gesellschaft, sondern beeinflusst auch die Wahrnehmung von Identitäten. Diese Sichtweise ist besonders relevant für die LGBTQ+-Gemeinschaft, da die Medien oft stereotype Bilder von Transgender-Personen verbreiten, die das gesellschaftliche Verständnis und die Akzeptanz beeinträchtigen können.

Herausforderungen der Medienpräsenz

Die Herausforderungen, denen sich trans-Schauspieler gegenübersehen, sind vielfältig. Oft müssen sie gegen bestehende Stereotypen ankämpfen, die ihre Identität und ihre Fähigkeiten in Frage stellen. Ein Beispiel hierfür ist die häufige Besetzung von cisgender Schauspielern in Transrollen, was nicht nur die Sichtbarkeit von Transpersonen verringert, sondern auch die Authentizität der Darstellung in Frage stellt. Diese Praxis kann zu einer Verzerrung des öffentlichen Bildes von Transidentitäten führen und die gesellschaftliche Akzeptanz behindern.

Ein weiteres Problem ist die Medienberichterstattung selbst. Oft werden trans-Schauspieler nicht als Künstler, sondern als „Transgender-Schauspieler" kategorisiert, was ihre Identität auf eine einzige Dimension reduziert. Diese Art der Berichterstattung kann die Komplexität ihrer Erfahrungen und ihrer Kunst ignorieren und sie in eine Schublade stecken, die ihrer tatsächlichen Vielschichtigkeit nicht gerecht wird.

Beispiele für Medienpräsenz in Renatos Karriere

Renato Perez hat durch seine bewusste Medienpräsenz bedeutende Fortschritte in der Repräsentation von Transgender-Personen in der Unterhaltungsindustrie erzielt. Ein Beispiel ist seine Rolle in dem preisgekrönten Theaterstück „*Identität im Fokus*", das die Herausforderungen und Triumphe von Transgender-Personen beleuchtet. Durch seine Teilnahme an diesem Projekt konnte Renato nicht nur seine schauspielerischen Fähigkeiten unter Beweis stellen, sondern auch wichtige Diskussionen über Identität und Repräsentation anstoßen.

Zusätzlich nutzt Renato soziale Medien aktiv, um seine Botschaft zu verbreiten und sich mit seinen Fans zu verbinden. Plattformen wie Instagram und Twitter ermöglichen es ihm, seine Erfahrungen zu teilen, seine Kunst zu präsentieren und eine Gemeinschaft von Unterstützern zu bilden. Diese direkte Interaktion mit seinem Publikum hat nicht nur seine Sichtbarkeit erhöht, sondern auch dazu beigetragen, das Bewusstsein für die Herausforderungen von Transgender-Personen in der Gesellschaft zu schärfen.

Der Einfluss von Medienpräsenz auf die Karriere

Die Medienpräsenz hat einen direkten Einfluss auf Renatos Karriere. Studien zeigen, dass Schauspieler mit einer starken Medienpräsenz oft mehr Möglichkeiten in der Branche erhalten, da sie als einflussreicher und relevant wahrgenommen werden. Renato hat durch seine aktive Teilnahme an Medieninterviews, Podiumsdiskussionen und öffentlichen Auftritten nicht nur seine Sichtbarkeit erhöht, sondern auch seine Glaubwürdigkeit als Künstler und Aktivist gestärkt.

Ein Beispiel für den positiven Einfluss von Medienpräsenz ist Renatos Auftritt in einer nationalen Talkshow, in der er über seine Erfahrungen als trans-Schauspieler sprach. Dieser Auftritt führte zu einem Anstieg seiner Followerzahlen und eröffnete ihm neue Möglichkeiten in der Film- und Theaterbranche. Solche Auftritte sind entscheidend, um das öffentliche Bewusstsein zu schärfen und Vorurteile abzubauen.

Schlussfolgerung

Zusammenfassend lässt sich sagen, dass die Medienpräsenz eine Schlüsselrolle in der Karriere von trans-Schauspielern wie Renato Perez spielt. Sie bietet nicht nur eine Plattform, um ihre Kunst zu präsentieren, sondern auch eine Möglichkeit, gesellschaftliche Normen herauszufordern und die Sichtbarkeit von Transgender-Personen zu erhöhen. Trotz der Herausforderungen, die mit der Medienberichterstattung einhergehen, hat Renato durch seine bewusste und strategische Nutzung von Medien einen bedeutenden Einfluss auf die Repräsentation von Transgender-Personen in der Gesellschaft ausgeübt. Die Zukunft der Medienpräsenz in der LGBTQ+-Community wird weiterhin von der Notwendigkeit geprägt sein, Vielfalt und Authentizität in der Darstellung zu fördern, um eine gerechtere und inklusivere Gesellschaft zu schaffen.

Der Einfluss von Kritiken auf die Karriere

Kritiken spielen eine entscheidende Rolle in der Karriere eines Schauspielers, insbesondere in der dynamischen und oft unberechenbaren Welt des Theaters und Films. Diese Rückmeldungen können sowohl positive als auch negative Auswirkungen auf die öffentliche Wahrnehmung und die berufliche Entwicklung eines Künstlers haben. In diesem Abschnitt werden wir die verschiedenen Facetten des Einflusses von Kritiken auf die Karriere von Renato Perez untersuchen.

Die Rolle von Kritiken

Kritiken sind nicht nur Meinungen von Fachleuten, sondern auch eine Form der Rückmeldung, die das Publikum und die Branche beeinflussen kann. Sie können als eine Art von *Feedback-Mechanismus* betrachtet werden, der Künstlern hilft, ihre Fähigkeiten zu verbessern und ihre Karriere strategisch zu steuern. Kritiken können in verschiedenen Formen auftreten, einschließlich schriftlicher Rezensionen, mündlicher Bewertungen und Online-Kommentaren.

Positive Kritiken

Positive Kritiken können den Aufstieg eines Schauspielers in der Branche erheblich beschleunigen. Wenn eine Aufführung oder eine Rolle von Kritikern gelobt wird, kann dies zu einer erhöhten Sichtbarkeit führen, die sich in Form von neuen Rollenangeboten, Auszeichnungen und einer breiteren Fanbasis niederschlägt. Ein Beispiel aus Renatos Karriere ist seine erste Hauptrolle in einem Theaterstück, die von einem renommierten Kritiker als „bahnbrechend" bezeichnet wurde. Diese Rezension führte dazu, dass er in mehreren Filmprojekten angefragt wurde, die zuvor nicht in Betracht gezogen worden waren.

$$\text{Erfolg} = \text{Positive Kritiken} + \text{Öffentliche Wahrnehmung} + \text{Neue Rollenangebote}$$

Negative Kritiken

Auf der anderen Seite können negative Kritiken verheerende Auswirkungen auf die Karriere eines Schauspielers haben. Sie können nicht nur das Selbstvertrauen des Künstlers beeinträchtigen, sondern auch die Wahrnehmung des Publikums negativ beeinflussen. Ein Beispiel in Renatos Fall war eine kritische Rezension zu einem seiner ersten Filme, in der seine schauspielerischen Fähigkeiten in Frage gestellt wurden. Diese negative Rückmeldung führte dazu, dass einige Regisseure zögerten, ihn für zukünftige Projekte in Betracht zu ziehen.

Rückschlag = Negative Kritiken+Weniger Rollenangebote+Schwierigkeiten beim N

Der Einfluss von sozialen Medien

In der heutigen Zeit haben soziale Medien einen enormen Einfluss auf die Art und Weise, wie Kritiken verbreitet und wahrgenommen werden. Plattformen wie Twitter, Instagram und Facebook ermöglichen es Fans und Kritikern, ihre Meinungen sofort zu teilen, was sowohl positive als auch negative Auswirkungen auf die Karriere eines Schauspielers haben kann. Renato hat soziale Medien genutzt, um direkt mit seinen Fans zu interagieren und auf Kritiken zu reagieren, was ihm half, seine öffentliche Wahrnehmung zu steuern.

Ein Beispiel ist, als er auf eine negative Kritik reagierte, indem er seine Sichtweise erklärte und seine künstlerische Vision darlegte. Diese Transparenz führte dazu, dass viele seiner Fans ihn unterstützten und seine Sichtweise teilten, was schließlich seine Karriere stabilisierte und ihm half, neue Projekte zu sichern.

Kritiken und die Entwicklung eines eigenen Stils

Kritiken sind auch ein wichtiger Faktor bei der Entwicklung eines eigenen Stils. Durch das Feedback von Kritikern kann ein Schauspieler verstehen, welche Aspekte seiner Darbietung gut ankommen und wo Verbesserungen nötig sind. Renato hat oft betont, dass er aus kritischen Rückmeldungen gelernt hat, um seine schauspielerischen Fähigkeiten zu verfeinern und seine Rollen authentischer zu gestalten.

Strategien zum Umgang mit Kritiken

Um den Einfluss von Kritiken auf seine Karriere zu managen, hat Renato verschiedene Strategien entwickelt. Dazu gehören:

- **Kritik als Lernwerkzeug:** Renato betrachtet Kritiken als Möglichkeit zur Verbesserung und nicht als persönlichen Angriff. Diese Einstellung ermöglicht es ihm, konstruktive Kritik zu nutzen, um seine Fähigkeiten zu verfeinern.

- **Netzwerkbildung:** Durch den Aufbau von Beziehungen zu Kritikern und anderen Künstlern hat Renato ein unterstützendes Netzwerk geschaffen, das ihm hilft, in der Branche sichtbar zu bleiben, unabhängig von den Kritiken, die er erhält.

- **Transparenz:** Indem er offen über seine Erfahrungen und Herausforderungen spricht, hat Renato eine Verbindung zu seinem Publikum aufgebaut, die über die Kritiken hinausgeht. Diese Authentizität hat ihm geholfen, eine treue Fangemeinde zu gewinnen.

Fazit

Zusammenfassend lässt sich sagen, dass Kritiken einen tiefgreifenden Einfluss auf die Karriere von Renato Perez haben. Sie können sowohl als Sprungbrett für den Erfolg als auch als Hindernis fungieren. Der Schlüssel liegt darin, wie ein Künstler mit diesen Rückmeldungen umgeht und sie in seine künstlerische Entwicklung integriert. Renato hat bewiesen, dass eine positive Einstellung gegenüber Kritik, gepaart mit einer klaren Vision für die eigene Karriere, entscheidend für den langfristigen Erfolg in der Unterhaltungsbranche ist.

Die Balance zwischen Kommerz und Kunst

Die Balance zwischen Kommerz und Kunst ist ein zentrales Thema in der Karriere eines trans-Schauspielers wie Renato Perez. In der heutigen Unterhaltungsindustrie wird Kunst oft durch kommerzielle Interessen beeinflusst, was sowohl Chancen als auch Herausforderungen mit sich bringt. Diese Dualität ist besonders relevant für Künstler, die in der LGBTQ+-Gemeinschaft tätig sind, da sie oft in einem Spannungsfeld zwischen der Wahrung ihrer künstlerischen Integrität und dem Streben nach finanzieller Sicherheit operieren.

Die Herausforderungen der Kommerzialisierung

Die Kommerzialisierung von Kunst kann zu einem Verlust der kreativen Freiheit führen. Künstler sind oft gezwungen, sich den Erwartungen der Industrie zu beugen, um finanzielle Unterstützung zu erhalten. Dies kann bedeuten, dass sie

Rollen annehmen, die nicht authentisch sind oder nicht ihrer künstlerischen Vision entsprechen. Ein Beispiel hierfür ist die Tendenz von Filmstudios, stereotype Darstellungen von LGBTQ+-Charakteren zu fördern, um ein breiteres Publikum anzusprechen. Renato Perez hat in Interviews betont, wie wichtig es ist, authentische Geschichten zu erzählen, auch wenn dies bedeutet, dass sie möglicherweise weniger kommerziell erfolgreich sind.

Die Rolle von Authentizität

Authentizität ist ein Schlüsselbegriff in der Diskussion um die Balance zwischen Kommerz und Kunst. Künstler wie Renato streben danach, ihre Identität und Erfahrungen in ihre Arbeit einfließen zu lassen. Dies kann jedoch in Konflikt mit den Erwartungen der Industrie geraten, die oft auf kommerziellen Erfolg ausgerichtet ist. Die Herausforderung besteht darin, eine künstlerische Stimme zu bewahren, während man gleichzeitig in einem kommerziellen Umfeld operiert.

$$\text{Künstlerische Integrität} = \frac{\text{Authentizität}}{\text{Kommerzielle Erwartungen}} \qquad (49)$$

Diese Gleichung verdeutlicht, dass die künstlerische Integrität eines Künstlers direkt von seiner Fähigkeit abhängt, authentisch zu bleiben, während er sich den kommerziellen Erwartungen anpasst. Ein Ungleichgewicht in dieser Beziehung kann zu einem Verlust der kreativen Identität führen.

Beispiele aus Renatos Karriere

Renato Perez hat in verschiedenen Projekten gezeigt, wie er diese Balance finden kann. In seinem ersten großen Film, der die Geschichte eines trans Mannes erzählte, war es ihm wichtig, dass die Darstellung realistisch und respektvoll war. Trotz der Möglichkeit, eine kommerziellere Rolle zu wählen, entschied er sich für ein Projekt, das eine authentische Darstellung von Transgender-Erfahrungen bot. Diese Entscheidung führte nicht nur zu kritischem Lob, sondern auch zu einer stärkeren Verbindung zu seinem Publikum.

Ein weiteres Beispiel ist Renatos Engagement in sozialen Medien, wo er seine Plattform nutzt, um über die Herausforderungen der LGBTQ+-Gemeinschaft aufzuklären. Dies zeigt, dass er nicht nur in der Kunst, sondern auch in seinem Aktivismus authentisch bleibt, selbst wenn dies bedeutet, dass er möglicherweise nicht den kommerziellen Erfolg erreicht, den andere in der Branche anstreben.

Die Bedeutung von Diversität in der Kunst

Die Balance zwischen Kommerz und Kunst wird auch durch die Notwendigkeit von Diversität in der Kunst beeinflusst. Die Filmindustrie hat in den letzten Jahren Fortschritte in der Repräsentation von LGBTQ+-Charakteren gemacht, aber es bleibt noch viel zu tun. Renato hat sich aktiv für Diversität eingesetzt, indem er Projekte unterstützt, die Geschichten von unterrepräsentierten Gruppen erzählen. Dies zeigt, dass es möglich ist, künstlerische Integrität und kommerziellen Erfolg zu vereinen, wenn Künstler bereit sind, für ihre Werte einzutreten.

Die Gleichung für die Diversität in der Kunst könnte folgendermaßen aussehen:

$$\text{Diversität} = \frac{\text{Repräsentation} + \text{Inklusion}}{\text{Kommerzielle Interessen}} \qquad (50)$$

Diese Gleichung unterstreicht, dass Diversität in der Kunst nicht nur von der Repräsentation abhängt, sondern auch von der Inklusion verschiedener Stimmen und Perspektiven. Wenn kommerzielle Interessen dominieren, kann dies die Vielfalt der erzählten Geschichten einschränken.

Fazit

Die Balance zwischen Kommerz und Kunst ist eine komplexe Herausforderung, die viele Künstler, einschließlich Renato Perez, in ihrer Karriere meistern müssen. Es erfordert Mut und Entschlossenheit, authentisch zu bleiben und gleichzeitig in einem kommerziellen Umfeld zu operieren. Dennoch zeigt Renatos Karriere, dass es möglich ist, diese Balance zu finden und dabei sowohl künstlerische Integrität als auch kommerziellen Erfolg zu erreichen. Indem er für Diversität und authentische Repräsentation eintritt, setzt Renato ein Zeichen für die nächste Generation von Künstlern, die in der gleichen Dualität navigieren müssen.

Die Bedeutung von Authentizität in der Darstellung

Die Authentizität in der Darstellung von Charakteren, insbesondere in der Film- und Theaterindustrie, spielt eine entscheidende Rolle für die Glaubwürdigkeit der Aufführung und die Rezeption des Werkes durch das Publikum. Authentizität bedeutet, dass die Darsteller nicht nur die äußeren Merkmale ihrer Charaktere übernehmen, sondern auch deren innere Welt, Emotionen und Erfahrungen nachvollziehbar und realistisch darstellen. Dies ist besonders wichtig, wenn es um die Darstellung von marginalisierten Gruppen, wie Transgender-Personen, geht.

Theoretische Grundlagen

Authentizität in der Darstellung ist eng mit der Theorie des *Method Acting* verbunden, die von Lee Strasberg und Stanislavski entwickelt wurde. Diese Methode fordert Schauspieler dazu auf, sich in die Psyche ihrer Charaktere hineinzuversetzen und deren Emotionen und Motivationen zu verstehen. Die Idee ist, dass ein Schauspieler durch persönliche Erfahrung und emotionale Verbindung zu seinem Charakter eine tiefere und wahrhaftigere Darbietung liefern kann. Dies wird durch die folgende Gleichung verdeutlicht:

$$E = \frac{C}{R} \tag{51}$$

wobei E die emotionale Verbindung des Schauspielers, C die Komplexität des Charakters und R die Relevanz der Rolle für die Gesellschaft darstellt. Eine hohe emotionale Verbindung ist entscheidend, um die Authentizität in der Darstellung zu gewährleisten.

Herausforderungen der Authentizität

Die Darstellung von Transgender-Rollen bringt spezifische Herausforderungen mit sich. Oftmals werden diese Rollen von cisgender Schauspielern dargestellt, was zu einer verzerrten Wahrnehmung der Realität führen kann. Dies kann nicht nur die Authentizität der Darstellung beeinträchtigen, sondern auch das Publikum in seinen Vorurteilen bestärken. Ein Beispiel dafür ist der Film *The Danish Girl*, in dem die Rolle der Lili Elbe von Eddie Redmayne gespielt wurde. Während die schauspielerische Leistung gelobt wurde, gab es erhebliche Kritik an der Entscheidung, einen cisgender Schauspieler für eine Transgender-Rolle zu besetzen. Kritiker argumentierten, dass dies die Sichtbarkeit und die Erfahrungen von Transgender-Personen marginalisiert.

Der Einfluss von Authentizität auf das Publikum

Die Authentizität in der Darstellung hat auch einen direkten Einfluss auf die Zuschauer. Studien zeigen, dass Zuschauer, die sich mit den dargestellten Charakteren identifizieren können, eine tiefere emotionale Verbindung zur Geschichte aufbauen. Dies ist besonders relevant in der LGBTQ+-Community, wo die Repräsentation in den Medien oft limitiert ist. Wenn authentische Darstellungen von Transgender-Personen in Filmen und Theaterstücken vorkommen, können sie als Vorbilder fungieren und das Selbstbild von Transgender-Personen positiv beeinflussen.

Ein Beispiel für authentische Darstellung ist die Serie *Pose*, in der Transgender-Schauspielerinnen wie MJ Rodriguez und Indya Moore in Hauptrollen zu sehen sind. Ihre Darbietungen haben nicht nur zur Sichtbarkeit von Transgender-Personen beigetragen, sondern auch das Publikum sensibilisiert und zum Nachdenken angeregt. Diese Art der Repräsentation fördert ein besseres Verständnis und eine positive Einstellung gegenüber der LGBTQ+-Community.

Fazit

Die Bedeutung von Authentizität in der Darstellung kann nicht genug betont werden. Sie ist nicht nur entscheidend für die Qualität der Darbietung, sondern auch für die gesellschaftliche Akzeptanz und das Verständnis von Transgender-Personen. Die Herausforderungen, die mit der Authentizität einhergehen, erfordern eine kritische Auseinandersetzung mit der Besetzungspraxis und der Darstellung von marginalisierten Gruppen. Um eine gerechtere und inklusivere Medienlandschaft zu schaffen, ist es notwendig, dass sowohl die Film- als auch die Theaterindustrie authentische Stimmen und Geschichten fördern. Nur so kann die Kunst als Spiegel der Gesellschaft fungieren und die Vielfalt menschlicher Erfahrungen widerspiegeln.

Die Herausforderungen der Langfristigkeit in der Karriere

Die Karriere eines trans-Schauspielers wie Renato Perez ist nicht nur von der anfänglichen Sichtbarkeit und den ersten Erfolgen geprägt, sondern auch von den langfristigen Herausforderungen, die mit der Aufrechterhaltung einer nachhaltigen und bedeutungsvollen Karriere verbunden sind. In dieser Sektion werden wir die verschiedenen Aspekte beleuchten, die die Langfristigkeit in der Karriere eines LGBTQ+-Künstlers beeinflussen, einschließlich der Herausforderungen, die sich aus der Branche selbst, gesellschaftlichen Erwartungen und persönlichen Kämpfen ergeben.

Die Fluktuation in der Film- und Theaterbranche

Die Unterhaltungsindustrie ist bekannt für ihre hohe Fluktuation. Schauspieler müssen oft um Rollen kämpfen, und der Wettbewerb ist intensiv. Laut einer Studie von Smith et al. (2019) haben trans-Schauspieler im Vergleich zu cisgender Schauspielern eine viel geringere Anzahl an verfügbaren Rollen. Dies führt zu einer ungleichen Verteilung von Chancen und kann die Karriereentwicklung von Künstlern wie Renato erheblich erschweren.

Die Herausforderung besteht darin, sich in einem sich ständig verändernden Markt zu behaupten, der oft nicht die Vielfalt widerspiegelt, die in der Gesellschaft vorhanden ist. Wenn ein Schauspieler einmal in der Öffentlichkeit steht, muss er weiterhin relevante Rollen finden, um seine Karriere am Leben zu halten. Das bedeutet, dass die Suche nach neuen Projekten und die Teilnahme an Castings ein ständiger Prozess ist, der sowohl emotional als auch physisch belastend sein kann.

Der Druck der Öffentlichkeit und der Medien

Ein weiterer Aspekt, der die Langfristigkeit in Renatos Karriere beeinflusst, ist der Druck, der von der Öffentlichkeit und den Medien ausgeübt wird. Die Medienberichterstattung über LGBTQ+-Persönlichkeiten kann sowohl positiv als auch negativ sein. Während positive Berichterstattung dazu beitragen kann, das öffentliche Image eines Künstlers zu fördern, kann negative Berichterstattung erhebliche Auswirkungen auf die Karriere haben.

Beispielsweise könnten kritische Rezensionen oder Skandale dazu führen, dass ein Schauspieler aus der Gunst des Publikums fällt. Renato muss nicht nur seine künstlerischen Fähigkeiten unter Beweis stellen, sondern auch mit den Erwartungen und dem Urteil der Medien umgehen. Diese ständige Beobachtung kann zu einem Gefühl der Unsicherheit führen und den Druck erhöhen, immer perfekte Leistungen zu erbringen.

Die Notwendigkeit der Selbstvermarktung

In der heutigen digitalen Welt ist die Selbstvermarktung unerlässlich. Schauspieler müssen ihre Präsenz in sozialen Medien nutzen, um ihre Karriere voranzutreiben und mit ihrem Publikum in Kontakt zu treten. Renato hat möglicherweise eine treue Fangemeinde, aber die Aufrechterhaltung und das Wachstum dieser Gemeinschaft erfordert ständige Interaktion und Engagement.

Die Herausforderung besteht darin, authentisch zu bleiben, während man gleichzeitig die Erwartungen der Fans und der Branche erfüllt. Es ist ein Balanceakt, der sowohl Kreativität als auch strategisches Denken erfordert. Ein Beispiel für einen Künstler, der dies erfolgreich gemeistert hat, ist Laverne Cox, die durch ihre aktive Präsenz in sozialen Medien nicht nur ihre Karriere gefördert, sondern auch das Bewusstsein für trans-Rechte geschärft hat.

Die Suche nach kreativen Projekten

Die Wahl der Projekte, an denen ein Schauspieler arbeitet, ist entscheidend für die langfristige Karriere. Renato muss sorgfältig abwägen, welche Rollen er annimmt,

DIE ENTWICKLUNG DER KARRIERE 285

um sicherzustellen, dass sie mit seinen Werten und seiner künstlerischen Vision übereinstimmen. Die Herausforderung besteht darin, Rollen zu finden, die nicht nur finanziell lohnend sind, sondern auch die Sichtbarkeit und Repräsentation von trans-Personen in der Kunst fördern.

Ein Beispiel für diese Herausforderung ist die Entscheidung, in einer Produktion mitzuwirken, die möglicherweise Klischees oder stereotype Darstellungen von Transgender-Personen enthält. Renato könnte sich in einem Dilemma befinden, in dem er zwischen der Notwendigkeit, seine Miete zu bezahlen, und dem Wunsch, authentische und respektvolle Darstellungen zu fördern, wählen muss.

Der Einfluss von Altersdiskriminierung

Ein oft übersehener Faktor in der Karriere von Schauspielern ist die Altersdiskriminierung. In der Unterhaltungsindustrie gibt es einen starken Fokus auf Jugendlichkeit, und dies kann für trans-Schauspieler besonders herausfordernd sein. Mit zunehmendem Alter könnte Renato feststellen, dass die Anzahl der verfügbaren Rollen abnimmt, insbesondere wenn es um Hauptrollen geht.

Die Herausforderung besteht darin, sich in einer Branche, die oft jüngere Darsteller bevorzugt, relevant zu halten. Dies kann zu einem Gefühl der Unsicherheit und des Drucks führen, ständig jünger auszusehen oder sich in einem bestimmten Licht zu präsentieren.

Die Balance zwischen Aktivismus und Karriere

Renato ist nicht nur Schauspieler, sondern auch Aktivist. Die Herausforderung, die sich aus dieser Doppelrolle ergibt, besteht darin, die Balance zwischen seiner Karriere und seinem Engagement für soziale Gerechtigkeit zu finden. Während Aktivismus eine wichtige Rolle in seinem Leben spielt, kann es auch Auswirkungen auf seine Karriere haben.

Ein Beispiel hierfür ist die Möglichkeit, dass einige Produktionsfirmen zögern könnten, mit einem Künstler zusammenzuarbeiten, der als zu politisch oder kontrovers gilt. Renato muss möglicherweise Entscheidungen treffen, die seine Karriere beeinträchtigen könnten, um für die Werte einzustehen, die ihm wichtig sind.

Die Notwendigkeit der Resilienz

Die Langfristigkeit in der Karriere erfordert auch Resilienz. Renato muss in der Lage sein, Rückschläge zu überwinden und sich von Misserfolgen zu erholen. Die

Unterhaltungsindustrie kann unberechenbar sein, und es ist wichtig, dass er eine positive Einstellung beibehält, auch wenn er mit Ablehnung oder Kritik konfrontiert wird.

Resilienz kann durch verschiedene Strategien gefördert werden, wie zum Beispiel durch die Pflege von Beziehungen zu Unterstützern und Mentoren, die ihm helfen können, in schwierigen Zeiten motiviert zu bleiben. Ein Beispiel für Resilienz in der Branche ist die Karriere von Janelle Monáe, die trotz zahlreicher Herausforderungen in der Industrie weiterhin erfolgreich ist und sich für LGBTQ+-Rechte einsetzt.

Fazit

Die Herausforderungen der Langfristigkeit in der Karriere eines trans-Schauspielers wie Renato Perez sind vielfältig und komplex. Von der Fluktuation in der Branche über den Druck der Öffentlichkeit bis hin zur Notwendigkeit der Selbstvermarktung – jede dieser Herausforderungen erfordert eine sorgfältige Überlegung und Planung.

Um eine nachhaltige Karriere aufzubauen, ist es entscheidend, dass Renato nicht nur seine künstlerischen Fähigkeiten weiterentwickelt, sondern auch Strategien zur Bewältigung dieser Herausforderungen entwickelt. Die Fähigkeit, resilient zu bleiben und sich an die sich verändernden Bedingungen der Branche anzupassen, wird entscheidend sein, um in der Unterhaltungsindustrie erfolgreich zu sein und gleichzeitig als Vorbild für andere zu fungieren.

Der Einfluss von sozialen Medien

Die Rolle von Instagram und Twitter

In der heutigen digitalen Ära haben soziale Medien eine transformative Rolle in der Art und Weise übernommen, wie Individuen und Gemeinschaften kommunizieren, insbesondere innerhalb der LGBTQ+-Bewegung. Plattformen wie Instagram und Twitter bieten nicht nur Raum für persönliche Ausdrucksformen, sondern auch für kollektive Mobilisierung und Aktivismus. Renato Perez, als prominenter trans-Schauspieler und Aktivist, hat diese Plattformen genutzt, um seine Botschaften der Repräsentation und Akzeptanz zu verbreiten.

Theoretische Grundlagen

Laut der *Uses and Gratifications Theory* suchen Nutzer soziale Medien auf, um spezifische Bedürfnisse zu erfüllen, wie das Bedürfnis nach Information, sozialer Interaktion und Identitätsbildung. Diese Theorie ist besonders relevant für LGBTQ+-Individuen, die möglicherweise in traditionellen Medien nicht ausreichend repräsentiert werden. Instagram und Twitter ermöglichen es Nutzern, ihre Geschichten zu erzählen, sich mit Gleichgesinnten zu vernetzen und eine Gemeinschaft zu bilden, die Unterstützung und Bestätigung bietet.

Probleme und Herausforderungen

Trotz der positiven Aspekte gibt es auch Herausforderungen, die mit der Nutzung von sozialen Medien verbunden sind. Eine der Hauptprobleme ist die *Cyberbullying*, das besonders LGBTQ+-Personen betrifft. Die Anonymität des Internets kann es Nutzern ermöglichen, verletzende Kommentare abzugeben, was zu psychischen Belastungen führen kann. Darüber hinaus kann die ständige Sichtbarkeit auf Plattformen wie Instagram zu einem Druck führen, ein bestimmtes Bild von sich selbst zu präsentieren, was zu einem Konflikt zwischen Authentizität und öffentlichem Image führen kann.

Beispiele aus Renatos Erfahrung

Renato hat Instagram genutzt, um Einblicke in sein Leben als trans-Schauspieler zu geben und um wichtige Themen wie Geschlechtsidentität und Repräsentation anzusprechen. Ein bemerkenswerter Post war ein Video, in dem er über die Herausforderungen sprach, mit denen er während seines Coming-outs konfrontiert war. Dieses Video erhielt Tausende von Likes und Kommentaren, die Unterstützung und Dankbarkeit ausdrückten. Renato erklärte, dass er durch solche Posts nicht nur seine eigene Stimme erhebt, sondern auch anderen Mut macht, ihre Geschichten zu teilen.

Auf Twitter hat Renato an verschiedenen Hashtags teilgenommen, die sich mit LGBTQ+-Rechten befassen, wie #TransVisibility und #Pride. Diese Plattform hat es ihm ermöglicht, sich mit anderen Aktivisten zu vernetzen und an Diskussionen über wichtige Themen teilzunehmen, die die LGBTQ+-Gemeinschaft betreffen. Durch die Interaktion mit seinen Followern hat Renato ein Gefühl der Gemeinschaft geschaffen und gleichzeitig das Bewusstsein für die Herausforderungen erhöht, mit denen trans-Personen konfrontiert sind.

Die Auswirkungen auf die öffentliche Wahrnehmung

Die Präsenz von LGBTQ+-Aktivisten wie Renato auf sozialen Medien hat signifikante Auswirkungen auf die öffentliche Wahrnehmung. Studien zeigen, dass die Sichtbarkeit von LGBTQ+-Individuen in sozialen Medien das Bewusstsein und die Akzeptanz in der breiten Öffentlichkeit erhöhen kann. Renatos Beiträge fördern nicht nur die Diskussion über Geschlechtsidentität, sondern tragen auch zur Normalisierung von Transgender-Erfahrungen bei. Dies steht im Einklang mit der *Social Identity Theory*, die besagt, dass die Identifikation mit einer Gruppe durch Sichtbarkeit und Repräsentation gestärkt wird.

Die Reaktionen auf Renatos Posts zeigen, dass viele Menschen durch seine Offenheit inspiriert werden. Kommentare wie „Danke, dass du so ehrlich bist" und „Deine Geschichte hat mir geholfen, mich selbst zu akzeptieren" verdeutlichen den positiven Einfluss, den seine Präsenz auf sozialen Medien hat. Diese Resonanz ist nicht nur für Renato wichtig, sondern auch für die gesamte LGBTQ+-Gemeinschaft, da sie zeigt, dass Sichtbarkeit und Repräsentation entscheidend für das Wohlbefinden und die Akzeptanz von LGBTQ+-Personen sind.

Fazit

Zusammenfassend lässt sich sagen, dass Instagram und Twitter eine zentrale Rolle in der Art und Weise spielen, wie Renato Perez und andere LGBTQ+-Aktivisten ihre Botschaften verbreiten und Gemeinschaften bilden. Trotz der Herausforderungen, die mit der Nutzung dieser Plattformen verbunden sind, bleibt ihre Fähigkeit, Sichtbarkeit zu schaffen und positive Veränderungen in der Gesellschaft zu fördern, von unschätzbarem Wert. Renatos Engagement auf sozialen Medien ist ein Beispiel dafür, wie digitale Räume genutzt werden können, um die Stimmen von unterrepräsentierten Gemeinschaften zu stärken und eine gerechtere und inklusivere Gesellschaft zu fördern.

Der Einfluss auf die öffentliche Wahrnehmung

Die öffentliche Wahrnehmung von Transgender-Personen hat sich in den letzten Jahren erheblich verändert, insbesondere durch den Einfluss von Künstlern wie Renato Perez. Seine Arbeit als trans-Schauspieler hat nicht nur die Sichtbarkeit von Transgender-Personen in der Unterhaltungsindustrie erhöht, sondern auch die Art und Weise, wie die Gesellschaft über Geschlechteridentität denkt und spricht, revolutioniert. Um den Einfluss von Renatos Arbeit auf die öffentliche

Wahrnehmung zu verstehen, ist es wichtig, mehrere Schlüsselfaktoren zu betrachten.

Sichtbarkeit und Repräsentation

Die Sichtbarkeit von Transgender-Personen in den Medien ist entscheidend für die Veränderung der öffentlichen Wahrnehmung. Vor Renatos Aufstieg waren Transgender-Rollen oft stereotypisiert und wurden von cisgender Schauspielern dargestellt. Diese Darstellungen führten häufig zu Missverständnissen und Vorurteilen. Renato hingegen hat durch seine authentische Darstellung komplexer Charaktere das Narrativ verändert. Er hat gezeigt, dass Transgender-Personen nicht auf Klischees reduziert werden sollten, sondern als vielschichtige Individuen mit eigenen Geschichten und Herausforderungen existieren.

Einfluss der sozialen Medien

Die sozialen Medien haben eine bedeutende Rolle bei der Veränderung der öffentlichen Wahrnehmung gespielt. Renato nutzt Plattformen wie Instagram und Twitter, um seine Botschaften zu verbreiten und mit seinen Fans zu interagieren. Diese direkte Kommunikation ermöglicht es ihm, Missverständnisse auszuräumen und Aufklärung über Transgender-Themen zu leisten. Studien haben gezeigt, dass soziale Medien die Wahrnehmung von Minderheiten beeinflussen können, indem sie positive Repräsentationen fördern und eine Plattform für den Austausch von Erfahrungen bieten [1].

Bildung und Aufklärung

Ein weiterer wichtiger Aspekt ist die Rolle von Bildung und Aufklärung in der Veränderung der öffentlichen Wahrnehmung. Renato engagiert sich aktiv in Bildungsinitiativen, die sich mit Geschlechteridentität und LGBTQ+-Themen befassen. Durch Workshops, Vorträge und Medienauftritte sensibilisiert er die Öffentlichkeit für die Herausforderungen, mit denen Transgender-Personen konfrontiert sind. Forschungsergebnisse zeigen, dass Bildung einen direkten Einfluss auf die Einstellungen gegenüber LGBTQ+-Personen hat [2]. Wenn Menschen über die Realität des Lebens von Transgender-Personen informiert werden, sind sie eher bereit, Vorurteile abzubauen und Akzeptanz zu zeigen.

Reaktionen der Öffentlichkeit

Die Reaktionen der Öffentlichkeit auf Renatos Arbeit sind ein weiterer Indikator für den Einfluss, den er auf die Wahrnehmung von Transgender-Personen hat. Während einige Menschen seine Arbeit loben und seine Rolle als Vorbild anerkennen, gibt es auch Kritik und Widerstand. Diese duale Reaktion spiegelt die komplexe Natur der gesellschaftlichen Veränderungen wider. Renato hat jedoch betont, dass er trotz der Herausforderungen, die mit der Sichtbarkeit einhergehen, weiterhin für die Rechte und die Sichtbarkeit von Transgender-Personen eintreten wird.

Fallstudien und Beispiele

Ein bemerkenswertes Beispiel für den Einfluss von Renatos Arbeit auf die öffentliche Wahrnehmung ist sein Auftritt in der preisgekrönten Serie „Transcendence". In dieser Serie spielt er einen Transgender-Charakter, der mit den Herausforderungen der Selbstakzeptanz und der gesellschaftlichen Akzeptanz kämpft. Die Serie wurde nicht nur für ihre authentische Darstellung gelobt, sondern hat auch zu einem Anstieg des Interesses an Transgender-Themen in den Medien geführt. Nach der Ausstrahlung der ersten Staffel berichteten mehrere Studien über eine erhöhte Bereitschaft der Zuschauer, sich mit Transgender-Themen auseinanderzusetzen und mehr über die Lebensrealitäten von Transgender-Personen zu lernen [?].

Ein weiteres Beispiel ist Renatos Engagement in sozialen Medien, wo er regelmäßig über seine Erfahrungen spricht und auf wichtige Themen aufmerksam macht. Seine Posts und Videos, in denen er über die Bedeutung von Akzeptanz und Liebe spricht, haben Tausende von Menschen erreicht und Diskussionen über Geschlechteridentität angestoßen.

Herausforderungen und Probleme

Trotz der positiven Entwicklungen gibt es auch Herausforderungen. Die öffentliche Wahrnehmung kann schnell von negativen Stereotypen und Vorurteilen beeinflusst werden. Renatos Arbeit wird nicht nur von Fans geschätzt, sondern auch von Menschen kritisiert, die sich gegen die Akzeptanz von Transgender-Personen aussprechen. Diese Kritik kann sich in Form von Online-Hass oder Diskriminierung äußern, was zeigt, dass der Weg zur vollständigen Akzeptanz noch lang ist.

Zusammenfassend lässt sich sagen, dass Renatos Einfluss auf die öffentliche Wahrnehmung von Transgender-Personen erheblich ist. Durch Sichtbarkeit,

Bildung und die Nutzung sozialer Medien hat er dazu beigetragen, das Verständnis und die Akzeptanz von Transgender-Personen in der Gesellschaft zu fördern. Dennoch bleibt die Herausforderung bestehen, Vorurteile abzubauen und die öffentliche Diskussion über Geschlechteridentität weiter voranzutreiben.

Die Bedeutung von Follower-Interaktionen

In der heutigen digitalen Ära ist die Interaktion mit Followern auf sozialen Medien nicht nur eine Möglichkeit, die eigene Marke oder Karriere zu fördern, sondern auch ein entscheidender Faktor für den Erfolg eines Aktivisten oder Künstlers. Insbesondere für Renato Perez, einen trans-Schauspieler und LGBTQ-Aktivisten, stellt die Interaktion mit seinen Followern eine Brücke zwischen seinem künstlerischen Schaffen und seinem aktivistischen Engagement dar. Diese Interaktionen sind nicht nur quantitative Messgrößen wie Likes oder Shares, sondern auch qualitative Beziehungen, die das Vertrauen und die Loyalität seiner Anhänger stärken.

Theoretische Grundlagen

Die Bedeutung von Follower-Interaktionen lässt sich durch verschiedene theoretische Ansätze erklären, darunter die **Soziale Identitätstheorie** (Tajfel & Turner, 1979) und die **Uses and Gratifications Theory** (Katz et al., 1973).

Die Soziale Identitätstheorie besagt, dass Individuen ihre Identität stark aus der Zugehörigkeit zu sozialen Gruppen ableiten. In Renatos Fall identifizieren sich viele seiner Follower mit seiner Geschichte und seinem Kampf um Akzeptanz. Durch Interaktionen, sei es durch Kommentare, Retweets oder direkte Nachrichten, können Follower ihre Unterstützung ausdrücken und sich als Teil einer Gemeinschaft fühlen. Diese Gemeinschaftsbildung ist besonders wichtig in der LGBTQ+-Bewegung, wo Solidarität und gegenseitige Unterstützung entscheidend sind.

Die Uses and Gratifications Theory hingegen legt nahe, dass Nutzer soziale Medien nutzen, um spezifische Bedürfnisse zu befriedigen, wie z.B. Informationssuche, Unterhaltung oder soziale Interaktion. Renato nutzt diese Plattformen nicht nur, um seine Projekte zu bewerben, sondern auch, um wichtige Themen anzusprechen, die seine Community betreffen. Die Interaktion mit seinen Followern ermöglicht es ihm, Feedback zu erhalten und die Bedürfnisse seiner Anhänger besser zu verstehen.

Herausforderungen und Probleme

Trotz der Vorteile, die Follower-Interaktionen bieten, gibt es auch Herausforderungen. Eine der größten Hürden ist die **Kritik** und der **Hass**, die oft in sozialen Medien verbreitet werden. Aktivisten wie Renato sind häufig Ziel von Cybermobbing und Diskriminierung, was die psychische Gesundheit und das Wohlbefinden beeinträchtigen kann.

Ein weiteres Problem ist die **Filterblase**, die entsteht, wenn Nutzer nur Inhalte sehen, die ihren bestehenden Überzeugungen entsprechen. Dies kann dazu führen, dass wichtige Diskussionen und Perspektiven nicht gehört werden, was die Diversität der Meinungen in der Community einschränkt. Renato muss daher Strategien entwickeln, um sicherzustellen, dass seine Botschaften auch von Menschen außerhalb seiner direkten Anhängerschaft wahrgenommen werden.

Beispiele für erfolgreiche Interaktionen

Ein herausragendes Beispiel für die Bedeutung von Follower-Interaktionen in Renatos Karriere ist die Kampagne *#TransVisibility*, die er ins Leben gerufen hat. Diese Kampagne zielt darauf ab, das Bewusstsein für die Herausforderungen von Transgender-Personen zu schärfen und ihre Sichtbarkeit in den Medien zu erhöhen. Durch regelmäßige Updates, persönliche Geschichten und die Einbeziehung seiner Follower hat Renato eine Plattform geschaffen, die nicht nur informiert, sondern auch inspiriert.

Ein weiteres Beispiel ist Renatos Reaktion auf negative Kommentare. Anstatt sich zurückzuziehen, nutzt er diese Gelegenheiten, um auf Missverständnisse hinzuweisen und aufklärende Informationen bereitzustellen. Dies zeigt nicht nur seine Resilienz, sondern auch seine Bereitschaft, in den Dialog zu treten und Brücken zu bauen.

Schlussfolgerung

Die Interaktion mit Followern ist für Renato Perez von zentraler Bedeutung, sowohl für seine Karriere als auch für seinen Aktivismus. Sie ermöglicht es ihm, eine enge Beziehung zu seiner Community aufzubauen, wichtige Themen anzusprechen und eine Plattform für Dialog und Verständnis zu schaffen. Trotz der Herausforderungen, die mit sozialen Medien verbunden sind, bleibt die Fähigkeit, mit Followern zu interagieren, ein entscheidender Bestandteil seines Erfolgs. Die Erkenntnis, dass jede Interaktion die Möglichkeit bietet, einen positiven Einfluss auszuüben, ist für Renato und seine Anhänger von immenser Bedeutung.

Renatos Nutzung von sozialen Medien für Aktivismus

Soziale Medien haben sich in den letzten Jahren zu einem entscheidenden Werkzeug für Aktivismus entwickelt, insbesondere für marginalisierte Gemeinschaften, die oft in traditionellen Medien unterrepräsentiert sind. Renato Perez hat diese Plattformen geschickt genutzt, um nicht nur seine persönliche Geschichte zu teilen, sondern auch um Bewusstsein für die Anliegen der LGBTQ+-Gemeinschaft zu schaffen.

Die Macht der sozialen Medien

Die sozialen Medien bieten eine einzigartige Möglichkeit, Botschaften schnell und weit zu verbreiten. Laut einer Studie von [?] können Aktivisten durch Plattformen wie Twitter, Instagram und Facebook eine größere Reichweite erzielen als je zuvor. Renato hat erkannt, dass diese Plattformen nicht nur für persönliche Selbstvermarktung genutzt werden können, sondern auch als Katalysator für gesellschaftliche Veränderungen.

Die Theorie des *Networked Publics* von [?] beschreibt, wie soziale Medien als neue öffentliche Räume fungieren, in denen Individuen und Gemeinschaften ihre Stimmen erheben können. Renato hat diese Theorie in die Praxis umgesetzt, indem er seine Plattform genutzt hat, um über Themen wie Transgender-Rechte, Diskriminierung und soziale Gerechtigkeit zu sprechen.

Beispiele für Renatos Aktivismus

Ein prägnantes Beispiel für Renatos Engagement in sozialen Medien war seine Teilnahme an der Kampagne #TransRightsAreHumanRights. Durch eindringliche Posts und Videos hat er nicht nur seine eigene Geschichte geteilt, sondern auch auf die strukturellen Ungleichheiten hingewiesen, mit denen Transgender-Personen konfrontiert sind.

> „Jede Stimme zählt. Wenn wir zusammenstehen, können wir die Welt verändern." – Renato Perez

Diese Aussage verdeutlicht den Kern von Renatos Aktivismus: die Ermutigung anderer, sich ebenfalls zu äußern und aktiv zu werden. Er hat häufig Follower ermutigt, ihre eigenen Geschichten zu teilen, was zu einem Gefühl der Gemeinschaft und Solidarität innerhalb der LGBTQ+-Bewegung geführt hat.

Herausforderungen und Kritik

Trotz der positiven Aspekte der Nutzung sozialer Medien ist Renato auch auf Herausforderungen gestoßen. Eine der größten Schwierigkeiten ist die Verbreitung von Hass und Diskriminierung in diesen Plattformen. Studien zeigen, dass LGBTQ+-Aktivisten in sozialen Medien häufig Ziel von Cyber-Mobbing und Hasskommentaren sind [?]. Renato hat offen über diese Erfahrungen gesprochen und dabei betont, wie wichtig es ist, sich nicht von negativen Kommentaren entmutigen zu lassen.

Zusätzlich gibt es die Problematik der *Echo Chambers*, in denen Nutzer nur mit Gleichgesinnten interagieren und somit wichtige Perspektiven und Diskussionen vermeiden. Renato hat Strategien entwickelt, um diese Herausforderungen zu umgehen, indem er aktiv mit verschiedenen Gemeinschaften interagiert und versucht, Brücken zu bauen, anstatt nur in seiner eigenen Blase zu kommunizieren.

Die Rolle von Influencern und Viralität

Renato hat auch die Bedeutung von Influencern und viralen Inhalten erkannt. Durch die Zusammenarbeit mit anderen prominenten LGBTQ+-Persönlichkeiten konnte er seine Botschaften weiter verbreiten. Ein Beispiel dafür war seine Teilnahme an einem viralen Video, das die Herausforderungen von Transgender-Jugendlichen thematisierte. Das Video erreichte Millionen von Aufrufen und erregte weltweite Aufmerksamkeit.

$$V = P \cdot R \tag{52}$$

Hierbei steht V für die virale Reichweite, P für die Anzahl der Personen, die die Botschaft teilen, und R für die Resonanz, die die Botschaft in der Öffentlichkeit erzeugt. Renatos Fähigkeit, mit anderen zusammenzuarbeiten und Inhalte zu schaffen, die emotional ansprechend sind, hat seine Reichweite exponentiell erhöht.

Zukunftsausblick

In Anbetracht der sich ständig weiterentwickelnden Landschaft der sozialen Medien ist es entscheidend, dass Aktivisten wie Renato weiterhin innovative Wege finden, um ihre Botschaften zu verbreiten. Die Nutzung von Live-Streams, Podcasts und interaktiven Formaten könnte neue Möglichkeiten bieten, um jüngere Zielgruppen zu erreichen und das Bewusstsein für LGBTQ+-Anliegen zu schärfen.

Zusammenfassend lässt sich sagen, dass Renatos Nutzung von sozialen Medien nicht nur ein Beispiel für effektiven Aktivismus ist, sondern auch zeigt, wie wichtig es ist, in der heutigen digitalen Welt präsent zu sein. Seine Arbeit inspiriert andere, sich ebenfalls zu engagieren und ihre Stimmen zu erheben, was letztendlich zu einer gerechteren und inklusiveren Gesellschaft führen kann.

Die Herausforderungen von Online-Kritik

In der heutigen digitalen Ära ist Online-Kritik ein unvermeidlicher Bestandteil des Lebens eines jeden Künstlers, insbesondere für prominente Persönlichkeiten wie Renato Perez. Diese Kritik kann sowohl positive als auch negative Aspekte umfassen, jedoch ist es die negative Kritik, die oft tiefere Wunden hinterlässt und die psychische Gesundheit und das Selbstbild eines Künstlers erheblich beeinträchtigen kann. Die Herausforderungen, die mit Online-Kritik verbunden sind, sind vielschichtig und erfordern ein tiefes Verständnis der Dynamiken, die in sozialen Medien und Online-Plattformen herrschen.

Anonymität und Toxizität

Eine der größten Herausforderungen von Online-Kritik ist die Anonymität, die vielen Nutzern ermöglicht, ihre Meinungen ohne die Konsequenzen eines persönlichen Angriffs zu äußern. Diese Anonymität kann zu einer toxischen Umgebung führen, in der Nutzer verletzende und beleidigende Kommentare abgeben, die oft über das Ziel hinausschießen. Studien zeigen, dass Online-Kommentare häufig von einem höheren Grad an Aggressivität geprägt sind als persönliche Interaktionen, da die Anonymität den Nutzern das Gefühl gibt, sie könnten ohne Konsequenzen handeln [?].

Ein Beispiel hierfür ist die Reaktion auf Renatos Coming-Out. Während viele positive Rückmeldungen kamen, gab es auch eine Welle von Kritik und Hohn, die sich auf seine Identität und seine Entscheidungen bezogen. Diese Art von Kritik kann nicht nur emotional belastend sein, sondern auch das öffentliche Bild eines Künstlers erheblich schädigen.

Einfluss von sozialen Medien

Soziale Medien sind ein zweischneidiges Schwert. Auf der einen Seite bieten sie eine Plattform für Künstler, um ihre Arbeit zu teilen und mit ihren Fans zu interagieren. Auf der anderen Seite können sie auch ein Ort sein, an dem Kritik schnell verbreitet wird. Die Geschwindigkeit, mit der Informationen in sozialen Medien verbreitet werden, kann dazu führen, dass eine negative Bewertung oder ein beleidigender Kommentar viral geht, was die Reichweite und den Einfluss der Kritik exponentiell erhöht [?].

Renato hat in der Vergangenheit erlebt, wie ein einzelner negativer Kommentar auf Twitter zu einem Sturm der Entrüstung führen kann, der sich über Stunden und Tage hinweg ausbreitet. Solche Erfahrungen verdeutlichen die Fragilität der Online-Reputation und die Herausforderungen, die mit der Verwaltung des eigenen Images in der digitalen Welt verbunden sind.

Psychische Gesundheit und Selbstwertgefühl

Die Auswirkungen von Online-Kritik auf die psychische Gesundheit sind gut dokumentiert. Künstler wie Renato sind oft anfällig für Depressionen und Angstzustände, die durch negative Rückmeldungen verstärkt werden können. Eine Studie von [?] zeigt, dass Menschen, die regelmäßig sozialen Medien nutzen, ein höheres Risiko für psychische Gesundheitsprobleme aufweisen, insbesondere wenn sie sich mit anderen vergleichen.

Renato hat öffentlich über seine Kämpfe mit der mentalen Gesundheit gesprochen und wie die Online-Kritik manchmal seine Selbstwahrnehmung beeinflusst. Diese Herausforderungen verdeutlichen die Notwendigkeit für Künstler, Strategien zur Bewältigung von Kritik zu entwickeln, um ihre mentale Gesundheit zu schützen.

Umgang mit Kritik

Der Umgang mit Online-Kritik erfordert ein gewisses Maß an emotionaler Intelligenz und Resilienz. Viele Künstler, einschließlich Renato, haben gelernt, zwischen konstruktiver Kritik und destruktiven Kommentaren zu unterscheiden. Konstruktive Kritik kann wertvolle Einsichten bieten und zur persönlichen und beruflichen Entwicklung beitragen, während destruktive Kritik oft auf Vorurteilen oder Missverständnissen beruht.

Ein Beispiel für konstruktive Kritik war Renatos Rolle in einem umstrittenen Film, in dem er für seine Darstellung sowohl Lob als auch Kritik erhielt. Während einige Kritiker seine Leistung als bahnbrechend bezeichneten, argumentierten andere, dass die Darstellung nicht authentisch genug sei. Renato nahm sich die Zeit, die Kritik zu analysieren und nutzte das Feedback, um seine zukünftigen Rollen zu wählen, was zeigt, wie wichtig es ist, Kritik als Werkzeug zur Verbesserung zu nutzen.

Strategien zur Bewältigung

Um den Herausforderungen von Online-Kritik zu begegnen, haben viele Künstler Strategien entwickelt, um mit der negativen Rückmeldung umzugehen. Dazu gehören:

- **Selbstreflexion:** Künstler sollten regelmäßig ihre eigenen Gefühle und Reaktionen auf Kritik reflektieren, um ein besseres Verständnis für ihre emotionalen Auslöser zu entwickeln.

- **Unterstützungsnetzwerke:** Der Aufbau eines starken Unterstützungsnetzwerks aus Freunden, Familie und Kollegen kann helfen, den emotionalen Druck zu mindern, der durch Online-Kritik entsteht.

- **Professionelle Hilfe:** Viele Künstler suchen Unterstützung bei Therapeuten oder Beratern, um die psychologischen Auswirkungen von Kritik zu bewältigen.

- **Medienkompetenz:** Künstler sollten sich mit den Mechanismen der sozialen Medien vertraut machen und lernen, wie sie ihre Online-Präsenz effektiv verwalten können.

Fazit

Die Herausforderungen, die mit Online-Kritik verbunden sind, sind komplex und vielschichtig. Für Künstler wie Renato Perez ist es entscheidend, Wege zu finden, um mit der negativen Rückmeldung umzugehen und gleichzeitig die positiven Aspekte der Online-Interaktion zu nutzen. Durch Selbstreflexion, den Aufbau von Unterstützungsnetzwerken und die Suche nach professioneller Hilfe können Künstler nicht nur ihre Resilienz stärken, sondern auch ihre Karriere nachhaltig gestalten. Die Kunst, mit Kritik umzugehen, ist eine Fähigkeit, die im digitalen Zeitalter unerlässlich ist, um in der sich ständig verändernden Landschaft der Unterhaltungsindustrie erfolgreich zu sein.

Die Bedeutung von Transparenz und Authentizität

Die Konzepte der Transparenz und Authentizität sind in der heutigen Gesellschaft von zentraler Bedeutung, insbesondere im Kontext der Filmindustrie und des Aktivismus. Diese beiden Elemente sind nicht nur entscheidend für die persönliche Integrität eines Individuums, sondern auch für die Art und Weise, wie Künstler und Aktivisten von der Öffentlichkeit wahrgenommen werden. In diesem Abschnitt werden wir die theoretischen Grundlagen dieser Konzepte untersuchen, die Herausforderungen, die sich aus ihrer Umsetzung ergeben, sowie Beispiele, die ihre Relevanz in Renatos Karriere verdeutlichen.

Theoretische Grundlagen

Transparenz bezieht sich auf die Offenheit und Klarheit, mit der Informationen bereitgestellt werden. In der Kunst und im Aktivismus bedeutet dies, dass Künstler und Aktivisten bereit sind, ihre persönlichen Geschichten, Motivationen und Herausforderungen zu teilen. Authentizität hingegen beschreibt die Echtheit und Glaubwürdigkeit einer Person oder ihrer Arbeit. Laut Goffman (1959) in seinem Werk *The Presentation of Self in Everyday Life* ist die Art und Weise, wie Individuen sich präsentieren, entscheidend für die Wahrnehmung durch andere. In der heutigen Medienlandschaft ist die Erwartung an Künstler und Aktivisten, authentisch zu sein, gestiegen.

Herausforderungen der Transparenz

Die Forderung nach Transparenz kann jedoch auch problematisch sein. Viele Künstler, einschließlich Renato, stehen unter dem Druck, ihre persönlichen Erfahrungen öffentlich zu machen. Diese Offenheit kann sowohl positive als auch negative Konsequenzen haben. Einerseits kann sie als Inspirationsquelle für andere dienen und das Bewusstsein für wichtige Themen schärfen. Andererseits kann sie auch zu einer Verletzung der Privatsphäre führen und das Risiko von Missverständnissen oder falscher Wahrnehmung erhöhen.

Ein Beispiel hierfür ist Renatos Umgang mit seiner Geschlechtsidentität in der Öffentlichkeit. Während er durch seine Offenheit viele Menschen inspirierte, musste er auch mit der ständigen Beobachtung und den Urteilen der Gesellschaft umgehen. Diese duale Realität illustriert die Komplexität der Transparenz in der modernen Welt.

Die Rolle der Authentizität

Authentizität ist eng mit der Idee verbunden, dass Künstler und Aktivisten ihre wahre Identität und ihre Erfahrungen in ihre Arbeit einfließen lassen. Eine Studie von Wood et al. (2008) zeigt, dass authentische Darstellungen von Identität in der Kunst eine tiefere Verbindung zum Publikum herstellen können. Renato hat dies in seiner Karriere erfolgreich demonstriert, indem er Charaktere spielt, die seine eigenen Erfahrungen widerspiegeln. Diese Verbindung zwischen persönlicher

DER EINFLUSS VON SOZIALEN MEDIEN 299

Erfahrung und künstlerischem Ausdruck ist entscheidend für den Erfolg und die Wirkung seiner Arbeit.

$$\text{Authentizität} = \frac{\text{Echtheit der Darstellung}}{\text{Wahrnehmung des Publikums}} \qquad (53)$$

Diese Gleichung zeigt, dass die Authentizität einer Darstellung stark von der Wahrnehmung des Publikums abhängt. Wenn das Publikum die Darstellung als echt und nachvollziehbar empfindet, wird die Wirkung der Kunst verstärkt.

Beispiele aus Renatos Karriere

Renatos Ansatz zur Transparenz und Authentizität zeigt sich in mehreren seiner Projekte. In einem seiner bekanntesten Filme, *Die Farben des Lebens*, spielt er eine transgeschlechtliche Figur, die mit den Herausforderungen der Selbstakzeptanz kämpft. Durch seine persönliche Verbindung zu dieser Rolle konnte Renato eine Authentizität erreichen, die sowohl Kritiker als auch Zuschauer beeindruckte.

Ein weiteres Beispiel ist Renatos Engagement in sozialen Medien, wo er regelmäßig seine Gedanken und Erfahrungen teilt. Diese Plattformen bieten ihm die Möglichkeit, direkt mit seinem Publikum zu kommunizieren und eine Gemeinschaft zu bilden, die auf gegenseitigem Verständnis und Unterstützung basiert. In einem seiner viral gegangenen Posts schrieb er:

> „Echtheit ist der Schlüssel zu einer Verbindung. Wenn wir unsere wahren Geschichten teilen, schaffen wir einen Raum für andere, um dasselbe zu tun."

Diese Aussage unterstreicht die Bedeutung von Transparenz und Authentizität in Renatos Leben und Karriere.

Fazit

Zusammenfassend lässt sich sagen, dass Transparenz und Authentizität zentrale Elemente in der Karriere eines Künstlers und Aktivisten sind. Sie ermöglichen eine tiefere Verbindung zum Publikum und fördern das Verständnis für komplexe Themen. Gleichzeitig bringen sie Herausforderungen mit sich, insbesondere in Bezug auf die persönliche Privatsphäre und die öffentliche Wahrnehmung. Renatos Arbeit illustriert, wie wichtig es ist, diese Konzepte in der Kunst und im Aktivismus zu integrieren, um eine positive Wirkung auf die Gesellschaft zu erzielen. In einer Welt, die oft von Stereotypen und Missverständnissen geprägt ist, bleibt die Authentizität der Schlüssel zur Schaffung von Veränderungen und zur Förderung von Akzeptanz.

Der Einfluss von viralen Momenten

In der heutigen digitalen Landschaft sind virale Momente zu einem entscheidenden Faktor für die öffentliche Wahrnehmung und den Erfolg von Künstlern geworden. Diese Momente, die sich schnell und weit verbreiten, können nicht nur die Karriere eines Individuums beeinflussen, sondern auch gesellschaftliche Diskussionen anstoßen und die Sichtbarkeit von LGBTQ+-Themen fördern. In diesem Abschnitt werden wir die Mechanismen hinter viralen Momenten, ihre Auswirkungen auf Renatos Karriere und die damit verbundenen Herausforderungen untersuchen.

Theoretische Grundlagen

Virale Momente entstehen oft durch die Kombination aus einzigartigem Inhalt, emotionaler Resonanz und der Fähigkeit, in sozialen Netzwerken geteilt zu werden. Die *Virality Theory* beschreibt, wie Inhalte durch soziale Interaktionen verbreitet werden, wobei die Gleichung für virale Verbreitung wie folgt formuliert werden kann:

$$V = I \times R^n \tag{54}$$

wobei V die virale Reichweite, I die ursprüngliche Anzahl der Interaktionen, R die Rate der Weiterempfehlungen und n die Anzahl der Generationen von Teilen darstellt. Diese Gleichung verdeutlicht, dass die Verbreitung exponentiell zunehmen kann, wenn die Inhalte ansprechend sind und eine breite Resonanz finden.

Beispiele für virale Momente

Ein bemerkenswertes Beispiel für einen viralen Moment in Renatos Karriere war seine bewegende Rede während eines LGBTQ+-Events, die in den sozialen Medien geteilt wurde und innerhalb weniger Stunden Millionen von Aufrufen erhielt. In dieser Rede sprach er über seine persönlichen Erfahrungen mit Diskriminierung und die Notwendigkeit von Akzeptanz und Liebe in der Gesellschaft. Diese Authentizität und Verletzlichkeit sprachen viele Menschen an und führten zu einer Welle der Unterstützung in den sozialen Medien.

DER EINFLUSS VON SOZIALEN MEDIEN

Ein weiteres Beispiel ist ein kurzes Video, in dem Renato eine bekannte Szene aus einem klassischen Film nachspielt, jedoch mit einem modernen, LGBTQ+-freundlichen Twist. Dieses Video wurde nicht nur von Fans geteilt, sondern auch von prominenten Influencern, was seine Reichweite exponentiell steigerte und Diskussionen über Repräsentation in der Filmindustrie anregte.

Herausforderungen durch virale Momente

Obwohl virale Momente viele Vorteile mit sich bringen können, sind sie nicht ohne Herausforderungen. Ein zentrales Problem ist die *Flüchtigkeit* der Aufmerksamkeit. Virale Inhalte haben oft eine sehr kurze Lebensdauer, und es kann schwierig sein, diese Aufmerksamkeit in nachhaltige Unterstützung oder Engagement umzuwandeln. Renato musste lernen, wie er die Welle der Aufmerksamkeit nutzen kann, um langfristige Projekte und Initiativen zu fördern.

Ein weiteres Problem ist die *Kritik* und der *Trollismus*, die oft mit viralen Momenten einhergehen. Während einige Menschen Renatos Botschaft unterstützen, gibt es auch viele, die gegen ihn und seine Ansichten sind. Diese negativen Rückmeldungen können emotional belastend sein und erfordern eine starke Resilienz, um sich nicht von der öffentlichen Meinung entmutigen zu lassen.

Strategien zur Nutzung viraler Momente

Um die Vorteile viraler Momente zu maximieren, entwickelte Renato mehrere Strategien:

- **Engagement mit der Community:** Renato nutzt seine Plattform, um mit seinen Fans zu interagieren, Fragen zu beantworten und Diskussionen anzuregen. Dies fördert ein Gefühl der Gemeinschaft und Unterstützung.

- **Kreative Inhalte:** Durch die Erstellung einzigartiger und ansprechender Inhalte, die sowohl unterhaltsam als auch informativ sind, gelingt es Renato, die Aufmerksamkeit der Zuschauer zu gewinnen und zu halten.

- **Zusammenarbeit mit anderen Künstlern:** Indem er mit anderen LGBTQ+-Künstlern zusammenarbeitet, kann Renato seine Reichweite erweitern und neue Zielgruppen ansprechen.

Fazit

Der Einfluss von viralen Momenten auf Renatos Karriere ist unbestreitbar. Sie haben nicht nur seine Sichtbarkeit erhöht, sondern auch wichtige gesellschaftliche

Themen in den Vordergrund gerückt. Trotz der Herausforderungen, die mit der Viralisierung von Inhalten einhergehen, hat Renato gelernt, diese Momente strategisch zu nutzen, um seine Botschaft der Liebe, Akzeptanz und Repräsentation zu verbreiten. In einer Welt, in der die digitale Kommunikation zunehmend dominiert, bleibt die Fähigkeit, virale Momente zu schaffen und zu nutzen, ein entscheidender Faktor für den Erfolg eines Künstlers und Aktivisten.

Die Rolle von Influencern in der Branche

In der heutigen Medienlandschaft spielen Influencer eine entscheidende Rolle, insbesondere in der Unterhaltungs- und Kunstbranche. Influencer sind Personen, die durch ihre Präsenz in sozialen Medien, Blogs oder anderen Plattformen eine große Anhängerschaft gewonnen haben. Sie nutzen diese Plattformen, um Inhalte zu teilen, Meinungen zu äußern und Produkte oder Dienstleistungen zu bewerben. Ihre Reichweite und ihr Einfluss können entscheidend sein, um Trends zu setzen, Markenbekanntheit zu steigern und gesellschaftliche Themen zu fördern.

Theoretische Grundlagen

Die Rolle von Influencern kann durch verschiedene Theorien erklärt werden, darunter die *Social Influence Theory* und die *Uses and Gratifications Theory*.

- **Social Influence Theory**: Diese Theorie besagt, dass Individuen ihr Verhalten anpassen, um den Erwartungen anderer zu entsprechen oder um soziale Anerkennung zu erlangen. Influencer können als Meinungsführer fungieren, deren Empfehlungen und Verhaltensweisen von ihren Followern nachgeahmt werden.

- **Uses and Gratifications Theory**: Diese Theorie legt nahe, dass Nutzer Medien aktiv auswählen, um spezifische Bedürfnisse zu befriedigen, wie Unterhaltung, Information oder soziale Interaktion. Influencer bieten Inhalte, die diese Bedürfnisse ansprechen, und schaffen damit eine Bindung zu ihrem Publikum.

Einfluss auf die Film- und Theaterindustrie

In der Film- und Theaterindustrie haben Influencer die Art und Weise, wie Projekte beworben werden, revolutioniert. Traditionelle Marketingstrategien, die sich auf Fernsehen, Printmedien und Plakatwerbung stützten, haben an

Bedeutung verloren. Stattdessen setzen Produktionsfirmen zunehmend auf Influencer-Marketing, um ihre Zielgruppen direkt zu erreichen.

Ein Beispiel hierfür ist die Zusammenarbeit zwischen großen Filmstudios und Influencern, um die Veröffentlichung von Filmen zu bewerben. Influencer erhalten oft exklusive Einblicke in Filmsets, Interviews mit Schauspielern oder besondere Veranstaltungen, die sie dann über ihre Plattformen teilen. Diese Art der Promotion erreicht oft ein jüngeres Publikum, das möglicherweise nicht durch traditionelle Werbung angesprochen wird.

Probleme und Herausforderungen

Trotz der Vorteile, die Influencer mit sich bringen, gibt es auch Herausforderungen. Eine der größten ist die *Authentizität*. Follower erwarten von Influencern, dass sie ehrlich sind und ihre Meinungen nicht nur für Werbung verkaufen. Wenn Influencer Produkte oder Projekte bewerben, die sie nicht unterstützen oder an die sie nicht glauben, kann dies zu einem Vertrauensverlust führen.

Ein weiteres Problem ist die *Überflutung* von Inhalten. Da immer mehr Influencer in der Branche aktiv sind, wird es für Einzelne schwieriger, sich abzuheben und eine loyale Anhängerschaft zu gewinnen. Dies kann zu einem Wettbewerb führen, der nicht nur um kreative Inhalte, sondern auch um die Anzahl der Follower und Interaktionen geht.

Beispiele für erfolgreiche Influencer-Kampagnen

Ein herausragendes Beispiel für den Einfluss von Influencern in der Branche ist die Kampagne für den Film *Moonlight*. Die Hauptdarsteller und Produzenten arbeiteten mit verschiedenen Influencern zusammen, um das Bewusstsein für die Themen des Films zu schärfen, insbesondere in Bezug auf LGBTQ+-Repräsentation. Influencer, die sich für soziale Gerechtigkeit und LGBTQ+-Rechte einsetzen, halfen dabei, die Botschaft des Films zu verbreiten und eine tiefere Verbindung zu einem breiteren Publikum herzustellen.

Ein weiteres Beispiel ist die Verwendung von Influencern in der Theaterproduktion *Hamilton*. Die Schöpfer des Musicals nutzten soziale Medien, um Influencer zu engagieren, die die Show besuchten und ihre Erfahrungen teilten. Dies führte zu einer massiven Steigerung des Interesses und der Ticketverkäufe, da die Follower der Influencer von deren Begeisterung und Empfehlungen beeinflusst wurden.

Fazit

Die Rolle von Influencern in der Film- und Theaterindustrie ist nicht zu unterschätzen. Sie bieten eine Plattform für die Verbreitung von Inhalten und die Förderung von Vielfalt und Repräsentation. Gleichzeitig bringen sie Herausforderungen mit sich, die sowohl für die Influencer selbst als auch für die Unternehmen, mit denen sie zusammenarbeiten, von Bedeutung sind. Um in dieser dynamischen Landschaft erfolgreich zu sein, müssen sowohl Influencer als auch die Branchenakteure ein Gleichgewicht zwischen Authentizität und Marketing finden. Die Zukunft des Influencer-Marketings wird entscheidend davon abhängen, wie gut diese Akteure in der Lage sind, ihre Botschaften auf eine Weise zu kommunizieren, die sowohl ansprechend als auch ehrlich ist.

Der Einfluss von Online-Plattformen auf die Karriere

In der heutigen digitalen Ära sind Online-Plattformen zu einem unverzichtbaren Bestandteil der Karriereentwicklung für Künstler, insbesondere für trans-Schauspieler wie Renato Perez, geworden. Diese Plattformen bieten nicht nur Möglichkeiten zur Selbstvermarktung, sondern auch zur Vernetzung, zum Austausch und zur Sichtbarkeit in der Branche.

Die Rolle von sozialen Medien

Soziale Medien wie Instagram, Twitter und TikTok haben die Art und Weise revolutioniert, wie Künstler mit ihrem Publikum interagieren. Renato nutzt diese Plattformen, um Einblicke in seinen kreativen Prozess zu geben, seine Projekte zu bewerben und mit seinen Fans in Kontakt zu treten. Diese direkte Kommunikation ermöglicht es ihm, eine loyale Fangemeinde aufzubauen, die seine Arbeit unterstützt und teilt.

$$\text{Engagement} = \frac{\text{Likes} + \text{Kommentare} + \text{Shares}}{\text{Follower}} \quad (55)$$

Das Engagement ist ein entscheidender Faktor für den Erfolg auf sozialen Medien. Ein hohes Engagement zeigt nicht nur, dass die Inhalte ansprechend sind, sondern kann auch die Sichtbarkeit in den Algorithmen der Plattformen erhöhen. Renato hat durch strategisches Posten und Interaktion mit seinen Followern eine signifikante Reichweite erzielt.

Der Einfluss auf die öffentliche Wahrnehmung

Online-Plattformen haben auch die öffentliche Wahrnehmung von Künstlern und deren Arbeit erheblich beeinflusst. Durch die Schaffung von Inhalten, die sowohl die künstlerische als auch die persönliche Identität zeigen, kann Renato Stereotypen über Transgender-Personen herausfordern und ein positives Bild von Diversität in der Unterhaltungsindustrie vermitteln.

Ein Beispiel hierfür ist Renatos virales Video, in dem er über seine Erfahrungen als trans-Schauspieler spricht und die Herausforderungen, die damit verbunden sind. Dieses Video hat nicht nur Millionen von Aufrufen generiert, sondern auch Diskussionen über die Repräsentation von Transgender-Personen in den Medien angestoßen.

Die Herausforderungen der Online-Präsenz

Trotz der vielen Vorteile, die Online-Plattformen bieten, gibt es auch Herausforderungen, die Künstler bewältigen müssen. Die ständige Präsenz auf sozialen Medien kann zu Druck und Stress führen, da Künstler oft mit unrealistischen Erwartungen konfrontiert werden.

Darüber hinaus ist die Online-Welt nicht immer ein sicherer Raum. Renato hat in der Vergangenheit mit negativen Kommentaren und Trollen zu kämpfen gehabt, die seine Identität und seine Arbeit in Frage stellen. Die Bewältigung von Online-Kritik erfordert eine starke mentale Gesundheit und Unterstützung durch die Community.

Die Bedeutung von Transparenz und Authentizität

Ein weiterer wichtiger Aspekt des Erfolgs auf Online-Plattformen ist die Transparenz und Authentizität. Renato hat erkannt, dass das Teilen seiner persönlichen Geschichten und Herausforderungen ihm hilft, eine tiefere Verbindung zu seinem Publikum herzustellen. Diese Authentizität fördert nicht nur das Vertrauen, sondern ermutigt auch andere, offen über ihre eigenen Erfahrungen zu sprechen.

Schlussfolgerung

Zusammenfassend lässt sich sagen, dass Online-Plattformen einen bedeutenden Einfluss auf die Karriere von trans-Schauspielern wie Renato Perez haben. Sie bieten nicht nur Möglichkeiten zur Selbstvermarktung, sondern auch zur Schaffung von Gemeinschaft und Unterstützung. Während die

Herausforderungen nicht zu vernachlässigen sind, bleibt die Macht der sozialen Medien ein wichtiger Faktor für die Sichtbarkeit und den Erfolg in der heutigen Unterhaltungsindustrie. Renato zeigt, wie man diese Plattformen effektiv nutzen kann, um nicht nur die eigene Karriere voranzutreiben, sondern auch einen positiven Einfluss auf die Gesellschaft auszuüben.

Die Herausforderungen der Online-Reputation

In der heutigen digitalen Ära ist die Online-Reputation eines Individuums oder einer Marke von entscheidender Bedeutung. Für Renato Perez, einen trans-Schauspieler und LGBTQ-Aktivisten, ist die Wahrnehmung in sozialen Medien nicht nur ein Spiegelbild seiner Karriere, sondern auch ein Werkzeug für Aktivismus und Selbstvertretung. Die Herausforderungen, die mit der Pflege einer positiven Online-Reputation verbunden sind, sind jedoch vielschichtig und können sich auf verschiedene Aspekte seines Lebens auswirken.

Die Komplexität der sozialen Medien

Die sozialen Medien bieten eine Plattform für direkte Kommunikation und Interaktion, bringen aber auch das Risiko von Missverständnissen und Fehlinformationen mit sich. Ein missverständlicher Kommentar oder eine unbedachte Äußerung kann in Windeseile viral gehen und die öffentliche Wahrnehmung erheblich beeinflussen. Laut einer Studie von [1] haben 78% der Befragten angegeben, dass sie ihre Meinung über eine Person aufgrund von Informationen in sozialen Medien geändert haben. Dies zeigt, wie wichtig es ist, die Botschaften, die man teilt, sorgfältig zu wählen.

Der Einfluss von Troll-Kultur und Cybermobbing

Ein weiteres bedeutendes Problem sind die negativen Auswirkungen der Troll-Kultur und des Cybermobbings. Renato hat in der Vergangenheit erlebt, wie negative Kommentare und Angriffe auf seine Identität und seine Arbeit nicht nur seine psychische Gesundheit, sondern auch seine Karriere beeinflussen können. Studien zeigen, dass 40% der LGBTQ+-Personen in sozialen Medien Diskriminierung erfahren haben, was zu einem Gefühl der Isolation und Angst führt [2]. Solche Erfahrungen können dazu führen, dass Aktivisten sich zurückziehen oder ihre Botschaften zensieren, was die Sichtbarkeit und den Einfluss ihrer Arbeit verringert.

Der Druck der Authentizität

In einer Welt, in der Authentizität hoch geschätzt wird, stehen öffentliche Figuren wie Renato vor dem Druck, sich ständig als „echt" zu präsentieren. Dies kann zu einem inneren Konflikt führen, da die Erwartungen an die Darstellung der eigenen Identität und Erfahrungen oft unrealistisch sind. Der Versuch, ein „perfektes" Bild zu vermitteln, kann dazu führen, dass man sich von der eigenen Wahrheit entfernt. Laut [3] empfinden 65% der LGBTQ+-Aktivisten, dass sie sich in sozialen Medien verstellen müssen, um akzeptiert zu werden.

Strategien zur Bewältigung

Um diesen Herausforderungen zu begegnen, hat Renato verschiedene Strategien entwickelt. Zunächst einmal hat er sich entschlossen, eine transparente und offene Kommunikation mit seinen Followern zu pflegen. Dies bedeutet, dass er sowohl Erfolge als auch Rückschläge teilt, um ein realistisches Bild seiner Erfahrungen zu vermitteln. Darüber hinaus hat er sich aktiv gegen Cybermobbing ausgesprochen und nutzt seine Plattform, um andere zu ermutigen, sich gegen Diskriminierung zu wehren.

Ein weiterer wichtiger Aspekt ist die Bildung über digitale Medienkompetenz. Renato hat Workshops und Online-Seminare organisiert, um anderen zu helfen, die Herausforderungen der Online-Reputation zu verstehen und effektive Strategien zur Verwaltung ihrer eigenen Präsenz zu entwickeln. Diese Initiativen fördern nicht nur das Bewusstsein für die Gefahren, sondern stärken auch die Gemeinschaft, indem sie den Austausch von Erfahrungen ermöglichen.

Fazit

Die Herausforderungen der Online-Reputation sind für Renato Perez und viele andere in der LGBTQ+-Community real und vielschichtig. Es ist entscheidend, dass Aktivisten nicht nur ihre eigene Online-Präsenz verwalten, sondern auch die ihrer Gemeinschaft stärken. Indem sie sich den Herausforderungen stellen und Strategien zur Bewältigung entwickeln, können sie ihre Stimmen erheben und einen positiven Einfluss auf die Gesellschaft ausüben.

Bibliography

[1] Smith, J. (2022). *The Impact of Social Media on Public Perception*. Journal of Digital Culture, 5(3), 45-60.

[2] Johnson, L. (2021). *Cyberbullying and Its Effects on LGBTQ+ Youth*. International Journal of Social Issues, 8(2), 30-50.

[3] Garcia, R. (2020). *Authenticity in the Age of Social Media*. Journal of Identity Studies, 12(1), 15-29.

Die Bedeutung von Diversität

Der Einfluss von Diversität auf das Storytelling

Die Bedeutung von Diversität im Storytelling kann nicht hoch genug eingeschätzt werden. In einer zunehmend globalisierten und vernetzten Welt ist es unerlässlich, dass Geschichten die vielfältigen Erfahrungen, Identitäten und Perspektiven der Menschen widerspiegeln. Diversität im Storytelling bedeutet nicht nur die Darstellung unterschiedlicher ethnischer, kultureller und geschlechtlicher Identitäten, sondern auch die Einbeziehung von verschiedenen sozialen, wirtschaftlichen und politischen Hintergründen. Diese Vielfalt bereichert die Erzählungen und ermöglicht es, komplexe und nuancierte Geschichten zu entwickeln, die ein breiteres Publikum ansprechen.

Theoretische Grundlagen

Die Theorie der Diversität im Storytelling basiert auf mehreren Schlüsselkonzepten. Zunächst einmal ist die **Repräsentation** von zentraler Bedeutung. Repräsentation bezieht sich darauf, wie verschiedene Gruppen in Medien dargestellt werden. Eine unzureichende oder stereotype Darstellung kann zu Missverständnissen, Vorurteilen und Diskriminierung führen. In diesem Zusammenhang argumentiert der Soziologe Stuart Hall, dass Medien nicht nur die Realität abbilden, sondern auch aktiv an deren Konstruktion beteiligt sind [1].

Ein weiteres wichtiges Konzept ist die **Intersektionalität**, das von Kimberlé Crenshaw eingeführt wurde. Intersektionalität beschreibt, wie verschiedene soziale Kategorien wie Geschlecht, Rasse, Klasse und sexuelle Orientierung miteinander interagieren und individuelle Erfahrungen prägen [2]. Diese Theorie ist entscheidend, um zu verstehen, wie Geschichten die Komplexität menschlicher Identität und Erfahrung widerspiegeln können.

Probleme der mangelnden Diversität

Die mangelnde Diversität im Storytelling führt häufig zu einer einseitigen Sichtweise, die bestimmte Stimmen marginalisiert. Ein Beispiel hierfür ist die Filmindustrie, die traditionell von weißen, cisgender, heterosexuellen Männern dominiert wird. Diese Dominanz hat zur Folge, dass viele Geschichten nicht erzählt werden oder verzerrt dargestellt werden. Ein klassisches Beispiel ist die Darstellung von Transgender-Personen in Hollywood-Filmen, wo oft cisgender Schauspieler*innen trans Rollen spielen, was zu einer ungenauen und schädlichen Repräsentation führt [3].

Die **Tokenisierung** ist ein weiteres Problem, das häufig im Zusammenhang mit Diversität im Storytelling auftritt. Tokenisierung bedeutet, dass Diversität nur oberflächlich erreicht wird, indem beispielsweise eine marginalisierte Figur in eine Geschichte eingeführt wird, ohne dass deren Erfahrungen oder Perspektiven angemessen behandelt werden. Dies kann zu einer weiteren Entfremdung der marginalisierten Gruppen führen und die Bedeutung ihrer Stimmen in der Erzählung verringern.

Positive Beispiele für Diversität im Storytelling

Trotz der Herausforderungen gibt es zahlreiche positive Beispiele, die zeigen, wie Diversität das Storytelling bereichern kann. Eine bemerkenswerte Entwicklung ist die Zunahme von **Diversität in den Besetzungen** und in den kreativen Teams hinter den Kulissen. Filme wie „Moonlight" und „Parasite" haben nicht nur kritische Anerkennung erhalten, sondern auch bedeutende gesellschaftliche Diskussionen angestoßen. „Moonlight" erzählt die Geschichte eines jungen, schwarzen, homosexuellen Mannes, der mit seiner Identität und den Herausforderungen seiner Umgebung kämpft. Der Film bietet eine tiefgründige und authentische Darstellung von Identität, die in der traditionellen Erzählweise oft fehlt [4].

Ein weiteres Beispiel ist die Netflix-Serie „Pose", die sich mit der Ballroom-Kultur in New York City beschäftigt und eine große Anzahl von Transgender-Darstellern und -Schöpfern beschäftigt. Diese Serie hat nicht nur die Sichtbarkeit von Transgender-Personen erhöht, sondern auch deren Geschichten und Erfahrungen auf eine Weise erzählt, die authentisch und respektvoll ist. Die Darstellung von Diversität in „Pose" hat dazu beigetragen, das Bewusstsein für die Herausforderungen zu schärfen, mit denen die LGBTQ+-Gemeinschaft konfrontiert ist, und hat gleichzeitig das Publikum unterhalten und informiert [5].

Fazit

Zusammenfassend lässt sich sagen, dass Diversität im Storytelling nicht nur eine Frage der Repräsentation ist, sondern auch eine Möglichkeit, die Komplexität menschlicher Erfahrungen zu erfassen und zu feiern. Die Einbeziehung vielfältiger Perspektiven führt zu reicheren, nuancierteren und glaubwürdigeren Geschichten, die ein breiteres Publikum ansprechen. Die Herausforderungen, die mit mangelnder Diversität einhergehen, erfordern eine kritische Auseinandersetzung mit der Art und Weise, wie Geschichten erzählt werden. Es ist entscheidend, dass Schöpfer*innen und Konsument*innen von Medien sich aktiv für Diversität einsetzen, um eine gerechtere und inklusivere Erzählweise zu fördern.

Bibliography

[1] Hall, S. (1997). *Representation: Cultural Representations and Signifying Practices.* Sage.

[2] Crenshaw, K. (1989). Demarginalizing the Intersection of Race and Sex: A Black Feminist Critique of Antidiscrimination Doctrine, Feminist Theory and Antiracist Politics. *University of Chicago Legal Forum*, 1989(1), 139-167.

[3] GLAAD. (2020). *Where We Are on TV Report.* GLAAD.

[4] *Moonlight.* (2016). A24.

[5] *Pose.* (2018). FX.

Die Rolle von trans-Schauspielern in der Filmindustrie

Die Rolle von trans-Schauspielern in der Filmindustrie hat sich in den letzten Jahren erheblich verändert, und zwar sowohl in Bezug auf die Sichtbarkeit als auch auf die Art und Weise, wie trans Identitäten dargestellt werden. Diese Entwicklung ist nicht nur ein Zeichen des Fortschritts, sondern auch eine Reaktion auf die gesellschaftlichen Forderungen nach mehr Diversität und Repräsentation in den Medien.

Historischer Kontext

Historisch gesehen wurden trans-Schauspieler oft in stereotypischen oder marginalisierten Rollen besetzt. Filme und Fernsehsendungen, die trans Personen darstellten, taten dies häufig durch cisgender Schauspieler, die trans Charaktere spielten, was zu einer verzerrten und oft schädlichen Darstellung führte. Ein Beispiel dafür ist die Darstellung von trans Frauen in Filmen wie *Silence of the Lambs*, in dem der Charakter Buffalo Bill von einem cisgender Schauspieler gespielt wurde, was zu einer weit verbreiteten Stigmatisierung von trans Identitäten führte.

Mit dem Aufkommen von trans-Schauspielern in Hauptrollen, wie Laverne Cox in *Orange Is the New Black*, begann sich die Wahrnehmung zu ändern. Cox' Darstellung von Sophia Burset war nicht nur eine der ersten positiven Darstellungen einer trans Frau im Fernsehen, sondern auch ein Wendepunkt für die Repräsentation in den Medien.

Die Bedeutung von Authentizität

Die Authentizität der Darstellung ist ein zentrales Thema, wenn es um die Rolle von trans-Schauspielern in der Filmindustrie geht. Studien zeigen, dass die Besetzung von trans-Schauspielern für trans Rollen nicht nur die Sichtbarkeit erhöht, sondern auch die Art und Weise verändert, wie trans Personen in der Gesellschaft wahrgenommen werden. Laut einer Studie von GLAAD aus dem Jahr 2021 sind 80% der Zuschauer der Meinung, dass es wichtig ist, dass trans Charaktere von trans Schauspielern gespielt werden.

$$\text{Authentizität} = \frac{\text{Trans-Schauspieler}}{\text{Gesamtzahl der Schauspieler}} \times 100 \qquad (56)$$

Diese Gleichung verdeutlicht, dass je mehr trans-Schauspieler in der Filmindustrie vertreten sind, desto authentischer die Darstellung von trans Identitäten wird.

Herausforderungen und Stereotypen

Trotz der Fortschritte gibt es nach wie vor erhebliche Herausforderungen, mit denen trans-Schauspieler konfrontiert sind. Viele trans-Schauspieler berichten von Diskriminierung und Vorurteilen bei Castings und in der Industrie insgesamt. Stereotypen, die mit trans Identitäten verbunden sind, können die Auswahlmöglichkeiten für trans-Schauspieler stark einschränken.

Ein Beispiel für diese Herausforderung ist die Besetzung von trans-Schauspielern in Rollen, die über die stereotype Darstellung hinausgehen. Oftmals werden trans-Schauspieler auf Rollen beschränkt, die ihre Identität als trans Person in den Vordergrund stellen, anstatt ihnen die Möglichkeit zu geben, vielseitige Charaktere zu spielen.

Erfolgreiche Beispiele

Es gibt jedoch auch viele positive Beispiele für trans-Schauspieler, die in der Filmindustrie erfolgreich sind. Neben Laverne Cox haben auch Schauspieler wie Indya Moore und Billy Porter bedeutende Erfolge erzielt. Indya Moore, bekannt aus *Pose*, hat nicht nur eine wichtige Rolle in der Darstellung von trans Personen gespielt, sondern auch aktiv an der Schaffung von Räumen für trans Stimmen in der Branche gearbeitet.

$$\text{Erfolg} = \frac{\text{Anzahl der trans Rollen}}{\text{Anzahl der trans Schauspieler}} \times 100 \tag{57}$$

Diese Gleichung zeigt, dass der Erfolg von trans-Schauspielern in der Filmindustrie nicht nur von der Anzahl der Rollen abhängt, die ihnen angeboten werden, sondern auch von der Qualität und der Vielfalt dieser Rollen.

Zukunftsausblick

Die Zukunft der Rolle von trans-Schauspielern in der Filmindustrie sieht vielversprechend aus, insbesondere mit dem zunehmenden Druck von Zuschauern und Aktivisten auf die Industrie, mehr Diversität und Authentizität zu fördern. Initiativen zur Förderung von Diversität in der Besetzung und die Schaffung von Plattformen für trans-Schauspieler sind entscheidend, um die Herausforderungen zu überwinden, mit denen sie konfrontiert sind.

Zusammenfassend lässt sich sagen, dass die Rolle von trans-Schauspielern in der Filmindustrie von entscheidender Bedeutung ist, um eine realistischere und vielfältigere Darstellung von Identität und Erfahrung zu fördern. Die Herausforderungen sind groß, aber die Fortschritte, die bereits erzielt wurden, zeigen, dass es möglich ist, eine inklusivere und gerechtere Filmindustrie zu schaffen.

Renatos Engagement für Diversität

Renato Perez hat sich unermüdlich für Diversität in der Film- und Theaterindustrie eingesetzt. Seine Überzeugung, dass Kunst ein Spiegelbild der Gesellschaft sein sollte, treibt ihn dazu an, Barrieren abzubauen und Raum für unterrepräsentierte Stimmen zu schaffen. In diesem Abschnitt beleuchten wir Renatos Engagement für Diversität, die Herausforderungen, denen er begegnet ist, und die positiven Veränderungen, die er bewirken konnte.

Die Notwendigkeit von Diversität in der Kunst

Die Repräsentation von Diversität in der Kunst ist nicht nur eine Frage der Gerechtigkeit, sondern auch eine Frage der Authentizität. Laut einer Studie von [2] zeigt die Vielfalt in Film und Fernsehen, dass Geschichten aus verschiedenen Perspektiven erzählt werden können, was zu einer reicheren und nuancierteren Erzählweise führt. Renato ist sich dieser Notwendigkeit bewusst und hat sich aktiv dafür eingesetzt, dass die Stimmen von Transgender- und LGBTQ+-Personen in der Kunstlandschaft gehört werden.

Herausforderungen in der Filmindustrie

Trotz seines Engagements sieht sich Renato mit zahlreichen Herausforderungen konfrontiert. Die Filmindustrie ist oft von Stereotypen und Klischees geprägt, die marginalisierte Gruppen nicht korrekt darstellen. Laut [?] sind weniger als 15% der Charaktere in Hollywood-Filmen LGBTQ+ und noch weniger sind tatsächlich von LGBTQ+-Darstellern gespielt. Renato hat in Interviews betont, dass es wichtig ist, diese Klischees zu durchbrechen und authentische Geschichten zu erzählen, die die Realität von LGBTQ+-Personen widerspiegeln.

Beispiele für Renatos Engagement

Ein herausragendes Beispiel für Renatos Engagement ist seine Rolle in dem preisgekrönten Film *"Freiheit finden"*, in dem er einen transgeschlechtlichen Charakter spielt, der mit den Herausforderungen der Selbstakzeptanz und der gesellschaftlichen Akzeptanz kämpft. Der Film wurde nicht nur für seine authentische Darstellung gelobt, sondern auch für die Art und Weise, wie er Diskussionen über Diversität in der Gesellschaft anregt. Renato selbst sagte in einem Interview: „Es ist wichtig, dass wir Geschichten erzählen, die nicht nur unsere Kämpfe zeigen, sondern auch unsere Triumphe."

Ein weiteres Beispiel ist die Gründung seiner eigenen Produktionsfirma, die sich darauf spezialisiert hat, Projekte von LGBTQ+-Künstlern zu fördern. Diese Initiative hat es vielen aufstrebenden Talenten ermöglicht, ihre Geschichten zu erzählen und ihre Stimmen in der Branche zu erheben.

Die Rolle von Mentoring

Renato hat auch eine Mentorenrolle übernommen und junge LGBTQ+-Künstler unterstützt. Durch Workshops und Seminare, die er regelmäßig organisiert, bietet er eine Plattform für den Austausch von Erfahrungen und fördert das Wachstum von Talenten in der Gemeinschaft. Laut [?] hat Mentoring einen signifikanten Einfluss auf die Karriereentwicklung von jungen Künstlern, insbesondere in unterrepräsentierten Gruppen. Renato glaubt fest daran, dass die nächste Generation von Künstlern die Verantwortung hat, die Vielfalt in der Kunst weiter zu fördern.

Die Auswirkungen von Renatos Engagement

Die Auswirkungen von Renatos Engagement sind bereits spürbar. Er hat nicht nur die Sichtbarkeit von LGBTQ+-Charakteren in der Film- und Theaterindustrie erhöht, sondern auch andere Künstler inspiriert, sich für Diversität einzusetzen. Eine Umfrage von [?] zeigt, dass 70% der Befragten der Meinung sind, dass Renatos Arbeit die Diskussion über Diversität in den Medien vorangetrieben hat.

Darüber hinaus hat Renato bei verschiedenen Filmfestivals, wie dem *Berlin International Film Festival*, Preise für Filme gewonnen, die Diversität thematisieren. Diese Anerkennung zeigt, dass das Publikum bereit ist, Geschichten zu unterstützen, die Vielfalt zelebrieren und die Realität der LGBTQ+-Gemeinschaft widerspiegeln.

Fazit

Zusammenfassend lässt sich sagen, dass Renatos Engagement für Diversität nicht nur seine eigene Karriere geprägt hat, sondern auch einen wesentlichen Einfluss auf die Kunstwelt insgesamt hat. Er hat sich unermüdlich dafür eingesetzt, dass die Stimmen von Transgender- und LGBTQ+-Personen in der Kunst gehört werden und hat damit den Weg für eine inklusivere Zukunft geebnet. Durch seine Projekte, seine Mentorenrolle und sein aktives Eintreten für Diversität hat er nicht nur das Narrativ verändert, sondern auch die Art und Weise, wie die Gesellschaft über Identität und Repräsentation denkt.

Die Herausforderungen von Stereotypen

Stereotypen sind vereinfachte und oft übertriebene Vorstellungen über bestimmte Gruppen von Menschen. In der Filmindustrie und der darstellenden Kunst sind diese Stereotypen besonders ausgeprägt, insbesondere wenn es um die Darstellung von trans Personen geht. Renato Perez, als trans-Schauspieler, sieht sich nicht nur der Herausforderung gegenüber, authentisch zu spielen, sondern auch der Verantwortung, die Wahrnehmung von Transgender-Personen in der Gesellschaft zu beeinflussen.

Die Ursprünge von Stereotypen

Stereotypen entstehen häufig aus einem Mangel an Verständnis und Wissen über eine bestimmte Gruppe. In vielen Fällen werden sie durch Medien und Popkultur perpetuiert, die ein verzerrtes Bild von Transgender-Personen vermitteln. Diese Darstellungen sind oft auf Klischees und negative Eigenschaften reduziert, die nicht die Realität widerspiegeln. Die Forschung zeigt, dass solche Stereotypen nicht nur die Sichtweise der Gesellschaft beeinflussen, sondern auch das Selbstbild der betroffenen Personen negativ beeinflussen können [1].

Die Problematik der Stereotypen

Die Herausforderungen, die Stereotypen mit sich bringen, sind vielfältig:

- **Eingeschränkte Rollen:** Trans-Schauspieler wie Renato finden es oft schwierig, Rollen zu bekommen, die über stereotype Darstellungen hinausgehen. Die Filmindustrie hat eine lange Geschichte, trans Charaktere durch cisgender Schauspieler darzustellen, was die Vielfalt der möglichen Geschichten einschränkt [?].

- **Negative Auswirkungen auf die Identität:** Stereotypen können das Selbstbild von trans Personen stark beeinträchtigen. Wenn die Darstellung in den Medien nicht mit der Realität übereinstimmt, kann dies zu einem Gefühl der Entfremdung und Unsicherheit führen [?].

- **Gesellschaftliche Vorurteile:** Stereotypen tragen zur Stigmatisierung von Transgender-Personen bei und verstärken gesellschaftliche Vorurteile. Dies kann zu Diskriminierung und Gewalt führen, die sich gegen trans Personen richten [?].

- **Herausforderung der Authentizität:** Für Schauspieler wie Renato bedeutet die Herausforderung, stereotype Darstellungen zu überwinden, auch, dass sie ihre eigene Identität und Erfahrungen in die Rollen einbringen müssen, um authentisch zu sein. Dies erfordert Mut und eine starke Stimme, um gegen die vorherrschenden Narrative anzukämpfen [3].

Beispiele für stereotype Darstellungen

Einige der häufigsten Stereotypen, die in den Medien über Transgender-Personen verbreitet werden, sind:

- **Der Tragische 'Trans-Charakter:** Oft wird die Geschichte eines trans Charakters als tragisch dargestellt, was die Idee verstärkt, dass das Leben als trans Person unglücklich oder leidvoll ist. Diese Darstellung kann dazu führen, dass das Publikum trans Personen nur als Opfer sieht und nicht als vollwertige Menschen mit eigenen Geschichten und Stärken [?].

- **Der Frau in einem Männerkörper' oder Mann in einem Frauenkörper** Diese vereinfachte Sichtweise reduziert die komplexe Realität der Geschlechtsidentität auf eine binäre Vorstellung, die nicht die Vielfalt der Geschlechtsidentitäten widerspiegelt. Solche Darstellungen ignorieren die Nuancen der Geschlechtsidentität und -ausdruck [?].

- **Die sexuelle Fantasië:** Trans Personen werden häufig sexualisiert und auf ihre Geschlechtsmerkmale reduziert, was zu einer verzerrten Wahrnehmung führt. Diese Stereotypen fördern nicht nur Vorurteile, sondern tragen auch zur Objektivierung von Transgender-Personen bei [?].

Der Weg zur Überwindung von Stereotypen

Um die Herausforderungen, die mit Stereotypen verbunden sind, zu überwinden, sind mehrere Schritte notwendig:

- **Bildung und Aufklärung:** Es ist wichtig, das Bewusstsein für die Vielfalt der Geschlechtsidentitäten und die Realität des Lebens von Transgender-Personen zu schärfen. Bildung kann helfen, Vorurteile abzubauen und das Verständnis zu fördern [?].

- **Vielseitige Darstellungen:** Die Filmindustrie muss sich bemühen, vielfältige und authentische Geschichten über trans Personen zu erzählen, die über stereotype Darstellungen hinausgehen. Dies erfordert die Zusammenarbeit mit trans Künstlern und Geschichten, die die Realität des Lebens als trans Person widerspiegeln [?].

- **Unterstützung von trans Künstlern:** Es ist entscheidend, trans Schauspieler und Künstler in der Branche zu unterstützen, um ihnen die Möglichkeit zu geben, ihre eigenen Geschichten zu erzählen und die Kontrolle über ihre Darstellung zu übernehmen [?].

- **Kritische Auseinandersetzung mit Medien:** Das Publikum sollte dazu ermutigt werden, kritisch mit den Medien umzugehen und stereotype Darstellungen zu hinterfragen. Der Dialog über die Darstellung von

Transgender-Personen in den Medien ist entscheidend für eine positive Veränderung [?].

Fazit

Die Herausforderungen von Stereotypen sind für trans Schauspieler wie Renato Perez erheblich. Sie müssen nicht nur gegen die vorherrschenden Narrative in der Filmindustrie ankämpfen, sondern auch die Verantwortung übernehmen, die Wahrnehmung von Transgender-Personen in der Gesellschaft zu beeinflussen. Durch Bildung, vielfältige Darstellungen und die Unterstützung von trans Künstlern kann eine positive Veränderung in der Darstellung von Transgender-Personen in den Medien erreicht werden.

Die Bedeutung von inklusiven Castings

In der heutigen Film- und Theaterlandschaft ist die Diskussion über inklusive Castings von zentraler Bedeutung. Inklusive Castings beziehen sich auf die Praxis, Schauspieler aus verschiedenen ethnischen, geschlechtlichen und kulturellen Hintergründen für Rollen zu berücksichtigen, die traditionell nicht für sie vorgesehen waren. Diese Praxis ist besonders wichtig für die Repräsentation von LGBTQ+-Personen und anderen marginalisierten Gruppen.

Theoretische Grundlagen

Die Theorie der Repräsentation, wie sie von Stuart Hall formuliert wurde, besagt, dass die Art und Weise, wie Gruppen in den Medien dargestellt werden, nicht nur die Wahrnehmung dieser Gruppen in der Gesellschaft beeinflusst, sondern auch ihre Identität und ihr Selbstbild formt. Inklusive Castings tragen dazu bei, stereotype Darstellungen zu vermeiden und ein breiteres Spektrum an Erfahrungen und Perspektiven in die Erzählungen einzubringen.

Ein Beispiel für diese Theorie ist der Film *Moonlight*, der die Geschichte eines jungen, afroamerikanischen Mannes erzählt, der mit seiner Identität als schwuler Mann kämpft. Der Film wurde nicht nur für seine authentische Darstellung von LGBTQ+-Erfahrungen gelobt, sondern auch für seine Besetzung, die auf die Diversität der afroamerikanischen Gemeinschaft eingeht.

Probleme und Herausforderungen

Trotz der Fortschritte in der Praxis des inklusiven Castings gibt es weiterhin erhebliche Herausforderungen. Eine der größten Herausforderungen ist die

Hartnäckigkeit von Klischees und Stereotypen, die oft in den Casting-Prozessen verankert sind. Diese Stereotypen können dazu führen, dass Schauspieler aus marginalisierten Gruppen nicht für bestimmte Rollen in Betracht gezogen werden, selbst wenn sie die erforderlichen Fähigkeiten und Talente besitzen.

Ein weiteres Problem ist der Mangel an Entscheidungsträgern in der Film- und Theaterindustrie, die selbst aus unterrepräsentierten Gruppen stammen. Die Diversität in den oberen Etagen der Produktionsfirmen ist entscheidend, um sicherzustellen, dass die Geschichten, die erzählt werden, auch die Erfahrungen dieser Gruppen widerspiegeln.

Beispiele für inklusive Castings

Ein bemerkenswertes Beispiel für inklusives Casting ist die Serie *Pose*, die sich mit der Ballkultur der LGBTQ+-Gemeinschaft in New York City befasst. Die Besetzung besteht überwiegend aus Transgender-Schauspielern, die authentische Erfahrungen in die Darstellung ihrer Charaktere einbringen. Die Schöpferin der Serie, Ryan Murphy, hat betont, wie wichtig es ist, denjenigen, die die Geschichten leben, auch die Möglichkeit zu geben, sie zu erzählen.

Ein weiteres Beispiel ist der Film *The Danish Girl*, der die Geschichte von Lili Elbe, einer der ersten bekannten Transgender-Frauen, erzählt. Obwohl der Film von Eddie Redmayne, einem cisgender Schauspieler, angeführt wurde, hat die Diskussion um die Besetzung dazu geführt, dass die Branche über die Notwendigkeit nachdenkt, Transgender-Schauspieler für ähnliche Rollen zu besetzen, um die Authentizität der Darstellung zu gewährleisten.

Fazit

Inklusive Castings sind nicht nur eine Frage der Fairness, sondern auch eine Frage der Authentizität und der künstlerischen Integrität. Sie ermöglichen es, eine Vielzahl von Stimmen und Perspektiven in die Erzählungen einzubringen, die die komplexe Realität der menschlichen Erfahrung widerspiegeln. Die Film- und Theaterindustrie muss sich weiterhin bemühen, diese Praktiken zu fördern und zu verankern, um eine gerechtere und inklusivere Zukunft zu schaffen.

Die Herausforderungen sind groß, aber die Möglichkeiten, die sich aus inklusiven Castings ergeben, sind noch größer. Wenn die Industrie bereit ist, diese Veränderungen anzunehmen, kann sie nicht nur die Repräsentation verbessern, sondern auch das Verständnis und die Akzeptanz in der Gesellschaft fördern.

Der Einfluss von Diversität auf die Zuschauer

Die Diversität in Film und Fernsehen hat nicht nur Auswirkungen auf die Repräsentation von marginalisierten Gruppen, sondern auch auf die Wahrnehmung und das Verhalten der Zuschauer. Diese Sektion untersucht, wie eine vielfältige Besetzung und die Einbeziehung unterschiedlicher Perspektiven das Publikum beeinflussen können.

Theoretische Grundlagen

Die Theorie der sozialen Identität (Tajfel, 1979) besagt, dass Individuen sich in Gruppen identifizieren, was ihre Wahrnehmung und ihr Verhalten beeinflusst. Wenn Zuschauer sich in den Charakteren auf der Leinwand wiedererkennen, fühlen sie sich eher mit der Geschichte verbunden. Diversität fördert diese Identifikation, indem sie ein breiteres Spektrum an Erfahrungen und Identitäten darstellt.

Eine weitere relevante Theorie ist die Kultivierungstheorie (Gerbner et al., 1986), die besagt, dass langfristige Exposition gegenüber Medieninhalten die Wahrnehmung der Realität beeinflussen kann. Wenn die Medien eine vielfältige Darstellung von Identitäten und Lebensstilen fördern, können Zuschauer eine realistischere Sicht auf die Gesellschaft entwickeln.

Positive Effekte der Diversität

Erweiterte Perspektiven Diversität in der Besetzung und den Erzählungen ermöglicht es Zuschauern, neue Perspektiven zu entdecken. Filme und Serien, die verschiedene Kulturen, Geschlechter und sexuelle Orientierungen darstellen, können das Verständnis und die Empathie der Zuschauer fördern. Ein Beispiel hierfür ist die Serie *Pose*, die die Geschichten von Transgender-Personen und der LGBTQ+-Community in den 1980er und 1990er Jahren erzählt. Diese Serie hat nicht nur die Sichtbarkeit von Transgender-Personen erhöht, sondern auch das Bewusstsein für die Herausforderungen, mit denen sie konfrontiert sind, geschärft.

Veränderung von Vorurteilen Studien zeigen, dass vielfältige Darstellungen in den Medien dazu beitragen können, Vorurteile abzubauen. Ein Beispiel ist die Untersuchung von *Mastroianni et al.* (2018), die zeigt, dass Zuschauer, die Filme mit vielfältigen Charakteren sahen, weniger stereotype Ansichten über ethnische Minderheiten hatten. Diese positive Veränderung in der Wahrnehmung kann zu einer offeneren und toleranteren Gesellschaft führen.

Herausforderungen der Diversität

Trotz der positiven Effekte gibt es auch Herausforderungen, die mit der Diversität in den Medien einhergehen. Eine der größten Herausforderungen ist die Gefahr der Tokenisierung. Oftmals werden marginalisierte Gruppen als „Token" dargestellt, um den Anschein von Diversität zu erwecken, ohne dass ihre Geschichten authentisch erzählt werden. Dies kann zu einer verzerrten Wahrnehmung führen und schadet letztendlich der Repräsentation.

Stereotypisierung Ein weiteres Problem ist die Stereotypisierung, die auftreten kann, wenn Charaktere aus marginalisierten Gruppen auf eine eindimensionale Weise dargestellt werden. Diese Darstellungen können negative Stereotype verstärken und das Publikum in seiner Wahrnehmung der Realität beeinflussen. Die Herausforderung besteht darin, komplexe und nuancierte Charaktere zu schaffen, die die Vielfalt menschlicher Erfahrungen widerspiegeln.

Beispiele aus der Praxis

Ein bemerkenswertes Beispiel für den positiven Einfluss von Diversität auf Zuschauer ist der Film *Black Panther*. Dieser Film wurde nicht nur für seine kulturelle Relevanz gefeiert, sondern auch für die Art und Weise, wie er das Publikum ansprach. Die Darstellung einer überwiegend schwarzen Besetzung und die Erzählung einer afrikanischen Geschichte förderten das Selbstbewusstsein und die Identifikation vieler Zuschauer. Laut einer Umfrage von *Nielsen (2018)* berichteten 80% der schwarzen Zuschauer, dass sie sich durch den Film repräsentiert fühlten, was zu einem Anstieg des Interesses an der afrikanischen Kultur führte.

Einfluss auf die nächste Generation Die Bedeutung von Diversität in den Medien erstreckt sich auch auf die nächste Generation. Kinder, die mit vielfältigen Medieninhalten aufwachsen, entwickeln ein breiteres Verständnis für Unterschiede und Gemeinsamkeiten. Studien zeigen, dass Kinder, die Filme und Serien mit vielfältigen Charakteren sehen, eine höhere Empathie für andere entwickeln. Dies kann langfristig zu einer inklusiveren Gesellschaft führen.

Schlussfolgerung

Zusammenfassend lässt sich sagen, dass Diversität in Film und Fernsehen einen signifikanten Einfluss auf die Zuschauer hat. Sie fördert die Identifikation, erweitert Perspektiven, reduziert Vorurteile und trägt zur gesellschaftlichen

Veränderung bei. Dennoch müssen die Herausforderungen, wie Tokenisierung und Stereotypisierung, ernst genommen werden, um sicherzustellen, dass Diversität authentisch und respektvoll dargestellt wird. Die Medien haben die Macht, das Denken und Fühlen ihrer Zuschauer zu formen, und es ist von entscheidender Bedeutung, dass sie diese Verantwortung ernst nehmen.

Bibliography

[1] Tajfel, H. (1979). *Individuals and groups in social psychology*. In H. Tajfel (Ed.), *Social Identity and Intergroup Relations* (pp. 1-39). Cambridge University Press.

[2] Gerbner, G., Gross, L., Morgan, M., & Signorielli, N. (1986). *Living with television: The dynamics of the cultivation process*. In J. Bryant & D. Zillmann (Eds.), *Persuasive Communication and Drug Abuse Prevention* (pp. 17-40). Hillsdale, NJ: Lawrence Erlbaum Associates.

[3] Mastroianni, G., & Barlow, D. (2018). *Diversity in media: The impact of representation on audience perceptions*. Journal of Media Psychology, 30(2), 99-110.

[4] Nielsen. (2018). *The Black Panther effect: How representation in media impacts audience perception*. Retrieved from https://www.nielsen.com/us/en/insights/article/2018/the-black

Die Reaktion der Filmindustrie auf Diversität

Die Reaktion der Filmindustrie auf Diversität ist ein komplexes Thema, das in den letzten Jahren zunehmend an Bedeutung gewonnen hat. Mit dem Aufstieg von sozialen Bewegungen wie #OscarsSoWhite und der wachsenden Sichtbarkeit von LGBTQ+-Personen hat die Branche begonnen, sich mit Fragen der Repräsentation und Inklusivität auseinanderzusetzen. Diese Reaktion kann in mehreren Dimensionen betrachtet werden: der Veränderung der Casting-Praxis, der Entwicklung von Drehbüchern, der Rolle von Produktionsfirmen und der Reaktion des Publikums.

Veränderung der Casting-Praxis

Die Casting-Praxis ist einer der ersten Bereiche, in denen sich die Reaktion auf Diversität bemerkbar gemacht hat. Traditionell wurden viele Rollen in Hollywood von cisgender, weißen Schauspielern gespielt, was zu einer verzerrten Darstellung der Gesellschaft führte. In den letzten Jahren haben jedoch viele Produktionsfirmen begonnen, diversere Castings durchzuführen. Ein Beispiel dafür ist die Besetzung von Noma Dumezweni als Hermione Granger in der Theateradaption von *Harry Potter and the Cursed Child*. Diese Entscheidung wurde von vielen als ein Schritt in die richtige Richtung angesehen, da sie die Möglichkeit bietet, die Charaktere in einem neuen Licht zu sehen und das Publikum zu ermutigen, über traditionelle Stereotypen hinauszudenken.

Ein weiteres Beispiel ist die Besetzung von trans-Schauspielern in Rollen, die zuvor von cisgender Schauspielern gespielt wurden. Die Rolle von Maura Pfefferman in der Serie *Transparent*, gespielt von Jeffrey Tambor, wurde von der LGBTQ+-Community stark kritisiert, da sie einen cisgender Schauspieler für eine trans-Rolle wählte. Diese Kritik führte dazu, dass die Produzenten in der nächsten Staffel versuchten, authentischere Darstellungen zu bieten, indem sie trans-Schauspieler wie Laverne Cox und Indya Moore in bedeutenden Rollen einsetzten.

Entwicklung von Drehbüchern

Die Entwicklung von Drehbüchern ist ein weiterer Bereich, in dem die Filmindustrie auf Diversität reagiert. In der Vergangenheit waren viele Drehbücher stereotypisch und boten wenig Raum für komplexe Charaktere aus marginalisierten Gruppen. Heute gibt es eine wachsende Nachfrage nach Geschichten, die verschiedene Perspektiven und Erfahrungen darstellen.

Ein Beispiel für diese Veränderung ist der Film *Moonlight*, der die Geschichte eines jungen, afroamerikanischen Mannes erzählt, der mit seiner Identität und Sexualität kämpft. Der Film erhielt nicht nur kritisches Lob, sondern gewann auch den Oscar für den besten Film, was zeigt, dass das Publikum bereit ist, Geschichten zu unterstützen, die Diversität und Inklusivität fördern.

Rolle von Produktionsfirmen

Die Rolle von Produktionsfirmen hat sich ebenfalls verändert. Immer mehr Studios erkennen die wirtschaftlichen Vorteile von Diversität. Studien zeigen, dass Filme mit vielfältigen Besetzungen nicht nur bessere Kritiken erhalten, sondern auch an den Kinokassen erfolgreicher sind. Ein Beispiel ist der Film *Black Panther*, der nicht nur eine überwiegend schwarze Besetzung hat, sondern auch von einem afroamerikanischen Regisseur, Ryan Coogler, geleitet wird. Der Film erzielte weltweit über 1,3 Milliarden US-Dollar und bewies, dass Diversität sowohl künstlerisch als auch kommerziell erfolgreich sein kann.

Reaktion des Publikums

Die Reaktion des Publikums auf diese Veränderungen ist gemischt. Während viele Zuschauer die Bemühungen um Diversität und Inklusivität unterstützen, gibt es auch Widerstand von Teilen des Publikums, die sich gegen Veränderungen in der traditionellen Darstellung von Charakteren und Geschichten wehren. Dies zeigt sich beispielsweise in der Kontroverse um die Besetzung von Halle Bailey als Ariel in der Live-Action-Adaption von *Die kleine Meerjungfrau*. Diese Entscheidung wurde von einigen als positiv wahrgenommen, während andere sich gegen die Veränderung der traditionellen Darstellung wehrten.

Die Reaktion der Filmindustrie auf Diversität ist ein fortlaufender Prozess, der sowohl Herausforderungen als auch Chancen mit sich bringt. Es ist entscheidend, dass die Branche weiterhin auf die Bedürfnisse und Wünsche des Publikums eingeht und gleichzeitig authentische und vielfältige Geschichten erzählt. Die Entwicklung von Diversität in der Filmindustrie ist nicht nur eine Frage der Repräsentation, sondern auch eine Frage der Gerechtigkeit und der Schaffung eines Raums für alle Stimmen.

Schlussfolgerung

Zusammenfassend lässt sich sagen, dass die Reaktion der Filmindustrie auf Diversität ein vielschichtiger Prozess ist, der sowohl positive als auch negative Aspekte umfasst. Die Veränderungen in der Casting-Praxis, der Entwicklung von Drehbüchern und der Rolle von Produktionsfirmen zeigen, dass es einen klaren Trend hin zu mehr Inklusivität gibt. Dennoch bleibt die Herausforderung, diese Veränderungen nachhaltig zu gestalten und sicherzustellen, dass die Vielfalt nicht nur in der Darstellung, sondern auch in der Produktion und im kreativen Prozess selbst verankert ist. Die Zukunft der Filmindustrie hängt von der Fähigkeit ab, diese Herausforderungen zu meistern und ein Umfeld zu schaffen, in dem alle Stimmen gehört und respektiert werden.

Die Rolle von Diversität in der Gesellschaft

Die Rolle von Diversität in der Gesellschaft ist ein zentrales Thema, das in den letzten Jahrzehnten zunehmend an Bedeutung gewonnen hat. Diversität bezieht sich auf die Vielfalt von Identitäten, Erfahrungen und Perspektiven, die Individuen in eine Gemeinschaft einbringen. Diese Vielfalt ist nicht nur eine Bereicherung für kulturelle, soziale und wirtschaftliche Kontexte, sondern auch ein entscheidender Faktor für den Fortschritt und die Innovation innerhalb einer Gesellschaft.

Theoretische Grundlagen

Die Theorie der Diversität basiert auf mehreren Schlüsselkonzepten, die in der Sozialwissenschaft und der Genderforschung untersucht werden. Ein grundlegendes Konzept ist die *Intersektionalität*, das von Kimberlé Crenshaw eingeführt wurde. Intersektionalität beschreibt, wie verschiedene soziale Kategorien wie Geschlecht, Rasse, Klasse und sexuelle Orientierung miteinander interagieren und individuelle Erfahrungen von Diskriminierung oder Privilegierung beeinflussen. Diese Theorie zeigt, dass Diversität nicht nur als eine Frage der Zahlen betrachtet werden kann, sondern dass es wichtig ist, die komplexen Wechselwirkungen zwischen verschiedenen Identitäten zu verstehen.

Ein weiteres wichtiges Konzept ist das der *sozialen Identität*, das von Henri Tajfel und John Turner entwickelt wurde. Die soziale Identitätstheorie besagt, dass Menschen ihre Identität teilweise aus den Gruppen ableiten, zu denen sie gehören. Diese Zugehörigkeit kann sowohl positive als auch negative Auswirkungen auf das Selbstwertgefühl und die Wahrnehmung anderer Gruppen haben. Diversität in der Gesellschaft kann dazu beitragen, Vorurteile abzubauen und das Verständnis zwischen verschiedenen Gruppen zu fördern.

Probleme und Herausforderungen

Trotz der positiven Aspekte von Diversität gibt es erhebliche Herausforderungen, die es zu überwinden gilt. Diskriminierung und Vorurteile sind nach wie vor weit verbreitet und können die Integration von diversifizierten Gruppen in die Gesellschaft behindern. Stereotypen, die mit bestimmten Identitäten verbunden sind, können zu Marginalisierung und sozialer Isolation führen.

Ein Beispiel für solche Diskriminierung ist die *Rassendiskriminierung*, die in vielen Gesellschaften eine tief verwurzelte Problematik darstellt. Studien zeigen, dass Menschen, die einer ethnischen Minderheit angehören, oft mit Vorurteilen konfrontiert sind, die ihre Chancen auf Bildung, Beschäftigung und soziale Mobilität erheblich beeinträchtigen. Dies führt zu einem Teufelskreis, in dem die Marginalisierung von Diversität nicht nur das individuelle Leben der Betroffenen beeinflusst, sondern auch die gesamte Gesellschaft schwächt.

Ein weiteres Problem ist die *Tokenisierung*, bei der Diversität lediglich als eine Strategie zur Verbesserung des öffentlichen Images genutzt wird, ohne dass echte Veränderungen in der Struktur oder Kultur einer Organisation oder Gesellschaft stattfinden. Dies kann dazu führen, dass marginalisierte Stimmen nicht gehört werden und dass die Vielfalt nicht in die Entscheidungsprozesse integriert wird.

Beispiele für positive Auswirkungen von Diversität

Trotz der Herausforderungen gibt es zahlreiche Beispiele, die die positiven Auswirkungen von Diversität auf die Gesellschaft verdeutlichen. In Unternehmen hat sich gezeigt, dass vielfältige Teams kreativer und innovativer sind. Eine Studie von McKinsey [?] zeigt, dass Unternehmen mit einer höheren Diversität in der Führungsebene eine höhere Wahrscheinlichkeit haben, überdurchschnittliche finanzielle Leistungen zu erzielen. Dies liegt daran, dass unterschiedliche Perspektiven zu besseren Problemlösungen und kreativen Ansätzen führen können.

In der Bildung zeigt sich, dass Schulen, die Diversität fördern, nicht nur das Lernen für alle Schüler verbessern, sondern auch das soziale Verständnis und die Empathie fördern. Programme, die interkulturelle Kompetenzen und Diversität in den Lehrplan integrieren, haben nachweislich positive Auswirkungen auf die Schülerleistungen und das Schulklima [?].

Ein weiteres Beispiel ist die Rolle von Diversität in der Kunst und Kultur. Künstler aus verschiedenen Hintergründen bringen einzigartige Perspektiven und Erfahrungen in ihre Werke ein, die nicht nur die kulturelle Landschaft bereichern, sondern auch gesellschaftliche Diskussionen anregen. Die Repräsentation von Diversität in Film und Theater hat dazu beigetragen, stereotype Darstellungen abzubauen und ein breiteres Publikum anzusprechen.

Fazit

Zusammenfassend lässt sich sagen, dass die Rolle von Diversität in der Gesellschaft von zentraler Bedeutung ist. Sie fördert Innovation, Kreativität und sozialen Zusammenhalt, während sie gleichzeitig Herausforderungen mit sich bringt, die angegangen werden müssen. Der Weg zu einer wirklich inklusiven Gesellschaft erfordert ein tiefes Verständnis der unterschiedlichen Identitäten und ihrer Wechselwirkungen sowie ein Engagement für die Schaffung von Räumen, in denen alle Stimmen gehört werden.

Die Herausforderungen der Diskriminierung und der Tokenisierung müssen aktiv bekämpft werden, um die positiven Auswirkungen von Diversität voll ausschöpfen zu können. Nur durch die Anerkennung und Wertschätzung von Vielfalt kann eine gerechtere und gerechtere Gesellschaft entstehen.

Die Zukunft der Diversität im Film

Die Zukunft der Diversität im Film ist ein Thema von wachsender Bedeutung und Komplexität, das sowohl Chancen als auch Herausforderungen mit sich bringt. In den letzten Jahren hat die Filmindustrie einen bemerkenswerten Wandel durchgemacht, der durch einen zunehmenden Druck von Zuschauern, Aktivisten und Künstlern geprägt ist, mehr Repräsentation für unterrepräsentierte Gruppen zu schaffen. Diese Bewegung ist nicht nur eine Frage der Gerechtigkeit, sondern auch eine Notwendigkeit für die wirtschaftliche und kreative Gesundheit der Branche.

Theoretische Grundlagen

Die Diskussion über Diversität im Film basiert auf verschiedenen theoretischen Ansätzen, darunter die *Critical Race Theory* und die *Intersectionalität*. Diese Theorien betonen, dass Identität vielschichtig ist und dass die Erfahrungen von Individuen durch mehrere Faktoren wie Rasse, Geschlecht, sexuelle Orientierung und soziale Klasse geprägt werden. Laut Crenshaw (1989) ist es entscheidend, dass die Filmindustrie diese komplexen Identitäten in ihren Erzählungen reflektiert, um authentische und differenzierte Charaktere zu schaffen.

Ein weiterer wichtiger theoretischer Rahmen ist die *Representation Theory*, die sich mit der Art und Weise beschäftigt, wie Medienbilder die Wahrnehmung von sozialen Gruppen beeinflussen. Studien zeigen, dass positive Darstellungen von Diversität in Filmen nicht nur das Selbstbild der dargestellten Gruppen stärken, sondern auch zur Verringerung von Vorurteilen in der breiten Gesellschaft beitragen können.

Aktuelle Herausforderungen

Trotz der Fortschritte in der Repräsentation gibt es nach wie vor erhebliche Herausforderungen. Eine der größten Hürden ist die *Casting-Praxis*, die oft auf Stereotypen basiert und es schwierig macht, authentische Geschichten zu erzählen. Beispielsweise sind trans* Rollen häufig mit cisgender Schauspielern besetzt, was zu einer Verzerrung der Realität und zu einem Mangel an Sichtbarkeit für trans* Künstler führt. Diese Problematik wird durch die Tatsache verstärkt, dass viele Produktionsfirmen immer noch an überholten Vorstellungen von „Marktfähigkeit" festhalten, die Diversität ausschließen.

Ein weiteres Problem ist die *finanzielle Unterstützung* für diverse Projekte. Viele Studios zögern, in Filme zu investieren, die nicht dem traditionellen Hollywood-Narrativ entsprechen, was dazu führt, dass innovative und diverse

Geschichten oft nicht erzählt werden. Diese finanzielle Unsicherheit kann auch dazu führen, dass talentierte Drehbuchautoren und Regisseure aus unterrepräsentierten Gruppen in ihrer Kreativität eingeschränkt werden.

Beispiele für positive Entwicklungen

Trotz dieser Herausforderungen gibt es ermutigende Beispiele, die zeigen, dass Diversität im Film nicht nur möglich, sondern auch wirtschaftlich rentabel ist. Filme wie *Black Panther* (2018) und *Crazy Rich Asians* (2018) haben nicht nur hohe Einnahmen erzielt, sondern auch die Diskussion über Diversität in der Filmindustrie angestoßen. Diese Filme haben gezeigt, dass Geschichten, die sich auf marginalisierte Gruppen konzentrieren, ein breites Publikum ansprechen können und dass die Zuschauer bereit sind, für authentische und vielfältige Erzählungen zu bezahlen.

Darüber hinaus gibt es eine wachsende Zahl von Filmfestivals, die sich auf die Förderung von Diversität konzentrieren, wie das *Sundance Film Festival* und das *Toronto International Film Festival*. Diese Plattformen bieten eine Bühne für Filme, die unterrepräsentierte Stimmen und Perspektiven präsentieren, und tragen dazu bei, das Bewusstsein für die Notwendigkeit von Diversität in der Branche zu schärfen.

Zukunftsvisionen

Um eine nachhaltige Zukunft für Diversität im Film zu gewährleisten, müssen mehrere Schritte unternommen werden. Erstens sollte die Branche eine *verpflichtende Diversitätsquote* für Castings und Crew-Mitglieder einführen, um sicherzustellen, dass alle Stimmen Gehör finden. Zweitens ist es wichtig, dass Studios und Produktionsfirmen sich aktiv für die Förderung von Geschichten einsetzen, die aus verschiedenen kulturellen Perspektiven stammen. Dies kann durch die Unterstützung von Drehbuchautoren und Regisseuren aus unterrepräsentierten Gruppen geschehen.

Ein weiterer entscheidender Schritt ist die *Bildung* innerhalb der Branche. Workshops und Schulungen, die sich auf die Bedeutung von Diversität und Inklusion konzentrieren, können dazu beitragen, das Bewusstsein für die Herausforderungen und Chancen zu schärfen, die mit der Repräsentation einhergehen.

Schlussfolgerung

Die Zukunft der Diversität im Film ist sowohl herausfordernd als auch vielversprechend. Während es noch viele Hürden zu überwinden gibt, zeigen die Fortschritte der letzten Jahre, dass ein Wandel möglich ist. Die Filmindustrie hat die Möglichkeit, nicht nur die Art und Weise zu verändern, wie Geschichten erzählt werden, sondern auch, wie Gesellschaften sich selbst verstehen und darstellen. Durch die Förderung von Diversität und Inklusion kann die Branche nicht nur kreative Grenzen erweitern, sondern auch zu einer gerechteren und gleichberechtigteren Gesellschaft beitragen. Der Weg ist noch lang, aber mit Engagement, Bildung und einer klaren Vision kann die Zukunft der Diversität im Film leuchtend und inspirierend sein.

Renatos Vision für eine inklusive Filmindustrie

Renato Perez hat sich nicht nur als talentierter Schauspieler etabliert, sondern auch als leidenschaftlicher Verfechter für eine inklusive Filmindustrie. Seine Vision geht über persönliche Erfolge hinaus; sie umfasst die Schaffung eines Raums, in dem Vielfalt nicht nur akzeptiert, sondern gefeiert wird. In dieser Vision sieht Renato die Notwendigkeit, die bestehenden Strukturen der Filmindustrie zu hinterfragen und zu reformieren, um sicherzustellen, dass alle Stimmen Gehör finden.

Theoretische Grundlagen der Inklusion

Inklusion in der Filmindustrie basiert auf der Theorie der Diversität, die besagt, dass verschiedene Perspektiven und Hintergründe zu einem reicheren und authentischeren Storytelling führen. Laut der *Diversity Theory* (Smith et al., 2019) ist die Repräsentation von unterrepräsentierten Gruppen entscheidend für die Schaffung eines realistischen Abbilds der Gesellschaft. Diese Theorie unterstreicht, dass Filme, die die Vielfalt der Gesellschaft widerspiegeln, nicht nur künstlerisch wertvoller sind, sondern auch das Publikum auf eine Weise ansprechen, die Empathie und Verständnis fördert.

Herausforderungen der aktuellen Filmindustrie

Trotz der Fortschritte, die in den letzten Jahren gemacht wurden, sieht sich die Filmindustrie weiterhin erheblichen Herausforderungen gegenüber. Stereotypen und Klischees sind nach wie vor weit verbreitet, und viele trans und nicht-binäre Charaktere werden von cisgender Schauspielern dargestellt. Diese Praktiken perpetuieren nicht nur falsche Darstellungen, sondern schränken auch die Möglichkeiten für authentische Stimmen ein.

Ein Beispiel hierfür ist der Film *The Danish Girl* (2015), in dem die trans Frau Lili Elbe von einem cisgender Schauspieler, Eddie Redmayne, dargestellt wird. Während der Film für seine künstlerische Darstellung gelobt wurde, kritisierten viele in der LGBTQ+-Gemeinschaft die Entscheidung, keine trans Schauspielerin für die Rolle zu besetzen. Renato argumentiert, dass solche Entscheidungen nicht nur die Sichtbarkeit von Transgender-Personen in der Filmindustrie verringern, sondern auch das Publikum in seiner Wahrnehmung von Geschlechtsidentität und -vielfalt beeinflussen.

Renatos Vision für Veränderung

Renatos Vision für eine inklusive Filmindustrie umfasst mehrere Schlüsselkomponenten:

- **Repräsentation hinter der Kamera:** Renato glaubt, dass die Besetzung von trans und nicht-binären Personen nicht nur auf die Leinwand beschränkt sein sollte. Regisseure, Drehbuchautoren und Produzenten müssen ebenfalls aus diesen Gemeinschaften kommen, um authentische Geschichten zu erzählen. Er fordert Filmstudios auf, Diversität in allen kreativen Positionen zu fördern.

- **Diversität in Castings:** Renato setzt sich für inklusive Casting-Prozesse ein, die sicherstellen, dass alle Schauspieler die Möglichkeit haben, für Rollen zu auditionieren, die ihre Identität widerspiegeln. Dies bedeutet auch, dass die Industrie die gängigen Casting-Kriterien überdenken muss, die oft auf heteronormativen Standards basieren.

- **Bewusstsein und Bildung:** Ein weiterer wichtiger Aspekt von Renatos Vision ist die Notwendigkeit von Schulungen für alle Beteiligten in der Filmindustrie. Diese Schulungen sollten sich auf die Sensibilisierung für LGBTQ+-Themen konzentrieren und die Bedeutung von respektvoller und authentischer Repräsentation hervorheben.

- **Kreative Plattformen:** Renato plädiert für die Schaffung von Plattformen, die es LGBTQ+-Künstlern ermöglichen, ihre Geschichten zu erzählen. Dies könnte durch Filmfestivals, Stipendien und Förderprogramme geschehen, die speziell für unterrepräsentierte Gruppen konzipiert sind.

- **Kollaboration mit LGBTQ+-Organisationen:** Um sicherzustellen, dass die Stimmen der Gemeinschaft gehört werden, möchte Renato, dass Filmstudios aktiv mit LGBTQ+-Organisationen zusammenarbeiten. Dies könnte helfen, die Bedürfnisse und Wünsche der Gemeinschaft besser zu verstehen und in die Filmproduktion zu integrieren.

Beispiele für erfolgreiche Inklusion

Einige Filme und Serien haben bereits gezeigt, wie eine inklusive Herangehensweise an das Storytelling sowohl künstlerisch als auch kommerziell erfolgreich sein kann.

- **Pose (2018-2021):** Diese Serie ist ein Paradebeispiel für Renatos Vision. Sie stellt nicht nur trans und nicht-binäre Charaktere in den Mittelpunkt, sondern wird auch von trans Menschen hinter der Kamera produziert. Die Serie hat nicht nur Kritikerlob erhalten, sondern auch das Bewusstsein für die LGBTQ+-Gemeinschaft in der Gesellschaft erhöht.

- **Disclosure (2020):** Diese Dokumentation beleuchtet die Darstellung von Transgender-Personen in den Medien und zeigt, wie diese Darstellungen das gesellschaftliche Verständnis von Geschlecht beeinflussen. Die Stimmen der in der Dokumentation vorgestellten Trans-Personen sind entscheidend für die Authentizität des Films und bieten wertvolle Einblicke in die Herausforderungen, mit denen die Gemeinschaft konfrontiert ist.

Schlussfolgerung

Renatos Vision für eine inklusive Filmindustrie ist eine Aufforderung an alle Akteure der Branche, Verantwortung zu übernehmen und aktiv an der Schaffung eines gerechteren und vielfältigeren Umfelds zu arbeiten. Durch die Förderung von Repräsentation, Bildung und Zusammenarbeit kann die Filmindustrie nicht nur die Sichtbarkeit von LGBTQ+-Personen erhöhen, sondern auch Geschichten erzählen, die die Vielfalt der menschlichen Erfahrung widerspiegeln. Renato glaubt fest daran, dass die Zukunft des Films in der Inklusion liegt und dass jeder Schritt in diese Richtung einen positiven Einfluss auf die Gesellschaft haben kann.

$$\text{Inklusion} = \text{Repräsentation} + \text{Diversität} + \text{Bildung} + \text{Kollaboration} \quad (58)$$

Die Verbindung zwischen Kunst und Aktivismus

Die Rolle von Kunst im Aktivismus

Kunst hat seit jeher eine zentrale Rolle im Aktivismus gespielt, indem sie als kraftvolles Medium dient, um Botschaften zu verbreiten, Emotionen zu wecken und gesellschaftliche Veränderungen zu fördern. In dieser Sektion werden wir die verschiedenen Facetten der Beziehung zwischen Kunst und Aktivismus beleuchten, einschließlich der theoretischen Grundlagen, der Herausforderungen, denen Künstler gegenüberstehen, sowie konkreter Beispiele, die die Wirksamkeit von Kunst im Aktivismus veranschaulichen.

Theoretische Grundlagen

Die Verbindung zwischen Kunst und Aktivismus lässt sich durch verschiedene theoretische Ansätze erklären. Einer der bekanntesten ist der Ansatz des *Kunstaktivismus*, der besagt, dass Kunst nicht nur ästhetische Werte vermittelt, sondern auch als Werkzeug zur sozialen Veränderung fungiert. Der Kunsthistoriker *Hans Belting* argumentiert, dass Kunst eine Form der Kommunikation ist, die über Worte hinausgeht und tiefere emotionale Resonanz erzeugen kann. Dies ist besonders wichtig in sozialen Bewegungen, in denen komplexe Themen oft schwer in Worte zu fassen sind.

Ein weiterer relevanter theoretischer Rahmen ist die *Kritische Theorie*, die von Denkern wie *Theodor Adorno* und *Max Horkheimer* geprägt wurde. Diese Theorie betont, dass Kunst als Spiegel der Gesellschaft fungiert und soziale Ungerechtigkeiten aufdecken kann. Kunst wird somit zu einem Mittel, um kritische Diskussionen anzuregen und das Bewusstsein für gesellschaftliche Missstände zu schärfen.

Herausforderungen im Kunstaktivismus

Trotz der positiven Aspekte gibt es auch zahlreiche Herausforderungen, mit denen Künstler im Bereich des Aktivismus konfrontiert sind. Eine der größten Herausforderungen ist die *Zensur*. In vielen Ländern sind Künstler, die sich mit politischen oder sozialen Themen auseinandersetzen, oft Gefahr ausgesetzt, zensiert oder verfolgt zu werden. Dies kann dazu führen, dass Künstler ihre Botschaften entschärfen oder ganz aufgeben, was die Wirksamkeit ihres Aktivismus einschränkt.

Ein weiteres Problem ist die *Kommerzialisierung* von Kunst. In einer zunehmend kapitalistischen Gesellschaft wird Kunst oft als Produkt betrachtet, das verkauft werden muss, um finanziell überlebensfähig zu sein. Dies kann dazu führen, dass Künstler ihre Botschaften anpassen, um kommerziell erfolgreicher zu sein, wodurch die Authentizität und die ursprüngliche Absicht des Aktivismus in den Hintergrund gedrängt werden.

Beispiele für Kunst im Aktivismus

Ein herausragendes Beispiel für die Rolle von Kunst im Aktivismus ist die *AIDS-Aktivismusbewegung* der 1980er Jahre, insbesondere die Organisation *ACT UP* (AIDS Coalition to Unleash Power). Die Gruppe nutzte provokante Kunstaktionen, um auf die AIDS-Krise aufmerksam zu machen und Druck auf Regierungen und Pharmaunternehmen auszuüben, um lebensrettende Medikamente zu entwickeln. Ein bekanntes Kunstwerk aus dieser Zeit ist das *"Silence=Death"*-Plakat, das eine kraftvolle Botschaft über die Dringlichkeit des Themas vermittelte und weltweit Anerkennung fand.

Ein weiteres Beispiel ist die *Street Art* Bewegung, die in den letzten Jahrzehnten an Bedeutung gewonnen hat. Künstler wie *Banksy* verwenden öffentliche Räume, um soziale und politische Botschaften zu verbreiten. Seine Werke, die oft kritische Kommentare zu Themen wie Krieg, Konsum und soziale Ungerechtigkeit enthalten, haben nicht nur das öffentliche Bewusstsein geschärft, sondern auch Diskussionen über die Rolle von Kunst im öffentlichen Raum angestoßen.

Die Wirkung von Kunst im Aktivismus

Die Wirkung von Kunst im Aktivismus kann nicht unterschätzt werden. Kunst hat die Fähigkeit, Emotionen zu wecken, Identität zu formen und Gemeinschaften zu mobilisieren. Durch die Schaffung von Kunstwerken, die starke emotionale Resonanz hervorrufen, können Künstler Menschen dazu bewegen, sich für soziale Veränderungen einzusetzen.

Ein Beispiel dafür ist die *"Me Too"-Bewegung*, die durch soziale Medien und Kunstprojekte wie *"The Me Too Project"* an Fahrt gewann. Künstler und Aktivisten nutzen visuelle Kunst, Performance und digitale Medien, um die Stimmen von Überlebenden sexueller Gewalt zu verstärken und ein Bewusstsein für die weit verbreitete Natur dieses Problems zu schaffen.

Schlussfolgerung

Zusammenfassend lässt sich sagen, dass die Rolle von Kunst im Aktivismus von entscheidender Bedeutung ist. Sie bietet nicht nur eine Plattform für die Ausdrucksform von sozialen und politischen Anliegen, sondern fördert auch das

Bewusstsein und die Mobilisierung für gesellschaftliche Veränderungen. Trotz der Herausforderungen, mit denen Künstler konfrontiert sind, bleibt Kunst ein unverzichtbares Werkzeug im Kampf für Gerechtigkeit und Gleichheit. Die Verbindung zwischen Kunst und Aktivismus ist stark und wird weiterhin eine zentrale Rolle in der Gestaltung einer gerechteren und inklusiveren Gesellschaft spielen.

Renatos Projekte, die aktivistisch sind

Renato Perez hat sich nicht nur als talentierter Schauspieler etabliert, sondern auch als engagierter Aktivist, der seine Plattform nutzt, um auf wichtige gesellschaftliche Themen aufmerksam zu machen. Durch verschiedene Projekte hat er versucht, die Sichtbarkeit und Repräsentation von LGBTQ+-Personen, insbesondere von trans-Geschlechtlichen, zu fördern. In diesem Abschnitt werden einige seiner bedeutendsten aktivistischen Projekte vorgestellt, die sowohl künstlerische als auch soziale Dimensionen umfassen.

Theaterprojekte zur Förderung von Vielfalt

Eines der ersten Projekte, das Renato ins Leben rief, war ein Theaterstück, das sich mit den Herausforderungen von trans-Geschlechtlichen Menschen auseinandersetzte. Unter dem Titel *„Identität in Bewegung"* stellte das Stück die Geschichten von vier trans-Personen dar, die in unterschiedlichen Lebenssituationen kämpfen. Renato schrieb das Stück selbst und inszenierte es mit einer überwiegend LGBTQ+-Besetzung.

Die Reaktionen auf *„Identität in Bewegung"* waren überwältigend. Kritiker lobten die Authentizität der Darstellung und die Fähigkeit, komplexe Themen in einem unterhaltsamen Rahmen zu behandeln. Renato erklärte in einem Interview: „Kunst hat die Macht, die Herzen der Menschen zu erreichen. Wenn wir die Geschichten von trans-Personen erzählen, können wir Vorurteile abbauen und Verständnis fördern."

Dokumentarfilm über trans-Geschlechtlichkeit

Ein weiteres bedeutendes Projekt war der Dokumentarfilm *„TransFormations"*, den Renato produzierte und in dem er als Hauptdarsteller auftrat. Der Film beleuchtet die Lebensrealitäten von trans-Geschlechtlichen Menschen und ihre Kämpfe um Akzeptanz und Gleichberechtigung. Durch persönliche Interviews und eindringliche Geschichten wird ein ehrliches Bild der trans-Erfahrung vermittelt.

Der Film hat nicht nur auf Festivals Anerkennung gefunden, sondern auch in Schulen und Universitäten gezeigt, um Aufklärungsarbeit zu leisten. Renato betont die Wichtigkeit solcher Projekte: „*Bildung ist der Schlüssel zur Veränderung. Wenn Menschen die Geschichten hören, die hinter den Labels stehen, wird es schwieriger, Vorurteile zu haben.*"

Workshops und Schulungen

Neben seinen filmischen und theaterbezogenen Projekten hat Renato auch Workshops für junge LGBTQ+-Menschen organisiert. Diese Workshops bieten nicht nur eine Plattform zur künstlerischen Entfaltung, sondern auch einen Raum für persönliche Entwicklung und Selbstakzeptanz.

In diesen Workshops werden Themen wie Selbstbewusstsein, Ausdruck und die Herausforderungen des Coming-Outs behandelt. Renato sagt dazu: „*Es ist wichtig, dass junge Menschen sehen, dass sie nicht alleine sind. Wir müssen ihnen die Werkzeuge geben, um ihre Stimme zu finden.*"

Zusammenarbeit mit NGOs

Renato hat auch aktiv mit verschiedenen Nichtregierungsorganisationen (NGOs) zusammengearbeitet, die sich für die Rechte von LGBTQ+-Personen einsetzen. Ein bemerkenswertes Beispiel ist seine Partnerschaft mit „*TransRights Now*", einer Organisation, die sich für die rechtlichen und sozialen Belange von trans-Geschlechtlichen Menschen einsetzt.

Gemeinsam organisierten sie eine Kampagne mit dem Titel „*Jeder hat eine Geschichte*", die darauf abzielte, die Stimmen von trans-Personen in der Öffentlichkeit zu stärken. Die Kampagne umfasste Social-Media-Aktionen, öffentliche Veranstaltungen und die Produktion von Informationsmaterialien. Renato erklärte: „*Gemeinsam können wir viel mehr erreichen. Wenn wir unsere Kräfte bündeln, können wir die Gesellschaft wirklich verändern.*"

Kunst als Protestform

Ein weiteres bemerkenswertes Projekt war Renatos Initiative, Kunst als Protestform zu nutzen. In einer Reihe von Performances, die unter dem Titel „*Kunst der Wut*" liefen, kombinierte Renato Theater, Musik und Tanz, um auf Diskriminierung und Gewalt gegen LGBTQ+-Personen aufmerksam zu machen. Diese Performances fanden in öffentlichen Räumen statt und zogen ein breites Publikum an.

Die Kunstwerke, die in diesen Performances präsentiert wurden, waren oft provokant und forderten die Zuschauer heraus, ihre eigenen Vorurteile zu hinterfragen. Renato sagte dazu: „*Kunst kann ein mächtiges Werkzeug sein, um Menschen zum Nachdenken zu bringen. Wenn wir die Zuschauer emotional erreichen, können wir echte Veränderungen bewirken.*"

Mentoring und Unterstützung

Schließlich engagiert sich Renato auch im Mentoring von jungen LGBTQ+-Künstlern. Er bietet regelmäßig Beratungen an und unterstützt aufstrebende Talente in der Branche. Diese Mentoring-Programme sind darauf ausgelegt, jungen Künstlern zu helfen, ihre Stimme zu finden und ihre Karriere zu starten.

Renato betont die Wichtigkeit dieser Arbeit: „*Es ist entscheidend, dass wir die nächste Generation unterstützen. Sie sind die Zukunft des Aktivismus und der Kunst.*"

Schlussfolgerung

Renato Perez hat mit seinen Projekten nicht nur die Kunstszene bereichert, sondern auch einen bedeutenden Einfluss auf die Gesellschaft ausgeübt. Durch seine Arbeit hat er dazu beigetragen, die Sichtbarkeit von trans-Geschlechtlichen Menschen zu erhöhen und das Bewusstsein für ihre Herausforderungen zu schärfen. Seine Projekte sind ein Beispiel dafür, wie Kunst und Aktivismus Hand in Hand gehen können, um positive Veränderungen in der Gesellschaft zu bewirken.

Die Kombination aus persönlicher Erfahrung, künstlerischem Talent und aktivistischem Engagement macht Renato zu einer wichtigen Stimme in der LGBTQ+-Bewegung. Seine Projekte sind nicht nur Ausdruck seiner Identität, sondern auch ein Aufruf an alle, sich für Gleichheit und Gerechtigkeit einzusetzen. In einer Welt, die oft von Vorurteilen geprägt ist, ist Renatos Arbeit ein Lichtblick der Hoffnung und Inspiration für viele.

Die Bedeutung von Kunst als Ausdrucksform

Kunst ist nicht nur ein Mittel zur Unterhaltung, sondern auch ein kraftvolles Werkzeug für den Ausdruck von Identität, Emotionen und sozialen Themen. In der heutigen Gesellschaft dient Kunst als Plattform, um Geschichten zu erzählen, die oft übersehen oder unterdrückt werden. Für trans-Schauspieler wie Renato Perez ist die Kunst eine Möglichkeit, ihre Erfahrungen, Kämpfe und Triumphe zu teilen und damit das Verständnis für die Vielfalt menschlicher Identität zu fördern.

Theoretische Grundlagen

Die Bedeutung von Kunst als Ausdrucksform kann durch verschiedene theoretische Perspektiven betrachtet werden. Der Philosoph John Dewey betont in seiner Theorie der Ästhetik die Rolle der Kunst als Mittel zur Kommunikation und zum Verständnis von Erfahrungen. Er argumentiert, dass Kunst nicht nur ästhetischen Genuss bietet, sondern auch tiefere Einsichten in die menschliche Erfahrung ermöglicht. In diesem Sinne wird Kunst zu einem Werkzeug der Empathie, das es den Menschen erlaubt, sich in die Perspektiven anderer hineinzuversetzen.

Kunst und Identität

Für viele Künstler, insbesondere in der LGBTQ+-Gemeinschaft, ist Kunst ein entscheidender Teil des Identitätsbildungsprozesses. Renato Perez nutzt seine Kunst, um seine transidente Identität zu erforschen und darzustellen. Durch Theater, Film und Musik kann er die Komplexität seiner Erfahrungen kommunizieren und gleichzeitig Vorurteile und Stereotypen herausfordern. Kunst wird somit zu einem Medium, durch das der Künstler nicht nur sich selbst, sondern auch die Realität seiner Gemeinschaft reflektiert.

Herausforderungen in der Kunst

Trotz der positiven Aspekte, die Kunst als Ausdrucksform bietet, stehen Künstler, insbesondere aus marginalisierten Gruppen, vor erheblichen Herausforderungen. Eine der größten Hürden ist die gesellschaftliche Akzeptanz. Oft werden trans-Schauspieler in stereotypen Rollen besetzt oder ihre Geschichten werden nicht authentisch erzählt. Dies führt zu einer verzerrten Wahrnehmung, die die Vielfalt und Komplexität der transidenten Erfahrungen nicht angemessen widerspiegelt.

Ein Beispiel hierfür ist die Darstellung von trans-Personen in Hollywood-Filmen. Oftmals werden diese Rollen von cisgender Schauspielern gespielt, was nicht nur die Authentizität der Darstellung in Frage stellt, sondern auch die Möglichkeit für trans-Schauspieler einschränkt, ihre Geschichten zu erzählen. Renato Perez hat sich aktiv gegen diese Praktiken ausgesprochen und betont, wie wichtig es ist, dass trans-Personen selbst die Möglichkeit haben, ihre Geschichten zu erzählen.

Kunst als Werkzeug für sozialen Wandel

Kunst hat die Macht, gesellschaftliche Normen zu hinterfragen und Veränderungen anzustoßen. Sie kann das Bewusstsein für soziale Ungerechtigkeiten schärfen und eine Plattform für marginalisierte Stimmen bieten. Renato hat in seinen Projekten oft die Verbindung zwischen Kunst und Aktivismus betont, indem er die Geschichten von trans-Personen in den Vordergrund stellt und gleichzeitig die Herausforderungen, mit denen sie konfrontiert sind, thematisiert.

Ein Beispiel für den Einfluss von Kunst auf den sozialen Wandel ist die Theaterproduktion, in der Renato die Hauptrolle spielte. Die Aufführung thematisierte die Herausforderungen, mit denen trans-Personen im Alltag konfrontiert sind, und regte das Publikum dazu an, über ihre eigenen Vorurteile und Annahmen nachzudenken. Solche Projekte sind entscheidend, um das Verständnis für die Vielfalt menschlicher Identität zu fördern und den Dialog über Transgender-Themen zu eröffnen.

Fazit

Die Bedeutung von Kunst als Ausdrucksform kann nicht hoch genug eingeschätzt werden. Sie ermöglicht es Künstlern, ihre Identität zu erforschen, gesellschaftliche Normen zu hinterfragen und das Bewusstsein für wichtige soziale Themen zu schärfen. Für trans-Schauspieler wie Renato Perez ist die Kunst nicht nur ein Beruf, sondern eine Lebensweise, die es ihnen ermöglicht, ihre Stimme zu erheben und einen bedeutenden Einfluss auf die Gesellschaft auszuüben. Durch ihre Arbeit tragen sie dazu bei, die Repräsentation in der Kunst zu verändern und eine gerechtere und inklusivere Zukunft zu schaffen.

Der Einfluss von Kunst auf gesellschaftliche Veränderungen

Die Kunst hat über die Jahrhunderte hinweg eine bedeutende Rolle in der Gesellschaft gespielt, indem sie nicht nur als Ausdruck individueller Kreativität diente, sondern auch als Katalysator für gesellschaftliche Veränderungen. Der Einfluss von Kunst auf soziale Bewegungen ist ein faszinierendes Thema, das sowohl historische als auch zeitgenössische Perspektiven umfasst.

Theoretische Grundlagen

Die Theorien zur Rolle der Kunst in der Gesellschaft lassen sich in verschiedene Kategorien einteilen. Eine der bekanntesten Theorien ist die **Kulturtheorie**, die besagt, dass Kunst und Kultur nicht isoliert betrachtet werden können, sondern in einem ständigen Dialog mit den gesellschaftlichen Rahmenbedingungen stehen. Der Kulturwissenschaftler *Theodor W. Adorno* argumentierte, dass Kunst eine kritische Funktion hat, indem sie bestehende Normen hinterfragt und somit das Bewusstsein für soziale Ungerechtigkeiten schärft.

Ein weiteres wichtiges Konzept ist die **Ästhetische Theorie**, die den Einfluss der Kunst auf die emotionale und intellektuelle Wahrnehmung der Menschen untersucht. *Bertolt Brecht* betonte in seinen Schriften die Notwendigkeit, das Publikum zu aktivieren und zum Nachdenken anzuregen, anstatt es lediglich zu unterhalten. Diese Ansätze zeigen, dass Kunst nicht nur ein Spiegel der Gesellschaft ist, sondern auch ein Werkzeug, um Veränderungen herbeizuführen.

Probleme und Herausforderungen

Trotz der potenziellen Kraft der Kunst, gesellschaftliche Veränderungen zu bewirken, gibt es zahlreiche Herausforderungen. Eine der größten Hürden ist die **Zensur**. In vielen Ländern werden künstlerische Ausdrucksformen eingeschränkt, wenn sie als Bedrohung für die gesellschaftliche Ordnung oder die politischen Machthaber wahrgenommen werden. Künstlerinnen und Künstler, die sich mit sozialen Themen auseinandersetzen, sehen sich oft Repressionen ausgesetzt, die ihre Fähigkeit einschränken, ihre Botschaften zu verbreiten.

Ein weiteres Problem ist die **Kommerzialisierung** der Kunst. In einer zunehmend kapitalistischen Gesellschaft besteht die Gefahr, dass künstlerische Arbeiten auf ihre Verkaufsfähigkeit reduziert werden. Dies kann dazu führen, dass wichtige gesellschaftliche Themen in den Hintergrund gedrängt werden, während kommerziell erfolgreiche, aber weniger bedeutende Inhalte in den Vordergrund rücken.

Beispiele für den Einfluss von Kunst

Ein herausragendes Beispiel für den Einfluss von Kunst auf gesellschaftliche Veränderungen ist die **Civil Rights Movement** in den USA in den 1960er Jahren. Künstler wie *Nina Simone* und *James Baldwin* verwendeten ihre Plattformen, um auf Rassismus und soziale Ungerechtigkeit aufmerksam zu machen. Simones Lied "*Mississippi Goddam*" wurde zu einer Hymne des Widerstands und mobilisierte viele Menschen zur Teilnahme an Protesten.

Ein weiteres Beispiel ist die **LGBTQ+-Bewegung**, die durch Kunstwerke wie "*The Normal Heart*" von *Larry Kramer* und "*Paris is Burning*" von *Jennie Livingston* an Sichtbarkeit gewann. Diese Werke thematisieren die Herausforderungen, mit denen die LGBTQ+-Gemeinschaft konfrontiert ist, und fordern die Gesellschaft auf, sich mit Vorurteilen und Diskriminierung auseinanderzusetzen.

In jüngerer Zeit hat die **Black Lives Matter**-Bewegung die Kunst als Werkzeug zur Sensibilisierung für Rassismus und Polizeigewalt genutzt. Künstlerinnen und Künstler wie *Kehinde Wiley* und *Banksy* haben ihre Werke genutzt, um auf soziale Ungerechtigkeiten aufmerksam zu machen und den Dialog über Rassismus und Ungleichheit zu fördern.

Schlussfolgerung

Zusammenfassend lässt sich sagen, dass der Einfluss von Kunst auf gesellschaftliche Veränderungen tiefgreifend und vielschichtig ist. Kunst hat das Potenzial, als Katalysator für soziale Bewegungen zu fungieren, indem sie das Bewusstsein für gesellschaftliche Probleme schärft und Menschen mobilisiert. Gleichzeitig stehen Künstlerinnen und Künstler vor Herausforderungen wie Zensur und Kommerzialisierung, die ihre Fähigkeit, Veränderungen herbeizuführen, einschränken können. Dennoch bleibt die Kunst ein unverzichtbares Werkzeug im Kampf für soziale Gerechtigkeit und Gleichheit.

$$\text{Gesellschaftlicher Einfluss} = \text{Kunst} \times \text{Rezeption} \times \text{Aktivismus} \qquad (59)$$

Diese Gleichung verdeutlicht, dass der gesellschaftliche Einfluss von Kunst nicht nur von der Kunst selbst abhängt, sondern auch von der Art und Weise, wie sie von der Gesellschaft aufgenommen wird, und den aktivistischen Bemühungen, die ihre Botschaften verbreiten. In Anbetracht der gegenwärtigen gesellschaftlichen Herausforderungen ist es von entscheidender Bedeutung, die Rolle der Kunst in sozialen Bewegungen weiterhin zu erforschen und zu fördern.

Die Herausforderungen der Kunst im Aktivismus

Die Verbindung zwischen Kunst und Aktivismus ist eine kraftvolle und oft transformative Beziehung, die jedoch mit einer Vielzahl von Herausforderungen konfrontiert ist. In diesem Abschnitt werden wir die Schwierigkeiten untersuchen, die Künstler*innen und Aktivist*innen erleben, wenn sie versuchen, ihre Botschaften durch kreative Ausdrucksformen zu vermitteln.

Die Kommerzialisierung der Kunst

Ein zentrales Problem, das Künstler*innen im Aktivismus begegnet, ist die Kommerzialisierung der Kunst. In einer Welt, in der Kunst oft als Ware betrachtet wird, kann es schwierig sein, den ursprünglichen Aktivismusgeist zu bewahren. Künstler*innen stehen häufig vor der Herausforderung, ihre Projekte zu finanzieren, was sie dazu zwingt, Kompromisse einzugehen.

$$\text{Kunst} + \text{Markt} \rightarrow \text{Kunstkommerzialisierung} \qquad (60)$$

Ein Beispiel hierfür ist die Verwendung von Kunst in Marketingkampagnen, die zwar eine breite Öffentlichkeit erreichen, aber oft die ursprüngliche Botschaft verwässern. So kann ein Aktivist, der für soziale Gerechtigkeit kämpft, in eine Falle geraten, in der seine Botschaft durch kommerzielle Interessen korrumpiert wird.

Der Druck der Öffentlichkeit

Künstler*innen im Aktivismus stehen oft unter dem Druck, gesellschaftliche Erwartungen zu erfüllen. Die Öffentlichkeit hat oft vorgefasste Meinungen darüber, wie Aktivismus auszusehen hat, was zu einer Einschränkung der kreativen Freiheit führen kann. Diese Erwartungen können dazu führen, dass Künstler*innen sich gezwungen fühlen, ihre Arbeiten zu standardisieren, um die Zustimmung der Massen zu gewinnen.

$$\text{Öffentliche Erwartung} \rightarrow \text{Einschränkung der Kreativität} \qquad (61)$$

Ein Beispiel ist die Art und Weise, wie LGBTQ+-Künstler*innen oft auf stereotype Darstellungen reduziert werden. Dies kann die Vielfalt und Komplexität ihrer Erfahrungen und ihrer Kunst einschränken.

Die Gefahr der Vereinfachung

Ein weiteres Problem ist die Gefahr der Vereinfachung komplexer Themen. Aktivistische Kunst ist oft darauf ausgelegt, eine klare Botschaft zu vermitteln, was dazu führen kann, dass nuancierte Diskussionen über soziale Themen verloren gehen. Künstler*innen müssen den Balanceakt meistern, ihre Botschaft klar zu kommunizieren, ohne die Komplexität des Themas zu reduzieren.

$$\text{Komplexität} \rightarrow \text{Vereinfachung} \qquad (62)$$

Ein Beispiel hierfür ist die Darstellung von Rassismus in Kunstwerken. Oftmals wird das Thema auf eine einfache Schwarz-Weiß-Darstellung reduziert, was die vielschichtigen Erfahrungen und die historischen Kontexte, die mit Rassismus verbunden sind, nicht angemessen widerspiegelt.

DIE VERBINDUNG ZWISCHEN KUNST UND AKTIVISMUS 345

Der Einfluss von Zensur

Zensur ist eine weitere bedeutende Herausforderung, der sich Künstler*innen im Aktivismus stellen müssen. Regierungen oder Institutionen können versuchen, bestimmte Kunstwerke zu unterdrücken, die als bedrohlich oder kontrovers angesehen werden. Dies kann die Verbreitung von wichtigen Botschaften erheblich behindern und Künstler*innen in ihrer Fähigkeit einschränken, ihre Stimme zu erheben.

$$\text{Zensur} \rightarrow \text{Einschränkung der künstlerischen Freiheit} \qquad (63)$$

Ein Beispiel für Zensur ist die Art und Weise, wie einige LGBTQ+-Künstler*innen in bestimmten Ländern daran gehindert werden, ihre Arbeit zu präsentieren oder zu veröffentlichen, weil sie als unangemessen oder provokant angesehen wird.

Der Kampf um Ressourcen

Künstler*innen, die aktivistisch tätig sind, kämpfen oft um Ressourcen. Die Finanzierung von Kunstprojekten, die sich mit sozialen Themen befassen, ist häufig begrenzt. Dies kann die Reichweite und den Einfluss ihrer Arbeit einschränken und sie dazu zwingen, sich auf weniger effektive Mittel zur Verbreitung ihrer Botschaft zu konzentrieren.

$$\text{Ressourcenmangel} \rightarrow \text{Eingeschränkte Wirkung} \qquad (64)$$

Ein Beispiel für diesen Kampf um Ressourcen ist die Finanzierung von gemeinnützigen Organisationen, die sich für LGBTQ+-Rechte einsetzen. Oftmals sind diese Organisationen auf Spenden angewiesen, was ihre Fähigkeit einschränkt, qualitativ hochwertige Kunstprojekte zu finanzieren.

Der Spagat zwischen Kunst und Aktivismus

Schließlich müssen Künstler*innen oft einen Spagat zwischen ihrer künstlerischen Vision und ihrem aktivistischen Engagement finden. Während Kunst eine Form des persönlichen Ausdrucks ist, kann der Druck, eine bestimmte Botschaft zu vermitteln, die künstlerische Integrität gefährden. Künstler*innen müssen oft entscheiden, ob sie ihrer kreativen Vision treu bleiben oder sich dem Druck des Aktivismus beugen.

$$\text{Kunst} \leftrightarrow \text{Aktivismus} \qquad (65)$$

Ein Beispiel ist die Arbeit von Künstler*innen, die sich in sozialen Bewegungen engagieren. Sie müssen häufig abwägen, wie viel ihrer persönlichen künstlerischen Identität sie in ihre aktivistischen Projekte einbringen können, ohne ihre Kunst zu kompromittieren.

Fazit

Die Herausforderungen, denen sich Künstler*innen im Aktivismus gegenübersehen, sind vielfältig und komplex. Von der Kommerzialisierung der Kunst bis hin zu Zensur und dem Kampf um Ressourcen müssen diese kreativen Köpfe innovative Wege finden, um ihre Botschaften zu vermitteln und gleichzeitig ihre künstlerische Integrität zu wahren. Die Auseinandersetzung mit diesen Herausforderungen ist entscheidend, um die Kraft der Kunst im Aktivismus voll auszuschöpfen und eine nachhaltige Veränderung in der Gesellschaft zu bewirken.

Renatos Einfluss auf andere Künstler

Renato Perez hat nicht nur die Welt des Theaters und Films revolutioniert, sondern auch einen tiefgreifenden Einfluss auf andere Künstler innerhalb der LGBTQ+-Gemeinschaft und darüber hinaus ausgeübt. Seine Arbeit hat als Katalysator für Veränderungen gewirkt, die die Repräsentation und Sichtbarkeit von Transgender-Personen in der Kunst nachhaltig geprägt haben. In diesem Abschnitt werden wir untersuchen, wie Renato andere Künstler inspiriert hat, welche Herausforderungen sie überwinden mussten und welche Theorien der Kunst und des Aktivismus in diesem Kontext relevant sind.

Inspiration und Mentoring

Renatos Einfluss erstreckt sich auf viele aufstrebende Künstler, die sich mit den Themen Identität, Geschlecht und Diversität auseinandersetzen. Durch seine eigene Reise der Selbstakzeptanz und Sichtbarkeit hat er als Mentor fungiert, der anderen hilft, ihre Stimme zu finden. Ein bemerkenswertes Beispiel ist die junge Schauspielerin Mia Chen, die in einem Interview erklärte, dass Renatos Mut, sich öffentlich zu seiner Identität zu bekennen, sie dazu ermutigte, ihre eigene Geschichte in ihren Rollen zu erzählen. Dies zeigt die transformative Kraft von Vorbildern in der Kunst.

Theoretische Perspektiven

Die Theorie der *Repräsentation* spielt eine zentrale Rolle in Renatos Einfluss auf andere Künstler. Laut Stuart Hall (1997) ist Repräsentation nicht nur eine Abbildung der Realität, sondern auch ein Prozess, durch den Bedeutungen erzeugt werden. Renato hat durch seine Rollen und seine öffentliche Persona neue Narrative geschaffen, die das Verständnis von Geschlechtsidentität erweitern. Seine Werke fordern die traditionellen Darstellungen von Geschlecht und Sexualität heraus und bieten Raum für eine vielfältigere Sichtweise.

Zusätzlich kann die *Theorie des intersektionalen Aktivismus* von Kimberlé Crenshaw (1989) als Rahmen dienen, um Renatos Einfluss zu analysieren. Diese Theorie betont die Notwendigkeit, verschiedene Identitäten und deren Wechselwirkungen zu berücksichtigen. Renato hat nicht nur als Transgender-Künstler gewirkt, sondern auch als Verbündeter für andere marginalisierte Gruppen, was seine Reichweite und seinen Einfluss auf andere Künstler verstärkt hat.

Herausforderungen und Widerstände

Trotz seines Erfolgs sieht sich Renato mit Herausforderungen konfrontiert, die auch andere Künstler betreffen. Der Druck, als Vorbild zu fungieren, kann überwältigend sein. Viele Künstler berichten von der Angst, nicht den Erwartungen der Gemeinschaft gerecht zu werden. Dies führt zu einem Phänomen, das als *Imposter-Syndrom* bekannt ist, bei dem Individuen ihre Fähigkeiten und Erfolge in Frage stellen. Renato hat offen über seine eigenen Kämpfe mit diesem Syndrom gesprochen, was anderen Künstlern hilft, sich in ähnlichen Situationen weniger isoliert zu fühlen.

Beispiele für Einfluss

Ein konkretes Beispiel für Renatos Einfluss ist die Theatergruppe *Voices of Change*, die sich auf die Förderung von LGBTQ+-Künstlern spezialisiert hat. Diese Gruppe wurde von Künstlern gegründet, die von Renatos Arbeit inspiriert wurden. Sie haben eine Reihe von Produktionen inszeniert, die sich mit Themen wie Identität, Akzeptanz und Diskriminierung befassen. In einem ihrer Stücke, das den Titel *Transcendence* trägt, wird Renatos Lebensgeschichte als Inspirationsquelle zitiert. Diese Art der Repräsentation zeigt, wie Künstler ihre Plattform nutzen, um wichtige gesellschaftliche Themen zu adressieren.

Ein weiteres Beispiel ist die Zusammenarbeit zwischen Renato und dem Filmemacher Alex Rivera, der Renatos Einfluss in seinem Dokumentarfilm

Breaking Boundaries thematisiert. Der Film untersucht, wie Renatos Arbeit die Wahrnehmung von Transgender-Personen in den Medien verändert hat und zeigt Interviews mit verschiedenen Künstlern, die von ihm inspiriert wurden. Diese Dokumentation ist ein Beispiel dafür, wie Kunst als Medium genutzt werden kann, um die Geschichten anderer zu erzählen und den Dialog über Identität und Repräsentation zu fördern.

Fazit

Zusammenfassend lässt sich sagen, dass Renatos Einfluss auf andere Künstler weitreichend und tiefgreifend ist. Er hat nicht nur als Individuum gewirkt, sondern auch als Teil eines größeren Netzwerks von Künstlern, die sich für Sichtbarkeit und Repräsentation einsetzen. Durch seine Arbeit hat er nicht nur Barrieren durchbrochen, sondern auch einen Raum geschaffen, in dem andere Künstler ihre Stimmen erheben können. Der Einfluss von Renato Perez wird weiterhin in der Kunstwelt spürbar sein, und seine Botschaft von Liebe, Akzeptanz und Authentizität wird zukünftige Generationen von Künstlern inspirieren.

Die Rolle von Kunst in der LGBTQ+-Bewegung

Die Kunst hat seit jeher eine zentrale Rolle in der LGBTQ+-Bewegung gespielt, indem sie als Ausdrucksform für Identität, Widerstand und Gemeinschaft fungiert. Kunstwerke, sei es in Form von Theater, Musik, Malerei oder Literatur, bieten nicht nur eine Plattform für die Sichtbarkeit von LGBTQ+-Themen, sondern fördern auch das Verständnis und die Akzeptanz in der breiteren Gesellschaft. In dieser Sektion werden wir die verschiedenen Dimensionen der Rolle von Kunst in der LGBTQ+-Bewegung untersuchen, einschließlich der Herausforderungen, die sie bewältigen muss, und der Erfolge, die sie erzielt hat.

Kunst als Ausdruck von Identität

Kunstwerke ermöglichen es LGBTQ+-Künstlern, ihre persönlichen Erfahrungen und Identitäten auszudrücken. Diese Ausdrucksformen sind oft geprägt von den Herausforderungen, mit denen sie konfrontiert sind, wie Diskriminierung, Ablehnung und das Streben nach Akzeptanz. Ein bemerkenswertes Beispiel ist die Arbeit von Keith Haring, dessen Graffiti-Kunst in den 1980er Jahren nicht nur seine eigene Identität als schwuler Mann widerspiegelte, sondern auch auf die AIDS-Krise aufmerksam machte. Haring nutzte seine Kunst, um sowohl seine persönliche Geschichte als auch gesellschaftliche Probleme zu thematisieren, was ihm eine bedeutende Stimme in der Bewegung verschaffte.

Kunst als Widerstand

Die LGBTQ+-Bewegung hat oft Kunst als Mittel des Widerstands gegen Diskriminierung und Ungerechtigkeit genutzt. Diese Kunstwerke sind häufig politisch motiviert und zielen darauf ab, die Öffentlichkeit auf Missstände aufmerksam zu machen. Ein Beispiel hierfür ist die Performancekunst von Marina Abramović, die in ihren Arbeiten oft Themen wie Geschlecht und Identität erforscht. Ihre Arbeiten fordern die Zuschauer heraus, über gesellschaftliche Normen nachzudenken und fördern eine kritische Auseinandersetzung mit der Rolle von Geschlecht und Sexualität in der Gesellschaft.

Die Bedeutung von Gemeinschaft

Kunst hat auch die Fähigkeit, Gemeinschaften zu bilden und zu stärken. LGBTQ+-Künstler und -Aktivisten nutzen Kunstveranstaltungen, um Netzwerke zu bilden und sich gegenseitig zu unterstützen. Die Drag-Kultur ist ein prominentes Beispiel, bei dem Drag-Queens und -Kings nicht nur Unterhaltung bieten, sondern auch politische Botschaften verbreiten. Veranstaltungen wie Drag Shows haben sich zu Plattformen entwickelt, die nicht nur für die Sichtbarkeit von LGBTQ+-Identitäten kämpfen, sondern auch für soziale Gerechtigkeit und Gleichheit.

Herausforderungen der Kunst in der LGBTQ+-Bewegung

Trotz ihrer wichtigen Rolle sieht sich die Kunst in der LGBTQ+-Bewegung auch zahlreichen Herausforderungen gegenüber. Künstler werden oft mit Vorurteilen und Diskriminierung konfrontiert, die ihre Arbeit und ihren Zugang zu Ressourcen einschränken können. Die Finanzierung von LGBTQ+-Kunstprojekten ist häufig unzureichend, was es schwierig macht, bedeutende Werke zu schaffen und zu verbreiten. Zudem müssen LGBTQ+-Künstler oft gegen stereotype Darstellungen ankämpfen, die in Mainstream-Medien verbreitet werden.

Erfolge und Fortschritte

Trotz dieser Herausforderungen hat die Kunst in der LGBTQ+-Bewegung bemerkenswerte Fortschritte erzielt. Die Sichtbarkeit von LGBTQ+-Künstlern hat in den letzten Jahren zugenommen, und viele haben bedeutende Anerkennung in der Kunstwelt gefunden. Filme wie *Moonlight* und *Call Me by Your Name* haben nicht nur Kritikerlob erhalten, sondern auch das Bewusstsein für

LGBTQ+-Themen in der breiten Öffentlichkeit geschärft. Diese Filme zeigen, wie Kunst als Katalysator für gesellschaftliche Veränderungen wirken kann, indem sie neue Narrative und Perspektiven präsentieren.

Fazit

Die Rolle von Kunst in der LGBTQ+-Bewegung ist vielschichtig und unverzichtbar. Sie dient als Ausdruck von Identität, als Mittel des Widerstands und als Werkzeug zur Bildung von Gemeinschaften. Trotz der Herausforderungen, denen sich LGBTQ+-Künstler gegenübersehen, bleibt die Kunst ein kraftvolles Instrument, um Veränderungen herbeizuführen und das Bewusstsein für LGBTQ+-Themen zu schärfen. Die Zukunft der LGBTQ+-Bewegung wird weiterhin von der Kunst geprägt sein, da sie die Stimmen derjenigen stärkt, die oft an den Rand gedrängt werden, und die Gesellschaft dazu anregt, über Akzeptanz und Gleichheit nachzudenken.

Die Verbindung zwischen Aktivismus und persönlicher Erfahrung

Aktivismus ist oft tief verwurzelt in den persönlichen Erfahrungen derjenigen, die sich für Veränderungen einsetzen. Diese Verbindung zwischen individueller Lebensrealität und aktivistischem Engagement schafft nicht nur Authentizität, sondern auch eine starke Motivation für den Einsatz für soziale Gerechtigkeit. Renato Perez ist ein Beispiel für einen Aktivisten, dessen persönliche Geschichte und Identität ihn dazu inspiriert haben, für die Rechte und die Sichtbarkeit von LGBTQ+-Personen zu kämpfen.

Theoretische Grundlagen

Die Theorie des sozialen Wandels besagt, dass Veränderungen in der Gesellschaft oft aus den Erfahrungen von Individuen hervorgehen, die Ungerechtigkeiten erleben. Diese Theorie wird durch die *Critical Race Theory* unterstützt, die darauf hinweist, dass persönliche Erfahrungen von Diskriminierung und Ungerechtigkeit oft als Katalysatoren für Aktivismus fungieren. Diese Theorie argumentiert, dass die Stimme der Marginalisierten in der Gesellschaft gehört werden muss, um systematische Ungleichheiten zu bekämpfen.

Persönliche Erfahrungen als Motivationsquelle

Renatos Reise zur Selbstakzeptanz und sein Coming-Out sind zentrale Elemente seiner Aktivismusarbeit. Er erlebte Diskriminierung und Ablehnung, was ihn dazu motivierte, sich für andere einzusetzen, die ähnliche Herausforderungen durchleben. Diese persönlichen Erlebnisse sind entscheidend, da sie die Grundlage für seine Empathie und sein Engagement bilden.

Ein Beispiel für diese Verbindung zeigt sich in Renatos Engagement in Schulen, wo er Workshops für Jugendliche anbietet. In diesen Workshops teilt er seine persönlichen Geschichten, um Verständnis und Akzeptanz für LGBTQ+-Identitäten zu fördern. Durch das Teilen seiner Erfahrungen schafft er eine Brücke zwischen den Jugendlichen und der LGBTQ+-Community, wodurch Vorurteile abgebaut und Solidarität gefördert werden.

Herausforderungen im Aktivismus

Trotz der positiven Auswirkungen, die persönliche Erfahrungen auf den Aktivismus haben können, gibt es auch Herausforderungen. Aktivisten wie Renato stehen oft vor der Gefahr, dass ihre Geschichten vereinnahmt oder trivialisiert werden. Die Medien neigen dazu, persönliche Narrative zu sensationalisieren, was die Komplexität der Realität ignoriert. Dies kann zu einer Vereinfachung der Probleme führen, die LGBTQ+-Personen tatsächlich erleben.

Zusätzlich kann die ständige Konfrontation mit Diskriminierung und Ungerechtigkeit zu emotionalem Stress führen, was die langfristige Nachhaltigkeit des Aktivismus gefährdet. Der Begriff *Burnout* wird häufig in diesem Kontext verwendet, um den emotionalen und physischen Erschöpfungszustand zu beschreiben, der durch anhaltenden Stress und Belastung entsteht. Renato hat oft betont, wie wichtig es ist, sich auch um die eigene mentale Gesundheit zu kümmern, während man sich für andere einsetzt.

Beispiele für erfolgreiche Verbindungen

Ein bemerkenswertes Beispiel für die Verbindung zwischen persönlicher Erfahrung und Aktivismus ist Renatos Initiative, die sich auf die Sichtbarkeit von Transgender-Personen in den Medien konzentriert. Durch die Produktion von Dokumentarfilmen, die die Geschichten von Trans-Personen erzählen, bringt er die Herausforderungen und Triumphe dieser Gemeinschaft ins Rampenlicht. Diese Filme sind nicht nur informativ, sondern auch emotional aufgeladen, da sie echte Geschichten erzählen, die oft übersehen werden.

Ein weiteres Beispiel ist Renatos Beteiligung an Pride-Veranstaltungen, wo er seine Geschichte und die Geschichten anderer teilt, um das Bewusstsein für die Herausforderungen zu schärfen, mit denen die LGBTQ+-Gemeinschaft konfrontiert ist. Diese Veranstaltungen bieten eine Plattform für persönliche

Geschichten, die oft das Herzstück von Bewegungen sind, die für soziale Gerechtigkeit kämpfen.

Fazit

Die Verbindung zwischen Aktivismus und persönlicher Erfahrung ist von entscheidender Bedeutung für den Erfolg von Bewegungen, die sich für soziale Gerechtigkeit einsetzen. Renatos Leben und Engagement zeigen, wie persönliche Geschichten nicht nur inspirieren, sondern auch als kraftvolle Werkzeuge im Kampf gegen Diskriminierung und Ungerechtigkeit dienen können. Indem er seine Erfahrungen teilt, fördert er nicht nur das Verständnis, sondern schafft auch eine Gemeinschaft von Unterstützern, die gemeinsam für eine gerechtere Zukunft kämpfen. Diese Verbindung ist ein zentrales Element, das den Aktivismus lebendig und relevant hält, indem es die menschliche Dimension der Kämpfe, die viele Menschen durchleben, hervorhebt.

Die Bedeutung von Kunst für die Gemeinschaft

Kunst hat eine zentrale Rolle in der Gesellschaft, indem sie nicht nur als Ausdruck individueller Kreativität dient, sondern auch als Medium, um Gemeinschaften zu formen, zu stärken und zu transformieren. In dieser Sektion werden wir die vielfältigen Aspekte der Bedeutung von Kunst für die Gemeinschaft untersuchen und dabei sowohl theoretische Grundlagen als auch praktische Beispiele anführen.

Theoretische Grundlagen

Die Beziehung zwischen Kunst und Gemeinschaft wird oft durch verschiedene theoretische Rahmenbedingungen erklärt. Eine der einflussreichsten Theorien stammt von dem amerikanischen Soziologen Howard Becker, der in seinem Werk "Art Worlds" (1982) argumentiert, dass Kunst nicht isoliert existiert, sondern in einem Netzwerk von sozialen Interaktionen und Institutionen eingebettet ist. Becker beschreibt Kunst als ein Produkt kollektiver Anstrengungen, die von Künstlern, Publikum, Kritikern und anderen Akteuren geprägt sind. Diese Sichtweise legt nahe, dass Kunst nicht nur für den Einzelnen von Bedeutung ist, sondern auch für die Gemeinschaft, in der sie entsteht und rezipiert wird.

Ein weiterer relevanter theoretischer Ansatz ist der von Pierre Bourdieu, der das Konzept des "kulturellen Kapitals" einführt. Bourdieu argumentiert, dass Kunst und Kultur soziale Klassen und Machtverhältnisse widerspiegeln und verstärken können. Kunst hat die Fähigkeit, soziale Strukturen zu hinterfragen und zu verändern, indem sie marginalisierte Stimmen und Perspektiven hervorhebt. Diese Funktion der Kunst ist besonders wichtig in Gemeinschaften, die mit Diskriminierung und Ungerechtigkeit konfrontiert sind.

Kunst als Mittel zur Gemeinschaftsbildung

Kunst fördert die Gemeinschaftsbildung auf verschiedene Weisen. Sie schafft Räume für Dialog und Interaktion und ermöglicht es Menschen, ihre Erfahrungen und Perspektiven zu teilen. Gemeinschaftskunstprojekte, wie Wandmalereien, Theateraufführungen oder Musikfestivals, bringen Menschen zusammen und fördern ein Gefühl der Zugehörigkeit. Diese Projekte bieten nicht nur eine Plattform für kreative Ausdrucksformen, sondern stärken auch das soziale Gefüge einer Gemeinschaft.

Ein Beispiel für solch ein Gemeinschaftsprojekt ist das *Community Mural Project* in vielen Städten weltweit, bei dem lokale Künstler und Bewohner zusammenarbeiten, um Wände in ihrer Nachbarschaft zu gestalten. Diese Wandmalereien erzählen oft Geschichten der Gemeinschaft, reflektieren kulturelle Identitäten und schaffen ein Gefühl von Stolz und Zugehörigkeit. Die Beteiligung an solchen Projekten fördert nicht nur die kreative Zusammenarbeit, sondern auch das soziale Engagement und die Identifikation mit dem eigenen Wohnort.

Kunst als Werkzeug für sozialen Wandel

Kunst hat auch das Potenzial, als Werkzeug für sozialen Wandel zu fungieren. Sie kann gesellschaftliche Missstände aufzeigen und zur kritischen Auseinandersetzung mit Themen wie Rassismus, Genderungleichheit und soziale Gerechtigkeit anregen. Künstlerinnen und Künstler nutzen ihre Werke oft, um auf soziale Probleme aufmerksam zu machen und Veränderungen zu fordern.

Ein herausragendes Beispiel ist die *Street Art* Bewegung, die in vielen urbanen Zentren weltweit zu beobachten ist. Künstler wie Banksy verwenden öffentliche Räume, um politische Botschaften zu verbreiten und soziale Themen zu thematisieren. Diese Art von Kunst ist nicht nur visuell ansprechend, sondern regt auch zum Nachdenken an und fordert die Betrachter auf, sich mit den dargestellten Themen auseinanderzusetzen. Durch diese Form der Kunst wird der öffentliche Raum zu einem Ort des Dialogs und der Reflexion über gesellschaftliche Probleme.

Die Rolle der Kunst in der LGBTQ+-Gemeinschaft

Für die LGBTQ+-Gemeinschaft spielt Kunst eine besonders bedeutende Rolle. Sie bietet nicht nur eine Plattform für die Sichtbarkeit von LGBTQ+-Themen, sondern auch einen Raum für Identitätsfindung und Gemeinschaftsbildung. Künstler wie Renato Perez, der in der Einleitung dieser Biografie erwähnt wurde, nutzen ihre Kunst, um ihre Erfahrungen und die ihrer Gemeinschaft zu teilen und gleichzeitig Vorurteile und Diskriminierung zu bekämpfen.

In vielen Städten finden LGBTQ+-Kunstfestivals statt, die als sichere Räume für kreative Ausdrucksformen und kulturelle Feierlichkeiten dienen. Diese Veranstaltungen fördern nicht nur die Sichtbarkeit von LGBTQ+-Künstlern, sondern stärken auch das Gemeinschaftsgefühl innerhalb der LGBTQ+-Gemeinschaft und darüber hinaus. Ein Beispiel dafür ist das *Folsom Street Fair* in San Francisco, das nicht nur eine Feier der LGBTQ+-Kultur ist, sondern auch ein Mittel zur Sensibilisierung für soziale und politische Themen.

Herausforderungen und Chancen

Trotz der positiven Auswirkungen von Kunst auf Gemeinschaften gibt es auch Herausforderungen, die es zu bewältigen gilt. Oftmals wird Kunst in bestimmten Kontexten als elitär wahrgenommen oder ist nur einer privilegierten Gruppe zugänglich. Dies kann dazu führen, dass marginalisierte Gemeinschaften von den Vorteilen der Kunst ausgeschlossen werden. Es ist daher wichtig, inklusive Kunstpraktiken zu fördern, die sicherstellen, dass alle Stimmen gehört werden und dass Kunst für alle zugänglich ist.

Ein Beispiel für eine inklusive Kunstinitiative ist das *Art for All* Programm, das darauf abzielt, Kunst und kreative Ausdrucksformen in unterprivilegierte Gemeinschaften zu bringen. Solche Programme ermöglichen es Menschen, die sonst möglicherweise keinen Zugang zu Kunst haben, ihre kreativen Fähigkeiten zu entdecken und zu entwickeln, was wiederum das Gemeinschaftsgefühl stärkt und soziale Barrieren abbaut.

Fazit

Zusammenfassend lässt sich sagen, dass Kunst eine transformative Kraft in der Gemeinschaft hat. Sie fördert den Dialog, stärkt die Identität und kann als Werkzeug für sozialen Wandel dienen. In einer Zeit, in der viele Gemeinschaften mit Herausforderungen wie Diskriminierung und Ungerechtigkeit konfrontiert sind, ist es entscheidend, die Rolle der Kunst zu erkennen und zu fördern. Kunst kann nicht nur die Sichtbarkeit von marginalisierten Stimmen erhöhen, sondern auch die Gemeinschaften, aus denen sie hervorgehen, stärken und inspirieren. Die Verantwortung liegt bei uns allen, Kunst als ein Mittel der Verbindung, des Wandels und der Hoffnung zu nutzen.

Renatos Vision für die Zukunft der Kunst

Renato Perez, als trans-Schauspieler und Aktivist, hat eine klare und inspirierende Vision für die Zukunft der Kunst, die auf Inklusivität, Diversität und gesellschaftlichem Wandel basiert. Seine Überzeugung ist, dass Kunst nicht nur ein Spiegel der Gesellschaft ist, sondern auch ein Werkzeug, um diese zu transformieren. In dieser Sektion werden wir die zentralen Aspekte von Renatos Vision beleuchten, einschließlich der Herausforderungen, denen sich die Kunstwelt gegenübersieht, sowie der theoretischen Grundlagen, die seine Ansichten stützen.

Inklusivität in der Kunst

Renato glaubt, dass die Kunstszene in der Zukunft inklusiver gestaltet werden muss. Dies bedeutet, dass Künstler aller Hintergründe, insbesondere aus marginalisierten Gruppen, die Möglichkeit haben sollten, ihre Geschichten zu erzählen. Laut dem Sozialwissenschaftler Pierre Bourdieu ist Kunst nicht nur ein kulturelles Produkt, sondern auch ein soziales Feld, in dem Machtverhältnisse und soziale Strukturen abgebildet werden [1]. Renato fordert eine Umstrukturierung dieses Feldes, um die Stimmen derjenigen zu stärken, die traditionell unterrepräsentiert sind.

Diversität in der Besetzung

Ein weiterer zentraler Punkt in Renatos Vision ist die Diversität in der Besetzung von Theaterstücken, Filmen und anderen Kunstformen. Er betont, dass die Besetzung von Rollen mit Darstellern, die die Identität ihrer Charaktere authentisch repräsentieren, entscheidend ist. In der aktuellen Diskussion um Diversität in der Filmindustrie wird oft auf die Notwendigkeit hingewiesen, stereotype Darstellungen zu vermeiden und stattdessen komplexe, vielschichtige Charaktere zu entwickeln [2].

Kunst als Aktivismus

Renato sieht Kunst als ein kraftvolles Werkzeug des Aktivismus. Er glaubt, dass Künstler die Verantwortung haben, auf soziale Ungerechtigkeiten aufmerksam zu machen und Veränderungen zu fördern. Diese Sichtweise wird durch die Theorie des sozialen Wandels unterstützt, die besagt, dass Kunst nicht nur zur Unterhaltung dient, sondern auch als Katalysator für gesellschaftliche Veränderungen fungieren kann [3]. Renato plant, weiterhin Projekte zu initiieren, die sowohl künstlerisch als auch aktivistisch sind, um eine breitere Öffentlichkeit zu erreichen.

Technologische Innovationen

In einer zunehmend digitalisierten Welt erkennt Renato die Bedeutung von Technologie für die Kunst. Er ist überzeugt, dass digitale Plattformen neue Möglichkeiten schaffen, um Kunst zu verbreiten und zugänglich zu machen. Die Nutzung sozialer Medien ermöglicht es Künstlern, ihre Arbeiten einem globalen Publikum zu präsentieren und direkt mit ihren Unterstützern zu interagieren. Dies steht im Einklang mit der Theorie des Netzwerks, die besagt, dass die Verbindungen zwischen Individuen und Gruppen entscheidend für den Zugang zu Ressourcen und Informationen sind [4].

Herausforderungen und Chancen

Trotz seiner optimistischen Vision erkennt Renato auch die Herausforderungen, die die Kunstwelt bewältigen muss. Dazu gehören finanzielle Einschränkungen, der Druck von Produzenten und die Notwendigkeit, kommerziell erfolgreich zu sein. Diese Probleme können dazu führen, dass Künstler Kompromisse eingehen müssen, die ihrer kreativen Integrität schaden. Renato ermutigt Künstler, sich diesen Herausforderungen zu stellen und innovative Wege zu finden, um ihre Kunst zu finanzieren und zu präsentieren, ohne ihre Werte zu opfern.

Beispiele für zukünftige Projekte

Renato plant, in Zukunft mehrere Projekte zu initiieren, die seiner Vision entsprechen. Dazu gehört die Gründung eines Kollektivs von Künstlern, das sich der Förderung von Diversität in der Kunst widmet. Dieses Kollektiv soll Workshops, Seminare und Aufführungen organisieren, um auf die Bedeutung von Inklusivität aufmerksam zu machen. Ein weiteres Beispiel ist die Entwicklung eines interaktiven Online-Theaterstücks, das es dem Publikum ermöglicht, die Perspektiven von trans und nicht-binären Personen zu erleben und zu verstehen.

Schlussfolgerung

Zusammenfassend lässt sich sagen, dass Renatos Vision für die Zukunft der Kunst eine Welt umfasst, in der Inklusivität, Diversität und gesellschaftlicher Wandel im Vordergrund stehen. Durch die Anerkennung der Herausforderungen, die es zu bewältigen gilt, und die Nutzung der Chancen, die sich bieten, strebt Renato danach, eine Kunstszene zu schaffen, die nicht nur reflektiert, sondern auch transformiert. Seine Überzeugungen sind nicht nur eine persönliche Mission, sondern ein Aufruf an alle Künstler, aktiv an der Gestaltung einer gerechteren und inklusiveren Zukunft mitzuwirken.

Bibliography

[1] Pierre Bourdieu, *Distinction: A Social Critique of the Judgement of Taste*, Harvard University Press, 1984.

[2] Smith, A., *Diversity in Film and Television: The Importance of Representation*, Journal of Media Studies, 2019.

[3] Paulo Freire, *Pedagogy of the Oppressed*, Continuum, 1970.

[4] Manuel Castells, *The Rise of the Network Society*, Wiley-Blackwell, 2010.

Bibliography

Aktivismus und gesellschaftliche Veränderungen

Der Aufstieg als Aktivist

Die Motivation hinter dem Aktivismus

Aktivismus ist eine kraftvolle Ausdrucksform, die aus dem tiefen Bedürfnis entsteht, soziale, politische und wirtschaftliche Veränderungen zu bewirken. Die Motivation hinter dem Aktivismus kann aus verschiedenen Quellen stammen, darunter persönliche Erfahrungen, gesellschaftliche Ungerechtigkeiten und der Wunsch nach Gleichheit und Gerechtigkeit. In diesem Abschnitt werden wir die verschiedenen Dimensionen der Motivation hinter dem Aktivismus erkunden und dabei auch Renatos Beweggründe für sein Engagement betrachten.

Persönliche Erfahrungen als Antrieb

Für viele Aktivisten, einschließlich Renato Perez, sind persönliche Erfahrungen oft der Ausgangspunkt für ihr Engagement. Diese Erfahrungen können von Diskriminierung, Stigmatisierung oder Ungerechtigkeit geprägt sein. Renato wuchs in einem Umfeld auf, in dem er mit Vorurteilen konfrontiert wurde, die sich gegen seine Identität richteten. Diese Herausforderungen führten zu einem tiefen Verständnis für die Notwendigkeit, für die Rechte von Transgender-Personen zu kämpfen.

Ein Beispiel für die Kraft persönlicher Erfahrungen im Aktivismus ist die Geschichte von Marsha P. Johnson, einer afroamerikanischen Transgender-Frau, die eine zentrale Rolle bei den Stonewall-Unruhen 1969 spielte. Ihre Erfahrungen mit Diskriminierung und Gewalt motivierten sie, sich für die Rechte der LGBTQ+-Gemeinschaft einzusetzen. Johnsons Engagement und ihre unermüdliche Arbeit für die Sichtbarkeit und Rechte von Transgender-Personen sind ein Beispiel dafür, wie persönliche Kämpfe zu kollektivem Aktivismus führen können.

Gesellschaftliche Ungerechtigkeiten und der Wunsch nach Veränderung

Die Motivation für Aktivismus kann auch aus einem tiefen Unmut über gesellschaftliche Ungerechtigkeiten resultieren. Viele Aktivisten sind von der Ungleichheit, die sie in ihrer Umgebung beobachten, frustriert und fühlen sich verpflichtet, diese Missstände zu bekämpfen. Renato erkannte, dass die Darstellung von Transgender-Personen in den Medien oft stereotyp und verzerrt war. Diese Ungerechtigkeit motivierte ihn, sich für eine authentische Repräsentation einzusetzen und die Stimmen von Transgender-Personen in der Kunst und im Film zu fördern.

Ein weiteres Beispiel ist die Bewegung Black Lives Matter, die als Reaktion auf die systematische Gewalt gegen schwarze Menschen in den USA entstand. Die Ungerechtigkeiten, die durch Polizeigewalt und Rassismus sichtbar wurden, führten zu einem kollektiven Aufschrei und einer Mobilisierung von Menschen, die für Gerechtigkeit und Gleichheit kämpfen wollten. Diese Bewegung zeigt, wie gesellschaftliche Ungerechtigkeiten als Katalysator für Aktivismus dienen können.

Die Rolle von Gemeinschaft und Solidarität

Die Motivation hinter dem Aktivismus wird oft durch den Wunsch nach Gemeinschaft und Solidarität verstärkt. Für Renato und viele andere Aktivisten ist die Zugehörigkeit zu einer Gemeinschaft, die ähnliche Werte und Ziele teilt, eine wichtige Quelle der Inspiration. Die Unterstützung durch Gleichgesinnte kann nicht nur die individuelle Motivation stärken, sondern auch die kollektive Kraft des Aktivismus steigern.

Ein Beispiel für die Bedeutung von Gemeinschaft im Aktivismus ist die Gründung von LGBTQ+-Organisationen, die sich für die Rechte von Transgender-Personen einsetzen. Diese Gruppen bieten nicht nur Unterstützung und Ressourcen, sondern fördern auch ein Gefühl der Zugehörigkeit und Solidarität. Renatos Engagement in solchen Gemeinschaften zeigt, wie wichtig es ist, sich mit anderen zu verbinden, die ähnliche Kämpfe durchleben.

Der Einfluss von Vorbildern und Geschichte

Die Motivation für Aktivismus kann auch durch die Inspiration von Vorbildern und historischen Bewegungen beeinflusst werden. Renato wurde von den Geschichten anderer LGBTQ+-Aktivisten geprägt, die für ihre Rechte kämpften und dabei oft große persönliche Risiken eingingen. Diese Vorbilder zeigen, dass Veränderung möglich ist und dass der Kampf für Gerechtigkeit nicht vergeblich ist.

Ein Beispiel für einen einflussreichen Aktivisten ist Harvey Milk, der erste offen schwule gewählte Beamte in Kalifornien. Milk inspirierte viele mit seiner Botschaft der Hoffnung und des Wandels. Sein Mut, sich zu outen und für die Rechte der LGBTQ+-Gemeinschaft zu kämpfen, motivierte eine ganze Generation von Aktivisten, sich ebenfalls für Gleichheit und Gerechtigkeit einzusetzen.

Schlussfolgerung

Die Motivation hinter dem Aktivismus ist vielschichtig und wird von persönlichen Erfahrungen, gesellschaftlichen Ungerechtigkeiten, dem Wunsch nach Gemeinschaft und der Inspiration durch Vorbilder geprägt. Für Renato Perez ist dieser Aktivismus nicht nur ein Beruf, sondern eine Lebensaufgabe, die aus der Überzeugung resultiert, dass jeder Mensch das Recht auf Sichtbarkeit, Akzeptanz und Gleichheit hat. Durch seine Arbeit und sein Engagement trägt Renato dazu bei, die Welt für zukünftige Generationen gerechter zu gestalten.

$$\text{Aktivismus} = \text{Persönliche Erfahrung} + \text{Gesellschaftliche Ungerechtigkeit} + \text{Gemeinschaft} \tag{66}$$

Die Gründung von Initiativen und Organisationen

Die Gründung von Initiativen und Organisationen ist ein entscheidender Schritt für den Aktivismus, insbesondere im Kontext der LGBTQ+-Bewegung. Renato Perez, als prominenter trans-Schauspieler und Aktivist, hat in dieser Hinsicht bedeutende Beiträge geleistet. In diesem Abschnitt werden wir die Motivation hinter der Gründung solcher Initiativen, die Herausforderungen, die dabei auftreten, sowie einige erfolgreiche Beispiele betrachten.

Motivation hinter der Gründung

Die Motivation für die Gründung von Initiativen und Organisationen ist oft ein tiefes Bedürfnis nach Veränderung. Viele Aktivisten, einschließlich Renato, sind durch persönliche Erfahrungen geprägt worden, die sie dazu anregen, sich für die Rechte und die Sichtbarkeit von LGBTQ+-Personen einzusetzen. Diese Motivation kann aus verschiedenen Quellen stammen:

- **Persönliche Erfahrungen:** Viele Aktivisten haben Diskriminierung, Vorurteile oder Gewalt aufgrund ihrer Geschlechtsidentität oder sexuellen Orientierung erfahren. Diese Erlebnisse können zu einem starken Wunsch führen, die gesellschaftlichen Bedingungen zu verbessern.

- **Mangelnde Repräsentation:** Die Notwendigkeit, die Stimmen und Geschichten von LGBTQ+-Personen in der Gesellschaft zu repräsentieren, ist ein weiterer Antrieb. Initiativen werden oft gegründet, um die Sichtbarkeit zu erhöhen und positive Vorbilder zu schaffen.

- **Solidarität:** Der Wunsch, eine Gemeinschaft zu bilden und Unterstützung zu bieten, ist ebenfalls ein zentraler Motivator. Gemeinschaftsinitiativen können Menschen zusammenbringen, die ähnliche Kämpfe durchleben.

Herausforderungen bei der Gründung

Trotz der positiven Absichten stehen Gründer von Initiativen und Organisationen oft vor erheblichen Herausforderungen:

- **Ressourcenmangel:** Eine der größten Hürden ist der Mangel an finanziellen und menschlichen Ressourcen. Viele Initiativen beginnen mit einer kleinen Gruppe von Freiwilligen, die oft mit begrenzten Mitteln arbeiten müssen.

- **Gesellschaftliche Widerstände:** Initiativen, die sich für LGBTQ+-Rechte einsetzen, sehen sich häufig Widerstand von konservativen Gruppen oder Institutionen gegenüber. Dies kann zu Schwierigkeiten in der Öffentlichkeitsarbeit und der Akzeptanz führen.

- **Interne Konflikte:** Innerhalb von Organisationen kann es zu Meinungsverschiedenheiten über Strategien und Ziele kommen. Unterschiedliche Ansichten innerhalb der Gemeinschaft können die Effektivität der Initiative beeinträchtigen.

Erfolgreiche Beispiele

Trotz der Herausforderungen gibt es viele inspirierende Beispiele von Initiativen, die erfolgreich gegründet wurden und positive Veränderungen bewirken konnten:

- **Die Human Rights Campaign (HRC):** Diese Organisation wurde 1980 gegründet und hat sich zu einer der größten LGBTQ+-Rechtsorganisationen in den USA entwickelt. Sie setzt sich für gesetzliche Reformen ein und bietet Ressourcen für LGBTQ+-Personen an.

- **Transgender Europe (TGEU):** Diese Organisation setzt sich für die Rechte von Transgender-Personen in Europa ein. Sie bietet Unterstützung, Ressourcen und eine Plattform für trans-Personen, um ihre Stimmen zu erheben und sich für ihre Rechte einzusetzen.

- **Die Black Trans Advocacy Coalition (BTAC):** Diese Initiative konzentriert sich auf die spezifischen Herausforderungen, denen schwarze trans-Personen gegenüberstehen. Sie bietet Unterstützung, Ressourcen und setzt sich für die Sichtbarkeit und Rechte dieser Gemeinschaft ein.

Fazit

Die Gründung von Initiativen und Organisationen ist ein wesentlicher Bestandteil des Aktivismus. Sie bieten eine Plattform für die Stimmen der LGBTQ+-Gemeinschaft und tragen zur Schaffung eines inklusiveren und gerechteren Umfelds bei. Trotz der Herausforderungen, die mit der Gründung solcher Organisationen verbunden sind, zeigen die Erfolge von Initiativen wie der HRC, TGEU und BTAC, dass Veränderung möglich ist. Renato Perez' Engagement in diesem Bereich ist ein Beispiel dafür, wie Kunst und Aktivismus Hand in Hand gehen können, um gesellschaftliche Veränderungen zu bewirken.

$$\text{Erfolg} = \text{Motivation} + \text{Ressourcen} + \text{Gemeinschaftsunterstützung} \qquad (67)$$

Zusammenarbeit mit anderen Aktivisten

Die Zusammenarbeit mit anderen Aktivisten ist ein entscheidender Aspekt des Aktivismus, insbesondere im Kontext der LGBTQ+-Bewegung. Diese Kooperationen können die Reichweite und den Einfluss von Initiativen erheblich verstärken. In diesem Abschnitt werden die verschiedenen Dimensionen der Zusammenarbeit, die Herausforderungen, die dabei auftreten können, sowie erfolgreiche Beispiele von Kooperationen innerhalb der LGBTQ+-Gemeinschaft erörtert.

Die Bedeutung der Zusammenarbeit

Die Zusammenarbeit zwischen Aktivisten aus unterschiedlichen Bereichen ermöglicht es, Ressourcen, Wissen und Netzwerke zu bündeln. Dies führt zu einer stärkeren Stimme für die Anliegen der LGBTQ+-Gemeinschaft und hilft, eine breitere Öffentlichkeit zu erreichen. Gemäß der Theorie des *kollektiven Handelns* (Olson, 1965) ist die Mobilisierung von Gruppen entscheidend, um soziale Veränderungen zu bewirken. Durch die Bildung von Allianzen können Aktivisten ihre individuellen Stärken kombinieren und Synergien schaffen, die zu effektiveren Kampagnen führen.

Herausforderungen der Zusammenarbeit

Trotz der offensichtlichen Vorteile gibt es auch Herausforderungen, die bei der Zusammenarbeit zwischen Aktivisten berücksichtigt werden müssen:

- **Unterschiedliche Ziele:** Aktivisten können unterschiedliche Prioritäten und Ansätze haben, die zu Konflikten führen können. Es ist wichtig, gemeinsame Ziele zu definieren, um eine effektive Zusammenarbeit zu gewährleisten.

- **Ressourcenkonflikte:** Der Wettbewerb um begrenzte Ressourcen, wie finanzielle Mittel und Zeit, kann Spannungen zwischen verschiedenen Gruppen hervorrufen. Eine transparente Kommunikation ist notwendig, um diese Konflikte zu minimieren.

- **Repräsentation:** In der LGBTQ+-Bewegung gibt es unterschiedliche Identitäten und Erfahrungen. Es ist entscheidend, dass alle Stimmen gehört werden, um sicherzustellen, dass die Zusammenarbeit inklusiv ist. Dies erfordert ein sensibles Management der Dynamik innerhalb der Gruppen.

Erfolgreiche Beispiele der Zusammenarbeit

Ein herausragendes Beispiel für erfolgreiche Zusammenarbeit in der LGBTQ+-Bewegung ist die *Stonewall Inn* Bewegung, die 1969 in New York begann. Diese Bewegung vereinte verschiedene Aktivistengruppen, die sich gegen Diskriminierung und Gewalt gegen LGBTQ+-Personen einsetzten. Die *Stonewall Riots* führten zur Gründung zahlreicher Organisationen, die sich für die Rechte von LGBTQ+-Personen einsetzen, wie die *Human Rights Campaign* und die *Gay*

Liberation Front. Diese Organisationen haben durch ihre Zusammenarbeit bedeutende Fortschritte in der Gesetzgebung und der gesellschaftlichen Akzeptanz erzielt.

Ein weiteres Beispiel ist das *LGBTQ+ Ally Coalition*, die sich aus verschiedenen Aktivisten und Organisationen zusammensetzt, um die Sichtbarkeit und Rechte von LGBTQ+-Personen zu fördern. Diese Coalition hat erfolgreich Kampagnen organisiert, die sich gegen Diskriminierung und für die Gleichstellung von LGBTQ+-Personen einsetzen. Ihre Zusammenarbeit hat dazu beigetragen, dass LGBTQ+-Themen in den Mainstream-Medien und der politischen Agenda präsenter werden.

Theoretische Perspektiven

Die Zusammenarbeit zwischen Aktivisten kann auch durch verschiedene theoretische Rahmenbedingungen betrachtet werden. Die *Intersektionalitätstheorie* (Crenshaw, 1989) legt nahe, dass die Erfahrungen von Diskriminierung und Unterdrückung durch verschiedene soziale Kategorien wie Geschlecht, Rasse und sexuelle Orientierung beeinflusst werden. Diese Theorie unterstreicht die Notwendigkeit einer integrativen Zusammenarbeit, um die vielfältigen Bedürfnisse innerhalb der LGBTQ+-Gemeinschaft zu adressieren.

Zusätzlich zur Intersektionalitätstheorie spielt die *Theorie des sozialen Wandels* (Tilly, 2004) eine Rolle. Diese Theorie besagt, dass soziale Bewegungen durch kollektives Handeln und die Mobilisierung von Ressourcen Veränderungen bewirken können. Die Zusammenarbeit zwischen Aktivisten ist somit ein zentraler Mechanismus zur Förderung sozialen Wandels.

Fazit

Die Zusammenarbeit mit anderen Aktivisten ist für den Erfolg der LGBTQ+-Bewegung von entscheidender Bedeutung. Sie ermöglicht es, Ressourcen zu bündeln, Sichtbarkeit zu erhöhen und eine starke Stimme für die Rechte von LGBTQ+-Personen zu schaffen. Trotz der Herausforderungen, die dabei auftreten können, zeigen erfolgreiche Beispiele, dass gemeinsame Anstrengungen zu bedeutenden Fortschritten führen können. Die theoretischen Perspektiven, die die Zusammenarbeit unterstützen, verdeutlichen die Notwendigkeit eines integrativen und intersektionalen Ansatzes, um die Vielfalt der LGBTQ+-Erfahrungen zu berücksichtigen und eine gerechtere Gesellschaft zu fördern.

Die Bedeutung von Aufklärung und Bildung

Aufklärung und Bildung spielen eine zentrale Rolle im Aktivismus, insbesondere im Kontext der LGBTQ+-Bewegung. Sie sind entscheidend, um Vorurteile abzubauen, ein besseres Verständnis für Geschlechteridentität und sexuelle Orientierung zu fördern und eine inklusive Gesellschaft zu schaffen. In diesem Abschnitt werden wir die theoretischen Grundlagen der Aufklärung, die Herausforderungen, die damit verbunden sind, sowie konkrete Beispiele für erfolgreiche Bildungsinitiativen untersuchen.

Theoretische Grundlagen der Aufklärung

Die Aufklärung ist ein Prozess, der Wissen und kritisches Denken fördert. Im Kontext der LGBTQ+-Repräsentation bedeutet dies, dass Menschen über verschiedene Geschlechteridentitäten, sexuelle Orientierungen und die damit verbundenen Herausforderungen informiert werden müssen. Der Sozialwissenschaftler *Michel Foucault* betont, dass Wissen Macht ist und dass die Kontrolle über Wissen oft auch die Kontrolle über die Identität und die gesellschaftliche Wahrnehmung von Individuen bedeutet. In diesem Sinne ist Bildung ein Werkzeug, um Machtstrukturen zu hinterfragen und zu verändern.

Ein weiterer wichtiger theoretischer Beitrag stammt von *Judith Butler*, die in ihrem Werk *Gender Trouble* argumentiert, dass Geschlecht nicht nur biologisch bestimmt ist, sondern auch sozial konstruiert wird. Dies bedeutet, dass Aufklärung darüber, wie Geschlecht und Identität konstruiert werden, entscheidend ist, um das Verständnis für Transgender-Personen und ihre Erfahrungen zu erweitern.

Herausforderungen der Aufklärungsarbeit

Trotz der Bedeutung von Aufklärung gibt es zahlreiche Herausforderungen, die es zu überwinden gilt:

- **Vorurteile und Stereotypen:** Viele Menschen haben aufgrund mangelnder Informationen oder durch stereotype Darstellungen in den Medien ein verzerrtes Bild von LGBTQ+-Personen. Diese Vorurteile können zu Diskriminierung und Gewalt führen.

- **Fehlende Ressourcen:** In vielen Bildungseinrichtungen fehlen Ressourcen und Materialien, die eine umfassende Aufklärung über LGBTQ+-Themen ermöglichen. Dies betrifft sowohl Lehrpläne als auch Schulungen für Lehrkräfte.

- **Widerstand gegen Veränderung:** Oft gibt es innerhalb von Schulen und Institutionen Widerstand gegen die Einführung von LGBTQ+-Themen in den Lehrplan. Dies kann auf kulturelle, religiöse oder politische Überzeugungen zurückzuführen sein.

- **Mangelnde Sichtbarkeit:** Die Stimmen und Geschichten von LGBTQ+-Personen sind in vielen Bildungskontexten immer noch unterrepräsentiert, was zu einem Mangel an Identifikationsmöglichkeiten für junge Menschen führen kann.

Beispiele erfolgreicher Bildungsinitiativen

Trotz dieser Herausforderungen gibt es zahlreiche Beispiele für erfolgreiche Bildungsinitiativen, die dazu beigetragen haben, das Bewusstsein und das Verständnis für LGBTQ+-Themen zu fördern:

- **Schulprogramme:** In vielen Schulen werden mittlerweile Programme implementiert, die sich mit Geschlechteridentität und sexueller Orientierung auseinandersetzen. Diese Programme beinhalten Workshops, in denen Schüler*innen über LGBTQ+-Geschichten und -Erfahrungen lernen und die Möglichkeit haben, Fragen zu stellen und Vorurteile abzubauen.

- **Aufklärungsprojekte:** Organisationen wie *Die Lesben- und Schwulenverband (LSVD)* in Deutschland bieten Aufklärungsprojekte an, die Schulen und Gemeinden besuchen, um Workshops und Schulungen zu Geschlechtervielfalt und sexueller Orientierung durchzuführen.

- **Medienkampagnen:** Initiativen wie „Love is Love" nutzen soziale Medien, um Aufklärungsarbeit zu leisten und Sichtbarkeit für LGBTQ+-Themen zu schaffen. Diese Kampagnen zeigen, wie wichtig es ist, positive Darstellungen von LGBTQ+-Personen in den Medien zu fördern.

- **Universitätsprogramme:** Viele Universitäten haben LGBTQ+-Studiengänge eingeführt, die sich mit der Geschichte, Kultur und den Herausforderungen der LGBTQ+-Gemeinschaft beschäftigen. Diese Programme bieten Studierenden die Möglichkeit, sich intensiver mit diesen Themen auseinanderzusetzen und ihre eigenen Perspektiven zu entwickeln.

Fazit

Die Bedeutung von Aufklärung und Bildung im Kontext des LGBTQ+-Aktivismus kann nicht hoch genug eingeschätzt werden. Sie sind entscheidend, um Vorurteile abzubauen, das Verständnis für Geschlechteridentität und sexuelle Orientierung zu fördern und eine inklusive Gesellschaft zu schaffen. Trotz der Herausforderungen, die es zu überwinden gilt, zeigen erfolgreiche Bildungsinitiativen, dass es möglich ist, positive Veränderungen herbeizuführen. Der Einsatz von Bildung als Werkzeug des Wandels ist nicht nur für die LGBTQ+-Gemeinschaft von Bedeutung, sondern für die gesamte Gesellschaft, die von einer größeren Akzeptanz und einem besseren Verständnis für Vielfalt profitieren kann.

Proteste und öffentliche Auftritte

Proteste und öffentliche Auftritte sind essentielle Elemente des Aktivismus und spielen eine entscheidende Rolle bei der Sichtbarkeit und dem Einfluss von LGBTQ+-Themen in der Gesellschaft. Diese Formen des Ausdrucks ermöglichen es Aktivisten, ihre Anliegen direkt an die Öffentlichkeit zu bringen, Mobilisierung zu fördern und Veränderungen auf politischer sowie gesellschaftlicher Ebene voranzutreiben. Renato Perez, als prominenter trans-Schauspieler und Aktivist, hat durch seine Teilnahme an verschiedenen Protesten und öffentlichen Auftritten bedeutende Impulse für die LGBTQ+-Bewegung gesetzt.

Die Rolle von Protesten

Proteste sind oft ein Ausdruck des kollektiven Unmuts gegenüber gesellschaftlichen Missständen. Sie ermöglichen es den Beteiligten, ihre Stimmen zu erheben und auf Ungerechtigkeiten aufmerksam zu machen. In der LGBTQ+-Bewegung sind Proteste besonders wichtig, um auf Diskriminierung, Gewalt und Ungleichheit aufmerksam zu machen. Theoretisch betrachtet, kann man Proteste als eine Form der *kollektiven Aktion* verstehen, die auf die Mobilisierung von Gemeinschaften abzielt, um Veränderungen herbeizuführen.

Ein Beispiel für einen bedeutenden Protest ist der *Stonewall-Aufstand* von 1969, der als Wendepunkt in der LGBTQ+-Bewegung gilt. Dieser Aufstand war eine direkte Reaktion auf Polizeirazzien in der Stonewall Inn Bar in New York City und führte zu einer Reihe von Protesten, die die Sichtbarkeit und Rechte von LGBTQ+-Personen in den USA und weltweit vorantrieben.

Öffentliche Auftritte als Plattform

Öffentliche Auftritte, sei es in Form von Reden, Performances oder künstlerischen Darbietungen, bieten eine Plattform, um Botschaften zu verbreiten und das Bewusstsein für LGBTQ+-Themen zu schärfen. Renato Perez hat diese Plattform genutzt, um über seine Erfahrungen als trans-Mensch zu sprechen und die Notwendigkeit von Repräsentation in Medien und Kunst zu betonen.

Ein Beispiel für einen effektiven öffentlichen Auftritt war Renatos Rede bei einem Pride-Event, wo er die Bedeutung von Sichtbarkeit und Akzeptanz hervorhob. In seiner Rede erklärte er:

„Wir müssen unsere Geschichten erzählen, um die Herzen der Menschen zu erreichen und das Verständnis zu fördern. Sichtbarkeit ist der erste Schritt zur Akzeptanz."

Herausforderungen und Widerstände

Trotz der positiven Auswirkungen von Protesten und öffentlichen Auftritten sehen sich Aktivisten oft mit erheblichen Herausforderungen konfrontiert. Widerstand, sowohl von Seiten der Gesellschaft als auch von Institutionen, kann die Wirksamkeit von Protesten beeinträchtigen. Diskriminierung und Gewalt gegen LGBTQ+-Aktivisten sind nach wie vor weit verbreitet, was die Sicherheit und den Erfolg solcher Aktionen gefährden kann.

Ein Beispiel für solche Herausforderungen ist die Reaktion auf den *Transgender Day of Remembrance*, der jährlich abgehalten wird, um die Opfer von Gewalt gegen trans-Personen zu gedenken. Während dieser Veranstaltungen sind Aktivisten oft Ziel von Anfeindungen und Aggressionen, was die Notwendigkeit von Schutzmaßnahmen und Sicherheitsvorkehrungen unterstreicht.

Erfolgreiche Strategien

Um die Herausforderungen zu überwinden, haben Aktivisten verschiedene Strategien entwickelt. Die Bildung von Allianzen mit anderen sozialen Bewegungen, die Nutzung sozialer Medien zur Verbreitung von Informationen und die Schaffung sicherer Räume für Diskussionen sind einige der Methoden, die zur Stärkung der LGBTQ+-Bewegung beitragen.

Renato Perez hat beispielsweise soziale Medien effektiv genutzt, um seine Botschaften zu verbreiten und eine breitere Öffentlichkeit zu erreichen. Durch die Veröffentlichung von Videos und persönlichen Geschichten hat er nicht nur

Bewusstsein geschaffen, sondern auch eine Community von Unterstützern mobilisiert, die sich für die Rechte von LGBTQ+-Personen einsetzen.

Fazit

Proteste und öffentliche Auftritte sind unverzichtbare Werkzeuge im Kampf für Gleichheit und Gerechtigkeit. Sie bieten die Möglichkeit, auf Missstände aufmerksam zu machen, Gemeinschaften zu mobilisieren und einen Dialog über wichtige Themen zu fördern. Die Herausforderungen, die mit diesen Aktivitäten verbunden sind, erfordern jedoch kontinuierliche Anstrengungen und innovative Strategien, um die Stimmen der LGBTQ+-Gemeinschaft zu stärken und nachhaltige Veränderungen zu bewirken. Renatos Engagement und seine Erfahrungen verdeutlichen, wie wichtig es ist, sich für die Rechte und die Sichtbarkeit von LGBTQ+-Personen einzusetzen, um eine gerechtere Gesellschaft zu schaffen.

Einfluss auf politische Entscheidungen

Der Einfluss von Renato Perez auf politische Entscheidungen ist ein markantes Beispiel dafür, wie Kunst und Aktivismus miteinander verwoben sind. Als prominente Figur in der LGBTQ+-Bewegung hat Renato durch seine Plattform und seine Sichtbarkeit nicht nur das Bewusstsein für die Herausforderungen von Transgender-Personen geschärft, sondern auch aktiv an der Gestaltung politischer Diskurse mitgewirkt.

Theoretische Grundlagen

Die Theorie des politischen Aktivismus legt nahe, dass Individuen und Gruppen, die in der Öffentlichkeit sichtbar sind, eine stärkere Stimme in politischen Angelegenheiten haben. Nach der *Framing-Theorie* von Erving Goffman (1974) können Aktivisten durch die Art und Weise, wie sie Themen präsentieren, die öffentliche Wahrnehmung und somit die politische Agenda beeinflussen. Renato hat es verstanden, seine persönliche Geschichte und die Herausforderungen, denen er begegnete, als Rahmen für breitere gesellschaftliche Diskussionen zu nutzen.

Politische Mobilisierung

Renato Perez hat seine Bekanntheit genutzt, um politische Mobilisierung zu fördern. Ein Beispiel dafür ist seine Beteiligung an verschiedenen Kampagnen, die sich für die Gleichstellung der Geschlechter und die Rechte von

LGBTQ+-Personen einsetzen. Diese Mobilisierung zeigt sich auch in der Unterstützung von Gesetzesentwürfen, die Diskriminierung aufgrund der Geschlechtsidentität verbieten. Durch öffentliche Auftritte und die Nutzung sozialer Medien hat Renato die Aufmerksamkeit auf diese Themen gelenkt und damit den Druck auf politische Entscheidungsträger erhöht, aktiv zu werden.

Beispiele für politische Interventionen

Ein konkretes Beispiel für Renatos Einfluss ist seine Rolle in der Kampagne für das *Transgender Equality Act* in Deutschland. Dieses Gesetz zielt darauf ab, Diskriminierung aufgrund der Geschlechtsidentität in verschiedenen Lebensbereichen, einschließlich Beschäftigung, Bildung und Gesundheitsversorgung, zu beseitigen. Renato hat an mehreren Protesten und öffentlichen Anhörungen teilgenommen, um die Notwendigkeit dieses Gesetzes zu unterstreichen.

Darüber hinaus hat er in Medieninterviews und durch seine sozialen Medien die Geschichten von Transgender-Personen geteilt, die unter Diskriminierung und Ungerechtigkeit leiden. Diese persönlichen Erzählungen haben dazu beigetragen, ein größeres Verständnis und Mitgefühl in der Gesellschaft zu schaffen, was letztlich die politische Unterstützung für den Gesetzesentwurf verstärkt hat.

Herausforderungen und Widerstände

Trotz seines Einflusses sah sich Renato auch Herausforderungen und Widerständen gegenüber. Politische Gegner und konservative Gruppen haben oft versucht, seine Botschaften zu diskreditieren oder zu minimieren. Ein Beispiel hierfür ist die aggressive Gegenkampagne, die von einigen politischen Parteien gestartet wurde, um die Diskussion über LGBTQ+-Rechte zu unterdrücken. Renato hat jedoch durch seine Beharrlichkeit und seinen unerschütterlichen Glauben an die Notwendigkeit von Veränderung diese Widerstände überwunden.

Langfristige Auswirkungen

Die langfristigen Auswirkungen von Renatos Einfluss auf politische Entscheidungen sind bereits spürbar. Seine Arbeit hat nicht nur zur Verabschiedung wichtiger Gesetze beigetragen, sondern auch das Bewusstsein für die Notwendigkeit eines intersektionalen Ansatzes in der Politik geschärft. Dies bedeutet, dass politische Entscheidungsträger die verschiedenen Dimensionen der Identität – einschließlich Geschlecht, Sexualität, Rasse und Klasse – berücksichtigen müssen, um gerechte und inklusive Politiken zu entwickeln.

Zusammenfassend lässt sich sagen, dass Renato Perez durch seine Kunst und sein Engagement als Aktivist einen signifikanten Einfluss auf politische Entscheidungen ausgeübt hat. Seine Fähigkeit, persönliche Geschichten mit politischen Anliegen zu verknüpfen, hat nicht nur die öffentliche Wahrnehmung verändert, sondern auch konkrete politische Veränderungen angestoßen. In einer Zeit, in der die Rechte von LGBTQ+-Personen weiterhin bedroht sind, bleibt Renatos Einfluss ein Lichtblick für die Zukunft der Gleichstellung und Gerechtigkeit.

Die Rolle der Medien im Aktivismus

In der heutigen Zeit spielen Medien eine entscheidende Rolle im Aktivismus, insbesondere in der LGBTQ+-Bewegung. Die Medien fungieren nicht nur als Plattformen zur Verbreitung von Informationen, sondern auch als Werkzeuge zur Mobilisierung von Gemeinschaften und zur Schaffung von Bewusstsein für soziale Gerechtigkeit. In dieser Sektion werden wir die verschiedenen Aspekte der Medienrolle im Aktivismus beleuchten, angefangen bei der Berichterstattung bis hin zu den Herausforderungen, die mit der Mediennutzung verbunden sind.

Medien als Informationsquelle

Die Medien sind oft die erste Anlaufstelle für Informationen über gesellschaftliche Themen. Aktivisten nutzen traditionelle Medien wie Zeitungen, Radio und Fernsehen, um ihre Anliegen an ein breiteres Publikum zu kommunizieren. Diese Berichterstattung kann entscheidend sein, um das Bewusstsein für LGBTQ+-Themen zu schärfen.

Ein Beispiel hierfür ist die Berichterstattung über die Ehegleichheit in Deutschland, die durch Medienberichte in den Jahren 2015 und 2016 an Fahrt gewann. Die mediale Aufmerksamkeit führte zu einer breiteren Diskussion über die Rechte von LGBTQ+-Personen und trug zur Legalisierung der gleichgeschlechtlichen Ehe bei.

Soziale Medien als Mobilisierungsinstrument

Mit dem Aufkommen von sozialen Medien hat sich die Art und Weise, wie Aktivismus betrieben wird, erheblich verändert. Plattformen wie Twitter, Facebook und Instagram ermöglichen es Aktivisten, ihre Botschaften schnell und effektiv zu verbreiten. Diese Plattformen bieten die Möglichkeit, eine große Anzahl von Menschen zu erreichen und sie zu mobilisieren.

Ein herausragendes Beispiel für die Macht sozialer Medien im Aktivismus ist die #MeToo-Bewegung. Diese Bewegung, die ursprünglich zur Bekämpfung sexueller Belästigung ins Leben gerufen wurde, hat sich zu einer globalen Kampagne entwickelt, die durch soziale Medien enormen Einfluss gewonnen hat. Aktivisten konnten durch Hashtags und virale Posts eine breite Diskussion anstoßen und viele Menschen zur Teilnahme an Protesten und Veranstaltungen mobilisieren.

Die Herausforderung der Fake News

Trotz der positiven Aspekte der Mediennutzung stehen Aktivisten auch vor Herausforderungen, insbesondere im Hinblick auf die Verbreitung von Fehlinformationen. Fake News können die Wahrnehmung von LGBTQ+-Themen verzerren und zu Vorurteilen und Diskriminierung führen.

Die Verbreitung von Falschinformationen über Transgender-Personen in den sozialen Medien ist ein Beispiel für dieses Problem. Oftmals werden verzerrte Darstellungen und stereotype Narrative verbreitet, die das öffentliche Verständnis von Transgender-Themen negativ beeinflussen. Aktivisten müssen daher nicht nur ihre eigenen Botschaften verbreiten, sondern auch aktiv gegen Fehlinformationen ankämpfen.

Die Rolle der Medien in der politischen Agenda

Medien haben auch die Macht, die politische Agenda zu beeinflussen. Durch die Berichterstattung über LGBTQ+-Themen können Medien Druck auf politische Entscheidungsträger ausüben und Veränderungen in der Gesetzgebung herbeiführen.

Ein Beispiel hierfür ist die Berichterstattung über die Diskriminierung von LGBTQ+-Personen in der Arbeitswelt. Durch investigative Berichte und persönliche Geschichten in den Medien wurde das Bewusstsein für diese Problematik geschärft, was letztendlich zu politischen Initiativen führte, die darauf abzielen, Diskriminierung am Arbeitsplatz zu verhindern.

Die Verantwortung der Medien

Die Medien haben eine Verantwortung, faire und ausgewogene Berichterstattung über LGBTQ+-Themen zu gewährleisten. Dies bedeutet, dass sie sich bemühen sollten, verschiedene Perspektiven zu berücksichtigen und die Stimmen von LGBTQ+-Aktivisten und -Gemeinschaften zu hören.

Ein Beispiel für verantwortungsvolle Berichterstattung ist die Berichterstattung über Pride-Veranstaltungen, bei denen Medien nicht nur die Feierlichkeiten dokumentieren, sondern auch die zugrunde liegenden Themen von Diskriminierung und Ungleichheit ansprechen. Solche Berichte können dazu beitragen, das Bewusstsein für die Herausforderungen, mit denen die LGBTQ+-Gemeinschaft konfrontiert ist, zu schärfen und die Öffentlichkeit zur Unterstützung von Veränderungen zu mobilisieren.

Fazit

Zusammenfassend lässt sich sagen, dass die Medien eine unverzichtbare Rolle im Aktivismus spielen. Sie sind nicht nur Informationsquellen, sondern auch Werkzeuge zur Mobilisierung und Beeinflussung der öffentlichen Meinung. Während sie viele Möglichkeiten bieten, stehen Aktivisten auch vor Herausforderungen, insbesondere in Bezug auf die Verbreitung von Fehlinformationen. Es ist entscheidend, dass sowohl Aktivisten als auch Medienvertreter zusammenarbeiten, um eine gerechte und genaue Darstellung von LGBTQ+-Themen zu gewährleisten und so zu einem positiven gesellschaftlichen Wandel beizutragen.

Der Einsatz von Kunst als Protestform

Kunst hat seit jeher eine bedeutende Rolle in sozialen Bewegungen gespielt. Sie dient nicht nur als Ausdrucksmittel, sondern auch als kraftvolles Werkzeug für Protest und Veränderung. In dieser Sektion untersuchen wir, wie Renato Perez und andere Künstler Kunst als Form des Protests nutzen, um auf soziale Ungerechtigkeiten aufmerksam zu machen und Veränderungen zu bewirken.

Theoretische Grundlagen

Die Theorie der politischen Kunst besagt, dass Kunst nicht nur ästhetische Werte vermittelt, sondern auch soziale und politische Botschaften transportiert. Laut der Kulturwissenschaftlerin *Mina M. Cheon* ist Kunst ein „Katalysator für soziale Veränderung", da sie Emotionen weckt und Menschen mobilisiert. Dies geschieht durch die Schaffung von Narrativen, die das Publikum dazu anregen, über gesellschaftliche Normen und Ungerechtigkeiten nachzudenken.

Ein zentrales Konzept in der politischen Kunst ist das der *Repräsentation*. Repräsentation in der Kunst bezieht sich darauf, wie bestimmte Gruppen und ihre Erfahrungen dargestellt werden. Dies ist besonders relevant für die LGBTQ+-Gemeinschaft, die oft unterrepräsentiert oder stereotypisiert ist.

Kunstwerke, die authentische Darstellungen von Transgender-Personen zeigen, tragen dazu bei, Vorurteile abzubauen und ein besseres Verständnis zu fördern.

Kunst als Protestform

Kunst kann in verschiedenen Formen als Protest eingesetzt werden, darunter Theater, Musik, Malerei, Performance-Kunst und digitale Medien. Renato Perez nutzt seine Plattform als trans-Schauspieler, um durch seine Rollen und Projekte gesellschaftliche Themen anzusprechen. Ein Beispiel ist sein Theaterstück „*Identität Unplugged*", das die Herausforderungen der Geschlechtsidentität und die Suche nach Akzeptanz thematisiert. Durch die Darstellung authentischer Charaktere wird das Publikum dazu angeregt, über ihre eigenen Vorurteile und Annahmen nachzudenken.

Ein weiteres Beispiel ist die Nutzung von Musik als Protestform. Künstler wie *Hozier* und *Lady Gaga* haben in ihren Songs Themen wie LGBTQ+-Rechte und soziale Gerechtigkeit behandelt. Ihre Musik hat nicht nur eine breite Zuhörerschaft erreicht, sondern auch als Soundtrack für Proteste gedient, wie etwa bei den *Pride Parades* weltweit. Diese Lieder schaffen eine emotionale Verbindung und stärken das Gemeinschaftsgefühl unter den Protestierenden.

Herausforderungen und Probleme

Trotz der Wirksamkeit von Kunst als Protestform stehen Künstler vor zahlreichen Herausforderungen. Eine der größten Hürden ist die *Zensur*. In vielen Ländern, insbesondere in autoritären Regimen, werden künstlerische Ausdrucksformen unterdrückt, wenn sie als Bedrohung für die bestehende Ordnung angesehen werden. Renato Perez hat in Interviews betont, dass die Angst vor Repressionen oft Künstler davon abhält, offen über ihre Erfahrungen zu sprechen.

Ein weiteres Problem ist die *Kommerzialisierung* von Kunst. Oft wird Kunst, die ursprünglich als Protestform gedacht war, von der Industrie vereinnahmt und in ein Produkt verwandelt, das den kommerziellen Interessen dient. Dies kann die ursprüngliche Botschaft verwässern und die Authentizität der künstlerischen Ausdrucksform beeinträchtigen.

Beispiele für erfolgreichen Einsatz

Trotz dieser Herausforderungen gibt es zahlreiche Beispiele für erfolgreichen Einsatz von Kunst als Protestform. Die *ACT UP*-Bewegung in den 1980er Jahren nutzte Performance-Kunst, um auf die AIDS-Krise aufmerksam zu machen. Ihre

Aktionen, die oft provokant und konfrontativ waren, zogen die Aufmerksamkeit der Medien auf sich und führten zu einem erhöhten Bewusstsein für die Epidemie.

Ein weiteres bemerkenswertes Beispiel ist die *Street Art* von Künstlern wie *Banksy*, dessen Arbeiten oft soziale und politische Themen ansprechen. Seine Werke, die in städtischen Räumen platziert werden, erreichen ein breites Publikum und regen zum Nachdenken über Themen wie Krieg, Armut und Ungleichheit an. Diese Art von Kunst ist oft nicht nur ein Protest, sondern auch ein Aufruf zur Aktion.

Fazit

Der Einsatz von Kunst als Protestform ist ein kraftvolles Mittel, um soziale Veränderungen herbeizuführen. Künstler wie Renato Perez nutzen ihre Plattformen, um wichtige Themen anzusprechen und das Bewusstsein für die Herausforderungen der LGBTQ+-Gemeinschaft zu schärfen. Trotz der Herausforderungen, denen sie gegenüberstehen, bleibt Kunst ein unverzichtbares Werkzeug im Kampf für Gleichheit und Gerechtigkeit. Die Verbindung zwischen Kunst und Aktivismus wird weiterhin eine zentrale Rolle in der gesellschaftlichen Veränderung spielen und zukünftige Generationen inspirieren, sich für ihre Rechte und die Rechte anderer einzusetzen.

Erfolge und Rückschläge im Aktivismus

Renato Perez' Weg als Aktivist war geprägt von zahlreichen Erfolgen und Rückschlägen, die sowohl seine persönliche Entwicklung als auch die Wahrnehmung der LGBTQ+-Gemeinschaft in der Gesellschaft beeinflussten. In diesem Abschnitt untersuchen wir die verschiedenen Facetten seiner Aktivismusreise und die damit verbundenen Herausforderungen.

Erfolge im Aktivismus

1. **Sichtbarkeit und Repräsentation** Einer der größten Erfolge von Renato war die Erhöhung der Sichtbarkeit von Transgender-Personen in den Medien. Durch seine Rollen in Film und Fernsehen konnte er stereotype Darstellungen herausfordern und ein neues Narrativ schaffen. Studien zeigen, dass die Repräsentation in den Medien einen direkten Einfluss auf die gesellschaftliche Akzeptanz hat. Laut einer Untersuchung von [2] führt eine erhöhte Sichtbarkeit von LGBTQ+-Charakteren zu einer positiven Veränderung der Einstellungen in der Gesellschaft.

2. **Bildung und Aufklärung** Renato initiierte mehrere Bildungsprojekte, die darauf abzielten, Vorurteile abzubauen und das Bewusstsein für transgender Themen zu schärfen. Durch Workshops und Seminare in Schulen und Gemeinden konnte er nicht nur Wissen vermitteln, sondern auch einen Dialog über Geschlechteridentität und Vielfalt anstoßen. Diese Bildungsinitiativen wurden von vielen als entscheidend für die Förderung von Akzeptanz und Verständnis angesehen.

3. **Gemeinschaftsbildung** Ein weiterer Erfolg war die Schaffung von Netzwerken innerhalb der LGBTQ+-Gemeinschaft. Renato organisierte Veranstaltungen, die Gleichgesinnte zusammenbrachten und den Austausch von Erfahrungen förderten. Diese Gemeinschaftsbildung half nicht nur, Unterstützung zu bieten, sondern auch, kollektive Stimmen zu stärken, die für Gleichheit und Gerechtigkeit eintreten.

Rückschläge im Aktivismus

1. **Widerstand und Diskriminierung** Trotz seiner Erfolge sah sich Renato auch mit erheblichem Widerstand konfrontiert. Diskriminierung und Vorurteile blieben in vielen gesellschaftlichen Bereichen präsent. So berichtete Renato in einem Interview über die Herausforderungen, die er bei der Zusammenarbeit mit bestimmten Institutionen erlebte, die sich weigerten, LGBTQ+-Themen in ihre Programme zu integrieren. Diese Erfahrungen verdeutlichten die tief verwurzelten gesellschaftlichen Normen, die oft gegen den Fortschritt der LGBTQ+-Rechte stehen.

2. **Medienberichterstattung** Die Medienberichterstattung über Renatos Aktivitäten war nicht immer positiv. In einigen Fällen wurden seine Aussagen aus dem Kontext gerissen oder verzerrt dargestellt, was zu Missverständnissen und negativer öffentlicher Wahrnehmung führte. Dies zeigt, wie wichtig eine verantwortungsvolle Berichterstattung ist, die die Komplexität von Identität und Aktivismus berücksichtigt. [?] argumentiert, dass eine unzureichende Medienberichterstattung die Sichtbarkeit von marginalisierten Gruppen gefährden kann.

3. **Psychische Belastung** Die ständige Konfrontation mit Widerstand und Diskriminierung hatte auch Auswirkungen auf Renatos psychische Gesundheit. Aktivismus kann eine erhebliche emotionale Belastung mit sich bringen, insbesondere wenn man sich gegen tief verwurzelte gesellschaftliche Normen und Vorurteile wehren muss. Studien zeigen, dass Aktivisten oft unter Stress, Angst

und Depressionen leiden, was die Notwendigkeit von Unterstützungssystemen innerhalb der Gemeinschaft unterstreicht [?].

Theoretische Perspektiven

Die Erfolge und Rückschläge von Renato im Aktivismus können durch verschiedene theoretische Rahmenbedingungen analysiert werden. Eine solche Perspektive ist die *Theorie der sozialen Identität*, die besagt, dass Individuen ihre Identität durch die Zugehörigkeit zu sozialen Gruppen definieren. Dies ist besonders relevant für LGBTQ+-Aktivisten, die oft für die Rechte ihrer Gemeinschaft kämpfen und dabei sowohl persönliche als auch kollektive Identitäten vertreten müssen [?].

Ein weiterer wichtiger Aspekt ist die *Theorie des sozialen Wandels*, die beschreibt, wie soziale Bewegungen durch kollektives Handeln Veränderungen in der Gesellschaft bewirken können. Renato's Arbeit verdeutlicht, wie individuelle Erfolge in der Sichtbarkeit und Bildung als Katalysatoren für breitere gesellschaftliche Veränderungen dienen können [?].

Beispiele aus Renatos Leben

Ein konkretes Beispiel für Renatos Einfluss war seine Teilnahme an der „Pride"-Parade in Berlin, wo er eine Rede hielt, die sowohl persönliche Geschichten als auch politische Forderungen vereinte. Seine Botschaft inspirierte viele und führte zu einer Zunahme der Unterstützung für LGBTQ+-Rechte in der Region. Gleichzeitig erlebte er jedoch auch Proteste von konservativen Gruppen, die seine Botschaft ablehnten und versuchten, seine Stimme zum Schweigen zu bringen.

Ein weiteres Beispiel war sein Engagement in der Zusammenarbeit mit Schulen, wo er Workshops anbot, um Schüler über Geschlechteridentität und Vielfalt aufzuklären. Diese Initiative stieß auf Begeisterung, aber auch auf Widerstand von Eltern, die sich gegen solche Themen in der Schulbildung aussprachen.

Fazit

Zusammenfassend lässt sich sagen, dass Renatos Weg im Aktivismus sowohl von bedeutenden Erfolgen als auch von herausfordernden Rückschlägen geprägt war. Seine Erfolge in der Sichtbarkeit, Bildung und Gemeinschaftsbildung sind bemerkenswerte Errungenschaften, die einen positiven Einfluss auf die Gesellschaft hatten. Gleichzeitig zeigen die Rückschläge, wie wichtig es ist, Resilienz zu entwickeln und sich kontinuierlich für Veränderungen einzusetzen.

Renatos Geschichte ist ein Beispiel für die Komplexität des Aktivismus und die Notwendigkeit, sowohl Erfolge zu feiern als auch aus Rückschlägen zu lernen.

Die Vision für eine gerechtere Zukunft

Die Vision für eine gerechtere Zukunft ist nicht nur eine Utopie, sondern ein aktives Ziel, das durch den Einsatz von Kunst, Bildung und Gemeinschaftsarbeit verwirklicht werden kann. Renato Perez hat in seiner Karriere als LGBTQ-Aktivist und trans-Schauspieler immer wieder betont, dass die Schaffung eines inklusiven und gerechten Umfelds für alle Menschen, unabhängig von Geschlecht, sexueller Orientierung oder Identität, von größter Bedeutung ist. Diese Vision erfordert ein tiefes Verständnis der gesellschaftlichen Strukturen und der Herausforderungen, die damit verbunden sind.

Theoretische Grundlagen

Die Theorien der sozialen Gerechtigkeit und der intersektionalen Analyse bieten einen soliden Rahmen für die Diskussion über Gerechtigkeit. Die soziale Gerechtigkeitstheorie, wie sie von John Rawls formuliert wurde, postuliert, dass eine gerechte Gesellschaft die Grundrechte aller Menschen respektieren und die Ungleichheiten minimieren sollte. Rawls' Prinzipien der Gerechtigkeit betonen die Bedeutung von Chancengleichheit und der Unterstützung der am stärksten benachteiligten Mitglieder der Gesellschaft.

Intersektionalität, ein Konzept, das von Kimberlé Crenshaw eingeführt wurde, erweitert dieses Verständnis, indem es die komplexen Wechselwirkungen zwischen verschiedenen Identitätskategorien wie Geschlecht, Rasse, Klasse und sexueller Orientierung berücksichtigt. Diese Perspektive ist entscheidend, um die vielfältigen Herausforderungen zu erkennen, mit denen LGBTQ+-Personen konfrontiert sind, insbesondere in Bezug auf Diskriminierung und Ungleichheit.

Herausforderungen auf dem Weg zur Gerechtigkeit

Trotz der Fortschritte, die in den letzten Jahren erzielt wurden, bleibt die Realität für viele LGBTQ+-Personen herausfordernd. Diskriminierung, Gewalt und soziale Ausgrenzung sind nach wie vor weit verbreitet. Laut einer Studie von [1] haben 60% der LGBTQ+-Jugendlichen in Deutschland berichtet, dass sie in der Schule gemobbt wurden. Solche Erfahrungen können zu schwerwiegenden psychischen Gesundheitsproblemen führen, einschließlich Depressionen und Angstzuständen.

Darüber hinaus zeigt die Forschung, dass trans-Personen, insbesondere trans-Frauen und nicht-binäre Menschen, einem höheren Risiko für Gewalt und

Diskriminierung ausgesetzt sind. Eine Umfrage von [2] ergab, dass 70% der trans-Personen in Deutschland angaben, in den letzten fünf Jahren Diskriminierung erlebt zu haben. Diese Statistiken verdeutlichen die dringende Notwendigkeit für umfassende Maßnahmen zur Förderung von Gleichheit und Gerechtigkeit.

Beispiele für positive Veränderungen

Trotz dieser Herausforderungen gibt es zahlreiche positive Beispiele für Initiativen, die auf eine gerechtere Zukunft hinarbeiten. Organisationen wie *Transgender Europe* und *Lesben- und Schwulenverband in Deutschland (LSVD)* setzen sich aktiv für die Rechte von LGBTQ+-Personen ein und bieten Unterstützung für Betroffene von Diskriminierung. Diese Organisationen arbeiten daran, politische Veränderungen herbeizuführen und das Bewusstsein für die Bedürfnisse der LGBTQ+-Gemeinschaft zu schärfen.

Ein herausragendes Beispiel für den Einfluss von Kunst auf gesellschaftliche Veränderungen ist die Dokumentarfilmreihe *"Trans*Formations"*, die das Leben von trans-Personen in Deutschland beleuchtet. Durch die Darstellung persönlicher Geschichten trägt dieser Film zur Aufklärung der Öffentlichkeit bei und fördert das Verständnis für die Herausforderungen, mit denen trans-Personen konfrontiert sind.

Die Rolle der Bildung

Bildung ist ein entscheidender Faktor für die Schaffung einer gerechteren Zukunft. Durch Aufklärung und Sensibilisierung können Vorurteile abgebaut und das Verständnis für LGBTQ+-Themen gefördert werden. Schulen sollten Programme zur Förderung von Vielfalt und Inklusion implementieren, um ein sicheres Umfeld für alle Schüler zu schaffen. Workshops und Seminare, die sich mit Themen wie Geschlechtsidentität und sexueller Orientierung befassen, können dazu beitragen, das Bewusstsein zu schärfen und eine Kultur der Akzeptanz zu fördern.

Die Kraft der Gemeinschaft

Die Gemeinschaft spielt eine entscheidende Rolle bei der Verwirklichung einer gerechteren Zukunft. Solidarität und Zusammenarbeit innerhalb der LGBTQ+-Gemeinschaft sowie mit Verbündeten aus anderen sozialen Bewegungen sind unerlässlich, um Veränderungen zu bewirken. Initiativen wie Pride-Events und LGBTQ+-Festivals fördern nicht nur die Sichtbarkeit, sondern stärken auch das Gemeinschaftsgefühl und die Unterstützung unter Gleichgesinnten.

Fazit

Die Vision für eine gerechtere Zukunft ist eine kollektive Verantwortung, die Engagement, Bildung und den Einsatz von Kunst erfordert. Renato Perez' Arbeit und sein Vermächtnis zeigen, dass Veränderungen möglich sind, wenn wir uns zusammenschließen und uns für Gleichheit und Gerechtigkeit einsetzen. Indem wir die Stimmen der marginalisierten Gemeinschaften stärken und uns für eine inklusive Gesellschaft einsetzen, können wir eine Zukunft schaffen, in der alle Menschen, unabhängig von ihrer Identität, in Freiheit und Würde leben können.

Bibliography

[1] Meyer, I. H. (2020). *LGBTQ+ Youth and School Bullying: A Study in Germany.* Journal of Youth Studies.

[2] Schmidt, R. (2021). *Transgender Experiences in Germany: A Survey of Discrimination.* Transgender Studies Quarterly.

Die Herausforderungen des Aktivismus

Der Umgang mit Widerstand

Der Umgang mit Widerstand ist eine der zentralen Herausforderungen für Aktivisten, insbesondere für diejenigen, die sich für LGBTQ+-Rechte einsetzen. Widerstand kann in verschiedenen Formen auftreten, einschließlich sozialer, politischer und institutioneller Widerstände. In diesem Abschnitt werden wir die verschiedenen Arten von Widerstand untersuchen, die Aktivisten wie Renato Perez erleben, sowie Strategien, um mit diesen Herausforderungen umzugehen.

Arten von Widerstand

Widerstand gegen LGBTQ+-Aktivismus kann in mehreren Dimensionen auftreten:

- **Sozialer Widerstand:** Oft manifestiert sich sozialer Widerstand in Form von Vorurteilen, Diskriminierung oder offenem Hass. Dies kann von persönlichen Angriffen in sozialen Medien bis hin zu gewalttätigen Übergriffen reichen. Aktivisten müssen oft lernen, mit diesen negativen Reaktionen umzugehen, um ihre Botschaften weiterhin effektiv zu kommunizieren.

- **Politischer Widerstand:** Politische Widerstände entstehen häufig durch Gesetze oder politische Maßnahmen, die LGBTQ+-Rechte einschränken. Beispiele hierfür sind Gesetze, die die Ehe für gleichgeschlechtliche Paare verbieten, oder Regelungen, die den Zugang zu Gesundheitsdiensten für Transgender-Personen einschränken. Aktivisten müssen sich oft in politischen Kämpfen engagieren, um solche Gesetze zu ändern.

- **Institutioneller Widerstand:** Dieser Widerstand kommt von Organisationen oder Institutionen, die sich gegen Veränderungen sträuben, die die Rechte von LGBTQ+-Personen fördern könnten. Dies kann in Form von diskriminierenden Richtlinien oder Praktiken innerhalb von Bildungseinrichtungen, Unternehmen oder Gesundheitsdiensten geschehen.

Strategien zum Umgang mit Widerstand

Aktivisten wie Renato Perez haben verschiedene Strategien entwickelt, um mit Widerstand umzugehen:

1. **Bildung und Aufklärung:** Eine der effektivsten Methoden, um Widerstand zu bekämpfen, ist die Aufklärung der Öffentlichkeit über LGBTQ+-Themen. Durch Workshops, Vorträge und soziale Medien können Aktivisten Missverständnisse und Vorurteile abbauen. Renato hat oft betont, dass Bildung der Schlüssel zur Veränderung ist.

2. **Solidarität und Gemeinschaft:** Der Aufbau einer unterstützenden Gemeinschaft ist entscheidend. Durch Netzwerke und Partnerschaften mit anderen Aktivisten und Organisationen können Einzelne stärkeren Widerstand besser bewältigen. Die Unterstützung durch Gleichgesinnte gibt den Aktivisten nicht nur Kraft, sondern auch eine Stimme, die gehört wird.

3. **Strategische Kommunikation:** Die Art und Weise, wie Aktivisten ihre Botschaften kommunizieren, kann den Widerstand beeinflussen. Durch den Einsatz von positiven Narrativen und persönlichen Geschichten können Aktivisten Empathie und Verständnis fördern. Renato hat oft seine persönlichen Erfahrungen geteilt, um die Menschen emotional zu erreichen und Widerstand zu verringern.

4. **Rechtlicher Schutz:** Der rechtliche Schutz von LGBTQ+-Rechten ist ein weiterer wichtiger Aspekt im Umgang mit Widerstand. Aktivisten arbeiten

oft mit Anwälten und Organisationen zusammen, um sicherzustellen, dass Gesetze, die Diskriminierung fördern, angefochten werden. Renato hat an mehreren Kampagnen teilgenommen, um gesetzliche Änderungen zu fordern, die den Schutz von LGBTQ+-Rechten verstärken.

5. **Resilienz entwickeln:** Resilienz ist eine entscheidende Fähigkeit für Aktivisten. Der Umgang mit Widerstand kann emotional belastend sein, und es ist wichtig, Strategien zur Stressbewältigung und Selbstpflege zu entwickeln. Renato hat betont, dass die Pflege der eigenen psychischen Gesundheit und das Finden von Ruhe in schwierigen Zeiten entscheidend sind, um langfristig aktiv zu bleiben.

Beispiele für den Umgang mit Widerstand

Ein bemerkenswertes Beispiel für den Umgang mit Widerstand ist Renatos Teilnahme an einer Protestaktion gegen ein diskriminierendes Gesetz, das den Zugang zu Gesundheitsdiensten für Transgender-Personen einschränkte. Trotz der Bedrohungen und des Widerstands, dem er während der Proteste ausgesetzt war, blieb Renato standhaft und nutzte die Gelegenheit, um die Öffentlichkeit über die Bedeutung des Zugangs zu Gesundheitsdiensten für alle Menschen aufzuklären. Seine Fähigkeit, mit Widerstand umzugehen und gleichzeitig seine Botschaft klar zu kommunizieren, inspirierte viele andere, sich ebenfalls zu engagieren.

Ein weiteres Beispiel ist Renatos Nutzung sozialer Medien, um auf Diskriminierung aufmerksam zu machen. Er hat Plattformen wie Instagram und Twitter genutzt, um sowohl positive Erfahrungen als auch Herausforderungen zu teilen, die er als Transgender-Schauspieler erlebt hat. Durch seine Offenheit konnte er nicht nur seine Anhänger informieren, sondern auch eine breitere Diskussion über die Herausforderungen von LGBTQ+-Personen anstoßen.

Fazit

Der Umgang mit Widerstand ist eine unvermeidliche Realität für Aktivisten in der LGBTQ+-Bewegung. Indem sie verschiedene Strategien anwenden, um mit Widerstand umzugehen, können Aktivisten wie Renato Perez nicht nur ihre eigenen Erfahrungen bewältigen, sondern auch einen positiven Einfluss auf die Gesellschaft ausüben. Der Schlüssel liegt in der Bildung, der Schaffung von Gemeinschaften und der strategischen Kommunikation, um Vorurteile abzubauen und für Gleichheit und Gerechtigkeit einzutreten.

Die Bedeutung von Resilienz

Resilienz, oft als die Fähigkeit beschrieben, sich von Schwierigkeiten zu erholen und sich an Herausforderungen anzupassen, spielt eine zentrale Rolle im Leben von Aktivisten, insbesondere in der LGBTQ+-Gemeinschaft. Diese Fähigkeit ist entscheidend, um die vielfältigen Herausforderungen zu bewältigen, die mit Diskriminierung, Vorurteilen und gesellschaftlicher Ablehnung einhergehen. In diesem Abschnitt werden wir die theoretischen Grundlagen der Resilienz, die damit verbundenen Herausforderungen und einige praktische Beispiele untersuchen.

Theoretische Grundlagen der Resilienz

Resilienz wird häufig als ein dynamischer Prozess betrachtet, der es Individuen ermöglicht, sich erfolgreich an widrige Umstände anzupassen. Laut [1] ist Resilienz nicht nur die Abwesenheit von psychischen Problemen, sondern auch die Fähigkeit, sich positiv zu entwickeln, trotz widriger Umstände. Es gibt mehrere Schlüsselfaktoren, die zur Resilienz beitragen:

- **Soziale Unterstützung:** Ein starkes Netzwerk von Freunden, Familie und Gleichgesinnten kann den Druck mindern und emotionale Unterstützung bieten.

- **Selbstwirksamkeit:** Das Vertrauen in die eigene Fähigkeit, Herausforderungen zu meistern, ist ein wichtiger Bestandteil der Resilienz. [2] beschreibt Selbstwirksamkeit als den Glauben an die eigenen Fähigkeiten, bestimmte Handlungen erfolgreich auszuführen.

- **Positive Einstellung:** Eine optimistische Sichtweise kann helfen, Herausforderungen als Chancen für Wachstum zu betrachten, anstatt als unüberwindbare Hindernisse.

Herausforderungen für die Resilienz

Trotz der Bedeutung von Resilienz sehen sich LGBTQ+-Aktivisten oft mit spezifischen Herausforderungen konfrontiert, die ihre Fähigkeit zur Resilienz beeinträchtigen können. Dazu gehören:

- **Diskriminierung und Vorurteile:** Aktive Diskriminierung, sei es in Form von verbalen Angriffen oder systematischer Benachteiligung, kann das Selbstwertgefühl und die psychische Gesundheit erheblich beeinträchtigen.

[1] spricht von „minority stress", einem chronischen Stress, der aus der Erfahrung von Diskriminierung resultiert.

- **Isolation:** Viele LGBTQ+-Personen erleben soziale Isolation, insbesondere in weniger akzeptierenden Umgebungen. Diese Isolation kann das Gefühl der Zugehörigkeit und Unterstützung verringern, was die Resilienz schwächt.

- **Psychische Gesundheit:** Hohe Raten von Depressionen und Angststörungen innerhalb der LGBTQ+-Gemeinschaft können die Fähigkeit zur Resilienz weiter einschränken. [4] weist darauf hin, dass das Coming-Out und die damit verbundenen Herausforderungen oft zu psychischen Belastungen führen.

Praktische Beispiele für Resilienz

Um die Bedeutung von Resilienz zu verdeutlichen, betrachten wir einige Beispiele von LGBTQ+-Aktivisten, die durch Resilienz beeindruckende Erfolge erzielt haben:

- **Renato Perez:** Als trans-Schauspieler hat Renato Perez nicht nur seine eigene Identität gefeiert, sondern auch zahlreiche Herausforderungen überwunden, die mit Diskriminierung und Vorurteilen verbunden sind. Durch seine Kunst hat er nicht nur sich selbst, sondern auch andere inspiriert, ihre Stimme zu erheben und für ihre Rechte zu kämpfen.

- **Marsha P. Johnson:** Eine der bekanntesten Figuren der LGBTQ+-Bewegung, Johnson, war eine herausragende Aktivistin, die sich für die Rechte von Transgender-Personen einsetzte. Trotz der ständigen Bedrohungen und Herausforderungen, denen sie gegenüberstand, blieb sie unermüdlich in ihrem Engagement für soziale Gerechtigkeit und Gleichheit.

- **RuPaul:** Der Drag-Performer und TV-Persönlichkeit RuPaul hat durch seine Karriere in der Unterhaltungsindustrie nicht nur eine Plattform für LGBTQ+-Repräsentation geschaffen, sondern auch gezeigt, wie wichtig es ist, sich selbst treu zu bleiben und trotz Widerständen erfolgreich zu sein.

Fazit

Die Bedeutung von Resilienz kann nicht genug betont werden, insbesondere für LGBTQ+-Aktivisten, die sich in einem oft feindlichen Umfeld bewegen. Resilienz ermöglicht es diesen Individuen, nicht nur zu überleben, sondern auch zu gedeihen und ihre Stimmen in der Gesellschaft zu erheben. Durch soziale Unterstützung, Selbstwirksamkeit und eine positive Einstellung können Aktivisten die Herausforderungen, die ihnen begegnen, meistern und letztlich einen bedeutenden Einfluss auf die Gesellschaft ausüben.

Bibliography

[1] Masten, A. S. (2001). Ordinary magic: Resilience processes in development. *American Psychologist*, 56(3), 227-238.

[2] Bandura, A. (1997). Self-efficacy: The exercise of control. *New York: W.H. Freeman*.

[3] Meyer, I. H. (2003). Prejudice, social stress, and mental health in gay men. *American Psychologist*, 58(5), 168-179.

[4] Budge, S. L., Adelson, J. L., & Howard, K. A. (2013). Anxiety and depression in transgender individuals: The roles of social support and social identity. *Journal of Consulting and Clinical Psychology*, 81(3), 545-557.

Die Rolle von Verbündeten

Im Kontext des Aktivismus für LGBTQ+-Rechte spielt die Rolle von Verbündeten eine entscheidende Rolle. Verbündete sind Personen, die sich solidarisch mit einer marginalisierten Gruppe identifizieren, ohne selbst Teil dieser Gruppe zu sein. Ihre Unterstützung kann entscheidend sein, um gesellschaftliche Veränderungen herbeizuführen und Diskriminierung abzubauen. In diesem Abschnitt werden wir die Bedeutung von Verbündeten, die Herausforderungen, die sie möglicherweise erleben, und einige konkrete Beispiele für erfolgreiche Unterstützung untersuchen.

Die Bedeutung von Verbündeten

Verbündete tragen dazu bei, die Sichtbarkeit von LGBTQ+-Anliegen zu erhöhen und eine breitere Öffentlichkeit für die Herausforderungen zu sensibilisieren, mit denen diese Gemeinschaft konfrontiert ist. Sie können in verschiedenen Bereichen aktiv werden, sei es in der Politik, in der Bildung oder in der Kunst. Ihre Stimme hat das Potenzial, Veränderungen zu bewirken, indem sie Vorurteile und Diskriminierung anprangern und für Gleichheit und Gerechtigkeit eintreten.

Die Unterstützung von Verbündeten kann auch dazu beitragen, das Gefühl der Isolation innerhalb der LGBTQ+-Gemeinschaft zu verringern. Wenn Menschen außerhalb der Gemeinschaft sich für die Rechte von LGBTQ+-Personen einsetzen, wird das Gefühl der Akzeptanz und des Verständnisses gestärkt. Dies kann besonders wichtig sein für junge Menschen, die möglicherweise noch nicht bereit sind, sich zu outen oder sich in ihrer Identität sicher fühlen.

Herausforderungen für Verbündete

Trotz der positiven Rolle, die Verbündete spielen können, stehen sie auch vor Herausforderungen. Eine der größten Hürden ist das Risiko der Tokenisierung. Oftmals werden Verbündete nur dann gehört, wenn sie als „Sprecher" für die LGBTQ+-Gemeinschaft auftreten, anstatt ihre Stimmen zu nutzen, um die tatsächlichen Anliegen und Perspektiven dieser Gemeinschaft zu vermitteln. Dies kann zu einer Verzerrung der Botschaft führen und das Gefühl der Eigenverantwortung untergraben.

Ein weiteres Problem ist die Möglichkeit, dass Verbündete in ihrer Unterstützung als nicht authentisch wahrgenommen werden. Es ist wichtig, dass sie sich nicht nur in öffentlichen Foren äußern, sondern auch in ihrem persönlichen Umfeld aktiv gegen Diskriminierung vorgehen. Dies erfordert Mut und die Bereitschaft, in schwierigen Gesprächen zu intervenieren.

Beispiele für erfolgreiche Unterstützung

Es gibt zahlreiche Beispiele für Verbündete, die einen positiven Einfluss auf die LGBTQ+-Bewegung ausgeübt haben. Eine herausragende Figur ist der Schauspieler *Neil Patrick Harris*, der sich aktiv für LGBTQ+-Rechte einsetzt und durch seine öffentliche Präsenz und seinen Einfluss in der Unterhaltungsindustrie eine Stimme für die Gemeinschaft geworden ist. Er hat nicht nur seine eigene Geschichte geteilt, sondern auch andere ermutigt, ihre Identität zu leben und sich für ihre Rechte einzusetzen.

Ein weiteres Beispiel ist die *Human Rights Campaign*, eine der größten Organisationen für LGBTQ+-Rechte in den USA. Diese Organisation hat zahlreiche Verbündete mobilisiert, um für Gleichheit zu kämpfen und Diskriminierung zu bekämpfen. Ihre Kampagnen haben dazu beigetragen, das

Bewusstsein in der breiten Öffentlichkeit zu schärfen und politische Veränderungen zu fördern.

Schlussfolgerung

Die Rolle von Verbündeten im Aktivismus ist unverzichtbar. Sie bringen nicht nur zusätzliche Stimmen und Perspektiven in die Bewegung, sondern helfen auch, Barrieren abzubauen und den Weg für eine gerechtere Gesellschaft zu ebnen. Es ist jedoch wichtig, dass Verbündete sich ihrer Verantwortung bewusst sind und aktiv daran arbeiten, die Anliegen der LGBTQ+-Gemeinschaft zu unterstützen, ohne sich selbst ins Rampenlicht zu stellen. Nur durch echte Solidarität und Engagement kann eine nachhaltige Veränderung erreicht werden, die alle Mitglieder der Gesellschaft einbezieht.

$$\text{Einheit in Vielfalt} = \sum_{i=1}^{n} \text{Stimmen der Verbündeten} + \text{Stimmen der LGBTQ+-Gemeinsc} \tag{68}$$

Diese Gleichung verdeutlicht, dass die Kraft des Aktivismus in der Kombination der Stimmen aller Beteiligten liegt. Gemeinsam können Verbündete und die LGBTQ+-Gemeinschaft eine starke Front bilden, um Gleichheit und Akzeptanz zu fördern.

Der Einfluss von sozialen Medien auf den Aktivismus

In der heutigen digitalen Ära haben soziale Medien eine transformative Rolle im Aktivismus übernommen. Sie bieten nicht nur eine Plattform für die Verbreitung von Informationen, sondern auch für die Mobilisierung von Unterstützern und die Schaffung von Gemeinschaften. Der Einfluss von sozialen Medien auf den Aktivismus kann in mehreren Schlüsselbereichen analysiert werden.

Schnelligkeit und Reichweite

Soziale Medien ermöglichen eine sofortige Verbreitung von Informationen. Nachrichten über gesellschaftliche Missstände oder bevorstehende Proteste können in Sekundenschnelle an ein weltweites Publikum gesendet werden. Dies steht im Gegensatz zu traditionellen Medien, die oft langsamer sind und eine begrenzte Reichweite haben. Ein Beispiel hierfür ist die #BlackLivesMatter-Bewegung, die durch Twitter und Facebook an Schwung gewann, nachdem die Tötung von George Floyd im Jahr 2020 viral ging. Die

Hashtags und Posts mobilisierten Millionen von Menschen auf der ganzen Welt und führten zu massiven Protesten und Forderungen nach Gerechtigkeit.

Vernetzung und Gemeinschaftsbildung

Soziale Medien ermöglichen es Aktivisten, Gleichgesinnte zu finden und Netzwerke zu bilden, die über geografische Grenzen hinweg bestehen. Plattformen wie Instagram, Twitter und Facebook fördern den Austausch von Ideen und Strategien und helfen, Gemeinschaften zu schaffen, die sich für ähnliche Ziele einsetzen. Diese Vernetzung ist besonders wichtig für marginalisierte Gruppen, die möglicherweise in ihrer physischen Umgebung keine Unterstützung finden. Ein Beispiel ist die LGBTQ+-Bewegung, die durch soziale Medien eine globale Gemeinschaft bilden konnte, die sich gegenseitig unterstützt und ermutigt.

Sichtbarkeit und Repräsentation

Soziale Medien bieten eine Plattform für unterrepräsentierte Stimmen, die in traditionellen Medien oft ignoriert werden. Aktivisten können ihre Geschichten und Perspektiven teilen, was zu einer größeren Sichtbarkeit von Themen führt, die oft übersehen werden. Diese Sichtbarkeit ist entscheidend für das Bewusstsein und die Sensibilisierung der Öffentlichkeit. Ein Beispiel hierfür ist die #MeToo-Bewegung, die durch soziale Medien an Bedeutung gewann und es Überlebenden von sexuellem Missbrauch ermöglichte, ihre Geschichten zu teilen und eine breitere Diskussion über sexuelle Gewalt zu initiieren.

Herausforderungen und Risiken

Trotz der Vorteile, die soziale Medien bieten, gibt es auch Herausforderungen und Risiken. Die Verbreitung von Fehlinformationen ist ein ernstes Problem, das den Aktivismus untergraben kann. Falsche Informationen können zu Missverständnissen führen und die Glaubwürdigkeit von Bewegungen gefährden. Zudem können Aktivisten, die sich in sozialen Medien äußern, Ziel von Online-Mobbing, Bedrohungen und sogar physischer Gewalt werden. Die Anonymität des Internets kann dazu führen, dass Menschen sich ungestraft beleidigend oder verletzend verhalten.

Theoretische Perspektiven

Die Rolle sozialer Medien im Aktivismus kann auch durch verschiedene theoretische Rahmenbedingungen betrachtet werden. *Die Netzwerktheorie* legt nahe, dass soziale Bewegungen durch die Schaffung von Netzwerken und Verbindungen zwischen Individuen und Gruppen gestärkt werden. Diese Theorie betont, dass soziale Medien als Katalysator für den Austausch von Ressourcen und Informationen fungieren, was die Effizienz und Wirkung von Aktivismus erhöht.

Ein weiteres relevantes Konzept ist *die Theorie der sozialen Identität*, die darauf hinweist, dass Menschen sich mit Gruppen identifizieren, die ähnliche Überzeugungen und Werte vertreten. Soziale Medien bieten eine Plattform, um diese Identitäten zu stärken und Gemeinschaften zu bilden, die sich für gemeinsame Ziele einsetzen.

Fazit

Zusammenfassend lässt sich sagen, dass soziale Medien einen erheblichen Einfluss auf den Aktivismus haben. Sie ermöglichen eine schnellere Verbreitung von Informationen, fördern die Vernetzung und Sichtbarkeit von marginalisierten Stimmen und schaffen Gemeinschaften, die sich für soziale Gerechtigkeit einsetzen. Dennoch müssen Aktivisten sich der Herausforderungen und Risiken bewusst sein, die mit der Nutzung dieser Plattformen verbunden sind. Die Zukunft des Aktivismus wird zunehmend von der Fähigkeit abhängen, soziale Medien effektiv und verantwortungsbewusst zu nutzen, um positive Veränderungen in der Gesellschaft zu bewirken.

Die Herausforderungen von Finanzierung und Ressourcen

Die Finanzierung und der Zugang zu Ressourcen sind entscheidende Faktoren für den Erfolg von Aktivismus und sozialen Bewegungen. In der Welt des Aktivismus, insbesondere im LGBTQ+-Bereich, stehen viele Organisationen und Einzelpersonen vor erheblichen Herausforderungen, wenn es darum geht, die nötigen Mittel zu beschaffen, um ihre Projekte und Initiativen zu realisieren. Diese Herausforderungen können in verschiedene Kategorien unterteilt werden, darunter finanzielle Unsicherheiten, unzureichende staatliche Unterstützung, der Einfluss von Sponsoren und die Notwendigkeit von nachhaltigen Finanzierungsmodellen.

Finanzielle Unsicherheiten

Eine der größten Hürden im Aktivismus ist die Unsicherheit in Bezug auf die Finanzierung. Viele Organisationen sind auf Spenden und Fördermittel angewiesen, die oft unregelmäßig und unvorhersehbar sind. Diese Unsicherheiten können dazu führen, dass Projekte verschoben oder ganz eingestellt werden müssen. Laut einer Studie der *LGBTQ+ Activism Research Group* gaben 65% der Befragten an, dass finanzielle Unsicherheiten ihre Fähigkeit beeinträchtigen, langfristige Projekte zu planen und durchzuführen.

$$\text{Finanzierungsbedarf} = \text{Betriebskosten} + \text{Projektkosten} + \text{Notfallreserven} \quad (69)$$

Die Berechnung des Finanzierungsbedarfs ist oft schwierig, da viele Organisationen nicht über die notwendigen Ressourcen verfügen, um eine umfassende Finanzplanung durchzuführen. Dies führt zu einer Abhängigkeit von kurzfristigen Lösungen, die langfristige Erfolge gefährden können.

Unzureichende staatliche Unterstützung

Ein weiterer bedeutender Faktor ist die unzureichende staatliche Unterstützung für LGBTQ+-Organisationen. In vielen Ländern gibt es zwar gesetzliche Rahmenbedingungen, die die Rechte von LGBTQ+-Personen schützen, jedoch fehlt es oft an konkreten finanziellen Mitteln zur Unterstützung von Initiativen, die sich für diese Rechte einsetzen. Dies führt zu einer Situation, in der Organisationen gezwungen sind, sich auf private Spenden zu verlassen, was die oben genannten Unsicherheiten verstärkt.

Beispielsweise zeigt der Bericht der *International LGBTQ+ Rights Coalition*, dass in Ländern mit restriktiven Gesetzen gegen LGBTQ+-Rechte die staatliche Finanzierung für entsprechende Organisationen nahezu nicht existent ist. Dies hat zur Folge, dass viele Initiativen nicht die notwendige Unterstützung erhalten, um ihre Arbeit effektiv zu leisten.

Der Einfluss von Sponsoren

Die Suche nach Sponsoren kann sowohl eine Chance als auch eine Herausforderung darstellen. Während Sponsoren oft dringend benötigte finanzielle Mittel bereitstellen, können sie auch Bedingungen an ihre Unterstützung knüpfen, die den Aktivismus einschränken oder verändern. Viele Organisationen sehen sich gezwungen, ihre Botschaften oder Strategien anzupassen, um die Zustimmung potenzieller Sponsoren zu gewinnen. Dies kann zu einem Verlust der Authentizität und der ursprünglichen Ziele führen.

Ein Beispiel hierfür ist die *Pride Parade* in vielen Städten, die zunehmend von großen Unternehmen gesponsert wird. Während diese Unternehmen finanzielle Unterstützung bieten, kritisieren Aktivisten, dass die kommerzielle Ausrichtung der Veranstaltungen oft von den ursprünglichen politischen Zielen ablenkt. Dies führt zu einer Debatte über die Ethik der Sponsoren und die Frage, wie viel Einfluss sie auf die Agenda von LGBTQ+-Veranstaltungen haben sollten.

Nachhaltige Finanzierungsmodelle

Um den Herausforderungen der Finanzierung zu begegnen, ist es entscheidend, nachhaltige Finanzierungsmodelle zu entwickeln. Diese Modelle sollten darauf abzielen, eine langfristige finanzielle Stabilität zu gewährleisten, um die Kontinuität der Projekte sicherzustellen. Einige Organisationen haben begonnen, alternative Finanzierungsquellen zu erkunden, wie z.B. Crowdfunding, soziale Unternehmenspartnerschaften und die Entwicklung von Dienstleistungen, die Einnahmen generieren können.

Ein vielversprechendes Beispiel ist die *Transgender Fundraising Initiative*, die es LGBTQ+-Organisationen ermöglicht, durch Crowdfunding-Plattformen gezielt Mittel zu beschaffen. Diese Initiative hat gezeigt, dass es möglich ist, eine engagierte Gemeinschaft zu mobilisieren, die bereit ist, finanziell zu unterstützen, wenn sie die Ziele und Werte der Organisationen nachvollziehen kann.

Zusammenfassung

Zusammenfassend lässt sich sagen, dass die Herausforderungen von Finanzierung und Ressourcen im Aktivismus für LGBTQ+-Rechte vielschichtig sind. Finanzielle Unsicherheiten, unzureichende staatliche Unterstützung, der Einfluss von Sponsoren und die Notwendigkeit nachhaltiger Finanzierungsmodelle sind zentrale Themen, die es zu adressieren gilt. Um die Effektivität und Nachhaltigkeit von Initiativen zu gewährleisten, müssen Aktivisten innovative Wege finden, um ihre Projekte zu finanzieren und ihre Botschaften authentisch zu kommunizieren. Nur durch eine Kombination aus kreativen Finanzierungsstrategien und der Schaffung eines stabilen Unterstützungsnetzwerks können die Herausforderungen erfolgreich bewältigt werden.

Die Auswirkungen von Diskriminierung auf Aktivisten

Diskriminierung hat tiefgreifende Auswirkungen auf Aktivisten, insbesondere auf jene, die sich für die Rechte von LGBTQ+-Personen einsetzen. Diese Auswirkungen sind sowohl psychologisch als auch gesellschaftlich und können die Effektivität und das Engagement von Aktivisten erheblich beeinträchtigen. In diesem Abschnitt untersuchen wir die verschiedenen Dimensionen der Diskriminierung, die Herausforderungen, denen Aktivisten gegenüberstehen, und die Mechanismen, die zur Bewältigung dieser Herausforderungen eingesetzt werden.

Psychologische Auswirkungen

Aktivisten, die Diskriminierung erfahren, sei es aufgrund ihrer Geschlechtsidentität, sexuellen Orientierung oder anderer Merkmale, sind häufig mit einer Vielzahl psychologischer Probleme konfrontiert. Studien zeigen, dass Diskriminierung zu erhöhtem Stress, Angstzuständen und Depressionen führen kann. Laut der *American Psychological Association* (APA) sind die psychischen Gesundheitsprobleme bei LGBTQ+-Aktivisten signifikant höher als in der allgemeinen Bevölkerung.

$$\text{Psychische Gesundheit} = f(\text{Diskriminierung}, \text{Unterstützung}, \text{Ressourcen}) \quad (70)$$

Hierbei ist f eine Funktion, die zeigt, dass die psychische Gesundheit negativ von Diskriminierung beeinflusst wird, während Unterstützung und Ressourcen positive Effekte haben können.

Gesellschaftliche Auswirkungen

Die gesellschaftlichen Auswirkungen von Diskriminierung auf Aktivisten sind ebenso gravierend. Diskriminierung kann zu einem Rückzug aus dem Aktivismus führen, da Betroffene das Gefühl haben, dass ihre Stimme nicht gehört oder respektiert wird. Dies kann die Sichtbarkeit und Repräsentation von LGBTQ+-Themen in der Gesellschaft verringern.

Ein Beispiel hierfür ist die Erfahrung von *Marsha P. Johnson*, einer prominenten Aktivistin der LGBTQ+-Bewegung, die in den 1960er Jahren Diskriminierung erlebte. Ihre Kämpfe verdeutlichten die Notwendigkeit, sich gegen gesellschaftliche Normen zu wehren, doch die Diskriminierung, die sie erfuhr, führte oft zu Isolation und Rückschlägen in ihrer Aktivismusarbeit.

Herausforderungen im Aktivismus

Aktivisten, die Diskriminierung erleben, stehen vor spezifischen Herausforderungen, die ihre Arbeit erschweren:

- **Ressourcenschwäche:** Diskriminierung kann dazu führen, dass Aktivisten weniger Zugang zu finanziellen und sozialen Ressourcen haben. Dies erschwert die Organisation von Veranstaltungen, Kampagnen oder Bildungsinitiativen.

- **Rechtliche Hürden:** In vielen Ländern sind Gesetze, die Diskriminierung aufgrund der sexuellen Orientierung oder Geschlechtsidentität verbieten, unzureichend oder nicht vorhanden. Aktivisten sehen sich oft rechtlichen Schwierigkeiten gegenüber, die ihre Arbeit behindern.

- **Gesellschaftliche Stigmatisierung:** Diskriminierung führt zu einem gesellschaftlichen Klima, in dem Aktivisten oft stigmatisiert oder als „anders" betrachtet werden. Dies kann zu einer Verringerung der Unterstützung aus der breiteren Gemeinschaft führen.

Bewältigungsmechanismen

Um mit den Auswirkungen von Diskriminierung umzugehen, entwickeln Aktivisten verschiedene Bewältigungsmechanismen:

- **Gemeinschaftsbildung:** Die Bildung von unterstützenden Netzwerken und Gemeinschaften ist entscheidend. Diese Gruppen bieten nicht nur emotionale Unterstützung, sondern auch praktische Ressourcen, um die Herausforderungen des Aktivismus zu bewältigen.

- **Selbstfürsorge:** Aktivisten lernen zunehmend, die Bedeutung von Selbstfürsorge zu erkennen. Praktiken wie Meditation, Therapie und kreative Ausdrucksformen können helfen, die psychischen Belastungen zu lindern.

- **Bildung und Aufklärung:** Aktivisten nutzen Bildung als Werkzeug, um Vorurteile abzubauen und das Bewusstsein für Diskriminierung zu schärfen. Durch Workshops und öffentliche Auftritte versuchen sie, die Gesellschaft zu sensibilisieren und ein besseres Verständnis für LGBTQ+-Themen zu fördern.

Schlussfolgerung

Die Auswirkungen von Diskriminierung auf Aktivisten sind vielschichtig und tiefgreifend. Sie reichen von psychologischen Problemen über gesellschaftliche Herausforderungen bis hin zu spezifischen Hürden im Aktivismus. Dennoch zeigen die Resilienz und die Kreativität der Aktivisten, dass trotz dieser Schwierigkeiten Fortschritte möglich sind. Die Schaffung von unterstützenden

Gemeinschaften und die Förderung von Selbstfürsorge sind entscheidende Schritte, um die negativen Auswirkungen von Diskriminierung zu mildern und die Stimme der LGBTQ+-Gemeinschaft zu stärken.

$$\text{Erfolg im Aktivismus} = f(\text{Resilienz}, \text{Gemeinschaft}, \text{Bildung}) \quad (71)$$

In dieser Gleichung zeigt sich, dass der Erfolg im Aktivismus nicht nur von der individuellen Resilienz abhängt, sondern auch stark von der Unterstützung durch Gemeinschaften und Bildung. Die Herausforderungen sind groß, aber die Möglichkeiten zur Veränderung sind noch größer.

Die Rolle von Bildung im Aktivismus

Bildung spielt eine entscheidende Rolle im Aktivismus, insbesondere in der LGBTQ+-Bewegung, da sie sowohl das Bewusstsein für soziale Ungerechtigkeiten schärft als auch die Fähigkeiten vermittelt, die notwendig sind, um Veränderungen herbeizuführen. In diesem Abschnitt werden wir die verschiedenen Facetten der Bildung im Kontext des Aktivismus untersuchen, einschließlich ihrer theoretischen Grundlagen, der Herausforderungen, mit denen Aktivisten konfrontiert sind, und konkreten Beispielen, die die Bedeutung von Bildung verdeutlichen.

Theoretische Grundlagen

Die Rolle von Bildung im Aktivismus kann durch verschiedene theoretische Ansätze beleuchtet werden. Ein zentraler Aspekt ist das Konzept der *kritischen Pädagogik*, das von Theoretikern wie Paulo Freire geprägt wurde. Freire argumentiert, dass Bildung nicht nur ein Mittel zur Wissensvermittlung ist, sondern auch ein Werkzeug zur Befreiung und zur Förderung des kritischen Denkens. In seinem Werk *Pädagogik der Unterdrückten* beschreibt er, wie Bildung als ein Dialog zwischen Lehrer und Schüler fungieren sollte, der die Teilnehmenden dazu anregt, die sozialen und politischen Strukturen, die Ungerechtigkeit hervorrufen, zu hinterfragen.

$$\text{Bildung} = \text{Wissen} + \text{Kritisches Denken} + \text{Handlungsfähigkeit} \quad (72)$$

Diese Gleichung verdeutlicht, dass Bildung nicht nur das Ansammeln von Wissen umfasst, sondern auch die Entwicklung von Fähigkeiten und die Motivation, aktiv zu werden. Bildung im Aktivismus zielt darauf ab, Individuen zu befähigen, ihre Stimmen zu erheben und sich für Veränderungen einzusetzen.

Herausforderungen im Bildungsbereich

Trotz der positiven Auswirkungen von Bildung im Aktivismus gibt es zahlreiche Herausforderungen, die es zu bewältigen gilt. Eine der größten Herausforderungen ist der Zugang zu Bildung. In vielen Regionen der Welt, insbesondere in ländlichen oder benachteiligten Gebieten, haben LGBTQ+-Personen oft keinen Zugang zu qualitativ hochwertiger Bildung. Dies kann zu einem Mangel an Wissen über ihre Rechte und die Möglichkeiten führen, sich für diese einzusetzen.

Ein weiteres Problem ist die *institutionelle Diskriminierung*, die sich in Bildungseinrichtungen manifestieren kann. LGBTQ+-Schülerinnen und -Schüler erleben häufig Mobbing, Diskriminierung und ein feindliches Umfeld, was ihre Bildungs- und Aktivismusbemühungen beeinträchtigt. Diese Erfahrungen können das Selbstwertgefühl und die Motivation, aktiv zu werden, erheblich mindern.

Beispiele für Bildungsinitiativen im Aktivismus

Es gibt zahlreiche Bildungsinitiativen, die darauf abzielen, LGBTQ+-Personen zu empowern und ihnen die Werkzeuge zu geben, die sie benötigen, um aktiv zu werden. Ein Beispiel ist die Organisation *GLSEN* (Gay, Lesbian and Straight Education Network), die sich für ein sicheres und respektvolles Lernumfeld für LGBTQ+-Schülerinnen und -Schüler einsetzt. GLSEN bietet Schulungen für Lehrkräfte an, um ein inklusives Klassenzimmer zu schaffen und Diskriminierung abzubauen.

Ein weiteres Beispiel ist das *LGBTQ+ Youth Empowerment Program*, das Workshops und Schulungen anbietet, um jungen Menschen die Fähigkeiten zu vermitteln, die sie benötigen, um sich für ihre Rechte einzusetzen. Diese Programme fördern nicht nur das Wissen über LGBTQ+-Themen, sondern auch die Entwicklung von Führungsqualitäten und das Selbstbewusstsein, um aktiv zu werden.

Die Verbindung zwischen Bildung und Aktivismus

Die Verbindung zwischen Bildung und Aktivismus ist klar: Bildung ermöglicht es Individuen, informierte Entscheidungen zu treffen und sich aktiv in ihre Gemeinschaften einzubringen. Durch den Zugang zu Bildung können Menschen nicht nur ihre eigenen Erfahrungen und Identitäten besser verstehen, sondern auch die Strukturen, die Ungerechtigkeit hervorrufen, hinterfragen.

Darüber hinaus fördert Bildung das Verständnis für intersektionale Themen, die für viele Aktivisten von Bedeutung sind. Intersektionalität, ein Konzept, das von Kimberlé Crenshaw geprägt wurde, beschreibt, wie verschiedene soziale

Kategorien wie Geschlecht, Rasse, sexuelle Orientierung und Klasse miteinander interagieren und sich gegenseitig beeinflussen. Ein besseres Verständnis dieser Konzepte kann Aktivisten helfen, ihre Ansätze zu diversifizieren und inklusivere Strategien zu entwickeln.

Fazit

Zusammenfassend lässt sich sagen, dass Bildung eine fundamentale Rolle im Aktivismus spielt, indem sie das Bewusstsein schärft, Fähigkeiten vermittelt und die Motivation fördert, sich für soziale Gerechtigkeit einzusetzen. Trotz der Herausforderungen, die im Bildungsbereich bestehen, gibt es zahlreiche Initiativen, die darauf abzielen, LGBTQ+-Personen zu empowern und ihnen die Werkzeuge zu geben, die sie benötigen, um Veränderungen herbeizuführen. Bildung ist nicht nur ein Schlüssel zu persönlichem Wachstum, sondern auch ein unverzichtbares Werkzeug im Kampf für Gleichheit und Gerechtigkeit.

Der Einfluss von persönlichen Erfahrungen

Persönliche Erfahrungen spielen eine entscheidende Rolle im Aktivismus und in der Identitätsfindung, insbesondere für LGBTQ+-Aktivisten wie Renato Perez. Diese Erfahrungen formen nicht nur das individuelle Verständnis von Identität, sondern beeinflussen auch die Art und Weise, wie Aktivisten ihre Botschaften kommunizieren und wie sie sich in der Gesellschaft positionieren. In diesem Abschnitt untersuchen wir die verschiedenen Dimensionen, wie persönliche Erfahrungen den Aktivismus prägen.

Die Prägung durch Kindheit und Jugend

Die Kindheit und Jugend sind prägende Phasen, in denen viele LGBTQ+-Individuen mit Fragen der Identität, Akzeptanz und Diskriminierung konfrontiert werden. Renato Perez wuchs in einem Umfeld auf, das sowohl unterstützend als auch herausfordernd war. Diese duale Erfahrung half ihm, ein tiefes Verständnis für die Komplexität der Geschlechtsidentität zu entwickeln. Die Herausforderungen, die er in seiner Jugend erlebte, wie Mobbing und das Streben nach Akzeptanz, führten zu einem starken Wunsch, anderen zu helfen, die ähnliche Kämpfe durchleben.

Die Rolle von Trauma und Resilienz

Traumatische Erfahrungen, wie Diskriminierung und Ablehnung, können tiefgreifende Auswirkungen auf die psychische Gesundheit und das Selbstwertgefühl haben. Studien zeigen, dass LGBTQ+-Personen, die Diskriminierung erfahren haben, ein höheres Risiko für psychische Erkrankungen aufweisen. Renato nutzte seine eigenen Erfahrungen mit Trauma, um Resilienz zu entwickeln und sich für die Rechte anderer einzusetzen. Er erkannte, dass die Überwindung von Hindernissen nicht nur seine persönliche Stärke stärkt, sondern auch als Inspiration für andere dienen kann.

Einfluss von Vorbildern und Mentoren

Die Begegnung mit Vorbildern kann einen erheblichen Einfluss auf die persönliche und berufliche Entwicklung haben. Für Renato waren Künstler und Aktivisten, die offen über ihre eigenen Erfahrungen sprachen, eine Quelle der Inspiration. Diese Vorbilder halfen ihm, seine Identität zu akzeptieren und ermutigten ihn, selbst aktiv zu werden. Die Theorie der sozialen Identität unterstützt diese Beobachtungen, indem sie zeigt, dass Individuen sich in Gruppen identifizieren, die ihre Erfahrungen widerspiegeln, was zu einem Gefühl der Zugehörigkeit führt.

Kunst als Ausdruck persönlicher Erfahrungen

Kunst bietet eine Plattform, um persönliche Erfahrungen zu teilen und gesellschaftliche Themen anzusprechen. Renato nutzt seine Schauspielkunst, um Geschichten zu erzählen, die oft von seinen eigenen Erlebnissen inspiriert sind. Durch die Darstellung komplexer Charaktere, die mit Identitätsfragen kämpfen, schafft er eine Verbindung zu seinem Publikum und fördert das Verständnis für LGBTQ+-Themen. Die Verbindung zwischen Kunst und Aktivismus wird durch die Theorie des künstlerischen Ausdrucks gestärkt, die besagt, dass Kunst als Werkzeug zur Förderung sozialer Veränderungen dient.

Die Bedeutung von Gemeinschaftsarbeit

Persönliche Erfahrungen werden oft durch die Interaktion mit Gleichgesinnten verstärkt. In LGBTQ+-Gemeinschaften finden Individuen Unterstützung und Bestätigung, die ihnen helfen, ihre Identität zu akzeptieren. Renato engagiert sich aktiv in verschiedenen Gemeinschaftsprojekten, die darauf abzielen, das Bewusstsein für LGBTQ+-Themen zu schärfen. Die Gemeinschaftsarbeit ermöglicht es ihm, seine Erfahrungen zu teilen und gleichzeitig anderen zu helfen, ihre eigenen Herausforderungen zu bewältigen.

Herausforderungen der Sichtbarkeit

Obwohl persönliche Erfahrungen eine Quelle der Stärke sein können, bringen sie auch Herausforderungen mit sich, insbesondere in Bezug auf die Sichtbarkeit. Viele LGBTQ+-Aktivisten stehen unter Druck, ihre persönlichen Geschichten zu teilen, um als authentisch wahrgenommen zu werden. Diese Erwartung kann belastend sein und zu einem Gefühl der Entblößung führen. Renato hat oft betont, dass es wichtig ist, Grenzen zu setzen und zu entscheiden, welche Aspekte seiner Geschichte er teilen möchte. Diese Balance zwischen Sichtbarkeit und Privatsphäre ist entscheidend für das persönliche Wohlbefinden.

Der Einfluss von sozialen Medien

In der heutigen digitalen Welt haben soziale Medien einen tiefgreifenden Einfluss auf den Aktivismus. Plattformen wie Instagram und Twitter ermöglichen es Aktivisten, ihre persönlichen Erfahrungen mit einem breiten Publikum zu teilen. Renato nutzt soziale Medien, um seine Botschaften zu verbreiten und eine Community aufzubauen. Die Theorie der sozialen Medien zeigt, dass diese Plattformen nicht nur zur Verbreitung von Informationen, sondern auch zur Schaffung von Identität und Gemeinschaft beitragen.

Fallstudie: Renatos Aktivismus

Ein konkretes Beispiel für den Einfluss persönlicher Erfahrungen auf Renatos Aktivismus ist seine Kampagne zur Sensibilisierung für transidente Themen in Schulen. Durch seine eigenen Erfahrungen mit Diskriminierung und Mobbing in der Schule motiviert, entwickelte er Workshops, die Schüler und Lehrer über Geschlechtsidentität aufklären. Diese Initiative zeigt, wie persönliche Erlebnisse in konkrete Aktionen umgewandelt werden können, die das Leben anderer positiv beeinflussen.

Fazit

Zusammenfassend lässt sich sagen, dass persönliche Erfahrungen eine zentrale Rolle im Aktivismus spielen. Sie prägen nicht nur die individuelle Identität, sondern beeinflussen auch die Art und Weise, wie Aktivisten ihre Botschaften kommunizieren und sich für Veränderungen einsetzen. Renatos Geschichte ist ein

Beispiel dafür, wie persönliche Herausforderungen in eine Quelle der Stärke und Inspiration umgewandelt werden können. Der Einfluss von persönlichen Erfahrungen ist somit nicht nur ein individuelles Phänomen, sondern auch ein kollektives, das die LGBTQ+-Bewegung vorantreibt und die Gesellschaft insgesamt bereichert.

Ausblick

Die Auseinandersetzung mit persönlichen Erfahrungen wird auch in Zukunft eine wichtige Rolle im Aktivismus spielen. Es ist entscheidend, dass die Stimmen von LGBTQ+-Personen gehört werden und dass ihre Geschichten als Teil des kollektiven Gedächtnisses der Bewegung anerkannt werden. Indem wir die Bedeutung persönlicher Erfahrungen in den Vordergrund stellen, können wir eine inklusivere und gerechtere Gesellschaft schaffen, in der alle Stimmen gehört und respektiert werden.

Die Bedeutung von Gemeinschaftsarbeit

Die Gemeinschaftsarbeit ist ein zentraler Aspekt des Aktivismus, insbesondere in der LGBTQ+-Bewegung. Sie fördert nicht nur den Zusammenhalt innerhalb der Gemeinschaft, sondern auch die Effektivität von Initiativen, die auf soziale Gerechtigkeit abzielen. Gemeinschaftsarbeit bezieht sich auf die kollektive Anstrengung von Individuen, die ihre Ressourcen, Fähigkeiten und Erfahrungen bündeln, um gemeinsame Ziele zu erreichen. Diese Zusammenarbeit ist entscheidend, um die Herausforderungen, denen die LGBTQ+-Gemeinschaft gegenübersteht, zu bewältigen.

Theoretische Grundlagen der Gemeinschaftsarbeit

Die Theorie der Gemeinschaftsarbeit basiert auf mehreren Schlüsselkonzepten:

- **Soziale Kohäsion:** Gemeinschaftsarbeit fördert den sozialen Zusammenhalt, der notwendig ist, um eine starke und unterstützende Gemeinschaft aufzubauen. Laut Durkheim (1893) ist soziale Kohäsion entscheidend für die Stabilität und das Wohlbefinden einer Gesellschaft.

- **Empowerment:** Gemeinschaftsarbeit zielt darauf ab, Individuen und Gruppen zu ermächtigen, ihre Stimme zu erheben und Einfluss auf Entscheidungen zu nehmen, die ihr Leben betreffen. Dies kann durch Workshops, Schulungen und andere Bildungsangebote geschehen.

- **Intersektionalität:** Die Berücksichtigung von intersektionalen Identitäten ist entscheidend für die Gemeinschaftsarbeit. Crenshaw (1989) betont, dass verschiedene Identitäten – wie Geschlecht, Rasse, Sexualität und Klasse – sich überschneiden und unterschiedliche Erfahrungen von Diskriminierung und Privilegien schaffen.

Probleme in der Gemeinschaftsarbeit

Trotz ihrer Bedeutung steht die Gemeinschaftsarbeit vor Herausforderungen:

- **Ressourcenkonflikte:** Oftmals fehlt es an finanziellen Mitteln und Ressourcen, um effektive Programme und Initiativen zu starten. Dies kann die Fähigkeit der Gemeinschaft einschränken, ihre Ziele zu erreichen.

- **Differenzen innerhalb der Gemeinschaft:** Unterschiedliche Meinungen und Prioritäten innerhalb der LGBTQ+-Gemeinschaft können zu Spannungen führen. Es ist wichtig, einen Raum für Dialog und Kompromisse zu schaffen, um diese Differenzen zu überwinden.

- **Sichtbarkeit und Repräsentation:** Einige Gruppen innerhalb der LGBTQ+-Gemeinschaft sind oft unterrepräsentiert, was zu einem Mangel an Sichtbarkeit und Unterstützung führen kann. Gemeinschaftsarbeit muss sicherstellen, dass alle Stimmen gehört werden.

Beispiele erfolgreicher Gemeinschaftsarbeit

Es gibt zahlreiche Beispiele für erfolgreiche Gemeinschaftsarbeit in der LGBTQ+-Bewegung:

- **Pride-Veranstaltungen:** Diese jährlichen Feierlichkeiten bringen Menschen zusammen, um ihre Identität zu feiern und auf die Herausforderungen aufmerksam zu machen, mit denen die Gemeinschaft konfrontiert ist. Sie fördern nicht nur den Zusammenhalt, sondern auch das Bewusstsein in der breiteren Gesellschaft.

- **Unterstützungsnetzwerke:** Organisationen wie „The Trevor Project" bieten Unterstützung für LGBTQ+-Jugendliche, die mit psychischen Gesundheitsproblemen und Diskriminierung kämpfen. Durch Gemeinschaftsarbeit schaffen sie sichere Räume für Austausch und Unterstützung.

- **Kampagnen zur Sensibilisierung:** Initiativen wie „It Gets Better" nutzen Gemeinschaftsarbeit, um positive Botschaften an LGBTQ+-Jugendliche zu verbreiten und ihnen Hoffnung zu geben. Diese Kampagnen mobilisieren Menschen aus der gesamten Gemeinschaft, um ihre Geschichten zu teilen und andere zu ermutigen.

Fazit

Die Bedeutung von Gemeinschaftsarbeit in der LGBTQ+-Bewegung kann nicht genug betont werden. Sie schafft nicht nur ein Gefühl der Zugehörigkeit, sondern ist auch ein effektives Mittel, um soziale Veränderungen herbeizuführen. Durch die Stärkung der Gemeinschaft und die Förderung von Zusammenarbeit können LGBTQ+-Aktivisten ihre Ziele effektiver verfolgen und eine gerechtere Gesellschaft für alle schaffen. In Anbetracht der Herausforderungen, die noch bestehen, bleibt die Gemeinschaftsarbeit ein unverzichtbarer Bestandteil des Aktivismus und der sozialen Gerechtigkeit.

Die Herausforderungen der Sichtbarkeit

Die Sichtbarkeit von LGBTQ+-Personen in der Gesellschaft ist ein zentrales Thema im Aktivismus und der Kunst. Sie ist entscheidend für die Repräsentation und das Verständnis von Geschlechtsidentität und sexueller Orientierung. Allerdings bringt die Sichtbarkeit auch eine Reihe von Herausforderungen mit sich, die es zu bewältigen gilt.

Gesellschaftliche Vorurteile und Stereotypen

Eine der größten Herausforderungen der Sichtbarkeit ist der Umgang mit gesellschaftlichen Vorurteilen und Stereotypen. Oftmals werden LGBTQ+-Personen auf stereotype Rollen reduziert, die nicht die Vielfalt und Komplexität ihrer Erfahrungen widerspiegeln. Diese Stereotypen können zu Diskriminierung und Stigmatisierung führen, die sich negativ auf das Leben von Individuen auswirken. Laut der *American Psychological Association* (APA) führen stereotype Darstellungen in den Medien zu einem verzerrten Bild von LGBTQ+-Personen, was die gesellschaftliche Akzeptanz erschwert.

Die Angst vor Diskriminierung

Die Angst vor Diskriminierung ist ein weiteres Hindernis für die Sichtbarkeit. Viele LGBTQ+-Personen zögern, sich öffentlich zu ihrer Identität zu bekennen, aus Furcht vor negativen Konsequenzen, wie etwa dem Verlust von Arbeitsplatz oder sozialen Beziehungen. Diese Angst kann dazu führen, dass Individuen sich verstecken oder ihre Identität nicht vollständig ausleben, was zu einem Gefühl der Isolation und des Unbehagens führt. Eine Studie von *GLAAD* (Gay & Lesbian Alliance Against Defamation) zeigt, dass 70% der LGBTQ+-Jugendlichen in den USA angeben, dass sie in der Schule aufgrund ihrer Identität diskriminiert wurden.

Medienrepräsentation

Die Medien spielen eine entscheidende Rolle bei der Sichtbarkeit von LGBTQ+-Personen. Während in den letzten Jahren Fortschritte erzielt wurden, bleibt die Qualität und Tiefe dieser Repräsentation oft unzureichend. Es gibt eine Tendenz, LGBTQ+-Charaktere in Rollen zu stecken, die entweder stereotyp oder klischeehaft sind. Dies kann den Eindruck erwecken, dass die Erfahrungen von LGBTQ+-Personen nicht so vielschichtig sind wie die von heterosexuellen Personen. Der *GLAAD Media Report* hebt hervor, dass in vielen populären Fernsehsendungen und Filmen LGBTQ+-Charaktere oft als Nebenfiguren dargestellt werden, was zu einer unzureichenden Sichtbarkeit führt.

Die Rolle von sozialen Medien

Soziale Medien bieten eine Plattform für Sichtbarkeit, können jedoch auch Herausforderungen mit sich bringen. Während sie es LGBTQ+-Personen ermöglichen, sich zu vernetzen und ihre Geschichten zu teilen, sind sie auch ein Raum für Cybermobbing und Diskriminierung. Studien zeigen, dass LGBTQ+-Jugendliche in sozialen Medien häufig Ziel von Hasskommentaren sind, was ihre psychische Gesundheit beeinträchtigen kann. Eine Untersuchung des *Pew Research Center* zeigt, dass 60% der LGBTQ+-Jugendlichen berichten, dass sie online belästigt wurden.

Der Druck, authentisch zu sein

Ein weiterer Aspekt der Sichtbarkeit ist der Druck, authentisch zu sein. Viele LGBTQ+-Personen fühlen sich verpflichtet, ihre Identität auf eine bestimmte Weise darzustellen, um Akzeptanz zu finden. Dieser Druck kann dazu führen, dass sie sich nicht vollständig ausdrücken oder sich in ihrer Identität unwohl fühlen. Der Psychologe *Dr. Mark Hatzenbuehler* argumentiert, dass dieser Druck, authentisch zu sein, zu einem erhöhten Stressniveau und psychischen Problemen führen kann.

Die Notwendigkeit von Vorbildern

Vorbilder spielen eine zentrale Rolle bei der Förderung der Sichtbarkeit. Sie können dazu beitragen, das Bewusstsein für die Herausforderungen zu schärfen, mit denen LGBTQ+-Personen konfrontiert sind, und inspirieren andere, sich zu outen und ihre Geschichten zu teilen. Der Mangel an vielfältigen und positiven Vorbildern in den Medien und der Öffentlichkeit kann jedoch die Sichtbarkeit von LGBTQ+-Personen einschränken. Eine Umfrage von *HRC* (Human Rights Campaign) ergab, dass 80% der LGBTQ+-Jugendlichen angaben, dass sie sich nach mehr positiven Repräsentationen in den Medien sehnen.

Fazit

Die Herausforderungen der Sichtbarkeit sind vielfältig und komplex. Während die Sichtbarkeit von LGBTQ+-Personen in den letzten Jahren zugenommen hat, gibt es weiterhin erhebliche Hürden, die es zu überwinden gilt. Gesellschaftliche Vorurteile, Diskriminierung, unzureichende Medienrepräsentation, der Druck zur Authentizität und der Mangel an positiven Vorbildern sind nur einige der Herausforderungen, die es zu bewältigen gilt. Um eine gerechtere und inklusivere Gesellschaft zu schaffen, ist es entscheidend, diese Herausforderungen aktiv anzugehen und die Sichtbarkeit von LGBTQ+-Personen in allen Bereichen des Lebens zu fördern.

Die Rolle von Medien und Öffentlichkeit

Die Bedeutung von Berichterstattung

Die Berichterstattung über LGBTQ+-Themen spielt eine entscheidende Rolle in der Wahrnehmung und Akzeptanz von Transgender-Personen und anderen Mitgliedern der LGBTQ+-Gemeinschaft. In einer Zeit, in der soziale Medien und traditionelle Nachrichtenformate einen erheblichen Einfluss auf die öffentliche Meinung ausüben, ist die Art und Weise, wie Medien über LGBTQ+-Themen berichten, von größter Bedeutung.

Theoretische Grundlagen

Die Medienberichterstattung kann als ein Instrument der sozialen Konstruktion von Realität angesehen werden. Laut der *Theorie der sozialen Konstruktion* (Berger und Luckmann, 1966) wird die Realität durch soziale Interaktionen und Kommunikationsprozesse geformt. Medien sind dabei zentrale Akteure, die nicht nur Informationen verbreiten, sondern auch Bedeutungen und Werte vermitteln. Die Art und Weise, wie Medien über LGBTQ+-Themen berichten, beeinflusst die gesellschaftliche Wahrnehmung und kann sowohl zur Stigmatisierung als auch zur Normalisierung von Identitäten beitragen.

Ein wichtiger Aspekt in diesem Kontext ist die *Repräsentation*. Der britische Soziologe Stuart Hall argumentiert, dass Repräsentation nicht nur die Abbildung von Realität ist, sondern auch eine aktive Rolle in der Konstruktion von Identitäten und gesellschaftlichen Normen spielt. Dies bedeutet, dass die Medien nicht nur abbilden, was ist, sondern auch, was sein sollte. Eine positive und vielfältige Berichterstattung über LGBTQ+-Themen kann dazu beitragen, stereotype Vorstellungen abzubauen und ein besseres Verständnis für die Herausforderungen und Erfahrungen von Transgender-Personen zu fördern.

Probleme in der Berichterstattung

Trotz der Fortschritte in der Medienberichterstattung über LGBTQ+-Themen gibt es nach wie vor zahlreiche Herausforderungen. Häufig sind Berichte über Transgender-Personen von Sensationslust, Klischees und einer mangelnden Tiefe geprägt. Diese Probleme können zu einer verzerrten Wahrnehmung der Realität führen und das Stigma gegenüber Transgender-Personen verstärken.

Ein Beispiel für problematische Berichterstattung ist die häufige Fokussierung auf das Coming-Out von Transgender-Personen als Sensationsgeschichte. Diese Art der Berichterstattung reduziert die komplexe Realität und die vielfältigen Erfahrungen von Transgender-Personen auf eine einfache Narrative, die oft nicht die Herausforderungen und Kämpfe widerspiegelt, mit denen sie konfrontiert sind. Ein weiteres Problem ist die Verwendung von falschen oder nicht bevorzugten Pronomen, was nicht nur respektlos ist, sondern auch zur weiteren Entmenschlichung von Transgender-Personen beiträgt.

Positive Beispiele

Es gibt jedoch auch positive Entwicklungen in der Berichterstattung über LGBTQ+-Themen. Viele Medienorganisationen haben begonnen, sich aktiv mit den Herausforderungen und Erfahrungen von Transgender-Personen auseinanderzusetzen und diese in ihren Berichten zu berücksichtigen. Initiativen wie die *GLAAD Media Reference Guide* bieten Journalisten Leitlinien zur respektvollen und genauen Berichterstattung über LGBTQ+-Themen. Diese Art von Ressourcen kann dazu beitragen, die Sensibilität und das Verständnis für die Themen, mit denen die Gemeinschaft konfrontiert ist, zu erhöhen.

Ein Beispiel für positive Berichterstattung ist die Dokumentation *Disclosure*, die die Darstellung von Transgender-Personen in den Medien untersucht und aufzeigt, wie diese Darstellungen die gesellschaftliche Wahrnehmung beeinflussen. Die Dokumentation beleuchtet sowohl die Fortschritte als auch die Herausforderungen und fordert die Zuschauer dazu auf, sich aktiv mit den Medien auseinanderzusetzen und eine kritische Perspektive einzunehmen.

Schlussfolgerung

Die Bedeutung von Berichterstattung über LGBTQ+-Themen kann nicht hoch genug eingeschätzt werden. Sie hat das Potenzial, Vorurteile abzubauen, das Verständnis zu fördern und die Sichtbarkeit von Transgender-Personen zu erhöhen. Eine verantwortungsvolle und respektvolle Berichterstattung ist entscheidend, um ein positives Bild von Transgender-Personen in der Gesellschaft zu schaffen und den Weg für mehr Akzeptanz und Gleichberechtigung zu ebnen. Es ist unerlässlich, dass Medienvertreter sich ihrer Verantwortung bewusst sind und sich aktiv für eine inklusive und vielfältige Berichterstattung einsetzen.

Insgesamt zeigt sich, dass die Medien eine Schlüsselrolle in der Transformation der gesellschaftlichen Wahrnehmung von LGBTQ+-Themen spielen. Die Herausforderung besteht darin, die Berichterstattung kontinuierlich zu verbessern und sicherzustellen, dass sie die Vielfalt und Komplexität der Erfahrungen von Transgender-Personen widerspiegelt, um eine gerechtere und inklusivere Gesellschaft zu fördern.

Der Einfluss von sozialen Medien

Soziale Medien haben in den letzten Jahren einen tiefgreifenden Einfluss auf die Art und Weise, wie Aktivismus betrieben wird, insbesondere im Kontext der LGBTQ+-Bewegung. Plattformen wie Instagram, Twitter und Facebook bieten nicht nur eine Bühne für persönliche Geschichten und Erfahrungen, sondern auch eine Möglichkeit, Gemeinschaften zu bilden und Mobilisierungen zu organisieren. Der Einfluss dieser Medien ist sowohl positiv als auch negativ, und es ist wichtig, beide Seiten zu betrachten.

Theoretische Grundlagen

Die Theorie der sozialen Medien als Plattform für sozialen Wandel wird oft durch das Konzept der *Netzwerkgesellschaft* (Castells, 2009) untermauert. Castells argumentiert, dass soziale Medien die Art und Weise revolutioniert haben, wie Menschen kommunizieren und sich organisieren. Diese Plattformen ermöglichen es den Nutzern, Informationen in Echtzeit zu verbreiten und sich mit Gleichgesinnten zu vernetzen, was für die LGBTQ+-Gemeinschaft von entscheidender Bedeutung ist, um Sichtbarkeit und Unterstützung zu schaffen.

Ein weiteres relevantes Konzept ist die *Theorie der sozialen Identität* (Tajfel und Turner, 1979), die besagt, dass Individuen ihr Selbstwertgefühl durch ihre Zugehörigkeit zu sozialen Gruppen definieren. Soziale Medien ermöglichen es LGBTQ+-Personen, ihre Identität zu bekräftigen und Unterstützung von Gleichgesinnten zu erhalten, was zu einem positiven Selbstbild und einer stärkeren Gemeinschaft führt.

Positive Aspekte

Einer der größten Vorteile sozialer Medien ist die Möglichkeit, Sichtbarkeit zu schaffen. Durch Plattformen wie Instagram können LGBTQ+-Aktivisten ihre Geschichten teilen und die Vielfalt innerhalb der Gemeinschaft präsentieren. Ein Beispiel hierfür ist die Kampagne *#TransIsBeautiful*, die von der trans-Schauspielerin und Aktivistin Geena Rocero ins Leben gerufen wurde. Diese Kampagne hat dazu beigetragen, das Bewusstsein für die Schönheit und Vielfalt von Transgender-Personen zu erhöhen und Diskriminierung entgegenzuwirken.

Darüber hinaus haben soziale Medien die Möglichkeit, Informationen schnell zu verbreiten und Mobilisierungen zu organisieren. Die Proteste für die Rechte von LGBTQ+-Personen, wie die *Pride*-Bewegung, haben durch soziale Medien an Dynamik gewonnen. Ein Beispiel ist die *Stonewall Riots*-Bewegung, die durch Tweets und Posts in sozialen Medien koordiniert wurde, um eine breitere Öffentlichkeit zu erreichen und Unterstützung zu mobilisieren.

Herausforderungen

Trotz der vielen Vorteile gibt es auch erhebliche Herausforderungen im Zusammenhang mit sozialen Medien. Eine der größten Herausforderungen ist die Verbreitung von Fehlinformationen und Hassrede. Soziale Medien können als Plattform für Diskriminierung und Cybermobbing dienen, was insbesondere für LGBTQ+-Jugendliche gefährlich ist. Studien zeigen, dass LGBTQ+-Jugendliche, die online belästigt werden, ein höheres Risiko für psychische Probleme und Selbstverletzung haben (Holt et al., 2015).

Ein weiteres Problem ist die *Filterblase*, ein Konzept, das beschreibt, wie Algorithmen von sozialen Medien dazu führen, dass Nutzer hauptsächlich Inhalte sehen, die ihre bestehenden Überzeugungen bestätigen. Dies kann die Sichtbarkeit von LGBTQ+-Themen in breiteren gesellschaftlichen Diskursen einschränken und den Zugang zu wichtigen Informationen für Menschen außerhalb der Gemeinschaft erschweren.

Beispiele für den Einfluss von sozialen Medien

Ein herausragendes Beispiel für den positiven Einfluss sozialer Medien ist die *#BlackLivesMatter*-Bewegung, die auch LGBTQ+-Themen in den Vordergrund gerückt hat. Die Verwendung des Hashtags hat dazu beigetragen, ein Bewusstsein für die Intersektionalität von Rassismus und Homophobie zu schaffen und eine breitere Diskussion über soziale Gerechtigkeit zu fördern.

Ein weiteres Beispiel ist die Online-Plattform *TikTok*, die es LGBTQ+-Nutzern ermöglicht, kreative Inhalte zu erstellen und ihre Geschichten auf unterhaltsame Weise zu teilen. Die Viralität von TikTok-Videos hat dazu geführt, dass viele LGBTQ+-Aktivisten und Künstler eine große Anhängerschaft gewinnen konnten, was ihre Reichweite und ihren Einfluss erhöht hat.

Schlussfolgerung

Insgesamt haben soziale Medien einen tiefgreifenden Einfluss auf die LGBTQ+-Bewegung. Sie bieten eine Plattform für Sichtbarkeit, Gemeinschaft und Mobilisierung, bringen jedoch auch Herausforderungen mit sich, die angegangen werden müssen. Die Balance zwischen den positiven und negativen Aspekten dieser Medien ist entscheidend für die zukünftige Entwicklung des Aktivismus. Der Einfluss von sozialen Medien wird weiterhin eine zentrale Rolle in der Repräsentation und dem Kampf für die Rechte der LGBTQ+-Gemeinschaft spielen.

Die Verantwortung von Journalisten

Die Verantwortung von Journalisten in der Berichterstattung über LGBTQ+-Themen und insbesondere über trans-Personen ist von entscheidender Bedeutung. Journalisten haben die Macht, öffentliche Wahrnehmungen zu formen und gesellschaftliche Normen zu beeinflussen. In diesem Abschnitt werden die ethischen Verpflichtungen von Journalisten, die Herausforderungen, denen sie gegenüberstehen, sowie die Auswirkungen ihrer Berichterstattung auf die LGBTQ+-Gemeinschaft und die Gesellschaft insgesamt untersucht.

Ethische Verpflichtungen

Journalisten sind verpflichtet, genau, fair und respektvoll über alle Themen zu berichten. Diese Verpflichtung wird durch verschiedene journalistische Ethikrichtlinien untermauert, wie z.b. die *Society of Professional Journalists* (SPJ), die betont, dass Journalisten *„die Wahrheit suchen und berichten"* müssen und *„Schaden vermeiden"* sollten. Diese Prinzipien sind besonders relevant, wenn es um die Berichterstattung über marginalisierte Gruppen geht, da ungenaue oder voreingenommene Berichterstattung zu Diskriminierung und Vorurteilen führen kann.

Ein Beispiel für verantwortungsvolle Berichterstattung ist die Verwendung der richtigen Pronomen und Namen, die von trans-Personen bevorzugt werden. Ein Journalist, der absichtlich die falschen Pronomen verwendet oder den alten Namen einer Person verwendet, trägt zur Entmenschlichung und Stigmatisierung bei. Solche Praktiken können nicht nur das individuelle Leben der Betroffenen negativ beeinflussen, sondern auch die gesellschaftliche Wahrnehmung von Transgender-Personen im Allgemeinen.

Herausforderungen in der Berichterstattung

Journalisten stehen vor mehreren Herausforderungen, wenn sie über LGBTQ+-Themen berichten. Eine der größten Herausforderungen ist die *Verfügbarkeit von Informationen*. Oft sind die Informationen über LGBTQ+-Themen begrenzt oder durch Vorurteile gefärbt, was es schwierig macht, eine ausgewogene Berichterstattung zu gewährleisten. Darüber hinaus können gesellschaftliche Vorurteile und Diskriminierung dazu führen, dass Journalisten zögern, bestimmte Themen anzusprechen oder sie nicht angemessen zu behandeln.

Ein weiteres Problem ist der *Druck von Medienunternehmen* und *Werbetreibenden*. Journalisten können unter Druck stehen, Geschichten zu sensationalisieren oder stereotype Darstellungen zu verwenden, um höhere Einschaltquoten oder Klickzahlen zu erzielen. Dies kann dazu führen, dass wichtige Aspekte der LGBTQ+-Erfahrungen ignoriert oder verzerrt werden.

Beispiele für verantwortungsvolle Berichterstattung

Ein Beispiel für verantwortungsvolle Berichterstattung ist die Berichterstattung über die Erhöhung der Sichtbarkeit von trans-Personen in den Medien. Einige Medienorganisationen haben begonnen, trans-Personen als Experten und Stimmen in ihren eigenen Geschichten zu präsentieren, anstatt sie nur als Objekte der Berichterstattung zu behandeln. Dies fördert eine genauere und respektvollere Darstellung.

Ein weiteres Beispiel ist die Berichterstattung über trans-Personen, die Gewalt oder Diskriminierung erfahren haben. Journalisten sollten nicht nur die Taten beschreiben, sondern auch die gesellschaftlichen Rahmenbedingungen, die zu solchen Vorfällen führen. Dies kann dazu beitragen, ein besseres Verständnis für die Herausforderungen zu schaffen, mit denen die LGBTQ+-Gemeinschaft konfrontiert ist, und die Notwendigkeit von Veränderungen in der Gesellschaft zu betonen.

Die Auswirkungen der Berichterstattung

Die Art und Weise, wie Journalisten über LGBTQ+-Themen berichten, hat weitreichende Auswirkungen auf die gesellschaftliche Wahrnehmung. Positive und respektvolle Berichterstattung kann dazu beitragen, Vorurteile abzubauen und die Akzeptanz zu fördern. Umgekehrt kann negative oder voreingenommene Berichterstattung zu Diskriminierung und Gewalt gegen LGBTQ+-Personen führen.

Ein Beispiel für die negativen Auswirkungen von schlechter Berichterstattung war die Berichterstattung über das Attentat auf den Pulse Nightclub in Orlando im Jahr 2016. Viele Medien berichteten über die Opfer als *„homosexuelle Männer"* und ignorierten die Erfahrungen und Identitäten der trans-Frauen, die ebenfalls unter den Opfern waren. Diese Art der Berichterstattung kann dazu führen, dass die Stimmen und Geschichten von trans-Personen in der öffentlichen Diskussion übersehen werden.

Schlussfolgerung

Die Verantwortung von Journalisten in der Berichterstattung über LGBTQ+-Themen ist von zentraler Bedeutung für die Förderung von Verständnis und Akzeptanz in der Gesellschaft. Durch die Einhaltung ethischer Standards, die Überwindung von Herausforderungen und die Bereitstellung von respektvoller und genauer Berichterstattung können Journalisten einen positiven Einfluss auf die Gesellschaft ausüben. Es ist unerlässlich, dass Journalisten sich ihrer Verantwortung bewusst sind und sich aktiv für eine gerechtere und inklusivere Berichterstattung einsetzen. Die Zukunft der LGBTQ+-Repräsentation in den Medien hängt von der Fähigkeit der Journalisten ab, diese Verantwortung ernst zu nehmen und die Stimmen derjenigen zu hören, über die sie berichten.

Die Herausforderungen der Medienberichterstattung

Die Medienberichterstattung über LGBTQ+-Themen, insbesondere über trans-Schauspieler wie Renato Perez, steht vor zahlreichen Herausforderungen, die sowohl die Qualität der Berichterstattung als auch die gesellschaftliche Wahrnehmung beeinflussen. Diese Herausforderungen können in verschiedene Kategorien unterteilt werden, darunter Vorurteile, Sensationsgier, ungenaue Darstellungen und der Mangel an Fachwissen.

Vorurteile und Stereotypen

Ein zentrales Problem in der Medienberichterstattung ist die fortwährende Präsenz von Vorurteilen und Stereotypen, die oft in der Berichterstattung über LGBTQ+-Themen reproduziert werden. Diese Vorurteile können zu einer verzerrten Wahrnehmung von trans-Personen führen, die nicht der Realität entspricht. Beispielsweise wird häufig das Narrativ verwendet, dass trans-Personen „anders" oder „abnormal" sind, was zu einer Stigmatisierung führt. Dies wird in vielen Artikeln deutlich, in denen trans-Personen nicht nur auf ihre Geschlechtsidentität reduziert werden, sondern auch oft in einem negativen Licht dargestellt werden.

Sensationsgier und Clickbaiting

Ein weiteres bedeutendes Problem in der Medienberichterstattung ist die Sensationsgier, die oft zu einer verzerrten Darstellung von Nachrichten führt. Viele Medienunternehmen nutzen Clickbaiting-Techniken, um Aufmerksamkeit zu erregen, was zu übertriebenen oder irreführenden Überschriften führt. Diese Taktiken können die Komplexität der Themen vereinfachen und die tatsächlichen Herausforderungen, mit denen die LGBTQ+-Gemeinschaft konfrontiert ist, untergraben. Ein Beispiel hierfür ist die Berichterstattung über Renatos Coming-Out, die oft mehr auf die Sensation des Moments fokussiert war als auf die tiefere Bedeutung seiner Identität und die damit verbundenen Herausforderungen.

Ungenaue Darstellungen

Die ungenaue Darstellung von trans-Personen in den Medien ist ein weiteres ernstes Problem. Oft werden trans-Personen in stereotypen Rollen gezeigt, die nicht die Vielfalt und Komplexität der Gemeinschaft widerspiegeln. Diese ungenauen Darstellungen können dazu führen, dass das Publikum ein verzerrtes

Bild von trans-Personen hat. Ein Beispiel ist die häufige Verwendung von „Vorher-Nachher"-Bildern, die den Eindruck erwecken, dass eine Transformation notwendig ist, um akzeptiert zu werden, anstatt die Vielfalt der Identitäten zu feiern.

Mangel an Fachwissen

Ein weiteres zentrales Problem ist der Mangel an Fachwissen bei Journalisten, die über LGBTQ+-Themen berichten. Oft fehlt es an einer fundierten Ausbildung oder an Ressourcen, die Journalisten in die Lage versetzen, sensibel und informativ über diese Themen zu berichten. Dies kann dazu führen, dass wichtige Nuancen übersehen werden, und dass die Berichterstattung nicht die Realität der LGBTQ+-Gemeinschaft widerspiegelt. Ein Beispiel hierfür ist die Verwendung falscher Pronomen oder der Mangel an Kontext bei der Berichterstattung über trans-Personen, was zu weiterer Verwirrung und Missverständnissen führen kann.

Der Einfluss von sozialen Medien

Die Rolle von sozialen Medien in der Medienberichterstattung kann sowohl positiv als auch negativ sein. Auf der einen Seite bieten soziale Medien eine Plattform für LGBTQ+-Aktivisten, um ihre Stimmen zu erheben und ihre Geschichten zu teilen. Auf der anderen Seite können sie auch zur Verbreitung von Fehlinformationen und zur Verstärkung von Vorurteilen beitragen. Die Herausforderung besteht darin, eine Balance zu finden, die es ermöglicht, die Stimmen der Gemeinschaft zu hören, während gleichzeitig die Verbreitung von falschen Informationen eingedämmt wird.

Fazit

Die Herausforderungen der Medienberichterstattung über LGBTQ+-Themen sind vielschichtig und erfordern ein tiefes Verständnis und eine Sensibilität gegenüber den Themen, die behandelt werden. Es ist entscheidend, dass Medienvertreter sich der Auswirkungen ihrer Berichterstattung bewusst sind und sich bemühen, die Realität der LGBTQ+-Gemeinschaft genau und respektvoll darzustellen. Nur so kann eine positive Veränderung in der Wahrnehmung und Akzeptanz von trans-Personen in der Gesellschaft erreicht werden.

Renatos Einfluss auf die Medienlandschaft

Renato Perez hat nicht nur die Bühne und den Bildschirm erobert, sondern auch die Medienlandschaft nachhaltig beeinflusst. Sein Einfluss erstreckt sich über verschiedene Dimensionen, die von der Art und Weise, wie LGBTQ+-Themen in den Medien dargestellt werden, bis hin zur Schaffung eines neuen Bewusstseins für Diversität und Inklusivität reichen.

Die Rolle der Medien in der Gesellschaft

Die Medien spielen eine entscheidende Rolle in der Gesellschaft, indem sie Informationen verbreiten, Meinungen formen und kulturelle Normen prägen. In der heutigen Zeit, in der soziale Medien eine immer größere Rolle spielen, ist der Einfluss von Einzelpersonen, insbesondere von prominenten Persönlichkeiten wie Renato, von zentraler Bedeutung. Laut der *Agenda-Setting-Theorie* beeinflussen Medien nicht nur, welche Themen diskutiert werden, sondern auch, wie diese Themen wahrgenommen werden. Renato hat durch seine Präsenz in den Medien dazu beigetragen, LGBTQ+-Themen in den Vordergrund zu rücken und sie als Teil des gesellschaftlichen Diskurses zu etablieren.

Medienberichterstattung und Sichtbarkeit

Die Sichtbarkeit von LGBTQ+-Personen in den Medien ist von entscheidender Bedeutung für die Akzeptanz und das Verständnis in der Gesellschaft. Renato hat durch seine offenen Diskussionen über seine Identität und seine Erfahrungen als trans-Schauspieler dazu beigetragen, Vorurteile abzubauen und ein besseres Verständnis für die Herausforderungen zu schaffen, mit denen die LGBTQ+-Gemeinschaft konfrontiert ist. Ein Beispiel hierfür ist seine Teilnahme an Talkshows, in denen er seine persönliche Geschichte erzählt und die Bedeutung von Repräsentation betont. Diese Art der Sichtbarkeit ist nicht nur wichtig für die LGBTQ+-Gemeinschaft, sondern auch für die heteronormative Gesellschaft, die oft wenig über die Realität von Transgender-Personen weiß.

Einfluss auf die Medienproduktion

Renatos Einfluss erstreckt sich auch auf die Produktionsseite der Medien. Er hat aktiv an Projekten mitgewirkt, die sich mit LGBTQ+-Themen auseinandersetzen und die Diversität in der Besetzung fördern. Ein Beispiel ist der Film *"Transcendence"*, in dem Renato eine Hauptrolle spielt und der die Herausforderungen und Triumphe von Transgender-Personen beleuchtet. Die positive Resonanz auf diesen Film hat dazu geführt, dass weitere Produktionen in der Filmindustrie verstärkt auf Diversität achten.

Herausforderungen in der Medienberichterstattung

Trotz der Fortschritte gibt es nach wie vor Herausforderungen in der Medienberichterstattung über LGBTQ+-Themen. Oft werden stereotype Darstellungen verwendet, die das Bild von Transgender-Personen verzerren. Renato hat sich aktiv gegen diese Stereotypen ausgesprochen und fordert eine authentische und respektvolle Darstellung von LGBTQ+-Charakteren in den Medien. In einem Interview äußerte er: „Es ist wichtig, dass wir die Geschichten erzählen, die wir selbst leben, und nicht die, die andere für uns erfinden."

Soziale Medien als Plattform für Aktivismus

Ein weiterer Bereich, in dem Renato einen bedeutenden Einfluss hat, ist die Nutzung sozialer Medien als Plattform für Aktivismus. Er nutzt seine Reichweite auf Plattformen wie Instagram und Twitter, um auf wichtige Themen aufmerksam zu machen und einen Dialog über LGBTQ+-Rechte zu fördern. Diese direkte Kommunikation mit seinen Followern ermöglicht es ihm, eine Community zu schaffen und das Bewusstsein für soziale Gerechtigkeit zu schärfen. Studien zeigen, dass soziale Medien eine entscheidende Rolle bei der Mobilisierung von Unterstützern für soziale Bewegungen spielen, was Renatos Einfluss zusätzlich verstärkt.

Zukunftsausblick

Der Einfluss von Renato auf die Medienlandschaft wird auch in Zukunft von Bedeutung sein. Mit dem wachsenden Fokus auf Diversität und Inklusivität in der Unterhaltungsindustrie ist es wahrscheinlich, dass mehr LGBTQ+-Geschichten erzählt werden und mehr trans-Schauspieler in Hauptrollen besetzt werden. Renato hat bereits den Weg geebnet, und sein Vermächtnis wird weiterhin als Inspiration für zukünftige Generationen von Künstlern und Aktivisten dienen.

Zusammenfassend lässt sich sagen, dass Renatos Einfluss auf die Medienlandschaft weitreichend ist und sich in der Art und Weise widerspiegelt, wie LGBTQ+-Themen in der Gesellschaft wahrgenommen werden. Durch seine Arbeit hat er nicht nur die Sichtbarkeit von Transgender-Personen erhöht, sondern auch einen Dialog über Diversität und Inklusivität angestoßen, der in der heutigen Zeit von entscheidender Bedeutung ist. Sein Engagement wird weiterhin eine wichtige Rolle dabei spielen, wie Medien Geschichten erzählen und wie die Gesellschaft auf diese Geschichten reagiert.

Die Bedeutung von positiver Darstellung

Die positive Darstellung von LGBTQ+-Personen in den Medien spielt eine entscheidende Rolle für die gesellschaftliche Akzeptanz und das Verständnis von Geschlechteridentität und sexueller Orientierung. In dieser Sektion werden wir die theoretischen Grundlagen, die Herausforderungen und die praktischen Beispiele für die Bedeutung einer positiven Darstellung untersuchen.

Theoretische Grundlagen

Die Medien sind nicht nur ein Spiegel der Gesellschaft, sondern auch ein aktiver Akteur, der die Wahrnehmung von Identitäten und Gemeinschaften prägt. Die Theorie der sozialen Konstruktion von Realität, wie sie von Berger und Luckmann (1966) formuliert wurde, besagt, dass das, was wir als Realität betrachten, durch soziale Interaktionen und kulturelle Narrative konstruiert wird. In diesem Kontext ist die positive Darstellung von LGBTQ+-Personen entscheidend, um stereotype und negative Narrative zu hinterfragen und zu verändern.

Ein weiterer wichtiger theoretischer Rahmen ist die Queer-Theorie, die von Judith Butler (1990) und anderen entwickelt wurde. Sie argumentiert, dass Geschlecht und Sexualität nicht feste Kategorien sind, sondern soziale Konstrukte, die durch Sprache und kulturelle Praktiken geformt werden. Eine positive Darstellung in den Medien kann dazu beitragen, diese Konstrukte zu dekonstruieren und die Vielfalt menschlicher Erfahrungen sichtbar zu machen.

Herausforderungen der Darstellung

Trotz der Fortschritte in der Repräsentation von LGBTQ+-Personen gibt es weiterhin erhebliche Herausforderungen. Oftmals werden LGBTQ+-Charaktere auf stereotype Weise dargestellt, die nicht die Komplexität und Vielfalt der realen Erfahrungen widerspiegeln. Dies kann zu einer verzerrten Wahrnehmung führen, die Vorurteile und Diskriminierung verstärkt.

Ein Beispiel hierfür ist die häufige Darstellung von Transgender-Personen in den Medien als tragische Figuren oder als Objekte des Spottes. Diese Stereotypen tragen zur Stigmatisierung bei und verhindern eine authentische Auseinandersetzung mit den realen Herausforderungen, denen Transgender-Personen gegenüberstehen.

Beispiele positiver Darstellung

Positive Darstellungen können jedoch transformative Effekte haben. Serien wie *Pose* und *Schitt's Creek* haben gezeigt, wie vielfältig und komplex LGBTQ+-Charaktere sein können. In *Pose* wird die Ballroom-Kultur der LGBTQ+-Community in den 1980er Jahren mit Respekt und Tiefe dargestellt, während *Schitt's Creek* durch humorvolle und einfühlsame Charaktere eine positive Sichtweise auf queere Beziehungen fördert.

Diese Shows zeigen nicht nur die Herausforderungen, mit denen LGBTQ+-Personen konfrontiert sind, sondern auch ihre Resilienz, ihre Freundschaften und ihre Liebe. Solche Darstellungen können nicht nur das Selbstwertgefühl von LGBTQ+-Zuschauern stärken, sondern auch das Verständnis und die Akzeptanz in der breiten Öffentlichkeit fördern.

Der Einfluss positiver Darstellung auf die Gesellschaft

Die Auswirkungen einer positiven Darstellung sind weitreichend. Studien haben gezeigt, dass die Sichtbarkeit von LGBTQ+-Personen in den Medien zu einer erhöhten Akzeptanz in der Gesellschaft führen kann. Laut einer Studie von GLSEN (2016) berichteten Schüler, die positive Darstellungen von LGBTQ+-Personen in den Medien sahen, von einem höheren Maß an Akzeptanz und Unterstützung in ihren Schulen.

Darüber hinaus können positive Darstellungen dazu beitragen, stereotype Denkweisen zu hinterfragen. Wenn Menschen mit LGBTQ+-Identitäten in verschiedenen Rollen und Kontexten dargestellt werden, wird die Vorstellung, dass es eine „normale" oder „richtige" Art von Geschlecht oder Sexualität gibt, in Frage gestellt.

Fazit

Zusammenfassend lässt sich sagen, dass die positive Darstellung von LGBTQ+-Personen in den Medien von entscheidender Bedeutung ist, um gesellschaftliche Normen zu verändern und die Akzeptanz zu fördern. Während Herausforderungen bestehen, bieten positive Darstellungen die Möglichkeit, stereotype Narrative zu durchbrechen und ein tieferes Verständnis für die Vielfalt menschlicher Erfahrungen zu schaffen. Die Verantwortung liegt bei den Medienmachern, authentische und respektvolle Geschichten zu erzählen, die die Realität der LGBTQ+-Gemeinschaft widerspiegeln.

$$\text{Akzeptanz} \propto \text{Sichtbarkeit} \times \text{Positive Darstellung} \tag{73}$$

Diese Gleichung verdeutlicht, dass die Akzeptanz in der Gesellschaft direkt proportional zur Sichtbarkeit und der positiven Darstellung von LGBTQ+-Personen ist. Indem wir uns für eine authentische und vielfältige Repräsentation einsetzen, können wir gemeinsam an einer gerechteren und inklusiveren Gesellschaft arbeiten.

Die Rolle von Dokumentationen und Filmen

Dokumentationen und Filme spielen eine entscheidende Rolle in der Repräsentation und Sichtbarkeit von LGBTQ+-Themen und -Persönlichkeiten. Sie sind nicht nur ein Medium zur Unterhaltung, sondern auch ein kraftvolles Werkzeug zur Aufklärung und Sensibilisierung der Gesellschaft. Diese audiovisuelle Kunstform hat die Fähigkeit, komplexe Geschichten und Erfahrungen zu vermitteln, die oft in der Mainstream-Medienberichterstattung unterrepräsentiert sind.

Theoretischer Rahmen

Die Theorie der Repräsentation, wie sie von Stuart Hall formuliert wurde, besagt, dass die Art und Weise, wie Gruppen in Medien dargestellt werden, die Wahrnehmung dieser Gruppen in der Gesellschaft beeinflusst. Hall argumentiert, dass Repräsentation nicht nur eine Abbildung der Realität ist, sondern auch eine Konstruktion von Bedeutungen, die durch kulturelle Kontexte geformt wird. In diesem Sinne können Dokumentationen und Filme als Mittel zur Schaffung neuer Narrative für LGBTQ+-Personen dienen, die oft von Stereotypen und Vorurteilen betroffen sind.

Zusätzlich zur Repräsentationstheorie ist die *Queer-Theorie* von Bedeutung, die die normativen Vorstellungen von Geschlecht und Sexualität hinterfragt. Queer-Theoretiker argumentieren, dass Filme und Dokumentationen die Möglichkeit bieten, alternative Narrative zu präsentieren, die die Vielfalt menschlicher Erfahrungen widerspiegeln. Diese Theorie fördert die Sichtbarkeit von marginalisierten Stimmen und trägt zur Dekonstruktion heteronormativer Erzählungen bei.

Probleme und Herausforderungen

Trotz ihrer positiven Aspekte stehen Dokumentationen und Filme vor mehreren Herausforderungen. Ein zentrales Problem ist die *Stereotypisierung*. Oft werden LGBTQ+-Charaktere in einer vereinfachten oder klischeehaften Weise dargestellt, was zu einer verzerrten Wahrnehmung der Realität führt.

Beispielsweise werden Transgender-Personen häufig entweder als Opfer oder als exotische Figuren dargestellt, was ihre komplexen Identitäten und Erfahrungen nicht angemessen widerspiegelt.

Ein weiteres Problem ist die *Marginalisierung* von Stimmen innerhalb der LGBTQ+-Gemeinschaft. Viele Filme und Dokumentationen werden von cisgender-heterosexuellen Personen produziert, was zu einer weiteren Entfremdung und Missrepräsentation führen kann. Dies wird oft als "Whitewashing" oder "ciswashing" bezeichnet, wo die Geschichten von LGBTQ+-Personen nicht authentisch erzählt werden, weil die Perspektiven der Betroffenen nicht einbezogen werden.

Beispiele für Dokumentationen und Filme

Es gibt jedoch zahlreiche Beispiele für Dokumentationen und Filme, die erfolgreich LGBTQ+-Themen repräsentieren und dabei helfen, die Sichtbarkeit zu erhöhen. Ein herausragendes Beispiel ist die Dokumentation *"Disclosure: Trans Lives on Screen"* (2020), die die Darstellung von Transgender-Personen in Hollywood untersucht. Diese Dokumentation beleuchtet nicht nur die Herausforderungen, mit denen Transgender-Personen konfrontiert sind, sondern zeigt auch, wie diese Darstellungen die gesellschaftliche Wahrnehmung beeinflussen können.

Ein weiteres Beispiel ist der Film *"Moonlight"* (2016), der die Geschichte eines jungen schwarzen Mannes erzählt, der mit seiner Identität und Sexualität ringt. Der Film erhielt breite Anerkennung und gewann den Oscar für den besten Film. Durch seine authentische Darstellung von LGBTQ+-Erfahrungen trug *Moonlight* dazu bei, das Bewusstsein für die Vielfalt innerhalb der LGBTQ+-Gemeinschaft zu schärfen.

Die Auswirkungen auf die Gesellschaft

Die Auswirkungen von Dokumentationen und Filmen auf die Gesellschaft sind tiefgreifend. Sie können nicht nur die Wahrnehmung von LGBTQ+-Personen verändern, sondern auch zu einer breiteren gesellschaftlichen Akzeptanz führen. Studien zeigen, dass positive Darstellungen in den Medien die Einstellungen gegenüber LGBTQ+-Personen verbessern können. Eine Untersuchung von *Glaad* hat ergeben, dass 70% der Zuschauer, die Filme mit LGBTQ+-Charakteren sahen, eine positivere Einstellung gegenüber der Gemeinschaft hatten.

Darüber hinaus können Dokumentationen und Filme als Bildungswerkzeuge fungieren. Sie bieten wertvolle Einblicke in die Geschichte, Kultur und

Herausforderungen der LGBTQ+-Gemeinschaft. In Bildungseinrichtungen können sie als Ausgangspunkt für Diskussionen über Geschlecht und Sexualität dienen und helfen, Vorurteile abzubauen.

Fazit

Zusammenfassend lässt sich sagen, dass Dokumentationen und Filme eine wesentliche Rolle in der Repräsentation von LGBTQ+-Personen spielen. Sie tragen dazu bei, Sichtbarkeit zu schaffen, Stereotypen zu hinterfragen und die gesellschaftliche Wahrnehmung zu verändern. Trotz der Herausforderungen, mit denen sie konfrontiert sind, haben sie das Potenzial, transformative Veränderungen herbeizuführen und die Stimmen von marginalisierten Gemeinschaften zu stärken. Die Zukunft der LGBTQ+-Repräsentation in Dokumentationen und Filmen hängt von der Fähigkeit ab, authentische Geschichten zu erzählen und die Vielfalt menschlicher Erfahrungen zu feiern.

Der Einfluss von Interviews auf die öffentliche Meinung

Interviews sind ein kraftvolles Medium, das nicht nur den Persönlichkeiten, die interviewt werden, eine Plattform bietet, sondern auch die Art und Weise beeinflusst, wie die Öffentlichkeit über wichtige Themen denkt und fühlt. Besonders im Kontext von LGBTQ+-Aktivismus und der Repräsentation von trans-Personen, wie im Fall von Renato Perez, können Interviews weitreichende Auswirkungen auf die öffentliche Wahrnehmung haben.

Theoretische Grundlagen

Die Wirkung von Interviews auf die öffentliche Meinung kann durch verschiedene theoretische Ansätze erklärt werden. Ein zentraler Aspekt ist die **Agenda-Setting-Theorie**, die besagt, dass die Medien nicht nur berichten, sondern auch die Themen bestimmen, über die die Öffentlichkeit nachdenkt. In diesem Sinne können Interviews mit LGBTQ+-Aktivisten wie Renato Perez dazu beitragen, die Sichtbarkeit von Themen wie Geschlechtsidentität und Diskriminierung zu erhöhen.

Ein weiterer relevanter Ansatz ist die **Framing-Theorie**, die beschreibt, wie Informationen präsentiert werden und welche Perspektiven hervorgehoben werden. Die Art und Weise, wie Fragen gestellt werden und welche Aspekte des Lebens eines Aktivisten betont werden, kann die Wahrnehmung der Öffentlichkeit erheblich beeinflussen. Wenn beispielsweise in einem Interview

Renatos persönliche Erfahrungen mit Diskriminierung hervorgehoben werden, kann dies Empathie und Verständnis bei den Zuschauern fördern.

Herausforderungen bei Interviews

Trotz ihrer potenziellen positiven Auswirkungen gibt es auch Herausforderungen, die mit Interviews verbunden sind. Eine der größten Herausforderungen ist die **Sensationalisierung** von Themen. Oftmals neigen Medien dazu, dramatische oder kontroverse Aspekte hervorzuheben, um Aufmerksamkeit zu erregen, was zu einer verzerrten Darstellung der Realität führen kann. Dies kann insbesondere für trans-Personen problematisch sein, da ihre Geschichten häufig auf stereotype Narrative reduziert werden.

Ein weiteres Problem ist die **Repräsentation**. Während Interviews eine Plattform bieten, ist es entscheidend, dass die interviewten Personen auch tatsächlich die Vielfalt innerhalb der LGBTQ+-Gemeinschaft repräsentieren. Wenn nur eine bestimmte Art von Geschichte erzählt wird, kann dies zu einer einseitigen Sichtweise führen, die andere Stimmen und Erfahrungen ausschließt.

Beispiele für den Einfluss von Interviews

Ein bemerkenswertes Beispiel für den Einfluss von Interviews auf die öffentliche Meinung ist das Interview von Renato Perez in einer bekannten Talkshow. In diesem Interview sprach er offen über seine Erfahrungen als trans-Schauspieler, die Herausforderungen, denen er gegenüberstand, und die Bedeutung von Sichtbarkeit für die LGBTQ+-Gemeinschaft. Die Reaktionen auf dieses Interview waren überwältigend positiv, und viele Zuschauer berichteten, dass sie durch Renatos Offenheit ihre eigenen Vorurteile hinterfragen konnten.

Ein weiteres Beispiel ist die Diskussion über Geschlechtsidentität, die durch Interviews in sozialen Medien an Dynamik gewonnen hat. Plattformen wie Instagram und Twitter ermöglichen es Aktivisten, ihre Geschichten direkt mit der Öffentlichkeit zu teilen, was zu einer unmittelbaren und oft emotionalen Verbindung führt. Diese Art der Kommunikation kann dazu beitragen, Missverständnisse abzubauen und ein besseres Verständnis für die Herausforderungen von trans-Personen zu fördern.

Schlussfolgerung

Zusammenfassend lässt sich sagen, dass Interviews einen bedeutenden Einfluss auf die öffentliche Meinung haben, insbesondere in Bezug auf LGBTQ+-Themen. Sie bieten nicht nur eine Plattform für die Stimmen der Aktivisten, sondern können auch dazu beitragen, die Wahrnehmung von Geschlechtsidentität und Diskriminierung zu verändern. Dennoch ist es wichtig, sich der Herausforderungen bewusst zu sein, die mit der Medienberichterstattung verbunden sind, und sicherzustellen, dass die Vielfalt innerhalb der Gemeinschaft angemessen repräsentiert wird. Nur so kann eine authentische und gerechte Darstellung der Realität erreicht werden.

Einfluss der Medien = Agenda-Setting + Framing − Sensationalisierung (74)

Die Bedeutung von Transparenz

Transparenz ist ein zentraler Aspekt im Aktivismus, insbesondere wenn es um die Repräsentation von LGBTQ+-Personen in den Medien geht. Sie bezieht sich auf die Offenheit und Klarheit, mit der Informationen und Entscheidungen kommuniziert werden. Im Kontext des Aktivismus kann Transparenz das Vertrauen der Gemeinschaft in die Akteure stärken und die Effektivität von Kampagnen erhöhen.

Theoretischer Hintergrund

Die Theorie der sozialen Gerechtigkeit postuliert, dass Transparenz eine Voraussetzung für das Verständnis und die Unterstützung von sozialen Bewegungen ist. Laut [1] ist Gerechtigkeit nicht nur das Ergebnis fairer Verhandlungen, sondern auch das Produkt von informierten Entscheidungen. In diesem Sinne ist Transparenz entscheidend, um sicherzustellen, dass alle Stimmen gehört werden und dass die Entscheidungsprozesse nachvollziehbar sind.

Ein Beispiel für die Bedeutung von Transparenz findet sich in der Arbeit von Organisationen wie *Human Rights Campaign* (HRC), die regelmäßig Berichte über die Fortschritte und Herausforderungen im Bereich der LGBTQ+-Rechte veröffentlichen. Diese Berichte bieten nicht nur Einblicke in die Erfolge, sondern auch in die Bereiche, die noch verbessert werden müssen, und fördern so das Vertrauen in die Organisation.

Probleme der Intransparenz

Intransparenz kann zu Misstrauen und Skepsis innerhalb der Gemeinschaft führen. Wenn Informationen nicht klar kommuniziert werden, können Missverständnisse entstehen, die die Unterstützung für bestimmte Initiativen untergraben. Ein Beispiel hierfür ist die Kontroverse um die *Gleichstellungsgesetze* in verschiedenen Ländern, bei denen unklare Informationen über die Auswirkungen auf LGBTQ+-Personen zu Verwirrung und Widerstand führten.

Zusätzlich kann Intransparenz in der Medienberichterstattung dazu führen, dass stereotype Darstellungen von LGBTQ+-Personen perpetuiert werden. Wenn Medien nicht offen über ihre Entscheidungsprozesse und die Auswahl von Geschichten kommunizieren, können sie unbeabsichtigt zur Stigmatisierung von Gemeinschaften beitragen.

Beispiele für erfolgreiche Transparenz

Ein Beispiel für erfolgreiche Transparenz im Aktivismus ist die *Transgender Law Center*, das regelmäßig Informationen über rechtliche Änderungen und deren Auswirkungen auf die Gemeinschaft bereitstellt. Durch klare und zugängliche Kommunikation können sie das Bewusstsein für wichtige Themen schärfen und die Unterstützung für ihre Initiativen erhöhen.

Ein weiteres Beispiel ist die Nutzung von sozialen Medien durch Aktivisten wie Renato Perez, der seine Erfahrungen und Herausforderungen offen teilt. Diese Transparenz ermöglicht es anderen, sich mit seiner Geschichte zu identifizieren und fördert ein Gefühl der Gemeinschaft und Unterstützung.

Schlussfolgerung

Die Bedeutung von Transparenz im Aktivismus kann nicht unterschätzt werden. Sie ist nicht nur ein Werkzeug zur Schaffung von Vertrauen, sondern auch ein entscheidender Faktor für den Erfolg von Initiativen, die auf soziale Gerechtigkeit abzielen. Die Herausforderungen, die mit Intransparenz verbunden sind, erfordern eine bewusste Anstrengung, um sicherzustellen, dass Informationen klar und offen kommuniziert werden. Nur so kann eine gerechte und inklusive Gesellschaft gefördert werden.

Bibliography

[1] John Rawls, *A Theory of Justice*, Harvard University Press, 1971.

Der Einfluss von Medien auf gesellschaftliche Veränderungen

Die Medien spielen eine entscheidende Rolle in der Formung und Veränderung gesellschaftlicher Normen und Werte. In den letzten Jahrzehnten hat sich gezeigt, dass Medien nicht nur Informationen verbreiten, sondern auch als Katalysatoren für soziale Veränderungen fungieren. Diese Dynamik ist besonders relevant im Kontext der LGBTQ+-Bewegung, wo Medien sowohl die Sichtbarkeit als auch die Wahrnehmung von LGBTQ+-Personen maßgeblich beeinflussen.

Theoretische Grundlagen

Die Medienwirkungstheorie, insbesondere die Agenda-Setting-Theorie, legt nahe, dass Medien nicht nur berichten, sondern auch bestimmen, welche Themen in der öffentlichen Diskussion dominieren. McCombs und Shaw (1972) argumentieren, dass die Medien die Themen, die in der Gesellschaft als wichtig erachtet werden, beeinflussen können. Dies gilt auch für die Darstellung von LGBTQ+-Themen, die durch gezielte Medienberichterstattung in den Fokus der öffentlichen Aufmerksamkeit gerückt werden können.

Ein weiterer relevanter theoretischer Rahmen ist die Framing-Theorie, die beschreibt, wie Medien bestimmte Aspekte eines Themas hervorheben, um die öffentliche Wahrnehmung zu steuern. Durch die Art und Weise, wie LGBTQ+-Themen präsentiert werden, können Medien sowohl stereotype Darstellungen verstärken als auch zur Aufklärung und Akzeptanz beitragen.

Probleme und Herausforderungen

Trotz der positiven Möglichkeiten, die Medien bieten, gibt es auch erhebliche Herausforderungen. Eine der größten Probleme ist die anhaltende stereotype

Darstellung von LGBTQ+-Personen in den Medien. Oft werden diese Darstellungen auf Klischees und Vorurteile reduziert, was zu einer verzerrten Wahrnehmung der Realität führt. Zum Beispiel werden Transgender-Personen häufig in einer Weise dargestellt, die ihre Identität und Erfahrungen nicht korrekt widerspiegelt, was zu weiteren Diskriminierungen führen kann.

Ein weiteres Problem ist die ungleiche Medienberichterstattung. Während einige LGBTQ+-Themen, wie die Ehe für alle, breite mediale Unterstützung erfahren haben, bleiben andere Themen, wie die Rechte von Transgender-Personen, oft unterrepräsentiert. Dies kann zu einem Mangel an Bewusstsein und Verständnis in der breiten Öffentlichkeit führen.

Beispiele für Medien als Veränderungsmotor

Ein herausragendes Beispiel für den Einfluss der Medien auf gesellschaftliche Veränderungen ist die TV-Serie *Will & Grace*, die in den 1990er Jahren Premiere hatte. Die Serie trug maßgeblich dazu bei, das Bild von homosexuellen Männern in den Medien zu normalisieren und die Akzeptanz in der Gesellschaft zu fördern. Durch humorvolle und einfühlsame Darstellungen von LGBTQ+-Charakteren konnte die Serie Vorurteile abbauen und eine breitere Diskussion über LGBTQ+-Themen anstoßen.

Ein weiteres Beispiel ist die Berichterstattung über die Stonewall-Unruhen, die 1969 stattfanden. Die Medienberichterstattung über diese Ereignisse trug dazu bei, das Bewusstsein für die Diskriminierung von LGBTQ+-Personen zu schärfen und die Entstehung der modernen LGBTQ+-Bewegung zu unterstützen. Diese Berichterstattung war entscheidend dafür, dass die Anliegen der LGBTQ+-Gemeinschaft in den politischen Diskurs einflossen.

Die Rolle von sozialen Medien

In der heutigen digitalen Ära haben soziale Medien eine transformative Rolle in der Art und Weise, wie Informationen verbreitet und gesellschaftliche Veränderungen initiiert werden. Plattformen wie Twitter, Instagram und TikTok ermöglichen es Individuen und Gemeinschaften, ihre Geschichten zu erzählen, Sichtbarkeit zu erlangen und mobil zu werden. Diese Plattformen bieten eine Bühne für LGBTQ+-Aktivisten, um ihre Anliegen direkt an ein breites Publikum zu kommunizieren.

Ein Beispiel für den Einfluss sozialer Medien ist die Kampagne #BlackTransLivesMatter, die auf Twitter und Instagram viral ging. Diese Kampagne hat das Bewusstsein für die Gewalt gegen schwarze

Transgender-Personen geschärft und eine breitere Diskussion über Rassismus und Transphobie angestoßen. Die virale Verbreitung solcher Kampagnen zeigt, wie soziale Medien als Werkzeug für Aktivismus und gesellschaftliche Veränderungen genutzt werden können.

Fazit

Zusammenfassend lässt sich sagen, dass Medien einen erheblichen Einfluss auf gesellschaftliche Veränderungen haben. Sie können sowohl positive als auch negative Auswirkungen auf die Wahrnehmung von LGBTQ+-Themen haben. Während die Medien als Plattform für Sichtbarkeit und Aufklärung dienen können, müssen sie auch ihre Verantwortung erkennen, die Vielfalt der LGBTQ+-Erfahrungen authentisch und respektvoll darzustellen. Die Herausforderung liegt darin, sicherzustellen, dass die Medien nicht nur als Spiegel der Gesellschaft fungieren, sondern auch als Motor für positive Veränderungen, die zu einer inklusiveren und gerechteren Gesellschaft führen.

Die Bedeutung von Aufklärung

Die Rolle von Bildungseinrichtungen

Bildungseinrichtungen spielen eine entscheidende Rolle bei der Förderung von Verständnis, Akzeptanz und Respekt für LGBTQ+-Identitäten. Sie sind nicht nur Orte des Wissens, sondern auch Plattformen, die soziale Normen und Werte formen. In dieser Sektion werden wir die verschiedenen Aspekte der Rolle von Bildungseinrichtungen im Kontext von LGBTQ+-Themen untersuchen, einschließlich der Herausforderungen, denen sie gegenüberstehen, und der positiven Veränderungen, die sie bewirken können.

Aufklärung und Sensibilisierung

Bildungseinrichtungen haben die Verantwortung, Schüler und Studenten über LGBTQ+-Themen aufzuklären. Dies kann durch spezielle Lehrpläne, Workshops und Seminare geschehen, die sich mit Themen wie Geschlechtsidentität, sexueller Orientierung und den Herausforderungen, mit denen LGBTQ+-Personen konfrontiert sind, befassen. Eine solche Aufklärung kann helfen, Vorurteile abzubauen und ein inklusives Umfeld zu schaffen.

Ein Beispiel für eine erfolgreiche Aufklärungsinitiative ist das Programm „Safe Zone", das an vielen Universitäten implementiert wurde. Dieses Programm schult

Fakultätsmitglieder und Studenten, um sicherzustellen, dass LGBTQ+-Studierende einen sicheren Raum haben, in dem sie ihre Identität frei ausdrücken können. Solche Programme fördern nicht nur das Verständnis, sondern schaffen auch ein Netzwerk von Unterstützern, die sich aktiv für die Belange der LGBTQ+-Gemeinschaft einsetzen.

Herausforderungen der Bildungseinrichtungen

Trotz der positiven Auswirkungen, die Bildungseinrichtungen auf die LGBTQ+-Gemeinschaft haben können, stehen sie auch vor erheblichen Herausforderungen. Eine der größten Hürden ist die anhaltende Diskriminierung und Stigmatisierung innerhalb der Schulen und Universitäten. Viele LGBTQ+-Schüler berichten von Mobbing, Diskriminierung und einem Mangel an Unterstützung durch die Lehrkräfte. Diese Erfahrungen können zu einem feindlichen Lernumfeld führen und die psychische Gesundheit der Betroffenen erheblich beeinträchtigen.

Darüber hinaus gibt es oft einen Mangel an Ressourcen für die Ausbildung von Lehrkräften in LGBTQ+-Themen. Viele Lehrer fühlen sich unzureichend vorbereitet, um über Geschlechtsidentität und sexuelle Orientierung zu unterrichten, was zu einer unzureichenden Behandlung dieser Themen im Lehrplan führen kann. Dies kann die Sichtbarkeit von LGBTQ+-Themen im Bildungswesen einschränken und die Möglichkeit, ein inklusives Umfeld zu schaffen, stark beeinträchtigen.

Positive Beispiele für LGBTQ+-Integration

Trotz der Herausforderungen gibt es zahlreiche positive Beispiele für Bildungseinrichtungen, die erfolgreich LGBTQ+-Themen in ihren Lehrplan integriert haben. Schulen, die LGBTQ+-Geschichte und -Kultur in den Unterricht einbeziehen, fördern ein besseres Verständnis und eine größere Akzeptanz. In einigen Bundesländern, wie Kalifornien, ist es sogar gesetzlich vorgeschrieben, LGBTQ+-Geschichte in den Lehrplan aufzunehmen.

Ein weiteres Beispiel ist die Einführung von Gender-Neutralen Toiletten in Schulen, die es allen Schülern ermöglicht, ihre Identität ohne Angst vor Diskriminierung auszudrücken. Diese Maßnahmen zeigen, dass Bildungseinrichtungen aktiv daran arbeiten können, ein inklusives Umfeld zu schaffen.

Die Rolle von Lehrkräften als Vorbilder

Lehrkräfte spielen eine zentrale Rolle bei der Schaffung eines unterstützenden und respektvollen Umfelds für LGBTQ+-Schüler. Indem sie offen über ihre eigenen Erfahrungen sprechen und sich für LGBTQ+-Rechte einsetzen, können sie als Vorbilder fungieren. Dies kann dazu beitragen, ein Gefühl der Zugehörigkeit zu schaffen und Schüler zu ermutigen, ihre Identität zu akzeptieren.

Eine Studie von GLSEN (Gay, Lesbian and Straight Education Network) zeigt, dass Schüler, die eine unterstützende Lehrkraft haben, weniger wahrscheinlich Mobbing erfahren und eine höhere Wahrscheinlichkeit haben, sich sicher und akzeptiert zu fühlen. Diese Erkenntnisse unterstreichen die Bedeutung von Lehrkräften, die sich aktiv für die Belange der LGBTQ+-Gemeinschaft einsetzen.

Die Notwendigkeit eines inklusiven Lehrplans

Ein inklusiver Lehrplan, der LGBTQ+-Themen und -Perspektiven umfasst, ist entscheidend für die Schaffung eines respektvollen und unterstützenden Lernumfelds. Solche Lehrpläne fördern nicht nur das Verständnis, sondern tragen auch dazu bei, Stereotypen und Vorurteile abzubauen. Studien zeigen, dass Schüler, die in einem inklusiven Umfeld lernen, eine höhere Wahrscheinlichkeit haben, Empathie und Respekt für andere zu entwickeln.

Die Implementierung eines inklusiven Lehrplans erfordert jedoch Engagement und Ressourcen. Bildungseinrichtungen müssen bereit sein, in Schulungen und Materialien zu investieren, um sicherzustellen, dass Lehrkräfte über das notwendige Wissen und die Fähigkeiten verfügen, um LGBTQ+-Themen effektiv zu unterrichten.

Zusammenfassung

Die Rolle von Bildungseinrichtungen in der Förderung von LGBTQ+-Akzeptanz und -Sichtbarkeit ist von entscheidender Bedeutung. Durch Aufklärung, Sensibilisierung und die Schaffung eines unterstützenden Umfelds können Schulen und Universitäten dazu beitragen, Vorurteile abzubauen und eine inklusive Gesellschaft zu fördern. Trotz der Herausforderungen, mit denen sie konfrontiert sind, gibt es zahlreiche positive Beispiele für Bildungseinrichtungen, die erfolgreich LGBTQ+-Themen in ihren Lehrplan integriert haben. Letztendlich liegt es an den Bildungseinrichtungen, die Verantwortung zu übernehmen und aktiv für eine gerechtere und inklusivere Zukunft zu arbeiten.

Die Bedeutung von Workshops und Seminaren

In der heutigen Zeit sind Workshops und Seminare unerlässlich für die persönliche und berufliche Entwicklung, insbesondere in der LGBTQ+-Community. Diese Veranstaltungen bieten nicht nur eine Plattform für den Austausch von Wissen und Erfahrungen, sondern fördern auch die Selbstakzeptanz und das Bewusstsein für gesellschaftliche Themen. In diesem Abschnitt werden wir die Bedeutung von Workshops und Seminaren im Kontext der LGBTQ+-Bewegung untersuchen, die Herausforderungen, die sie mit sich bringen, sowie einige erfolgreiche Beispiele.

Wissenstransfer und Aufklärung

Workshops und Seminare sind entscheidend für den Wissenstransfer. Sie ermöglichen es den Teilnehmern, sich über aktuelle Themen, Herausforderungen und Entwicklungen in der LGBTQ+-Community zu informieren. Oft werden Experten eingeladen, die ihre Erfahrungen und ihr Wissen teilen, was den Teilnehmern hilft, ein besseres Verständnis für die Probleme zu entwickeln, mit denen sie konfrontiert sind.

Ein Beispiel hierfür ist der Workshop *„Transgender und Identität"*, der in verschiedenen Städten angeboten wird. Hier lernen die Teilnehmer nicht nur über die rechtlichen Aspekte der Geschlechtsidentität, sondern auch über die emotionalen und psychologischen Herausforderungen, die mit dem Coming-out verbunden sind. Solche Workshops fördern das Verständnis und die Empathie innerhalb der Gemeinschaft und darüber hinaus.

Selbstakzeptanz und Empowerment

Ein weiterer wichtiger Aspekt von Workshops und Seminaren ist die Förderung der Selbstakzeptanz. Durch den Austausch von Erfahrungen und das Lernen von anderen können Teilnehmer lernen, ihre eigene Identität zu akzeptieren und zu feiern. Dies geschieht oft in einem unterstützenden Umfeld, in dem sich die Teilnehmer sicher fühlen, ihre Gedanken und Gefühle zu teilen.

Ein Beispiel ist das Seminar *„Selbstliebe und Identität"*, das speziell für LGBTQ+-Jugendliche entwickelt wurde. In diesem Seminar werden verschiedene Techniken zur Förderung der Selbstliebe und des Selbstbewusstseins vermittelt. Teilnehmer berichten häufig von einem gestärkten Selbstwertgefühl und einer verbesserten Fähigkeit, mit Diskriminierung und Vorurteilen umzugehen.

Community-Bildung

Workshops und Seminare spielen auch eine wichtige Rolle bei der Schaffung von Gemeinschaften. Sie bieten den Teilnehmern die Möglichkeit, Gleichgesinnte zu treffen und Netzwerke zu bilden. Dies ist besonders wichtig für Mitglieder der LGBTQ+-Community, die sich oft isoliert fühlen oder Schwierigkeiten haben, Unterstützung in ihrem direkten Umfeld zu finden.

Ein Beispiel hierfür ist das *„Queer Community Building"-Seminar*, das sich auf die Schaffung von sicheren Räumen für LGBTQ+-Personen konzentriert. Teilnehmer lernen, wie sie Netzwerke aufbauen und unterstützen können, und viele berichten von dauerhaften Freundschaften und Unterstützungsnetzwerken, die aus diesen Veranstaltungen hervorgehen.

Herausforderungen und Barrieren

Trotz der vielen Vorteile, die Workshops und Seminare bieten, gibt es auch Herausforderungen. Eine der größten Hürden ist der Zugang zu diesen Veranstaltungen. Oft sind sie teuer oder finden in Regionen statt, in denen die LGBTQ+-Community nicht ausreichend repräsentiert ist. Dies kann dazu führen, dass viele Menschen, die von diesen Programmen profitieren könnten, ausgeschlossen bleiben.

Ein weiteres Problem ist die Qualität der Workshops. Nicht alle Veranstaltungen sind gleichwertig, und einige können unzureichende Informationen oder Unterstützung bieten. Daher ist es wichtig, dass die Organisatoren sicherstellen, dass die Inhalte relevant und auf dem neuesten Stand sind.

Erfolgreiche Beispiele

Ein herausragendes Beispiel für einen erfolgreichen Workshop ist das *„LGBTQ+ Empowerment Retreat"*, das jährlich stattfindet und Teilnehmer aus verschiedenen Hintergründen zusammenbringt. In diesem Retreat lernen die Teilnehmer nicht nur über die Herausforderungen, die sie als LGBTQ+-Personen erleben, sondern auch über Strategien zur Selbstverwirklichung und zur Unterstützung anderer. Die positive Resonanz der Teilnehmer zeigt, wie wichtig solche Veranstaltungen für die persönliche Entwicklung sind.

Ein weiteres Beispiel ist die *„Transgender Awareness Week"*, die in vielen Städten gefeiert wird und Workshops, Seminare und Veranstaltungen umfasst, die sich auf die Sichtbarkeit und die Rechte von Transgender-Personen konzentrieren. Diese Woche hat dazu beigetragen, das Bewusstsein für die Herausforderungen zu schärfen, mit denen Transgender-Personen konfrontiert sind, und hat viele Menschen ermutigt, sich aktiv für Veränderungen einzusetzen.

Fazit

Zusammenfassend lässt sich sagen, dass Workshops und Seminare eine entscheidende Rolle in der LGBTQ+-Bewegung spielen. Sie fördern den Wissenstransfer, die Selbstakzeptanz, die Community-Bildung und bieten eine Plattform für den Austausch von Erfahrungen. Trotz der Herausforderungen, die sie mit sich bringen, sind sie ein unverzichtbares Werkzeug für die persönliche und gesellschaftliche Veränderung. Die positive Wirkung dieser Veranstaltungen zeigt sich in den Geschichten und Erfahrungen der Teilnehmer, die durch diese Gelegenheiten gestärkt und inspiriert werden, ihre Stimmen zu erheben und aktiv für Gleichheit und Gerechtigkeit einzutreten.

Renatos Engagement für Aufklärung

Renato Perez hat sich leidenschaftlich für die Aufklärung über LGBTQ+-Themen eingesetzt. Sein Engagement ist nicht nur persönlich motiviert, sondern auch das Ergebnis seiner Überzeugung, dass Bildung der Schlüssel zur Überwindung von Vorurteilen und Diskriminierung ist. In dieser Sektion werden wir die verschiedenen Facetten von Renatos Engagement für Aufklärung beleuchten, seine Ansätze, Herausforderungen und die Auswirkungen seiner Arbeit auf die Gesellschaft.

Die Bedeutung von Aufklärung

Aufklärung ist ein fundamentaler Bestandteil des Aktivismus. Sie ermöglicht es, Missverständnisse abzubauen, Vorurteile zu widerlegen und eine informierte Diskussion über LGBTQ+-Themen zu fördern. Renato glaubt, dass durch Bildung die Akzeptanz in der Gesellschaft erhöht werden kann. In vielen seiner öffentlichen Auftritte und Workshops betont er, dass Wissen Macht ist. Er verwendet häufig Zitate von berühmten Persönlichkeiten, um diese Idee zu untermauern, wie zum Beispiel:

> „Die einzige Möglichkeit, Vorurteile abzubauen, ist durch Bildung und Verständnis."

Renatos Projekte zur Aufklärung

Renato hat mehrere Initiativen ins Leben gerufen, die auf Aufklärung abzielen. Eine seiner bekanntesten Kampagnen ist die „Aufklärung für alle"-Initiative, die Workshops und Informationsveranstaltungen in Schulen und Gemeinden organisiert. Diese Veranstaltungen bieten einen sicheren Raum für Diskussionen über Geschlechteridentität, sexuelle Orientierung und die Herausforderungen, mit denen LGBTQ+-Personen konfrontiert sind.

- **Workshops in Schulen:** Renato hat mit verschiedenen Schulen zusammengearbeitet, um spezielle Workshops für Schüler anzubieten. Diese Workshops beinhalten interaktive Elemente, die es den Teilnehmern ermöglichen, ihre Fragen zu stellen und sich aktiv an der Diskussion zu beteiligen.

- **Öffentliche Vorträge:** Durch öffentliche Vorträge, oft in Zusammenarbeit mit anderen Aktivisten, erreicht Renato ein breiteres Publikum. Diese Vorträge zielen darauf ab, das Bewusstsein für LGBTQ+-Themen zu schärfen und die Wichtigkeit der Akzeptanz zu betonen.

- **Online-Kampagnen:** In der heutigen digitalen Welt hat Renato auch soziale Medien genutzt, um Aufklärung zu fördern. Er teilt regelmäßig informative Beiträge, Videos und persönliche Geschichten, um das Bewusstsein für LGBTQ+-Themen zu steigern.

Herausforderungen in der Aufklärungsarbeit

Trotz seines Engagements sieht sich Renato mit mehreren Herausforderungen konfrontiert. Eine der größten Hürden ist der Widerstand von konservativen Gruppen, die sich gegen die Aufklärung über LGBTQ+-Themen aussprechen. Diese Gruppen verbreiten häufig falsche Informationen und fördern Angst und Vorurteile. Renato hat gelernt, mit diesem Widerstand umzugehen, indem er:

- **Faktenbasiertes Wissen bereitstellt:** Er stellt sicher, dass alle Informationen, die er teilt, gut recherchiert und faktisch korrekt sind. Dies hilft, die Glaubwürdigkeit seiner Arbeit zu stärken.

- **Dialog fördert:** Renato ermutigt zur offenen Diskussion, auch mit Menschen, die andere Ansichten vertreten. Er glaubt, dass der Dialog der Schlüssel zur Überwindung von Vorurteilen ist.

+ **Allianzen bildet:** Durch die Zusammenarbeit mit anderen Organisationen und Aktivisten kann Renato seine Reichweite erhöhen und eine stärkere Stimme für die Aufklärung schaffen.

Erfolge und Auswirkungen

Renatos Engagement für Aufklärung hat bereits positive Auswirkungen gezeigt. In Schulen, in denen er Workshops durchgeführt hat, berichten Lehrer von einem Anstieg des Verständnisses und der Akzeptanz unter den Schülern. Eine Umfrage, die nach einem Workshop durchgeführt wurde, zeigt, dass:

$$\text{Akzeptanzrate} = \frac{\text{Zahl der positiven Antworten}}{\text{Gesamtzahl der Antworten}} \times 100 \qquad (75)$$

Die Ergebnisse dieser Umfrage zeigten eine Steigerung der Akzeptanzrate um 40% in den Schulen, in denen Renato aktiv war.

Darüber hinaus hat Renato durch seine Online-Präsenz eine Vielzahl von Menschen erreicht. Seine Videos und Beiträge haben Tausende von Aufrufen, und viele seiner Follower berichten, dass sie durch seine Inhalte ermutigt wurden, sich für die LGBTQ+-Gemeinschaft einzusetzen.

Zukunftsperspektiven

Renato plant, sein Engagement für Aufklärung weiter auszubauen. Er hat bereits neue Projekte in der Pipeline, darunter:

+ **Erweiterte Workshops für Erwachsene:** Diese Workshops sollen auch Erwachsene ansprechen, die möglicherweise Vorurteile haben oder einfach nur mehr über LGBTQ+-Themen erfahren möchten.

+ **Kooperation mit Universitäten:** Renato möchte mit Universitäten zusammenarbeiten, um spezielle Programme zu entwickeln, die sich auf die Ausbildung von zukünftigen Lehrern konzentrieren.

+ **Internationale Aufklärungsprojekte:** Renato plant, seine Arbeit auch international auszuweiten, um das Bewusstsein für LGBTQ+-Themen in verschiedenen Kulturen zu fördern.

Zusammenfassend lässt sich sagen, dass Renatos Engagement für Aufklärung ein wichtiger Beitrag zur Förderung von Verständnis und Akzeptanz in der Gesellschaft ist. Durch seine verschiedenen Initiativen und Projekte hat er bereits viele Menschen erreicht und inspiriert. Seine Vision für eine aufgeklärte und inklusive Gesellschaft ist ein Ziel, das er mit Leidenschaft verfolgt und das auch weiterhin viele unterstützen werden.

Die Herausforderungen in der Aufklärungsarbeit

Die Aufklärungsarbeit im Kontext von LGBTQ+-Themen steht vor einer Vielzahl von Herausforderungen, die sowohl struktureller als auch gesellschaftlicher Natur sind. Diese Herausforderungen können die Wirksamkeit von Bildungsinitiativen und die breite Akzeptanz von LGBTQ+-Identitäten erheblich beeinträchtigen. In diesem Abschnitt werden wir die zentralen Probleme der Aufklärungsarbeit untersuchen und einige relevante Theorien sowie Beispiele anführen.

Strukturelle Herausforderungen

Eine der größten Herausforderungen in der Aufklärungsarbeit ist die strukturelle Diskriminierung, die in vielen Bildungseinrichtungen und Organisationen verankert ist. Diese Diskriminierung manifestiert sich oft in Form von Lehrplänen, die LGBTQ+-Themen entweder ignorieren oder verzerrt darstellen. Laut einer Studie von [1] haben 63% der LGBTQ+-Schüler berichtet, dass sie in der Schule nicht über LGBTQ+-Themen unterrichtet wurden. Diese Ignoranz führt zu einem Mangel an Verständnis und Akzeptanz in der breiteren Gesellschaft.

Ein weiteres strukturelles Problem ist der Mangel an Ressourcen für Aufklärungsprogramme. Viele Schulen und Organisationen verfügen nicht über die finanziellen Mittel, um Schulungen durchzuführen oder geeignete Materialien bereitzustellen. Dies führt zu einer unzureichenden Ausbildung von Lehrkräften, die möglicherweise nicht in der Lage sind, LGBTQ+-Themen sensibel und informativ zu behandeln [4].

Gesellschaftliche Vorurteile

Gesellschaftliche Vorurteile stellen eine erhebliche Hürde für die Aufklärungsarbeit dar. Negative Stereotypen und Fehlinformationen über LGBTQ+-Personen sind weit verbreitet und können die Akzeptanz von Bildungsinitiativen erheblich einschränken. Viele Menschen sind mit dem Konzept von LGBTQ+-Identitäten nicht vertraut und reagieren mit Widerstand, wenn sie mit neuen Informationen konfrontiert werden. Dies kann zu Konflikten in Bildungseinrichtungen führen, wo Lehrer und Schüler, die sich für LGBTQ+-Themen einsetzen, oft auf Widerstand und Kritik stoßen.

Die Theorie des sozialen Konstruktivismus, die besagt, dass Wissen durch soziale Interaktionen und kulturelle Kontexte konstruiert wird, kann hier angewendet werden. Wenn die Gesellschaft nicht bereit ist, LGBTQ+-Identitäten zu akzeptieren, wird es schwierig sein, Aufklärungsarbeit erfolgreich zu leisten [?].

Mangelnde Sichtbarkeit und Repräsentation

Ein weiteres zentrales Problem in der Aufklärungsarbeit ist der Mangel an Sichtbarkeit und Repräsentation von LGBTQ+-Personen in Medien und Bildung. Oft werden LGBTQ+-Themen entweder marginalisiert oder stereotypisiert dargestellt, was zu einem verzerrten Bild der Realität führt. Diese mangelnde Repräsentation kann das Selbstwertgefühl von LGBTQ+-Jugendlichen negativ beeinflussen und ihre Fähigkeit, sich mit ihrer Identität auseinanderzusetzen, erschweren [?].

Ein Beispiel für diese Herausforderung ist die Darstellung von LGBTQ+-Charakteren in Schulbüchern. Viele Lehrpläne enthalten keine oder nur sehr wenige positive Darstellungen von LGBTQ+-Personen, was zu einem Gefühl der Isolation für betroffene Schüler führen kann. Studien zeigen, dass Schüler, die sich in den Lehrmaterialien wiederfinden, eine höhere Wahrscheinlichkeit haben, sich selbst zu akzeptieren und ein positives Selbstbild zu entwickeln [?].

Widerstand gegen Veränderungen

Der Widerstand gegen Veränderungen in der Aufklärungsarbeit ist ein weiteres bedeutendes Hindernis. Viele Bildungseinrichtungen und Organisationen sind in ihren traditionellen Werten und Überzeugungen verankert und zeigen sich oft unwillig, neue Perspektiven zu akzeptieren. Dies kann zu einem stagnierenden Bildungsumfeld führen, in dem LGBTQ+-Themen nicht angemessen behandelt werden.

Ein Beispiel für diesen Widerstand ist die Debatte um die Einführung von LGBTQ+-Themen in den Lehrplan. In vielen Schulen gibt es heftige Auseinandersetzungen über die Notwendigkeit, solche Themen zu integrieren, wobei Gegner oft argumentieren, dass dies gegen traditionelle Werte verstößt. Diese Auseinandersetzungen können dazu führen, dass LGBTQ+-Themen weiterhin ignoriert werden, was die Sichtbarkeit und Akzeptanz in der Gesellschaft weiter verringert.

Die Rolle der Medien

Die Medien spielen eine entscheidende Rolle in der Aufklärungsarbeit, können aber auch eine Quelle von Herausforderungen sein. Oft werden

LGBTQ+-Themen sensationalisiert oder falsch dargestellt, was zu Missverständnissen und Vorurteilen in der Gesellschaft beiträgt. Die Theorie der Medienwirkungsforschung legt nahe, dass die Art und Weise, wie Medien LGBTQ+-Themen darstellen, einen direkten Einfluss auf die öffentliche Wahrnehmung und Akzeptanz hat [?].

Ein Beispiel hierfür ist die Berichterstattung über LGBTQ+-Proteste, die häufig als „extrem" oder „konfrontativ" dargestellt wird, während die positiven Aspekte und die Notwendigkeit dieser Proteste oft ignoriert werden. Dies kann dazu führen, dass die Gesellschaft die Anliegen der LGBTQ+-Gemeinschaft nicht ernst nimmt oder als übertrieben wahrnimmt.

Fazit

Die Herausforderungen in der Aufklärungsarbeit sind vielschichtig und erfordern ein engagiertes und koordiniertes Vorgehen von Bildungseinrichtungen, Gemeinschaften und Aktivisten. Es ist entscheidend, dass diese Herausforderungen anerkannt und angegangen werden, um eine inklusive und gerechte Gesellschaft zu schaffen. Nur durch die Überwindung dieser Hürden kann eine wirksame Aufklärungsarbeit geleistet werden, die zu einer echten Veränderung in der Wahrnehmung und Akzeptanz von LGBTQ+-Identitäten führt.

Die Rolle von sozialen Medien in der Aufklärung

In der heutigen digitalen Ära spielen soziale Medien eine entscheidende Rolle in der Aufklärung über LGBTQ+-Themen und die Sichtbarkeit von marginalisierten Stimmen. Plattformen wie Instagram, Twitter, Facebook und TikTok bieten nicht nur Räume für persönliche Geschichten, sondern auch für die Verbreitung von Wissen und Informationen. Diese Plattformen ermöglichen es Aktivisten, Educators und der Gemeinschaft, sich zu vernetzen, Erfahrungen auszutauschen und Aufklärungsarbeit zu leisten.

Theoretische Grundlagen

Die Nutzung sozialer Medien in der Aufklärung kann durch verschiedene Theorien erklärt werden. Eine davon ist die *Social Learning Theory* von Albert Bandura, die besagt, dass Menschen durch Beobachtung und Nachahmung lernen. In diesem Kontext können Nutzer durch das Konsumieren von Inhalten auf sozialen Medien lernen, wie sie ihre eigene Identität akzeptieren und sich in der Gesellschaft positionieren können. Das Teilen von Geschichten und Erfahrungen auf sozialen Medien fördert die Identifikation und kann als Katalysator für Veränderungen im individuellen Selbstverständnis dienen.

Ein weiteres relevantes Konzept ist die *Framing Theory*, die beschreibt, wie Informationen präsentiert werden und wie dies die Wahrnehmung und Interpretation der Inhalte beeinflusst. Soziale Medien ermöglichen es, LGBTQ+-Themen in einem positiven Licht zu präsentieren und stereotype Darstellungen zu hinterfragen. Durch das gezielte Framing von Inhalten können Vorurteile abgebaut und ein besseres Verständnis für die Vielfalt der Geschlechteridentitäten gefördert werden.

Probleme und Herausforderungen

Trotz der positiven Aspekte gibt es auch Herausforderungen bei der Nutzung sozialer Medien für Aufklärungsarbeit. Eine der größten Hürden ist die Verbreitung von Fehlinformationen und Vorurteilen. Oftmals werden LGBTQ+-Themen in den sozialen Medien verzerrt oder sensationalisiert, was zu einer weiteren Stigmatisierung führen kann. Die Verbreitung von Hassreden und diskriminierenden Inhalten ist ebenfalls ein ernstes Problem, das die Aufklärungsarbeit behindert und gefährdet.

Ein weiteres Problem ist die *Echokammer*-Effekt, bei dem Nutzer hauptsächlich mit Inhalten interagieren, die ihren eigenen Überzeugungen entsprechen. Dies kann dazu führen, dass wichtige Perspektiven und Informationen ignoriert werden, was die Aufklärungsarbeit einschränkt. Um dem entgegenzuwirken, ist es wichtig, dass Aufklärungsinitiativen aktiv versuchen, ein breiteres Publikum zu erreichen und Dialoge mit unterschiedlichen Gruppen zu fördern.

Beispiele für erfolgreiche Aufklärungsarbeit

Trotz dieser Herausforderungen gibt es zahlreiche Beispiele für erfolgreiche Aufklärungsarbeit über soziale Medien. Eine bemerkenswerte Initiative ist die Kampagne *#TransAwareness*, die auf verschiedenen Plattformen gestartet wurde, um das Bewusstsein für die Herausforderungen von Transgender-Personen zu schärfen. Diese Kampagne nutzt persönliche Geschichten, informative Grafiken und Videos, um die Sichtbarkeit von Transgender-Personen zu erhöhen und Vorurteile abzubauen.

Ein weiteres Beispiel ist die Nutzung von TikTok durch LGBTQ+-Aktivisten, die kurze, informative Videos erstellen, um komplexe Themen wie Geschlechsidentität und sexuelle Orientierung auf leicht verständliche Weise zu erklären. Diese Videos erreichen oft ein jüngeres Publikum und fördern eine offene Diskussion über Themen, die in traditionellen Medien oft ignoriert werden.

Fazit

Zusammenfassend lässt sich sagen, dass soziale Medien eine transformative Rolle in der Aufklärungsarbeit über LGBTQ+-Themen spielen. Sie bieten eine Plattform für den Austausch von Wissen, die Sichtbarkeit von marginalisierten Stimmen und die Förderung von Dialogen. Dennoch ist es wichtig, die Herausforderungen, die mit der Nutzung dieser Plattformen verbunden sind, zu erkennen und aktiv anzugehen. Durch gezielte Aufklärungsinitiativen und die Förderung von positiven Inhalten können soziale Medien zu einem kraftvollen Werkzeug für Veränderung und Akzeptanz werden.

Die Bedeutung von Aufklärung für die Jugend

Die Aufklärung spielt eine entscheidende Rolle in der Entwicklung junger Menschen, insbesondere in Bezug auf ihre Identität und ihr Verständnis von Geschlechter- und sexueller Diversität. In einer Welt, die zunehmend vielfältiger wird, ist es von größter Bedeutung, dass Jugendliche Zugang zu Informationen und Ressourcen haben, die ihnen helfen, ihre eigene Identität zu verstehen und zu akzeptieren.

Theoretische Grundlagen

Die Theorie der sozialen Identität, formuliert von Henri Tajfel und John Turner, besagt, dass Individuen sich selbst in Bezug auf soziale Gruppen definieren. Diese Theorie ist besonders relevant für die LGBTQ+-Jugend, da sie oft mit Identitätskonflikten konfrontiert sind. Aufklärung kann dazu beitragen, diese Konflikte zu verringern, indem sie ein unterstützendes Umfeld schafft, in dem Jugendliche ihre Identität erforschen und annehmen können.

Ein weiterer theoretischer Rahmen ist die Queer-Theorie, die sich mit der Konstruktion von Geschlecht und Sexualität auseinandersetzt. Diese Theorie fordert normative Vorstellungen heraus und ermutigt Jugendliche, ihre eigenen Erfahrungen und Identitäten zu hinterfragen. Aufklärung, die auf diesen Theorien basiert, kann Jugendlichen helfen, ein kritisches Bewusstsein für gesellschaftliche Normen zu entwickeln und diese zu hinterfragen.

Probleme und Herausforderungen

Trotz der Bedeutung von Aufklärung gibt es zahlreiche Herausforderungen, die die Wirksamkeit von Bildungsprogrammen beeinträchtigen können. Eine der größten Hürden ist das Vorurteil und die Stigmatisierung, die oft mit LGBTQ+-Themen verbunden sind. In vielen Schulen und Gemeinschaften gibt es eine Kultur des Schweigens, die es Jugendlichen erschwert, offen über ihre Identität zu sprechen oder Unterstützung zu suchen.

Darüber hinaus zeigen Studien, dass LGBTQ+-Jugendliche ein höheres Risiko für psychische Gesundheitsprobleme, Mobbing und soziale Isolation haben. Laut einer Studie von The Trevor Project aus dem Jahr 2021 gaben 42% der LGBTQ+-Jugendlichen an, sich in den letzten 12 Monaten ernsthaft mit Selbstmord beschäftigt zu haben. Diese alarmierenden Statistiken unterstreichen die Dringlichkeit, effektive Aufklärungsmaßnahmen zu implementieren, die auf die Bedürfnisse dieser Jugendlichen zugeschnitten sind.

Beispiele für erfolgreiche Aufklärungsinitiativen

Es gibt viele erfolgreiche Programme, die als Vorbilder für effektive Aufklärungsarbeit dienen können. Ein Beispiel ist das Programm „Safe Schools Coalition", das Schulen dabei unterstützt, ein sicheres und unterstützendes Umfeld für LGBTQ+-Schüler zu schaffen. Dieses Programm bietet Schulungen für Lehrer, Ressourcen für Schüler und Informationsmaterialien für Eltern an.

Ein weiteres bemerkenswertes Beispiel ist die Initiative „GSA Network", die Schülergruppen in Schulen unterstützt, die sich für die Rechte von LGBTQ+-Jugendlichen einsetzen. Diese Gruppen bieten nicht nur einen Raum für soziale Unterstützung, sondern auch eine Plattform für Aktivismus und Aufklärung. Durch Workshops, Schulungen und Veranstaltungen können die Teilnehmer ihre Stimmen erheben und für Veränderungen in ihrer Schule und Gemeinschaft kämpfen.

Die Rolle der sozialen Medien in der Aufklärung

In der heutigen digitalen Welt spielen soziale Medien eine entscheidende Rolle bei der Aufklärung junger Menschen über LGBTQ+-Themen. Plattformen wie Instagram, TikTok und Twitter ermöglichen es Jugendlichen, Informationen zu teilen, sich zu vernetzen und ihre Erfahrungen auszutauschen. Diese Online-Communities können eine wertvolle Quelle der Unterstützung und Bestärkung sein, insbesondere für Jugendliche, die in ihren physischen Umgebungen möglicherweise nicht die gleiche Unterstützung finden.

Jedoch birgt die Nutzung sozialer Medien auch Risiken, einschließlich Cybermobbing und der Verbreitung von Fehlinformationen. Daher ist es wichtig, dass Aufklärungsprogramme auch die Medienkompetenz fördern, damit Jugendliche lernen, kritisch mit Informationen umzugehen und sich in digitalen Räumen sicher zu bewegen.

Fazit

Die Bedeutung von Aufklärung für die Jugend kann nicht genug betont werden. Sie ist ein Schlüssel zu einer inklusiven und unterstützenden Gesellschaft, in der alle Individuen, unabhängig von ihrer Geschlechtsidentität oder sexuellen Orientierung, die Möglichkeit haben, sich selbst zu akzeptieren und zu verwirklichen. Es ist unerlässlich, dass Schulen, Gemeinschaften und Familien zusammenarbeiten, um Aufklärungsinitiativen zu fördern, die auf die Bedürfnisse von LGBTQ+-Jugendlichen eingehen und ihnen die Werkzeuge an die Hand geben, die sie benötigen, um in einer komplexen Welt erfolgreich zu navigieren.

Durch die Förderung von Aufklärung, Empathie und Verständnis können wir eine Zukunft schaffen, in der alle Jugendlichen die Freiheit haben, sie selbst zu sein, ohne Angst vor Diskriminierung oder Vorurteilen. Die Aufklärung ist nicht nur ein Werkzeug zur Förderung von Akzeptanz, sondern auch ein Weg, um die Gesellschaft als Ganzes zu transformieren, indem sie eine Kultur der Liebe, des Respekts und der Gleichheit schafft.

Der Einfluss von Aufklärung auf Vorurteile

Die Aufklärung spielt eine entscheidende Rolle im Kampf gegen Vorurteile, insbesondere in Bezug auf die LGBTQ+-Gemeinschaft. Vorurteile sind oft das Ergebnis von Unkenntnis und Missverständnissen, die durch mangelnde Informationen und Bildung entstehen. In diesem Abschnitt werden wir untersuchen, wie Aufklärung dazu beitragen kann, Vorurteile abzubauen, und welche Methoden dabei besonders effektiv sind.

Theoretische Grundlagen

Vorurteile sind tief verwurzelte Einstellungen, die oft auf Stereotypen basieren. Laut der *Social Identity Theory* (Tajfel & Turner, 1979) neigen Menschen dazu, sich mit ihrer eigenen sozialen Gruppe zu identifizieren und andere Gruppen abzuwerten. Diese Tendenz kann durch Aufklärung gemildert werden, indem Menschen die Möglichkeit gegeben wird, ihre eigenen Vorurteile zu hinterfragen und neue Perspektiven zu gewinnen.

Ein weiterer relevanter theoretischer Rahmen ist die *Contact Hypothesis* (Allport, 1954), die besagt, dass direkte Kontakte zwischen Mitgliedern unterschiedlicher Gruppen dazu beitragen können, Vorurteile abzubauen. Aufklärung kann diesen Kontakt fördern, indem sie Gelegenheiten für Interaktion und Dialog schafft.

Methoden der Aufklärung

Es gibt verschiedene Methoden, um Aufklärung zu fördern und Vorurteile abzubauen:

+ **Bildungsprogramme:** Schulen und Universitäten spielen eine entscheidende Rolle bei der Aufklärung über LGBTQ+-Themen. Durch die Integration von Themen wie Geschlechteridentität und sexuelle Orientierung in den Lehrplan können Schüler ein besseres Verständnis für die Herausforderungen und Erfahrungen von LGBTQ+-Personen entwickeln.

+ **Workshops und Seminare:** Veranstaltungen, die sich auf Aufklärung und Sensibilisierung konzentrieren, können sowohl für die LGBTQ+-Gemeinschaft als auch für die breite Öffentlichkeit von Vorteil sein. Diese Workshops bieten Raum für Diskussionen und persönliche Geschichten, die das Verständnis fördern.

+ **Medienkampagnen:** Die Nutzung von sozialen Medien und anderen Plattformen zur Verbreitung von Informationen über LGBTQ+-Themen kann helfen, stereotype Darstellungen zu hinterfragen. Kampagnen, die positive Darstellungen von LGBTQ+-Personen zeigen, können dazu beitragen, Vorurteile zu reduzieren und Akzeptanz zu fördern.

+ **Peer-Education-Programme:** Diese Programme ermöglichen es Gleichaltrigen, Informationen und Erfahrungen auszutauschen. Durch den direkten Austausch von Geschichten und Perspektiven können Vorurteile abgebaut und Empathie gefördert werden.

Beispiele für erfolgreiche Aufklärungsinitiativen

Es gibt zahlreiche Beispiele für erfolgreiche Aufklärungsinitiativen, die signifikante Veränderungen in der Wahrnehmung von LGBTQ+-Personen bewirken konnten:

- **Die „It Gets Better"-Kampagne:** Diese Kampagne wurde ins Leben gerufen, um LGBTQ+-Jugendlichen zu zeigen, dass das Leben besser werden kann. Durch persönliche Geschichten und Videos von Menschen aus verschiedenen Lebensbereichen wurde ein Gefühl der Hoffnung und Unterstützung vermittelt, das viele Vorurteile über LGBTQ+-Personen herausforderte.

- **Schulische Aufklärungsprogramme:** In vielen Ländern wurden Programme implementiert, die sich speziell auf die Aufklärung über LGBTQ+-Themen in Schulen konzentrieren. Diese Programme haben dazu beigetragen, das Bewusstsein zu schärfen und ein respektvolles Miteinander zu fördern.

- **Medienrepräsentation:** Filme und Fernsehsendungen, die LGBTQ+-Charaktere authentisch darstellen, haben ebenfalls zur Aufklärung beigetragen. Diese Darstellungen helfen, stereotype Bilder zu hinterfragen und ein breiteres Spektrum an Erfahrungen sichtbar zu machen.

Herausforderungen bei der Aufklärung

Trotz der positiven Auswirkungen von Aufklärung gibt es weiterhin Herausforderungen:

- **Widerstand gegen Aufklärung:** In vielen Gemeinschaften gibt es Widerstand gegen LGBTQ+-Aufklärung, oft basierend auf kulturellen oder religiösen Überzeugungen. Dieser Widerstand kann die Implementierung von Bildungsprogrammen erschweren.

- **Mangelnde Ressourcen:** Viele Schulen und Organisationen haben nicht die notwendigen Ressourcen, um umfassende Aufklärungsprogramme zu entwickeln und durchzuführen. Dies kann die Reichweite und Effektivität von Bildungsinitiativen einschränken.

- **Stereotypen in den Medien:** Trotz Fortschritten gibt es immer noch viele stereotype Darstellungen von LGBTQ+-Personen in den Medien, die Vorurteile verstärken können. Eine kritische Auseinandersetzung mit diesen Darstellungen ist notwendig, um Veränderungen herbeizuführen.

Fazit

Zusammenfassend lässt sich sagen, dass Aufklärung ein kraftvolles Werkzeug im Kampf gegen Vorurteile ist. Durch Bildungsprogramme, Workshops,

Medienkampagnen und persönliche Interaktionen können wir das Bewusstsein für LGBTQ+-Themen schärfen und Vorurteile abbauen. Es ist jedoch wichtig, die Herausforderungen zu erkennen, die diesen Bemühungen entgegenstehen, und weiterhin für eine inklusive und respektvolle Gesellschaft zu arbeiten. Der Einfluss von Aufklärung auf Vorurteile ist nicht nur ein theoretisches Konzept, sondern eine praktische Notwendigkeit, um eine gerechtere und verständnisvollere Gesellschaft zu schaffen.

Die Herausforderungen der Verbreitung von Wissen

Die Verbreitung von Wissen ist eine fundamentale Voraussetzung für gesellschaftliche Veränderungen, insbesondere im Kontext des Aktivismus und der LGBTQ+-Bewegung. Doch trotz der Fortschritte in der digitalen Kommunikation und der Verfügbarkeit von Informationen stehen Aktivisten und Organisationen vor mehreren Herausforderungen, die die Effektivität ihrer Aufklärungsarbeit beeinträchtigen können. In diesem Abschnitt werden einige dieser Herausforderungen näher betrachtet.

Informationsüberflutung

In der heutigen digitalen Ära sind Menschen mit einer Flut von Informationen konfrontiert. Dies führt zu einer Überforderung, die es schwierig macht, relevante und prägnante Informationen herauszufiltern. **Informationsüberflutung** kann dazu führen, dass wichtige Botschaften in der Masse untergehen. Studien zeigen, dass die durchschnittliche Person täglich mit über 100.000 Wörtern konfrontiert wird, was die Fähigkeit zur kritischen Analyse und zur Aufnahme von Wissen beeinträchtigt.

Digitale Kluft

Die **digitale Kluft** ist ein weiteres bedeutendes Hindernis. Während ein Teil der Bevölkerung Zugang zu modernen Technologien und dem Internet hat, bleibt ein erheblicher Teil ausgeschlossen. Dies betrifft insbesondere marginalisierte Gemeinschaften, die möglicherweise nicht über die Ressourcen verfügen, um sich über wichtige Themen zu informieren oder aktiv an Diskussionen teilzunehmen. Der Zugang zu Wissen ist demnach stark ungleich verteilt, was die Herausforderungen der Wissensverbreitung weiter verstärkt.

Vorurteile und Fehlinformationen

Vorurteile und **Fehlinformationen** stellen eine erhebliche Herausforderung dar. Oftmals sind Informationen, die in sozialen Medien verbreitet werden, nicht verifiziert und können schädliche Stereotypen oder falsche Narrative fördern. Dies führt dazu, dass die Aufklärungsarbeit von Aktivisten erschwert wird, da sie gegen tief verwurzelte Vorurteile ankämpfen müssen. Die Verbreitung von Fehlinformationen kann auch das Vertrauen in die Quellen untergraben, die sich um Aufklärung bemühen.

Mangelnde Ressourcen

Ein weiterer kritischer Punkt ist der **Mangel an Ressourcen.** Viele LGBTQ+-Organisationen sind auf ehrenamtliche Unterstützung angewiesen und verfügen nicht über die finanziellen Mittel, um umfassende Aufklärungsprogramme zu entwickeln oder durchzuführen. Dies kann die Reichweite und die Qualität der Informationsverbreitung erheblich einschränken. Ohne ausreichende Mittel sind viele Organisationen gezwungen, sich auf kurzfristige Lösungen zu konzentrieren, die möglicherweise nicht nachhaltig sind.

Kulturelle Barrieren

Kulturelle Barrieren stellen eine zusätzliche Herausforderung dar. In vielen Gesellschaften existieren tief verwurzelte Normen und Werte, die die Diskussion über LGBTQ+-Themen erschweren. Die **Stigmatisierung** von LGBTQ+-Personen kann dazu führen, dass Informationen über ihre Rechte und Bedürfnisse nicht gehört oder abgelehnt werden. Aktive Aufklärungsarbeit muss daher oft auch kulturelle Sensibilität und Verständnis für die spezifischen Kontexte, in denen sie durchgeführt wird, einbeziehen.

Fehlende Unterstützung von Entscheidungsträgern

Die **fehlende Unterstützung von Entscheidungsträgern** kann ebenfalls die Verbreitung von Wissen behindern. Politische Entscheidungsträger, die sich nicht für LGBTQ+-Rechte einsetzen oder diese nicht priorisieren, können die Förderung von Bildungsprogrammen und Initiativen zur Aufklärung behindern. Ohne politische Unterstützung kann es für Aktivisten schwierig sein, ihre Botschaften in breitere gesellschaftliche Diskurse einzubringen.

Mangelnde Sichtbarkeit in den Medien

Die Sichtbarkeit in den Medien spielt eine entscheidende Rolle bei der Verbreitung von Wissen. Viele LGBTQ+-Themen werden in den Mainstream-Medien nicht ausreichend behandelt. Wenn die Medien über LGBTQ+-Themen berichten, geschieht dies oft in einem begrenzten oder stereotypen Rahmen, was die Wahrnehmung und das Verständnis der Öffentlichkeit beeinträchtigen kann. Eine breitere und differenzierte Berichterstattung ist notwendig, um ein umfassenderes Bild der LGBTQ+-Gemeinschaft zu vermitteln.

Fazit

Die Herausforderungen der Verbreitung von Wissen sind vielfältig und komplex. Um die Effektivität der Aufklärungsarbeit zu steigern, ist es entscheidend, innovative Ansätze zu entwickeln, die diese Hindernisse überwinden. Dazu gehört die Förderung von Medienkompetenz, die Schaffung von Netzwerken zur Unterstützung marginalisierter Stimmen und die Entwicklung von inklusiven Bildungsressourcen. Nur durch die Überwindung dieser Herausforderungen kann eine nachhaltige und gerechte Wissensverbreitung erreicht werden, die zur Stärkung der LGBTQ+-Gemeinschaft und zur Förderung gesellschaftlicher Veränderungen beiträgt.

Die Rolle von Kunst in der Aufklärung

Die Rolle von Kunst in der Aufklärung ist von zentraler Bedeutung, da Kunst als ein kraftvolles Medium fungiert, um Wissen zu verbreiten, Diskussionen anzuregen und gesellschaftliche Normen zu hinterfragen. In einer Zeit, in der viele Menschen mit Vorurteilen und Missverständnissen konfrontiert sind, bietet Kunst einen Raum für Reflexion und Verständnis. Diese Sektion beleuchtet die verschiedenen Aspekte, in denen Kunst zur Aufklärung beiträgt, die Herausforderungen, die damit verbunden sind, und einige Beispiele, die die transformative Kraft der Kunst verdeutlichen.

Kunst als Kommunikationsmittel

Kunst hat die Fähigkeit, komplexe Themen auf eine zugängliche und ansprechende Weise zu kommunizieren. Durch visuelle, darstellende und literarische Formen können Künstler*innen Emotionen und Erfahrungen vermitteln, die oft schwer in Worte zu fassen sind. Diese emotionale Verbindung fördert das Verständnis und die Empathie für die Erfahrungen von Marginalisierten, insbesondere in Bezug auf LGBTQ+-Themen.

Ein Beispiel hierfür ist das Theaterstück „*The Laramie Project*", das die Reaktionen der Gemeinde auf den Mord an Matthew Shepard, einem schwulen Mann, thematisiert. Durch die Darstellung von echten Interviews und persönlichen Geschichten wird das Publikum mit der Realität von Homophobie und den Auswirkungen von Gewalt konfrontiert. Solche Werke fordern die Zuschauer*innen auf, über ihre eigenen Vorurteile nachzudenken und sich mit den dargestellten Themen auseinanderzusetzen.

Kunst als Werkzeug zur Sensibilisierung

Kunst kann auch als Werkzeug zur Sensibilisierung dienen, indem sie auf gesellschaftliche Probleme hinweist und das Bewusstsein für soziale Ungerechtigkeiten schärft. Durch Ausstellungen, Performances und öffentliche Kunstprojekte können Künstler*innen Themen wie Diskriminierung, Identität und soziale Gerechtigkeit hervorheben.

Ein Beispiel ist die „*Queer Art and Culture Festival*", das Künstler*innen aus der LGBTQ+-Community eine Plattform bietet, um ihre Arbeiten zu präsentieren und Diskussionen über queere Themen zu fördern. Solche Festivals tragen dazu bei, das Sichtfeld der Öffentlichkeit zu erweitern und die Vielfalt menschlicher Erfahrungen zu feiern.

Kunst und Bildung

Kunst hat auch eine wichtige Bildungsfunktion. Durch Workshops, Seminare und Bildungsprogramme können Künstler*innen und Aktivist*innen ihr Wissen und ihre Erfahrungen mit der Gemeinschaft teilen. Diese Bildungsinitiativen fördern nicht nur das Verständnis für LGBTQ+-Themen, sondern auch die Entwicklung von kritischem Denken und kreativen Fähigkeiten.

Ein Beispiel ist das „*Artivism*"-*Programm*, das Kunst und Aktivismus kombiniert, um junge Menschen zu ermutigen, ihre Stimme zu erheben und sich für soziale Veränderungen einzusetzen. Solche Programme bieten nicht nur eine Plattform für kreativen Ausdruck, sondern auch die Möglichkeit, sich mit wichtigen gesellschaftlichen Themen auseinanderzusetzen.

Herausforderungen in der Kunst als Aufklärungsmedium

Trotz der vielen Vorteile, die Kunst als Aufklärungsmedium bietet, gibt es auch Herausforderungen. Künstler*innen sehen sich oft mit Zensur, finanziellen

Einschränkungen und dem Druck konfrontiert, kommerziell erfolgreich zu sein. Diese Faktoren können die Freiheit der künstlerischen Ausdrucksform einschränken und die Fähigkeit der Kunst, als Werkzeug der Aufklärung zu fungieren, beeinträchtigen.

Darüber hinaus kann die Rezeption von Kunstwerken stark von den kulturellen und sozialen Kontexten abhängen, in denen sie präsentiert werden. Was in einem Kontext als aufklärend wahrgenommen wird, kann in einem anderen als provokant oder unangemessen angesehen werden. Diese Diskrepanz kann die Wirkung der Kunst auf die Aufklärung beeinträchtigen.

Schlussfolgerung

Insgesamt spielt Kunst eine unverzichtbare Rolle in der Aufklärung, indem sie als Kommunikationsmittel, Werkzeug zur Sensibilisierung und Bildungsressource fungiert. Durch die Schaffung eines Raums für Dialog und Reflexion trägt Kunst dazu bei, Vorurteile abzubauen und das Verständnis für die Erfahrungen von LGBTQ+-Personen zu fördern. Trotz der Herausforderungen, mit denen Künstler*innen konfrontiert sind, bleibt die transformative Kraft der Kunst ein entscheidendes Element im Kampf für Gleichheit und soziale Gerechtigkeit.

Die Verbindung zwischen Kunst und Aufklärung ist ein dynamisches und sich ständig weiterentwickelndes Feld, das weiterhin Raum für Innovation und kreativen Ausdruck bietet. Indem wir die Rolle der Kunst in der Aufklärung anerkennen und unterstützen, können wir eine inklusivere und gerechtere Gesellschaft fördern.

Die Vision für eine aufgeklärte Gesellschaft

In einer aufgeklärten Gesellschaft streben wir nach einem harmonischen Zusammenleben, in dem Wissen und Bildung die Grundlagen für soziale Gerechtigkeit und Gleichheit bilden. Die Vision einer solchen Gesellschaft ist geprägt von Offenheit, Respekt und einem tiefen Verständnis für die Vielfalt menschlicher Identitäten und Erfahrungen. Die Aufklärung, als philosophische Bewegung des 17. und 18. Jahrhunderts, hat den Grundstein für diese Vision gelegt, indem sie den Wert von Vernunft, Wissenschaft und individueller Freiheit betont hat. In diesem Abschnitt werden wir die Schlüsselkomponenten einer aufgeklärten Gesellschaft untersuchen, die Herausforderungen, die auf diesem Weg bestehen, sowie konkrete Beispiele, die diese Vision veranschaulichen.

Bildung als Schlüssel zur Aufklärung

Bildung spielt eine zentrale Rolle in der Schaffung einer aufgeklärten Gesellschaft. Sie ist nicht nur der Zugang zu Wissen, sondern auch der Schlüssel zur Entwicklung kritischen Denkens und zur Förderung von Empathie. In einer Welt, in der Desinformation und Vorurteile weit verbreitet sind, ist es entscheidend, dass Bildungssysteme nicht nur Fakten vermitteln, sondern auch die Fähigkeit fördern, Informationen zu hinterfragen und zu analysieren.

Ein Beispiel für eine erfolgreiche Bildungsinitiative ist das Programm *„Lernen durch Engagement"*, das Schüler dazu ermutigt, sich aktiv in ihrer Gemeinschaft zu engagieren und gleichzeitig ihre akademischen Fähigkeiten zu entwickeln. Solche Programme fördern nicht nur das Wissen, sondern auch das Verständnis für soziale Probleme und die Verantwortung, die jeder Einzelne in der Gesellschaft trägt.

Förderung von Diversität und Inklusion

Eine aufgeklärte Gesellschaft erkennt die Bedeutung von Diversität und Inklusion an. Die Theorie der Intersektionalität, die von Kimberlé Crenshaw geprägt wurde, betont, dass verschiedene Identitäten, wie Geschlecht, Ethnie, sexuelle Orientierung und soziale Klasse, miteinander verwoben sind und sich gegenseitig beeinflussen. In einer aufgeklärten Gesellschaft sollten diese verschiedenen Perspektiven nicht nur anerkannt, sondern auch in Entscheidungsprozesse einbezogen werden.

Ein Beispiel für diesen Ansatz ist die *„Diversity Initiative"* in vielen Unternehmen, die darauf abzielt, ein inklusives Arbeitsumfeld zu schaffen, in dem alle Stimmen gehört werden. Diese Initiativen haben gezeigt, dass Diversität nicht nur das Arbeitsklima verbessert, sondern auch die Kreativität und Innovationskraft steigert.

Stärkung der Medienkompetenz

In einer Zeit, in der soziale Medien und digitale Plattformen dominieren, ist Medienkompetenz unerlässlich. Die Fähigkeit, Informationen kritisch zu bewerten und zwischen Fakten und Fiktion zu unterscheiden, ist entscheidend, um die Verbreitung von Fehlinformationen zu bekämpfen. Programme zur Förderung der Medienkompetenz sollten in Schulen und Gemeinschaften implementiert werden, um das Bewusstsein für die Auswirkungen von Fake News und Propaganda zu schärfen.

Ein Beispiel für ein solches Programm ist das *„Media Literacy Project"*, das Schüler und Lehrer darin schult, digitale Inhalte kritisch zu analysieren und verantwortungsbewusst zu konsumieren. Solche Initiativen tragen dazu bei, eine informierte Bürgerschaft zu schaffen, die in der Lage ist, fundierte Entscheidungen zu treffen.

Förderung des Dialogs und der Toleranz

Ein weiterer zentraler Aspekt einer aufgeklärten Gesellschaft ist die Förderung des Dialogs und der Toleranz. In einer Zeit, in der Polarisierung und Konflikte zunehmen, ist es wichtig, Räume zu schaffen, in denen unterschiedliche Meinungen respektvoll ausgetauscht werden können. Die Theorie des *„Deliberativen Dialogs"* betont die Bedeutung von Gesprächen, die auf Verständnis und Konsens abzielen, anstatt auf Konfrontation.

Initiativen wie *„Dialog in der Dunkelheit"*, bei denen Menschen in völliger Dunkelheit miteinander sprechen, fördern das Verständnis für die Perspektiven anderer und helfen, Vorurteile abzubauen. Solche Programme zeigen, dass der Dialog nicht nur zur Konfliktlösung beiträgt, sondern auch das Gemeinschaftsgefühl stärkt.

Die Rolle der Kunst im Aufklärungsprozess

Kunst ist ein kraftvolles Medium, um gesellschaftliche Themen anzusprechen und Bewusstsein zu schaffen. Sie hat die Fähigkeit, Emotionen zu wecken und Menschen zu bewegen, was sie zu einem effektiven Werkzeug im Aktivismus macht. Die Verbindung zwischen Kunst und Aufklärung ist evident in Projekten, die soziale Themen behandeln und das Publikum zum Nachdenken anregen.

Ein Beispiel hierfür ist das Theaterstück *„The Vagina Monologues"*, das Themen wie Geschlechtergerechtigkeit und sexuelle Gewalt behandelt. Solche künstlerischen Arbeiten tragen zur Sensibilisierung der Öffentlichkeit bei und fördern den Dialog über wichtige gesellschaftliche Fragen.

Herausforderungen auf dem Weg zur Aufklärung

Trotz der positiven Aspekte, die eine aufgeklärte Gesellschaft mit sich bringt, gibt es zahlreiche Herausforderungen. Die Verbreitung von Fehlinformationen, die Zunahme von Extremismus und die Widerstände gegen Veränderungen sind nur einige der Hindernisse, die es zu überwinden gilt. Die Gesellschaft muss sich aktiv mit diesen Problemen auseinandersetzen und Strategien entwickeln, um den Dialog zu fördern und die Bildung zu stärken.

Fazit: Die Vision einer aufgeklärten Gesellschaft

Zusammenfassend lässt sich sagen, dass die Vision für eine aufgeklärte Gesellschaft auf den Grundpfeilern von Bildung, Diversität, Medienkompetenz, Dialog und Kunst beruht. Diese Elemente sind entscheidend, um eine inklusive und gerechte Gesellschaft zu schaffen, in der jeder Mensch die Möglichkeit hat, sich zu entfalten und gehört zu werden. Es liegt in der Verantwortung jedes Einzelnen, aktiv an diesem Prozess teilzunehmen und die Prinzipien der Aufklärung in das tägliche Leben zu integrieren. Nur so können wir eine Zukunft gestalten, die von Verständnis, Respekt und Gleichheit geprägt ist.

Die Zukunft des Aktivismus

Die Herausforderungen der nächsten Generation

Die nächste Generation von LGBTQ+-Aktivisten steht vor einer Vielzahl von Herausforderungen, die sowohl aus der sich ständig verändernden gesellschaftlichen Landschaft als auch aus den bestehenden Strukturen der Diskriminierung und Ungerechtigkeit resultieren. Diese Herausforderungen sind komplex und erfordern ein tiefes Verständnis der sozialen, politischen und kulturellen Dynamiken, die die LGBTQ+-Bewegung prägen.

Gesellschaftliche Akzeptanz und Sichtbarkeit

Ein zentrales Problem, mit dem die nächste Generation konfrontiert ist, ist die fortwährende Stigmatisierung und Diskriminierung, die LGBTQ+-Menschen in vielen Teilen der Welt erfahren. Trotz bedeutender Fortschritte in den letzten Jahrzehnten gibt es immer noch Regionen, in denen LGBTQ+-Rechte nicht anerkannt werden und Menschen aufgrund ihrer sexuellen Orientierung oder Geschlechtsidentität verfolgt werden. Diese Diskriminierung kann sich in verschiedenen Formen äußern, einschließlich physischer Gewalt, psychologischer Belästigung und rechtlicher Verfolgung.

Die Sichtbarkeit von LGBTQ+-Personen in den Medien ist ein weiterer kritischer Aspekt. Während einige Fortschritte erzielt wurden, bleibt die Repräsentation oft stereotypisch oder einseitig. Viele junge Aktivisten müssen gegen diese stereotype Darstellung ankämpfen und versuchen, ein differenziertes Bild ihrer Gemeinschaften zu fördern. In diesem Zusammenhang ist die Förderung von Diversität innerhalb der Medienlandschaft von entscheidender Bedeutung. Die Herausforderung besteht darin, sicherzustellen, dass die Stimmen von marginalisierten Gruppen innerhalb der LGBTQ+-Gemeinschaft gehört und repräsentiert werden.

Intersektionalität

Ein weiteres zentrales Thema ist die Intersektionalität. Viele junge LGBTQ+-Aktivisten erkennen, dass Identität nicht eindimensional ist. Faktoren wie Rasse, Ethnizität, Geschlecht, soziale Klasse und Behinderung beeinflussen das Leben von LGBTQ+-Personen und deren Zugang zu Ressourcen und Unterstützung. Die Herausforderung besteht darin, eine intersektionale Perspektive in die LGBTQ+-Bewegung zu integrieren und sicherzustellen, dass die Anliegen aller Mitglieder der Gemeinschaft berücksichtigt werden.

Ein Beispiel für die Bedeutung der Intersektionalität ist die Black Lives Matter-Bewegung, die die Stimmen von LGBTQ+-Personen innerhalb der afroamerikanischen Gemeinschaft stärkt. Diese Bewegung zeigt, wie wichtig es ist, verschiedene Identitäten und Erfahrungen zu berücksichtigen, um eine gerechtere und inklusivere Gesellschaft zu schaffen.

Technologische Veränderungen

Die rasante Entwicklung der Technologie stellt sowohl Chancen als auch Herausforderungen für die nächste Generation dar. Soziale Medien haben es LGBTQ+-Aktivisten ermöglicht, sich zu vernetzen, ihre Botschaften zu verbreiten und Gemeinschaften zu bilden, die zuvor isoliert waren. Plattformen wie Instagram, Twitter und TikTok bieten Raum für kreative Ausdrucksformen und den Austausch von Erfahrungen.

Jedoch bringt die Technologie auch Herausforderungen mit sich, insbesondere im Hinblick auf Cybermobbing und die Verbreitung von Fehlinformationen. Junge Aktivisten müssen lernen, mit den Risiken umzugehen, die mit der Nutzung digitaler Plattformen verbunden sind, und Strategien entwickeln, um sich selbst und andere zu schützen.

Politische Herausforderungen

Politisch gesehen sehen sich junge LGBTQ+-Aktivisten mit einer zunehmend polarisierten Landschaft konfrontiert. In vielen Ländern gibt es eine Rückkehr zu konservativen Werten und eine Erosion der Rechte, die in den letzten Jahren erkämpft wurden. Diese Rückschläge erfordern von der nächsten Generation, sich aktiv für den Erhalt und die Erweiterung ihrer Rechte einzusetzen.

Beispielsweise haben in den USA mehrere Bundesstaaten Gesetze verabschiedet, die darauf abzielen, die Rechte von Transgender-Personen zu beschneiden, insbesondere im Bereich des Zugangs zu Gesundheitsdiensten und der Teilnahme an Sportveranstaltungen. Diese politischen Angriffe erfordern Mobilisierung und Widerstand, was eine Herausforderung für junge Aktivisten darstellt, die möglicherweise noch nicht über die nötige Erfahrung oder Ressourcen verfügen.

Mentorship und Unterstützung

Ein weiterer kritischer Aspekt ist die Notwendigkeit von Mentorship und Unterstützung innerhalb der LGBTQ+-Gemeinschaft. Viele junge Aktivisten fühlen sich isoliert und benötigen Führung und Unterstützung von erfahrenen Mitgliedern der Gemeinschaft. Die Herausforderung besteht darin, Netzwerke zu schaffen, die den Austausch von Wissen und Erfahrungen fördern und jungen Menschen helfen, ihre Stimme zu finden und zu stärken.

Die Schaffung solcher Mentorship-Programme kann dazu beitragen, die nächste Generation zu stärken und ihnen die Werkzeuge und das Wissen zu geben, die sie benötigen, um effektiv zu kämpfen und Veränderungen herbeizuführen.

Fazit

Zusammenfassend lässt sich sagen, dass die Herausforderungen, vor denen die nächste Generation von LGBTQ+-Aktivisten steht, vielfältig und komplex sind. Von gesellschaftlicher Akzeptanz und Sichtbarkeit über intersektionale Perspektiven bis hin zu technologischen und politischen Herausforderungen müssen junge Aktivisten innovative Ansätze entwickeln, um ihre Ziele zu erreichen.

Die Förderung von Gemeinschaft, Unterstützung und Mentorship wird entscheidend sein, um sicherzustellen, dass die nächste Generation in der Lage ist, die Herausforderungen zu meistern und eine gerechtere, inklusivere Zukunft für alle LGBTQ+-Personen zu schaffen. Ihre Fähigkeit, diese Herausforderungen zu bewältigen, wird entscheidend für den Fortbestand und das Wachstum der LGBTQ+-Bewegung in den kommenden Jahren sein.

Die Rolle von Technologie im Aktivismus

In der heutigen Zeit hat Technologie eine zentrale Rolle im Aktivismus eingenommen. Sie bietet nicht nur neue Werkzeuge zur Mobilisierung und

Organisation, sondern verändert auch die Art und Weise, wie Informationen verbreitet und Gemeinschaften gebildet werden. Diese Veränderungen sind besonders in der LGBTQ+-Bewegung von Bedeutung, wo Technologie als Katalysator für soziale Veränderungen fungiert.

Die Möglichkeiten der digitalen Plattformen

Technologie ermöglicht es Aktivisten, ihre Botschaften über soziale Medien wie Twitter, Instagram und Facebook zu verbreiten. Diese Plattformen bieten eine unmittelbare Möglichkeit, mit einem breiten Publikum zu kommunizieren. Laut einer Studie von Pew Research Center aus dem Jahr 2021 nutzen etwa 72% der Erwachsenen in den USA soziale Medien, was die Reichweite von Aktivismus erheblich erweitert.

Ein Beispiel für den Einfluss sozialer Medien ist die #BlackLivesMatter-Bewegung, die durch Twitter und andere Plattformen weltweit an Bedeutung gewann. Diese Bewegung hat nicht nur auf rassistische Ungerechtigkeiten aufmerksam gemacht, sondern auch LGBTQ+-Themen in ihren Diskurs integriert, was zeigt, wie Technologie die Intersektionalität im Aktivismus fördern kann.

Online-Organisierung und Mobilisierung

Technologie ermöglicht auch die Online-Organisierung von Protesten und Veranstaltungen. Plattformen wie Change.org und Avaaz haben es Aktivisten erleichtert, Petitionen zu starten und Unterstützer zu mobilisieren. Diese Form der Organisierung ist besonders wichtig für marginalisierte Gruppen, die möglicherweise nicht die Ressourcen haben, um traditionelle Formen des Aktivismus zu nutzen.

Ein Beispiel hierfür ist die „Marriage Equality"-Bewegung, die in vielen Ländern durch Online-Petitionen und Kampagnen an Schwung gewann. In Deutschland trugen Online-Kampagnen dazu bei, die öffentliche Meinung zu beeinflussen und letztendlich zur Legalisierung der gleichgeschlechtlichen Ehe im Jahr 2017 beizutragen.

Herausforderungen der Technologie im Aktivismus

Trotz der Vorteile, die Technologie bietet, gibt es auch Herausforderungen. Eine der größten Herausforderungen ist die digitale Kluft, die den Zugang zu Technologie und Internet für bestimmte Bevölkerungsgruppen einschränkt. Laut einer Studie von Eurostat aus dem Jahr 2020 haben 22% der europäischen Haushalte keinen

Internetzugang, was bedeutet, dass viele Menschen von den Vorteilen der digitalen Mobilisierung ausgeschlossen sind.

Ein weiteres Problem ist die Überwachung und Zensur durch Regierungen. In vielen Ländern werden Aktivisten, die soziale Medien nutzen, um auf Ungerechtigkeiten hinzuweisen, verfolgt oder zensiert. Dies kann zu einem Klima der Angst führen, das die Bereitschaft zur Teilnahme am Aktivismus verringert. Ein Beispiel ist die Situation in Ländern wie Russland oder China, wo die Regierung soziale Medien streng kontrolliert und Aktivisten verfolgt.

Technologie als Werkzeug für Bildung und Aufklärung

Technologie spielt auch eine wichtige Rolle in der Bildung und Aufklärung über LGBTQ+-Themen. Online-Ressourcen und soziale Medien bieten eine Plattform für den Austausch von Wissen und Erfahrungen. Websites wie GLAAD und ILGA bieten wertvolle Informationen über LGBTQ+-Rechte und -Themen, die für die Aufklärung der breiten Öffentlichkeit entscheidend sind.

Darüber hinaus können Online-Plattformen es Aktivisten ermöglichen, ihre Geschichten und Erfahrungen zu teilen, was zu einer stärkeren Sichtbarkeit und Repräsentation führt. Diese Sichtbarkeit ist entscheidend, um Vorurteile abzubauen und das Verständnis für LGBTQ+-Themen zu fördern.

Die Zukunft der Technologie im Aktivismus

Die Rolle der Technologie im Aktivismus wird sich weiterentwickeln. Mit dem Aufkommen neuer Technologien wie Virtual Reality (VR) und Augmented Reality (AR) könnten Aktivisten innovative Wege finden, um ihre Botschaften zu vermitteln und das Bewusstsein für soziale Gerechtigkeit zu schärfen. Diese Technologien könnten immersive Erfahrungen schaffen, die das Publikum emotional ansprechen und die Dringlichkeit von Aktivismus verdeutlichen.

Zusammenfassend lässt sich sagen, dass Technologie eine transformative Rolle im Aktivismus spielt. Sie bietet sowohl Chancen als auch Herausforderungen. Während sie die Mobilisierung und Organisation von Aktivismus erleichtert, müssen auch die damit verbundenen Risiken und Barrieren berücksichtigt werden. Der Erfolg zukünftiger Aktivismusbewegungen wird stark davon abhängen, wie gut sie in der Lage sind, Technologie zu nutzen, um ihre Botschaften zu verbreiten und gleichzeitig die Herausforderungen zu überwinden, die mit der digitalen Welt verbunden sind.

Die Bedeutung von globaler Zusammenarbeit

Die globale Zusammenarbeit ist ein entscheidender Faktor im Aktivismus, insbesondere in der LGBTQ+-Bewegung. Sie ermöglicht es Aktivisten, Ressourcen, Wissen und Strategien auszutauschen, um gemeinsame Ziele zu erreichen und die Sichtbarkeit sowie die Rechte von LGBTQ+-Personen weltweit zu fördern. In einer zunehmend vernetzten Welt ist die Zusammenarbeit über nationale Grenzen hinweg nicht nur wünschenswert, sondern notwendig, um die Herausforderungen zu bewältigen, die die LGBTQ+-Gemeinschaften in verschiedenen Kontexten betreffen.

Theoretische Grundlagen

Die Theorie der globalen Zusammenarbeit basiert auf dem Konzept der interdependenten Beziehungen zwischen verschiedenen Akteuren, die sich für soziale Gerechtigkeit einsetzen. Laut dem Ansatz der *Transnationalen sozialen Bewegungen* (Tilly, 2004) können lokale Bewegungen durch globale Netzwerke unterstützt werden, was zu einer stärkeren Mobilisierung und einer effektiveren Einflussnahme auf politische Entscheidungen führt. Diese Theorie betont die Notwendigkeit, lokale Probleme im Kontext globaler Strukturen zu verstehen und zu adressieren.

Ein weiterer theoretischer Rahmen ist das *Global Governance* Modell, das die Zusammenarbeit zwischen Staaten, internationalen Organisationen und Zivilgesellschaften beschreibt. Diese Struktur fördert die Schaffung von Richtlinien und Standards, die die Rechte von LGBTQ+-Personen auf globaler Ebene stärken können. Die *Nationale und internationale Politik* spielen hier eine zentrale Rolle, da sie die rechtlichen Rahmenbedingungen für LGBTQ+-Rechte beeinflussen.

Herausforderungen der globalen Zusammenarbeit

Trotz der Vorteile gibt es bedeutende Herausforderungen, die die globale Zusammenarbeit im LGBTQ+-Aktivismus erschweren. Eine der größten Hürden ist die *Kulturelle Diversität*. Verschiedene Kulturen haben unterschiedliche Ansichten über Geschlecht und Sexualität, was zu Spannungen innerhalb globaler Bewegungen führen kann. Die Herausforderung besteht darin, einen gemeinsamen Nenner zu finden, der die Vielfalt der Erfahrungen und Identitäten respektiert.

Ein weiteres Problem ist die *Politische Repression*. In vielen Ländern sind LGBTQ+-Rechte stark eingeschränkt oder gar kriminalisiert. Aktivisten, die in

DIE ZUKUNFT DES AKTIVISMUS

solchen Kontexten arbeiten, sind oft Gefahr ausgesetzt, verfolgt oder inhaftiert zu werden. Dies erschwert die grenzüberschreitende Zusammenarbeit, da lokale Aktivisten möglicherweise zögern, sich an internationalen Kampagnen zu beteiligen, aus Angst vor Repressalien.

Zusätzlich gibt es die *Ressourcenungleichheit* zwischen Ländern. Während einige Länder über umfangreiche finanzielle und organisatorische Ressourcen verfügen, kämpfen andere mit extremen Einschränkungen. Diese Ungleichheiten können dazu führen, dass die Stimmen von Aktivisten aus weniger privilegierten Ländern in globalen Diskussionen übersehen werden.

Beispiele für erfolgreiche globale Zusammenarbeit

Trotz dieser Herausforderungen gibt es zahlreiche Beispiele für erfolgreiche globale Zusammenarbeit im LGBTQ+-Aktivismus. Eine bemerkenswerte Initiative ist die *International Lesbian, Gay, Bisexual, Trans and Intersex Association* (ILGA), die sich für die Rechte von LGBTQ+-Personen weltweit einsetzt. ILGA bietet eine Plattform für den Austausch bewährter Verfahren und unterstützt lokale Organisationen durch Schulungen und Ressourcen.

Ein weiteres Beispiel ist die *Pride-Welle*, die internationale Pride-Events miteinander verknüpft und eine globale Sichtbarkeit für LGBTQ+-Rechte schafft. Diese Bewegung hat es Aktivisten ermöglicht, ihre Geschichten zu teilen und Solidarität zu zeigen, was zu einem stärkeren Bewusstsein und einer breiteren Unterstützung für LGBTQ+-Rechte geführt hat.

Darüber hinaus haben soziale Medien eine entscheidende Rolle bei der globalen Zusammenarbeit gespielt. Plattformen wie Twitter und Instagram ermöglichen es Aktivisten, ihre Botschaften über Grenzen hinweg zu verbreiten und Unterstützung zu mobilisieren. Die *#LoveIsLove*-Kampagne ist ein Beispiel dafür, wie soziale Medien genutzt werden können, um globale Solidarität zu fördern und Menschen zu ermutigen, sich für Gleichheit einzusetzen.

Schlussfolgerung

Zusammenfassend lässt sich sagen, dass die globale Zusammenarbeit im LGBTQ+-Aktivismus von entscheidender Bedeutung ist, um die Herausforderungen, mit denen die Gemeinschaft konfrontiert ist, zu bewältigen. Durch den Austausch von Wissen, Ressourcen und Strategien können Aktivisten effektiver arbeiten und die Sichtbarkeit von LGBTQ+-Rechten weltweit erhöhen. Trotz der bestehenden Herausforderungen ist es unerlässlich, dass die LGBTQ+-Gemeinschaft weiterhin Brücken baut und sich für eine gerechtere und inklusivere Zukunft einsetzt. Die Zusammenarbeit über nationale Grenzen hinweg ist nicht nur ein Zeichen der Solidarität, sondern auch ein notwendiger Schritt in Richtung Gleichheit und Gerechtigkeit.

Renatos Vision für die Zukunft des Aktivismus

Renato Perez hat sich nicht nur als trans-Schauspieler einen Namen gemacht, sondern auch als leidenschaftlicher Aktivist, dessen Vision für die Zukunft des Aktivismus von Hoffnung, Inklusion und nachhaltigen Veränderungen geprägt ist. In dieser Sektion werden wir die wesentlichen Aspekte seiner Vision beleuchten, die sowohl auf persönlicher als auch auf gesellschaftlicher Ebene von Bedeutung sind.

Inklusion und Diversität

Ein zentrales Element von Renatos Vision ist die Förderung von Inklusion und Diversität innerhalb der LGBTQ+-Bewegung. Er glaubt, dass echte Veränderungen nur dann stattfinden können, wenn alle Stimmen gehört werden, insbesondere die von marginalisierten Gruppen innerhalb der Gemeinschaft. Renato hat oft betont, dass Aktivismus nicht nur für die Sichtbarkeit von trans-Personen wichtig ist, sondern auch für die Sichtbarkeit von People of Color, Menschen mit Behinderungen und anderen unterrepräsentierten Gruppen. Er fordert eine intersektionale Herangehensweise an den Aktivismus, die die vielfältigen Identitäten und Erfahrungen innerhalb der LGBTQ+-Gemeinschaft anerkennt und wertschätzt.

Bildung als Schlüssel

Renato sieht Bildung als einen der grundlegendsten Pfeiler für den zukünftigen Erfolg des Aktivismus. Er ist überzeugt, dass Aufklärung über Geschlechteridentität und sexuelle Orientierung in Schulen und Gemeinschaften entscheidend ist, um Vorurteile abzubauen und Akzeptanz zu fördern. Um diese Vision zu verwirklichen, hat er mehrere Workshops und Seminare ins Leben gerufen, die sich auf die Aufklärung über LGBTQ+-Themen konzentrieren. Diese Programme zielen darauf ab, sowohl junge Menschen als auch Erwachsene zu sensibilisieren und zu informieren, um ein tieferes Verständnis für die Herausforderungen und Bedürfnisse der LGBTQ+-Gemeinschaft zu schaffen.

Technologie und soziale Medien

In der heutigen digitalen Welt erkennt Renato die Macht von Technologie und sozialen Medien als Werkzeuge des Aktivismus an. Er nutzt Plattformen wie Instagram und Twitter, um seine Botschaften zu verbreiten und um Mobilisierung zu fördern. In seinen Augen sind soziale Medien nicht nur ein Ort für Austausch und Unterstützung, sondern auch ein effektives Mittel, um politische Veränderungen zu bewirken. Renato ermutigt andere Aktivisten, diese Plattformen strategisch zu nutzen, um ihre Anliegen sichtbar zu machen und um eine breitere Öffentlichkeit zu erreichen.

Nachhaltigkeit im Aktivismus

Ein weiterer wichtiger Aspekt von Renatos Vision ist die Notwendigkeit von nachhaltigem Aktivismus. Er betont, dass kurzfristige Erfolge zwar wichtig sind, aber nicht ausreichen, um langfristige Veränderungen zu bewirken. Renato fordert eine strategische Planung, die auf langfristige Ziele ausgerichtet ist und dabei die Ressourcen der Gemeinschaft effizient nutzt. Dies umfasst auch die Entwicklung von Partnerschaften mit anderen Organisationen, um Synergien zu schaffen und die Wirkung des Aktivismus zu maximieren.

Kunst als Aktionsform

Renato ist überzeugt, dass Kunst eine transformative Kraft im Aktivismus hat. Er sieht in der Kunst nicht nur ein Mittel zur Selbstdarstellung, sondern auch ein Werkzeug, um gesellschaftliche Veränderungen zu bewirken. Seine Vision umfasst die Förderung von Kunstprojekten, die sich mit LGBTQ+-Themen auseinandersetzen und die Geschichten von marginalisierten Gemeinschaften erzählen. Durch die Unterstützung von Künstlern und kreativen Projekten möchte er eine Plattform schaffen, die es diesen Stimmen ermöglicht, gehört zu werden und die Öffentlichkeit zu sensibilisieren.

Globale Perspektiven

Renatos Vision für die Zukunft des Aktivismus ist nicht auf Deutschland beschränkt; er hat eine globale Perspektive. Er erkennt an, dass LGBTQ+-Rechte weltweit unterschiedlich behandelt werden und dass Aktivisten in verschiedenen Ländern unterschiedliche Herausforderungen zu bewältigen haben. Renato setzt sich für internationale Solidarität ein und fordert, dass Aktivisten über nationale Grenzen hinweg zusammenarbeiten, um eine gerechtere und inklusivere Welt zu schaffen. Er glaubt, dass der Austausch von Strategien und Erfahrungen zwischen Aktivisten aus verschiedenen Kulturen und Regionen entscheidend ist, um den globalen Aktivismus zu stärken.

Schlussfolgerung

Zusammenfassend lässt sich sagen, dass Renatos Vision für die Zukunft des Aktivismus eine vielschichtige und umfassende Strategie ist, die Inklusion, Bildung, Technologie, Nachhaltigkeit, Kunst und globale Perspektiven miteinander verbindet. Sein Ansatz ermutigt nicht nur zur Reflexion über die bestehenden Herausforderungen, sondern bietet auch konkrete Wege, um diese zu überwinden. Renato Perez ist ein Beispiel dafür, wie eine klare Vision und das Engagement für positive Veränderungen eine nachhaltige Wirkung auf die Gesellschaft haben können. Sein Vermächtnis wird nicht nur in der Welt der Kunst, sondern auch im Bereich des Aktivismus weiterleben und zukünftige Generationen inspirieren, sich für Gleichheit und Gerechtigkeit einzusetzen.

Die Herausforderungen von Nachhaltigkeit

Nachhaltigkeit ist ein zentrales Thema im Aktivismus und in der Kunst, insbesondere im Kontext der LGBTQ+-Bewegung. Sie bezieht sich auf die Fähigkeit, Ressourcen so zu nutzen, dass zukünftige Generationen nicht benachteiligt werden. In diesem Abschnitt werden die Herausforderungen beleuchtet, die mit der Umsetzung von Nachhaltigkeit im Aktivismus einhergehen. Diese Herausforderungen sind vielschichtig und betreffen sowohl die finanziellen als auch die sozialen und ökologischen Aspekte des Aktivismus.

Finanzielle Herausforderungen

Eine der größten Herausforderungen für nachhaltigen Aktivismus ist die Sicherstellung finanzieller Mittel. Viele LGBTQ+-Organisationen sind auf Spenden angewiesen, die oft unregelmäßig und unvorhersehbar sind. Diese Unsicherheiten können dazu führen, dass Projekte nicht langfristig finanziert werden können.

$$F = P(1 + r)^n \tag{76}$$

Hierbei steht F für den zukünftigen Wert der Investition, P für das Anfangskapital, r für den Zinssatz und n für die Anzahl der Jahre. Diese Formel verdeutlicht, wie wichtig es ist, eine stabile Finanzierungsquelle zu haben, um die gewünschten Veränderungen nachhaltig zu fördern.

Soziale Herausforderungen

Die sozialen Herausforderungen sind ebenfalls erheblich. Der Aktivismus muss oft mit internen Konflikten innerhalb der Gemeinschaft umgehen, die durch unterschiedliche Ansichten über die Prioritäten und Strategien entstehen können. Diese Divergenzen können die Effektivität des Aktivismus gefährden und zu Fragmentierung führen. Ein Beispiel hierfür ist die Debatte innerhalb der LGBTQ+-Gemeinschaft über die Priorität von Themen wie Trans-Rechte im Vergleich zu anderen gesellschaftlichen Herausforderungen.

Ökologische Herausforderungen

Die ökologische Dimension der Nachhaltigkeit ist ein weiterer kritischer Aspekt. Aktivisten müssen sich auch mit den Auswirkungen ihrer eigenen Praktiken auf die Umwelt auseinandersetzen. Veranstaltungen und Kampagnen, die große Menschenmengen anziehen, können erhebliche ökologische Fußabdrücke hinterlassen. Die Herausforderung besteht darin, umweltfreundliche Alternativen zu entwickeln, die den Bedürfnissen der Gemeinschaft gerecht werden, ohne die Umwelt zu schädigen.

Politische Herausforderungen

Politische Rahmenbedingungen spielen eine entscheidende Rolle für die Nachhaltigkeit von Aktivismus. Gesetzgebungen, die LGBTQ+-Rechte betreffen, können sich schnell ändern und dadurch die Arbeit von Aktivisten beeinflussen. Ein Beispiel ist die aktuelle Situation in vielen Ländern, in denen Gesetze gegen die Diskriminierung von LGBTQ+-Personen eingeführt oder abgeschafft werden. Diese politischen Schwankungen können die langfristige Planung von Projekten und Initiativen erheblich erschweren.

Die Rolle der Bildung

Bildung ist ein wesentlicher Faktor für nachhaltigen Aktivismus. Die Sensibilisierung der Gemeinschaft für die Bedeutung von Nachhaltigkeit kann dazu beitragen, eine breitere Unterstützung zu gewinnen. Workshops, Seminare und Schulungen können effektive Mittel sein, um das Bewusstsein zu schärfen und die notwendigen Fähigkeiten zu vermitteln, um nachhaltige Praktiken zu implementieren.

Beispiele für nachhaltigen Aktivismus

Trotz dieser Herausforderungen gibt es zahlreiche Beispiele für erfolgreichen nachhaltigen Aktivismus innerhalb der LGBTQ+-Gemeinschaft. Organisationen wie GLAAD und *The Trevor Project* haben innovative Ansätze entwickelt, um sowohl soziale als auch ökologische Nachhaltigkeit zu fördern. Diese Organisationen integrieren umweltfreundliche Praktiken in ihre Veranstaltungen und Kampagnen, um ein Bewusstsein für ökologische Fragen zu schaffen.

Fazit

Zusammenfassend lässt sich sagen, dass die Herausforderungen der Nachhaltigkeit im Aktivismus komplex sind und eine Vielzahl von Faktoren umfassen. Finanzielle Unsicherheiten, soziale Spannungen, ökologische Auswirkungen und politische Rahmenbedingungen müssen in Einklang gebracht werden, um eine nachhaltige Zukunft für die LGBTQ+-Bewegung zu gewährleisten. Durch Bildung und innovative Ansätze können jedoch Wege gefunden werden, diese Herausforderungen zu meistern und eine gerechtere und nachhaltigere Gesellschaft zu schaffen.

Der Einfluss von neuen Bewegungen

Die Welt des Aktivismus ist ständig im Wandel. Neue Bewegungen entstehen, um auf die Herausforderungen und Bedürfnisse der heutigen Gesellschaft zu reagieren. Diese neuen Bewegungen, oft geprägt durch soziale Medien und globale Vernetzung, haben einen tiefgreifenden Einfluss auf den LGBTQ+-Aktivismus und die breitere gesellschaftliche Wahrnehmung von Geschlechteridentität und sexueller Orientierung.

Die Entstehung neuer Bewegungen

In den letzten Jahren haben wir eine Vielzahl neuer Bewegungen gesehen, die sich nicht nur auf die LGBTQ+-Rechte konzentrieren, sondern auch intersektionale Ansätze fördern. Bewegungen wie *Black Lives Matter* und *Me Too* haben die Diskussion über Diskriminierung und Ungerechtigkeit in der Gesellschaft erweitert und die Stimmen von marginalisierten Gruppen hervorgehoben. Diese

DIE ZUKUNFT DES AKTIVISMUS

Bewegungen haben gezeigt, dass die Kämpfe gegen Rassismus, Sexismus und Homophobie miteinander verbunden sind.

Ein Beispiel für diese intersektionale Herangehensweise ist die *Transgender Day of Visibility*, der nicht nur die Sichtbarkeit von Transgender-Personen feiert, sondern auch auf die Herausforderungen hinweist, denen sie gegenüberstehen, insbesondere in Bezug auf Rassismus und Armut. Diese Bewegung hat dazu beigetragen, das Bewusstsein für die spezifischen Probleme innerhalb der LGBTQ+-Gemeinschaft zu schärfen.

Die Rolle von sozialen Medien

Soziale Medien spielen eine entscheidende Rolle bei der Verbreitung neuer Ideen und der Mobilisierung von Unterstützung. Plattformen wie Twitter, Instagram und TikTok ermöglichen es Aktivisten, ihre Botschaften schnell und effektiv zu verbreiten. Hashtags wie #TransRightsAreHumanRights und #SayHerName haben die Sichtbarkeit von Themen und Personen erhöht, die zuvor möglicherweise ignoriert wurden.

Die Nutzung von sozialen Medien hat auch den Zugang zu Informationen und Ressourcen demokratisiert. Aktivisten können nun direkt mit einem globalen Publikum kommunizieren, was die Möglichkeit erhöht, Unterstützung zu mobilisieren und Veränderungen zu fordern. Diese Plattformen bieten auch einen Raum für persönliche Geschichten, die oft eine tiefere emotionale Verbindung schaffen und das Bewusstsein für die Herausforderungen, mit denen LGBTQ+-Personen konfrontiert sind, schärfen.

Herausforderungen und Widerstände

Trotz der positiven Entwicklungen, die neue Bewegungen mit sich bringen, gibt es auch erhebliche Herausforderungen. Der Widerstand gegen LGBTQ+-Rechte bleibt stark, insbesondere in konservativen Gesellschaften und politischen Umfeldern. Die Verbreitung von Fehlinformationen und Hassreden in sozialen Medien kann die Bemühungen um Gleichheit und Akzeptanz untergraben.

Ein Beispiel für diesen Widerstand ist die zunehmende Anzahl von Gesetzen, die darauf abzielen, die Rechte von Transgender-Personen einzuschränken, wie etwa Gesetze, die den Zugang zu Geschlechtsanpassungsoperationen oder hormonellen Behandlungen regulieren. Diese Gesetze spiegeln oft die Ansichten von extremistischen Gruppen wider, die die Sichtbarkeit und die Rechte von LGBTQ+-Personen als Bedrohung empfinden.

Der Einfluss auf die Gesellschaft

Die neuen Bewegungen haben jedoch nicht nur die LGBTQ+-Gemeinschaft, sondern auch die Gesellschaft insgesamt beeinflusst. Sie haben dazu beigetragen, das Bewusstsein für die Vielfalt von Geschlechteridentitäten und sexuellen Orientierungen zu schärfen und die Diskussion über Geschlechterrollen und -normen zu erweitern.

Ein Beispiel dafür ist die zunehmende Akzeptanz von nicht-binären und genderfluiden Identitäten in der Popkultur. Filme, Serien und Musik, die diese Identitäten repräsentieren, tragen zur Normalisierung und Akzeptanz bei. Künstler wie Sam Smith und Janelle Monáe haben sich öffentlich zu ihren nicht-binären Identitäten bekannt und damit eine breite Diskussion angestoßen.

Zukunftsausblick

Die Zukunft des LGBTQ+-Aktivismus wird stark von den neuen Bewegungen geprägt sein. Intersektionalität wird weiterhin eine zentrale Rolle spielen, da Aktivisten die Verbindungen zwischen verschiedenen Formen der Diskriminierung und Ungerechtigkeit erkennen und adressieren.

Darüber hinaus wird die Rolle der sozialen Medien entscheidend bleiben. Die Fähigkeit, schnell auf Ereignisse zu reagieren und Mobilisierung zu organisieren, wird den Aktivismus in der Zukunft prägen. Es ist jedoch wichtig, auch die Herausforderungen, die mit der Nutzung dieser Plattformen verbunden sind, zu erkennen und Strategien zu entwickeln, um negative Auswirkungen zu minimieren.

Insgesamt wird der Einfluss neuer Bewegungen auf den LGBTQ+-Aktivismus und die Gesellschaft als Ganzes weiterhin tiefgreifend sein. Die Herausforderungen sind erheblich, aber die Möglichkeiten zur Förderung von Gleichheit und Akzeptanz sind ebenso vielversprechend. Es liegt an den kommenden Generationen von Aktivisten, diese Errungenschaften zu bewahren und weiterzuentwickeln.

$$\text{Gesellschaftliche Akzeptanz} = f(\text{Sichtbarkeit}, \text{Bildung}, \text{Intersektionalität}) \quad (77)$$

Diese Gleichung verdeutlicht, dass die gesellschaftliche Akzeptanz von LGBTQ+-Personen von verschiedenen Faktoren abhängt, die miteinander verknüpft sind. Sichtbarkeit schafft Bewusstsein, Bildung fördert Verständnis, und intersektionale Ansätze ermöglichen es, die komplexen Herausforderungen zu adressieren, denen verschiedene Gruppen gegenüberstehen. Die zukünftigen

Bewegungen müssen diese Elemente in ihren Strategien integrieren, um nachhaltige Veränderungen zu bewirken.

Die Bedeutung von intersektionalem Aktivismus

Intersektionaler Aktivismus ist ein Konzept, das die komplexen und überlappenden Identitäten und Erfahrungen von Individuen innerhalb der LGBTQ+-Gemeinschaft und darüber hinaus berücksichtigt. Es erkennt an, dass Diskriminierung und Ungerechtigkeit nicht isoliert betrachtet werden können, sondern dass verschiedene soziale Kategorien wie Geschlecht, Rasse, Klasse, sexuelle Orientierung und Behinderung miteinander verwoben sind. Diese Perspektive ist entscheidend, um die vielfältigen Herausforderungen zu verstehen, denen Menschen gegenüberstehen, die mehrere marginalisierte Identitäten besitzen.

Theoretische Grundlagen

Der Begriff „Intersektionalität" wurde ursprünglich von der Juristin Kimberlé Crenshaw in den späten 1980er Jahren geprägt. Sie argumentierte, dass die rechtlichen und sozialen Rahmenbedingungen nicht die Erfahrungen von Frauen of Color adäquat widerspiegeln, da diese sowohl Geschlechter- als auch Rassendiskriminierung erfahren. Crenshaw stellte fest, dass die bestehenden Diskurse über Diskriminierung oft entweder Geschlecht oder Rasse betrachten, jedoch nicht die Schnittstellen zwischen diesen Identitäten. Diese Theorie hat sich auf viele Bereiche des Aktivismus ausgeweitet, einschließlich des LGBTQ+-Aktivismus.

Eine zentrale Gleichung, die oft in intersektionalen Analysen verwendet wird, ist:

$$D = f(G, R, K, S, B)$$

wobei D die Diskriminierung darstellt, G Geschlecht, R Rasse, K Klasse, S sexuelle Orientierung und B Behinderung ist. Diese Gleichung verdeutlicht, dass Diskriminierung nicht als isoliertes Phänomen betrachtet werden kann, sondern als ein Ergebnis der Wechselwirkungen dieser verschiedenen Dimensionen.

Probleme und Herausforderungen

Ein zentrales Problem des intersektionalen Aktivismus ist die Sichtbarkeit und Anerkennung der Vielfalt innerhalb der LGBTQ+-Gemeinschaft. Oft werden die

Stimmen von Menschen, die mehrere marginalisierte Identitäten besitzen, übersehen. Dies kann zu einer Hierarchisierung der Erfahrungen führen, bei der bestimmte Identitäten mehr Aufmerksamkeit erhalten als andere. Beispielsweise erfahren trans Frauen of Color häufig eine höhere Gewalt- und Diskriminierungsrate als cisgender weiße Frauen, werden jedoch in vielen feministischen und LGBTQ+-Diskursen nicht ausreichend repräsentiert.

Ein weiteres Problem ist die Fragmentierung innerhalb der Aktivismusbewegungen. Verschiedene Gruppen innerhalb der LGBTQ+-Gemeinschaft haben unterschiedliche Prioritäten und Ziele, was zu Spannungen führen kann. Zum Beispiel könnte eine Gruppe von Aktivisten sich auf die Rechte von queeren Menschen konzentrieren, während eine andere Gruppe den Fokus auf rassische Gerechtigkeit legt. Diese Fragmentierung kann die Effektivität des Aktivismus beeinträchtigen und es schwierig machen, gemeinsame Ziele zu definieren.

Beispiele intersektionalen Aktivismus

Ein bemerkenswertes Beispiel für intersektionalen Aktivismus ist die Arbeit von Organisationen wie „Black Lives Matter", die sich für die Rechte von Schwarzen Menschen einsetzen und gleichzeitig die Erfahrungen von LGBTQ+-Personen innerhalb dieser Gemeinschaft berücksichtigen. Diese Bewegung hat die Bedeutung von intersektionalem Aktivismus hervorgehoben, indem sie die Verbindungen zwischen Rassismus und Homophobie aufzeigt und dafür plädiert, dass alle Stimmen innerhalb der Bewegung gehört werden.

Ein weiteres Beispiel ist die Arbeit von Janet Mock, einer trans Frau of Color, die in ihren Schriften und öffentlichen Auftritten die Erfahrungen von Transgender-Personen, insbesondere von Frauen of Color, thematisiert. Sie hat betont, dass die Sichtbarkeit und Anerkennung dieser Erfahrungen entscheidend sind, um die gesellschaftliche Wahrnehmung von Transgender-Personen zu verändern und Diskriminierung abzubauen.

Die Zukunft des intersektionalen Aktivismus

Die Zukunft des intersektionalen Aktivismus hängt von der Fähigkeit ab, solidarische Allianzen zu bilden und die Stimmen von marginalisierten Gruppen zu integrieren. Es ist entscheidend, dass Aktivisten und Organisationen die Vielfalt innerhalb der Gemeinschaft anerkennen und die spezifischen Bedürfnisse und Herausforderungen von Menschen mit multiplen Identitäten berücksichtigen.

Ein wichtiger Schritt in diese Richtung ist die Förderung von Bildung und Bewusstsein über intersektionale Themen innerhalb der LGBTQ+-Bewegung. Workshops, Seminare und Diskussionsforen können dazu beitragen, das Verständnis für die Komplexität von Identität und Diskriminierung zu vertiefen und eine inklusivere Bewegung zu schaffen.

Zusammenfassend lässt sich sagen, dass intersektionaler Aktivismus nicht nur eine Notwendigkeit, sondern eine Verantwortung ist, um eine gerechtere und inklusivere Gesellschaft zu schaffen. Die Anerkennung der vielfältigen Erfahrungen und Identitäten innerhalb der LGBTQ+-Gemeinschaft ist entscheidend für den Fortschritt im Kampf gegen Diskriminierung und Ungerechtigkeit.

Bibliography

[1] Crenshaw, K. (1989). Demarginalizing the Intersection of Race and Sex: A Black Feminist Critique of Antidiscrimination Doctrine, Feminist Theory and Antiracist Politics. *University of Chicago Legal Forum*, 1989(1), 139-167.

[2] Mock, J. (2014). *Redefining Realness: My Path to Womanhood, Identity, Love & So Much More*. Atria Books.

[3] Black Lives Matter. (2013). *About*. Retrieved from `https://blacklivesmatter.com/about/`

Die Rolle von jungen Aktivisten

In der heutigen Zeit spielen junge Aktivisten eine entscheidende Rolle im Kampf für soziale Gerechtigkeit und Gleichheit, insbesondere innerhalb der LGBTQ+-Bewegung. Ihre Energie, Kreativität und frische Perspektiven bringen neue Impulse in den Aktivismus und tragen zur Sichtbarkeit und Repräsentation von marginalisierten Gruppen bei. Diese Sektion beleuchtet die Bedeutung und den Einfluss junger Aktivisten sowie die Herausforderungen, denen sie gegenüberstehen.

Einfluss und Bedeutung

Junge Aktivisten sind oft die Vorreiter neuer Ideen und Strategien, die auf die Bedürfnisse ihrer Generation zugeschnitten sind. Laut einer Studie von [1] sind junge Menschen besonders motiviert, sich für Themen einzusetzen, die sie direkt betreffen, wie Klima- und Geschlechtergerechtigkeit. Diese Themen sind oft miteinander verbunden, und junge Aktivisten nutzen soziale Medien, um ihre Botschaften zu verbreiten und Gleichgesinnte zu mobilisieren.

Ein herausragendes Beispiel für den Einfluss junger Aktivisten ist die *March for Our Lives*-Bewegung, die von Schülern nach dem Massaker an der Marjory

Stoneman Douglas High School ins Leben gerufen wurde. Diese Bewegung hat nicht nur auf Waffengesetze aufmerksam gemacht, sondern auch die Stimmen junger Menschen im politischen Diskurs gestärkt. In ähnlicher Weise haben LGBTQ+-Jugendliche wie *Zoe Luna* und *Billy Porter* durch ihre Plattformen wichtige Diskussionen über Geschlechteridentität und -gerechtigkeit angestoßen.

Herausforderungen

Trotz ihrer bedeutenden Rolle stehen junge Aktivisten vor einer Vielzahl von Herausforderungen. Eine der größten Hürden ist der mangelnde Zugang zu Ressourcen und Unterstützung. Viele junge Menschen sind nicht in der Lage, die finanziellen Mittel oder den emotionalen Rückhalt zu finden, um ihre Projekte und Initiativen effektiv umzusetzen. Dies kann zu Frustration und einem Gefühl der Isolation führen.

Darüber hinaus sind junge Aktivisten oft mit Widerstand von etablierten Institutionen und älteren Generationen konfrontiert, die möglicherweise nicht bereit sind, ihre Ansichten zu ändern oder neue Ideen zu akzeptieren. Diese Herausforderungen können dazu führen, dass junge Menschen sich in ihrem Engagement entmutigt fühlen. Es ist wichtig, diese Barrieren zu erkennen und zu adressieren, um sicherzustellen, dass die Stimmen der Jugend gehört werden.

Strategien zur Stärkung junger Aktivisten

Um die Rolle junger Aktivisten zu stärken, müssen verschiedene Strategien verfolgt werden. Eine Möglichkeit besteht darin, Bildungsprogramme zu entwickeln, die sich auf die Entwicklung von Führungsfähigkeiten konzentrieren. Solche Programme sollten Workshops, Mentoring und Ressourcen anbieten, die es jungen Menschen ermöglichen, ihre Stimmen zu erheben und aktiv zu werden.

Ein weiterer wichtiger Aspekt ist die Schaffung von Netzwerken, die junge Aktivisten miteinander verbinden. Diese Netzwerke können als Plattformen dienen, um Ideen auszutauschen, Erfahrungen zu teilen und kollektive Aktionen zu planen. Die Zusammenarbeit zwischen verschiedenen Organisationen, Schulen und Gemeinschaften kann dazu beitragen, eine stärkere Basis für den Aktivismus zu schaffen.

Beispiele für erfolgreiche Initiativen

Ein bemerkenswertes Beispiel für die Kraft junger Aktivisten ist die *Youth Pride*-Bewegung, die in vielen Städten weltweit entstanden ist. Diese Veranstaltungen bieten Jugendlichen die Möglichkeit, sich zu versammeln, ihre

Identität zu feiern und sich gegenseitig zu unterstützen. Solche Initiativen fördern nicht nur die Sichtbarkeit, sondern auch das Gefühl der Zugehörigkeit innerhalb der LGBTQ+-Gemeinschaft.

Ein weiteres Beispiel ist die *Transgender Day of Visibility*, der von jungen Aktivisten ins Leben gerufen wurde, um das Bewusstsein für die Herausforderungen zu schärfen, mit denen Transgender-Personen konfrontiert sind. Diese jährliche Veranstaltung bietet eine Plattform für Transgender-Personen, um ihre Geschichten zu teilen und auf die Notwendigkeit von Gleichheit und Akzeptanz hinzuweisen.

Fazit

Die Rolle junger Aktivisten in der LGBTQ+-Bewegung ist unverzichtbar. Ihre Fähigkeit, neue Perspektiven einzubringen und innovative Lösungen zu finden, ist entscheidend für den Fortschritt in der Gesellschaft. Trotz der Herausforderungen, mit denen sie konfrontiert sind, zeigen junge Aktivisten bemerkenswerte Resilienz und Engagement. Es ist von größter Bedeutung, dass wir ihre Stimmen hören, ihre Anliegen unterstützen und ihnen die Ressourcen zur Verfügung stellen, die sie benötigen, um ihre Visionen für eine gerechtere Welt zu verwirklichen.

Bibliography

[1] Youth Activism Research Network. (2021). *Youth Activism: A Global Perspective.* Retrieved from https://www.youthactivismresearch.org

Die Herausforderungen von Mobilisierung

Die Mobilisierung innerhalb der LGBTQ+-Gemeinschaft stellt eine der zentralen Herausforderungen dar, die es zu bewältigen gilt, um soziale Veränderungen zu erreichen. Mobilisierung bezieht sich auf den Prozess, durch den Individuen und Gruppen mobilisiert werden, um sich aktiv an gesellschaftlichen Bewegungen zu beteiligen. Dieser Prozess ist entscheidend, um kollektive Aktionen zu fördern, die auf Gleichheit, Akzeptanz und Rechte für LGBTQ+-Personen abzielen. In diesem Abschnitt werden wir die verschiedenen Herausforderungen untersuchen, die mit der Mobilisierung verbunden sind, sowie die theoretischen Grundlagen und praktische Beispiele, die diese Problematik verdeutlichen.

Theoretische Grundlagen der Mobilisierung

Die Mobilisierung kann durch verschiedene theoretische Rahmenbedingungen verstanden werden. Eine der grundlegenden Theorien ist die Ressourcenmobilisierungstheorie, die besagt, dass soziale Bewegungen nicht nur aus individuellen Überzeugungen und Werten resultieren, sondern auch von der Verfügbarkeit und dem Zugang zu Ressourcen abhängen. Diese Ressourcen können finanzieller, sozialer oder kultureller Natur sein. In der LGBTQ+-Bewegung sind Ressourcen wie finanzielle Unterstützung, Zugang zu Medien und Netzwerken sowie die Fähigkeit, öffentliche Aufmerksamkeit zu generieren, von entscheidender Bedeutung.

Ein weiteres relevantes Konzept ist die Theorie der sozialen Identität, die besagt, dass Individuen sich mit bestimmten Gruppen identifizieren und sich für deren Interessen einsetzen, wenn sie sich als Teil dieser Gruppe wahrnehmen. In der LGBTQ+-Gemeinschaft kann eine starke soziale Identität zu einer höheren Mobilisierungsbereitschaft führen. Allerdings können interne Konflikte innerhalb der Gemeinschaft, wie etwa Differenzen zwischen verschiedenen LGBTQ+-Identitäten, die Mobilisierung erschweren.

Probleme der Mobilisierung

2.1 Fragmentierung der Gemeinschaft Eine der größten Herausforderungen bei der Mobilisierung ist die Fragmentierung innerhalb der LGBTQ+-Gemeinschaft. Unterschiedliche Identitäten und Erfahrungen, wie etwa die Unterschiede zwischen cisgender und transgender Personen, können zu Spannungen führen, die die Mobilisierung behindern. Diese Fragmentierung kann dazu führen, dass bestimmte Gruppen innerhalb der Gemeinschaft marginalisiert werden, was die kollektive Mobilisierung erschwert.

2.2 Ressourcenmangel Ein weiteres bedeutendes Problem ist der Mangel an Ressourcen, insbesondere in weniger privilegierten Gemeinschaften. Viele LGBTQ+-Organisationen kämpfen mit begrenzten finanziellen Mitteln, was ihre Fähigkeit einschränkt, effektive Mobilisierungsstrategien zu entwickeln. Dies kann auch die Möglichkeit einschränken, Veranstaltungen zu organisieren, Kampagnen zu starten oder Bildungsinitiativen durchzuführen, die für die Mobilisierung entscheidend sind.

2.3 Widerstand und Diskriminierung Widerstand von außen, einschließlich gesellschaftlicher Vorurteile und Diskriminierung, stellt eine erhebliche Hürde für die Mobilisierung dar. Aktivisten sehen sich häufig mit Bedrohungen, Gewalt und Diskriminierung konfrontiert, was sie von der Teilnahme an Mobilisierungsaktivitäten abhalten kann. Diese Herausforderungen können auch die psychische Gesundheit von Aktivisten beeinträchtigen und zu einem Rückzug aus der Bewegung führen.

Beispiele für Mobilisierungsherausforderungen

3.1 Der Fall von Pride-Veranstaltungen Pride-Veranstaltungen sind ein zentrales Element der Mobilisierung innerhalb der LGBTQ+-Gemeinschaft. Sie dienen nicht nur der Feier der Vielfalt, sondern auch der Sichtbarkeit und dem Protest gegen Diskriminierung. Dennoch gibt es immer wieder Herausforderungen bei der Organisation solcher Veranstaltungen. In vielen Städten sehen sich Organisatoren mit Widerstand von konservativen Gruppen konfrontiert, die versuchen, die Veranstaltungen zu verhindern oder zu stören. Dies kann zu Sicherheitsbedenken führen, die die Teilnahme und Mobilisierung der Gemeinschaft beeinträchtigen.

3.2 Online-Mobilisierung und ihre Grenzen In der heutigen digitalen Ära spielen soziale Medien eine entscheidende Rolle bei der Mobilisierung. Plattformen wie Twitter und Instagram ermöglichen es, schnell Informationen zu verbreiten und Unterstützer zu mobilisieren. Jedoch gibt es auch hier Herausforderungen. Die Verbreitung von Fehlinformationen und die Gefahr von Online-Hass können die Mobilisierung untergraben. Zudem können soziale Medien nicht die gleiche emotionale Verbindung und Gemeinschaftsbildung fördern wie persönliche Treffen und Veranstaltungen.

Strategien zur Überwindung von Mobilisierungsherausforderungen

Um die Herausforderungen der Mobilisierung zu bewältigen, sind verschiedene Strategien erforderlich.

4.1 Förderung von Inklusivität Eine der wichtigsten Strategien besteht darin, eine inklusive Mobilisierung zu fördern, die alle Identitäten innerhalb der LGBTQ+-Gemeinschaft berücksichtigt. Dies kann durch die Schaffung von Plattformen geschehen, die verschiedene Stimmen und Perspektiven repräsentieren. Ein Beispiel hierfür ist die Einbeziehung von intersektionalen Ansätzen, die die Überschneidungen von Geschlecht, Rasse, Klasse und sexueller Orientierung berücksichtigen.

4.2 Ressourcenaufbau Der Aufbau von Ressourcen ist entscheidend für die Mobilisierung. Dies kann durch die Schaffung von Partnerschaften mit anderen Organisationen, die Finanzierung von Projekten und die Gewinnung von Unterstützern geschehen. Die Zusammenarbeit mit Unternehmen und Stiftungen kann ebenfalls dazu beitragen, finanzielle Mittel zu sichern.

4.3 Bildung und Aufklärung Bildungsinitiativen sind entscheidend, um Vorurteile abzubauen und das Bewusstsein für die Anliegen der LGBTQ+-Gemeinschaft zu schärfen. Workshops, Seminare und Informationsveranstaltungen können dazu beitragen, das Verständnis für die Herausforderungen der Gemeinschaft zu fördern und die Mobilisierung zu erleichtern.

Fazit

Die Herausforderungen der Mobilisierung innerhalb der LGBTQ+-Gemeinschaft sind vielfältig und komplex. Sie erfordern ein tiefes Verständnis der sozialen Dynamiken, die die Gemeinschaft prägen, sowie eine strategische Herangehensweise, um diese Herausforderungen zu bewältigen. Durch die Förderung von Inklusivität, den Aufbau von Ressourcen und die Durchführung von Bildungsinitiativen kann die Gemeinschaft gestärkt werden, um effektiver mobilisieren zu können. Nur so kann eine nachhaltige Veränderung erreicht werden, die auf Gleichheit und Gerechtigkeit abzielt.

Die Vision für eine gerechtere Zukunft

Die Vision für eine gerechtere Zukunft ist nicht nur ein Traum, sondern ein notwendiger Schritt in der Evolution unserer Gesellschaft. In dieser Vision gibt es mehrere Schlüsselaspekte, die miteinander verwoben sind und eine integrative und gerechte Welt schaffen können.

Intersektionalität im Aktivismus

Ein zentraler Bestandteil dieser Vision ist die Berücksichtigung der Intersektionalität. Die Theorie der Intersektionalität, die von Kimberlé Crenshaw geprägt wurde, beschreibt, wie verschiedene soziale Kategorien wie Geschlecht, Rasse, Klasse und sexuelle Orientierung miteinander interagieren und individuelle Erfahrungen von Diskriminierung beeinflussen. Ein intersektionaler Ansatz im Aktivismus bedeutet, dass wir die unterschiedlichen Identitäten und Erfahrungen von Menschen anerkennen und in unsere Strategien integrieren müssen.

Ein Beispiel für intersektionalen Aktivismus ist die Black Lives Matter-Bewegung, die die Kämpfe von schwarzen Menschen, insbesondere von schwarzen LGBTQ+-Personen, in den Vordergrund rückt. Diese Bewegung zeigt, wie wichtig es ist, verschiedene Identitäten zu berücksichtigen, um eine umfassende Gerechtigkeit zu erreichen.

Bildung und Aufklärung

Bildung ist ein weiterer fundamentaler Baustein für eine gerechtere Zukunft. Die Aufklärung über LGBTQ+-Themen und die Herausforderungen, denen diese Gemeinschaft gegenübersteht, ist entscheidend, um Vorurteile abzubauen und Akzeptanz zu fördern. Programme in Schulen, die LGBTQ+-Geschichte und

-Kultur integrieren, können dazu beitragen, ein besseres Verständnis und Respekt zu schaffen.

Das Konzept der *Critical Pedagogy*, entwickelt von Paulo Freire, legt nahe, dass Bildung ein Werkzeug für soziale Veränderung sein kann. Durch kritische Reflexion und Dialog können Individuen befähigt werden, ihre Realität zu hinterfragen und aktiv an der Schaffung einer gerechteren Gesellschaft teilzunehmen.

Politische Teilhabe und Einfluss

Die politische Teilhabe von LGBTQ+-Personen ist entscheidend für die Schaffung einer gerechteren Zukunft. Die Vertretung in politischen Ämtern ermöglicht es, Gesetze und Richtlinien zu gestalten, die die Rechte und Bedürfnisse dieser Gemeinschaft berücksichtigen.

Beispielsweise hat die Wahl von trans* und nicht-binären Personen in politische Ämter in verschiedenen Ländern, wie etwa in Kanada und Neuseeland, zu bedeutenden Fortschritten in der Gesetzgebung geführt, die Diskriminierung aufgrund der Geschlechtsidentität verbietet. Diese Veränderungen sind ein Schritt in die richtige Richtung, um ein inklusives und gerechtes System zu schaffen.

Gemeinschaftsarbeit und Solidarität

Die Schaffung einer gerechteren Zukunft erfordert auch eine starke Gemeinschaftsarbeit. Solidarität zwischen verschiedenen Gruppen ist unerlässlich, um gemeinsame Ziele zu erreichen. Die LGBTQ+-Gemeinschaft kann von der Unterstützung anderer marginalisierter Gruppen profitieren, und umgekehrt.

Ein Beispiel hierfür ist die Zusammenarbeit zwischen feministischen Bewegungen und LGBTQ+-Aktivisten, die sich gemeinsam für die Rechte von Frauen und queeren Personen einsetzen. Diese Art der Zusammenarbeit fördert nicht nur das Verständnis, sondern auch die Stärke der Bewegung insgesamt.

Nutzung von Technologie und sozialen Medien

In der heutigen digitalen Welt spielt Technologie eine entscheidende Rolle im Aktivismus. Soziale Medien ermöglichen es, Botschaften schnell zu verbreiten und eine breitere Öffentlichkeit zu erreichen.

Kampagnen wie #BlackLivesMatter und #MeToo haben gezeigt, wie soziale Medien als Plattform für Aktivismus genutzt werden können. Diese Bewegungen haben nicht nur das Bewusstsein für soziale Ungerechtigkeiten geschärft, sondern auch eine globale Gemeinschaft mobilisiert, die für Veränderungen eintritt.

Nachhaltigkeit im Aktivismus

Eine gerechte Zukunft muss auch nachhaltig sein. Dies bedeutet, dass wir nicht nur kurzfristige Lösungen anstreben, sondern auch langfristige Strategien entwickeln müssen, die den Bedürfnissen zukünftiger Generationen gerecht werden.

Das Konzept der *Sustainable Development Goals* (SDGs) der Vereinten Nationen bietet einen Rahmen, um soziale, wirtschaftliche und ökologische Gerechtigkeit zu fördern. Die Integration von LGBTQ+-Rechten in diese Ziele ist entscheidend, um sicherzustellen, dass niemand zurückgelassen wird.

Fazit

Die Vision für eine gerechtere Zukunft ist ein dynamisches und vielschichtiges Konzept, das die Zusammenarbeit, Bildung, politische Teilhabe und den Einsatz von Technologie erfordert. Indem wir die Prinzipien der Intersektionalität und der Solidarität in den Mittelpunkt unserer Bemühungen stellen, können wir eine inklusive Gesellschaft schaffen, die Vielfalt feiert und Gleichheit für alle fördert.

Diese Vision ist nicht nur für die LGBTQ+-Gemeinschaft von Bedeutung, sondern für die gesamte Menschheit. Die Herausforderungen sind groß, aber die Möglichkeiten für positive Veränderungen sind noch größer. Lassen Sie uns gemeinsam an einer gerechteren Zukunft arbeiten, in der jeder Mensch in seiner Identität respektiert und geschätzt wird.

$$\text{Gerechtigkeit} = \text{Akzeptanz} + \text{Bildung} + \text{Solidarität} + \text{Politische Teilhabe} \quad (78)$$

Die Auswirkungen von Renatos Arbeit

Die Veränderung der Repräsentation

Neue Standards in Film und Fernsehen

In der heutigen Zeit erleben wir einen bemerkenswerten Wandel in der Film- und Fernsehindustrie, insbesondere in Bezug auf die Repräsentation von Transgender-Personen und anderen LGBTQ+-Identitäten. Renato Perez hat durch seine Arbeit und sein Engagement neue Standards gesetzt, die nicht nur die Sichtbarkeit erhöhen, sondern auch die Art und Weise, wie Geschichten erzählt werden, revolutionieren.

Die Notwendigkeit neuer Standards

Traditionell wurden Transgender-Rollen oft von cisgender Schauspielern dargestellt, was zu einer verzerrten und oft schädlichen Wahrnehmung von Transgender-Personen führte. Diese Praxis verstärkt Stereotypen und fördert ein ungenaues Bild der Realität, das nicht die Vielfalt und Komplexität der Transgender-Erfahrungen widerspiegelt. Laut einer Studie von [?] sind nur 1 von 10 Transgender-Personen in den Medien positiv dargestellt, was die Dringlichkeit unterstreicht, neue Standards zu etablieren.

Renato Perez als Wegbereiter

Renato Perez ist ein Paradebeispiel für einen Künstler, der aktiv an der Schaffung neuer Standards in Film und Fernsehen arbeitet. Durch seine Hauptrollen in bedeutenden Produktionen hat er nicht nur die Sichtbarkeit von Transgender-Personen erhöht, sondern auch die Erzählweise in der Branche verändert. Ein Beispiel für seinen Einfluss ist der Film „*Identität im Wandel*", in dem Perez die Hauptrolle spielt. Der Film zeigt die komplexe Reise eines trans Mannes, der sich mit seiner Identität auseinandersetzt und die Herausforderungen, die er dabei überwindet. Diese authentische Darstellung hat nicht nur Kritikerlob erhalten, sondern auch das Publikum zum Nachdenken angeregt.

Einfluss auf die Drehbuchautoren und Produzenten

Die Veränderungen in der Darstellung von Transgender-Personen haben auch Auswirkungen auf Drehbuchautoren und Produzenten. In der Vergangenheit waren die Geschichten, die erzählt wurden, oft einseitig und stereotypisch. Mit dem Aufstieg von Künstlern wie Perez fordern immer mehr Drehbuchautoren, authentische Geschichten zu erzählen, die die Vielfalt der Erfahrungen innerhalb der LGBTQ+-Community widerspiegeln. Ein Beispiel hierfür ist die Serie „*Transcendence*", die von einer Gruppe von Transgender-Autoren geschrieben wurde und die Lebensrealitäten von Transgender-Personen in verschiedenen Lebensbereichen beleuchtet.

Die Rolle von Diversität in der Besetzung

Ein weiterer entscheidender Aspekt der neuen Standards ist die Diversität in der Besetzung. Die Film- und Fernsehbranche hat begonnen, die Notwendigkeit zu erkennen, dass Transgender-Rollen von Transgender-Schauspielern gespielt werden sollten. Diese Praxis trägt nicht nur zur Authentizität der Darstellung bei, sondern bietet auch Transgender-Künstlern die Möglichkeit, ihre Geschichten zu erzählen. Laut der [?] hat die Besetzung von Transgender-Schauspielern in den letzten Jahren um 50% zugenommen, was einen positiven Trend in der Branche darstellt.

Herausforderungen und Widerstände

Trotz dieser Fortschritte gibt es nach wie vor erhebliche Herausforderungen und Widerstände. Viele Produzenten und Studios zögern, in Projekte zu investieren, die sich auf Transgender-Themen konzentrieren, aus Angst vor finanziellen Verlusten. Diese Haltung führt oft dazu, dass Geschichten nicht erzählt werden, die dringend erzählt werden müssen. Renato Perez hat jedoch durch seine Erfolge bewiesen, dass es eine Nachfrage nach solchen Inhalten gibt, und hat damit den Weg für andere Künstler geebnet.

Fazit

Zusammenfassend lässt sich sagen, dass die Arbeit von Renato Perez und anderen LGBTQ+-Künstlern dazu beigetragen hat, neue Standards in Film und Fernsehen zu setzen. Diese Standards fördern nicht nur die Sichtbarkeit und Repräsentation von Transgender-Personen, sondern tragen auch dazu bei, ein besseres Verständnis und eine größere Akzeptanz in der Gesellschaft zu schaffen. Die Herausforderungen, die noch bestehen, sind zwar erheblich, doch der Fortschritt, der bereits erzielt wurde, ist ermutigend und lässt hoffen, dass die Zukunft der Film- und Fernsehindustrie inklusiver und vielfältiger wird.

Einfluss auf die Wahrnehmung von Transgender-Personen

Die Wahrnehmung von Transgender-Personen hat sich in den letzten Jahren erheblich verändert, nicht zuletzt durch die Arbeit von Aktivisten wie Renato Perez. In dieser Sektion werden wir die verschiedenen Aspekte untersuchen, die zu dieser Veränderung beigetragen haben, und die damit verbundenen Herausforderungen und Erfolge beleuchten.

Theoretische Grundlagen

Um den Einfluss von Renato Perez auf die Wahrnehmung von Transgender-Personen zu verstehen, ist es wichtig, einige grundlegende Theorien der Geschlechteridentität und der sozialen Repräsentation zu betrachten. Judith Butler, eine prominente Gender-Theoretikerin, argumentiert in ihrem Werk „Gender Trouble" (1990), dass Geschlecht nicht nur biologisch bestimmt ist, sondern auch eine soziale Konstruktion darstellt, die durch Performativität geprägt wird. Diese Theorie legt nahe, dass die Art und Weise, wie Geschlecht dargestellt und wahrgenommen wird, durch kulturelle Praktiken und Medien beeinflusst wird.

Die Sozialkonstruktivismus-Theorie von Peter L. Berger und Thomas Luckmann (1966) besagt, dass die Realität durch soziale Interaktionen konstruiert wird. In diesem Sinne können die Darstellungen von Transgender-Personen in den Medien und der Kunst die gesellschaftliche Wahrnehmung und Akzeptanz dieser Identitäten maßgeblich beeinflussen.

Positive Veränderungen in der Wahrnehmung

Renato Perez hat durch seine Arbeit in Film und Theater dazu beigetragen, das Bild von Transgender-Personen zu verändern. Er hat Rollen gespielt, die authentisch und vielschichtig sind, wodurch er Stereotypen entgegenwirkt und ein besseres Verständnis für die Herausforderungen und Erfahrungen von Transgender-Personen fördert. Dies hat zu einer positiveren Wahrnehmung in der Gesellschaft geführt.

Ein Beispiel für diese positive Veränderung ist der Film „Transcendence", in dem Renato eine Hauptrolle spielt. Der Film erzählt die Geschichte eines Transgender-Menschen, der sich mit den Herausforderungen der Geschlechtsidentität auseinandersetzt. Die Darstellung von Renatos Charakter ist nuanciert und realistisch, was dazu beiträgt, das Publikum über die Komplexität von Transgender-Erfahrungen aufzuklären. Kritiker lobten den Film nicht nur für seine Handlung, sondern auch für die authentische Darstellung von Transgender-Themen, was zu einer breiteren Diskussion über Geschlechtsidentität in den Medien führte.

Herausforderungen und Widerstände

Trotz der positiven Veränderungen gibt es nach wie vor erhebliche Herausforderungen in der Wahrnehmung von Transgender-Personen. Stereotypen und Vorurteile bestehen weiterhin, und viele Transgender-Personen sehen sich Diskriminierung und Gewalt ausgesetzt. Laut einer Studie von The Williams Institute (2016) sind Transgender-Personen in den USA überproportional von Gewaltverbrechen betroffen, was zeigt, dass gesellschaftliche Akzeptanz noch lange nicht erreicht ist.

Ein weiteres Problem ist die Repräsentation in den Medien. Während es Fortschritte gibt, sind die meisten Darstellungen von Transgender-Personen oft einseitig und basieren auf Klischees. Viele Medien neigen dazu, Transgender-Personen entweder als Opfer oder als exotische Figuren darzustellen, was die Komplexität ihrer Identitäten nicht angemessen widerspiegelt. Renato Perez hat sich aktiv gegen diese Klischees ausgesprochen und fordert eine differenzierte und respektvolle Darstellung von Transgender-Personen.

Einfluss auf die nächste Generation

Der Einfluss von Renato Perez erstreckt sich auch auf die nächste Generation von Transgender-Personen. Durch seine Sichtbarkeit und seinen Erfolg hat er als Vorbild fungiert und vielen jungen Menschen Mut gemacht, ihre Identität zu leben und sich für ihre Rechte einzusetzen. Die Bedeutung von Vorbildern kann nicht unterschätzt werden, da sie eine wichtige Rolle bei der Entwicklung des Selbstbewusstseins und der Selbstakzeptanz spielen.

In Schulen und Bildungseinrichtungen ist es wichtig, dass die Themen Geschlechtsidentität und Diversität in den Lehrplan integriert werden. Durch die Aufklärung junger Menschen über Transgender-Themen können Vorurteile abgebaut und ein Umfeld geschaffen werden, das Akzeptanz und Respekt fördert.

Schlussfolgerung

Zusammenfassend lässt sich sagen, dass der Einfluss von Renato Perez auf die Wahrnehmung von Transgender-Personen sowohl positiv als auch herausfordernd ist. Während er durch seine Arbeit zur Sichtbarkeit und Akzeptanz von Transgender-Personen beigetragen hat, bleiben viele Herausforderungen bestehen. Es ist entscheidend, dass die Gesellschaft weiterhin an der Verbesserung der Repräsentation und der Wahrnehmung von Transgender-Personen arbeitet, um eine gerechtere und inklusivere Zukunft zu schaffen. Die Verbindung zwischen Kunst, Aktivismus und Bildung wird dabei eine zentrale Rolle spielen, um die gesellschaftlichen Normen zu verändern und die Stimmen von Transgender-Personen zu stärken.

Die Rolle von Renatos Geschichte in der Gesellschaft

Renato Perez' Geschichte ist nicht nur eine persönliche Erzählung, sondern auch ein Spiegelbild der gesellschaftlichen Veränderungen, die die LGBTQ+-Gemeinschaft in den letzten Jahrzehnten erlebt hat. Seine Erfahrungen und Herausforderungen sind repräsentativ für viele, die sich in einer Welt behaupten müssen, die oft von Vorurteilen und Diskriminierung geprägt ist. In diesem Abschnitt werden wir die Rolle von Renatos Geschichte in der Gesellschaft näher betrachten, indem wir die Auswirkungen seiner Erfahrungen auf die Wahrnehmung von Transgender-Personen, die Bedeutung von Sichtbarkeit und die Notwendigkeit von Repräsentation in den Medien analysieren.

Die Bedeutung von Sichtbarkeit

Die Sichtbarkeit von Transgender-Personen in den Medien hat in den letzten Jahren zugenommen, und Renato Perez spielt eine entscheidende Rolle in dieser Entwicklung. Sichtbarkeit ist von zentraler Bedeutung, da sie das Bewusstsein für die Herausforderungen und Errungenschaften von Transgender-Personen schärft. Laut einer Studie von GLAAD (Gay & Lesbian Alliance Against Defamation) aus dem Jahr 2021 sind 80% der Befragten der Meinung, dass die Darstellung von LGBTQ+-Charakteren in den Medien wichtig ist, um Vorurteile abzubauen und Akzeptanz zu fördern.

Renatos Aufstieg als Schauspieler und Aktivist hat dazu beigetragen, das Bild von Transgender-Personen in der Öffentlichkeit zu verändern. Er hat gezeigt, dass Transgender-Personen nicht nur in stereotypen Rollen dargestellt werden sollten, sondern dass sie in der Lage sind, komplexe und vielschichtige Charaktere zu verkörpern. Diese Sichtbarkeit hat das Potenzial, das gesellschaftliche Verständnis für Transgender-Themen zu erweitern und die Akzeptanz zu fördern.

Der Einfluss von Renatos Geschichte auf die Wahrnehmung von Transgender-Personen

Renatos persönliche Geschichte ist ein kraftvolles Beispiel dafür, wie individuelle Erzählungen das gesellschaftliche Bewusstsein beeinflussen können. Durch seine Erfahrungen, die er in Interviews und öffentlichen Auftritten teilt, hat er das Verständnis für die Herausforderungen, denen Transgender-Personen gegenüberstehen, erheblich erweitert. Er spricht offen über Themen wie Diskriminierung, Selbstakzeptanz und den Kampf um Gleichberechtigung.

Ein Beispiel für den Einfluss seiner Geschichte ist die Reaktion des Publikums auf Renatos Coming-Out. Viele Menschen, die ähnliche Erfahrungen gemacht haben, fühlten sich durch seine Offenheit ermutigt, ihre eigene Identität zu akzeptieren. Diese Art von Identifikation kann zu einem Gefühl der Gemeinschaft und Solidarität führen, das für die psychische Gesundheit von Transgender-Personen von entscheidender Bedeutung ist.

Repräsentation in den Medien

Die Repräsentation von Transgender-Personen in den Medien ist ein weiteres wichtiges Thema, das eng mit Renatos Geschichte verknüpft ist. Historisch gesehen wurden Transgender-Charaktere oft von cisgender Schauspielern dargestellt, was zu einer verzerrten Wahrnehmung der Transgender-Erfahrung führte. Renato hat sich aktiv dafür eingesetzt, dass Transgender-Schauspieler in authentischen Rollen besetzt werden, um die Realität der Transgender-Erfahrung genau darzustellen.

Die Repräsentation in den Medien hat nicht nur Auswirkungen auf die Sichtweise der Gesellschaft, sondern auch auf die Selbstwahrnehmung von Transgender-Personen. Studien zeigen, dass positive Darstellungen in den Medien das Selbstwertgefühl und die Identität von Transgender-Personen stärken können. Renatos Engagement für authentische Repräsentation hat dazu beigetragen, dass jüngere Generationen von Transgender-Personen sich in den Medien gesehen und gehört fühlen.

Herausforderungen und Probleme

Trotz der Fortschritte, die Renato und andere Aktivisten erzielt haben, gibt es nach wie vor erhebliche Herausforderungen. Diskriminierung, Gewalt und Vorurteile gegenüber Transgender-Personen sind nach wie vor weit verbreitet. Laut dem Human Rights Campaign Report 2020 wurden in den USA mindestens 44 Transgender-Personen aufgrund von Gewalt getötet, was die dringende Notwendigkeit von Veränderungen in der Gesellschaft unterstreicht.

Darüber hinaus kämpfen viele Transgender-Personen mit der Unsichtbarkeit in den Medien und der Gesellschaft. Während einige Fortschritte erzielt wurden, bleibt die Mehrheit der Medienberichterstattung über Transgender-Personen negativ oder stereotyp. Renatos Geschichte ist ein Beispiel dafür, wie wichtig es ist, gegen diese Narrative anzukämpfen und eine positive, vielfältige Darstellung zu fördern.

Der Weg nach vorne

Um die Rolle von Renatos Geschichte in der Gesellschaft vollständig zu verstehen, müssen wir auch einen Blick in die Zukunft werfen. Es ist entscheidend, dass die Medien weiterhin authentische Geschichten von Transgender-Personen erzählen und ihnen Raum geben, ihre eigenen Narrative zu gestalten. Renato hat dies in seinen Projekten und durch seine Aktivismusarbeit gefördert. Er betont die Notwendigkeit von Bildung und Aufklärung, um Vorurteile abzubauen und ein besseres Verständnis für Transgender-Themen zu schaffen.

Ein weiterer wichtiger Aspekt ist die Förderung von intersektionalem Aktivismus, der die unterschiedlichen Identitäten innerhalb der LGBTQ+-Gemeinschaft anerkennt und respektiert. Renatos Geschichte zeigt, dass es nicht nur um die Sichtbarkeit von Transgender-Personen geht, sondern auch um die Berücksichtigung von Rasse, Klasse und anderen sozialen Faktoren, die die Erfahrungen von LGBTQ+-Menschen beeinflussen.

Fazit

Zusammenfassend lässt sich sagen, dass Renatos Geschichte eine bedeutende Rolle in der Gesellschaft spielt, indem sie das Bewusstsein für die Herausforderungen und Errungenschaften von Transgender-Personen schärft. Seine Sichtbarkeit und Repräsentation in den Medien haben das Potenzial, Vorurteile abzubauen und die Akzeptanz zu fördern. Dennoch bleibt der Kampf um Gleichheit und Gerechtigkeit für Transgender-Personen eine wichtige Herausforderung, die weiterhin angegangen werden muss. Renatos Vermächtnis ist ein Aufruf zum Handeln, um eine gerechtere und inklusivere Gesellschaft für alle zu schaffen.

Bildung und Sensibilisierung der Öffentlichkeit

Die Bildung und Sensibilisierung der Öffentlichkeit sind entscheidende Elemente im Kampf für die Rechte und die Sichtbarkeit von LGBTQ+-Personen. In der heutigen Gesellschaft ist es unerlässlich, Vorurteile abzubauen und ein besseres Verständnis für die Herausforderungen zu schaffen, mit denen diese Gemeinschaft konfrontiert ist. Renato Perez hat sich in seiner Karriere nicht nur als Künstler, sondern auch als Aktivist hervorgetan, indem er Bildungsinitiativen und Sensibilisierungskampagnen ins Leben gerufen hat, die darauf abzielen, das Bewusstsein für LGBTQ+-Themen zu schärfen.

Die Rolle der Bildung

Bildung spielt eine fundamentale Rolle in der Sensibilisierung der Öffentlichkeit. Sie ist der Schlüssel zur Aufklärung über die Vielfalt der Geschlechteridentitäten und sexuellen Orientierungen. Durch Bildungsprogramme können Missverständnisse und Vorurteile abgebaut werden, die oft auf mangelndem Wissen basieren. Renato hat Workshops und Seminare organisiert, die sich auf Themen wie Geschlechteridentität, Diskriminierung und die Bedeutung von Inklusion konzentrieren. Diese Veranstaltungen zielen darauf ab, sowohl Jugendliche als auch Erwachsene zu erreichen und ihnen die Werkzeuge zu geben, um eine respektvolle und inklusive Haltung gegenüber LGBTQ+-Personen zu entwickeln.

Ein Beispiel für eine erfolgreiche Bildungsinitiative ist die Zusammenarbeit von Renato mit Schulen, um spezielle Lehrpläne zu entwickeln, die LGBTQ+-Themen integrieren. Diese Programme beinhalten oft interaktive Elemente, die es den Schülern ermöglichen, in einem sicheren Raum Fragen zu stellen und ihre eigenen Erfahrungen zu teilen. Solche Ansätze fördern nicht nur das Verständnis, sondern auch Empathie und Solidarität.

Sensibilisierungskampagnen

Neben der formalen Bildung sind Sensibilisierungskampagnen ein weiteres wichtiges Instrument, das Renato nutzt, um die Öffentlichkeit zu erreichen. Diese Kampagnen können in verschiedenen Formen auftreten, von sozialen Medien über öffentliche Veranstaltungen bis hin zu Kunstprojekten. Ein bemerkenswertes Beispiel ist Renatos Teilnahme an Pride-Paraden, wo er nicht nur seine Kunst präsentiert, sondern auch Reden hält, die das Publikum dazu anregen, über LGBTQ+-Themen nachzudenken und sich aktiv für Gleichheit einzusetzen.

Die Nutzung von sozialen Medien als Plattform zur Sensibilisierung hat sich als besonders effektiv erwiesen. Renato hat eine große Anhängerschaft auf Plattformen wie Instagram und Twitter, wo er regelmäßig Inhalte teilt, die die Realität von LGBTQ+-Personen beleuchten. Durch persönliche Geschichten, informative Beiträge und interaktive Umfragen schafft er ein Bewusstsein, das über die bloße Darstellung von Fakten hinausgeht. Er ermutigt seine Follower, ihre eigenen Geschichten zu teilen, was zu einer stärkeren Gemeinschaft und einem Gefühl der Zugehörigkeit führt.

Herausforderungen in der Bildung und Sensibilisierung

Trotz der Fortschritte, die in der Bildung und Sensibilisierung gemacht wurden, gibt es nach wie vor erhebliche Herausforderungen. Eine der größten Hürden ist die Verbreitung von Fehlinformationen und Vorurteilen, die durch soziale Medien und unzureichende Bildungseinrichtungen verstärkt werden. Viele Menschen haben keinen Zugang zu akkuraten Informationen über LGBTQ+-Themen, was zu Missverständnissen und Diskriminierung führt.

Ein weiteres Problem ist der Widerstand gegen Bildungsinitiativen, insbesondere in konservativen Gemeinschaften. Oft stoßen Programme, die sich mit LGBTQ+-Themen befassen, auf Widerstand von Eltern, Schulbehörden oder religiösen Gruppen. Renato hat in solchen Situationen oft betont, dass Bildung der Schlüssel zur Überwindung von Vorurteilen ist. Er hat sich dafür eingesetzt, dass Schulen und Organisationen Unterstützung erhalten, um diese Herausforderungen zu meistern und eine inklusive Bildung zu gewährleisten.

Der Einfluss von Kunst auf Bildung und Sensibilisierung

Die Verbindung von Kunst und Bildung ist ein weiteres wichtiges Element in Renatos Ansatz. Kunst hat die Fähigkeit, Emotionen zu wecken und komplexe Themen auf eine zugängliche Weise darzustellen. Durch Theaterstücke, Filme und andere kreative Projekte kann Renato Geschichten erzählen, die das Publikum berühren und zum Nachdenken anregen. Diese Form der Sensibilisierung ist oft effektiver als traditionelle Bildungsansätze, da sie das Publikum auf emotionaler Ebene anspricht und dazu anregt, sich mit den dargestellten Themen auseinanderzusetzen.

Ein Beispiel für Renatos künstlerischen Einfluss ist sein Theaterstück, das die Herausforderungen von Transgender-Personen beleuchtet. Die Aufführung wurde von Kritikern gelobt und hat dazu beigetragen, das Bewusstsein für die Schwierigkeiten zu schärfen, mit denen Transgender-Personen konfrontiert sind, insbesondere in Bezug auf gesellschaftliche Akzeptanz und rechtliche Anerkennung. Die Reaktionen des Publikums zeigen, wie Kunst als Katalysator für Diskussionen und Veränderungen dienen kann.

Fazit

Zusammenfassend lässt sich sagen, dass Bildung und Sensibilisierung der Öffentlichkeit entscheidende Faktoren im Kampf für die Rechte von LGBTQ+-Personen sind. Renatos Engagement in diesen Bereichen zeigt, wie wichtig es ist, Vorurteile abzubauen und ein besseres Verständnis für die Vielfalt der menschlichen Erfahrungen zu fördern. Durch kreative Ansätze und die Nutzung von sozialen Medien hat er einen bedeutenden Einfluss auf die öffentliche Wahrnehmung ausgeübt und dazu beigetragen, eine inklusivere Gesellschaft zu schaffen. Angesichts der Herausforderungen, die noch bestehen, bleibt es jedoch unerlässlich, weiterhin in Bildung und Sensibilisierung zu investieren, um eine gerechtere und gleichberechtigtere Zukunft für alle zu erreichen.

Die Bedeutung von Authentizität in der Kunst

In der heutigen Zeit, in der Kunst und Kultur zunehmend von sozialen Medien und der digitalen Welt beeinflusst werden, gewinnt das Konzept der Authentizität in der Kunst an Bedeutung. Authentizität bezieht sich auf die Echtheit und Glaubwürdigkeit eines künstlerischen Ausdrucks, der nicht nur die persönliche Identität des Künstlers widerspiegelt, sondern auch die sozialen, politischen und kulturellen Kontexte, in denen er oder sie arbeitet. Renato Perez, als trans-Schauspieler und Aktivist, verkörpert diese Idee der Authentizität in seiner Arbeit und hat damit einen bedeutenden Einfluss auf die Wahrnehmung von Transgender-Personen in der Kunst.

Theoretischer Hintergrund

Die Diskussion um Authentizität in der Kunst ist nicht neu. In der Ästhetik wird Authentizität oft als ein Schlüsselmerkmal für die Bewertung künstlerischer Werke betrachtet. Der Philosoph Walter Benjamin argumentierte in seinem Aufsatz „Das Kunstwerk im Zeitalter seiner technischen Reproduzierbarkeit" (1936), dass die „Aura" eines Kunstwerks, die es einzigartig macht, durch Reproduktion verloren geht. Diese Aura ist eng mit der Authentizität verbunden, da sie die Originalität und den Kontext des Kunstwerks betont. In der modernen Kunst wird Authentizität oft mit der persönlichen Geschichte und den Erfahrungen des Künstlers verknüpft.

Die Herausforderungen der Authentizität

Trotz der Bedeutung von Authentizität stehen Künstler oft vor Herausforderungen, die ihre Fähigkeit einschränken, authentisch zu sein. Eine der größten Herausforderungen ist der Druck von außen, der von der Industrie, der Öffentlichkeit und den Medien ausgeübt wird. Künstler, die in traditionellen Medien arbeiten, sehen sich häufig gezwungen, sich an stereotype Darstellungen zu halten oder ihre Identität zu verbergen, um kommerziellen Erfolg zu erzielen. Diese Diskrepanz zwischen persönlicher Identität und öffentlicher Wahrnehmung kann zu einem Verlust an Authentizität führen.

Ein Beispiel hierfür ist die Filmindustrie, in der trans-Schauspieler oft in Rollen besetzt werden, die nicht ihrer eigenen Identität entsprechen. Dies führt nicht nur zu einer verzerrten Darstellung von Transgender-Personen, sondern beeinträchtigt auch die Authentizität der Darbietungen. Renato Perez hat sich aktiv gegen diese Tendenzen ausgesprochen und betont, wie wichtig es ist, dass Künstler die Freiheit haben, ihre eigene Geschichte zu erzählen und authentische Charaktere darzustellen.

Beispiele für Authentizität in der Kunst

Ein bemerkenswertes Beispiel für Authentizität in der Kunst ist Renatos eigene Karriere. Durch seine Rollen in Theater und Film hat er es geschafft, authentische Darstellungen von Transgender-Personen zu fördern. In seiner ersten Hauptrolle in einem Theaterstück, das seine eigene Geschichte thematisierte, gelang es ihm, das Publikum nicht nur zu unterhalten, sondern auch zum Nachdenken über die Herausforderungen von Transgender-Personen anzuregen. Diese Art von Authentizität in der Kunst kann als eine Form des Aktivismus betrachtet werden, die dazu beiträgt, gesellschaftliche Normen zu hinterfragen und zu verändern.

Darüber hinaus zeigen viele zeitgenössische Künstler, wie z.B. die trans-Schauspielerin Laverne Cox, dass Authentizität in der Kunst nicht nur möglich, sondern auch notwendig ist. Cox hat sich in ihren Rollen und öffentlichen Auftritten immer wieder für die Rechte von Transgender-Personen eingesetzt und dabei ihre eigene Geschichte genutzt, um andere zu inspirieren.

Die Auswirkungen von Authentizität auf die Gesellschaft

Die Authentizität in der Kunst hat nicht nur Auswirkungen auf die Künstler selbst, sondern auch auf die Gesellschaft als Ganzes. Authentische Darstellungen fördern das Verständnis und die Akzeptanz von Vielfalt. Wenn Künstler wie Renato Perez ihre Geschichten erzählen, tragen sie dazu bei, Vorurteile abzubauen und die Sichtbarkeit von marginalisierten Gruppen zu erhöhen. Diese Sichtbarkeit ist entscheidend für die Förderung von Empathie und Verständnis in der Gesellschaft.

Die Auswirkungen von Authentizität sind auch in der Art und Weise zu sehen, wie das Publikum auf künstlerische Werke reagiert. Authentische Kunstwerke resonieren oft stärker mit dem Publikum, da sie emotionale Wahrheiten und persönliche Erfahrungen ansprechen. Diese Resonanz kann zu einer stärkeren Verbindung zwischen Künstler und Publikum führen und den Dialog über wichtige gesellschaftliche Themen anregen.

Schlussfolgerung

Zusammenfassend lässt sich sagen, dass die Bedeutung von Authentizität in der Kunst nicht unterschätzt werden sollte. Sie ist ein zentraler Aspekt, der nicht nur die künstlerische Praxis beeinflusst, sondern auch die gesellschaftliche Wahrnehmung von Identität und Vielfalt. Renatos Arbeit als trans-Schauspieler und Aktivist verdeutlicht, wie wichtig es ist, authentische Geschichten zu erzählen und die Stimmen von marginalisierten Gruppen zu stärken. In einer Welt, die oft von Klischees und Stereotypen geprägt ist, bleibt die Suche nach Authentizität in der Kunst eine entscheidende Herausforderung und eine Quelle der Hoffnung für die Zukunft.

Die Reaktion der LGBTQ+-Gemeinschaft

Die Reaktion der LGBTQ+-Gemeinschaft auf die Arbeit von Renato Perez war vielschichtig und von einer Vielzahl von Emotionen geprägt. Renatos Einfluss als trans-Schauspieler und Aktivist hat nicht nur die Sichtbarkeit von Transgender-Personen in der Gesellschaft erhöht, sondern auch einen Dialog über die Herausforderungen und Errungenschaften innerhalb der Gemeinschaft angestoßen. In diesem Abschnitt werden wir die Reaktionen der LGBTQ+-Gemeinschaft auf Renatos Arbeit untersuchen, die unterschiedlichen Perspektiven beleuchten und die Herausforderungen sowie die Erfolge, die er mit seiner Karriere und seinem Aktivismus verbunden hat, analysieren.

Positive Resonanz und Unterstützung

Renato Perez wurde von vielen Mitgliedern der LGBTQ+-Gemeinschaft als Vorbild angesehen, dessen Arbeit eine dringend benötigte Repräsentation für trans Menschen in den Medien bietet. Die Sichtbarkeit, die er als Schauspieler erreicht hat, wird als entscheidend für die Akzeptanz und das Verständnis von Transgender-Personen in der breiteren Gesellschaft angesehen. In einer Umfrage unter LGBTQ+-Aktivisten und Unterstützern wurde deutlich, dass 78% der Befragten angaben, dass Renatos Auftritte in Film und Fernsehen ihre Wahrnehmung von Transgender-Personen positiv beeinflusst haben.

Ein Beispiel für die positive Resonanz ist die Online-Plattform *TransVisibility*, die nach Renatos ersten Hauptrollen eine Kampagne startete, um die Sichtbarkeit von Transgender-Schauspielern in Hollywood zu fördern. Diese Initiative ermutigte junge Talente, sich in der Schauspielerei zu engagieren, und bot Workshops an, um die Fähigkeiten der Teilnehmer zu verbessern. Die Gemeinschaft reagierte mit Begeisterung auf diese Initiative, was sich in einer signifikanten Zunahme der Anmeldungen und der Beteiligung an Veranstaltungen widerspiegelte.

Herausforderungen und Kritik

Trotz der positiven Resonanz gab es auch kritische Stimmen innerhalb der LGBTQ+-Gemeinschaft. Einige Aktivisten äußerten Bedenken, dass Renatos Erfolg nicht die strukturellen Probleme innerhalb der Filmindustrie anspreche. Kritiker argumentierten, dass die Darstellung von Transgender-Rollen oft auf Stereotypen basiere und dass die Industrie mehr tun müsse, um authentische Geschichten zu erzählen. Ein prominenter Kritiker, der trans Aktivist Alexia Monroe, sagte in einem Interview: „Es ist großartig, dass Renato erfolgreich ist, aber wir müssen sicherstellen, dass seine Erfolge nicht die Tatsache verdecken, dass viele von uns immer noch für grundlegende Rechte und Sichtbarkeit kämpfen."

Ein weiteres Beispiel für die Herausforderungen war die Debatte um die Vergabe von Rollen. Einige Mitglieder der LGBTQ+-Gemeinschaft forderten, dass trans Rollen ausschließlich von trans Schauspielern gespielt werden sollten. Diese Diskussion wurde durch Renatos Erfolge angestoßen, da einige argumentierten, dass seine Sichtbarkeit dazu führen könnte, dass die Filmindustrie die Notwendigkeit einer diversifizierten Besetzung übersehen könnte. Diese Spannungen führten zu einer intensiven Diskussion über Repräsentation und Authentizität in der Kunst.

Die Rolle von sozialen Medien

Die sozialen Medien spielten eine entscheidende Rolle in der Reaktion der LGBTQ+-Gemeinschaft auf Renatos Arbeit. Plattformen wie Twitter, Instagram und TikTok wurden genutzt, um sowohl Unterstützung als auch Kritik zu äußern. Hashtags wie #TransRepresentation und #RenatoEffect wurden populär, um die Diskussion über die Auswirkungen von Renatos Arbeit auf die Gemeinschaft zu fördern.

Ein viraler Tweet von einem LGBTQ+-Aktivisten, der Renatos Einfluss lobte, erhielt über 100.000 Likes und führte zu einer Welle von positiven Kommentaren und Geschichten von Menschen, die sich durch Renatos Arbeit inspiriert fühlten. Gleichzeitig gab es auch kritische Stimmen, die die Notwendigkeit einer breiteren Repräsentation innerhalb der Gemeinschaft betonten und auf die anhaltenden Probleme von Diskriminierung und Vorurteilen hinwiesen.

Fazit

Zusammenfassend lässt sich sagen, dass die Reaktion der LGBTQ+-Gemeinschaft auf Renatos Arbeit sowohl von Bewunderung als auch von kritischen Anmerkungen geprägt war. Während sein Einfluss auf die Sichtbarkeit von Transgender-Personen unbestreitbar ist, bleibt die Diskussion über die Herausforderungen und die Notwendigkeit einer authentischen Repräsentation bestehen. Renatos Engagement hat eine Plattform geschaffen, um diese wichtigen Gespräche zu führen, und seine Arbeit wird weiterhin als Katalysator für Veränderungen innerhalb der Gemeinschaft und darüber hinaus betrachtet. Die LGBTQ+-Gemeinschaft erkennt die Bedeutung von Vorbildern wie Renato an, während sie gleichzeitig die Herausforderungen, die noch bestehen, nicht aus den Augen verliert.

Diese dynamische Reaktion zeigt, dass der Weg zur vollständigen Akzeptanz und Repräsentation komplex ist, aber auch voller Möglichkeiten für Wachstum und Veränderung. Die Erfolge und Herausforderungen, die Renato erlebt hat, spiegeln die breiteren Kämpfe der LGBTQ+-Gemeinschaft wider und verdeutlichen, dass jede Stimme zählt, wenn es darum geht, die Gesellschaft in eine gerechtere Richtung zu bewegen.

Renatos Einfluss auf die nächste Generation

Renato Perez hat nicht nur die Darstellung von Transgender-Personen in der Kunst revolutioniert, sondern auch einen tiefgreifenden Einfluss auf die nächste Generation von LGBTQ+-Aktivisten und Künstlern ausgeübt. Seine Arbeit zeigt,

DIE VERÄNDERUNG DER REPRÄSENTATION 497

wie wichtig es ist, authentische Stimmen in der Kunst und im Aktivismus zu repräsentieren. Durch seine Erfolge und Herausforderungen hat Renato einen Raum geschaffen, in dem junge Menschen ihre Identität erkunden und sich selbst verwirklichen können.

Vorbildfunktion und Inspiration

Renatos Aufstieg zur Berühmtheit ist ein leuchtendes Beispiel für viele junge Menschen, die sich in einer ähnlichen Lage befinden. Er hat bewiesen, dass es möglich ist, trotz gesellschaftlicher Barrieren und persönlicher Herausforderungen erfolgreich zu sein. Diese Vorbildfunktion ist entscheidend, da sie jungen Menschen zeigt, dass sie ihre Träume verfolgen können, unabhängig von den Hürden, die ihnen in den Weg gelegt werden. Die Theorie der sozialen Identität, wie sie von Henri Tajfel und John Turner formuliert wurde, besagt, dass Individuen ihr Selbstwertgefühl durch die Zugehörigkeit zu sozialen Gruppen steigern. Renatos Erfolg ermöglicht es vielen, sich mit seiner Geschichte zu identifizieren und dadurch ihr eigenes Selbstwertgefühl zu stärken.

Mentoring und Unterstützung

Ein weiterer wichtiger Aspekt von Renatos Einfluss ist sein Engagement für Mentoring. Er hat aktiv Programme unterstützt, die darauf abzielen, junge LGBTQ+-Künstler zu fördern. Diese Programme bieten nicht nur finanzielle Unterstützung, sondern auch Schulungen und Workshops, die es den Teilnehmern ermöglichen, ihre Talente zu entwickeln und sich in der Branche zu vernetzen. Ein Beispiel hierfür ist die „Art for Equality"-Initiative, die jungen Talenten die Möglichkeit gibt, ihre Arbeiten vorzustellen und von erfahrenen Künstlern Feedback zu erhalten. Solche Initiativen sind von entscheidender Bedeutung, da sie den Teilnehmenden das Gefühl geben, dass ihre Stimmen wertvoll sind und gehört werden.

Sichtbarkeit und Repräsentation

Die Sichtbarkeit von LGBTQ+-Personen in den Medien hat sich durch Renatos Arbeit erheblich verbessert. Er hat dazu beigetragen, stereotype Darstellungen abzubauen und authentische Geschichten zu erzählen, die die Vielfalt der menschlichen Erfahrung widerspiegeln. Diese Sichtbarkeit ist besonders wichtig für die nächste Generation, da sie zeigt, dass es Platz für ihre Geschichten und Identitäten gibt. Laut einer Studie von GLAAD zur Repräsentation von LGBTQ+-Personen in den Medien hat eine erhöhte Sichtbarkeit positive

Auswirkungen auf die gesellschaftliche Akzeptanz und das Selbstbild junger Menschen. Renato hat durch seine Rollen und öffentlichen Auftritte dazu beigetragen, ein Umfeld zu schaffen, in dem junge Menschen sich sicher fühlen, ihre Identität auszudrücken.

Aktivismus und gesellschaftliche Veränderungen

Renatos Einfluss erstreckt sich auch auf den Aktivismus. Er ermutigt junge Menschen, sich für ihre Rechte einzusetzen und aktiv an gesellschaftlichen Veränderungen mitzuwirken. Durch seine Teilnahme an Protesten und Initiativen hat er gezeigt, dass Kunst und Aktivismus Hand in Hand gehen. Diese Verbindung ist entscheidend für die Mobilisierung der nächsten Generation. Ein Beispiel für diesen Aktivismus ist die „Youth for Equality"-Bewegung, die junge Menschen dazu ermutigt, sich für Gleichheit und Gerechtigkeit einzusetzen. Renato hat diese Bewegung unterstützt, indem er an Veranstaltungen teilgenommen und Workshops geleitet hat, die sich mit den Herausforderungen des Aktivismus auseinandersetzen.

Herausforderungen und Widerstände

Trotz seines Einflusses sieht sich Renato auch Herausforderungen gegenüber, die die nächste Generation betreffen. Diskriminierung und Vorurteile sind nach wie vor weit verbreitet, und viele junge Menschen kämpfen mit ihrem Selbstbild und der Akzeptanz in der Gesellschaft. Laut einer Umfrage des Trevor Projects berichten 40% der LGBTQ+-Jugendlichen von ernsthaften Problemen mit ihrer psychischen Gesundheit, die durch Diskriminierung und mangelnde Unterstützung verstärkt werden. Renato setzt sich dafür ein, diese Herausforderungen sichtbar zu machen und Ressourcen bereitzustellen, die jungen Menschen helfen, mit diesen Problemen umzugehen.

Zukunftsperspektiven

Der Einfluss von Renato auf die nächste Generation ist nicht nur auf die Gegenwart beschränkt, sondern hat auch langfristige Auswirkungen auf die Zukunft der LGBTQ+-Bewegung. Indem er eine Plattform für junge Stimmen schafft und sie ermutigt, ihre Geschichten zu erzählen, trägt er dazu bei, eine neue Generation von Führungspersönlichkeiten und Aktivisten zu formen. Die Hoffnung ist, dass diese jungen Menschen, inspiriert durch Renatos Beispiel, weiterhin für Gleichheit und Gerechtigkeit kämpfen und die Gesellschaft aktiv verändern.

DIE VERÄNDERUNG DER REPRÄSENTATION

Zusammenfassend lässt sich sagen, dass Renatos Einfluss auf die nächste Generation weitreichend ist. Seine Vorbildfunktion, das Engagement für Mentoring, die Verbesserung der Sichtbarkeit von LGBTQ+-Personen, die Förderung des Aktivismus und die Auseinandersetzung mit Herausforderungen sind alles Aspekte, die dazu beitragen, dass junge Menschen sich sicherer fühlen, ihre Identität auszudrücken und für ihre Rechte einzutreten. Renato Perez hat nicht nur die Kunst verändert, sondern auch das Leben vieler junger Menschen, die ihm nacheifern und seine Botschaft der Hoffnung und Akzeptanz weitertragen.

Globale Reaktionen auf Renatos Arbeit

Renato Perez hat mit seinem künstlerischen Schaffen und seinem Aktivismus nicht nur in Deutschland, sondern auch weltweit bedeutende Reaktionen ausgelöst. Diese Reaktionen sind vielschichtig und spiegeln die unterschiedlichen Perspektiven und Herausforderungen wider, mit denen LGBTQ+-Aktivisten konfrontiert sind.

Internationale Anerkennung und Preise

Eine der bemerkenswertesten Reaktionen auf Renatos Arbeit ist die internationale Anerkennung, die er durch verschiedene Preise und Auszeichnungen erhalten hat. So wurde er beispielsweise mit dem *International LGBTQ+ Film Award* ausgezeichnet, der seine Beiträge zur Sichtbarkeit von Transgender-Personen im Film würdigt. Diese Auszeichnungen sind nicht nur eine Bestätigung seines Talents, sondern auch ein Zeichen dafür, dass die internationale Gemeinschaft zunehmend die Bedeutung von Diversität und Repräsentation in der Kunst erkennt.

Medienberichterstattung

Die Medien haben Renatos Arbeit ebenfalls intensiv aufgegriffen. Internationale Nachrichtenportale und Magazine wie *The Advocate*, *Out Magazine* und *Variety* haben ausführliche Artikel über seinen Einfluss auf die LGBTQ+-Gemeinschaft veröffentlicht. Diese Berichterstattung hat dazu beigetragen, Renatos Botschaften einem breiteren Publikum zugänglich zu machen und das Bewusstsein für die Herausforderungen von Transgender-Personen zu schärfen.

Globale Protestbewegungen

Renatos Kunst hat auch als Katalysator für globale Protestbewegungen gedient. In Ländern, in denen LGBTQ+-Rechte stark eingeschränkt sind, haben Aktivisten Renatos Werke genutzt, um auf die Ungerechtigkeiten aufmerksam zu machen. Zum Beispiel wurde sein Film *"Transcendence"* in mehreren Ländern als Teil von Protestaktionen gezeigt, die sich gegen Diskriminierung und Gewalt gegen Transgender-Personen richten. Diese Art von globalem Austausch zeigt, wie Kunst als Werkzeug für sozialen Wandel dienen kann.

Kulturelle Unterschiede

Die Reaktionen auf Renatos Arbeit variieren jedoch stark je nach kulturellem Kontext. In liberaleren Gesellschaften wird seine Arbeit oft als inspirierend und wegweisend angesehen, während in konservativeren Kulturen häufig Widerstand und Kritik geäußert werden. In einigen Ländern wurde Renatos Arbeit sogar zensiert oder boykottiert, was die anhaltenden Herausforderungen für LGBTQ+-Aktivisten weltweit verdeutlicht.

Soziale Medien und virale Kampagnen

Ein weiterer Aspekt der globalen Reaktionen auf Renatos Arbeit ist der Einfluss von sozialen Medien. Plattformen wie Instagram, Twitter und TikTok haben es ermöglicht, Renatos Botschaften schnell und effektiv zu verbreiten. Hashtags wie #RenatoRevolution und #TransVisibility haben virale Aufmerksamkeit erregt und eine weltweite Diskussion über die Repräsentation von Transgender-Personen angestoßen. Diese digitale Mobilisierung hat es vielen Menschen ermöglicht, sich mit Renatos Erfahrungen zu identifizieren und ihre eigenen Geschichten zu teilen.

Einfluss auf die nächste Generation

Die globale Reaktion auf Renatos Arbeit hat auch einen bedeutenden Einfluss auf die nächste Generation von LGBTQ+-Aktivisten. Junge Menschen, die sich mit Renatos Geschichten und Kämpfen identifizieren, sehen in ihm ein Vorbild. Diese Inspiration hat dazu geführt, dass viele von ihnen aktiv werden und sich für ihre Rechte einsetzen. Renatos Einfluss erstreckt sich somit über die Kunst hinaus und motiviert eine neue Welle von Aktivisten, die sich für Gleichheit und Gerechtigkeit einsetzen.

Fazit

Zusammenfassend lässt sich sagen, dass die globalen Reaktionen auf Renatos Arbeit ein komplexes Bild zeichnen. Sie zeigen sowohl die Fortschritte als auch die Herausforderungen auf, mit denen die LGBTQ+-Gemeinschaft konfrontiert ist. Renatos Einfluss reicht weit über die Grenzen Deutschlands hinaus und hat das Potenzial, die Diskussion über Geschlechtsidentität und Repräsentation weltweit zu verändern. Seine Kunst und sein Aktivismus sind nicht nur Ausdruck seiner persönlichen Erfahrungen, sondern auch ein Aufruf zur Solidarität und zum Handeln für eine gerechtere Gesellschaft.

Die Verbindung zwischen Kunst und Identität

Die Verbindung zwischen Kunst und Identität ist ein zentrales Thema in der Diskussion um die Repräsentation von LGBTQ+-Personen in der Gesellschaft. Kunst dient nicht nur als Ausdrucksform, sondern auch als Spiegel der Identität, in dem die Komplexität menschlicher Erfahrungen reflektiert wird. In diesem Abschnitt werden wir die verschiedenen Dimensionen dieser Verbindung erkunden, einschließlich der theoretischen Grundlagen, der Herausforderungen, denen Künstler gegenüberstehen, und konkreten Beispielen, die die Wechselwirkungen zwischen Kunst und Identität verdeutlichen.

Theoretische Grundlagen

Die Theorie der Identität, wie sie in der Sozialpsychologie und in der Genderforschung diskutiert wird, besagt, dass Identität nicht statisch, sondern dynamisch ist und durch soziale Interaktionen und kulturelle Kontexte geformt wird. Judith Butler, eine prominente Theoretikerin in der Gender- und Queer-Theorie, argumentiert, dass Geschlecht und Identität performativ sind, was bedeutet, dass sie durch wiederholte Handlungen und Darstellungen in der Gesellschaft konstruiert werden [1]. Kunst ist in diesem Sinne eine Form der Performance, die es Individuen ermöglicht, ihre Identität auszudrücken und zu verhandeln.

Ein weiterer wichtiger theoretischer Ansatz ist die Idee der kulturellen Identität, die von Stuart Hall formuliert wurde. Hall beschreibt Identität als ein ständig verhandeltes und transformierendes Konzept, das durch kulturelle Praktiken, einschließlich Kunst, geformt wird. Kunstwerke können als Räume betrachtet werden, in denen Identitäten erforscht und neu definiert werden, was zu einem tieferen Verständnis der eigenen und der kollektiven Identität führt [?].

Herausforderungen in der Kunst

Trotz der positiven Aspekte der Verbindung zwischen Kunst und Identität stehen Künstler, insbesondere aus der LGBTQ+-Gemeinschaft, vor zahlreichen Herausforderungen. Diese Herausforderungen können sowohl institutioneller als auch gesellschaftlicher Natur sein.

- **Institutionelle Barrieren:** Viele Künstler berichten von Schwierigkeiten, Zugang zu Ressourcen, Förderungen und Ausstellungen zu erhalten, insbesondere wenn ihre Arbeiten nicht den traditionellen Normen entsprechen. Diese Barrieren können dazu führen, dass wichtige Stimmen in der Kunstwelt unterrepräsentiert bleiben.

- **Gesellschaftliche Vorurteile:** Künstler, die LGBTQ+-Themen ansprechen, sehen sich häufig mit Vorurteilen und Diskriminierung konfrontiert. Diese gesellschaftlichen Einstellungen können die Rezeption ihrer Werke beeinflussen und dazu führen, dass sie sich in ihrer Ausdrucksweise eingeschränkt fühlen.

- **Selbstzensur:** In einigen Fällen können Künstler aufgrund von Angst vor negativer Reaktion oder Missverständnissen dazu neigen, ihre Kunst zu zensieren. Dies kann die Authentizität ihrer Arbeit beeinträchtigen und den Dialog über wichtige Identitätsthemen behindern.

Beispiele für die Verbindung zwischen Kunst und Identität

Es gibt zahlreiche Beispiele, die die Verbindung zwischen Kunst und Identität verdeutlichen und zeigen, wie Künstler ihre Erfahrungen und Perspektiven in ihre Werke integrieren.

- **Film und Fernsehen:** Der Film *Moonlight*, der die Geschichte eines jungen afroamerikanischen Mannes erzählt, der mit seiner sexuellen Identität kämpft, ist ein hervorragendes Beispiel für die Verbindung zwischen Kunst und Identität. Der Film zeigt, wie Kunst als Medium dient, um komplexe Fragen der Identität und Selbstakzeptanz zu thematisieren. Durch die Darstellung von Intimität und Verletzlichkeit wird das Publikum eingeladen, sich mit den Herausforderungen der Hauptfigur zu identifizieren und Empathie zu entwickeln [4].

- **Theater:** Im Theaterstück *The Vagina Monologues* von Eve Ensler wird die Vielfalt der weiblichen Erfahrungen und Identitäten gefeiert. Das Stück nutzt persönliche Geschichten, um das Publikum dazu zu bringen, über Geschlecht und Identität nachzudenken und die gesellschaftlichen Normen zu hinterfragen, die oft die Erfahrungen von Frauen und LGBTQ+-Personen marginalisieren [?].

- **Bildende Kunst:** Der Künstler Keith Haring nutzte seine Kunst, um Themen der HIV/AIDS-Epidemie und der LGBTQ+-Identität in den 1980er Jahren zu thematisieren. Seine bunten, energiegeladenen Werke sind nicht nur ästhetisch ansprechend, sondern tragen auch eine tiefere Botschaft über Identität, Gemeinschaft und den Kampf gegen Diskriminierung [?].

Schlussfolgerung

Die Verbindung zwischen Kunst und Identität ist ein dynamisches und komplexes Feld, das sowohl Herausforderungen als auch Chancen für Künstler bietet. Kunst ermöglicht es Individuen, ihre Identität auszudrücken, zu erforschen und zu verhandeln, während sie gleichzeitig gesellschaftliche Normen in Frage stellt und Veränderungen anregt. Die Werke von Künstlern wie Renato Perez, Keith Haring und vielen anderen zeigen, wie bedeutend diese Verbindung ist und wie sie zur Schaffung eines inklusiveren und gerechteren Raums für alle Menschen beitragen kann.

Die fortwährende Auseinandersetzung mit der Verbindung zwischen Kunst und Identität ist entscheidend, um die Repräsentation von marginalisierten Stimmen zu fördern und das Bewusstsein für die Vielfalt menschlicher Erfahrungen zu schärfen. Kunst bleibt ein kraftvolles Werkzeug im Kampf um Akzeptanz und Gleichheit, und die Stimmen der Künstler werden weiterhin eine zentrale Rolle in der Gestaltung unserer kollektiven Identität spielen.

Zukünftige Herausforderungen und Chancen

Die Zukunft der Repräsentation von LGBTQ+-Personen in der Kunst und Medien steht vor einer Vielzahl von Herausforderungen und Chancen, die sowohl die individuelle als auch die kollektive Identität betreffen. Diese Herausforderungen sind oft das Ergebnis tief verwurzelter gesellschaftlicher Normen, Vorurteile und struktureller Diskriminierung. Dennoch gibt es auch zahlreiche Möglichkeiten, die sich aus dem fortschreitenden gesellschaftlichen Wandel und dem zunehmenden Bewusstsein für Diversität ergeben.

Herausforderungen

Eine der größten Herausforderungen ist die **Sichtbarkeit**. Trotz der Fortschritte in der Repräsentation ist die Sichtbarkeit von LGBTQ+-Personen in den Medien oft noch eingeschränkt. Viele Transgender- und nicht-binäre Personen kämpfen weiterhin gegen Stereotypen und Klischees, die in Filmen und Fernsehsendungen perpetuiert werden. Diese Stereotypen können nicht nur die Wahrnehmung der Gesellschaft beeinflussen, sondern auch das Selbstbild der Betroffenen negativ beeinträchtigen. Ein Beispiel hierfür ist die anhaltende Tendenz, Transgender-Rollen oft von cisgender Schauspielern darzustellen, was die Authentizität der Darstellung in Frage stellt.

Ein weiteres Problem ist der **Zugang zu Ressourcen**. Oft haben LGBTQ+-Künstler und Aktivisten nicht die gleichen finanziellen Mittel oder Netzwerke wie ihre cisgender Kollegen. Dies kann den Zugang zu wichtigen Gelegenheiten, wie Castings oder Förderungen, erheblich einschränken. Die Ungleichheit im Zugang zu Bildung und professioneller Entwicklung verstärkt diese Problematik. Es ist entscheidend, dass Organisationen und Institutionen aktiv daran arbeiten, diese Barrieren abzubauen.

Zusätzlich besteht die Herausforderung der **Repräsentation innerhalb der Repräsentation**. Während die Sichtbarkeit von LGBTQ+-Personen zunimmt, ist es wichtig, dass diese Repräsentation nicht nur oberflächlich ist. Oftmals werden LGBTQ+-Charaktere in Geschichten eingeführt, ohne dass ihre komplexen Identitäten oder Erfahrungen vollständig dargestellt werden. Eine oberflächliche Repräsentation kann zu einer weiteren Entfremdung führen, anstatt die Vielfalt innerhalb der Community zu feiern.

Chancen

Trotz dieser Herausforderungen gibt es auch vielversprechende Chancen, die sich aus dem Engagement für Diversität und Inklusion ergeben. Eine der größten Chancen liegt in der **Technologie**. Mit dem Aufkommen von sozialen Medien und digitalen Plattformen haben LGBTQ+-Künstler die Möglichkeit, ihre eigenen Geschichten zu erzählen und ihre Stimmen direkt an ein globales Publikum zu richten. Diese Plattformen ermöglichen es, eine breitere Palette von Erfahrungen und Perspektiven zu präsentieren, die in traditionellen Medien oft unterrepräsentiert sind.

Ein Beispiel für diese Chance ist die Plattform *YouTube*, wo viele LGBTQ+-Künstler ihre eigenen Inhalte erstellen und so eine Community aufbauen können, die authentisch und divers ist. Diese Art der

Selbstrepräsentation kann dazu beitragen, stereotype Darstellungen zu durchbrechen und eine neue Generation von Künstlern zu inspirieren, die sich trauen, ihre Identität offen auszudrücken.

Darüber hinaus gibt es eine wachsende Bewegung hin zu **intersektionalem Aktivismus**. Diese Bewegung erkennt an, dass die Erfahrungen von LGBTQ+-Personen vielfältig sind und von anderen Identitäten wie Rasse, Geschlecht und Klasse beeinflusst werden. Der intersektionale Ansatz fördert eine umfassendere Sichtweise auf soziale Gerechtigkeit und kann dazu beitragen, die Stimmen der am stärksten marginalisierten Gruppen innerhalb der LGBTQ+-Community zu stärken.

Ein Beispiel hierfür ist die Zusammenarbeit zwischen LGBTQ+-Aktivisten und anderen sozialen Bewegungen, wie der Black Lives Matter-Bewegung, um gemeinsame Ziele und Anliegen zu fördern. Diese Art der Zusammenarbeit kann nicht nur die Sichtbarkeit erhöhen, sondern auch eine stärkere Gemeinschaft und Solidarität schaffen.

Fazit

Die zukünftigen Herausforderungen und Chancen für die Repräsentation von LGBTQ+-Personen in der Kunst und Medien sind komplex und vielschichtig. Es ist unerlässlich, dass Künstler, Aktivisten und die Gesellschaft als Ganzes diese Herausforderungen erkennen und aktiv daran arbeiten, sie zu überwinden. Gleichzeitig müssen die Chancen, die sich aus technologischen Fortschritten und intersektionalem Aktivismus ergeben, genutzt werden, um eine gerechtere und inklusivere Zukunft zu gestalten. Nur durch kontinuierliches Engagement und Zusammenarbeit können wir sicherstellen, dass die Stimmen aller LGBTQ+-Personen gehört werden und dass ihre Geschichten authentisch und respektvoll erzählt werden.

Renatos Einfluss auf die Filmindustrie

Die Veränderungen in der Casting-Praxis

Die Casting-Praxis in der Film- und Theaterindustrie hat sich in den letzten Jahren erheblich verändert, insbesondere durch den Einfluss von LGBTQ+-Aktivisten wie Renato Perez. Diese Veränderungen sind sowohl eine Reaktion auf gesellschaftliche Forderungen nach mehr Repräsentation als auch auf das Bewusstsein für die Herausforderungen, mit denen trans und nicht-binäre Schauspieler konfrontiert sind. In diesem Abschnitt werden wir die wichtigsten

Veränderungen in der Casting-Praxis untersuchen, die durch Renatos Arbeit und den breiteren gesellschaftlichen Kontext beeinflusst wurden.

Die Notwendigkeit der Repräsentation

Die Repräsentation von LGBTQ+-Charakteren in Film und Fernsehen ist nicht nur eine Frage der Sichtbarkeit, sondern auch eine Frage der Authentizität. Studien zeigen, dass die Darstellung von Transgender-Personen durch Transgender-Schauspieler in der Regel realistischer und nuancierter ist. Dies führt zu einer erhöhten Akzeptanz und einem besseren Verständnis in der Gesellschaft. Laut einer Untersuchung von [1] haben Filme, die trans Schauspieler in trans Rollen besetzen, einen signifikant positiven Einfluss auf die öffentliche Wahrnehmung von Transgender-Personen.

$$\text{Akzeptanz} = f(\text{Sichtbarkeit}, \text{Authentizität}) \tag{79}$$

Hierbei ist die Akzeptanz eine Funktion der Sichtbarkeit und Authentizität, die durch die Besetzung von trans Schauspielern in entsprechenden Rollen erhöht wird.

Die Herausforderung der Klischees

Trotz der Fortschritte gibt es immer noch erhebliche Herausforderungen. Die Casting-Praxis ist oft geprägt von Stereotypen und Klischees, die die Darstellung von trans Personen in der Medienlandschaft beeinflussen. Viele Produktionen neigen dazu, trans Charaktere auf eine bestimmte Weise darzustellen, die nicht die Vielfalt der Erfahrungen innerhalb der Community widerspiegelt. Renato Perez hat in Interviews betont, dass es entscheidend ist, dass trans Charaktere nicht nur als "die andere" dargestellt werden, sondern als komplexe Individuen mit eigenen Geschichten und Motivationen.

Diversität in der Besetzung

Ein weiterer wichtiger Aspekt der Veränderung in der Casting-Praxis ist die zunehmende Betonung der Diversität in der Besetzung. Die Filmindustrie hat begonnen, die Bedeutung von Diversität nicht nur als ethische Verpflichtung, sondern auch als geschäftliche Notwendigkeit zu erkennen. Filme mit divers besetzten Ensembles haben oft größere Erfolge an der Kinokasse und erzielen eine breitere Zuschauerbasis. Dies ist besonders relevant, wenn man die Erfolge von Filmen wie *Moonlight* und *Pose* betrachtet, die sowohl Kritikerlob als auch kommerziellen Erfolg erlangten.

Der Einfluss von sozialen Medien

Die Rolle der sozialen Medien hat ebenfalls einen tiefgreifenden Einfluss auf die Casting-Praxis. Plattformen wie Instagram und Twitter ermöglichen es Schauspielern, direkt mit ihren Fans zu interagieren und ihre Geschichten zu teilen. Diese Interaktion hat das Bewusstsein für die Notwendigkeit einer authentischen Darstellung von LGBTQ+-Charakteren geschärft. Renato Perez nutzt seine Plattform, um auf die Herausforderungen aufmerksam zu machen, mit denen trans Schauspieler konfrontiert sind, und fordert die Branche auf, inklusivere Casting-Praktiken zu implementieren.

Initiativen für inklusives Casting

In den letzten Jahren haben verschiedene Initiativen und Organisationen, wie GLAAD und *The Casting Society of America*, Programme ins Leben gerufen, um die Diversität in der Besetzung zu fördern. Diese Organisationen setzen sich aktiv dafür ein, dass trans und nicht-binäre Schauspieler die Möglichkeit erhalten, authentische Rollen zu spielen. Renatos Engagement in solchen Initiativen hat dazu beigetragen, die Diskussion über inklusives Casting voranzutreiben und die Branche dazu zu bewegen, ihre Praktiken zu überdenken.

Beispiele für positive Veränderungen

Ein herausragendes Beispiel für positive Veränderungen in der Casting-Praxis ist die Besetzung von trans Schauspielern in Hauptrollen in Serien wie *Billions* und *The L Word: Generation Q*. Diese Produktionen haben nicht nur trans Schauspieler besetzt, sondern auch sichergestellt, dass die Geschichten, die erzählt werden, die komplexen Realitäten des Lebens von trans Personen widerspiegeln. Dies zeigt, dass eine authentische Besetzung nicht nur möglich ist, sondern auch zu einer reichhaltigeren und realistischeren Erzählung führt.

Die Herausforderungen der Umsetzung

Trotz dieser positiven Entwicklungen bleibt die Umsetzung einer diversifizierten Casting-Praxis eine Herausforderung. Produktionsfirmen müssen oft gegen tief verwurzelte Vorurteile und Stereotypen ankämpfen, die die Entscheidungen von Casting-Direktoren beeinflussen. Es ist wichtig, dass die Branche weiterhin Druck auf die Entscheidungsträger ausübt, um sicherzustellen, dass die Stimmen von trans und nicht-binären Schauspielern gehört werden.

Fazit

Zusammenfassend lässt sich sagen, dass die Veränderungen in der Casting-Praxis sowohl eine Reaktion auf den Aktivismus von Persönlichkeiten wie Renato Perez als auch auf die gesellschaftlichen Forderungen nach mehr Repräsentation sind. Während es Fortschritte gibt, sind weiterhin Herausforderungen zu bewältigen. Die Branche muss sich weiterhin bemühen, authentische und diverse Geschichten zu erzählen, um die Realität der LGBTQ+-Community angemessen widerzuspiegeln. Nur durch diese Veränderungen kann die Film- und Theaterindustrie eine Plattform für alle Stimmen schaffen und eine inklusive Zukunft gestalten.

Der Einfluss auf Drehbuchautoren

In den letzten Jahren hat die Präsenz von trans-Schauspielern wie Renato Perez in der Filmindustrie nicht nur die Sichtbarkeit von LGBTQ+-Personen erhöht, sondern auch einen signifikanten Einfluss auf die Drehbuchautoren ausgeübt. Diese Veränderung ist nicht nur eine Frage der Repräsentation, sondern hat auch tiefgreifende Auswirkungen auf die Art und Weise, wie Geschichten erzählt werden. In diesem Abschnitt werden wir die verschiedenen Dimensionen dieses Einflusses untersuchen und einige der Herausforderungen und Möglichkeiten beleuchten, die sich daraus ergeben.

Die Notwendigkeit authentischer Geschichten

Ein zentraler Aspekt des Einflusses von Renato Perez auf Drehbuchautoren ist die wachsende Notwendigkeit, authentische und realistische Geschichten über trans-Personen zu erzählen. Traditionell wurden trans-Rollen oft von cisgender Schauspielern gespielt, was zu einer verzerrten und oft schädlichen Darstellung von trans Identitäten führte. Die Einbringung von trans-Schauspielern in Hauptrollen hat die Diskussion über die Authentizität in der Charakterdarstellung neu entfacht.

Drehbuchautoren sind zunehmend gefordert, Geschichten zu entwickeln, die die komplexen Erfahrungen von trans-Personen widerspiegeln. Dies bedeutet, dass sie sich mit Themen wie Geschlechtsidentität, Diskriminierung, Selbstakzeptanz und den Herausforderungen des Coming-Outs auseinandersetzen müssen. Ein Beispiel hierfür ist die Serie *Pose*, die nicht nur trans-Schauspieler in zentralen Rollen besetzt, sondern auch von trans-Drehbuchautoren und Produzenten mitgestaltet wurde. Diese Authentizität hat dazu beigetragen, dass die Zuschauer eine tiefere Verbindung zu den Charakteren aufbauen können.

Diversität in der Erzählweise

Renato Perez hat auch einen wichtigen Beitrag zur Diversität in der Erzählweise geleistet. Drehbuchautoren sind nun gefordert, über stereotype Darstellungen hinauszugehen und vielschichtige Charaktere zu schaffen, die nicht auf Klischees basieren. Diese Entwicklung wird durch die Forderung nach mehr Diversität in der Filmindustrie unterstützt, die eine breitere Palette von Geschichten und Perspektiven umfasst.

Ein Beispiel für diese Diversität ist der Film *The Danish Girl*, der die Geschichte von Lili Elbe erzählt, einer der ersten bekannten trans Frauen. Obwohl der Film von einem cisgender Schauspieler dargestellt wurde, hat der Erfolg von trans-Schauspielern wie Renato dazu geführt, dass Drehbuchautoren sensibler für die Notwendigkeit werden, solche Geschichten authentisch und respektvoll zu erzählen. Die Herausforderung besteht darin, dass Drehbuchautoren oft mit der Frage konfrontiert sind, wie sie trans Identitäten in ihre Geschichten integrieren können, ohne sie zu stereotypisieren oder zu reduzieren.

Einfluss auf die Themenwahl

Die Präsenz von trans-Schauspielern hat auch direkte Auswirkungen auf die Themenwahl von Drehbuchautoren. Geschichten, die früher als marginalisiert galten, gewinnen nun an Bedeutung und Relevanz. Drehbuchautoren sind motiviert, Themen zu erkunden, die die Erfahrungen von trans-Personen in den Mittelpunkt stellen, wie beispielsweise die Herausforderungen im Gesundheitswesen, rechtliche Fragen und gesellschaftliche Akzeptanz.

Ein Beispiel für eine solche Thematisierung ist die Serie *Transparent*, die das Leben einer trans Frau und die Auswirkungen ihrer Transition auf ihre Familie und Freunde beleuchtet. Diese Art von Erzählung hat nicht nur das Bewusstsein für trans-Themen geschärft, sondern auch die Diskussion über Geschlechteridentität und die damit verbundenen Herausforderungen in der Gesellschaft angestoßen.

Herausforderungen für Drehbuchautoren

Trotz der positiven Entwicklungen gibt es auch Herausforderungen, mit denen Drehbuchautoren konfrontiert sind. Eine der größten Hürden ist die Angst vor negativer Rezeption. Viele Drehbuchautoren sind besorgt, dass ihre Geschichten nicht gut ankommen oder dass sie als unangemessen oder nicht authentisch wahrgenommen werden könnten. Diese Angst kann dazu führen, dass sie zögern, trans Themen in ihren Arbeiten zu behandeln.

Zusätzlich gibt es oft einen Mangel an Ressourcen und Unterstützung für Drehbuchautoren, die trans Geschichten erzählen möchten. Dies kann bedeuten, dass sie Schwierigkeiten haben, Zugang zu trans Beratern oder Mentoren zu finden, die ihnen helfen können, die Nuancen und Komplexitäten der trans Identität zu verstehen und darzustellen.

Beispiele für positive Veränderungen

Trotz dieser Herausforderungen gibt es zahlreiche Beispiele für positive Veränderungen, die durch den Einfluss von trans-Schauspielern wie Renato Perez angestoßen wurden. Immer mehr Drehbuchautoren werden ermutigt, trans Charaktere in ihre Geschichten zu integrieren und diese Charaktere mit Tiefe und Komplexität zu versehen.

Ein bemerkenswertes Beispiel ist die Serie *Sex Education*, in der trans Charaktere in einer Weise dargestellt werden, die sowohl realistisch als auch einfühlsam ist. Die Drehbuchautoren haben sich bemüht, die Erfahrungen von trans Jugendlichen authentisch darzustellen und die Herausforderungen, mit denen sie konfrontiert sind, zu beleuchten. Diese Art von Erzählung trägt dazu bei, das Bewusstsein für trans Themen zu schärfen und die gesellschaftliche Akzeptanz zu fördern.

Fazit

Zusammenfassend lässt sich sagen, dass der Einfluss von Renato Perez auf Drehbuchautoren weitreichend ist. Seine Präsenz in der Filmindustrie hat nicht nur die Sichtbarkeit von trans-Personen erhöht, sondern auch die Art und Weise verändert, wie Geschichten über trans Identitäten erzählt werden. Während Herausforderungen bestehen, gibt es auch zahlreiche Beispiele für positive Veränderungen, die zeigen, dass authentische und vielfältige Erzählungen möglich sind. Die Zukunft der Drehbuchautoren wird zunehmend von der Notwendigkeit geprägt sein, Geschichten zu erzählen, die die Vielfalt menschlicher Erfahrungen widerspiegeln, und Renato Perez ist ein leuchtendes Beispiel für den Einfluss, den ein einzelner Künstler auf die gesamte Branche ausüben kann.

Die Bedeutung von trans-Schauspielern in der Industrie

Die Präsenz von trans-Schauspielern in der Film- und Fernsehindustrie hat in den letzten Jahren erheblich zugenommen und spielt eine entscheidende Rolle bei der Schaffung von authentischen und vielfältigen Narrativen. Die Repräsentation von Transgender-Personen auf der Leinwand ist nicht nur eine Frage der Sichtbarkeit, sondern auch eine Frage der Identität, des Respekts und der gesellschaftlichen Anerkennung. Diese Veränderungen sind das Ergebnis eines langwierigen Kampfes um Sichtbarkeit und Akzeptanz, der sowohl von Künstlern als auch von Aktivisten vorangetrieben wird.

Ein zentraler Aspekt der Bedeutung von trans-Schauspielern in der Industrie ist die Authentizität, die sie in die Darstellung von Transgender-Rollen einbringen. Historisch gesehen wurden Transgender-Charaktere häufig von cisgender Schauspielern dargestellt, was zu problematischen Stereotypen und einer verzerrten Wahrnehmung der Transgender-Community geführt hat. Diese Darstellungen können nicht nur schädlich sein, sondern auch das gesellschaftliche Verständnis von Geschlechtsidentität und -ausdruck beeinflussen.

Ein Beispiel für den positiven Einfluss von trans-Schauspielern ist die Rolle von Laverne Cox in der Serie *Orange Is the New Black*. Cox, die selbst trans ist, bringt nicht nur ihre persönlichen Erfahrungen in die Rolle ein, sondern trägt auch dazu bei, das Bewusstsein für die Herausforderungen zu schärfen, mit denen Transgender-Personen konfrontiert sind. Ihre Darstellung hat dazu beigetragen, die Diskussion über Geschlechtsidentität in der breiten Öffentlichkeit zu fördern und hat vielen Menschen in der LGBTQ+-Community das Gefühl gegeben, gesehen und gehört zu werden.

Die Bedeutung von trans-Schauspielern erstreckt sich auch auf die Art und Weise, wie Geschichten erzählt werden. Wenn trans-Schauspieler in Hauptrollen besetzt werden, wird die Narrative oft aus einer authentischen Perspektive erzählt, die das Publikum in die Realität und die Erfahrungen von Transgender-Personen eintauchen lässt. Diese Geschichten sind nicht nur wichtig für die Repräsentation, sondern auch für die Bildung des Publikums über die Vielfalt menschlicher Erfahrungen.

Ein weiteres Beispiel ist die Darstellung von trans-Schauspielern in der Serie *Pose*, die sich auf die Ballroom-Kultur in New York City konzentriert. Die Serie zeichnet sich nicht nur durch ihre Besetzung aus, die überwiegend aus trans und nicht-binären Schauspielern besteht, sondern auch durch die Art und Weise, wie sie die Kämpfe und Triumphe der LGBTQ+-Community darstellt. *Pose* hat nicht nur mehrere Auszeichnungen gewonnen, sondern auch eine Plattform für trans-Schauspieler geschaffen, die in der Branche oft unterrepräsentiert sind.

Trotz dieser Fortschritte gibt es jedoch weiterhin Herausforderungen, mit denen trans-Schauspieler konfrontiert sind. Die Industrie hat noch einen langen Weg vor sich, um sicherzustellen, dass Transgender-Personen nicht nur in Rollen besetzt werden, die ihre Identität widerspiegeln, sondern auch in einer Vielzahl von Charakteren, die über die stereotype Darstellung hinausgehen. Die Besetzung von trans-Schauspielern in nicht-trans Rollen ist ein wichtiger Schritt, um die

Vielfalt und die Nuancen menschlicher Erfahrungen zu zeigen.

Die Theorie der sozialen Identität spielt in diesem Kontext eine wichtige Rolle. Sie besagt, dass das Selbstkonzept einer Person stark von der Zugehörigkeit zu sozialen Gruppen beeinflusst wird. Wenn trans-Schauspieler in der Industrie sichtbar sind, wird nicht nur ihre Identität anerkannt, sondern auch die Identität anderer Transgender-Personen in der Gesellschaft. Dies kann zu einem stärkeren Gefühl der Zugehörigkeit und des Selbstwertgefühls innerhalb der Community führen.

Mathematisch betrachtet könnte man die Repräsentation von trans-Schauspielern in der Industrie als eine Funktion darstellen, die von mehreren Variablen abhängt, wie z.B. der Anzahl der produzierten Filme, der Anzahl der trans-Schauspieler, die in diesen Filmen besetzt werden, und dem gesellschaftlichen Einfluss, den diese Filme haben. Man könnte eine Gleichung aufstellen, die die Beziehung zwischen diesen Variablen beschreibt:

$$R = f(P, T, S)$$

wobei R die Repräsentation ist, P die Anzahl der produzierten Filme, T die Anzahl der trans-Schauspieler in diesen Filmen und S den gesellschaftlichen Einfluss repräsentiert.

Insgesamt ist die Bedeutung von trans-Schauspielern in der Film- und Fernsehindustrie nicht zu unterschätzen. Sie tragen dazu bei, die Sichtbarkeit und das Verständnis für Transgender-Personen zu fördern, und helfen, stereotype Darstellungen zu überwinden. Ihre Präsenz ist entscheidend für die Schaffung einer inklusiven und vielfältigen Medienlandschaft, die die Realität der menschlichen Erfahrung widerspiegelt. Die Herausforderungen, die noch bestehen, erfordern ein fortwährendes Engagement von Künstlern, Produzenten und der gesamten Branche, um sicherzustellen, dass die Stimmen der trans-Community gehört und respektiert werden.

Renatos Rolle als Vorbild für andere

Renato Perez ist nicht nur ein talentierter Schauspieler, sondern auch ein inspirierendes Vorbild für viele Menschen, insbesondere für Mitglieder der LGBTQ+-Gemeinschaft. Seine Reise zur Selbstakzeptanz und sein Engagement für die Sichtbarkeit von trans-Personen in der Kunst und im Alltag haben ihn zu einer herausragenden Figur gemacht, die den Mut und die Entschlossenheit verkörpert, die viele in der Gemeinschaft anstreben. In diesem Abschnitt werden wir die verschiedenen Aspekte von Renatos Rolle als Vorbild für andere beleuchten, einschließlich der Herausforderungen, die er überwunden hat, der positiven Auswirkungen, die er auf andere hat, und der Verantwortung, die mit dieser Vorbildfunktion einhergeht.

Die Herausforderungen, die Renato überwunden hat

Renatos Weg war geprägt von zahlreichen Herausforderungen, die er mit bemerkenswerter Stärke bewältigt hat. Als trans-Person in einer Gesellschaft, die oft von Vorurteilen und Diskriminierung geprägt ist, musste Renato nicht nur gegen äußere Widerstände, sondern auch gegen innere Zweifel ankämpfen. Diese Herausforderungen umfassten:

- **Diskriminierung und Vorurteile:** Renato erlebte von klein auf Diskriminierung aufgrund seiner Geschlechtsidentität. Diese Erfahrungen führten zu einem tiefen Verständnis für die Schwierigkeiten, mit denen viele LGBTQ+-Menschen konfrontiert sind.

- **Selbstzweifel:** In einer Welt, die oft nicht akzeptierend ist, kämpfte Renato mit Selbstzweifeln. Diese innere Auseinandersetzung machte es ihm schwer, seine Identität zu akzeptieren und zu leben.

- **Öffentliche Wahrnehmung:** Als er begann, in der Öffentlichkeit zu stehen, war er mit der Herausforderung konfrontiert, wie er von der Gesellschaft wahrgenommen wird. Diese Angst vor negativer Reaktion hielt viele davon ab, sich zu outen oder ihre Identität zu leben.

Durch das Überwinden dieser Herausforderungen hat Renato nicht nur seine eigene Identität gefestigt, sondern auch anderen gezeigt, dass es möglich ist, sich selbst treu zu bleiben, trotz der Schwierigkeiten, die man möglicherweise erlebt.

Die positive Wirkung auf andere

Renatos Einfluss auf andere ist unbestreitbar. Durch seine Sichtbarkeit und seine Erfolge hat er vielen Menschen Mut gemacht, ihre eigene Identität zu akzeptieren und sich für ihre Rechte einzusetzen. Einige der positiven Auswirkungen sind:

- **Inspiration:** Viele junge Menschen, die sich mit Renatos Geschichte identifizieren, finden in ihm eine Quelle der Inspiration. Seine Erfolge in der Schauspielerei zeigen, dass es möglich ist, Träume zu verwirklichen, unabhängig von den Hindernissen, die einem im Weg stehen.

- **Sichtbarkeit:** Renato hat dazu beigetragen, die Sichtbarkeit von trans-Personen in der Kunst zu erhöhen. Seine Rollen in Filmen und Theaterstücken haben dazu beigetragen, das Verständnis und die Akzeptanz für trans-Themen zu fördern.

- **Mentorship:** Renato engagiert sich aktiv in der LGBTQ+-Gemeinschaft, indem er als Mentor für junge Künstler fungiert. Er teilt seine Erfahrungen und ermutigt andere, ihre Stimme zu erheben und ihre Geschichten zu erzählen.

Diese positive Wirkung zeigt sich nicht nur in der direkten Unterstützung, die er anderen bietet, sondern auch in der Art und Weise, wie er das Bewusstsein für die Herausforderungen und Errungenschaften von trans-Personen schärft.

Verantwortung als Vorbild

Mit der Rolle als Vorbild kommt auch eine große Verantwortung. Renato ist sich der Auswirkungen bewusst, die seine Worte und Taten auf andere haben können. Er hat sich verpflichtet, diese Verantwortung ernst zu nehmen, indem er:

- **Ehrlichkeit und Authentizität:** Renato betont die Bedeutung von Ehrlichkeit und Authentizität in seiner Darstellung. Er ist offen über seine Erfahrungen und ermutigt andere, dasselbe zu tun.

- **Aktivismus:** Renato nutzt seine Plattform, um aktiv für die Rechte von LGBTQ+-Menschen zu kämpfen. Er spricht sich gegen Diskriminierung aus und setzt sich für Gleichheit und Gerechtigkeit ein.

- **Bildung:** Renato engagiert sich in Bildungsinitiativen, um das Bewusstsein für LGBTQ+-Themen zu schärfen. Er glaubt, dass Aufklärung der Schlüssel zur Veränderung von Einstellungen und zur Förderung von Akzeptanz ist.

Durch diese Maßnahmen zeigt Renato, dass er nicht nur ein Vorbild ist, sondern auch ein aktiver Mitgestalter einer gerechteren und inklusiveren Gesellschaft.

Beispiele für Renatos Einfluss

Ein bemerkenswertes Beispiel für Renatos Einfluss ist seine Rolle in dem preisgekrönten Film *"Transcendence"*, in dem er die Hauptrolle eines trans-Menschen spielt, der für seine Rechte kämpft. Dieser Film hat nicht nur

Anerkennung in der Filmindustrie gefunden, sondern auch das Bewusstsein für die Herausforderungen von trans-Personen geschärft.

Ein weiteres Beispiel ist seine aktive Teilnahme an LGBTQ+-Veranstaltungen, bei denen er als Redner auftritt und seine Geschichte teilt. Diese Veranstaltungen bieten eine Plattform für den Austausch von Erfahrungen und die Förderung von Solidarität innerhalb der Gemeinschaft.

Fazit

Zusammenfassend lässt sich sagen, dass Renato Perez eine bedeutende Rolle als Vorbild für andere spielt. Durch das Überwinden von Herausforderungen, die positive Wirkung auf die Gemeinschaft und das Übernehmen von Verantwortung inspiriert er viele, ihre eigene Identität zu akzeptieren und für ihre Rechte zu kämpfen. Sein Engagement für Sichtbarkeit, Authentizität und Aktivismus macht ihn zu einem leuchtenden Beispiel für die Kraft, die ein Einzelner in der Gesellschaft haben kann. Renatos Geschichte ermutigt nicht nur andere, ihre Stimme zu erheben, sondern zeigt auch, dass Veränderungen möglich sind, wenn man den Mut hat, für sich selbst und andere einzustehen.

Die Reaktion der Filmindustrie auf Diversität

Die Reaktion der Filmindustrie auf Diversität ist ein komplexes und vielschichtiges Thema, das in den letzten Jahren zunehmend an Bedeutung gewonnen hat. In einer Zeit, in der das Bewusstsein für soziale Gerechtigkeit und Inklusion wächst, sehen sich Filmproduzenten, Regisseure und Drehbuchautoren einem wachsenden Druck ausgesetzt, die Vielfalt in ihren Produktionen widerzuspiegeln. Diese Reaktion kann in mehreren Dimensionen betrachtet werden, einschließlich der Veränderungen in der Casting-Praxis, der Reaktion auf gesellschaftliche Bewegungen und der Herausforderungen, die mit der Umsetzung von Diversität in der Filmindustrie verbunden sind.

Veränderungen in der Casting-Praxis

Ein wesentlicher Aspekt der Reaktion der Filmindustrie auf Diversität ist die Veränderung in der Casting-Praxis. Immer mehr Produktionsfirmen erkennen die Bedeutung von authentischen Darstellungen und der Besetzung von Schauspielern, die die Charaktere, die sie darstellen, tatsächlich repräsentieren. Dies bedeutet, dass trans-Schauspieler für trans-Rollen besetzt werden, und dass die Besetzung von Schauspielern mit unterschiedlichen ethnischen Hintergründen in Rollen, die nicht auf ihre ethnische Zugehörigkeit beschränkt sind, gefördert wird.

Ein Beispiel für diesen Wandel ist die Besetzung von Laverne Cox in der Serie *Orange Is the New Black*, wo sie die Rolle von Sophia Burset spielt, einer trans Frau. Cox's Darstellung war nicht nur bahnbrechend, sondern auch ein Wendepunkt für die Sichtbarkeit von trans-Personen in den Medien. Die positive Reaktion des Publikums und der Kritiker auf ihre Leistung hat dazu geführt, dass andere Studios ähnliche Entscheidungen getroffen haben.

Reaktion auf gesellschaftliche Bewegungen

Die Filmindustrie hat auch auf gesellschaftliche Bewegungen reagiert, die Diversität und Inklusion fordern. Die #OscarsSoWhite-Kampagne, die 2015 ins Leben gerufen wurde, machte auf die mangelnde Repräsentation von People of Color in den Academy Awards aufmerksam. Diese öffentliche Kritik führte zu einer Überprüfung der Nominierungs- und Auswahlprozesse der Academy und zu einem verstärkten Fokus auf die Diversität in der Filmindustrie.

In Reaktion auf diese Bewegungen haben viele Studios begonnen, Diversitätsrichtlinien zu implementieren, die sicherstellen sollen, dass bei der Produktion von Filmen ein breiteres Spektrum an Stimmen und Perspektiven berücksichtigt wird. Diese Richtlinien beinhalten oft das Ziel, die Anzahl der Frauen, People of Color und Mitglieder der LGBTQ+-Gemeinschaft in Schlüsselpositionen der Produktion zu erhöhen.

Herausforderungen bei der Umsetzung von Diversität

Trotz der Fortschritte gibt es jedoch erhebliche Herausforderungen bei der Umsetzung von Diversität in der Filmindustrie. Eine der größten Herausforderungen ist die anhaltende Dominanz von traditionellen Machtstrukturen, die oft resistent gegenüber Veränderungen sind. Viele Entscheidungsträger in der Filmindustrie sind nach wie vor Teil eines homogenen Kreises, der nicht die Vielfalt der Gesellschaft widerspiegelt.

Ein weiteres Problem ist die wirtschaftliche Unsicherheit, die mit der Produktion von Filmen verbunden ist. Studios sind oft zurückhaltend, wenn es darum geht, in Projekte zu investieren, die nicht den traditionellen Erzählstrukturen entsprechen oder die als „riskant" angesehen werden. Dies führt dazu, dass viele Geschichten, die Diversität und Inklusion fördern, nicht die notwendige Unterstützung erhalten, um realisiert zu werden.

Beispiele für positive Veränderungen

Trotz dieser Herausforderungen gibt es zahlreiche positive Beispiele, die zeigen, dass Diversität in der Filmindustrie nicht nur möglich, sondern auch kommerziell erfolgreich sein kann. Filme wie *Black Panther* und *Crazy Rich Asians* haben nicht nur an den Kinokassen Rekorde gebrochen, sondern auch die Diskussion über Diversität in Hollywood neu entfacht. Diese Filme haben bewiesen, dass Geschichten, die eine Vielzahl von Kulturen und Identitäten repräsentieren, sowohl beim Publikum als auch bei den Kritikern gut ankommen.

Zusammenfassend lässt sich sagen, dass die Reaktion der Filmindustrie auf Diversität ein dynamischer und fortlaufender Prozess ist. Während es Fortschritte gibt, die die Repräsentation von unterrepräsentierten Gruppen verbessern, bleibt die Herausforderung, diese Veränderungen nachhaltig zu gestalten und die Vielfalt in der Filmproduktion und -darstellung weiter zu fördern. Die Rolle von Künstlern wie Renato Perez und anderen LGBTQ+-Aktivisten ist entscheidend, um diesen Wandel voranzutreiben und eine inklusivere Filmindustrie für zukünftige Generationen zu schaffen.

Die Bedeutung von Inklusivität in der Produktion

In der heutigen Film- und Fernsehindustrie ist die Inklusivität in der Produktion von entscheidender Bedeutung. Sie beeinflusst nicht nur die Art und Weise, wie Geschichten erzählt werden, sondern auch, wie verschiedene Stimmen und Perspektiven in der Kunst repräsentiert werden. Inklusivität bedeutet, dass Menschen aus verschiedenen Hintergründen, einschließlich, aber nicht beschränkt auf, ethnische Zugehörigkeit, Geschlecht, sexuelle Orientierung und soziale Schicht, in den kreativen Prozess einbezogen werden.

Theoretische Grundlagen der Inklusivität

Die Theorie der Inklusivität basiert auf der Annahme, dass Vielfalt nicht nur ein moralisches Gebot, sondern auch ein wirtschaftlicher Vorteil ist. Studien zeigen, dass Filme mit diverser Besetzung und Produktionsteams tendenziell besser in der Box Office abschneiden. Laut einer Studie von McKinsey & Company aus dem Jahr 2020 sind Unternehmen mit einer höheren Diversität in der Führungsebene um 36% wahrscheinlicher, überdurchschnittliche Rentabilität zu erzielen. Diese Erkenntnisse legen nahe, dass Inklusivität nicht nur ethisch richtig ist, sondern auch zu besseren Geschäftsergebnissen führt.

Herausforderungen der Inklusivität

Trotz der wachsenden Anerkennung der Bedeutung von Inklusivität in der Produktion gibt es zahlreiche Herausforderungen. Eine der größten Hürden ist die tief verwurzelte Struktur der Filmindustrie, die oft auf traditionellen, homogenen Erzählweisen basiert. Diese Strukturen sind nicht nur institutionell, sondern auch kulturell verankert.

Ein weiteres Problem ist der Mangel an Zugang und Ressourcen für marginalisierte Gruppen. Oft haben diese Gruppen nicht die gleichen Möglichkeiten, sich in der Branche zu etablieren, was zu einem Teufelskreis führt, in dem ihre Geschichten nicht erzählt werden. Die Produktionsfirmen müssen aktiv daran arbeiten, Barrieren abzubauen und sicherzustellen, dass alle Stimmen Gehör finden.

Beispiele für inklusive Produktion

Ein herausragendes Beispiel für inklusive Produktion ist der Film *Moonlight* (2016), der die Geschichte eines jungen, schwarzen, homosexuellen Mannes erzählt. Der Film gewann den Oscar für den besten Film und wurde für seine authentische Darstellung von LGBTQ+-Erfahrungen und der afroamerikanischen Gemeinschaft gelobt. Die Produktion war divers, mit einem überwiegend schwarzen Team hinter der Kamera, was zur Authentizität der Erzählung beitrug.

Ein weiteres Beispiel ist die Serie *Pose*, die für ihre Darstellung von Transgender-Personen und der LGBTQ+-Community in den 1980er und 1990er Jahren bekannt ist. Die Serie hat nicht nur transsexuelle Schauspieler gecastet, sondern auch ein Team von Beratern aus der Community einbezogen, um sicherzustellen, dass die Geschichten respektvoll und genau erzählt werden.

Der Weg nach vorne

Um die Inklusivität in der Produktion weiter zu fördern, müssen Produktionsfirmen proaktive Maßnahmen ergreifen. Dazu gehört die Implementierung von Diversitätsrichtlinien, die sicherstellen, dass bei Castings und Besetzungen eine breite Palette von Stimmen berücksichtigt wird. Auch die Weiterbildung von Führungskräften in Bezug auf Diversität und Inklusivität ist entscheidend.

Zusätzlich sollten Mentorship-Programme für aufstrebende Künstler aus unterrepräsentierten Gruppen eingerichtet werden. Diese Programme können helfen, Talente zu fördern und sicherzustellen, dass die nächste Generation von

Filmemachern und Schauspielern die Unterstützung erhält, die sie benötigt, um erfolgreich zu sein.

Insgesamt ist die Bedeutung von Inklusivität in der Produktion nicht zu unterschätzen. Sie stellt sicher, dass die Geschichten, die erzählt werden, die Vielfalt der menschlichen Erfahrung widerspiegeln und somit eine breitere und tiefere Verbindung zu den Zuschauern herstellen. Die Filmindustrie hat die Verantwortung, eine Plattform für alle Stimmen zu bieten und die Art und Weise, wie Geschichten erzählt werden, zu revolutionieren.

Die Herausforderungen bei der Umsetzung von Diversität

Die Umsetzung von Diversität in der Filmindustrie ist ein komplexes und vielschichtiges Unterfangen, das mit einer Vielzahl von Herausforderungen konfrontiert ist. Diese Herausforderungen betreffen nicht nur die Produktionsseite, sondern auch die Rezeption und das Verständnis von Diversität in der Gesellschaft. In diesem Abschnitt werden einige der zentralen Probleme und theoretischen Überlegungen zur Umsetzung von Diversität in der Film- und Medienbranche betrachtet.

Systemische Barrieren

Eine der größten Herausforderungen bei der Umsetzung von Diversität ist das Vorhandensein systemischer Barrieren innerhalb der Filmindustrie. Diese Barrieren manifestieren sich in Form von vorherrschenden Stereotypen, die in Drehbüchern, Castings und der Vermarktung von Filmen verankert sind.

$$\text{Systemische Barrieren} = \text{Stereotypen} + \text{Mangel an Repräsentation} \quad (80)$$

Ein Beispiel hierfür ist die häufige Darstellung von Transgender-Charakteren durch cisgender Schauspieler, was nicht nur die Authentizität der Darstellung in Frage stellt, sondern auch die Sichtbarkeit von echten trans Schauspielern einschränkt. Diese Praktiken perpetuieren stereotype Vorstellungen und verhindern eine echte Diversität in der Darstellung.

Mangel an Vielfalt in Führungspositionen

Ein weiterer kritischer Punkt ist der Mangel an Vielfalt in Führungspositionen innerhalb der Filmindustrie. Die Entscheidungsträger, die über Projekte und Castings entscheiden, sind oft nicht repräsentativ für die Vielfalt der Gesellschaft.

$$\text{Repräsentation in Führungspositionen} = \frac{\text{Vielfalt der Entscheidungsträger}}{\text{Gesamtanzahl der Entscheidungsträger}} \quad (81)$$

Dieser Mangel an Vielfalt führt dazu, dass die Perspektiven und Erfahrungen von marginalisierten Gruppen nicht in die Entscheidungsfindung einfließen, was die Chancen für diverse Geschichten und Charaktere weiter verringert.

Ökonomische Überlegungen

Die wirtschaftlichen Aspekte der Filmproduktion stellen ebenfalls eine bedeutende Herausforderung dar. Oftmals wird argumentiert, dass Filme mit diverser Besetzung weniger kommerziell erfolgreich sind, was zu einer vorsichtigen Herangehensweise an Diversität führt.

$$\text{Erwarteter Gewinn} = \text{Budget} \times \text{Erwartete Zuschauerzahl} - \text{Produktionskosten} \quad (82)$$

Diese Überlegungen können zu einer Abneigung führen, in Projekte zu investieren, die Diversität fördern, insbesondere wenn die finanzielle Rückkehr als unsicher angesehen wird.

Vorurteile und Diskriminierung

Vorurteile und Diskriminierung innerhalb der Branche sind ebenfalls bedeutende Hindernisse. Diese können sowohl auf individueller als auch auf institutioneller Ebene auftreten und beeinflussen, wie Diversität wahrgenommen und umgesetzt wird.

$$\text{Diskriminierung} = \frac{\text{Anzahl der diskriminierten Gruppen}}{\text{Gesamtzahl der Gruppen}} \quad (83)$$

Ein Beispiel ist die Tendenz, bestimmte ethnische Gruppen in stereotypen Rollen zu besetzen, was nicht nur den Schauspielern schadet, sondern auch das Publikum in seiner Wahrnehmung von Diversität beeinflusst.

Fehlende Unterstützung durch das Publikum

Die Unterstützung des Publikums ist entscheidend für den Erfolg von Filmen, die Diversität fördern. Wenn das Publikum nicht bereit ist, diese Filme zu unterstützen, kann dies zu einem Rückgang der Investitionen in diversere Projekte führen.

Öffentliche Unterstützung = Zuschauerzahlen × Kritiken × Medienberichterstattung
(84)

Ein Beispiel für diese Herausforderung ist der Film *Moonlight*, der zwar kritisches Lob erhielt, aber anfangs Schwierigkeiten hatte, ein breites Publikum zu erreichen.

Mangel an Bildung und Aufklärung

Ein weiterer wichtiger Aspekt ist der Mangel an Bildung und Aufklärung über Diversität in der Filmindustrie. Viele Entscheidungsträger und Zuschauer sind sich der Bedeutung von Diversität und der positiven Auswirkungen, die sie auf die Gesellschaft haben kann, nicht bewusst.

Bildung über Diversität = Kurse und Workshops + Öffentlichkeitsarbeit (85)

Die Implementierung von Schulungsprogrammen, die sich auf die Bedeutung von Diversität und Inklusion konzentrieren, könnte dazu beitragen, diese Herausforderungen zu überwinden.

Fazit

Zusammenfassend lässt sich sagen, dass die Herausforderungen bei der Umsetzung von Diversität in der Filmindustrie vielfältig und komplex sind. Von systemischen Barrieren über wirtschaftliche Überlegungen bis hin zu Vorurteilen und einem Mangel an Bildung – die Filmindustrie muss sich diesen Herausforderungen stellen, um eine echte Diversität zu erreichen. Nur durch die Überwindung dieser Hindernisse kann die Branche eine authentische Repräsentation aller Stimmen und Geschichten fördern.

Erfolgreiche Diversität = Überwindung der Herausforderungen+Engagement für Veränc
(86)

Die Rolle von Festivals und Auszeichnungen

Festivals und Auszeichnungen spielen eine entscheidende Rolle in der Filmindustrie, insbesondere für LGBTQ+-Künstler wie Renato Perez. Sie bieten nicht nur eine Plattform zur Präsentation von Kunstwerken, sondern auch eine Möglichkeit, die

Sichtbarkeit und Repräsentation von unterrepräsentierten Gruppen zu fördern. In diesem Abschnitt werden wir die verschiedenen Aspekte der Rolle von Festivals und Auszeichnungen untersuchen, einschließlich ihrer Auswirkungen auf die Karriere von Künstlern, die Herausforderungen, die sie mit sich bringen, und die Bedeutung von Anerkennung in der LGBTQ+-Gemeinschaft.

Die Bedeutung von Filmfestivals

Filmfestivals sind bedeutende Veranstaltungen, die es Filmemachern ermöglichen, ihre Werke einem breiten Publikum vorzustellen. Sie bieten eine Plattform, um Geschichten zu erzählen, die oft in der Mainstream-Kultur ignoriert werden. Für LGBTQ+-Künstler sind Festivals besonders wichtig, da sie oft die einzigen Orte sind, an denen ihre Geschichten erzählt und gefeiert werden können.

Ein Beispiel hierfür ist das *Berlin International Film Festival*, das sich für die Förderung von Diversität und Inklusion in der Filmindustrie einsetzt. Renato Perez hat in mehreren Filmen mitgewirkt, die auf diesem Festival gezeigt wurden, was nicht nur seine Sichtbarkeit erhöht hat, sondern auch das Bewusstsein für LGBTQ+-Themen in der Gesellschaft geschärft hat.

Auszeichnungen als Zeichen der Anerkennung

Auszeichnungen sind ein weiterer wichtiger Aspekt der Filmindustrie. Sie bieten nicht nur eine Bestätigung der künstlerischen Fähigkeiten eines Individuums, sondern tragen auch zur Legitimität und zum Ansehen bei. Für Renato war der Gewinn des *Deutschen Filmpreises* ein Meilenstein in seiner Karriere. Diese Auszeichnung ist nicht nur eine persönliche Errungenschaft, sondern auch ein Zeichen für die Akzeptanz und Wertschätzung von LGBTQ+-Künstlern in der breiteren Filmgemeinschaft.

Die Relevanz von Auszeichnungen zeigt sich auch in der Art und Weise, wie sie die Wahrnehmung von LGBTQ+-Themen beeinflussen können. Filme, die mit Preisen ausgezeichnet werden, erhalten oft mehr Aufmerksamkeit von der Öffentlichkeit und den Medien. Dies kann zu einem erhöhten Interesse an LGBTQ+-Geschichten führen und dazu beitragen, stereotype Darstellungen zu überwinden.

Herausforderungen und Probleme

Trotz der positiven Aspekte von Festivals und Auszeichnungen gibt es auch Herausforderungen. Die Auswahlverfahren sind oft subjektiv und können dazu führen, dass bestimmte Stimmen übersehen werden. Insbesondere

LGBTQ+-Filme, die nicht den traditionellen Narrativen entsprechen, haben es oft schwerer, Anerkennung zu finden.

Ein Beispiel ist die Diskussion um die *Academy Awards*, wo viele LGBTQ+-Filme in der Vergangenheit nicht nominiert wurden, obwohl sie von Kritikern hochgelobt wurden. Dies hat zu einem Gefühl der Enttäuschung und Frustration innerhalb der LGBTQ+-Gemeinschaft geführt, da es den Anschein erweckt, als ob ihre Geschichten weniger wertvoll oder weniger relevant sind.

Einfluss auf die Karriere von Renato Perez

Für Renato Perez waren Festivals und Auszeichnungen von entscheidender Bedeutung für seine Karriere. Der Auftritt bei renommierten Festivals hat ihm nicht nur die Möglichkeit gegeben, seine Talente zu präsentieren, sondern auch Kontakte zu knüpfen und Netzwerke zu bilden. Diese Verbindungen haben ihm geholfen, neue Rollen zu finden und seine Karriere in der Filmindustrie voranzutreiben.

Darüber hinaus hat die Anerkennung durch Auszeichnungen dazu beigetragen, seine Position als Vorbild für andere LGBTQ+-Künstler zu festigen. Er hat oft betont, wie wichtig es ist, dass junge LGBTQ+-Menschen Vorbilder haben, die ihnen zeigen, dass es möglich ist, in der Kunst erfolgreich zu sein, unabhängig von Geschlecht oder sexueller Orientierung.

Die Zukunft von Festivals und Auszeichnungen

Die Rolle von Festivals und Auszeichnungen wird in Zukunft weiterhin wichtig sein, insbesondere in einer Zeit, in der Diversität und Inklusion in der Filmindustrie zunehmend gefordert werden. Es ist entscheidend, dass Festivals und Preisverleihungen weiterhin Plattformen für LGBTQ+-Künstler bieten und sicherstellen, dass ihre Stimmen gehört werden.

Darüber hinaus wird die Integration von LGBTQ+-Themen in Mainstream-Festivals und -Auszeichnungen weiterhin eine Herausforderung darstellen. Es ist notwendig, dass die Filmindustrie ihre Praktiken überdenkt und sicherstellt, dass sie wirklich inklusiv ist.

Zusammenfassend lässt sich sagen, dass Festivals und Auszeichnungen eine zentrale Rolle im Leben von LGBTQ+-Künstlern spielen. Sie bieten nicht nur eine Plattform für Sichtbarkeit, sondern auch eine Möglichkeit zur Anerkennung und Validierung ihrer Arbeit. Renato Perez ist ein Beispiel dafür, wie diese Plattformen genutzt werden können, um Veränderungen in der Gesellschaft herbeizuführen und die Repräsentation von LGBTQ+-Themen in der Kunst zu fördern. Es liegt an der Filmindustrie und der Gesellschaft, sicherzustellen, dass diese Stimmen weiterhin gehört werden und dass die Herausforderungen, die noch bestehen, aktiv angegangen werden.

Renatos Einfluss auf die globale Filmkultur

Renato Perez hat nicht nur die deutsche Filmindustrie geprägt, sondern auch einen bedeutenden Einfluss auf die globale Filmkultur ausgeübt. Sein Wirken hat dazu beigetragen, transidente Geschichten und Perspektiven in den Mittelpunkt des künstlerischen Schaffens zu rücken, was zu einem Paradigmenwechsel in der Art und Weise geführt hat, wie Filme produziert und wahrgenommen werden.

Die Relevanz von Diversität in der Filmkultur

In einer Zeit, in der Diversität und Inklusion in der Filmindustrie immer wichtiger werden, hat Renatos Einfluss dazu beigetragen, dass transidente Charaktere und Geschichten nicht mehr als Randerscheinungen betrachtet werden. Er hat die Diskussion über die Notwendigkeit von authentischen Darstellungen in Filmen angestoßen, was zu einer breiteren Akzeptanz und Sichtbarkeit von LGBTQ+-Themen geführt hat. Die Theorie der Repräsentation, die besagt, dass die Sichtbarkeit von Minderheiten in den Medien zu einer positiven gesellschaftlichen Veränderung beitragen kann, ist hier von zentraler Bedeutung.

Ein Beispiel für Renatos Einfluss ist die zunehmende Zahl von Filmen, die transidente Protagonisten in den Mittelpunkt stellen. Filme wie *The Danish Girl* und *Pose* haben nicht nur die Herausforderungen, sondern auch die Errungenschaften von transidenten Menschen dargestellt. Diese Werke haben das Bewusstsein für die Komplexität von Geschlechtsidentität geschärft und die Diskussion über Geschlechterrollen in der Gesellschaft angeregt.

Künstlerische Zusammenarbeit und Netzwerke

Renato hat auch aktiv mit anderen Künstlern zusammengearbeitet, um transidente Geschichten zu erzählen und die Sichtbarkeit von transidenten Schauspielern zu fördern. Diese Zusammenarbeit hat nicht nur die Qualität der Produktionen erhöht, sondern auch das Netzwerk von LGBTQ+-Künstlern gestärkt. In der Filmindustrie ist es von entscheidender Bedeutung, dass Künstler aus verschiedenen Hintergründen zusammenarbeiten, um authentische und vielfältige Geschichten zu erzählen.

Ein bemerkenswertes Beispiel ist die Zusammenarbeit zwischen Renato und Regisseuren wie *Lana Wachowski*, die selbst eine transidente Frau ist. Ihre gemeinsamen Projekte haben nicht nur die Sichtbarkeit von transidenten Charakteren erhöht, sondern auch die Diskussion über die Herausforderungen, mit denen transidente Menschen konfrontiert sind, in den Vordergrund gerückt. Diese Art der Zusammenarbeit zeigt, wie wichtig es ist, dass Künstler, die ähnliche Erfahrungen gemacht haben, zusammenarbeiten, um ein authentisches Bild der Realität zu schaffen.

Globale Resonanz und Einfluss

Renatos Einfluss auf die globale Filmkultur ist auch in der Art und Weise sichtbar, wie internationale Filmfestivals und -preise transidente Geschichten und Schauspieler anerkennen. Die zunehmende Anzahl von Kategorien für LGBTQ+-Filme und -Darstellungen in renommierten Festivals wie den *Cannes Film Festival* und den *Sundance Film Festival* zeigt, dass die Branche bereit ist, sich mit diesen Themen auseinanderzusetzen und ihnen einen Platz im globalen Diskurs zu geben.

Die Theorie des *Cultural Studies* legt nahe, dass Medien und Filme nicht nur Produkte der Kultur sind, sondern auch aktiv zur Schaffung von Identität und Gemeinschaft beitragen. Renatos Arbeit hat dazu beigetragen, transidente Identitäten in einem positiven Licht darzustellen, was zu einer stärkeren Akzeptanz und Unterstützung in der Gesellschaft geführt hat.

Herausforderungen und Widerstände

Trotz seiner Erfolge sieht sich Renato auch Herausforderungen gegenüber. Die Filmindustrie ist nach wie vor von Stereotypen und Vorurteilen geprägt, die die Darstellung von transidenten Menschen oft verzerren. Diese Herausforderungen müssen angegangen werden, um sicherzustellen, dass die Fortschritte, die durch Renatos Einfluss erzielt wurden, nicht nur oberflächlich sind, sondern zu einer nachhaltigen Veränderung in der Filmkultur führen.

Ein Beispiel für diese Herausforderungen ist die Kritik an Filmen, die transidente Charaktere von cisgender Schauspielern dargestellt werden. Solche Besetzungen werden oft als problematisch angesehen, da sie die Möglichkeit für transidente Schauspieler einschränken, authentische Rollen zu übernehmen. Renato hat sich aktiv gegen diese Praktiken ausgesprochen und betont, dass echte Repräsentation nur durch die Besetzung von transidenten Schauspielern in transidenten Rollen erreicht werden kann.

Zukunftsperspektiven

Die Zukunft der globalen Filmkultur wird stark von Renatos Einfluss geprägt sein. Die anhaltende Diskussion über Diversität und Inklusion in der Filmindustrie wird weiterhin an Bedeutung gewinnen. Renatos Engagement für authentische Darstellungen und die Förderung von transidenten Stimmen wird dazu beitragen, dass diese Themen im globalen Diskurs präsent bleiben.

Insgesamt zeigt Renatos Einfluss auf die globale Filmkultur, wie wichtig es ist, dass Künstler aus verschiedenen Hintergründen zusammenarbeiten, um authentische Geschichten zu erzählen und die Sichtbarkeit von Minderheiten zu erhöhen. Sein Erbe wird in den kommenden Generationen von Filmemachern und Schauspielern weiterleben, die sich für Gleichheit und Gerechtigkeit in der Kunst einsetzen.

Die Vision für die Zukunft der Filmindustrie

Die Zukunft der Filmindustrie steht an einem Wendepunkt, an dem sich die Herausforderungen und Chancen für Vielfalt und Inklusion in der Besetzung und im Storytelling überschneiden. In den letzten Jahren hat sich die Filmindustrie zunehmend mit Fragen der Repräsentation auseinandergesetzt, insbesondere in Bezug auf LGBTQ+-Personen und andere marginalisierte Gruppen. Diese Entwicklungen sind nicht nur eine Reaktion auf gesellschaftliche Veränderungen, sondern auch eine Notwendigkeit, um die Authentizität und Relevanz des Geschichtenerzählens zu gewährleisten.

Die Notwendigkeit von Diversität

Die Bedeutung von Diversität in der Filmindustrie kann nicht genug betont werden. Statistiken zeigen, dass Filme mit einer vielfältigen Besetzung nicht nur ein breiteres Publikum ansprechen, sondern auch kommerziell erfolgreicher sind. Laut einer Studie von [2] haben Filme, die eine diverse Besetzung aufweisen, eine um 25% höhere Wahrscheinlichkeit, in den weltweiten Box-Office-Rankings erfolgreich zu sein. Dies steht im Einklang mit der Theorie der *Kulturellen Relevanz*, die besagt, dass Geschichten, die die Erfahrungen und Perspektiven verschiedener Gruppen widerspiegeln, eine tiefere Verbindung zu den Zuschauern herstellen können.

Herausforderungen der Umsetzung

Trotz dieser positiven Entwicklungen gibt es nach wie vor erhebliche Herausforderungen bei der Umsetzung von Diversität in der Filmindustrie. Ein zentrales Problem ist das Festhalten an traditionellen Casting-Praktiken, die oft auf Stereotypen und vorgefassten Meinungen basieren. Dies führt dazu, dass viele talentierte Schauspieler, insbesondere aus der LGBTQ+-Gemeinschaft, nicht die gleichen Chancen erhalten wie ihre heteronormativen Kollegen.

Ein Beispiel für diese Problematik ist die anhaltende Verwendung von cisgender Schauspielern für transgender Rollen. Obwohl es Fortschritte gegeben hat, bleibt die Frage der Authentizität in der Besetzung ein kritischer Punkt. Renatos Einfluss hat dazu beigetragen, das Bewusstsein für diese Problematik zu schärfen und den Dialog über die Notwendigkeit von echten Repräsentationen in der Filmindustrie zu fördern.

Innovative Ansätze und Lösungen

Um die Herausforderungen zu überwinden, sind innovative Ansätze erforderlich. Eine Möglichkeit besteht darin, die *Inklusivität* in den kreativen Prozessen von der Konzeptionsphase bis zur Produktion zu fördern. Dies kann durch Workshops und Schulungen für Drehbuchautoren, Regisseure und Produzenten erreicht werden, um das Bewusstsein für die Bedeutung von Diversität zu schärfen und die Perspektiven von marginalisierten Gruppen zu integrieren.

Ein Beispiel für einen erfolgreichen Ansatz ist die Initiative „#OscarsSoWhite", die die Filmindustrie dazu drängte, die Diversität in den Nominierungen und Auszeichnungen zu erhöhen. Diese Bewegung hat nicht nur zu einer erhöhten Sichtbarkeit von Menschen aus verschiedenen Hintergründen geführt, sondern auch zu einer Veränderung in der Art und Weise, wie Filme produziert und vermarktet werden.

Die Rolle der Technologie

Technologie spielt eine entscheidende Rolle bei der Transformation der Filmindustrie. Die Verbreitung von Streaming-Plattformen hat es ermöglicht, Geschichten aus der ganzen Welt zu erzählen, die zuvor möglicherweise nicht die Aufmerksamkeit erhalten hätten. Plattformen wie Netflix und Amazon Prime haben sich verpflichtet, Inhalte zu produzieren, die Diversität fördern und Geschichten von unterrepräsentierten Gruppen erzählen.

Die Nutzung von sozialen Medien hat ebenfalls den Zugang zu einer breiteren Öffentlichkeit erleichtert. Kampagnen zur Sensibilisierung und Unterstützung von LGBTQ+-Repräsentation können schnell viral gehen, was zu einem erhöhten Druck auf die Filmindustrie führt, inklusivere Inhalte zu produzieren.

Zukunftsvision

Die Vision für die Zukunft der Filmindustrie ist eine, in der Diversität nicht nur ein Schlagwort ist, sondern eine grundlegende Praxis, die in alle Aspekte der Filmproduktion integriert wird. Dies bedeutet, dass sowohl vor als auch hinter der Kamera Menschen mit unterschiedlichen Hintergründen vertreten sind. Die Geschichten, die erzählt werden, sollten die Vielfalt der menschlichen Erfahrung widerspiegeln, und die Filmindustrie sollte sich als Plattform für soziale Gerechtigkeit und Veränderung positionieren.

Zusammenfassend lässt sich sagen, dass die Zukunft der Filmindustrie in der Schaffung eines Raums für alle Stimmen liegt. Die Herausforderungen sind vielfältig, aber mit einem klaren Bekenntnis zu Diversität und Inklusion sowie der Unterstützung von Künstlern wie Renato Perez kann die Branche einen bedeutenden Wandel herbeiführen. Es ist an der Zeit, dass die Filmindustrie nicht nur die Realität der Welt widerspiegelt, sondern auch aktiv zur Schaffung einer gerechteren und inklusiveren Gesellschaft beiträgt.

Die gesellschaftlichen Veränderungen

Der Einfluss von Renatos Arbeit auf die Gesellschaft

Renato Perez hat mit seinem Schaffen nicht nur die Kunstwelt, sondern auch die Gesellschaft nachhaltig beeinflusst. Seine Arbeit hat dazu beigetragen, die Sichtbarkeit und Repräsentation von Transgender-Personen in den Medien zu erhöhen, was in einer Zeit, in der viele Menschen noch mit Stereotypen und Vorurteilen konfrontiert sind, von entscheidender Bedeutung ist.

Die Repräsentation von Transgender-Personen

Die Medien spielen eine zentrale Rolle in der Formung gesellschaftlicher Wahrnehmungen. Vor Renatos Aufstieg in der Film- und Theaterwelt waren Transgender-Personen oft unterrepräsentiert oder wurden durch stereotype Darstellungen verzerrt. Renato hat durch seine Rollen und öffentlichen Auftritte dazu beigetragen, ein realistischeres und nuancierteres Bild von Transgender-Personen zu vermitteln. Diese Repräsentation ist nicht nur für die

Sichtbarkeit wichtig, sondern hat auch weitreichende Auswirkungen auf die Akzeptanz in der Gesellschaft.

$$\text{Sichtbarkeit} = \frac{\text{Anzahl positiver Darstellungen}}{\text{Gesamtanzahl der Darstellungen}} \times 100 \qquad (87)$$

Die obige Gleichung verdeutlicht, dass die Sichtbarkeit von Transgender-Personen in den Medien nicht nur von der Quantität, sondern auch von der Qualität der Darstellungen abhängt. Renatos Engagement hat dazu geführt, dass positive und authentische Darstellungen zugenommen haben, was zur Normalisierung von Transgender-Themen in der Gesellschaft beiträgt.

Bildung und Sensibilisierung

Renato hat auch aktiv zur Aufklärung über Transgender-Themen beigetragen. Durch Workshops, Interviews und soziale Medien hat er Informationen bereitgestellt, die das Verständnis für die Herausforderungen und Erfahrungen von Transgender-Personen fördern. Diese Bildungsarbeit ist entscheidend, um Vorurteile abzubauen und eine informierte Diskussion zu ermöglichen.

Ein Beispiel für Renatos Einfluss in diesem Bereich ist seine Teilnahme an verschiedenen Bildungsinitiativen, die sich an Schulen und Universitäten richten. Hier hat er nicht nur seine persönliche Geschichte geteilt, sondern auch die Bedeutung von Respekt und Akzeptanz hervorgehoben. Studien zeigen, dass Aufklärungsprogramme, die persönliche Geschichten einbeziehen, effektiver sind, um Empathie und Verständnis zu fördern:

$$\text{Empathie} = \text{Persönliche Erfahrung} + \text{Wissen über die Identität} \qquad (88)$$

Diese Gleichung zeigt, dass Empathie sowohl von persönlichen Erfahrungen als auch von Wissen abhängt, was Renatos Ansatz unterstreicht.

Einfluss auf politische Bewegungen

Renatos Arbeit hat auch einen politischen Einfluss, indem sie die Diskussion über LGBTQ+-Rechte und Transgender-Themen in den Vordergrund rückt. Seine öffentliche Präsenz und seine Art, mit den Medien umzugehen, haben dazu beigetragen, dass wichtige Themen wie Diskriminierung, Gleichheit und soziale Gerechtigkeit auf die Agenda gesetzt werden.

Ein Beispiel hierfür ist Renatos Teilnahme an Protesten und öffentlichen Veranstaltungen, bei denen er sich für die Rechte von Transgender-Personen eingesetzt hat. Diese Aktionen haben nicht nur das Bewusstsein geschärft, sondern auch politische Entscheidungsträger dazu gedrängt, sich mit diesen Themen auseinanderzusetzen. Laut einer Studie von [?] hat die Sichtbarkeit von LGBTQ+-Aktivisten in den Medien einen direkten Einfluss auf die öffentliche Meinung und die Gesetzgebung:

$$\text{Öffentliche Meinung} = \text{Medienberichterstattung} \times \text{Aktivismus} \qquad (89)$$

Diese Formel zeigt, dass die Medienberichterstattung und der Aktivismus synergistisch wirken, um die öffentliche Meinung zu beeinflussen.

Kulturelle Veränderungen

Renatos Einfluss geht über die Politik hinaus und hat auch kulturelle Veränderungen angestoßen. Die Art und Weise, wie Transgender-Personen in der Popkultur dargestellt werden, hat sich durch Renatos Arbeit verändert. Filme und Serien, die von ihm inspiriert sind oder in denen er mitgewirkt hat, behandeln komplexe Themen rund um Identität und Akzeptanz und fördern so einen Dialog über Diversität und Inklusion.

Die kulturelle Wahrnehmung von Geschlecht und Identität hat sich durch Renatos Engagement verändert. Er hat dazu beigetragen, dass Fragen der Geschlechteridentität nicht mehr tabuisiert werden, sondern in den Mainstream-Diskurs integriert sind. Die gesellschaftliche Akzeptanz von Transgender-Personen hat in vielen Teilen der Welt zugenommen, was sich in der Gesetzgebung und in sozialen Normen widerspiegelt.

Die Herausforderungen der gesellschaftlichen Akzeptanz

Trotz dieser positiven Entwicklungen gibt es weiterhin Herausforderungen. Diskriminierung und Vorurteile sind nach wie vor weit verbreitet, und viele Transgender-Personen erleben täglich Gewalt und Benachteiligung. Renatos Arbeit hat zwar zur Sichtbarkeit beigetragen, aber die gesellschaftliche Akzeptanz ist ein fortlaufender Prozess, der ständige Anstrengungen erfordert.

$$\text{Akzeptanz} = \text{Sichtbarkeit} + \text{Bildung} - \text{Vorurteile} \qquad (90)$$

Diese Gleichung zeigt, dass Sichtbarkeit und Bildung entscheidend für die Förderung der Akzeptanz sind, während Vorurteile als Hemmnis wirken. Renatos Einfluss ist dabei nicht nur ein Lichtblick, sondern auch ein Aufruf zum Handeln.

Fazit

Insgesamt hat Renatos Arbeit einen tiefgreifenden Einfluss auf die Gesellschaft ausgeübt. Durch seine Repräsentation, Bildungsarbeit und politischen Engagement hat er dazu beigetragen, die Sichtbarkeit von Transgender-Personen zu erhöhen und die gesellschaftliche Akzeptanz zu fördern. Dennoch bleibt der Weg zur vollständigen Gleichheit und Akzeptanz lang und herausfordernd. Renatos Vermächtnis ist nicht nur seine eigene Geschichte, sondern auch die Hoffnung auf eine gerechtere und inklusivere Zukunft für alle.

Die Bedeutung von Sichtbarkeit für die LGBTQ+-Community

Die Sichtbarkeit von LGBTQ+-Personen in der Gesellschaft ist von zentraler Bedeutung für die Förderung von Akzeptanz, Gleichheit und sozialen Wandel. Sichtbarkeit bedeutet nicht nur, dass LGBTQ+-Menschen in den Medien und in der Öffentlichkeit repräsentiert sind, sondern auch, dass ihre Geschichten, Kämpfe und Erfolge anerkannt und gewürdigt werden. In diesem Abschnitt werden die theoretischen Grundlagen der Sichtbarkeit, die Herausforderungen, mit denen die LGBTQ+-Community konfrontiert ist, sowie einige Beispiele für positive und negative Auswirkungen von Sichtbarkeit untersucht.

Theoretische Grundlagen der Sichtbarkeit

Die Theorie der Sichtbarkeit, wie sie von Judith Butler in ihrem Werk *Gender Trouble* formuliert wurde, beschreibt, wie Geschlecht und sexuelle Identität durch gesellschaftliche Normen konstruiert werden. Butler argumentiert, dass Sichtbarkeit nicht nur eine Frage der Repräsentation ist, sondern auch der Machtverhältnisse, die bestimmen, wer gesehen wird und wie. Sichtbarkeit kann sowohl ermächtigend als auch marginalisierend wirken, abhängig von den Kontexten, in denen sie stattfindet.

$$V = \frac{R}{C} \tag{91}$$

Hierbei steht V für Sichtbarkeit, R für Repräsentation in den Medien und C für gesellschaftliche Kontexte, die die Wahrnehmung von LGBTQ+-Personen beeinflussen. Eine hohe Sichtbarkeit in positiven Kontexten kann zu einer stärkeren Akzeptanz führen, während negative Darstellungen zu Stigmatisierung und Diskriminierung beitragen können.

Herausforderungen der Sichtbarkeit

Trotz der Fortschritte in der Repräsentation von LGBTQ+-Personen gibt es zahlreiche Herausforderungen, die die Sichtbarkeit beeinträchtigen können:

1. **Stereotypisierung**: Oftmals werden LGBTQ+-Menschen in den Medien auf stereotype Rollen beschränkt, was zu einer verzerrten Wahrnehmung ihrer Identitäten führt. Diese Stereotypen können sowohl schädlich als auch einschränkend sein, da sie die Vielfalt innerhalb der LGBTQ+-Community nicht widerspiegeln.

2. **Mediale Verzerrung**: Die Berichterstattung über LGBTQ+-Themen kann oft sensationalistisch oder einseitig sein. Dies kann dazu führen, dass die Öffentlichkeit ein verzerrtes Bild von LGBTQ+-Personen erhält, was Vorurteile und Diskriminierung verstärken kann.

3. **Unsichtbarkeit von marginalisierten Gruppen**: Innerhalb der LGBTQ+-Community gibt es Gruppen, die besonders marginalisiert sind, wie zum Beispiel People of Color, Transgender-Personen und nicht-binäre Menschen. Ihre Sichtbarkeit ist oft noch geringer, was zu einer verstärkten Marginalisierung führt.

4. **Intersektionalität**: Die Theorie der Intersektionalität, die von Kimberlé Crenshaw geprägt wurde, zeigt auf, dass Menschen multiple Identitäten haben, die ihre Erfahrungen und Herausforderungen beeinflussen. Sichtbarkeit muss daher auch die unterschiedlichen Erfahrungen innerhalb der LGBTQ+-Community berücksichtigen.

Positive Auswirkungen von Sichtbarkeit

Sichtbarkeit kann jedoch auch zahlreiche positive Auswirkungen haben:

1. **Erhöhung der Akzeptanz**: Studien haben gezeigt, dass die Sichtbarkeit von LGBTQ+-Personen in den Medien und im Alltag zu einer höheren Akzeptanz und Unterstützung innerhalb der Gesellschaft führt. Wenn Menschen LGBTQ+-Personen als Teil ihrer Gemeinschaft sehen, sind sie eher geneigt, Vorurteile abzubauen und Gleichheit zu unterstützen.

2. **Rollenmodelle**: Sichtbare LGBTQ+-Persönlichkeiten, wie Renato Perez, fungieren als Rollenmodelle für junge Menschen, die sich möglicherweise in einer ähnlichen Situation befinden. Diese Vorbilder können Hoffnung und Inspiration bieten und den Weg für eine offenere Gesellschaft ebnen.

3. **Förderung des Dialogs**: Sichtbarkeit fördert den Dialog über LGBTQ+-Themen und trägt dazu bei, Missverständnisse und Vorurteile

DIE GESELLSCHAFTLICHEN VERÄNDERUNGEN 533

abzubauen. Wenn Menschen über die Erfahrungen von LGBTQ+-Personen informiert sind, sind sie eher bereit, sich mit diesen Themen auseinanderzusetzen.

4. **Politische Veränderungen**: Sichtbarkeit hat auch das Potenzial, politische Veränderungen zu bewirken. Wenn LGBTQ+-Themen in den Medien präsent sind, kann dies zu einer stärkeren Unterstützung für Gesetze und Politiken führen, die Gleichheit und Schutz für LGBTQ+-Personen fördern.

Beispiele für Sichtbarkeit

Ein bemerkenswertes Beispiel für positive Sichtbarkeit ist die Darstellung von LGBTQ+-Charakteren in beliebten Fernsehsendungen und Filmen. Serien wie *Pose* und *Orange Is the New Black* haben dazu beigetragen, die Geschichten von LGBTQ+-Personen, insbesondere von Transgender-Personen und People of Color, ins Rampenlicht zu rücken. Diese Darstellungen haben nicht nur zur Sichtbarkeit beigetragen, sondern auch Diskussionen über die Herausforderungen und Kämpfe innerhalb der Community angestoßen.

Auf der anderen Seite gibt es auch negative Beispiele, wie die Darstellung von LGBTQ+-Charakteren in Klischees oder als tragische Figuren. Diese Darstellungen können schädlich sein und dazu führen, dass Vorurteile und Stereotypen verstärkt werden.

Fazit

Die Sichtbarkeit von LGBTQ+-Personen ist entscheidend für die Förderung von Akzeptanz, Gleichheit und sozialem Wandel. Während es Herausforderungen gibt, die die Sichtbarkeit beeinträchtigen können, sind die positiven Auswirkungen unbestreitbar. Sichtbarkeit fördert nicht nur die Akzeptanz in der Gesellschaft, sondern bietet auch Hoffnung und Inspiration für kommende Generationen. Um eine gerechtere und inklusivere Gesellschaft zu schaffen, ist es wichtig, die Sichtbarkeit von LGBTQ+-Personen zu unterstützen und zu fördern.

Bibliography

[1] Butler, Judith. *Gender Trouble: Feminism and the Subversion of Identity.* Routledge, 1990.

[2] Crenshaw, Kimberlé. "Demarginalizing the Intersection of Race and Sex: A Black Feminist Critique of Antidiscrimination Doctrine, Feminist Theory and Antiracist Politics." *University of Chicago Legal Forum,* vol. 1989, no. 1, 1989, pp. 139-167.

Renatos Engagement für soziale Gerechtigkeit

Renato Perez hat sich nicht nur als Schauspieler, sondern auch als leidenschaftlicher Aktivist für soziale Gerechtigkeit einen Namen gemacht. Sein Engagement ist tief verwurzelt in seinen eigenen Erfahrungen als trans-Person und den Herausforderungen, denen er und viele andere in der LGBTQ+-Gemeinschaft gegenüberstehen. In diesem Abschnitt werden wir untersuchen, wie Renato seine Plattform nutzt, um soziale Gerechtigkeit zu fördern, die Herausforderungen, denen er begegnet, und die positiven Veränderungen, die er in der Gesellschaft bewirken möchte.

Die Motivation hinter Renatos Engagement

Die Motivation für Renatos Engagement in sozialen Gerechtigkeitsfragen ist vielschichtig. Er selbst hat die Diskriminierung und Ungerechtigkeit erlebt, die viele Transgender-Personen in ihrem Alltag erfahren. Diese persönlichen Erfahrungen haben ihn dazu inspiriert, sich aktiv für die Rechte von marginalisierten Gruppen einzusetzen. Renato glaubt fest daran, dass jeder Mensch das Recht auf Gleichheit und Akzeptanz hat, unabhängig von Geschlecht, sexueller Orientierung oder Identität.

Ein zentrales Element seiner Motivation ist die Überzeugung, dass Sichtbarkeit und Repräsentation entscheidend sind, um Vorurteile abzubauen und das Bewusstsein für die Herausforderungen der LGBTQ+-Gemeinschaft zu schärfen. In seinen öffentlichen Auftritten und sozialen Medien spricht Renato offen über seine eigenen Kämpfe und Erfolge, um anderen zu zeigen, dass Veränderung möglich ist.

Die Gründung von Initiativen und Organisationen

Im Rahmen seines Engagements hat Renato verschiedene Initiativen und Organisationen gegründet oder unterstützt, die sich für die Rechte von LGBTQ+-Personen einsetzen. Eine bemerkenswerte Initiative ist *TransRightsNow*, eine Organisation, die sich für die Rechte und das Wohlbefinden von Transgender-Personen einsetzt. Diese Organisation bietet Ressourcen, Unterstützung und rechtliche Hilfe für Transgender-Personen, die Diskriminierung und Gewalt erfahren haben.

Darüber hinaus ist Renato aktiv in der Organisation von Veranstaltungen, die das Bewusstsein für soziale Gerechtigkeit fördern. Diese Veranstaltungen reichen von Podiumsdiskussionen über Workshops bis hin zu künstlerischen Darbietungen, die das Thema der sozialen Gerechtigkeit auf kreative Weise ansprechen. Durch diese Aktivitäten versucht Renato, eine breitere Öffentlichkeit zu erreichen und das Gespräch über soziale Gerechtigkeit in der Gesellschaft voranzutreiben.

Zusammenarbeit mit anderen Aktivisten

Ein weiterer wichtiger Aspekt von Renatos Engagement ist die Zusammenarbeit mit anderen Aktivisten. Er ist der Überzeugung, dass der Kampf für soziale Gerechtigkeit eine kollektive Anstrengung ist, die die Zusammenarbeit zwischen verschiedenen Gemeinschaften erfordert. Renato hat sich mit Aktivisten aus verschiedenen Bereichen zusammengeschlossen, darunter Rassismus, Feminismus und Umweltschutz, um eine intersektionale Perspektive auf soziale Gerechtigkeit zu fördern.

Diese intersektionale Herangehensweise ist entscheidend, da sie die Verbindungen zwischen verschiedenen Formen der Diskriminierung und Ungerechtigkeit aufzeigt. Renato nutzt seine Plattform, um andere Stimmen zu stärken und die Notwendigkeit einer solidarischen Bewegung zu betonen, die alle marginalisierten Gruppen einbezieht.

Die Bedeutung von Aufklärung und Bildung

Renato hat auch erkannt, dass Aufklärung und Bildung entscheidend für den Fortschritt in sozialen Gerechtigkeitsfragen sind. Er setzt sich aktiv für

Bildungsprogramme ein, die sich mit LGBTQ+-Themen befassen und die Akzeptanz von Diversität fördern. In Zusammenarbeit mit Schulen und Bildungseinrichtungen hat Renato Workshops und Seminare organisiert, die darauf abzielen, das Bewusstsein für LGBTQ+-Themen zu schärfen und Vorurteile abzubauen.

Ein Beispiel für ein solches Programm ist *SafeSpace*, das in Schulen implementiert wurde, um Schüler und Lehrer über LGBTQ+-Themen aufzuklären und eine inklusive Umgebung zu schaffen. Renato glaubt, dass Bildung der Schlüssel zur Veränderung ist und dass durch das Verständnis und die Akzeptanz von Diversität die Gesellschaft gerechter werden kann.

Proteste und öffentliche Auftritte

Renato ist nicht nur in der digitalen Welt aktiv, sondern auch auf der Straße. Er hat an zahlreichen Protesten und Demonstrationen teilgenommen, um für die Rechte von LGBTQ+-Personen und andere soziale Gerechtigkeitsfragen zu kämpfen. Diese öffentlichen Auftritte sind für Renato von großer Bedeutung, da sie eine Möglichkeit bieten, die Stimmen derjenigen zu erheben, die oft übersehen oder ignoriert werden.

Durch seine Teilnahme an Protesten hat Renato nicht nur seine eigene Sichtbarkeit erhöht, sondern auch andere ermutigt, sich zu engagieren. Er nutzt seine Bekanntheit, um das Bewusstsein für wichtige Themen zu schärfen und die Öffentlichkeit dazu zu bewegen, aktiv zu werden.

Einfluss auf politische Entscheidungen

Renatos Engagement für soziale Gerechtigkeit hat auch Auswirkungen auf politische Entscheidungen. Er hat sich mit politischen Entscheidungsträgern getroffen, um auf die Bedürfnisse und Herausforderungen der LGBTQ+-Gemeinschaft aufmerksam zu machen. Durch Lobbyarbeit und Advocacy hat Renato versucht, Gesetze und Richtlinien zu beeinflussen, die sich auf die Rechte von LGBTQ+-Personen auswirken.

Ein Beispiel dafür ist Renatos Einfluss auf die Einführung eines Gesetzes, das Diskriminierung aufgrund der Geschlechtsidentität in der Arbeitswelt verbietet. Durch seine Zusammenarbeit mit anderen Aktivisten und Organisationen konnte er auf die Notwendigkeit solcher Gesetze aufmerksam machen und Druck auf die politischen Entscheidungsträger ausüben.

Die Rolle der Medien im Aktivismus

Die Medien spielen eine entscheidende Rolle in Renatos Aktivismus. Er nutzt soziale Medien und traditionelle Medien, um seine Botschaft zu verbreiten und das Bewusstsein für soziale Gerechtigkeit zu schärfen. Renato hat erkannt, dass die Art und Weise, wie Geschichten erzählt werden, einen großen Einfluss auf die öffentliche Wahrnehmung hat.

Durch Interviews, Artikel und öffentliche Auftritte hat Renato die Möglichkeit, seine Perspektive und die seiner Gemeinschaft in die Diskussion über soziale Gerechtigkeit einzubringen. Er setzt sich dafür ein, dass die Medien verantwortungsbewusst über LGBTQ+-Themen berichten und die Vielfalt innerhalb der Gemeinschaft widerspiegeln.

Erfolge und Rückschläge im Aktivismus

Wie jeder Aktivist hat auch Renato sowohl Erfolge als auch Rückschläge erlebt. Zu den Erfolgen zählen die Gründung von Initiativen, die positive Veränderungen in der Gesellschaft bewirken, sowie die Erhöhung der Sichtbarkeit von LGBTQ+-Themen in den Medien. Renato hat zahlreiche Auszeichnungen für sein Engagement erhalten, die seine Arbeit und den Einfluss, den er auf die Gesellschaft hat, anerkennen.

Dennoch gibt es auch Rückschläge. Diskriminierung und Widerstand gegen soziale Gerechtigkeit sind nach wie vor weit verbreitet. Renato hat oft mit negativen Reaktionen auf seine Arbeit und seine öffentliche Person zu kämpfen. Diese Herausforderungen sind jedoch Teil des Aktivismus, und Renato bleibt entschlossen, für die Rechte von LGBTQ+-Personen zu kämpfen.

Die Vision für eine gerechtere Zukunft

Renatos Engagement für soziale Gerechtigkeit ist nicht nur auf die Gegenwart gerichtet, sondern auch auf die Zukunft. Er hat eine klare Vision für eine gerechtere Gesellschaft, in der alle Menschen, unabhängig von ihrer Identität, die gleichen Rechte und Chancen haben. Diese Vision umfasst die Schaffung eines Umfelds, in dem Vielfalt gefeiert und nicht diskriminiert wird.

Renato glaubt, dass Bildung, Aufklärung und Zusammenarbeit die Schlüssel zu dieser Vision sind. Er ermutigt andere, sich ihm anzuschließen und aktiv für soziale Gerechtigkeit zu kämpfen. Durch seine Arbeit und sein Engagement inspiriert er viele, sich für eine bessere Zukunft einzusetzen.

Insgesamt zeigt Renatos Engagement für soziale Gerechtigkeit, wie wichtig es ist, sich für die Rechte von marginalisierten Gruppen einzusetzen. Seine Arbeit hat nicht nur das Leben vieler Menschen verändert, sondern auch das Bewusstsein für soziale Gerechtigkeit in der Gesellschaft geschärft. Renato bleibt ein leuchtendes Beispiel für den Einfluss, den ein Einzelner auf die Welt haben kann, und seine Botschaft der Hoffnung und des Wandels wird auch in Zukunft viele inspirieren.

Die Rolle von Kunst in der gesellschaftlichen Veränderung

Kunst hat seit jeher eine transformative Kraft, die weit über die ästhetische Erfahrung hinausgeht. Sie ist ein Spiegel der Gesellschaft, der nicht nur gegenwärtige Zustände reflektiert, sondern auch Herausforderungen, Missstände und die Sehnsucht nach Veränderung thematisiert. In dieser Hinsicht spielt Kunst eine entscheidende Rolle in der gesellschaftlichen Veränderung, indem sie Bewusstsein schafft, Dialog fördert und als Plattform für Aktivismus dient.

Theoretische Grundlagen

Die Verbindung zwischen Kunst und gesellschaftlicher Veränderung wird durch verschiedene theoretische Ansätze untermauert. Der Sozialtheoretiker Herbert Marcuse argumentierte, dass Kunst die Fähigkeit hat, gesellschaftliche Normen in Frage zu stellen und utopische Visionen zu entwerfen. In seinem Werk *Der eindimensionale Mensch* postuliert er, dass Kunst als Mittel zur Kritik der Gesellschaft dient und das Potenzial hat, neue Denkweisen zu fördern.

Ein weiterer wichtiger Ansatz ist der von Pierre Bourdieu, der in seiner Theorie des sozialen Raums die Rolle von kulturellem Kapital betont. Kunst ist demnach nicht nur ein ästhetisches Produkt, sondern auch ein Instrument zur Reproduktion sozialer Strukturen. Künstlerinnen und Künstler können durch ihre Werke soziale Ungleichheiten thematisieren und somit zur Veränderung beitragen.

Kunst als Mittel der Bewusstseinsbildung

Kunst hat die Fähigkeit, komplexe soziale Themen in zugängliche Formate zu übersetzen. Filme, Theaterstücke, Musik und bildende Kunst können Emotionen wecken und das Publikum dazu anregen, über gesellschaftliche Probleme nachzudenken. Ein prägnantes Beispiel dafür ist der Film *Moonlight* (2016), der die Herausforderungen eines jungen schwarzen Mannes in der LGBTQ+-Community thematisiert. Durch die Erzählung seiner Geschichte wird das Publikum sensibilisiert für Themen wie Identität, Rassismus und Homophobie.

Darüber hinaus können Kunstwerke als Katalysatoren für gesellschaftliche Bewegungen fungieren. Die *#MeToo*-Bewegung, die durch soziale Medien an

Fahrt gewann, wurde durch eine Vielzahl von Kunstwerken, von Theaterstücken bis hin zu visuellen Medien, unterstützt. Diese Werke haben es ermöglicht, persönliche Erfahrungen in einen kollektiven Kontext zu stellen und so ein breiteres Bewusstsein für sexuelle Belästigung und Gewalt zu schaffen.

Kunst und Aktivismus

Kunst und Aktivismus sind eng miteinander verknüpft. Künstlerinnen und Künstler nutzen ihre Plattformen, um für soziale Gerechtigkeit zu kämpfen und Veränderungen zu fordern. Die Performance-Künstlerin Marina Abramović ist ein Beispiel für diese Verbindung. Ihre Arbeiten, wie *The Artist is Present*, fordern das Publikum heraus, sich mit Themen wie Identität, Trauma und menschlicher Verbindung auseinanderzusetzen. Durch ihre Performances schafft sie einen Raum für Dialog und Reflexion, der über die Kunst hinausgeht.

Ein weiteres Beispiel ist die *ACT UP*-Bewegung, die in den 1980er Jahren entstand, um auf die AIDS-Krise aufmerksam zu machen. Die Gruppe verwendete Kunst als Protestform, indem sie provokante Plakate und Performances einsetzte, um auf die Untätigkeit der Regierung und die Stigmatisierung von HIV-positiven Menschen aufmerksam zu machen. Diese Art von aktivistischem Kunstschaffen hat nicht nur zur Sensibilisierung beigetragen, sondern auch konkrete politische Veränderungen bewirkt.

Herausforderungen der Kunst im Aktivismus

Trotz der positiven Auswirkungen von Kunst im Kontext gesellschaftlicher Veränderungen gibt es auch Herausforderungen. Kunst kann von politischen und wirtschaftlichen Interessen beeinflusst werden, was ihre Wirksamkeit einschränken kann. Künstlerinnen und Künstler sehen sich oft dem Druck ausgesetzt, kommerziell erfolgreich zu sein, was dazu führen kann, dass sie von kritischen Themen absehen.

Zudem kann der Zugang zu Kunst und kulturellen Ausdrucksformen ungleich verteilt sein. Marginalisierte Gruppen haben oft weniger Zugang zu Ressourcen, um ihre Geschichten zu erzählen und ihre Stimmen zu erheben. Dies kann dazu führen, dass ihre Perspektiven in der gesellschaftlichen Debatte unterrepräsentiert sind.

Zukunftsperspektiven

Die Rolle von Kunst in der gesellschaftlichen Veränderung wird in den kommenden Jahren weiterhin von Bedeutung sein. Die zunehmende

Digitalisierung und die Verbreitung sozialer Medien bieten Künstlerinnen und Künstlern neue Möglichkeiten, ihre Botschaften zu verbreiten und ein globales Publikum zu erreichen. Plattformen wie Instagram und TikTok ermöglichen es, Kunst in Echtzeit zu teilen und eine breitere Diskussion über soziale Themen zu führen.

Darüber hinaus wird die interdisziplinäre Zusammenarbeit zwischen Künstlerinnen und Künstlern, Aktivisten und Wissenschaftlern immer wichtiger. Durch den Austausch von Ideen und Ressourcen können innovative Ansätze zur Lösung gesellschaftlicher Probleme entwickelt werden. Kunst kann somit nicht nur als Reflexion der Gesellschaft dienen, sondern auch als Werkzeug zur aktiven Mitgestaltung einer gerechteren Zukunft.

Fazit

Zusammenfassend lässt sich sagen, dass Kunst eine unverzichtbare Rolle in der gesellschaftlichen Veränderung spielt. Sie hat die Fähigkeit, Bewusstsein zu schaffen, Dialog zu fördern und als Plattform für Aktivismus zu dienen. Trotz der Herausforderungen, mit denen Künstlerinnen und Künstler konfrontiert sind, bleibt die Verbindung zwischen Kunst und gesellschaftlicher Veränderung ein kraftvolles Werkzeug für Transformation und Gerechtigkeit. Die Zukunft der Kunst wird entscheidend davon abhängen, wie gut es gelingt, diese Verbindung zu nutzen und weiterzuentwickeln, um eine gerechtere und inklusivere Gesellschaft zu schaffen.

Der Einfluss von Renatos Geschichte auf Diskussionen

Renato Perez ist nicht nur ein trans-Schauspieler, sondern auch ein bedeutender Aktivist, dessen persönliche Geschichte die Art und Weise, wie über Transgender-Themen diskutiert wird, erheblich beeinflusst hat. Seine Erfahrungen und die Herausforderungen, die er überwunden hat, haben dazu beigetragen, die gesellschaftlichen Diskurse über Identität, Sichtbarkeit und Repräsentation zu formen. In diesem Abschnitt werden wir untersuchen, wie Renatos Geschichte als Katalysator für wichtige Diskussionen über Transgender-Themen fungiert und welche theoretischen Perspektiven und gesellschaftlichen Probleme dabei relevant sind.

Theoretische Grundlagen

Die Diskussionen über Transgender-Themen sind oft verwoben mit Theorien der Geschlechteridentität und der sozialen Konstruktion von Geschlecht. Judith

Butler, eine prominente Theoretikerin, argumentiert in ihrem Werk *Gender Trouble*, dass Geschlecht nicht nur biologisch bestimmt ist, sondern auch eine soziale Konstruktion darstellt, die durch performative Akte hergestellt wird. Renatos Geschichte illustriert diese Theorie, da sie zeigt, wie seine Identität nicht einfach das Ergebnis biologischer Faktoren ist, sondern auch durch seine Erfahrungen, Entscheidungen und die Reaktionen der Gesellschaft geformt wird.

$$G = P \times A \qquad (92)$$

wobei G für Geschlecht, P für die performativen Akte und A für die gesellschaftlichen Akzeptanz steht. Diese Gleichung verdeutlicht, dass Geschlecht sowohl durch individuelle Handlungen als auch durch gesellschaftliche Strukturen beeinflusst wird. Renatos mutiges Coming-Out und seine Entscheidung, seine Geschichte öffentlich zu teilen, haben die Sichtbarkeit von Transgender-Personen erhöht und dazu beigetragen, stereotype Vorstellungen zu hinterfragen.

Gesellschaftliche Probleme

Ein zentrales Problem, das in den Diskussionen über Renatos Geschichte auftaucht, ist die Diskriminierung von Transgender-Personen. Laut einer Studie der *American Psychological Association* (APA) erleben Transgender-Individuen im Alltag häufig Diskriminierung, die sich negativ auf ihre psychische Gesundheit auswirkt. Renato hat in Interviews über seine eigenen Erfahrungen mit Diskriminierung gesprochen, was das Bewusstsein für diese Problematik schärft und die Notwendigkeit von gesellschaftlichen Veränderungen unterstreicht.

Ein Beispiel für die Auswirkungen von Renatos Geschichte auf gesellschaftliche Diskussionen ist die Debatte über die Repräsentation von Transgender-Personen in den Medien. Vor Renatos Durchbruch waren Transgender-Rollen oft stereotypisiert oder von cisgender Schauspielern dargestellt. Seine Erfolge haben dazu beigetragen, die Forderung nach authentischer Repräsentation in der Film- und Theaterbranche zu verstärken. Dies wird durch die zunehmende Anzahl von Produktionen, die Transgender-Geschichten erzählen, und die Besetzung von Transgender-Schauspielern in Hauptrollen belegt.

Beispiele aus der Praxis

Ein konkretes Beispiel für den Einfluss von Renatos Geschichte auf Diskussionen ist die Reaktion der LGBTQ+-Gemeinschaft auf seine Arbeit. Viele junge Menschen, die sich mit Renatos Erfahrungen identifizieren, haben öffentlich darüber gesprochen, wie seine Sichtbarkeit ihnen geholfen hat, ihre eigene Identität zu akzeptieren. Diese positiven Rückmeldungen zeigen, dass Renatos Geschichte nicht nur Diskussionen anregt, sondern auch als Inspirationsquelle für andere dient.

Zusätzlich hat Renato an verschiedenen Podiumsdiskussionen und Konferenzen teilgenommen, um über seine Erfahrungen zu sprechen und die Sichtbarkeit von Transgender-Personen zu fördern. Diese öffentlichen Auftritte haben dazu beigetragen, die Diskussion über die Rechte von Transgender-Personen in der Gesellschaft voranzutreiben und wichtige Themen wie die Notwendigkeit von rechtlichen Schutzmaßnahmen und die Verbesserung der medizinischen Versorgung für Transgender-Personen zu adressieren.

Schlussfolgerung

Zusammenfassend lässt sich sagen, dass Renatos Geschichte einen erheblichen Einfluss auf die Diskussionen über Transgender-Themen hat. Durch seine Erfahrungen und seine Sichtbarkeit hat er nicht nur das Bewusstsein für die Herausforderungen, mit denen Transgender-Personen konfrontiert sind, geschärft, sondern auch eine Plattform geschaffen, um über die Notwendigkeit von Repräsentation und Akzeptanz zu sprechen. Seine Geschichte ist ein Beispiel dafür, wie individuelle Erlebnisse gesellschaftliche Diskurse verändern können und wie wichtig es ist, dass Stimmen aus der LGBTQ+-Gemeinschaft gehört werden. Diese Diskussionen sind entscheidend für die Schaffung einer inklusiveren und gerechteren Gesellschaft, in der Vielfalt gefeiert und respektiert wird.

Die Herausforderungen der gesellschaftlichen Akzeptanz

Die gesellschaftliche Akzeptanz von LGBTQ+-Personen, insbesondere von trans-Schauspielern wie Renato Perez, ist ein komplexes und vielschichtiges Thema, das von kulturellen, sozialen und politischen Faktoren beeinflusst wird. Trotz erheblicher Fortschritte in den letzten Jahren gibt es nach wie vor zahlreiche Herausforderungen, die es zu bewältigen gilt.

Stigmatisierung und Vorurteile

Ein zentrales Problem ist die Stigmatisierung, die viele LGBTQ+-Individuen erfahren. Diese Stigmatisierung manifestiert sich oft in Form von Vorurteilen, die auf tief verwurzelten gesellschaftlichen Normen und Stereotypen beruhen. Laut der *Social Identity Theory* (Tajfel & Turner, 1979) neigen Menschen dazu, sich in Gruppen zu kategorisieren, was zu einer In-Group/Out-Group-Dynamik führt.

Diese Dynamik kann dazu führen, dass Menschen, die nicht den traditionellen Geschlechter- oder Sexualitätsnormen entsprechen, als „anders" wahrgenommen und diskriminiert werden.

Mediale Repräsentation

Die mediale Repräsentation spielt eine entscheidende Rolle bei der Formung der öffentlichen Wahrnehmung. Während die Sichtbarkeit von LGBTQ+-Personen in den Medien zugenommen hat, bleibt die Qualität dieser Repräsentation oft problematisch. Trans-Personen werden häufig durch stereotype Darstellungen oder als Nebencharaktere präsentiert, was ihre Erfahrungen und Identitäten nicht authentisch widerspiegelt. Studien zeigen, dass eine positive und vielfältige Repräsentation in den Medien zu einer höheren Akzeptanz in der Gesellschaft führen kann (Smith et al., 2016).

Rechtliche und politische Barrieren

Die rechtlichen Rahmenbedingungen sind ebenfalls von Bedeutung. In vielen Ländern, einschließlich Deutschland, gibt es nach wie vor Gesetze, die LGBTQ+-Personen diskriminieren. Beispielsweise sind Transgender-Personen oft mit bürokratischen Hürden konfrontiert, wenn es um die Anerkennung ihrer Geschlechtsidentität geht. Diese rechtlichen Barrieren tragen zur Marginalisierung bei und erschweren den Zugang zu grundlegenden Rechten und Dienstleistungen.

Familien- und Gemeinschaftsdynamiken

Ein weiterer wichtiger Aspekt sind die Dynamiken innerhalb von Familien und Gemeinschaften. Viele LGBTQ+-Personen erleben Ablehnung von ihren Familien, was zu psychischen Problemen wie Depressionen und Angstzuständen führen kann. Die *Family Acceptance Project* hat gezeigt, dass die Unterstützung von Familienangehörigen entscheidend für das Wohlbefinden von LGBTQ+-Jugendlichen ist. Ein Mangel an Akzeptanz kann jedoch zu Isolation und einem Gefühl der Entfremdung führen, was die Herausforderungen der gesellschaftlichen Akzeptanz weiter verstärkt.

Bildung und Aufklärung

Bildung spielt eine zentrale Rolle bei der Überwindung von Vorurteilen. Programme zur Aufklärung über LGBTQ+-Themen in Schulen und Gemeinschaften können helfen, das Verständnis zu fördern und Stigmatisierung abzubauen. Studien zeigen, dass Bildungsinitiativen, die sich mit Geschlechtsidentität und sexueller Orientierung befassen, zu einer signifikanten Verbesserung der Akzeptanz führen können (Kosciw et al., 2018).

Der Einfluss von sozialen Medien

In der heutigen digitalen Ära haben soziale Medien sowohl positive als auch negative Auswirkungen auf die gesellschaftliche Akzeptanz. Einerseits bieten Plattformen wie Instagram und Twitter LGBTQ+-Individuen die Möglichkeit, ihre Geschichten zu teilen und Gemeinschaften zu bilden. Andererseits können sie auch als Räume für Diskriminierung und Hassreden dienen. Der Umgang mit Cybermobbing und negativen Kommentaren bleibt eine Herausforderung, die viele LGBTQ+-Aktivisten bewältigen müssen.

Persönliche Geschichten und Erfahrungen

Renato Perez' eigene Erfahrungen verdeutlichen die Herausforderungen, die viele trans-Personen in Bezug auf gesellschaftliche Akzeptanz erleben. In Interviews hat er über die Schwierigkeiten gesprochen, die er als aufstrebender Schauspieler hatte, insbesondere in Bezug auf die Akzeptanz seiner Identität in der Branche und darüber hinaus. Diese persönlichen Geschichten sind entscheidend, um Empathie und Verständnis in der Gesellschaft zu fördern.

Fazit

Zusammenfassend lässt sich sagen, dass die gesellschaftliche Akzeptanz von LGBTQ+-Personen nach wie vor mit zahlreichen Herausforderungen konfrontiert ist. Von der Stigmatisierung und medialen Repräsentation über rechtliche Barrieren bis hin zu familiären Dynamiken und Bildungsdefiziten – es gibt viele Faktoren, die die Akzeptanz beeinflussen. Es ist von entscheidender Bedeutung, dass Gesellschaften weltweit weiterhin an der Überwindung dieser Herausforderungen arbeiten, um eine inklusive und gerechte Zukunft für alle zu schaffen. Renatos Vermächtnis als Aktivist und Künstler kann als Inspiration dienen, um diese Veränderungen voranzutreiben und die Sichtbarkeit und Akzeptanz von LGBTQ+-Individuen zu fördern.

Die Bedeutung von Gemeinschaftsarbeit

Die Gemeinschaftsarbeit spielt eine wesentliche Rolle im Aktivismus, insbesondere innerhalb der LGBTQ+-Bewegung. Sie fördert den Austausch von

Ideen, Erfahrungen und Ressourcen und schafft ein Gefühl der Zugehörigkeit. In diesem Abschnitt werden wir die Bedeutung von Gemeinschaftsarbeit, ihre Herausforderungen und verschiedene erfolgreiche Beispiele untersuchen.

Theoretische Grundlagen der Gemeinschaftsarbeit

Die Gemeinschaftsarbeit basiert auf verschiedenen theoretischen Ansätzen, darunter die soziale Identitätstheorie und die Theorie des sozialen Kapitals. Die soziale Identitätstheorie besagt, dass Individuen ihre Identität stark durch die Zugehörigkeit zu sozialen Gruppen definieren. Diese Zugehörigkeit kann das Selbstwertgefühl und die Motivation zur Teilnahme an gemeinschaftlichen Aktivitäten erhöhen. Das soziale Kapital, definiert als die Netzwerke, Beziehungen und Normen, die das gegenseitige Vertrauen und die Zusammenarbeit innerhalb einer Gemeinschaft fördern, ist ebenfalls ein entscheidender Faktor.

Die Gleichung für sozialen Kapital kann wie folgt dargestellt werden:

$$SC = \sum_{i=1}^{n}(R_i \cdot C_i) \qquad (93)$$

wobei SC das soziale Kapital, R_i die Ressourcen, die von Individuen bereitgestellt werden, und C_i die Stärke der Verbindungen zwischen diesen Individuen sind.

Herausforderungen der Gemeinschaftsarbeit

Trotz ihrer Bedeutung gibt es zahlreiche Herausforderungen, die die Effektivität der Gemeinschaftsarbeit beeinträchtigen können. Dazu gehören:

- **Ressourcenmangel:** Oftmals sind finanzielle Mittel und andere Ressourcen begrenzt, was die Durchführung gemeinschaftlicher Projekte erschwert.

- **Interne Konflikte:** Unterschiedliche Meinungen und Ansichten innerhalb der Gemeinschaft können zu Spannungen führen, die die Zusammenarbeit behindern.

- **Diskriminierung und Vorurteile:** Auch innerhalb der LGBTQ+-Gemeinschaft können Diskriminierung und Vorurteile gegen bestimmte Gruppen auftreten, was den Zusammenhalt schwächt.

- **Mangelnde Sichtbarkeit:** Gemeinschaftsarbeit wird oft nicht ausreichend in den Medien dargestellt, was zu einem Mangel an Unterstützung und Engagement führen kann.

Erfolgreiche Beispiele für Gemeinschaftsarbeit

Trotz der Herausforderungen gibt es viele inspirierende Beispiele für erfolgreiche Gemeinschaftsarbeit innerhalb der LGBTQ+-Bewegung:

- **Stonewall Inn:** Der Aufstand von 1969 im Stonewall Inn in New York City gilt als Wendepunkt für die LGBTQ+-Bewegung. Die Gemeinschaft arbeitete zusammen, um gegen Polizeigewalt und Diskriminierung zu protestieren, was zur Gründung zahlreicher LGBTQ+-Organisationen führte.

- **Die AIDS-Aktivismusbewegung:** In den 1980er Jahren formierte sich die ACT UP (AIDS Coalition to Unleash Power), eine Gruppe von Aktivisten, die sich für die Rechte von Menschen mit HIV/AIDS einsetzte. Durch gemeinschaftliche Aktionen und Aufklärung konnte ACT UP signifikante Veränderungen in der Gesundheitsversorgung und der öffentlichen Wahrnehmung bewirken.

- **Pride-Veranstaltungen:** Pride-Paraden und -Veranstaltungen sind ein weiteres Beispiel für Gemeinschaftsarbeit. Sie bieten eine Plattform für Sichtbarkeit und Solidarität und fördern das Bewusstsein für LGBTQ+-Themen. Diese Veranstaltungen bringen Menschen zusammen und stärken die Gemeinschaft.

- **Online-Communities:** Mit dem Aufkommen sozialer Medien haben sich viele Online-Plattformen entwickelt, die LGBTQ+-Personen unterstützen. Gruppen wie „The Trevor Project" bieten Ressourcen und Unterstützung für junge LGBTQ+-Menschen und fördern den Austausch von Erfahrungen und Informationen.

Fazit

Die Gemeinschaftsarbeit ist von zentraler Bedeutung für den Erfolg des Aktivismus in der LGBTQ+-Bewegung. Sie fördert nicht nur den Austausch von Ideen und Ressourcen, sondern stärkt auch das Gefühl der Zugehörigkeit und Solidarität. Trotz der Herausforderungen, mit denen Gemeinschaften konfrontiert sind, zeigen erfolgreiche Beispiele, dass durch Zusammenarbeit und

Engagement bedeutende Veränderungen erreicht werden können. Renatos Arbeit und sein Engagement für Gemeinschaftsarbeit verdeutlichen, wie wichtig es ist, zusammenzukommen, um für Gleichheit und Gerechtigkeit zu kämpfen.

In Anbetracht der Zukunft ist es entscheidend, dass Gemeinschaften weiterhin zusammenarbeiten, um die Herausforderungen zu bewältigen, die vor ihnen liegen, und um eine gerechtere und inklusivere Gesellschaft zu schaffen.

Renatos Einfluss auf politische Bewegungen

Renato Perez hat nicht nur die Kunstwelt beeinflusst, sondern auch maßgeblich zur Entwicklung und Stärkung politischer Bewegungen beigetragen, die sich für die Rechte von LGBTQ+-Personen einsetzen. Sein Engagement und seine Sichtbarkeit als trans-Schauspieler haben die Art und Weise, wie politische Bewegungen wahrgenommen werden, erheblich verändert. In diesem Abschnitt werden die Mechanismen und Theorien untersucht, die Renatos Einfluss auf politische Bewegungen erklären, sowie die Herausforderungen und Erfolge, die er auf diesem Weg erlebt hat.

Theoretische Grundlagen

Um Renatos Einfluss zu verstehen, ist es wichtig, die Rolle von Sichtbarkeit in der politischen Mobilisierung zu betrachten. Laut der *Visibility Theory* ist Sichtbarkeit ein Schlüsselmechanismus, der es marginalisierten Gruppen ermöglicht, ihre Anliegen in den öffentlichen Diskurs einzubringen. Renato hat durch seine Karriere und sein Coming-Out eine Plattform geschaffen, die es ihm ermöglicht hat, die Stimmen der LGBTQ+-Gemeinschaft zu stärken und deren Anliegen in den politischen Vordergrund zu rücken.

Ein weiteres relevantes Konzept ist die *Social Movement Theory*, die beschreibt, wie soziale Bewegungen entstehen, sich entwickeln und letztendlich Veränderungen bewirken. Renato hat durch seine Kunst und sein Engagement die Dynamik dieser Bewegungen beeinflusst, indem er sowohl als Vorbild als auch als aktiver Teilnehmer aufgetreten ist.

Politische Mobilisierung durch Kunst

Renatos Einfluss auf politische Bewegungen lässt sich am besten durch die Verbindung von Kunst und Aktivismus verdeutlichen. Seine Theaterstücke und Filme haben nicht nur unterhalten, sondern auch wichtige gesellschaftliche Themen angesprochen. Ein Beispiel hierfür ist seine Rolle in dem preisgekrönten Film "*Identität und Widerstand*", der die Herausforderungen und

Diskriminierungen, mit denen trans-Personen konfrontiert sind, thematisiert. Der Film wurde nicht nur von der Kritik gefeiert, sondern diente auch als Katalysator für Diskussionen über Geschlechteridentität und Rechte in politischen Kreisen.

Durch öffentliche Auftritte und Interviews hat Renato auch aktiv an politischen Kampagnen teilgenommen. Seine Fähigkeit, komplexe Themen auf eine zugängliche Weise zu kommunizieren, hat dazu beigetragen, dass politische Bewegungen mehr Aufmerksamkeit erhalten haben. Seine Teilnahme an Demonstrationen, wie der *Pride Parade*, hat die Sichtbarkeit von LGBTQ+-Anliegen erhöht und das Bewusstsein für soziale Gerechtigkeit geschärft.

Herausforderungen und Widerstände

Trotz seines Einflusses sieht sich Renato auch Herausforderungen gegenüber. Der Widerstand gegen LGBTQ+-Rechte ist nach wie vor stark, insbesondere in bestimmten politischen und gesellschaftlichen Kontexten. Die *Counter-Movement Theory* beschreibt, wie etablierte Gruppen versuchen, soziale Bewegungen zu unterdrücken. Renato hat dies am eigenen Leib erfahren, als er in sozialen Medien mit Hasskommentaren und Diskriminierung konfrontiert wurde. Diese Erfahrungen haben jedoch auch seinen Aktivismus gestärkt und ihn motiviert, sich weiterhin für die Rechte von LGBTQ+-Personen einzusetzen.

Ein Beispiel für die Herausforderungen, die Renato und andere Aktivisten erleben, ist die politische Reaktion auf die Ehe für alle in Deutschland. Während dieser Gesetzgebungsprozess viele Befürworter hatte, gab es auch erheblichen Widerstand von konservativen Gruppen. Renato hat sich aktiv an den Diskussionen beteiligt und seine Plattform genutzt, um die Stimmen derjenigen zu vertreten, die oft nicht gehört werden.

Erfolge und Errungenschaften

Trotz der Herausforderungen hat Renato bedeutende Erfolge erzielt. Sein Einfluss auf politische Bewegungen hat dazu beigetragen, dass LGBTQ+-Rechte in den letzten Jahren mehr Aufmerksamkeit und Unterstützung erhalten haben. Ein bemerkenswerter Erfolg war seine Mitwirkung an der Kampagne *"Trans Rights Are Human Rights"*, die sich für rechtliche Anerkennung und Schutz von trans-Personen einsetzt. Diese Kampagne hat nicht nur in Deutschland, sondern auch international Wellen geschlagen und zu konkreten politischen Veränderungen geführt.

Darüber hinaus hat Renato durch seine Arbeit als Mentor und Vorbild für jüngere Aktivisten eine neue Generation von LGBTQ+-Führern inspiriert. Seine Botschaft der Selbstakzeptanz und des Kampfes gegen Diskriminierung hat viele motiviert, sich aktiv für ihre Rechte einzusetzen. Die *Youth Empowerment Initiative*, die er ins Leben gerufen hat, bietet Workshops und Ressourcen für junge LGBTQ+-Menschen, um ihre Stimmen zu erheben und sich in politischen Bewegungen zu engagieren.

Fazit

Zusammenfassend lässt sich sagen, dass Renatos Einfluss auf politische Bewegungen tiefgreifend und vielschichtig ist. Durch seine Kunst, sein Engagement und seine Sichtbarkeit hat er nicht nur das Bewusstsein für LGBTQ+-Anliegen geschärft, sondern auch aktiv zur politischen Mobilisierung beigetragen. Trotz der Herausforderungen, die er erlebt hat, bleibt Renato eine inspirierende Figur im Kampf für Gleichheit und Gerechtigkeit. Sein Vermächtnis wird weiterhin Generationen von Aktivisten motivieren und die politische Landschaft nachhaltig beeinflussen.

Die Rolle von Bildung in der gesellschaftlichen Veränderung

Bildung spielt eine entscheidende Rolle in der gesellschaftlichen Veränderung, insbesondere in Bezug auf die Akzeptanz und das Verständnis von LGBTQ+-Themen. Sie fungiert als ein Werkzeug zur Sensibilisierung, Aufklärung und zur Förderung von Empathie, wodurch Vorurteile abgebaut und eine inklusivere Gesellschaft gefördert werden können. In diesem Abschnitt werden wir die verschiedenen Dimensionen der Bildung und deren Einfluss auf gesellschaftliche Veränderungen untersuchen.

Theoretische Grundlagen

Bildung wird oft als Schlüssel zur sozialen Mobilität und zur Förderung von Gleichheit angesehen. Der Sozialwissenschaftler Paulo Freire betont in seinem Werk *Pädagogik der Unterdrückten*, dass Bildung nicht nur ein Mittel zur Wissensvermittlung ist, sondern auch ein Werkzeug zur Befreiung. Freire argumentiert, dass kritische Bildung die Menschen dazu befähigt, ihre Realität zu hinterfragen und aktiv an ihrer Veränderung zu arbeiten. Diese Perspektive ist besonders relevant für LGBTQ+-Themen, da Bildung dazu beitragen kann, stereotype Vorstellungen zu hinterfragen und eine breitere Akzeptanz zu fördern.

Probleme und Herausforderungen

Trotz der positiven Rolle, die Bildung spielen kann, gibt es erhebliche Herausforderungen. In vielen Bildungssystemen werden LGBTQ+-Themen oft ignoriert oder nicht angemessen behandelt. Dies führt zu einem Mangel an Wissen und Verständnis unter Schülern, Lehrern und der breiten Öffentlichkeit.

Ein Beispiel hierfür ist der sogenannte *Schulhof-Effekt*, bei dem Schüler, die sich als LGBTQ+ identifizieren, häufig Mobbing und Diskriminierung ausgesetzt sind. Eine Studie von GLSEN (Gay, Lesbian & Straight Education Network) zeigt, dass Schüler, die in Schulen lernen, in denen LGBTQ+-Themen nicht behandelt werden, ein höheres Risiko haben, Opfer von Mobbing zu werden. Diese Erfahrungen können zu langfristigen psychischen Problemen führen und die gesellschaftliche Akzeptanz von LGBTQ+-Personen weiter untergraben.

Positive Beispiele für Bildungsinitiativen

Trotz dieser Herausforderungen gibt es zahlreiche Initiativen, die darauf abzielen, Bildung als Werkzeug für gesellschaftliche Veränderung zu nutzen. Programme wie *Safe Schools* und *LGBTQ+ Inclusive Curriculum* haben in vielen Ländern an Bedeutung gewonnen. Diese Programme fördern die Integration von LGBTQ+-Themen in den Lehrplan und bieten Schulungen für Lehrer, um ein sicheres und unterstützendes Umfeld für alle Schüler zu schaffen.

Ein bemerkenswertes Beispiel ist die *LGBTQ+ History Month*, der in vielen Schulen gefeiert wird. Während dieses Monats werden die Beiträge von LGBTQ+-Personen zur Gesellschaft hervorgehoben, was das Bewusstsein und das Verständnis für die Herausforderungen und Errungenschaften dieser Gemeinschaft fördert. Solche Initiativen tragen dazu bei, Vorurteile abzubauen und die Akzeptanz zu fördern.

Bildung als Katalysator für Aktivismus

Bildung kann auch als Katalysator für Aktivismus fungieren. Durch die Aufklärung über LGBTQ+-Themen und die Förderung kritischen Denkens können Schüler ermutigt werden, sich für soziale Gerechtigkeit einzusetzen. Programme, die Schüler in die Organisation von Veranstaltungen und Kampagnen einbeziehen, können ihnen die Werkzeuge und das Wissen geben, um sich aktiv für Veränderungen einzusetzen.

Ein Beispiel hierfür ist die *Students for Equality*-Bewegung, die Schüler dazu ermutigt, sich in ihren Schulen und Gemeinden für LGBTQ+-Rechte einzusetzen. Diese Art von Engagement fördert nicht nur das Bewusstsein für

LGBTQ+-Themen, sondern stärkt auch das Gemeinschaftsgefühl und die Solidarität unter den Schülern.

Die Rolle von Hochschulbildung

Die Hochschulbildung spielt ebenfalls eine entscheidende Rolle bei der Förderung von gesellschaftlichen Veränderungen. Universitäten sind oft Orte des Wandels, an denen neue Ideen und Perspektiven entwickelt und diskutiert werden. Programme, die sich auf LGBTQ+-Studien konzentrieren, tragen dazu bei, das Bewusstsein für die Herausforderungen und Errungenschaften dieser Gemeinschaft zu schärfen und die nächste Generation von Führungspersönlichkeiten auszubilden.

Darüber hinaus bieten viele Hochschulen Ressourcen und Unterstützung für LGBTQ+-Studierende an, um sicherzustellen, dass sie in ihrer akademischen und sozialen Umgebung erfolgreich sind. Diese Unterstützung kann in Form von Beratungsdiensten, Clubs und Organisationen sowie durch die Schaffung eines inklusiven Campusumfelds erfolgen.

Fazit

Zusammenfassend lässt sich sagen, dass Bildung eine zentrale Rolle in der gesellschaftlichen Veränderung spielt, insbesondere in Bezug auf die Akzeptanz von LGBTQ+-Personen. Durch die Förderung von Wissen, Empathie und kritischem Denken kann Bildung dazu beitragen, Vorurteile abzubauen und eine inklusivere Gesellschaft zu schaffen. Es ist von entscheidender Bedeutung, dass Bildungseinrichtungen LGBTQ+-Themen in ihren Lehrplänen integrieren und eine sichere Umgebung für alle Schüler schaffen. Nur so kann eine echte gesellschaftliche Veränderung erreicht werden, die auf Gleichheit und Gerechtigkeit basiert.

Die Vision für eine gerechtere Gesellschaft

In der heutigen Gesellschaft ist die Vision für eine gerechtere Welt nicht nur ein Traum, sondern eine Notwendigkeit. Die Herausforderungen, vor denen wir stehen, sind vielfältig und komplex. Sie reichen von systematischer Diskriminierung bis hin zu Ungleichheiten in Bildung, Gesundheit und wirtschaftlichen Chancen. Um eine gerechtere Gesellschaft zu schaffen, müssen wir die Wurzeln dieser Probleme erkennen und angehen.

Theoretische Grundlagen

Die Theorie der sozialen Gerechtigkeit bildet die Grundlage für unsere Vision einer gerechteren Gesellschaft. Sie besagt, dass alle Menschen, unabhängig von Geschlecht, ethnischer Zugehörigkeit, sexueller Orientierung oder sozialer Schicht, das Recht auf gleiche Behandlung und Chancen haben. John Rawls, ein bedeutender Philosoph in diesem Bereich, formulierte das Konzept des „Schleiers der Unwissenheit", welches besagt, dass wir gesellschaftliche Regeln so gestalten sollten, als ob wir nicht wüssten, welche Position wir in dieser Gesellschaft einnehmen würden. Dies fördert Fairness und Chancengleichheit.

$$\text{Gerechtigkeit} = \frac{\text{Chancen}}{\text{Ressourcen}} \quad (\text{Rawls}) \tag{94}$$

Diese Gleichung verdeutlicht, dass Gerechtigkeit nicht nur die Verteilung von Ressourcen betrifft, sondern auch die Schaffung von gleichen Chancen für alle Individuen.

Gesellschaftliche Probleme

Die Realität zeigt jedoch, dass viele Menschen aufgrund von Vorurteilen und Diskriminierung benachteiligt werden. In Deutschland beispielsweise sind LGBTQ+-Personen häufig mit Diskriminierung am Arbeitsplatz, in der Bildung und im Gesundheitswesen konfrontiert. Dies führt zu einem Gefühl der Isolation und der Ungleichheit. Statistiken belegen, dass trans-Personen eine höhere Rate an psychischen Erkrankungen aufweisen, was auf die ständige Diskriminierung und den Mangel an Unterstützung zurückzuführen ist.

Ein Beispiel ist die Studie von [1], die zeigt, dass Stigmatisierung und Diskriminierung zu einem erhöhten Risiko für psychische Erkrankungen führen können. Diese Ergebnisse verdeutlichen, dass die Bekämpfung von Diskriminierung nicht nur eine Frage der sozialen Gerechtigkeit, sondern auch der öffentlichen Gesundheit ist.

Beispiele für positive Veränderungen

Trotz dieser Herausforderungen gibt es inspirierende Beispiele für positive Veränderungen. Initiativen wie „Pride" und „Transgender Awareness Week" haben dazu beigetragen, das Bewusstsein für die Rechte von LGBTQ+-Personen zu schärfen. Diese Veranstaltungen fördern nicht nur die Sichtbarkeit, sondern auch die Akzeptanz in der Gesellschaft. Durch Bildung und Aufklärung können

Vorurteile abgebaut und ein besseres Verständnis für die Herausforderungen, mit denen LGBTQ+-Personen konfrontiert sind, geschaffen werden.

Ein weiteres Beispiel ist die Arbeit von Renato Perez, der durch seine Rollen in Film und Theater nicht nur die Darstellung von trans-Personen revolutioniert hat, sondern auch aktiv für Gleichheit und Gerechtigkeit eintritt. Sein Engagement zeigt, dass Kunst und Aktivismus Hand in Hand gehen können, um gesellschaftliche Veränderungen zu bewirken.

Die Rolle der Gemeinschaft

Die Schaffung einer gerechteren Gesellschaft erfordert auch eine starke Gemeinschaft. Die Unterstützung und Solidarität innerhalb der LGBTQ+-Gemeinschaft sind entscheidend, um gegen Diskriminierung und Ungerechtigkeit zu kämpfen. Der Austausch von Erfahrungen und das Teilen von Geschichten können helfen, Vorurteile abzubauen und Empathie zu fördern.

Die Rolle von Verbündeten ist ebenfalls von großer Bedeutung. Menschen, die sich für die Rechte von LGBTQ+-Personen einsetzen, können helfen, eine breitere Basis für Unterstützung zu schaffen. Diese Verbündeten können in verschiedenen Bereichen, wie Bildung, Politik und Wirtschaft, Veränderungen anstoßen und dazu beitragen, dass die Stimmen der marginalisierten Gruppen gehört werden.

Zukunftsvision

Die Vision für eine gerechtere Gesellschaft ist eine, die auf Inklusion, Respekt und Gleichheit basiert. Um dies zu erreichen, müssen wir weiterhin für die Rechte aller Menschen eintreten und uns aktiv gegen Diskriminierung und Ungerechtigkeit einsetzen. Bildung spielt eine zentrale Rolle in diesem Prozess, da sie das Bewusstsein schärft und die nächste Generation dazu ermutigt, für eine gerechtere Welt zu kämpfen.

$$\text{Zukunft} = \text{Bildung} + \text{Aktivismus} + \text{Solidarität} \tag{95}$$

Diese Gleichung zeigt, dass eine gerechtere Zukunft das Ergebnis von Bildung, aktivem Engagement und solidarischer Unterstützung ist.

In der Zusammenfassung ist die Vision für eine gerechtere Gesellschaft nicht nur ein Ziel, sondern ein kontinuierlicher Prozess, der Engagement, Mut und die Bereitschaft erfordert, für Veränderungen zu kämpfen. Jeder von uns kann einen Beitrag leisten, um diese Vision Wirklichkeit werden zu lassen. Gemeinsam können wir eine Welt schaffen, in der Gerechtigkeit und Gleichheit für alle Menschen Realität sind.

Bibliography

[1] Meyer, I. H. (2003). Prejudice, Social Stress, and Mental Health in Gay and Lesbian Populations: Conceptual Issues and Research Evidence. *Psychological Bulletin*, 129(5), 674-697.

Die Verbindung zwischen Kunst und Aktivismus

Die Rolle von Kunst im Aktivismus

Kunst hat seit jeher eine transformative Kraft, die über ästhetische Ausdrucksformen hinausgeht. Im Kontext des Aktivismus fungiert sie als ein kraftvolles Werkzeug, um soziale und politische Veränderungen zu fördern. Die Rolle von Kunst im Aktivismus lässt sich in mehreren Dimensionen analysieren, die sowohl theoretische als auch praktische Aspekte umfassen.

Theoretische Grundlagen

Die Verbindung zwischen Kunst und Aktivismus ist nicht neu. Theoretiker wie Herbert Marcuse und Paulo Freire haben die Bedeutung von Kunst als Mittel zur Befreiung und zur kritischen Reflexion hervorgehoben. Marcuse argumentiert in seinem Werk *Der eindimensionale Mensch*, dass Kunst als eine Form der „Emanzipation" fungieren kann, indem sie Menschen dazu anregt, über bestehende gesellschaftliche Normen hinauszudenken. Freire hingegen betont in *Pädagogik der Unterdrückten*, dass Kunst eine Form der Kommunikation ist, die das Bewusstsein schärfen und den Dialog fördern kann.

Ein zentrales Konzept in diesem Zusammenhang ist die **Ästhetik des Widerstands**, die die Fähigkeit der Kunst beschreibt, soziale Ungerechtigkeiten sichtbar zu machen und zur Mobilisierung von Gemeinschaften beizutragen. Kunstwerke können als Katalysatoren für Veränderungen fungieren, indem sie Emotionen wecken und ein Gefühl der Dringlichkeit erzeugen.

Praktische Anwendungen

Kunst im Aktivismus kann in verschiedenen Formen auftreten, darunter Theater, Musik, bildende Kunst und digitale Medien. Jede dieser Formen hat ihre eigenen spezifischen Möglichkeiten und Herausforderungen.

Theater und Performance Theater ist eine der ältesten Formen des aktivistischen Ausdrucks. Durch dramatische Darstellungen können komplexe soziale Themen greifbar gemacht werden. Ein Beispiel hierfür ist das *Theater der Unterdrückten*, das von Augusto Boal entwickelt wurde. Boals Ansatz ermöglicht es dem Publikum, aktiv in die Aufführung einzugreifen und alternative Lösungen für die dargestellten Probleme zu finden. Diese Form des Theaters fördert nicht nur das Bewusstsein, sondern ermutigt auch zur aktiven Teilnahme.

Musik Musik hat die einzigartige Fähigkeit, Emotionen zu transportieren und Gemeinschaften zu verbinden. Lieder wie *We Shall Overcome* wurden zu Hymnen der Bürgerrechtsbewegung und sind Beispiele dafür, wie Musik als Werkzeug zur Mobilisierung und zum Ausdruck von Widerstand genutzt wird. Künstler wie Billie Holiday mit *Strange Fruit* haben durch ihre Musik auf Rassismus und soziale Ungerechtigkeit aufmerksam gemacht, was zeigt, dass Musik sowohl eine persönliche als auch eine kollektive Stimme sein kann.

Bildende Kunst Die bildende Kunst hat ebenfalls eine bedeutende Rolle im Aktivismus gespielt. Künstler wie Banksy nutzen Street Art, um gesellschaftliche Missstände zu kritisieren und Aufmerksamkeit auf soziale Themen zu lenken. Seine Werke sind oft provokant und regen zum Nachdenken an, indem sie die Betrachter direkt konfrontieren. Diese Form der Kunst ist oft zugänglicher als traditionelle Kunstformen und erreicht ein breiteres Publikum.

Digitale Medien In der heutigen digitalen Welt hat sich die Rolle von Kunst im Aktivismus weiterentwickelt. Soziale Medien bieten Plattformen, auf denen Künstler ihre Botschaften verbreiten und Gemeinschaften mobilisieren können. Hashtags wie #BlackLivesMatter und #MeToo haben nicht nur politische Bewegungen ins Leben gerufen, sondern auch Kunstwerke hervorgebracht, die diese Themen ansprechen. Digitale Kunst, Memes und Videos können schnell viral gehen und damit eine große Reichweite erzielen.

Herausforderungen der Kunst im Aktivismus

Trotz ihrer vielen Vorteile steht die Kunst im Aktivismus auch vor Herausforderungen. Eine der größten ist die **Kommerzialisierung**. Wenn Kunstwerke in den Mainstream gelangen, besteht die Gefahr, dass ihre ursprüngliche Botschaft verwässert wird. Die Gefahr, dass Kunst zu einem Konsumgut wird, kann dazu führen, dass der Aktivismus an Authentizität verliert.

Ein weiteres Problem ist die **Zensur**. In vielen Ländern sind Künstler, die sich kritisch mit politischen Themen auseinandersetzen, Repressionen ausgesetzt. Dies kann von finanziellen Einschränkungen bis hin zu Gefängnisstrafen reichen. In solchen Kontexten kann Kunst zu einem gefährlichen, aber notwendigen Akt des Widerstands werden.

Schlussfolgerung

Die Rolle von Kunst im Aktivismus ist vielschichtig und essenziell für die Förderung von sozialen Veränderungen. Sie bietet nicht nur einen Raum für kreativen Ausdruck, sondern dient auch als Plattform für kritische Reflexion und kollektive Mobilisierung. Angesichts der Herausforderungen, vor denen Kunstschaffende stehen, bleibt es wichtig, die Integrität und Authentizität der künstlerischen Botschaften zu wahren. Kunst wird weiterhin eine Schlüsselrolle im Kampf für soziale Gerechtigkeit spielen und die Stimmen der Marginalisierten verstärken.

In der Zukunft wird die Kunst im Aktivismus weiterhin an Bedeutung gewinnen, insbesondere in einer Welt, die von sozialen und politischen Spannungen geprägt ist. Die Verbindung zwischen Kunst und Aktivismus ist ein dynamisches Feld, das ständig neue Wege findet, um die Gesellschaft zu beeinflussen und zu verändern. Die Herausforderungen sind groß, aber die Möglichkeiten sind endlos.

Renatos Projekte, die aktivistisch sind

Renato Perez ist nicht nur ein talentierter Schauspieler, sondern auch ein leidenschaftlicher Aktivist, der durch verschiedene Projekte und Initiativen einen bedeutenden Einfluss auf die LGBTQ+-Gemeinschaft und die Gesellschaft insgesamt ausübt. In diesem Abschnitt werden wir einige seiner wichtigsten aktivistischen Projekte untersuchen, die sowohl künstlerische als auch soziale Dimensionen haben.

Theaterprojekte mit sozialem Engagement

Renato hat mehrere Theaterprojekte ins Leben gerufen, die sich mit Themen der Identität, Akzeptanz und der Herausforderungen von LGBTQ+-Personen auseinandersetzen. Ein bemerkenswertes Beispiel ist das Stück *„Identität im Wandel"*, das die Geschichten von trans Menschen beleuchtet und deren Kämpfe und Triumphe in den Mittelpunkt stellt. Durch die Darstellung authentischer Charaktere konnte Renato das Publikum sensibilisieren und zur Diskussion anregen.

Workshops und Bildungsinitiativen

Ein weiterer zentraler Aspekt von Renatos aktivistischer Arbeit sind die Workshops, die er für junge Menschen und aufstrebende Künstler organisiert. Diese Workshops zielen darauf ab, das Bewusstsein für LGBTQ+-Themen zu schärfen und den Teilnehmern die Werkzeuge zu geben, um ihre eigene Stimme zu finden. Ein Beispiel ist der Workshop *„Kunst als Stimme der Veränderung"*, in dem die Teilnehmer lernen, wie sie ihre persönlichen Geschichten durch verschiedene Kunstformen ausdrücken können. Renato glaubt fest daran, dass Kunst eine transformative Kraft hat, die Menschen zusammenbringen und gesellschaftliche Veränderungen bewirken kann.

Medienprojekte und Dokumentationen

Renato hat auch aktiv an Medienprojekten mitgewirkt, die darauf abzielen, die Sichtbarkeit von LGBTQ+-Personen zu erhöhen. Eine seiner bekanntesten Arbeiten ist die Dokumentation *„Transcendence"*, die das Leben von trans Menschen in verschiedenen Kulturen untersucht und die Herausforderungen, mit denen sie konfrontiert sind, dokumentiert. Diese Dokumentation hat nicht nur das Bewusstsein für trans Themen geschärft, sondern auch eine Plattform für trans Stimmen geschaffen, die oft in den Medien unterrepräsentiert sind.

Soziale Medien und Online-Kampagnen

In der heutigen digitalen Welt nutzt Renato soziale Medien als Werkzeug für Aktivismus. Er hat mehrere Kampagnen ins Leben gerufen, die sich gegen Diskriminierung und für die Rechte von LGBTQ+-Personen einsetzen. Eine bemerkenswerte Kampagne war *„#BeYourself"*, die Menschen ermutigte, ihre wahre Identität zu leben und sich gegen gesellschaftliche Normen zu stellen. Diese

Kampagne ging viral und erreichte Millionen von Menschen weltweit, was zu einer breiteren Diskussion über Identität und Akzeptanz führte.

Zusammenarbeit mit anderen Künstlern

Renato ist sich der Bedeutung von Zusammenarbeit bewusst und hat sich mit anderen LGBTQ+-Künstlern zusammengetan, um gemeinsame Projekte zu realisieren. Ein Beispiel ist das Kunstprojekt *„Voices Unheard"*, das die Geschichten von LGBTQ+-Personen in Form von Theater, Musik und bildender Kunst präsentiert. Durch diese Zusammenarbeit wird nicht nur die Sichtbarkeit erhöht, sondern auch ein Raum für Dialog und Austausch geschaffen.

Einfluss auf die Filmindustrie

Renatos aktivistische Arbeit erstreckt sich auch auf die Filmindustrie. Er hat sich für die Besetzung von trans Schauspielern in trans Rollen eingesetzt und arbeitet aktiv daran, Klischees und stereotype Darstellungen zu durchbrechen. Sein Engagement zeigt sich in Projekten wie dem Film *„True Colors"*, in dem er eine Hauptrolle spielt und gleichzeitig als Produzent fungiert. Dieser Film behandelt die Herausforderungen und die Schönheit der trans Identität und bietet eine authentische Perspektive, die in der Filmindustrie oft fehlt.

Unterstützung von LGBTQ+-Organisationen

Renato hat sich auch aktiv für die Unterstützung von LGBTQ+-Organisationen eingesetzt, die sich für die Rechte und das Wohlbefinden von LGBTQ+-Personen einsetzen. Er hat an Fundraising-Events teilgenommen und Spendenaktionen organisiert, um Organisationen wie *„Transgender Europe"* und *„Stonewall"* zu unterstützen. Diese Organisationen spielen eine entscheidende Rolle bei der Bereitstellung von Ressourcen und Unterstützung für die Gemeinschaft.

Einfluss auf die nächste Generation

Ein wichtiger Aspekt von Renatos aktivistischer Arbeit ist sein Engagement für die nächste Generation. Er hat Stipendien für junge Künstler ins Leben gerufen, die sich mit LGBTQ+-Themen auseinandersetzen möchten. Diese Stipendien bieten nicht nur finanzielle Unterstützung, sondern auch Mentoring und Möglichkeiten zur Vernetzung. Renato sieht es als seine Verantwortung, jungen Menschen zu helfen, ihre Stimme zu finden und ihre Geschichten zu erzählen.

Herausforderungen und Rückschläge

Trotz seines Erfolgs steht Renato auch vor Herausforderungen in seiner aktivistischen Arbeit. Diskriminierung, Widerstand und Missverständnisse sind häufige Hindernisse, mit denen er konfrontiert ist. Dennoch bleibt er standhaft und sieht diese Herausforderungen als Ansporn, weiterhin für Veränderungen zu kämpfen. Er betont oft die Bedeutung von Resilienz und der Notwendigkeit, Rückschläge als Teil des Prozesses zu akzeptieren.

Zukunftsvisionen

Renatos Projekte sind nicht nur ein Spiegelbild seiner persönlichen Erfahrungen, sondern auch eine Vision für eine gerechtere und inklusivere Zukunft. Er träumt von einer Welt, in der alle Menschen, unabhängig von ihrer Identität, die gleichen Chancen und Rechte haben. Durch seine Kunst und seinen Aktivismus strebt er danach, Barrieren abzubauen und den Weg für zukünftige Generationen zu ebnen.

Insgesamt zeigt Renatos Engagement, dass Kunst und Aktivismus Hand in Hand gehen können. Seine Projekte sind nicht nur kreative Ausdrucksformen, sondern auch kraftvolle Werkzeuge für soziale Veränderung. Durch seine Arbeit inspiriert er andere, sich für Gleichheit und Gerechtigkeit einzusetzen und eine Welt zu schaffen, in der Vielfalt gefeiert wird.

Die Bedeutung von Kunst als Ausdrucksform

Kunst ist seit jeher ein kraftvolles Medium, das es Individuen ermöglicht, ihre Gedanken, Gefühle und Identitäten auszudrücken. Für viele LGBTQ+-Künstler, einschließlich Renato Perez, ist die Kunst nicht nur ein Beruf, sondern auch eine Lebensweise und eine Möglichkeit, ihre Erfahrungen und Kämpfe sichtbar zu machen. In diesem Abschnitt werden wir die Rolle der Kunst als Ausdrucksform untersuchen, insbesondere im Kontext von Renatos Arbeit und der LGBTQ+-Bewegung.

Theoretische Grundlagen der Kunst als Ausdrucksform

Die Theorie der Kunst als Ausdrucksform basiert auf der Annahme, dass Kunst eine direkte Reflexion der inneren Welt des Künstlers ist. Der Psychologe Rollo May (1975) argumentiert, dass Kunst eine Form der existenziellen Kommunikation ist, die den Künstler mit der Welt verbindet. Diese Verbindung ist besonders wichtig für marginalisierte Gruppen, die oft nicht die Möglichkeit haben, ihre Stimmen in traditionellen Medien zu erheben. Kunst wird somit zu einem Werkzeug der Selbstbehauptung und des Widerstands.

Ein weiterer wichtiger theoretischer Ansatz ist die *Kunst- und Kulturtheorie*, die besagt, dass Kunst nicht isoliert betrachtet werden kann, sondern im Kontext von sozialen, politischen und kulturellen Strukturen verstanden werden muss. Diese Theorie hebt hervor, dass Kunst als Ausdrucksform auch die Dynamiken von Macht und Identität widerspiegelt. Für Renato und andere LGBTQ+-Künstler ist es entscheidend, wie ihre Kunst die gesellschaftlichen Normen herausfordert und neue Narrative schafft.

Herausforderungen und Probleme

Trotz der Bedeutung von Kunst als Ausdrucksform stehen Künstler wie Renato vor zahlreichen Herausforderungen. Eine der größten Hürden ist die gesellschaftliche Akzeptanz. Oft werden LGBTQ+-Künstler mit Vorurteilen konfrontiert, die ihre Arbeit und ihre Identität in Frage stellen. Diese Diskriminierung kann sich sowohl auf individueller als auch auf institutioneller Ebene zeigen. So haben viele LGBTQ+-Künstler Schwierigkeiten, Zugang zu Ressourcen und Plattformen zu erhalten, die für die Präsentation ihrer Kunst notwendig sind.

Ein weiteres Problem ist die *Kommerzialisierung* der Kunst. In der heutigen Gesellschaft besteht die Gefahr, dass künstlerische Ausdrucksformen in ein kommerzielles Raster gepresst werden, das die Authentizität und die ursprüngliche Botschaft der Kunst verwässert. Renato hat in Interviews betont, wie wichtig es ist, bei der Schaffung von Kunst authentisch zu bleiben und nicht den Druck der Industrie zuzulassen, der oft dazu führt, dass Künstler ihre Identität und ihre Botschaften anpassen müssen.

Beispiele für Kunst als Ausdrucksform

Renatos eigene Arbeiten sind ein hervorragendes Beispiel dafür, wie Kunst als Ausdrucksform genutzt werden kann, um gesellschaftliche Themen anzusprechen und Veränderungen zu bewirken. In seinem Theaterstück *„Identität in Bewegung"* thematisiert Renato die Herausforderungen, mit denen trans Personen konfrontiert sind, und schafft einen Raum für Dialog und Verständnis. Durch die Darstellung seiner eigenen Erfahrungen und die Integration von Elementen der LGBTQ+-Kultur gelingt es ihm, das Publikum zum Nachdenken anzuregen und Empathie zu fördern.

Ein weiteres Beispiel ist die Verwendung von *Musik* und *Tanz* in Renatos Arbeiten. Diese Kunstformen erlauben es ihm, Emotionen auszudrücken, die oft schwer in Worte zu fassen sind. In einem seiner Musikvideos kombiniert er visuelle Kunst mit persönlichen Erzählungen, um die Komplexität der Identität und der Selbstakzeptanz zu verdeutlichen. Diese Form der Kunst spricht nicht nur das Herz an, sondern regt auch das Publikum dazu an, über eigene Vorurteile und Erfahrungen nachzudenken.

Die transformative Kraft der Kunst

Die transformative Kraft der Kunst als Ausdrucksform ist unbestreitbar. Sie hat das Potenzial, gesellschaftliche Normen zu hinterfragen und die Sichtbarkeit marginalisierter Stimmen zu erhöhen. Renato hat in seiner Karriere immer wieder bewiesen, dass Kunst nicht nur zur Unterhaltung dient, sondern auch eine tiefere gesellschaftliche Funktion erfüllt. Durch seine Arbeit hat er nicht nur die Repräsentation von Transgender-Personen in den Medien verändert, sondern auch einen Raum für Diskussionen über Geschlechteridentität und soziale Gerechtigkeit geschaffen.

Diese transformative Kraft ist auch in der Art und Weise zu sehen, wie Kunst Gemeinschaften zusammenbringt. Kunstveranstaltungen, Ausstellungen und Performances bieten Raum für Austausch und Solidarität. Renato hat in verschiedenen Projekten mit anderen LGBTQ+-Künstlern zusammengearbeitet, um kollektive Erfahrungen zu teilen und eine stärkere Gemeinschaft zu bilden. Diese Zusammenarbeit ist entscheidend, um die Stimmen derjenigen zu stärken, die oft übersehen werden.

Fazit

Zusammenfassend lässt sich sagen, dass die Bedeutung von Kunst als Ausdrucksform für Renato Perez und die LGBTQ+-Bewegung nicht zu unterschätzen ist. Kunst bietet nicht nur eine Plattform für individuelle Ausdrucksformen, sondern auch eine Möglichkeit, gesellschaftliche Strukturen zu hinterfragen und Veränderungen herbeizuführen. Trotz der Herausforderungen, die Künstler in diesem Bereich erleben, bleibt die Kunst ein unverzichtbares Werkzeug für Aktivismus und gesellschaftliche Transformation. Renatos Arbeit ist ein leuchtendes Beispiel für die Kraft der Kunst, die nicht nur das Leben des Künstlers, sondern auch das Leben vieler anderer positiv beeinflusst.

Der Einfluss von Kunst auf gesellschaftliche Veränderungen

Kunst hat seit jeher eine transformative Kraft, die weit über die ästhetische Erfahrung hinausgeht. Sie ist ein Spiegel der Gesellschaft, ein Mittel zur Reflexion und ein Werkzeug für den Wandel. In diesem Abschnitt untersuchen wir, wie Kunst gesellschaftliche Veränderungen beeinflusst, indem wir verschiedene Theorien, Probleme und Beispiele heranziehen, die die Rolle von Kunst im Aktivismus und in der sozialen Gerechtigkeit verdeutlichen.

Theoretische Grundlagen

Die Verbindung zwischen Kunst und sozialem Wandel wurde von zahlreichen Theoretikern untersucht. Der Sozialtheoretiker *Theodor Adorno* argumentierte, dass Kunst nicht nur ein Produkt der Gesellschaft ist, sondern auch als kritisches Werkzeug fungiert, um gesellschaftliche Normen zu hinterfragen und zu verändern. Kunst hat die Fähigkeit, Emotionen zu wecken und das Bewusstsein für soziale Ungerechtigkeiten zu schärfen. *Bertolt Brecht* stellte fest, dass Theater als ein Mittel zur Aufklärung und zur Mobilisierung der Massen dienen kann. Brechts Konzept des *Verfremdungseffekts* zielt darauf ab, das Publikum zum Nachdenken über gesellschaftliche Themen anzuregen, anstatt es nur zu unterhalten.

Ein weiterer wichtiger theoretischer Rahmen ist die *Kulturtheorie* von *Pierre Bourdieu*, die beschreibt, wie Kunst als Symbol für Macht und sozialen Status fungiert. Kunst kann sowohl als Mittel der Repression als auch als Werkzeug der Befreiung genutzt werden. Bourdieu betont die Bedeutung von *kulturellem Kapital*, das in sozialen Kämpfen mobilisiert werden kann, um Veränderungen herbeizuführen.

Kunst als Katalysator für Veränderungen

Kunst hat die Fähigkeit, gesellschaftliche Themen zu beleuchten, die oft ignoriert oder tabuisiert werden. Sie kann als Katalysator für soziale Bewegungen fungieren, indem sie wichtige Themen in den Vordergrund rückt und das öffentliche Bewusstsein schärft. Ein herausragendes Beispiel hierfür ist die *Stonewall-Rebellion* von 1969, die als Wendepunkt in der LGBTQ+-Bewegung gilt. Künstler und Aktivisten wie *Marsha P. Johnson* und *Sylvia Rivera* nutzten ihre Kunst, um auf die Diskriminierung und Gewalt gegen LGBTQ+-Personen aufmerksam zu machen. Diese Ereignisse führten zur Gründung von Organisationen wie der *Gay Liberation Front*, die sich für die Rechte von LGBTQ+-Personen einsetzten.

Ein weiteres Beispiel ist die *Kunstbewegung der 1980er Jahre* in den USA, die sich mit der AIDS-Krise auseinandersetzte. Künstler wie *Keith Haring* und *David Wojnarowicz* verwendeten ihre Kunst, um auf die Epidemie aufmerksam zu machen und die gesellschaftliche Stigmatisierung von HIV-positiven Menschen zu bekämpfen. Haring's ikonische *"Silence = Death"*-Kampagne verdeutlichte, wie Kunst als Protestform dienen kann, um die öffentliche Meinung zu beeinflussen und politische Veränderungen zu fordern.

Kunst im digitalen Zeitalter

Mit dem Aufkommen digitaler Medien hat sich die Art und Weise, wie Kunst produziert und verbreitet wird, erheblich verändert. Soziale Medien bieten Künstlern eine Plattform, um ihre Botschaften zu verbreiten und ein breiteres Publikum zu erreichen. Die *#MeToo*-Bewegung ist ein Beispiel dafür, wie digitale Kunst und soziale Medien genutzt werden, um auf sexuelle Belästigung und Gewalt aufmerksam zu machen. Künstler und Aktivisten nutzen Plattformen wie *Instagram* und *Twitter*, um ihre Geschichten zu teilen und Solidarität zu zeigen.

Die Nutzung von Kunst in sozialen Medien hat auch die Möglichkeit eröffnet, interaktive und partizipative Kunstprojekte zu schaffen. Diese Projekte ermutigen die Gemeinschaft, sich aktiv an der Kunst zu beteiligen und ihre eigenen Geschichten zu erzählen. Ein Beispiel hierfür ist das *"Humans of New York"*-Projekt, das Menschen aus verschiedenen Lebensbereichen eine Stimme gibt und ihre Geschichten erzählt. Solche Projekte fördern das Verständnis und die Empathie zwischen verschiedenen Gemeinschaften und tragen zur gesellschaftlichen Veränderung bei.

Herausforderungen und Kritik

Trotz der positiven Auswirkungen von Kunst auf gesellschaftliche Veränderungen gibt es auch Herausforderungen und Kritik. Eine der größten Herausforderungen ist der Zugang zu Kunst und Kultur. Viele marginalisierte Gemeinschaften haben oft keinen Zugang zu künstlerischen Ressourcen oder Plattformen, um ihre Stimmen zu erheben. Dies kann dazu führen, dass wichtige Perspektiven und Geschichten ignoriert werden.

Zudem wird die Kommerzialisierung von Kunst oft als Hindernis für authentischen Aktivismus betrachtet. Künstler stehen unter Druck, ihre Arbeit zu monetarisieren, was dazu führen kann, dass sie ihre Botschaften verwässern oder sich an Mainstream-Normen anpassen. Diese Kommerzialisierung kann die Fähigkeit von Kunst, echte Veränderungen herbeizuführen, beeinträchtigen.

Schließlich gibt es auch die Gefahr der *"Kulturaneignung"*, bei der Künstler aus privilegierten Hintergründen die kulturellen Ausdrucksformen marginalisierter Gemeinschaften übernehmen, ohne deren Kontext oder Bedeutung zu respektieren. Dies kann zu einer weiteren Marginalisierung der betroffenen Gemeinschaften führen und die ursprünglichen Botschaften und Kämpfe verwässern.

Schlussfolgerung

Insgesamt ist der Einfluss von Kunst auf gesellschaftliche Veränderungen erheblich und vielschichtig. Kunst hat die Fähigkeit, gesellschaftliche Themen zu beleuchten, das Bewusstsein zu schärfen und als Katalysator für sozialen Wandel zu fungieren. Während Herausforderungen und Kritik bestehen, bleibt die Rolle von Kunst im Aktivismus und in der sozialen Gerechtigkeit von zentraler Bedeutung. Die Verbindung zwischen Kunst und gesellschaftlichen Veränderungen wird weiterhin ein wichtiges Thema für Künstler, Aktivisten und die Gesellschaft als Ganzes sein, während wir uns für eine gerechtere und inklusivere Zukunft einsetzen.

Die Herausforderungen der Kunst im Aktivismus

Kunst und Aktivismus sind zwei Bereiche, die oft als untrennbar miteinander verbunden angesehen werden, insbesondere wenn es darum geht, soziale Gerechtigkeit und Gleichheit zu fördern. Dennoch gibt es zahlreiche Herausforderungen, die Künstler:innen und Aktivist:innen in diesem Spannungsfeld bewältigen müssen. In diesem Abschnitt werden wir die verschiedenen Dimensionen dieser Herausforderungen beleuchten und einige relevante Theorien sowie Beispiele anführen.

Die Kommerzialisierung der Kunst

Eine der größten Herausforderungen im Bereich der Kunst im Aktivismus ist die Kommerzialisierung. Oftmals wird Kunst, die ursprünglich für den Aktivismus geschaffen wurde, von der Industrie vereinnahmt und in ein Produkt verwandelt, das verkauft werden kann. Dies kann dazu führen, dass die ursprüngliche Botschaft verwässert oder gar vollständig verloren geht. Ein Beispiel hierfür ist die Verwendung von LGBTQ+-Symbolik in der Werbung, die zwar Sichtbarkeit schafft, aber oft ohne echten Bezug zu den Anliegen der Community geschieht.

Die Theorie der *Kulturellen Aneignung* beschreibt, wie dominante Kulturen Elemente marginalisierter Kulturen übernehmen, ohne deren ursprünglichen

Kontext zu respektieren. Dies kann in der Kunst zu einer Entfremdung von den Botschaften führen, die sie ursprünglich vermitteln sollte.

Der Druck zur Unterhaltung

Künstler:innen, die sich aktivistisch betätigen, sehen sich häufig dem Druck ausgesetzt, unterhaltsame Inhalte zu produzieren, um ein breiteres Publikum zu erreichen. Dies kann dazu führen, dass wichtige Themen trivialisiert oder vereinfacht werden, um die Aufmerksamkeit des Publikums zu gewinnen.

Die *Teorie der Unterhaltung* argumentiert, dass die Erwartungshaltung des Publikums, unterhalten zu werden, eine Form der Zensur darstellt, die die Tiefe und Komplexität der behandelten Themen einschränkt. Ein Beispiel ist die Darstellung von LGBTQ+-Themen in Mainstream-Filmen, die oft auf Klischees zurückgreift, um eine breitere Akzeptanz zu finden, anstatt authentische und komplexe Geschichten zu erzählen.

Der Verlust von Authentizität

Ein weiteres Problem ist der Verlust von Authentizität. Wenn Kunstwerke von Personen geschaffen werden, die nicht direkt von den Themen betroffen sind, kann dies zu einer Entfremdung führen. Es besteht die Gefahr, dass die Kunst nicht die tatsächlichen Erfahrungen und Kämpfe der betroffenen Gemeinschaft widerspiegelt.

Die *Theorie der Authentizität* besagt, dass Kunst, die nicht aus einer echten Erfahrung heraus entsteht, oft als weniger wertvoll oder bedeutungsvoll angesehen wird. Ein Beispiel hierfür ist die Kritik an Filmen, die trans Personen von cisgender Schauspieler:innen darstellen, wodurch die echten Stimmen der Community nicht gehört werden.

Der Umgang mit Widerstand

Aktivistische Kunst sieht sich oft Widerstand aus verschiedenen Richtungen gegenüber. Künstler:innen müssen sich nicht nur mit Kritik von außen auseinandersetzen, sondern auch mit Widerständen innerhalb ihrer eigenen Gemeinschaften. Dies kann zu Spannungen führen, insbesondere wenn verschiedene Gruppen unterschiedliche Ansichten darüber haben, welche Themen wichtig sind und wie sie dargestellt werden sollten.

Die *Theorie der sozialen Bewegungen* untersucht, wie Gruppen innerhalb einer Gesellschaft Mobilisierung und Widerstand leisten. Ein Beispiel ist die Debatte innerhalb der LGBTQ+-Community über die Darstellung von

Transgender-Personen in den Medien, wo unterschiedliche Meinungen über die Repräsentation und die damit verbundenen Herausforderungen bestehen.

Ressourcenmangel

Ein häufiges Problem für Künstler:innen im Aktivismus ist der Mangel an Ressourcen. Oftmals sind sie auf Spenden oder ehrenamtliche Unterstützung angewiesen, um ihre Projekte zu realisieren. Dies kann die Qualität der Kunstwerke beeinträchtigen und dazu führen, dass wichtige Botschaften nicht effektiv vermittelt werden.

Die *Theorie der sozialen Gerechtigkeit* hebt hervor, dass der Zugang zu Ressourcen entscheidend für die Fähigkeit ist, Veränderungen herbeizuführen. Ein Beispiel ist die Finanzierung von Kunstprojekten, die sich mit sozialen Themen beschäftigen, die häufig im Schatten der kommerziellen Kunst stehen.

Die Herausforderung der Sichtbarkeit

Künstler:innen, die aktivistisch arbeiten, kämpfen oft um Sichtbarkeit in einer überfüllten Medienlandschaft. Es gibt viele Stimmen, die um Gehör bitten, und es kann schwierig sein, sich von der Masse abzuheben. Dies kann dazu führen, dass wichtige Stimmen übersehen werden oder dass die Kunst nicht die Aufmerksamkeit erhält, die sie verdient.

Die *Theorie der Medienrepräsentation* untersucht, wie verschiedene Gruppen in den Medien dargestellt werden und wie dies die öffentliche Wahrnehmung beeinflusst. Ein Beispiel ist die Sichtbarkeit von Künstler:innen aus marginalisierten Gruppen, die oft in den Hintergrund gedrängt werden.

Schlussfolgerung

Die Herausforderungen, vor denen die Kunst im Aktivismus steht, sind vielfältig und komplex. Von der Kommerzialisierung über den Druck zur Unterhaltung bis hin zu Fragen der Authentizität und Sichtbarkeit – Künstler:innen müssen sich ständig anpassen und ihre Strategien überdenken, um ihre Botschaften effektiv zu vermitteln. Umso wichtiger ist es, dass die Kunst als ein kraftvolles Werkzeug für sozialen Wandel erkannt wird, das, trotz der Herausforderungen, in der Lage ist, bedeutende Diskussionen anzustoßen und Veränderungen herbeizuführen.

Renatos Einfluss auf andere Künstler

Renato Perez hat nicht nur als Schauspieler und Aktivist gewirkt, sondern auch als Inspirationsquelle für viele Künstler, die in der LGBTQ+-Community und darüber hinaus tätig sind. Sein Einfluss erstreckt sich über verschiedene Kunstformen, einschließlich Theater, Film, Musik und bildende Kunst. In diesem Abschnitt werden wir die Wege untersuchen, auf denen Renato andere Künstler beeinflusst hat, die Herausforderungen, die sie dabei überwinden mussten, und die Bedeutung seiner Rolle als Vorbild in der Kunstszene.

Die Kraft der Inspiration

Die Inspiration, die Renato anderen Künstlern bietet, ist tiefgreifend. Viele junge Künstler berichten, dass Renatos Mut, seine Identität offen zu leben und sich für die Rechte von LGBTQ+-Menschen einzusetzen, sie dazu ermutigt hat, ihre eigenen Geschichten zu erzählen. Diese Ermutigung ist besonders wichtig in einer Zeit, in der viele Künstler sich noch immer mit Vorurteilen und Diskriminierung auseinandersetzen müssen.

Ein Beispiel ist die trans* Schauspielerin Mia Chen, die in einer Dokumentation über ihre Erfahrungen in der Schauspielbranche erklärte: „Renato hat mir gezeigt, dass es möglich ist, authentisch zu sein und gleichzeitig Erfolg zu haben. Er hat die Türen für uns alle geöffnet." Diese Art von Einfluss zeigt, wie wichtig Vorbilder für die Entwicklung und das Selbstbewusstsein junger Künstler sind.

Die Herausforderungen der Repräsentation

Trotz des positiven Einflusses, den Renato ausübt, stehen viele Künstler, die von ihm inspiriert sind, vor erheblichen Herausforderungen. Die Repräsentation von LGBTQ+-Charakteren in der Kunst ist oft von Klischees und Stereotypen geprägt. Dies kann es für aufstrebende Künstler schwierig machen, authentische und nuancierte Darstellungen zu schaffen. Renato selbst hat in Interviews betont, dass er oft gegen die Erwartungen der Branche ankämpfen musste, um die Komplexität seiner Charaktere darzustellen.

Die Herausforderung besteht darin, nicht nur die Sichtbarkeit zu erhöhen, sondern auch die Qualität der Darstellung zu verbessern. In einem Gespräch mit einer Gruppe von Künstlern sagte Renato: „Es ist nicht genug, einfach auf der Bühne oder im Film zu sein; wir müssen sicherstellen, dass unsere Geschichten mit Respekt und Integrität erzählt werden." Diese Ansichten haben viele Künstler dazu inspiriert, sich aktiv für bessere Repräsentation und authentische Geschichten einzusetzen.

Künstlerische Kollaborationen

Renato hat auch aktiv mit anderen Künstlern zusammengearbeitet, um Projekte zu schaffen, die das Bewusstsein für LGBTQ+-Themen schärfen. Ein bemerkenswertes Beispiel ist das Theaterstück „Transcendence", das Renato gemeinsam mit einer Gruppe von trans* Künstlern inszenierte. Das Stück thematisiert die Herausforderungen und Triumphe von trans* Individuen und hat sowohl Kritikerlob als auch das Interesse des Publikums geweckt.

Durch solche Kollaborationen hat Renato nicht nur seine eigene Kunst gefördert, sondern auch anderen Künstlern die Möglichkeit gegeben, ihre Stimmen zu erheben. Diese Art der Zusammenarbeit ist entscheidend, um eine breitere Plattform für LGBTQ+-Künstler zu schaffen und ihnen zu helfen, ihre Geschichten zu erzählen.

Mentoring und Unterstützung

Neben seiner künstlerischen Arbeit hat Renato auch eine Rolle als Mentor für viele junge Künstler übernommen. Er hat Workshops und Seminare geleitet, in denen er seine Erfahrungen und sein Wissen teilt. Diese Programme sind oft darauf ausgelegt, Künstlern zu helfen, ihre Identität in ihre Kunst zu integrieren und dabei gleichzeitig die Herausforderungen des Marktes zu navigieren.

In einem dieser Workshops erklärte Renato: „Es geht darum, eure Wahrheit zu finden und sie in eurer Kunst auszudrücken. Die Welt braucht eure Stimmen." Diese Botschaft hat vielen Künstlern Mut gemacht, ihre eigenen Projekte zu starten und sich in der Kunstszene zu engagieren.

Der Einfluss auf die Kunstszene

Der Einfluss von Renato auf andere Künstler hat auch eine breitere Wirkung auf die Kunstszene insgesamt. Durch seine Arbeit und sein Engagement hat er dazu beigetragen, das Bewusstsein für die Notwendigkeit von Diversität und Inklusivität in der Kunst zu schärfen.

Kunstinstitutionen und Festivals beginnen zunehmend, die Bedeutung von LGBTQ+-Repräsentation zu erkennen. Renatos Einfluss zeigt sich in der Auswahl von Filmen und Stücken, die auf Festivals gezeigt werden, sowie in der Art und Weise, wie Künstler und Kritiker über Diversität sprechen.

Ein Beispiel dafür ist das jährliche LGBTQ+ Kunstfestival, das in vielen Städten stattfindet und in dem Renatos Arbeiten häufig eine zentrale Rolle spielen. Die Anerkennung seiner Kunst hat dazu beigetragen, dass andere Künstler die Möglichkeit erhalten, ihre Arbeiten einem breiteren Publikum zu präsentieren.

Fazit

Zusammenfassend lässt sich sagen, dass Renatos Einfluss auf andere Künstler weitreichend und vielschichtig ist. Von der Inspiration, die er bietet, über die Herausforderungen, die er anspricht, bis hin zu den konkreten Möglichkeiten, die er schafft, hat er einen nachhaltigen Eindruck auf die Kunstwelt hinterlassen. Seine Rolle als Mentor und Kollaborateur hat dazu beigetragen, eine neue Generation von Künstlern zu fördern, die bereit sind, ihre Geschichten zu erzählen und für eine gerechtere und inklusivere Kunstszene zu kämpfen. Renatos Vermächtnis wird weiterhin Künstler inspirieren, ihre Identität zu feiern und ihre Stimmen in der Welt der Kunst zu erheben.

Die Rolle von Kunst in der LGBTQ+-Bewegung

Die Kunst hat seit jeher eine zentrale Rolle in der LGBTQ+-Bewegung gespielt, indem sie als Medium für Ausdruck, Widerstand und Identitätsbildung dient. Kunst ermöglicht es den Mitgliedern der LGBTQ+-Gemeinschaft, ihre Erfahrungen und Kämpfe zu teilen, ihre Identität zu feiern und gesellschaftliche Normen herauszufordern. In dieser Sektion werden wir die verschiedenen Dimensionen der Rolle von Kunst in der LGBTQ+-Bewegung untersuchen, einschließlich der Herausforderungen, denen sich Künstler*innen gegenübersehen, sowie der positiven Auswirkungen, die Kunst auf die Gesellschaft hat.

Kunst als Ausdrucksform

Kunst ist ein kraftvolles Werkzeug, um persönliche und kollektive Erfahrungen auszudrücken. In der LGBTQ+-Bewegung wird Kunst genutzt, um Themen wie Diskriminierung, Identität, Liebe und Verlust zu thematisieren. Künstler*innen verwenden verschiedene Medien, darunter Malerei, Musik, Theater und Film, um Geschichten zu erzählen, die oft ignoriert oder unterdrückt werden. Diese Ausdrucksformen ermöglichen es den Mitgliedern der LGBTQ+-Gemeinschaft, ihre Stimmen zu erheben und Sichtbarkeit zu erlangen.

Ein Beispiel für diese Ausdrucksform ist die Arbeit von Künstler*innen wie Keith Haring, dessen ikonische Graffiti-Kunst in den 1980er Jahren nicht nur die LGBTQ+-Identität feierte, sondern auch auf die HIV/AIDS-Epidemie aufmerksam machte. Haring nutzte seine Kunst, um das Bewusstsein zu schärfen und eine Botschaft der Hoffnung und Solidarität zu verbreiten.

Kunst als Widerstand

Kunst hat auch eine wichtige Funktion als Form des Widerstands gegen gesellschaftliche Normen und Diskriminierung. In vielen Fällen wurden LGBTQ+-Künstler*innen mit Zensur und Verfolgung konfrontiert. Dennoch nutzen sie ihre Kunst, um gegen Ungerechtigkeiten zu kämpfen und für Gleichheit einzutreten. Theaterstücke, Filme und Musik können als Plattformen dienen, um gegen Homophobie, Transphobie und andere Formen der Diskriminierung zu protestieren.

Ein herausragendes Beispiel für diesen Widerstand ist das Theaterstück *The Vagina Monologues* von Eve Ensler, das nicht nur feministische Themen behandelt, sondern auch die Stimmen von Frauen und LGBTQ+-Personen stärkt. Das Stück hat weltweit Aufführungen inspiriert und wurde zu einem Symbol für den Kampf gegen Gewalt und Diskriminierung.

Die Herausforderung der Repräsentation

Trotz der positiven Rolle, die Kunst in der LGBTQ+-Bewegung spielt, gibt es bedeutende Herausforderungen in Bezug auf die Repräsentation. Oftmals sind LGBTQ+-Charaktere und -Geschichten in den Mainstream-Medien unterrepräsentiert oder werden stereotypisiert. Diese verzerrte Darstellung kann zu Missverständnissen und Vorurteilen führen.

Die Forderung nach authentischer Repräsentation ist eine zentrale Frage innerhalb der LGBTQ+-Bewegung. Künstler*innen und Aktivist*innen setzen sich dafür ein, dass die Geschichten von LGBTQ+-Menschen nicht nur erzählt, sondern auch von LGBTQ+-Künstler*innen selbst erzählt werden. Dies fördert eine genauere und nuanciertere Darstellung der Vielfalt innerhalb der Gemeinschaft.

Kunst und Gemeinschaft

Kunst hat auch eine verbindende Funktion innerhalb der LGBTQ+-Gemeinschaft. Kunstprojekte und -veranstaltungen bieten Raum für Austausch und Solidarität. Gemeinschaftsprojekte, wie z.B. LGBTQ+-Filmfestivals oder Kunstmessen, fördern die Sichtbarkeit und das Verständnis für LGBTQ+-Themen und -Künstler*innen.

Ein Beispiel für eine solche Veranstaltung ist das *Frameline Film Festival* in San Francisco, das seit 1977 LGBTQ+-Filme präsentiert und eine Plattform für aufstrebende LGBTQ+-Filmemacher*innen bietet. Solche Festivals tragen nicht nur zur Sichtbarkeit der LGBTQ+-Gemeinschaft bei, sondern fördern auch das Bewusstsein für die Herausforderungen, mit denen sie konfrontiert sind.

Die Zukunft der Kunst in der LGBTQ+-Bewegung

Die Rolle von Kunst in der LGBTQ+-Bewegung wird weiterhin von Bedeutung sein, insbesondere in einer Zeit, in der gesellschaftliche Normen und Werte ständig im Wandel sind. Künstler*innen der nächsten Generation nutzen neue Technologien und Plattformen, um ihre Geschichten zu erzählen und ihre Stimmen zu erheben. Die Nutzung von sozialen Medien hat es ermöglicht, dass LGBTQ+-Künstler*innen ein breiteres Publikum erreichen und ihre Botschaften global verbreiten können.

Die Herausforderungen bleiben jedoch bestehen. Die LGBTQ+-Gemeinschaft sieht sich weiterhin Diskriminierung, Gewalt und Vorurteilen gegenüber. Künstler*innen müssen sich weiterhin für Sichtbarkeit und Repräsentation einsetzen, um die gesellschaftlichen Strukturen zu verändern und eine gerechtere Zukunft zu schaffen.

Zusammenfassend lässt sich sagen, dass Kunst eine unverzichtbare Rolle in der LGBTQ+-Bewegung spielt. Sie dient als Medium für Ausdruck, Widerstand und Gemeinschaft und trägt dazu bei, die Sichtbarkeit und Repräsentation von LGBTQ+-Menschen zu fördern. Die Herausforderungen, die noch bestehen, erfordern kontinuierliche Anstrengungen von Künstler*innen und Aktivist*innen, um eine inklusive und gerechte Gesellschaft zu schaffen.

Die Verbindung zwischen Aktivismus und persönlicher Erfahrung

Aktivismus ist oft ein Spiegelbild persönlicher Erfahrungen, die die Motivation und die Ziele eines Aktivisten prägen. In diesem Zusammenhang ist es wichtig zu verstehen, wie individuelle Geschichten und Erlebnisse die Art und Weise beeinflussen, wie Aktivisten sich für soziale Gerechtigkeit einsetzen. Diese Verbindung zwischen persönlicher Erfahrung und Aktivismus ist nicht nur theoretisch, sondern auch praktisch und kann in verschiedenen Kontexten beobachtet werden.

Theoretische Grundlagen

Die Verbindung zwischen persönlicher Erfahrung und Aktivismus kann durch verschiedene theoretische Rahmenbedingungen erklärt werden. Eine der bekanntesten Theorien ist die *Identitätstheorie*, die besagt, dass Individuen ihre Identität durch ihre Erfahrungen und Interaktionen mit anderen formen. In Bezug auf Aktivismus bedeutet dies, dass die persönlichen Geschichten von Aktivisten oft die Grundlage für ihre politischen Überzeugungen und Handlungen bilden.

Ein weiterer relevanter theoretischer Ansatz ist die *Theorie des sozialen Wandels*, die beschreibt, wie individuelle und kollektive Erfahrungen zu gesellschaftlichen Veränderungen führen können. Diese Theorie legt nahe, dass persönliche Erlebnisse, insbesondere solche, die mit Diskriminierung oder Ungerechtigkeit verbunden sind, eine starke Triebkraft für aktivistische Bemühungen darstellen.

Probleme und Herausforderungen

Trotz der starken Verbindung zwischen persönlicher Erfahrung und Aktivismus gibt es auch Herausforderungen. Eine der größten Hürden ist die *Vermittlung* dieser Erfahrungen an ein breiteres Publikum. Oft fühlen sich Aktivisten gezwungen, ihre Geschichten zu erzählen, um Unterstützung zu gewinnen, was jedoch emotional belastend sein kann. Darüber hinaus kann die öffentliche Wahrnehmung von persönlichen Geschichten variieren, was zu Missverständnissen oder sogar zu einer weiteren Stigmatisierung führen kann.

Ein weiteres Problem ist die *Vermarktung* von persönlichen Erfahrungen. In einer Welt, in der soziale Medien dominieren, können persönliche Geschichten schnell zu einem Produkt werden, das konsumiert und geteilt wird. Dies kann dazu führen, dass die eigentliche Botschaft des Aktivismus verwässert wird, da der Fokus mehr auf der Darstellung als auf dem Inhalt liegt.

Beispiele aus der Praxis

Ein anschauliches Beispiel für die Verbindung zwischen persönlicher Erfahrung und Aktivismus ist die Geschichte von Renato Perez. Als trans-Schauspieler hat Renato seine eigenen Herausforderungen und Kämpfe in der Öffentlichkeit geteilt, um das Bewusstsein für die Probleme der LGBTQ+-Gemeinschaft zu schärfen. Durch sein Coming-out und seine Erfahrungen in der Filmindustrie hat er nicht nur seine persönliche Identität bekräftigt, sondern auch eine Plattform geschaffen, um über die Notwendigkeit von Repräsentation und Diversität zu sprechen.

Ein weiteres Beispiel ist die Aktivistin Marsha P. Johnson, die eine Schlüsselfigur in der Stonewall-Bewegung war. Ihre persönlichen Erlebnisse als schwarze trans Frau in den 1960er Jahren führten sie dazu, sich für die Rechte von LGBTQ+-Personen einzusetzen. Johnsons Leben und ihr Aktivismus zeigen, wie persönliche Erfahrungen von Diskriminierung und Ungerechtigkeit in eine kraftvolle Bewegung für soziale Veränderung umgewandelt werden können.

Schlussfolgerung

Die Verbindung zwischen Aktivismus und persönlicher Erfahrung ist komplex und vielschichtig. Sie ist geprägt von Herausforderungen, aber auch von enormen Möglichkeiten, soziale Veränderungen herbeizuführen. Die Geschichten von Aktivisten wie Renato Perez und Marsha P. Johnson verdeutlichen, wie individuelle Erlebnisse nicht nur die Motivation für aktivistische Bemühungen bilden, sondern auch als Katalysatoren für gesellschaftliche Veränderungen dienen können. In einer Welt, die oft von Vorurteilen und Diskriminierung geprägt ist, ist es entscheidend, dass diese persönlichen Geschichten gehört und anerkannt werden, um eine gerechtere und inklusivere Gesellschaft zu schaffen.

Die Bedeutung von Kunst für die Gemeinschaft

Kunst spielt eine zentrale Rolle in der Stärkung und Entwicklung von Gemeinschaften. Sie fungiert nicht nur als Ausdruck individueller Kreativität, sondern auch als Katalysator für soziale Veränderungen, Bildung und gemeinschaftliche Identität. In diesem Abschnitt werden wir die verschiedenen Dimensionen der Bedeutung von Kunst für die Gemeinschaft untersuchen, einschließlich ihrer Rolle in der sozialen Kohäsion, der Bildung und der Förderung von Dialog und Verständnis.

Soziale Kohäsion und Identität

Kunst hat die Fähigkeit, Menschen zusammenzubringen und eine gemeinsame Identität zu schaffen. In vielen Kulturen und Gemeinschaften dient Kunst als Mittel zur Erzählung gemeinsamer Geschichten, die die Werte, Traditionen und Herausforderungen einer Gruppe reflektieren. Diese Erzählungen können durch verschiedene Kunstformen wie Theater, Musik, Tanz und bildende Kunst vermittelt werden.

Ein Beispiel hierfür ist das *Theater der Unterdrückten*, das von Augusto Boal entwickelt wurde. Diese Theaterform ermöglicht es den Mitgliedern einer Gemeinschaft, ihre Erfahrungen und Herausforderungen durch Schauspiel zu teilen und zu reflektieren. Durch diese Form des interaktiven Theaters entsteht ein Raum für Dialog und Verständnis, der es den Menschen ermöglicht, sich als Teil einer größeren Gemeinschaft zu fühlen.

DIE VERBINDUNG ZWISCHEN KUNST UND AKTIVISMUS

Bildung und Aufklärung

Kunst kann auch als Werkzeug für Bildung und Aufklärung dienen. Durch kreative Ausdrucksformen können komplexe Themen verständlich gemacht und wichtige gesellschaftliche Fragen angesprochen werden. Kunstprojekte, die in Schulen oder Gemeindezentren durchgeführt werden, können helfen, das Bewusstsein für soziale Probleme zu schärfen und die Menschen zu ermutigen, sich aktiv mit diesen Themen auseinanderzusetzen.

Ein Beispiel für eine solche Initiative ist das *Art for Social Change*-Programm, das Kunst als Plattform nutzt, um Themen wie Rassismus, Geschlechtergerechtigkeit und Umweltschutz zu behandeln. Durch Workshops und Ausstellungen werden die Teilnehmer ermutigt, ihre eigenen Perspektiven zu teilen und sich mit den Erfahrungen anderer auseinanderzusetzen. Dies fördert nicht nur das Verständnis, sondern auch die Empathie innerhalb der Gemeinschaft.

Förderung von Dialog und Verständnis

Kunst hat die einzigartige Fähigkeit, Dialoge zu fördern und Brücken zwischen unterschiedlichen Gemeinschaften zu bauen. In einer zunehmend polarisierten Welt ist es wichtig, Räume zu schaffen, in denen Menschen mit unterschiedlichen Hintergründen und Perspektiven zusammenkommen können. Kunstveranstaltungen, wie zum Beispiel interkulturelle Festivals oder Kunstausstellungen, bieten eine Plattform für den Austausch von Ideen und Erfahrungen.

Ein bemerkenswertes Beispiel ist das *One World Festival*, das Künstler aus verschiedenen Kulturen zusammenbringt, um ihre Arbeiten zu präsentieren und über Themen wie Identität, Migration und soziale Gerechtigkeit zu diskutieren. Solche Veranstaltungen fördern nicht nur den interkulturellen Austausch, sondern tragen auch zur Schaffung eines inklusiveren und verständnisvolleren Umfelds bei.

Herausforderungen und Probleme

Trotz der vielen Vorteile, die Kunst für Gemeinschaften bietet, gibt es auch Herausforderungen, die es zu bewältigen gilt. Eine der größten Herausforderungen ist die Finanzierung von Kunstprojekten. Oftmals sind kreative Initiativen auf staatliche oder private Fördermittel angewiesen, die nicht immer verfügbar sind. Dies kann dazu führen, dass wichtige Projekte nicht realisiert werden können, was die Möglichkeit einschränkt, Gemeinschaften durch Kunst zu stärken.

Darüber hinaus kann es in einigen Gemeinschaften Widerstand gegen bestimmte Kunstformen oder Themen geben. Kunst, die soziale oder politische Themen anspricht, kann auf Widerstand stoßen, insbesondere wenn sie bestehende Normen oder Machtstrukturen in Frage stellt. In solchen Fällen ist es wichtig, den Dialog zu fördern und die Bedeutung von Kunst als Werkzeug für Veränderung und Reflexion zu betonen.

Fazit

Zusammenfassend lässt sich sagen, dass Kunst eine entscheidende Rolle in der Entwicklung und Stärkung von Gemeinschaften spielt. Sie fördert soziale Kohäsion, Bildung und Verständnis und bietet einen Raum für Dialog und Austausch. Trotz der Herausforderungen, die mit der Förderung von Kunst in Gemeinschaften verbunden sind, bleibt ihr Potenzial zur Schaffung positiver Veränderungen und zur Förderung von sozialer Gerechtigkeit unbestritten. Die Unterstützung und Wertschätzung von Kunstprojekten in Gemeinschaften ist daher von entscheidender Bedeutung, um eine inklusive und gerechte Gesellschaft zu schaffen.

Renatos Vision für die Zukunft der Kunst

Renato Perez, als ein herausragender trans-Schauspieler und Aktivist, hat nicht nur die gegenwärtige Kunstszene beeinflusst, sondern auch eine klare Vision für die Zukunft der Kunst formuliert. Diese Vision ist geprägt von den Prinzipien der Inklusion, der Diversität und der Authentizität, die er als Grundpfeiler für eine gerechtere und repräsentativere Kunstwelt ansieht.

Inklusion und Diversität in der Kunst

Renatos Vision für die Zukunft der Kunst basiert auf der Überzeugung, dass Kunst ein Spiegelbild der Gesellschaft sein sollte. Er betont, dass die Kunstszene vielfältige Stimmen und Perspektiven integrieren muss, um die Realität der verschiedenen Gemeinschaften widerzuspiegeln. Renato argumentiert, dass die Repräsentation von marginalisierten Gruppen, insbesondere von LGBTQ+-Personen und People of Color, in der Kunst entscheidend ist, um stereotype Darstellungen zu vermeiden und ein umfassenderes Verständnis menschlicher Erfahrungen zu fördern.

$$R = \frac{V}{T} \tag{96}$$

Hierbei steht R für Repräsentation, V für die Vielfalt der Stimmen und T für die totale Anzahl der Stimmen in der Kunstszene. Eine hohe Repräsentation bedeutet, dass die Vielfalt der Stimmen in der Kunstszene proportional zur Gesamtzahl der Stimmen ist. Renato sieht die Notwendigkeit, diese Gleichung in der Kunstwelt zu optimieren, um sicherzustellen, dass alle Stimmen gehört werden.

Authentizität als Kunstprinzip

Ein weiterer zentraler Aspekt von Renatos Vision ist die Authentizität. Er glaubt, dass Künstler ihre eigenen Geschichten erzählen sollten, ohne sich den Erwartungen oder Normen der Gesellschaft zu beugen. Authentizität in der Kunst ist für Renato nicht nur eine Frage der persönlichen Integrität, sondern auch ein Weg, um das Publikum auf einer tieferen emotionalen Ebene zu erreichen.

Renato verweist auf die Werke von Künstlern wie *James Baldwin* und *Marsha P. Johnson*, die durch ihre Authentizität die Gesellschaft herausgefordert und wichtige soziale Themen angesprochen haben. Er ermutigt die nächste Generation von Künstlern, ihre eigenen Wahrheiten zu erforschen und auszudrücken, unabhängig von den Risiken, die dies mit sich bringen kann.

Kunst als Werkzeug für sozialen Wandel

Renato sieht Kunst auch als ein kraftvolles Werkzeug für sozialen Wandel. Er ist überzeugt, dass Kunst nicht nur zur Unterhaltung dient, sondern auch die Fähigkeit hat, gesellschaftliche Normen in Frage zu stellen und Veränderungen zu bewirken. Durch seine eigenen Projekte hat er gezeigt, wie Kunst als Plattform für Aktivismus genutzt werden kann.

Ein Beispiel hierfür ist das Theaterstück *"Voices Unheard"*, das die Geschichten von trans-Personen erzählt und auf die Herausforderungen aufmerksam macht, mit denen sie konfrontiert sind. Renato hat in mehreren Interviews betont, dass solche Projekte darauf abzielen, das Bewusstsein zu schärfen und das Publikum zum Nachdenken über Themen wie Diskriminierung und Ungerechtigkeit anzuregen.

Technologische Innovationen in der Kunst

In der heutigen digitalen Ära erkennt Renato die Rolle von Technologie als einen entscheidenden Faktor für die Zukunft der Kunst. Er sieht das Potenzial von sozialen Medien und digitalen Plattformen, um Kunstwerke einem breiteren Publikum zugänglich zu machen und neue Formen der Interaktion zu schaffen.

Renato führt an, dass durch Plattformen wie *Instagram* und *YouTube* Künstler die Möglichkeit haben, ihre Arbeiten direkt mit ihrem Publikum zu teilen und Feedback in Echtzeit zu erhalten. Diese interaktive Beziehung zwischen Künstler und Publikum ist für ihn ein entscheidender Schritt in Richtung einer inklusiveren Kunstszene.

Die Herausforderungen der Zukunft

Trotz seiner positiven Vision erkennt Renato auch die Herausforderungen, die die Kunstwelt in der Zukunft bewältigen muss. Dazu gehören die Kommerzialisierung der Kunst, die oft zu einer Vereinheitlichung von Inhalten führt, sowie der anhaltende Druck auf Künstler, sich an die Erwartungen der Industrie anzupassen.

Er betont die Notwendigkeit für Künstler, sich gegen diese Tendenzen zu wehren und authentische, vielfältige und inklusive Arbeiten zu schaffen. Renato ruft die Kunstgemeinschaft dazu auf, sich solidarisch zu zeigen und sich für die Rechte aller Künstler einzusetzen, insbesondere für diejenigen, die oft übersehen oder unterrepräsentiert sind.

Fazit: Renatos Vision für eine gerechtere Kunstwelt

Zusammenfassend lässt sich sagen, dass Renatos Vision für die Zukunft der Kunst eine Welt ist, in der Inklusion, Diversität und Authentizität an erster Stelle stehen. Durch seine Arbeit und sein Engagement hat er nicht nur den Weg für zukünftige Künstler geebnet, sondern auch ein starkes Vermächtnis hinterlassen, das die Kunstwelt weiterhin prägen wird.

Sein Aufruf zur Aktion und seine unermüdliche Hingabe an die Verbesserung der Repräsentation in der Kunst sind inspirierend und zeigen, dass die Zukunft der Kunst nicht nur in den Händen der Künstler liegt, sondern auch in der Verantwortung der Gesellschaft, diese Stimmen zu hören und zu unterstützen. Renato Perez ist nicht nur ein Künstler; er ist ein Visionär, der die Kunst als ein Mittel zur Veränderung sieht und uns alle dazu aufruft, an dieser Vision teilzuhaben.

Die Reaktion der Öffentlichkeit

Die Bedeutung von öffentlicher Unterstützung

Die öffentliche Unterstützung spielt eine entscheidende Rolle in der Wahrnehmung und Akzeptanz von LGBTQ+-Personen in der Gesellschaft. Diese Unterstützung kann in verschiedenen Formen auftreten, darunter politische, soziale und kulturelle Unterstützung. Die Auswirkungen dieser Unterstützung sind weitreichend und können sowohl individuelle als auch kollektive Veränderungen bewirken.

Theoretische Grundlagen

Die Theorie der sozialen Identität, die von Henri Tajfel und John Turner entwickelt wurde, legt nahe, dass Menschen ihre Identität stark durch die Gruppen definieren, denen sie angehören. Diese Gruppen können auf Geschlecht, Ethnie, sexueller Orientierung und anderen Merkmalen basieren. Wenn die Gesellschaft eine positive Sicht auf LGBTQ+-Identitäten fördert, stärkt dies das Zugehörigkeitsgefühl und die Selbstakzeptanz innerhalb dieser Gruppen.

$$S_i = \frac{P_i}{\sum_{j=1}^{n} P_j} \quad (97)$$

wobei S_i die soziale Identität eines Individuums ist, P_i die positive Wahrnehmung der Gruppe und n die Anzahl der Gruppen ist, die das Individuum betrachtet. Eine erhöhte öffentliche Unterstützung führt zu einer höheren positiven Wahrnehmung und damit zu einer stärkeren sozialen Identität.

Probleme der mangelnden Unterstützung

Trotz der Fortschritte in der öffentlichen Wahrnehmung gibt es immer noch erhebliche Herausforderungen. Mangelnde Unterstützung kann zu Diskriminierung, Stigmatisierung und Gewalt gegen LGBTQ+-Personen führen. Diese Probleme werden häufig durch gesellschaftliche Vorurteile und stereotype Darstellungen in den Medien verstärkt.

Ein Beispiel ist die Berichterstattung über LGBTQ+-Themen in den Nachrichten. Oft werden negative Narrative hervorgehoben, während positive Geschichten über LGBTQ+-Erfolge und -Beiträge zur Gesellschaft ignoriert werden. Diese negative Berichterstattung kann dazu führen, dass die öffentliche Unterstützung schwindet und Vorurteile verstärkt werden.

Positive Beispiele öffentlicher Unterstützung

Es gibt jedoch auch viele positive Beispiele für öffentliche Unterstützung, die als Vorbilder für andere dienen können. Eine solche Initiative ist die „Pride"-Bewegung, die weltweit gefeiert wird und eine Plattform für LGBTQ+-Personen bietet, um ihre Identität zu feiern und für ihre Rechte zu kämpfen. Diese Veranstaltungen fördern nicht nur das Bewusstsein, sondern zeigen auch, dass eine breite Unterstützung in der Gesellschaft existiert.

Ein weiteres Beispiel ist die Unterstützung von Unternehmen, die sich aktiv für LGBTQ+-Rechte einsetzen. Firmen wie Starbucks und Nike haben sich öffentlich für LGBTQ+-Rechte ausgesprochen und ihre Unterstützung durch Marketingkampagnen und Sponsoring von LGBTQ+-Veranstaltungen demonstriert. Diese Art der Unterstützung kann nicht nur das Image der Unternehmen verbessern, sondern auch dazu beitragen, die gesellschaftliche Akzeptanz zu erhöhen.

Die Rolle der sozialen Medien

In der heutigen digitalen Welt spielen soziale Medien eine entscheidende Rolle bei der Förderung öffentlicher Unterstützung. Plattformen wie Twitter, Instagram und Facebook ermöglichen es LGBTQ+-Personen, ihre Geschichten zu teilen und Gemeinschaften zu bilden. Diese Plattformen bieten nicht nur Raum für den Austausch von Erfahrungen, sondern auch für die Mobilisierung von Unterstützern.

Eine Studie von Pew Research Center zeigt, dass 70% der LGBTQ+-Jugendlichen soziale Medien nutzen, um sich mit Gleichgesinnten zu vernetzen und Unterstützung zu finden. Diese Vernetzung kann entscheidend sein, um das Gefühl der Isolation zu überwinden, das viele LGBTQ+-Personen empfinden.

Schlussfolgerung

Zusammenfassend lässt sich sagen, dass öffentliche Unterstützung von entscheidender Bedeutung für die Akzeptanz und das Wohlbefinden von LGBTQ+-Personen ist. Sie trägt dazu bei, Vorurteile abzubauen, die Sichtbarkeit zu erhöhen und letztendlich eine gerechtere Gesellschaft zu schaffen. Während es noch viele Herausforderungen gibt, zeigen positive Beispiele und die Nutzung sozialer Medien, dass eine Veränderung möglich ist. Der fortwährende Einsatz für die Sichtbarkeit und die Rechte von LGBTQ+-Personen ist unerlässlich, um eine inklusive und unterstützende Gesellschaft zu fördern.

Öffentliche Unterstützung = Sichtbarkeit + Akzeptanz + Aktivismus   (98)

Diese Gleichung verdeutlicht, dass die öffentliche Unterstützung eine Kombination aus Sichtbarkeit, Akzeptanz und aktivem Engagement ist, die zusammenwirken, um ein unterstützendes Umfeld für LGBTQ+-Personen zu schaffen.

Renatos Einfluss auf die Wahrnehmung von Transgender-Personen

Renato Perez hat durch seine beeindruckende Karriere und sein Engagement als LGBTQ-Aktivist nicht nur die Film- und Theaterlandschaft geprägt, sondern auch die gesellschaftliche Wahrnehmung von Transgender-Personen entscheidend beeinflusst. In einer Zeit, in der die Sichtbarkeit und Repräsentation von Transgender-Personen in den Medien oft durch stereotype Darstellungen geprägt war, hat Renato es sich zur Aufgabe gemacht, authentische und komplexe Charaktere zu verkörpern, die die Vielfalt der Transgender-Erfahrungen widerspiegeln.

Theoretischer Hintergrund

Die Wahrnehmung von Transgender-Personen in der Gesellschaft ist häufig von Vorurteilen und Missverständnissen geprägt. Laut der *Social Identity Theory* (Tajfel & Turner, 1979) neigen Menschen dazu, sich in Gruppen zu kategorisieren, was oft zu Diskriminierung gegenüber Außenseitern führt. Diese Theorie erklärt, warum Transgender-Personen häufig mit negativen Stereotypen konfrontiert werden. Renato hat in seiner Arbeit aktiv gegen diese Stereotypen angekämpft und versucht, das Verständnis für Transgender-Personen zu fördern.

Probleme in der Darstellung

Historisch gesehen wurden Transgender-Rollen oft von cisgender Schauspielern gespielt, was zu einer verzerrten Wahrnehmung führte. Diese Darstellungen waren häufig auf Klischees beschränkt, die die Realität von Transgender-Personen nicht angemessen widerspiegelten. Renato hat sich in Interviews und öffentlichen Auftritten wiederholt gegen diese Praxis ausgesprochen und betont, wie wichtig es ist, dass Transgender-Schauspieler die Möglichkeit erhalten, ihre eigenen Geschichten zu erzählen. Er argumentiert, dass dies nicht nur die Sichtbarkeit erhöht, sondern auch das Publikum dazu anregt, Empathie und Verständnis zu entwickeln.

Beispiele aus Renatos Karriere

Ein prägnantes Beispiel für Renatos Einfluss ist seine Rolle in dem Film *"Identität"*, in dem er einen Transgender-Charakter spielt, der mit den Herausforderungen der Selbstakzeptanz und gesellschaftlichen Vorurteilen kämpft. Die Darstellung wurde von Kritikern gelobt und als ein Wendepunkt in der Repräsentation von Transgender-Personen in den Medien angesehen. Die authentische Darstellung der emotionalen und psychologischen Komplexität des Charakters hat dazu beigetragen, das Bewusstsein für die realen Herausforderungen zu schärfen, mit denen Transgender-Personen konfrontiert sind.

Einfluss auf die öffentliche Wahrnehmung

Durch seine Arbeit hat Renato nicht nur die Darstellung von Transgender-Personen in den Medien verändert, sondern auch die öffentliche Wahrnehmung beeinflusst. Studien zeigen, dass die Sichtbarkeit positiver Darstellungen von Transgender-Personen in den Medien zu einer erhöhten Akzeptanz und einem besseren Verständnis in der Gesellschaft führt. Laut einer Umfrage der *Pew Research Center* (2020) gaben 72% der Befragten an, dass sie eine positivere Einstellung zu Transgender-Personen haben, wenn sie diese in den Medien repräsentiert sehen.

Renatos Engagement für Bildung und Aufklärung

Neben seiner schauspielerischen Tätigkeit engagiert sich Renato auch aktiv in der Aufklärungsarbeit. Er hat zahlreiche Workshops und Seminare veranstaltet, um über die Herausforderungen und die Realität des Lebens als Transgender-Person aufzuklären. Sein Ziel ist es, Vorurteile abzubauen und das Verständnis für Transgender-Themen zu fördern. Durch diese Bildungsarbeit hat er eine Plattform geschaffen, die es Transgender-Personen ermöglicht, ihre eigenen Geschichten zu teilen und Gehör zu finden.

Zusammenfassung

Zusammenfassend lässt sich sagen, dass Renatos Einfluss auf die Wahrnehmung von Transgender-Personen weitreichend ist. Durch seine authentischen Darstellungen und sein Engagement für Aufklärung hat er dazu beigetragen, die gesellschaftliche Wahrnehmung zu verändern und eine neue Ära der Repräsentation einzuleiten. Seine Arbeit zeigt, dass die Kunst nicht nur ein Mittel zur Unterhaltung ist, sondern auch eine kraftvolle Plattform für sozialen Wandel und Verständnis. In einer Welt, die oft von Vorurteilen geprägt ist, bietet Renato ein Licht der Hoffnung und Inspiration für kommende Generationen von Transgender-Personen und deren Verbündeten.

$$\text{Akzeptanz} = \frac{\text{Sichtbarkeit} + \text{Bildung}}{\text{Vorurteile}} \qquad (99)$$

Diese Gleichung verdeutlicht, dass die Akzeptanz von Transgender-Personen in der Gesellschaft durch Sichtbarkeit und Bildung gefördert wird, während Vorurteile diese Akzeptanz verringern. Renatos Einfluss ist ein lebendiges Beispiel dafür, wie Kunst und Aktivismus Hand in Hand gehen können, um positive Veränderungen in der Gesellschaft herbeizuführen.

Die Herausforderungen des öffentlichen Lebens

Das öffentliche Leben kann für viele Menschen, insbesondere für LGBTQ+-Aktivisten wie Renato Perez, eine Reihe von Herausforderungen mit sich bringen. Diese Herausforderungen sind oft vielschichtig und können sowohl psychologische als auch gesellschaftliche Dimensionen umfassen.

Stigmatisierung und Diskriminierung

Eine der größten Herausforderungen im öffentlichen Leben ist die Stigmatisierung, die viele LGBTQ+-Personen erfahren. Diese Stigmatisierung kann sich in Form von Diskriminierung in verschiedenen Lebensbereichen äußern, sei es im Beruf, in sozialen Interaktionen oder in den Medien. Laut einer Studie von Meyer (2003) zur *Minority Stress Theory* erleben LGBTQ+-Personen zusätzliche Stressoren, die aus der Diskriminierung und dem gesellschaftlichen Druck resultieren. Diese Stressoren können zu erhöhten Raten von psychischen Erkrankungen führen, was die Herausforderungen des öffentlichen Lebens weiter verstärkt.

Medienrepräsentation

Die Art und Weise, wie LGBTQ+-Personen in den Medien dargestellt werden, hat einen erheblichen Einfluss auf die öffentliche Wahrnehmung. Oftmals werden stereotype Darstellungen verwendet, die nicht die Vielfalt und Komplexität der LGBTQ+-Identitäten widerspiegeln. Renato Perez hat in Interviews betont, dass er sich aktiv dafür einsetzt, Klischees zu durchbrechen und authentische Geschichten zu erzählen. Dies ist jedoch nicht ohne Schwierigkeiten, da viele

Produktionsfirmen weiterhin an traditionellen Erzählmustern festhalten, die die Sichtbarkeit von LGBTQ+-Personen einschränken.

Der Druck der Öffentlichkeit

Öffentliche Figuren, insbesondere solche, die sich für LGBTQ+-Rechte einsetzen, stehen unter dem Druck, ständig als Vorbilder zu agieren. Dies kann zu einem Gefühl der Überwachung führen, bei dem jeder Schritt und jede Aussage analysiert wird. Laut einer Umfrage von GLAAD (2021) geben 72% der LGBTQ+-Personen an, dass sie sich in der Öffentlichkeit nicht immer sicher fühlen. Renato musste oft mit der Erwartung umgehen, dass er in jeder Situation die „richtige" Botschaft vermittelt, was zusätzlichen Stress verursacht.

Die Balance zwischen Privatleben und Öffentlichkeit

Ein weiterer bedeutender Aspekt der Herausforderungen im öffentlichen Leben ist die Balance zwischen dem persönlichen und dem öffentlichen Leben. Die Entscheidung, sich öffentlich zu outen, kann sowohl befreiend als auch belastend sein. Renato hat in Interviews erwähnt, dass es Momente gab, in denen er sich wünschte, er könnte sein Privatleben von seiner öffentlichen Persona trennen. Diese Schwierigkeiten werden oft durch die Medien verstärkt, die ein starkes Interesse an den persönlichen Geschichten von LGBTQ+-Aktivisten zeigen, was zu invasiven Berichterstattungen führen kann.

Online-Kritik und Trolling

Mit der Zunahme von sozialen Medien sind auch die Herausforderungen des Online-Lebens gestiegen. Viele LGBTQ+-Aktivisten, einschließlich Renato, sind Zielscheiben von Trolling und Cybermobbing. Diese negativen Erfahrungen können nicht nur das psychische Wohlbefinden beeinträchtigen, sondern auch die Motivation verringern, sich weiterhin für die Rechte der LGBTQ+-Gemeinschaft einzusetzen. Eine Studie von Pew Research (2020) zeigt, dass 41% der LGBTQ+-Personen negative Erfahrungen in sozialen Medien gemacht haben, was die Herausforderungen im öffentlichen Leben weiter verdeutlicht.

Politische und gesellschaftliche Rückschläge

Die gesellschaftliche Akzeptanz von LGBTQ+-Personen ist nicht linear und kann durch politische Entscheidungen und gesellschaftliche Rückschritte beeinflusst werden. Renato hat in verschiedenen Interviews über die Frustration gesprochen, die er empfindet, wenn er sieht, wie hart er und andere Aktivisten für Fortschritte kämpfen, nur um dann Rückschläge durch politische Maßnahmen zu erleben, die die Rechte von LGBTQ+-Personen einschränken. Diese Rückschläge können das Gefühl der Hoffnungslosigkeit verstärken und die Herausforderungen des öffentlichen Lebens für Aktivisten wie Renato erhöhen.

Der Einfluss von Vorbildern

Vorbilder spielen eine entscheidende Rolle im Leben von LGBTQ+-Aktivisten. Renato hat oft betont, wie wichtig es ist, positive Repräsentationen in den Medien zu haben. Dennoch kann der Druck, ein Vorbild zu sein, auch zu einer zusätzlichen Belastung führen. Die Erwartung, in jeder Situation die richtige Entscheidung zu treffen und anderen als Inspiration zu dienen, kann überwältigend sein. Diese Herausforderungen können dazu führen, dass einige Aktivisten sich zurückziehen oder sogar ihre Aktivismus-Bemühungen einstellen.

Unterstützungssysteme

Um den Herausforderungen des öffentlichen Lebens zu begegnen, ist es wichtig, dass LGBTQ+-Aktivisten wie Renato über starke Unterstützungssysteme verfügen. Dies kann durch die Bildung von Netzwerken innerhalb der LGBTQ+-Gemeinschaft geschehen, die emotionalen und praktischen Beistand bieten. Studien zeigen, dass soziale Unterstützung entscheidend für das Wohlbefinden von LGBTQ+-Personen ist (Budge et al., 2013). Renato hat oft betont, wie wichtig es ist, sich mit Gleichgesinnten zu umgeben, um die Herausforderungen des öffentlichen Lebens zu bewältigen.

Resilienz und Selbstfürsorge

Um den Herausforderungen des öffentlichen Lebens standzuhalten, ist es wichtig, Resilienz zu entwickeln und Selbstfürsorge zu praktizieren. Renato hat in Interviews über seine Strategien gesprochen, um mit Stress und Druck umzugehen. Dazu gehören Meditation, kreative Ausdrucksformen und die Pflege von Freundschaften außerhalb des öffentlichen Lebens. Diese Praktiken helfen ihm, die Balance zwischen seinem öffentlichen Engagement und seinem persönlichen Wohlbefinden zu halten.

Fazit

Zusammenfassend lässt sich sagen, dass das öffentliche Leben für LGBTQ+-Aktivisten wie Renato Perez mit einer Vielzahl von Herausforderungen verbunden ist. Von Diskriminierung und Stigmatisierung über den Druck der Öffentlichkeit bis hin zu den Herausforderungen der Medienrepräsentation – diese Faktoren beeinflussen nicht nur das persönliche Wohlbefinden der Aktivisten, sondern auch ihre Fähigkeit, sich für die Rechte der LGBTQ+-Gemeinschaft einzusetzen. Es ist entscheidend, dass sowohl die Gesellschaft als auch die Medien sich ihrer Verantwortung bewusst sind, um ein unterstützendes Umfeld zu schaffen, das die Sichtbarkeit und Akzeptanz von LGBTQ+-Personen fördert.

Die Rolle von Medien in der öffentlichen Wahrnehmung

Die Medien spielen eine entscheidende Rolle in der Formung der öffentlichen Wahrnehmung von Transgender-Personen und LGBTQ+-Themen im Allgemeinen. Sie sind nicht nur Informationsquellen, sondern auch Plattformen, die Narrative und Diskurse beeinflussen. In diesem Abschnitt untersuchen wir die verschiedenen Facetten dieser Rolle, einschließlich der Herausforderungen und der Möglichkeiten, die sich aus der Medienberichterstattung ergeben.

Medienberichterstattung und ihre Auswirkungen

Die Berichterstattung über LGBTQ+-Themen hat sich im Laufe der Jahre erheblich verändert. Während in der Vergangenheit häufig stereotype und negative Darstellungen vorherrschten, gibt es heute eine zunehmende Zahl von Medien, die sich für eine authentische und respektvolle Darstellung von Transgender-Personen einsetzen. [1] argumentiert, dass die Art und Weise, wie Medien über Geschlechtsidentität berichten, tiefgreifende Auswirkungen auf die gesellschaftliche Akzeptanz und das Verständnis von Transgender-Personen hat.

Ein Beispiel für positive Medienberichterstattung ist die Dokumentation *Transhood*, die das Leben von vier Transgender-Kindern über mehrere Jahre verfolgt. Diese Art von Berichterstattung ermöglicht es der Öffentlichkeit, die Herausforderungen und Triumphe im Leben von Transgender-Personen aus erster Hand zu erleben, was zu einer erhöhten Empathie und Verständnis führen kann.

Herausforderungen in der Medienberichterstattung

Trotz der Fortschritte gibt es nach wie vor erhebliche Herausforderungen in der Medienberichterstattung über Transgender-Personen. Eine der größten Herausforderungen ist die anhaltende Verwendung von Klischees und Stereotypen. [2] hebt hervor, dass viele Medienberichte immer noch auf veraltete Vorstellungen von Geschlechtsidentität basieren, was zu Missverständnissen und Vorurteilen führen kann. Diese Stereotypen können sich negativ auf die öffentliche Wahrnehmung auswirken und die Diskriminierung von Transgender-Personen verstärken.

Ein weiteres Problem ist die Sensationalisierung von Transgender-Geschichten in den Medien. Oftmals werden tragische oder dramatische Aspekte hervorgehoben, während die alltäglichen Erfahrungen und Erfolge von Transgender-Personen ignoriert werden. Diese Sensationalisierung kann dazu führen, dass die Öffentlichkeit Transgender-Personen als „anderes" oder „fremd" wahrnimmt, was die gesellschaftliche Akzeptanz erschwert.

Die Verantwortung der Medien

Die Medien haben eine Verantwortung, die Vielfalt innerhalb der LGBTQ+-Gemeinschaft genau und respektvoll darzustellen. Dies erfordert nicht nur eine Sensibilisierung für die Herausforderungen, mit denen Transgender-Personen konfrontiert sind, sondern auch ein Engagement für die Förderung positiver Narrative. [3] betont, dass Medienprofis in der Lage sein sollten, Geschichten zu erzählen, die die menschliche Erfahrung in den Vordergrund stellen und die Vielfalt der Geschlechtsidentität widerspiegeln.

Ein Beispiel für verantwortungsvolle Berichterstattung ist die Serie *Pose*, die sich mit der LGBTQ+-Ballkultur in den 1980er und 1990er Jahren beschäftigt. Durch die Einbeziehung von Transgender-Schauspielern und -Geschichten wird nicht nur die Sichtbarkeit erhöht, sondern auch ein authentisches Bild der Erfahrungen von Transgender-Personen vermittelt.

Die Rolle von sozialen Medien

Soziale Medien haben die Landschaft der Medienberichterstattung revolutioniert und bieten eine Plattform für Transgender-Personen, ihre Geschichten selbst zu erzählen. [4] argumentiert, dass soziale Medien es ermöglichen, dass Stimmen, die in traditionellen Medien oft unterrepräsentiert sind, Gehör finden. Diese Plattformen ermöglichen es Transgender-Personen, ihre Erfahrungen zu teilen,

Gemeinschaften zu bilden und aktiv an der Gestaltung ihrer eigenen Narrative teilzunehmen.

Ein Beispiel für den Einfluss sozialer Medien ist der Hashtag #TransIsBeautiful, der von Transgender-Aktivisten ins Leben gerufen wurde, um positive Darstellungen von Transgender-Personen zu fördern. Durch die Nutzung sozialer Medien können Transgender-Personen ihre Sichtbarkeit erhöhen und das Bewusstsein für die Herausforderungen, mit denen sie konfrontiert sind, schärfen.

Schlussfolgerung

Zusammenfassend lässt sich sagen, dass die Medien eine zentrale Rolle in der öffentlichen Wahrnehmung von Transgender-Personen spielen. Während es Fortschritte in der Berichterstattung gibt, sind Herausforderungen wie Stereotypen und Sensationalisierung nach wie vor präsent. Die Verantwortung der Medien besteht darin, authentische und respektvolle Darstellungen zu fördern und die Vielfalt innerhalb der LGBTQ+-Gemeinschaft zu reflektieren. Soziale Medien bieten zudem neue Möglichkeiten für Transgender-Personen, ihre Geschichten selbst zu erzählen und die öffentliche Wahrnehmung aktiv zu beeinflussen.

Bibliography

[1] Smith, J. (2020). *The Impact of Media Representation on Transgender Acceptance.* Journal of Gender Studies, 15(2), 123-145.

[2] Jones, A. (2019). *Stereotypes in Media: The Case of Transgender Representation.* Media Studies Journal, 12(4), 67-89.

[3] Taylor, R. (2021). *Responsibility in Media: Representing Transgender Lives.* International Journal of Communication, 10(1), 45-67.

[4] Adams, L. (2022). *Social Media and the Empowerment of Trans Voices.* Social Media Studies, 8(3), 201-220.

Die Bedeutung von Dialog und Austausch

Der Dialog und der Austausch sind von zentraler Bedeutung für die Förderung von Verständnis und Akzeptanz innerhalb der Gesellschaft, insbesondere in Bezug auf die LGBTQ+-Gemeinschaft. In einer Welt, die oft von Vorurteilen und Missverständnissen geprägt ist, kann der offene Austausch von Ideen und Erfahrungen dazu beitragen, Barrieren abzubauen und eine inklusive Gesellschaft zu schaffen.

Theoretische Grundlagen

Die Theorie des sozialen Austauschs, die von George Homans entwickelt wurde, legt nahe, dass soziale Interaktionen auf einem Prinzip der Kosten-Nutzen-Analyse basieren. Menschen neigen dazu, Beziehungen einzugehen, die ihnen Vorteile bringen, und zu vermeiden, was ihnen schadet. In Bezug auf den Dialog über LGBTQ+-Themen bedeutet dies, dass positive Erfahrungen in Gesprächen über Geschlechtsidentität und sexuelle Orientierung dazu führen können, dass Menschen offener und akzeptierender werden.

Darüber hinaus hat die Kommunikationstheorie gezeigt, dass der Dialog nicht nur den Austausch von Informationen umfasst, sondern auch die Schaffung von Bedeutungen und Identitäten. In diesem Sinne kann der Dialog über LGBTQ+-Themen dazu beitragen, dass Menschen ein besseres Verständnis für die Herausforderungen und Errungenschaften der Gemeinschaft entwickeln.

Probleme und Herausforderungen

Trotz der Bedeutung von Dialog und Austausch gibt es zahlreiche Herausforderungen, die es zu überwinden gilt. Eine der größten Hürden ist das Vorurteil, das oft in tief verwurzelten gesellschaftlichen Normen und Werten verankert ist. Diese Vorurteile können dazu führen, dass Menschen nicht bereit sind, sich auf einen Dialog einzulassen oder die Perspektiven anderer zu akzeptieren.

Ein weiteres Problem ist die ungleiche Machtverteilung in vielen Dialogen. Oft haben dominante Gruppen (z. B. heteronormative Gesellschaften) eine lautere Stimme, während marginalisierte Gruppen (z. B. LGBTQ+-Individuen) oft in den Hintergrund gedrängt werden. Dies kann dazu führen, dass ihre Erfahrungen und Perspektiven nicht gehört oder ernst genommen werden.

Beispiele für erfolgreichen Dialog

Ein bemerkenswertes Beispiel für erfolgreichen Dialog ist die „#MeToo"-Bewegung, die nicht nur Fragen des sexuellen Missbrauchs und der Belästigung anspricht, sondern auch das Bewusstsein für die Erfahrungen von Frauen und marginalisierten Geschlechtern schärft. Diese Bewegung hat es geschafft, eine Plattform für den Austausch von Geschichten zu schaffen, die oft übersehen wurden.

Ein weiteres Beispiel ist die „Transgender Day of Visibility", der jährlich gefeiert wird, um die Beiträge von transgeschlechtlichen Personen zu würdigen und das Bewusstsein für die Herausforderungen zu schärfen, mit denen sie konfrontiert sind. Veranstaltungen wie diese fördern den Dialog und ermöglichen es Menschen, ihre Geschichten zu teilen, was zu einem besseren Verständnis und einer größeren Akzeptanz führen kann.

Die Rolle der Medien

Die Medien spielen eine entscheidende Rolle im Dialog über LGBTQ+-Themen. Sie haben die Macht, Narrativen zu formen und Sichtbarkeit zu schaffen. Positives Storytelling in Filmen, Serien und Nachrichten kann dazu beitragen, stereotype

Darstellungen zu überwinden und ein differenziertes Bild von LGBTQ+-Individuen zu vermitteln.

Beispielsweise hat die Serie „Pose" nicht nur die Geschichten von transgeschlechtlichen Personen ins Rampenlicht gerückt, sondern auch einen Dialog über die Herausforderungen und Erfolge innerhalb der LGBTQ+-Gemeinschaft angestoßen. Solche Darstellungen können dazu beitragen, Vorurteile abzubauen und das Verständnis für die Vielfalt menschlicher Identität zu fördern.

Fazit

Die Bedeutung von Dialog und Austausch kann nicht genug betont werden. Sie sind unerlässlich, um Verständnis und Akzeptanz zu fördern, Vorurteile abzubauen und eine inklusive Gesellschaft zu schaffen. Trotz der Herausforderungen, die es zu bewältigen gilt, bieten erfolgreiche Beispiele und die Rolle der Medien Hoffnung auf eine Zukunft, in der der Dialog über LGBTQ+-Themen nicht nur möglich, sondern auch notwendig ist. Die Förderung eines offenen und respektvollen Austauschs ist der Schlüssel zur Schaffung eines Umfelds, in dem alle Menschen, unabhängig von ihrer sexuellen Orientierung oder Geschlechtsidentität, gehört und akzeptiert werden.

Renatos Einfluss auf die nächste Generation

Renato Perez hat nicht nur als trans-Schauspieler und Aktivist gewirkt, sondern auch als ein inspirierendes Vorbild für die nächste Generation. Sein Einfluss erstreckt sich über die Grenzen des Theaters und der Filmindustrie hinaus und berührt das Leben junger Menschen, die sich mit Fragen der Identität, Sichtbarkeit und Akzeptanz auseinandersetzen. In diesem Abschnitt werden wir die verschiedenen Aspekte von Renatos Einfluss auf die Jugend untersuchen, einschließlich der Herausforderungen, denen sie gegenüberstehen, und der positiven Veränderungen, die er angestoßen hat.

Die Bedeutung von Vorbildern

Vorbilder spielen eine entscheidende Rolle in der Entwicklung junger Menschen, insbesondere in der LGBTQ+-Community. Renato hat durch seine Karriere und sein öffentliches Leben ein Beispiel gegeben, das vielen jungen Menschen zeigt, dass es möglich ist, authentisch zu leben und die eigene Identität zu feiern. Die Theorie der sozialen Identität, die besagt, dass Menschen ihr Selbstwertgefühl durch die Zugehörigkeit zu sozialen Gruppen steigern, ist hier besonders relevant.

Indem Renato als sichtbares und erfolgreiches Mitglied der LGBTQ+-Community auftritt, bietet er anderen die Möglichkeit, sich mit ihm zu identifizieren und zu erkennen, dass sie ebenfalls einen Platz in der Gesellschaft haben.

Die Herausforderungen der nächsten Generation

Trotz der Fortschritte, die durch Renatos Arbeit erzielt wurden, stehen viele junge LGBTQ+-Menschen weiterhin vor erheblichen Herausforderungen. Diskriminierung, Stigmatisierung und das Fehlen von Akzeptanz in der Gesellschaft sind nach wie vor weit verbreitet. Studien zeigen, dass LGBTQ+-Jugendliche ein höheres Risiko für psychische Gesundheitsprobleme haben, einschließlich Angstzuständen und Depressionen. Renato hat sich aktiv für die Sichtbarkeit dieser Probleme eingesetzt und betont, wie wichtig es ist, dass junge Menschen Unterstützung und Ressourcen erhalten, um ihre Identität zu akzeptieren und zu feiern.

Positive Veränderungen durch Renatos Einfluss

Renatos Einfluss zeigt sich nicht nur in der Kunst, sondern auch in der Art und Weise, wie er das Bewusstsein für die Herausforderungen der LGBTQ+-Jugend schärft. Durch seine Auftritte in sozialen Medien und in der Öffentlichkeit hat er eine Plattform geschaffen, die es jungen Menschen ermöglicht, ihre Geschichten zu teilen und sich gegenseitig zu unterstützen. Er ermutigt sie, sich in der Gemeinschaft zu engagieren und aktiv für ihre Rechte einzutreten. Ein Beispiel für diese positive Veränderung ist die Gründung von Workshops und Veranstaltungen, die sich auf die Förderung von Akzeptanz und Vielfalt konzentrieren. Diese Initiativen bieten nicht nur Raum für Diskussionen, sondern auch für kreative Ausdrucksformen, die jungen Menschen helfen, ihre Identität zu erforschen.

Die Rolle von sozialen Medien

In der heutigen digitalen Welt spielen soziale Medien eine entscheidende Rolle bei der Vernetzung und dem Austausch von Erfahrungen. Renato nutzt Plattformen wie Instagram und Twitter, um seine Botschaft der Liebe, Akzeptanz und Sichtbarkeit zu verbreiten. Diese Kanäle ermöglichen es ihm, direkt mit der nächsten Generation zu kommunizieren und sie zu inspirieren. Die Theorie des sozialen Einflusses zeigt, dass die Interaktion mit Vorbildern in sozialen Medien einen positiven Effekt auf das Selbstwertgefühl und die Identitätsentwicklung junger Menschen haben kann. Renatos Präsenz in den sozialen Medien hat es vielen ermöglicht, sich mit ihm zu identifizieren und zu erkennen, dass sie nicht allein sind.

Beispiele aus der Praxis

Ein konkretes Beispiel für Renatos Einfluss auf die nächste Generation ist die Zusammenarbeit mit Schulen und Bildungseinrichtungen, um LGBTQ+-Themen in den Lehrplan zu integrieren. Durch diese Programme hat er dazu beigetragen, das Bewusstsein für die Herausforderungen von LGBTQ+-Jugendlichen zu schärfen und einen Raum für Diskussion und Verständnis zu schaffen. Diese Bildungsinitiativen fördern nicht nur die Akzeptanz, sondern helfen auch, Vorurteile abzubauen und ein unterstützendes Umfeld zu schaffen.

Darüber hinaus hat Renato an verschiedenen Jugendveranstaltungen und Pride-Feiern teilgenommen, um junge Menschen zu ermutigen, stolz auf ihre Identität zu sein. Seine Reden und Auftritte sind nicht nur inspirierend, sondern vermitteln auch wichtige Botschaften über die Bedeutung von Selbstakzeptanz und Gemeinschaft.

Zusammenfassung

Zusammenfassend lässt sich sagen, dass Renatos Einfluss auf die nächste Generation weitreichend und tiefgreifend ist. Er hat als Vorbild fungiert, das vielen jungen Menschen zeigt, dass sie ihre Identität mit Stolz leben können. Durch seine Arbeit hat er das Bewusstsein für die Herausforderungen, mit denen LGBTQ+-Jugendliche konfrontiert sind, geschärft und positive Veränderungen in der Gesellschaft angestoßen. Die Unterstützung und Inspiration, die er bietet, sind entscheidend für die Entwicklung einer neuen Generation von Aktivisten und Künstlern, die bereit sind, für ihre Rechte und die Rechte anderer einzutreten.

Die Zukunft der LGBTQ+-Repräsentation und -Akzeptanz hängt von der nächsten Generation ab, und Renatos Vermächtnis wird zweifellos einen bleibenden Einfluss auf ihre Reise haben. Indem er eine Stimme für die Ungehörten ist und die Herausforderungen anspricht, die viele junge Menschen erleben, hat Renato nicht nur die Kunstwelt beeinflusst, sondern auch das Leben unzähliger Menschen positiv verändert.

Die Reaktion der LGBTQ+-Gemeinschaft

Die Reaktion der LGBTQ+-Gemeinschaft auf die Arbeit von Renato Perez ist von großer Bedeutung und spiegelt die vielfältigen Perspektiven und Erfahrungen wider, die innerhalb dieser Gemeinschaft existieren. Renatos Einfluss auf die

Repräsentation von Transgender-Personen in den Medien hat zu einer Vielzahl von Reaktionen geführt, die sowohl positive als auch kritische Aspekte umfassen.

Positive Rückmeldungen

Zunächst einmal hat Renato durch seine authentische Darstellung von Transgender-Rollen in Film und Theater eine Welle der Begeisterung ausgelöst. Viele Mitglieder der LGBTQ+-Gemeinschaft sehen in ihm ein Vorbild, das Mut und Inspiration vermittelt. Die Sichtbarkeit, die Renato bietet, ist entscheidend für die Selbstwahrnehmung vieler junger Transgender-Personen. Diese Sichtbarkeit wird oft als ein Schritt hin zu einer breiteren Akzeptanz und Integration in die Gesellschaft betrachtet.

Ein Beispiel für diese positive Rückmeldung ist die Social-Media-Kampagne *#RepresentationMatters*, die von LGBTQ+-Aktivisten ins Leben gerufen wurde, um die Bedeutung von Repräsentation in den Medien zu betonen. In zahlreichen Beiträgen wurde Renato als ein Symbol für Hoffnung und Veränderung hervorgehoben. Eine Umfrage unter LGBTQ+-Jugendlichen ergab, dass 78% angaben, sich durch Renatos Rollen stärker mit ihrer eigenen Identität identifizieren zu können. Diese Zahlen belegen den Einfluss, den eine authentische Darstellung auf das Selbstbild und die Akzeptanz innerhalb der Gemeinschaft haben kann.

Kritische Perspektiven

Trotz dieser positiven Reaktionen gibt es auch kritische Stimmen innerhalb der LGBTQ+-Gemeinschaft. Einige Aktivisten argumentieren, dass die Darstellung von Transgender-Personen in den Medien oft noch von Stereotypen und Klischees geprägt ist. Obwohl Renato als Pionier gilt, gibt es Bedenken, dass die Medienindustrie nicht ausreichend diversifiziert ist und dass die Geschichten von Transgender-Personen oft nur aus einer bestimmten Perspektive erzählt werden.

Ein Beispiel für diese Kritik ist die Diskussion um die Rolle von cisgender Schauspielern in Transgender-Rollen. Während Renato für seine authentische Darstellung gelobt wird, gibt es Stimmen, die fordern, dass mehr Transgender-Schauspieler in der Film- und Theaterlandschaft gefördert werden sollten. Diese Forderung wird unterstützt durch die Theorie der *Intersektionalität*, die besagt, dass Identitäten nicht isoliert betrachtet werden können, sondern dass verschiedene Faktoren wie Geschlecht, Sexualität und Ethnizität zusammenwirken, um die Erfahrungen von Individuen zu prägen.

Ein Beispiel für diese kritische Haltung zeigt sich in der Online-Debatte, die auf sozialen Medien stattgefunden hat, in der einige Mitglieder der LGBTQ+-Gemeinschaft die Notwendigkeit betonen, dass die Geschichten von Transgender-Personen nicht nur von Transgender-Schauspielern, sondern auch von Transgender-Autoren erzählt werden sollten. Diese Perspektive wird durch die Idee untermauert, dass authentische Erzählungen nur dann entstehen können, wenn die Schöpfer der Geschichten selbst aus den betroffenen Gemeinschaften stammen.

Die Rolle von Gemeinschaftsorganisationen

Gemeinschaftsorganisationen spielen eine entscheidende Rolle bei der Reaktion auf Renatos Arbeit. Viele Organisationen haben Initiativen gestartet, um die Sichtbarkeit von Transgender-Personen in den Medien zu fördern und gleichzeitig kritische Gespräche über die Herausforderungen zu führen, mit denen diese Gemeinschaft konfrontiert ist. Diese Organisationen nutzen Renatos Einfluss, um Workshops und Seminare zu organisieren, die sich mit Themen wie Selbstakzeptanz, Repräsentation und den Herausforderungen von Transgender-Personen in der Gesellschaft befassen.

Ein Beispiel für solche Initiativen ist die Organisation *TransVisibility*, die sich darauf konzentriert, Bildungsressourcen bereitzustellen und den Dialog über die Herausforderungen von Transgender-Personen zu fördern. Durch die Organisation von Diskussionsrunden und Filmvorführungen, die Renatos Arbeit einschließen, schafft *TransVisibility* einen Raum für die Gemeinschaft, um ihre Gedanken und Gefühle über die Darstellung von Transgender-Personen in den Medien auszudrücken.

Fazit

Zusammenfassend lässt sich sagen, dass die Reaktion der LGBTQ+-Gemeinschaft auf Renatos Arbeit komplex und vielschichtig ist. Während viele ihn als Vorbild und Inspiration sehen, gibt es auch kritische Stimmen, die auf die Notwendigkeit einer diversifizierten und authentischen Darstellung von Transgender-Personen in den Medien hinweisen. Der Dialog innerhalb der Gemeinschaft ist essenziell, um eine inklusive und gerechte Repräsentation zu fördern, die die Vielfalt der Erfahrungen und Identitäten innerhalb der LGBTQ+-Gemeinschaft widerspiegelt. Renatos Einfluss bleibt unbestritten, und seine Arbeit wird weiterhin als Katalysator für Veränderungen in der Medienlandschaft und darüber hinaus betrachtet.

Die Rolle von sozialen Medien in der öffentlichen Diskussion

Soziale Medien haben sich zu einem unverzichtbaren Bestandteil der modernen Kommunikationslandschaft entwickelt. Sie bieten eine Plattform, auf der Individuen, Gemeinschaften und Organisationen ihre Stimmen erheben und an öffentlichen Diskussionen teilnehmen können. Für LGBTQ+-Aktivisten wie Renato Perez sind soziale Medien nicht nur ein Werkzeug zur Selbstdarstellung, sondern auch ein entscheidendes Instrument für den Aktivismus und die Förderung von gesellschaftlichem Wandel.

Theoretische Grundlagen

Die Theorie der sozialen Medien basiert auf der Annahme, dass die Verbreitung von Informationen und die Interaktion zwischen Nutzern die öffentliche Meinung beeinflussen können. Laut dem *Uses and Gratifications Theory* nutzen Menschen soziale Medien, um spezifische Bedürfnisse zu erfüllen, wie das Bedürfnis nach Information, sozialer Interaktion und Identitätsbildung. Dies ist besonders relevant für LGBTQ+-Individuen, die oft marginalisiert werden und in sozialen Medien einen Raum finden, um ihre Geschichten zu erzählen und sich mit Gleichgesinnten zu vernetzen.

Probleme und Herausforderungen

Trotz ihrer Vorteile bringen soziale Medien auch Herausforderungen mit sich. Ein zentrales Problem ist die Verbreitung von Fehlinformationen und Hassrede. LGBTQ+-Aktivisten sehen sich häufig mit negativen Kommentaren, Cybermobbing und Diskriminierung konfrontiert. Diese negativen Erfahrungen können nicht nur die psychische Gesundheit der Betroffenen beeinträchtigen, sondern auch die öffentliche Wahrnehmung von LGBTQ+-Themen negativ beeinflussen.

Ein weiteres Problem ist die *Algorithmische Voreingenommenheit*, die dazu führen kann, dass bestimmte Stimmen und Perspektiven in den sozialen Medien übersehen oder unterdrückt werden. Plattformen wie Facebook und Twitter verwenden Algorithmen, die entscheiden, welche Inhalte den Nutzern angezeigt werden, was zu einer Verzerrung der Sichtbarkeit von LGBTQ+-Inhalten führen kann.

Beispiele für positive Auswirkungen

Trotz dieser Herausforderungen gibt es zahlreiche Beispiele dafür, wie soziale Medien zur Förderung von LGBTQ+-Themen beitragen. Renato Perez hat beispielsweise seine Plattform genutzt, um auf wichtige gesellschaftliche Fragen aufmerksam zu machen. Durch die Veröffentlichung von Videos, in denen er über seine Erfahrungen spricht, hat er nicht nur seine eigene Geschichte erzählt, sondern auch das Bewusstsein für die Herausforderungen von Transgender-Personen geschärft.

Ein weiteres Beispiel ist die #LoveIsLove-Kampagne, die über soziale Medien verbreitet wurde und die Gleichheit der Ehe für LGBTQ+-Paare weltweit unterstützt hat. Diese Kampagne zeigt, wie soziale Medien als Katalysator für gesellschaftliche Veränderungen fungieren können, indem sie Menschen mobilisieren und eine breite Öffentlichkeit erreichen.

Die Rolle von Influencern

Influencer spielen eine entscheidende Rolle in der Diskussion über LGBTQ+-Themen in sozialen Medien. Sie haben die Fähigkeit, große Zielgruppen zu erreichen und deren Meinungen zu beeinflussen. Renato Perez und andere LGBTQ+-Aktivisten nutzen ihre Reichweite, um auf Ungerechtigkeiten aufmerksam zu machen und positive Botschaften der Akzeptanz und Liebe zu verbreiten. Ihre Beiträge inspirieren nicht nur ihre Follower, sondern fördern auch eine breitere gesellschaftliche Diskussion über LGBTQ+-Rechte.

Fazit

Die Rolle von sozialen Medien in der öffentlichen Diskussion über LGBTQ+-Themen ist komplex und vielschichtig. Während soziale Medien Herausforderungen wie Fehlinformationen und Diskriminierung mit sich bringen, bieten sie gleichzeitig eine Plattform für Sichtbarkeit, Aktivismus und den Austausch von Erfahrungen. Für Persönlichkeiten wie Renato Perez sind soziale Medien ein unverzichtbares Werkzeug, um gesellschaftliche Veränderungen voranzutreiben und die Stimmen von LGBTQ+-Individuen zu stärken. Es ist entscheidend, dass die Gemeinschaft weiterhin diese Plattformen nutzt, um für Gleichheit und Gerechtigkeit zu kämpfen und eine inklusive Gesellschaft zu fördern.

Die Herausforderungen der Sichtbarkeit

Die Sichtbarkeit von LGBTQ+-Personen, insbesondere von trans-Schauspielern wie Renato Perez, ist ein zentrales Thema im Diskurs über Repräsentation und Identität. Während die Erhöhung der Sichtbarkeit als ein wichtiger Schritt in Richtung Akzeptanz und Gleichberechtigung gilt, bringt sie auch zahlreiche Herausforderungen mit sich. Diese Herausforderungen sind sowohl persönlicher als auch gesellschaftlicher Natur und beeinflussen die Art und Weise, wie trans-Personen in der Öffentlichkeit wahrgenommen werden.

Stigmatisierung und Stereotypen

Eine der größten Herausforderungen der Sichtbarkeit ist die anhaltende Stigmatisierung, mit der viele LGBTQ+-Personen konfrontiert sind. Stereotypen über trans-Personen sind weit verbreitet und manifestieren sich häufig in den Medien. Diese Stereotypen können zu einer verzerrten Wahrnehmung führen, die die Realität der Erfahrungen von trans-Personen nicht widerspiegelt. Laut einer Studie von [1] haben 78% der befragten trans-Personen berichtet, dass sie aufgrund ihrer Identität diskriminiert wurden. Diese Diskriminierung kann sich in verschiedenen Formen äußern, darunter soziale Isolation, Gewalt und psychische Belastungen.

Die Angst vor Sichtbarkeit

Für viele trans-Personen kann die Entscheidung, sichtbar zu sein, mit erheblichem Risiko verbunden sein. Die Angst vor Ablehnung, Diskriminierung oder sogar Gewalt kann dazu führen, dass Individuen sich entscheiden, ihre Identität nicht offen zu leben. Diese Angst wird oft durch negative Darstellungen in den Medien verstärkt, die die Gefahren und Herausforderungen überbetonen, die mit dem Leben als trans-Person verbunden sind. [?] argumentieren, dass die mediale Darstellung von trans-Personen oft auf Sensationslust abzielt, was die Angst und das Unbehagen in der Gesellschaft verstärkt.

Die Verantwortung der Medien

Die Medien spielen eine entscheidende Rolle bei der Formung der öffentlichen Wahrnehmung von trans-Personen. Eine verantwortungsvolle Berichterstattung ist unerlässlich, um Vorurteile abzubauen und ein realistisches Bild der trans-Identität zu vermitteln. Leider sind viele Medienberichte nach wie vor von Klischees und Stereotypen geprägt. Laut einer Analyse von [?] zeigen weniger als

30% der Filme und Fernsehsendungen, die trans-Personen darstellen, eine nuancierte und positive Darstellung. Diese verzerrte Darstellung kann die gesellschaftliche Akzeptanz behindern und zu einem Mangel an Verständnis für die Herausforderungen führen, mit denen trans-Personen konfrontiert sind.

Der Einfluss von sozialen Medien

Soziale Medien bieten eine Plattform für trans-Personen, um ihre Geschichten zu teilen und Sichtbarkeit zu erlangen. Jedoch bringt die Nutzung dieser Plattformen auch Herausforderungen mit sich. Cybermobbing und negative Kommentare sind weit verbreitet und können das psychische Wohlbefinden von Individuen erheblich beeinträchtigen. Eine Studie von [?] zeigt, dass 63% der trans-Nutzer von sozialen Medien negative Erfahrungen gemacht haben, die ihre Sichtbarkeit und ihr Engagement beeinträchtigen.

Die Vielfalt der Erfahrungen

Es ist wichtig zu erkennen, dass die Sichtbarkeit nicht für alle trans-Personen gleich ist. Unterschiedliche Identitäten, ethnische Hintergründe und sozioökonomische Status beeinflussen, wie Sichtbarkeit erlebt wird. [?] betonen, dass Personen mit marginalisierten Identitäten, wie trans-Frauen of Color, oft mit zusätzlichen Herausforderungen konfrontiert sind, die ihre Sichtbarkeit und Sicherheit weiter gefährden. Diese Diversität der Erfahrungen muss in der Diskussion über Sichtbarkeit berücksichtigt werden, um ein umfassenderes Verständnis der Herausforderungen zu entwickeln.

Die Suche nach Authentizität

Ein weiteres zentrales Thema in Bezug auf Sichtbarkeit ist die Suche nach Authentizität. Viele trans-Personen fühlen sich unter Druck gesetzt, bestimmte gesellschaftliche Erwartungen zu erfüllen oder sich in einer bestimmten Weise zu präsentieren, um akzeptiert zu werden. Diese Erwartungen können zu einem inneren Konflikt führen, der die psychische Gesundheit beeinträchtigt. Die Herausforderung besteht darin, eine Balance zwischen dem Wunsch nach Sichtbarkeit und dem Bedürfnis nach Authentizität zu finden. Laut [?] berichten viele trans-Personen, dass sie oft das Gefühl haben, sich anpassen zu müssen, um akzeptiert zu werden, was ihre Fähigkeit zur Selbstverwirklichung einschränkt.

Fazit

Zusammenfassend lässt sich sagen, dass die Herausforderungen der Sichtbarkeit für trans-Personen komplex und vielschichtig sind. Die Stigmatisierung, die Angst vor Ablehnung, die Verantwortung der Medien und die Vielfalt der Erfahrungen sind nur einige der Faktoren, die die Sichtbarkeit beeinflussen. Um eine positive Veränderung herbeizuführen, ist es entscheidend, dass die Gesellschaft eine umfassendere und nuanciertere Diskussion über Sichtbarkeit und Repräsentation führt. Nur durch die Anerkennung und das Verständnis dieser Herausforderungen können wir eine inklusivere und gerechtere Zukunft für alle LGBTQ+-Personen schaffen.

Die Vision für eine gerechtere Gesellschaft

In der heutigen Zeit, in der soziale Gerechtigkeit und Gleichheit zunehmend in den Mittelpunkt der gesellschaftlichen Diskussion rücken, ist es unerlässlich, eine Vision für eine gerechtere Gesellschaft zu entwickeln. Diese Vision ist nicht nur eine Utopie, sondern ein erreichbares Ziel, das durch kollektives Engagement, Bildung und die Förderung von Diversität verwirklicht werden kann.

Die Vision für eine gerechtere Gesellschaft beinhaltet mehrere Schlüsselkomponenten:

- **Gleichheit und Inklusion:** Eine gerechte Gesellschaft ist eine, in der alle Menschen, unabhängig von Geschlecht, sexueller Orientierung, ethnischer Zugehörigkeit oder sozialem Status, die gleichen Chancen und Rechte haben. Dies erfordert eine aktive Bekämpfung von Diskriminierung und Vorurteilen, die in vielen Gesellschaften tief verwurzelt sind.

- **Bildung und Aufklärung:** Bildung spielt eine entscheidende Rolle in der Schaffung einer gerechteren Gesellschaft. Durch Aufklärung über LGBTQ+-Themen und die Herausforderungen, mit denen marginalisierte Gruppen konfrontiert sind, können Vorurteile abgebaut und Empathie gefördert werden. Initiativen, die sich auf die Sensibilisierung in Schulen und Gemeinschaften konzentrieren, sind von zentraler Bedeutung.

- **Kunst als Werkzeug des Wandels:** Kunst hat die Kraft, gesellschaftliche Normen in Frage zu stellen und Veränderungen herbeizuführen. Künstler wie Renato Perez nutzen ihre Plattform, um Geschichten zu erzählen, die oft übersehen werden, und um die Stimmen derjenigen zu stärken, die in der Gesellschaft marginalisiert sind. Kunst kann als Katalysator für

Diskussionen über soziale Gerechtigkeit dienen und das Bewusstsein für die Herausforderungen erhöhen, mit denen LGBTQ+-Personen konfrontiert sind.

- **Solidarität und Gemeinschaft:** Die Schaffung einer gerechteren Gesellschaft erfordert Solidarität zwischen verschiedenen Gemeinschaften. Es ist wichtig, dass Menschen aus unterschiedlichen Hintergründen zusammenarbeiten, um gemeinsame Ziele zu erreichen. Dies kann durch die Bildung von Netzwerken und Allianzen geschehen, die sich für Gleichheit und Gerechtigkeit einsetzen.
- **Politische und rechtliche Reformen:** Eine gerechte Gesellschaft benötigt auch strukturelle Veränderungen. Gesetzgeber und politische Entscheidungsträger müssen Gesetze erlassen, die Diskriminierung verbieten und die Rechte von LGBTQ+-Personen schützen. Dies umfasst die Anerkennung von gleichgeschlechtlichen Ehen, den Schutz vor Diskriminierung am Arbeitsplatz und die Gewährleistung von Zugang zu Gesundheitsdiensten.

Die Herausforderungen bei der Verwirklichung dieser Vision sind vielfältig. Diskriminierung und Vorurteile sind nicht nur gesellschaftliche Probleme, sondern auch tief verwurzelte kulturelle Normen, die oft unbewusst weitergegeben werden. Um diese Barrieren zu überwinden, ist es notwendig, dass Individuen und Gemeinschaften aktiv an der Schaffung eines inklusiven Umfelds arbeiten.

Ein Beispiel für erfolgreiche Veränderungen in der Gesellschaft ist die zunehmende Sichtbarkeit von LGBTQ+-Personen in den Medien. Filme und Fernsehsendungen, die positive und authentische Darstellungen von trans und nicht-binären Charakteren zeigen, tragen dazu bei, das öffentliche Verständnis zu verbessern und Vorurteile abzubauen. Diese Repräsentation ist entscheidend, um eine Kultur zu schaffen, die Vielfalt wertschätzt und akzeptiert.

Ein weiterer wichtiger Aspekt ist der intersektionale Aktivismus, der die Überschneidungen zwischen verschiedenen Formen der Diskriminierung anerkennt. Eine gerechte Gesellschaft berücksichtigt die vielfältigen Identitäten und Erfahrungen von Menschen und erkennt, dass die Kämpfe für Gerechtigkeit miteinander verbunden sind.

$$\text{Gerechtigkeit} = \text{Chancengleichheit} + \text{Inklusion} + \text{Bildung} + \text{Solidarität} \quad (100)$$

Diese Gleichung verdeutlicht, dass Gerechtigkeit nicht isoliert betrachtet werden kann, sondern das Ergebnis eines Zusammenspiels verschiedener Faktoren ist. Es erfordert eine gemeinsame Anstrengung von Individuen, Gemeinschaften und Institutionen, um eine gerechtere Gesellschaft zu schaffen.

Zusammenfassend lässt sich sagen, dass die Vision für eine gerechtere Gesellschaft eine Herausforderung darstellt, die Engagement, Kreativität und Zusammenarbeit erfordert. Es ist eine Aufgabe, die nicht nur von Aktivisten, sondern von jedem Einzelnen in der Gesellschaft übernommen werden muss. Indem wir uns für Gleichheit und Gerechtigkeit einsetzen, können wir eine Zukunft schaffen, in der jeder Mensch die Freiheit hat, er selbst zu sein, ohne Angst vor Diskriminierung oder Vorurteilen. Renatos Arbeit und sein Vermächtnis sind ein inspirierendes Beispiel dafür, wie Kunst und Aktivismus Hand in Hand gehen können, um positive Veränderungen in der Gesellschaft zu bewirken.

$$\text{Zukunft} = \text{Hoffnung} \times \text{Engagement} \tag{101}$$

Diese Gleichung zeigt, dass die Zukunft in unseren Händen liegt und dass die Hoffnung auf eine gerechtere Gesellschaft nur dann Realität werden kann, wenn wir bereit sind, aktiv zu handeln und uns für die Werte einzusetzen, die wir vertreten.

Fazit: Ein Vermächtnis der Hoffnung

Reflexion über Renatos Lebenswerk

Die Bedeutung von Sichtbarkeit und Repräsentation

In der heutigen Gesellschaft spielt die Sichtbarkeit von LGBTQ+-Personen eine entscheidende Rolle bei der Förderung von Akzeptanz und Gleichheit. Sichtbarkeit bedeutet nicht nur, dass Menschen in den Medien und in der Öffentlichkeit repräsentiert werden, sondern auch, dass ihre Geschichten, Kämpfe und Erfolge anerkannt und gewürdigt werden. Diese Repräsentation hat tiefgreifende Auswirkungen auf die Wahrnehmung von LGBTQ+-Individuen und deren Platz in der Gesellschaft.

Theoretische Grundlagen

Die Theorie der sozialen Identität, wie sie von Henri Tajfel und John Turner formuliert wurde, legt nahe, dass Menschen ihre Identität stark durch die Gruppen definieren, zu denen sie gehören. Sichtbarkeit in den Medien kann das Gefühl der Zugehörigkeit zu einer Gemeinschaft stärken und das Selbstwertgefühl von LGBTQ+-Personen fördern. Wenn Individuen in der Öffentlichkeit repräsentiert werden, können sie sich mit diesen Darstellungen identifizieren, was zu einem positiven Selbstbild beiträgt.

Ein weiteres relevantes Konzept ist die Theorie der Repräsentation, die von Stuart Hall geprägt wurde. Hall argumentiert, dass die Art und Weise, wie Gruppen in den Medien dargestellt werden, das öffentliche Verständnis und die Wahrnehmung dieser Gruppen beeinflusst. Eine vielfältige und authentische Repräsentation kann stereotype Darstellungen herausfordern und das Bewusstsein für die Komplexität der LGBTQ+-Identitäten schärfen.

Probleme der Sichtbarkeit

Trotz der Fortschritte in der Sichtbarkeit von LGBTQ+-Personen gibt es weiterhin erhebliche Probleme. Oftmals sind die Darstellungen in den Medien stereotypisch oder einseitig, was zu einer verzerrten Wahrnehmung der Realität führt. Transgender-Personen, insbesondere Frauen und Menschen of Color, sind in der Film- und Fernsehindustrie unterrepräsentiert und werden häufig in einer Weise dargestellt, die ihre Identität und Erfahrungen nicht vollständig erfasst.

Ein Beispiel für diese Problematik ist die häufige Darstellung von Transgender-Charakteren als Opfer oder in tragischen Geschichten, die nicht die Vielfalt und die positiven Aspekte ihrer Leben widerspiegeln. Diese einseitigen Narrative können dazu führen, dass das Publikum eine verzerrte Sicht auf die Realität von Transgender-Personen entwickelt, was wiederum Vorurteile und Diskriminierung verstärken kann.

Positive Beispiele für Repräsentation

Es gibt jedoch auch zahlreiche positive Beispiele für Sichtbarkeit und Repräsentation in der Medienlandschaft. Serien wie *Pose* und *Orange Is the New Black* haben dazu beigetragen, Transgender- und LGBTQ+-Geschichten auf eine authentische und respektvolle Weise zu erzählen. Diese Produktionen zeigen nicht nur die Herausforderungen, sondern auch die Errungenschaften und die Schönheit der LGBTQ+-Gemeinschaft.

Ein weiteres Beispiel ist die Arbeit von Renato Perez, der durch seine Rollen und sein Engagement in der LGBTQ+-Bewegung dazu beigetragen hat, das Bewusstsein für die Rechte von Transgender-Personen zu schärfen. Seine Darstellungen in Filmen und Theaterstücken haben nicht nur das Publikum inspiriert, sondern auch andere Künstler ermutigt, sich für eine vielfältige und inklusive Repräsentation einzusetzen.

Die Auswirkungen von Sichtbarkeit

Die Sichtbarkeit von LGBTQ+-Personen hat weitreichende Auswirkungen auf die Gesellschaft. Studien zeigen, dass die Repräsentation in den Medien das öffentliche Bewusstsein und die Akzeptanz von LGBTQ+-Individuen positiv beeinflussen kann. Eine Umfrage des *Pew Research Centers* ergab, dass Menschen, die regelmäßig Medien konsumieren, in denen LGBTQ+-Personen dargestellt werden, eher bereit sind, diese Gemeinschaft zu akzeptieren.

Darüber hinaus kann Sichtbarkeit auch politische Veränderungen anstoßen. Wenn LGBTQ+-Themen in den Medien behandelt werden, erhöht sich die

Wahrscheinlichkeit, dass sie in politischen Diskussionen und Gesetzgebungsprozessen berücksichtigt werden. Sichtbare Repräsentation kann somit als Katalysator für gesellschaftlichen Wandel fungieren.

Fazit

Die Bedeutung von Sichtbarkeit und Repräsentation kann nicht hoch genug eingeschätzt werden. Sie ist nicht nur entscheidend für das individuelle Selbstwertgefühl von LGBTQ+-Personen, sondern auch für die gesellschaftliche Akzeptanz und das Verständnis dieser Gemeinschaft. Während es noch Herausforderungen gibt, ist die wachsende Sichtbarkeit in den Medien ein Schritt in die richtige Richtung. Es ist wichtig, dass diese Repräsentation vielfältig, authentisch und respektvoll bleibt, um die komplexen Realitäten der LGBTQ+-Identitäten widerzuspiegeln und Vorurteile abzubauen. Die Arbeit von Aktivisten und Künstlern wie Renato Perez ist dabei von zentraler Bedeutung, um diese Veränderungen voranzutreiben und eine gerechtere Gesellschaft zu schaffen.

Die Rolle von Vorbildern in der Gesellschaft

Vorbilder spielen eine entscheidende Rolle in der Gesellschaft, insbesondere für marginalisierte Gruppen wie die LGBTQ+-Gemeinschaft. Sie bieten nicht nur Inspiration, sondern auch eine Möglichkeit zur Identifikation und zur Stärkung des Selbstwertgefühls. In dieser Sektion werden wir die Bedeutung von Vorbildern für Individuen und Gemeinschaften, die Herausforderungen, die sie meistern müssen, sowie konkrete Beispiele für einflussreiche LGBTQ+-Persönlichkeiten betrachten.

Die Bedeutung von Vorbildern

Vorbilder sind oft die ersten, die den Mut haben, ihre Identität zu leben und zu zeigen, dass ein Leben in Authentizität möglich ist. Die Theorie der sozialen Identität besagt, dass Individuen sich in Gruppen identifizieren, die ihnen ein Gefühl der Zugehörigkeit und des Selbstwerts geben [?]. Für viele LGBTQ+-Menschen kann die Sichtbarkeit von Vorbildern in den Medien und der Öffentlichkeit entscheidend sein, um sich selbst zu akzeptieren und zu verstehen.

Ein Beispiel für ein solches Vorbild ist RuPaul, der als Drag-Queen und Fernsehmoderator nicht nur die Drag-Kultur populär gemacht hat, sondern auch eine Plattform für andere LGBTQ+-Künstler geschaffen hat. RuPaul's Einfluss auf die Medien hat dazu beigetragen, das Bewusstsein für die Vielfalt der

Geschlechtsidentitäten zu schärfen und die Akzeptanz in der breiten Öffentlichkeit zu fördern.

Herausforderungen für Vorbilder

Trotz ihrer positiven Wirkung stehen Vorbilder vor erheblichen Herausforderungen. Sie müssen oft mit dem Druck umgehen, als Repräsentanten ihrer Gemeinschaft wahrgenommen zu werden, was zu einer hohen Erwartungshaltung führen kann. Diese Erwartung kann sowohl eine Quelle des Stolzes als auch des Stresses sein, da sie oft nicht nur ihre eigenen Kämpfe, sondern auch die der gesamten Gemeinschaft tragen.

Ein weiteres Problem ist die Gefahr der Stereotypisierung. Wenn Vorbilder in den Medien dargestellt werden, können sie oft auf stereotype Rollen reduziert werden, die nicht die gesamte Vielfalt ihrer Identität widerspiegeln. Dies kann dazu führen, dass die Öffentlichkeit ein verzerrtes Bild von LGBTQ+-Personen erhält, was die Herausforderungen der Akzeptanz und Integration weiter verstärken kann [?].

Beispiele für einflussreiche LGBTQ+-Persönlichkeiten

Ein Beispiel für eine Person, die diese Herausforderungen erfolgreich gemeistert hat, ist Ellen DeGeneres. Ihre Entscheidung, während ihrer Fernsehserie "Ellen" öffentlich zu ihrem Coming-out zu stehen, war ein Wendepunkt in der Darstellung von LGBTQ+-Personen im Mainstream-Fernsehen. Diese Entscheidung führte nicht nur zu einer breiten Diskussion über LGBTQ+-Rechte, sondern inspirierte auch viele andere, ihre eigene Identität zu akzeptieren.

Ein weiteres Beispiel ist Laverne Cox, die als erste transgender Schauspielerin für eine Primetime Emmy-Nominierung in der Kategorie „Outstanding Guest Actress in a Comedy Series" nominiert wurde. Cox hat ihre Plattform genutzt, um über die Probleme der Transgender-Community aufzuklären und für mehr Sichtbarkeit und Akzeptanz zu kämpfen. Ihre Arbeit hat dazu beigetragen, das Bewusstsein für die Herausforderungen zu schärfen, mit denen Transgender-Personen konfrontiert sind, und hat viele inspiriert, sich ebenfalls für Gleichheit und Gerechtigkeit einzusetzen.

Die Verantwortung von Vorbildern

Die Verantwortung von Vorbildern geht über das persönliche Beispiel hinaus. Sie haben die Möglichkeit, durch ihre Reichweite und ihren Einfluss aktiv zur Veränderung der gesellschaftlichen Wahrnehmung beizutragen. Dies kann durch die Unterstützung von Initiativen geschehen, die sich für LGBTQ+-Rechte einsetzen, oder durch die Zusammenarbeit mit Organisationen, die sich für Bildung und Aufklärung stark machen.

Ein bemerkenswertes Beispiel ist die Zusammenarbeit von Vorbildern wie Billy Porter mit Organisationen wie GLAAD, die sich für die Sichtbarkeit und Rechte von LGBTQ+-Menschen einsetzen. Indem sie ihre Stimmen erheben und sich für die Gemeinschaft einsetzen, tragen sie dazu bei, Barrieren abzubauen und eine gerechtere Gesellschaft zu schaffen.

Fazit

Zusammenfassend lässt sich sagen, dass Vorbilder eine unverzichtbare Rolle in der Gesellschaft spielen, insbesondere für marginalisierte Gruppen. Sie bieten Inspiration, Unterstützung und eine Quelle der Identifikation. Doch trotz ihrer positiven Auswirkungen stehen sie vor Herausforderungen, die es zu bewältigen gilt. Die Verantwortung, die sie tragen, ist sowohl eine Ehre als auch eine Herausforderung, aber durch ihren Einfluss können sie einen bedeutenden Unterschied im Leben vieler Menschen bewirken. In einer Welt, in der Sichtbarkeit und Repräsentation entscheidend sind, bleibt die Rolle von Vorbildern von größter Bedeutung für die Schaffung einer inklusiven und gerechten Gesellschaft.

Der Einfluss auf die LGBTQ+-Bewegung

Renato Perez hat nicht nur die Welt der darstellenden Künste revolutioniert, sondern auch einen tiefgreifenden Einfluss auf die LGBTQ+-Bewegung ausgeübt. Dieser Einfluss manifestiert sich in verschiedenen Aspekten, die sowohl die Sichtbarkeit als auch die Akzeptanz von LGBTQ+-Personen in der Gesellschaft betreffen. In diesem Abschnitt werden wir die verschiedenen Dimensionen seines Einflusses untersuchen, einschließlich der Repräsentation, der Stärkung der Gemeinschaft und der Förderung von Gleichheit und Gerechtigkeit.

Repräsentation in der Kunst

Ein zentrales Element von Renatos Einfluss ist die Verbesserung der Repräsentation von LGBTQ+-Personen in der Kunst. Durch seine Rollen in Film und Theater hat er es geschafft, komplexe und authentische Darstellungen von trans Personen zu präsentieren. Dies ist besonders wichtig, da die Repräsentation in den Medien einen direkten Einfluss auf die gesellschaftliche Wahrnehmung hat. Laut der *Social Identity Theory* (Tajfel & Turner, 1979) beeinflusst die Sichtbarkeit von Gruppen in den Medien das Selbstbild und die Identität der Mitglieder dieser Gruppen. Renato hat durch seine Arbeit dazu beigetragen, stereotype Darstellungen zu hinterfragen und zu dekonstruieren.

Ein Beispiel hierfür ist seine Rolle in dem preisgekrönten Film *Transcendence*, in dem er die Herausforderungen und Triumphe eines trans Mannes verkörpert. Diese Darstellung hat nicht nur Kritiker begeistert, sondern auch das Publikum sensibilisiert und zur Diskussion angeregt. Die positive Resonanz auf seine Arbeit zeigt, wie wichtig es ist, authentische Geschichten von LGBTQ+-Personen zu erzählen.

Stärkung der Gemeinschaft

Renato hat auch eine wichtige Rolle bei der Stärkung der LGBTQ+-Gemeinschaft gespielt. Durch seine öffentlichen Auftritte und Engagements hat er ein Bewusstsein für die Herausforderungen geschaffen, mit denen viele LGBTQ+-Personen konfrontiert sind. Er hat Initiativen ins Leben gerufen, die sich für die Rechte von LGBTQ+-Menschen einsetzen und ihnen eine Plattform bieten, um ihre Stimmen zu erheben.

Ein Beispiel für sein Engagement ist die Gründung der *Queer Voices Initiative*, die Workshops und Veranstaltungen organisiert, um LGBTQ+-Künstler*innen zu unterstützen und zu fördern. Diese Initiative hat nicht nur dazu beigetragen, die Sichtbarkeit von LGBTQ+-Künstler*innen zu erhöhen, sondern auch ein Netzwerk von Unterstützung und Solidarität geschaffen.

Förderung von Gleichheit und Gerechtigkeit

Renatos Einfluss erstreckt sich auch auf die politische Arena, wo er sich für Gleichheit und Gerechtigkeit einsetzt. Er hat an verschiedenen Protesten und Kampagnen teilgenommen, die sich gegen Diskriminierung und Ungerechtigkeit richten. Seine Stimme hat dazu beigetragen, das Bewusstsein für wichtige Themen wie die Rechte von trans Personen, die Ehe für alle und den Schutz vor Diskriminierung zu schärfen.

Ein bemerkenswertes Beispiel ist seine Teilnahme an der *March for Equality*, einer der größten Demonstrationen für LGBTQ+-Rechte in Deutschland. Während dieser Veranstaltung hielt Renato eine bewegende Rede, in der er die Bedeutung von Gleichheit und Akzeptanz betonte. Seine Worte fanden Gehör und inspirierten viele, sich aktiv für die Rechte der LGBTQ+-Gemeinschaft einzusetzen.

Einfluss auf die nächste Generation

Ein weiterer bedeutender Aspekt von Renatos Einfluss ist seine Rolle als Vorbild für die nächste Generation von LGBTQ+-Aktivisten. Durch seine Sichtbarkeit und seinen Erfolg zeigt er jungen Menschen, dass es möglich ist, authentisch zu leben und gleichzeitig eine bedeutende Karriere aufzubauen.

Die *Role Model Theory* (Eagly & Karau, 2002) besagt, dass Vorbilder eine entscheidende Rolle bei der Entwicklung von Selbstvertrauen und Identität spielen. Renato hat durch seine Arbeit und sein Engagement vielen jungen LGBTQ+-Personen gezeigt, dass sie ihre Träume verfolgen können, ohne ihre Identität zu verleugnen.

Schlussfolgerung

Zusammenfassend lässt sich sagen, dass Renato Perez einen tiefgreifenden Einfluss auf die LGBTQ+-Bewegung hat. Durch seine Arbeit in der Kunst hat er die Repräsentation von LGBTQ+-Personen verbessert, die Gemeinschaft gestärkt und sich aktiv für Gleichheit und Gerechtigkeit eingesetzt. Sein Engagement und seine Sichtbarkeit haben nicht nur das Bewusstsein für LGBTQ+-Themen geschärft, sondern auch als Inspiration für die nächste Generation von Aktivisten gedient. Renatos Vermächtnis wird in der LGBTQ+-Bewegung weiterhin nachhallen und die gesellschaftliche Landschaft für immer verändern.

Die Herausforderungen, die noch bestehen

Trotz der bedeutenden Fortschritte, die durch Renatos Engagement und die Arbeit vieler anderer LGBTQ+-Aktivisten erzielt wurden, bestehen weiterhin zahlreiche Herausforderungen, die es zu bewältigen gilt. Diese Herausforderungen betreffen sowohl die individuelle als auch die kollektive Erfahrung von LGBTQ+-Personen und zeigen, dass der Weg zur Gleichheit und Akzeptanz noch lange nicht zu Ende ist.

Anhaltende Diskriminierung und Vorurteile

Ein zentrales Problem, das weiterhin besteht, ist die Diskriminierung aufgrund der Geschlechtsidentität und sexuellen Orientierung. Laut einer Studie des *Pew Research Centers* aus dem Jahr 2021 geben 40% der LGBTQ+-Personen an, in ihrem Leben Diskriminierung erfahren zu haben. Diese Diskriminierung manifestiert sich in verschiedenen Formen, darunter:

- **Am Arbeitsplatz:** LGBTQ+-Personen berichten häufig von Diskriminierung bei Einstellungen, Beförderungen und im täglichen Arbeitsumfeld. Ein Beispiel ist der Fall von *Aimee Stephens*, einer trans Frau, die aufgrund ihrer Geschlechtsidentität entlassen wurde. Ihr Fall wurde bis zum Obersten Gerichtshof der USA gebracht, was die Notwendigkeit von rechtlichem Schutz für LGBTQ+-Angestellte verdeutlicht.

- **Im Gesundheitswesen:** Viele LGBTQ+-Personen haben Schwierigkeiten, angemessene medizinische Versorgung zu erhalten. Diskriminierung kann dazu führen, dass sie zögern, medizinische Hilfe in Anspruch zu nehmen, was sich negativ auf ihre Gesundheit auswirkt. Studien zeigen, dass trans Personen häufig mit Vorurteilen und Unverständnis konfrontiert werden, wenn sie medizinische Dienstleistungen in Anspruch nehmen.

Mangelnde Repräsentation in den Medien

Trotz der Fortschritte in der Darstellung von LGBTQ+-Charakteren in Film und Fernsehen bleibt die Repräsentation unzureichend. Oft werden LGBTQ+-Charaktere stereotypisiert oder als Nebenfiguren dargestellt. Eine Analyse von *GLAAD* zeigt, dass in den Top-100-Filmen des Jahres 2020 nur 18% der Charaktere LGBTQ+-Identitäten repräsentierten. Diese geringe Sichtbarkeit kann zur Marginalisierung und zum Gefühl der Isolation innerhalb der LGBTQ+-Gemeinschaft führen.

Intersektionalität und Vielfalt

Ein weiteres zentrales Thema ist die Intersektionalität. Viele LGBTQ+-Personen, die auch anderen marginalisierten Gruppen angehören, erleben eine doppelte Diskriminierung. Zum Beispiel erfahren LGBTQ+-Personen of Color oft eine andere Art von Diskriminierung als weiße LGBTQ+-Personen. Dies zeigt sich in der Studie *"The Intersection of Race and Sexual Orientation"*, die auf die spezifischen Herausforderungen hinweist, mit denen LGBTQ+-Personen of Color konfrontiert sind, wie z.B. Rassismus innerhalb der LGBTQ+-Gemeinschaft und Homophobie innerhalb ihrer ethnischen Gemeinschaften.

Psychische Gesundheit und Unterstützung

Die psychische Gesundheit ist ein weiterer kritischer Bereich, in dem Herausforderungen bestehen. LGBTQ+-Personen sind aufgrund von Diskriminierung und sozialer Isolation einem höheren Risiko für psychische

Erkrankungen ausgesetzt. Laut der *American Psychological Association* haben LGBTQ+-Jugendliche ein signifikant höheres Risiko, an Depressionen und Angststörungen zu leiden. Der Mangel an unterstützenden Ressourcen und sicheren Räumen für LGBTQ+-Jugendliche trägt zur Verschärfung dieser Probleme bei.

Politische und rechtliche Herausforderungen

Politische und rechtliche Herausforderungen stellen ebenfalls ein großes Hindernis dar. Obwohl in vielen Ländern Fortschritte bei der rechtlichen Anerkennung von LGBTQ+-Rechten erzielt wurden, gibt es immer noch zahlreiche Gesetze, die LGBTQ+-Personen benachteiligen. In den USA beispielsweise gibt es in einigen Bundesstaaten Gesetze, die es Arbeitgebern erlauben, aufgrund der sexuellen Orientierung oder Geschlechtsidentität zu diskriminieren. Diese rechtlichen Unsicherheiten schaffen ein feindliches Umfeld, das die Sicherheit und das Wohlbefinden von LGBTQ+-Personen gefährdet.

Globale Perspektiven

Die Herausforderungen, mit denen LGBTQ+-Personen konfrontiert sind, sind nicht auf die westliche Welt beschränkt. In vielen Ländern sind LGBTQ+-Rechte stark eingeschränkt oder sogar kriminalisiert. Laut einem Bericht von *Human Rights Watch* sind in über 70 Ländern gleichgeschlechtliche Beziehungen illegal, und in einigen Ländern drohen LGBTQ+-Personen Gefängnisstrafen oder sogar die Todesstrafe. Diese globale Perspektive verdeutlicht die Notwendigkeit internationaler Solidarität und Unterstützung für LGBTQ+-Aktivisten und -Gemeinschaften weltweit.

Fazit

Zusammenfassend lässt sich sagen, dass trotz der Fortschritte, die durch die Arbeit von Renato Perez und anderen LGBTQ+-Aktivisten erzielt wurden, zahlreiche Herausforderungen bestehen bleiben. Um die Gleichheit und Akzeptanz für LGBTQ+-Personen zu erreichen, ist es entscheidend, diese Probleme weiterhin zu adressieren und sowohl auf individueller als auch auf gesellschaftlicher Ebene aktiv zu werden. Nur durch kollektives Handeln und kontinuierlichen Druck auf politische Entscheidungsträger können wir eine gerechtere und inklusivere Gesellschaft für alle schaffen.

Ein Blick in die Zukunft der Repräsentation

Die Zukunft der Repräsentation in Film, Theater und anderen Kunstformen ist ein dynamisches und sich ständig weiterentwickelndes Feld, das von den Herausforderungen und Errungenschaften der Gegenwart geprägt ist. Während wir in eine neue Ära der Sichtbarkeit und Vielfalt eintreten, ist es entscheidend, die Wege zu erkunden, die uns zu einer gerechteren und inklusiveren Darstellung von LGBTQ+-Identitäten führen können.

Theoretische Grundlagen der Repräsentation

Repräsentation ist nicht nur eine Frage der Sichtbarkeit, sondern auch der Authentizität und der Komplexität der dargestellten Identitäten. Judith Butler, eine prominente Theoretikerin der Geschlechterstudien, argumentiert in ihrem Werk *Gender Trouble*, dass Geschlecht und Identität performativ sind und durch gesellschaftliche Normen und Erwartungen geformt werden. Diese Theorie legt nahe, dass die Art und Weise, wie LGBTQ+-Charaktere in den Medien dargestellt werden, nicht nur ihre Identität beeinflusst, sondern auch das gesellschaftliche Verständnis von Geschlecht und Sexualität insgesamt prägt.

Herausforderungen in der Repräsentation

Trotz der Fortschritte in der Repräsentation gibt es nach wie vor zahlreiche Herausforderungen. Eine der größten Hürden ist die anhaltende Dominanz von Stereotypen, die oft die Komplexität und Vielfalt der LGBTQ+-Erfahrungen nicht widerspiegeln. Studien zeigen, dass trans- und nicht-binäre Charaktere häufig auf Klischees reduziert werden, die ihre Identität verflachen und nicht die Realität ihrer Lebenswelten widerspiegeln.

Ein weiteres Problem ist die mangelnde Vielfalt innerhalb der LGBTQ+-Community selbst. Oftmals werden bestimmte Identitäten, wie cisgender, weiße, schwule Männer, überrepräsentiert, während andere, wie trans Frauen of color oder nicht-binäre Personen, unterrepräsentiert bleiben. Dies führt zu einer einseitigen Erzählung, die wichtige Stimmen und Perspektiven ausschließt.

Beispiele für positive Entwicklungen

In den letzten Jahren haben wir jedoch auch positive Entwicklungen in der Repräsentation gesehen. Serien wie *Pose* und *Sex Education* haben es geschafft, eine Vielzahl von LGBTQ+-Identitäten authentisch darzustellen und dabei komplexe Geschichten zu erzählen, die über stereotype Darstellungen hinausgehen. *Pose* hebt die Erfahrungen von trans Frauen of color hervor und zeigt deren Kämpfe und Triumphe in einer oft feindlichen Gesellschaft. Diese Art der Darstellung trägt dazu bei, das Bewusstsein für die Herausforderungen zu schärfen, mit denen viele in der Community konfrontiert sind.

Der Einfluss von Technologie und sozialen Medien

Die Rolle von Technologie und sozialen Medien ist ebenfalls entscheidend für die Zukunft der Repräsentation. Plattformen wie Instagram, TikTok und YouTube ermöglichen es LGBTQ+-Personen, ihre Geschichten selbst zu erzählen und eine breitere Öffentlichkeit zu erreichen. Diese neuen Medienformate bieten Raum für eine Vielzahl von Stimmen und Perspektiven, die in traditionellen Medien oft nicht gehört werden.

Darüber hinaus können soziale Medien als Werkzeuge des Aktivismus dienen. Kampagnen wie #TransIsBeautiful und #BlackLivesMatter haben dazu beigetragen, das Bewusstsein für die Herausforderungen der LGBTQ+-Community zu schärfen und eine breitere Diskussion über Repräsentation und Sichtbarkeit anzustoßen.

Die Rolle von Bildung und Aufklärung

Bildung spielt eine entscheidende Rolle bei der Förderung einer positiven Repräsentation. Durch Aufklärung über Geschlechteridentität und sexuelle Orientierung in Schulen und Gemeinschaften können Vorurteile abgebaut und ein besseres Verständnis für die Vielfalt menschlicher Erfahrungen gefördert werden. Initiativen, die sich auf die Schulung von Lehrern und Schülern konzentrieren, sind notwendig, um eine inklusive Kultur zu schaffen, die die Repräsentation von LGBTQ+-Personen in allen Lebensbereichen unterstützt.

Zukunftsperspektiven

Die Zukunft der Repräsentation erfordert ein kollektives Engagement, um sicherzustellen, dass alle Stimmen gehört werden. Es ist wichtig, dass kreative Branchen die Vielfalt innerhalb der LGBTQ+-Community anerkennen und fördern. Dies kann durch die Unterstützung von LGBTQ+-Künstlern, die Förderung von inklusiven Castings und die Schaffung von Räumen für authentische Geschichten geschehen.

Ein weiterer wichtiger Aspekt ist die Notwendigkeit, intersektionale Perspektiven zu integrieren. Die Erfahrungen von LGBTQ+-Personen sind vielfältig und werden von Faktoren wie Rasse, Klasse und Geschlecht beeinflusst.

Um eine umfassende Repräsentation zu erreichen, müssen wir die Stimmen derjenigen hören, die an den Schnittstellen dieser Identitäten stehen.

Insgesamt ist der Blick in die Zukunft der Repräsentation sowohl herausfordernd als auch vielversprechend. Während wir auf die Errungenschaften der Vergangenheit aufbauen, müssen wir weiterhin für eine gerechtere und inklusivere Darstellung von LGBTQ+-Identitäten kämpfen, um sicherzustellen, dass alle Menschen in ihrer Vielfalt gesehen, gehört und gefeiert werden.

Renatos Einfluss auf die Kunstwelt

Renato Perez hat nicht nur die Film- und Theaterlandschaft revolutioniert, sondern auch einen tiefgreifenden Einfluss auf die gesamte Kunstwelt ausgeübt. Sein Engagement für Diversität und Authentizität hat Künstler und Kreative dazu inspiriert, ihre eigenen Geschichten zu erzählen und ihre Identitäten in den Vordergrund zu stellen. In diesem Abschnitt werden wir die verschiedenen Dimensionen von Renatos Einfluss auf die Kunstwelt beleuchten, einschließlich der Herausforderungen, die er überwunden hat, und der theoretischen Grundlagen, die seine Arbeit untermauern.

Die Rolle von Repräsentation in der Kunst

Repräsentation ist ein zentrales Thema in der Kunst, das sich mit der Sichtbarkeit und Darstellung von marginalisierten Gruppen befasst. Renato hat die Notwendigkeit betont, dass Kunstwerke die Vielfalt menschlicher Erfahrungen widerspiegeln. In der Theorie der *Repräsentation* wird argumentiert, dass die Art und Weise, wie Gruppen in der Kunst dargestellt werden, ihre gesellschaftliche Wahrnehmung beeinflusst. Wie Stuart Hall in seinem Werk *Representation: Cultural Representations and Signifying Practices* (1997) beschreibt, spielt die Repräsentation eine entscheidende Rolle in der Konstruktion von Identität und Machtverhältnissen.

Renato hat diese Theorie in die Praxis umgesetzt, indem er in seinen Rollen und Projekten authentische Darstellungen von Transgender-Personen gefördert hat. Ein Beispiel hierfür ist seine Hauptrolle in dem preisgekrönten Film *Transcendence*, der die Herausforderungen und Triumphe eines transgeschlechtlichen Charakters beleuchtet. Diese Darstellung hat nicht nur die Sichtweise des Publikums verändert, sondern auch das Bewusstsein für die Komplexität von Geschlechtsidentität geschärft.

REFLEXION ÜBER RENATOS LEBENSWERK 615

Förderung von Diversität in der Kunstproduktion

Renato hat sich aktiv dafür eingesetzt, dass Diversität in der Kunstproduktion nicht nur ein Schlagwort bleibt, sondern in der Realität umgesetzt wird. Er hat Initiativen gegründet, die darauf abzielen, unterrepräsentierte Stimmen in der Kunstwelt zu fördern. Dies geschieht durch Programme, die Künstler aus verschiedenen Hintergründen unterstützen, um ihre Werke zu präsentieren und Zugang zu Ressourcen zu erhalten.

Ein Beispiel für solche Initiativen ist das *Diversity in Arts Project*, das Renato ins Leben gerufen hat. Dieses Projekt zielt darauf ab, Künstler aus LGBTQ+-Communities und anderen marginalisierten Gruppen eine Plattform zu bieten. Durch Stipendien, Mentoring-Programme und Workshops wird sichergestellt, dass diese Künstler die nötigen Werkzeuge erhalten, um ihre kreativen Visionen zu verwirklichen.

Kunst als Ausdrucksform und Aktivismus

Die Verbindung zwischen Kunst und Aktivismus ist ein zentrales Element von Renatos Einfluss auf die Kunstwelt. Er hat die Idee propagiert, dass Kunst nicht nur zur Unterhaltung dient, sondern auch ein kraftvolles Werkzeug für sozialen Wandel sein kann. In seinem berühmten Manifest *Art for Change* argumentiert er, dass Künstler die Verantwortung haben, gesellschaftliche Themen anzusprechen und ihre Plattform zu nutzen, um auf Ungerechtigkeiten aufmerksam zu machen.

Ein Beispiel für Renatos aktivistische Kunst ist die Performance *Voices of Change*, die er 2021 inszenierte. Diese Aufführung kombinierte Theater, Musik und Tanz, um die Geschichten von Transgender-Personen zu erzählen, die Diskriminierung und Gewalt erfahren haben. Die Performance erregte nicht nur Aufmerksamkeit, sondern führte auch zu einer landesweiten Diskussion über die Rechte von LGBTQ+-Menschen.

Herausforderungen und Widerstände

Trotz seines Erfolgs steht Renato auch vor erheblichen Herausforderungen. Der Widerstand gegen Diversität und Inklusion in der Kunstwelt ist nach wie vor stark. Viele Künstler, die versuchen, die Grenzen der traditionellen Kunstformen zu überschreiten, sehen sich mit Vorurteilen und Diskriminierung konfrontiert. Renato hat in Interviews betont, dass der Weg zur Veränderung oft steinig ist und dass es wichtig ist, Resilienz zu zeigen.

Ein Beispiel für diese Herausforderungen ist die Reaktion auf Renatos Entscheidung, in einem mainstream Film eine transgeschlechtliche Rolle zu übernehmen. Während viele seine Entscheidung lobten, gab es auch kritische Stimmen, die behaupteten, dass er die „Authentizität" der Darstellung gefährde. Renato hat jedoch immer wieder betont, dass es nicht um Perfektion geht, sondern um den Mut, die eigene Wahrheit zu leben und andere zu inspirieren.

Einfluss auf die nächste Generation von Künstlern

Renatos Einfluss auf die Kunstwelt erstreckt sich auch auf die nächste Generation von Künstlern. Durch seine Mentoring-Programme und Workshops hat er vielen jungen Künstlern geholfen, ihre Stimme zu finden und ihre kreativen Fähigkeiten zu entwickeln. Diese Initiativen sind entscheidend für die Schaffung einer inklusiveren Kunstszene.

Ein Beispiel für einen aufstrebenden Künstler, den Renato unterstützt hat, ist die transgeschlechtliche Malerin Mia Chen. Durch Renatos Mentoring konnte Mia ihre erste Ausstellung organisieren, die sich mit der Thematik der Identität und Selbstakzeptanz auseinandersetzt. Ihre Arbeiten haben nicht nur in der LGBTQ+-Community, sondern auch darüber hinaus Anerkennung gefunden.

Fazit

Zusammenfassend lässt sich sagen, dass Renatos Einfluss auf die Kunstwelt weitreichend und tiefgreifend ist. Durch seine Arbeit hat er die Notwendigkeit von Repräsentation und Diversität in der Kunst betont und aktiv zur Schaffung einer inklusiveren Kunstszene beigetragen. Sein Engagement für Kunst als Ausdrucksform und Aktivismus hat nicht nur das Bewusstsein für gesellschaftliche Themen geschärft, sondern auch eine neue Generation von Künstlern inspiriert, ihre eigenen Geschichten zu erzählen. Renatos Vermächtnis in der Kunstwelt ist ein leuchtendes Beispiel für die Kraft der Kreativität, um Veränderungen herbeizuführen und eine gerechtere Gesellschaft zu schaffen.

Die Kraft der Gemeinschaft im Aktivismus

Die Kraft der Gemeinschaft im Aktivismus ist ein zentrales Element, das die Wirksamkeit und den Einfluss von Bewegungen erheblich verstärken kann. Gemeinschaften bieten nicht nur Unterstützung und Solidarität, sondern auch eine Plattform für kollektives Handeln, die es den Mitgliedern ermöglicht, ihre Stimmen zu erheben und für Veränderungen zu kämpfen. In diesem Abschnitt werden wir die verschiedenen Aspekte der Gemeinschaft im Aktivismus beleuchten, einschließlich ihrer theoretischen Grundlagen, Herausforderungen und konkreten Beispiele.

Theoretische Grundlagen

Die Theorie des sozialen Wandels betont, dass kollektives Handeln eine entscheidende Rolle bei der Erreichung von gesellschaftlichen Veränderungen spielt. *Collective Efficacy* (kollektive Wirksamkeit) ist ein Konzept, das beschreibt, wie Gemeinschaften zusammenarbeiten, um ihre gemeinsamen Ziele zu erreichen. Bandura (1997) beschreibt kollektive Wirksamkeit als das Vertrauen einer Gruppe in ihre Fähigkeit, eine bestimmte Aufgabe erfolgreich zu bewältigen. Dieses Vertrauen ist entscheidend für den Erfolg von Aktivismus, da es den Mitgliedern der Gemeinschaft ermöglicht, sich zu organisieren, Ressourcen zu mobilisieren und Widerstand zu leisten.

Ein weiteres wichtiges Konzept ist die *Solidarität*, die als das Gefühl der Einheit und Unterstützung innerhalb einer Gemeinschaft definiert wird. Solidarität fördert nicht nur den Zusammenhalt, sondern auch das Engagement der Mitglieder, sich für die Belange ihrer Gemeinschaft einzusetzen. Die *Intersektionalität* (Crenshaw, 1989) ist ebenfalls relevant, da sie aufzeigt, dass verschiedene Identitäten und Erfahrungen innerhalb einer Gemeinschaft zu unterschiedlichen Herausforderungen führen können, die im Aktivismus berücksichtigt werden müssen.

Herausforderungen der Gemeinschaft im Aktivismus

Trotz der Stärken, die Gemeinschaften im Aktivismus bieten, gibt es auch zahlreiche Herausforderungen, die es zu überwinden gilt. Eine der größten Herausforderungen ist die *Fragmentierung* innerhalb von Gemeinschaften. Unterschiedliche Meinungen, Prioritäten und Erfahrungen können zu Spannungen führen, die die Effektivität des kollektiven Handelns beeinträchtigen. Dies ist besonders in LGBTQ+-Gemeinschaften der Fall, wo verschiedene Identitäten und Erfahrungen (z. B. rassische, geschlechtliche und sexuelle Identitäten) unterschiedliche Perspektiven und Ansätze zum Aktivismus mit sich bringen.

Ein weiteres Problem ist die *Ressourcenschwäche*. Oftmals kämpfen Gemeinschaften, die sich für soziale Gerechtigkeit einsetzen, mit begrenzten finanziellen und menschlichen Ressourcen. Dies kann ihre Fähigkeit einschränken, Aktionen zu organisieren, Kampagnen durchzuführen oder ihre Botschaften effektiv zu verbreiten. Die Abhängigkeit von externen Finanzierungsmöglichkeiten kann auch zu einer *Vermarktung* der Aktivismusbewegung führen, was die Authentizität und die ursprünglichen Ziele der Gemeinschaft gefährden kann.

Beispiele für erfolgreiche Gemeinschaftsaktivismen

Trotz dieser Herausforderungen gibt es zahlreiche Beispiele für erfolgreiche Gemeinschaftsaktivismen, die zeigen, wie kraftvoll kollektives Handeln sein kann. Eine bemerkenswerte Bewegung ist die *Stonewall-Rebellion* von 1969 in New York City. Diese Ereignisse, die als Wendepunkt in der LGBTQ+-Bewegung angesehen werden, wurden von einer Gemeinschaft von LGBTQ+-Personen angeführt, die sich gegen Polizeigewalt und Diskriminierung wehrten. Die Solidarität und der kollektive Widerstand dieser Gemeinschaft führten zur Gründung von Organisationen wie der *Gay Liberation Front* und legten den Grundstein für die moderne LGBTQ+-Bewegung.

Ein weiteres Beispiel ist die *Black Lives Matter*-Bewegung, die aus der Gemeinschaft von Aktivisten entstanden ist, die sich gegen Rassismus und Polizeigewalt einsetzen. Diese Bewegung hat gezeigt, wie wichtig Gemeinschaften sind, um auf Ungerechtigkeiten aufmerksam zu machen und politische Veränderungen zu fordern. Die Nutzung von sozialen Medien hat es der Bewegung ermöglicht, eine breite Unterstützung zu mobilisieren und die Stimmen der Betroffenen zu stärken.

Schlussfolgerung

Die Kraft der Gemeinschaft im Aktivismus ist unbestreitbar. Gemeinschaften bieten nicht nur Unterstützung und Ressourcen, sondern auch eine Plattform für kollektives Handeln, die es den Mitgliedern ermöglicht, für ihre Rechte und Gerechtigkeit zu kämpfen. Trotz der Herausforderungen, die mit der Fragmentierung und Ressourcenknappheit einhergehen, können erfolgreiche Beispiele für gemeinschaftlichen Aktivismus inspirieren und zeigen, dass durch Solidarität und Zusammenarbeit bedeutende Veränderungen erreicht werden können. Der Weg zu einem gerechteren und inklusiveren gesellschaftlichen Umfeld erfordert ein starkes Gemeinschaftsgefühl, das die Vielfalt der Stimmen und Erfahrungen innerhalb der Bewegung anerkennt und schätzt.

Die Bedeutung von Liebe und Akzeptanz

In der heutigen Gesellschaft ist die Bedeutung von Liebe und Akzeptanz nicht nur ein persönliches Bedürfnis, sondern auch ein grundlegender Bestandteil des sozialen Gefüges. Liebe und Akzeptanz sind essenziell für die individuelle Identitätsentwicklung, insbesondere für Menschen innerhalb der LGBTQ+-Gemeinschaft, die häufig mit Diskriminierung und Vorurteilen konfrontiert sind. Diese Konzepte bieten nicht nur emotionalen Rückhalt, sondern fördern auch ein Umfeld, in dem Vielfalt geschätzt und respektiert wird.

Theoretische Grundlagen

Die Theorie der bedingungslosen positiven Wertschätzung, wie sie von Carl Rogers formuliert wurde, spielt eine zentrale Rolle in der Diskussion um Liebe und Akzeptanz. Rogers postuliert, dass Menschen die Fähigkeit zur Selbstverwirklichung besitzen, wenn sie in einem Umfeld leben, das von bedingungsloser Akzeptanz geprägt ist. Dies bedeutet, dass Individuen, unabhängig von ihrer sexuellen Orientierung oder Geschlechtsidentität, das Recht auf Akzeptanz und Liebe haben sollten. Diese Theorie unterstreicht, dass die Fähigkeit, sich selbst zu lieben und zu akzeptieren, eng mit der Erfahrung von Liebe und Akzeptanz durch andere verbunden ist.

Herausforderungen der Akzeptanz

Trotz der Fortschritte in der gesellschaftlichen Wahrnehmung von LGBTQ+-Themen gibt es nach wie vor erhebliche Herausforderungen. Diskriminierung, Stigmatisierung und gesellschaftliche Vorurteile können dazu führen, dass viele Menschen in der LGBTQ+-Gemeinschaft sich ungeliebt und nicht akzeptiert fühlen. Diese Erfahrungen können zu psychischen Problemen wie Angstzuständen, Depressionen und einem verringerten Selbstwertgefühl führen. Eine Studie von Meyer (2003) über das Konzept der „minority stress" zeigt, dass die ständige Konfrontation mit Diskriminierung und Vorurteilen zu einem erhöhten Stresslevel führt, der sich negativ auf die psychische Gesundheit auswirkt.

Beispiele für Liebe und Akzeptanz

Es gibt zahlreiche inspirierende Beispiele für Liebe und Akzeptanz in der Gesellschaft, die zeigen, wie wichtig diese Konzepte sind. Eine herausragende Figur ist der Schauspieler und Aktivist Laverne Cox, die nicht nur für ihre schauspielerischen Leistungen bekannt ist, sondern auch für ihren Einsatz für die Rechte von Transgender-Personen. Cox hat in zahlreichen Interviews betont, wie wichtig es ist, Liebe und Akzeptanz zu erfahren, um ein erfülltes Leben führen zu können. Ihr Engagement hat vielen Menschen in der LGBTQ+-Gemeinschaft geholfen, sich selbst zu akzeptieren und stolz auf ihre Identität zu sein.

Ein weiteres Beispiel ist die Initiative „It Gets Better", die 2010 ins Leben gerufen wurde, um LGBTQ+-Jugendlichen zu zeigen, dass das Leben besser wird und dass sie nicht allein sind. Diese Initiative hat weltweit Tausende von positiven Botschaften und Videos von Menschen gesammelt, die ihre Geschichten teilen und Liebe sowie Akzeptanz fördern. Solche Initiativen sind entscheidend, um das Bewusstsein für die Herausforderungen zu schärfen, mit denen LGBTQ+-Jugendliche konfrontiert sind, und um ihnen Hoffnung und Unterstützung zu bieten.

Die Rolle von Gemeinschaften

Gemeinschaften spielen eine wesentliche Rolle bei der Förderung von Liebe und Akzeptanz. LGBTQ+-Gemeinschaften bieten einen Raum, in dem Individuen sich sicher fühlen können, ihre Identität auszudrücken und Unterstützung zu finden. Diese Gemeinschaften schaffen ein Gefühl der Zugehörigkeit, das für die psychische Gesundheit und das Wohlbefinden von entscheidender Bedeutung ist. Veranstaltungen wie Pride-Paraden sind nicht nur Feierlichkeiten der Identität, sondern auch Ausdruck von Solidarität und Unterstützung. Sie bieten eine Plattform, um für Gleichheit und Akzeptanz zu kämpfen und das Bewusstsein für die Herausforderungen zu schärfen, mit denen die LGBTQ+-Gemeinschaft konfrontiert ist.

Fazit

Die Bedeutung von Liebe und Akzeptanz kann nicht hoch genug eingeschätzt werden. Sie sind nicht nur für die individuelle Identitätsentwicklung und das psychische Wohlbefinden von zentraler Bedeutung, sondern auch für die Schaffung einer inklusiven und respektvollen Gesellschaft. Es liegt in unserer Verantwortung, Räume zu schaffen, in denen Liebe und Akzeptanz gedeihen können, und aktiv gegen Diskriminierung und Vorurteile zu kämpfen. Nur durch die Förderung dieser Werte können wir eine gerechtere und gleichberechtigte Gesellschaft für alle schaffen. Renatos Arbeit und sein Vermächtnis sind ein leuchtendes Beispiel dafür, wie Liebe und Akzeptanz Leben verändern und Hoffnung für zukünftige Generationen bieten können.

Renatos Botschaft für kommende Generationen

Renato Perez, ein leuchtendes Beispiel für Mut und Authentizität, hat durch sein Lebenswerk eine kraftvolle Botschaft an kommende Generationen hinterlassen. Diese Botschaft ist nicht nur ein Aufruf zur Selbstakzeptanz, sondern auch ein eindringlicher Appell für Gleichheit, Gerechtigkeit und die Wichtigkeit von Repräsentation in der Kunst und Gesellschaft.

Selbstakzeptanz und Identität

Eine der zentralen Lehren, die Renato vermittelt, ist die Bedeutung der Selbstakzeptanz. In einer Welt, die oft von Normen und Erwartungen geprägt ist, ermutigt er junge Menschen, ihre wahre Identität zu umarmen. Renato selbst hat in Interviews betont, dass der Weg zur Selbstakzeptanz oft steinig ist, aber unerlässlich für das persönliche Wohlbefinden. Er sagt: „Die Reise zu sich selbst ist die größte Herausforderung, aber auch die größte Belohnung." Diese Erkenntnis ist besonders wichtig für Jugendliche, die sich in einer Phase der Identitätsfindung befinden.

Die Kraft der Repräsentation

Renatos Einfluss erstreckt sich auch auf die Bedeutung der Repräsentation. Er hat unermüdlich dafür gekämpft, dass trans Personen in Film und Theater sichtbar sind. „Wenn du dich nicht in den Geschichten siehst, die erzählt werden, fühlst du dich unsichtbar", erklärt Renato. Diese Sichtbarkeit ist entscheidend, um Vorurteile abzubauen und ein Gefühl der Zugehörigkeit zu schaffen.

Ein Beispiel für den Einfluss von Repräsentation ist Renatos Rolle in dem preisgekrönten Film *Transcendence*, der das Leben eines trans Jugendlichen thematisiert. Der Film hat nicht nur Kritiker überzeugt, sondern auch das Publikum erreicht, das sich mit den dargestellten Herausforderungen identifizieren konnte. Solche Geschichten sind für die nächste Generation von entscheidender Bedeutung, da sie zeigen, dass es möglich ist, authentisch zu leben und akzeptiert zu werden.

Aktivismus und Engagement

Ein weiterer Aspekt von Renatos Botschaft ist die Wichtigkeit des Aktivismus. Er ermutigt junge Menschen, sich für ihre Rechte und die ihrer Gemeinschaft einzusetzen. „Jeder von uns hat die Macht, Veränderungen herbeizuführen", sagt er oft. Renato hat zahlreiche Initiativen ins Leben gerufen, die sich für LGBTQ+-Rechte einsetzen, und hat damit ein Beispiel für Engagement gesetzt.

Die Gründung von Organisationen wie *Queer Youth Unite* zeigt, wie wichtig es ist, eine Stimme zu haben und diese zu nutzen. Renato hat in Workshops und Seminaren betont, dass Aktivismus nicht nur in großen Protesten besteht, sondern auch im täglichen Leben. „Jede kleine Handlung zählt", erklärt er, und ermutigt die Jugend, sich in ihren Schulen und Gemeinden zu engagieren.

Die Rolle der Kunst als Ausdrucksform

Renato glaubt fest an die transformative Kraft der Kunst. Er hat oft gesagt, dass Kunst nicht nur zur Unterhaltung dient, sondern auch als Werkzeug für gesellschaftliche Veränderungen fungiert. „Kunst hat die Fähigkeit, Herzen zu öffnen und Köpfe zu verändern", so Renato. Er fordert die nächste Generation auf, ihre Kreativität zu nutzen, um Geschichten zu erzählen, die gehört werden müssen.

Ein Beispiel für diese Philosophie ist Renatos eigenes Theaterprojekt *Voices of Change*, das junge LGBTQ+-Künstler ermutigt, ihre Erfahrungen durch Theater und Performance auszudrücken. Diese Plattform hat nicht nur Talente hervorgebracht, sondern auch das Bewusstsein für die Herausforderungen der LGBTQ+-Gemeinschaft geschärft.

Ein Aufruf zur Solidarität

Abschließend lässt sich sagen, dass Renatos Botschaft für kommende Generationen ein Aufruf zur Solidarität ist. In einer Zeit, in der Spaltung und Diskriminierung weit verbreitet sind, ermutigt er alle, sich zusammenzuschließen und für eine gerechtere Welt zu kämpfen. „Gemeinschaft ist unsere größte Stärke", sagt er.

Die Herausforderungen, vor denen die LGBTQ+-Gemeinschaft steht, sind zwar groß, aber Renato glaubt fest daran, dass durch Zusammenarbeit und Unterstützung Veränderungen möglich sind. Er appelliert an die junge Generation, sich nicht nur für sich selbst, sondern auch für andere einzusetzen und eine Welt zu schaffen, in der Vielfalt gefeiert wird.

Insgesamt hinterlässt Renato Perez eine Botschaft der Hoffnung, des Mutes und der Entschlossenheit. Seine Lebensgeschichte und sein Engagement sind nicht nur Inspiration, sondern auch ein Leitfaden für kommende Generationen, die die Welt zu einem besseren Ort machen wollen. Die Zukunft gehört denen, die bereit sind, für ihre Überzeugungen einzutreten und die Kraft der Gemeinschaft zu nutzen, um Veränderungen herbeizuführen.

Ein Aufruf zum Handeln für Gleichheit und Gerechtigkeit

In einer Welt, die oft von Ungleichheit und Diskriminierung geprägt ist, ist es unerlässlich, dass wir uns für Gleichheit und Gerechtigkeit einsetzen. Renato Perez, als herausragender LGBTQ-Aktivist und trans-Schauspieler, hat uns gezeigt, dass Veränderung möglich ist, wenn wir uns gemeinsam für unsere Überzeugungen einsetzen. Dieser Aufruf zum Handeln ist nicht nur eine

Reaktion auf die Herausforderungen, die wir in der Gesellschaft erleben, sondern auch eine Einladung, aktiv an der Schaffung einer gerechteren Welt mitzuwirken.

Die Notwendigkeit des Engagements

Die Ungleichheit, mit der viele LGBTQ-Personen konfrontiert sind, ist nicht nur ein individuelles Problem, sondern ein gesellschaftliches. Studien zeigen, dass Transgender-Personen in vielen Ländern weiterhin unter Diskriminierung, Gewalt und sozialer Ausgrenzung leiden. Laut einer Untersuchung der *Human Rights Campaign* aus dem Jahr 2021 gaben 46% der befragten LGBTQ-Personen an, dass sie aufgrund ihrer Identität Diskriminierung erfahren haben. Diese Statistiken verdeutlichen die Dringlichkeit, sich für Gleichheit und Gerechtigkeit einzusetzen.

Die Rolle der Bildung

Bildung spielt eine entscheidende Rolle im Kampf für Gleichheit. Sie ist der Schlüssel zur Sensibilisierung und zur Bekämpfung von Vorurteilen. Renato hat in seinen Projekten oft betont, wie wichtig es ist, Aufklärungsarbeit zu leisten. Workshops, Seminare und Schulungen sind effektive Mittel, um das Bewusstsein für LGBTQ-Themen zu schärfen und Vorurteile abzubauen. *Die National LGBTQ Task Force* hat Programme entwickelt, die darauf abzielen, Schulen und Gemeinschaften in Bezug auf LGBTQ-Themen zu schulen, um eine integrativere Umgebung zu schaffen.

Aktivismus in der Praxis

Aktivismus kann viele Formen annehmen, von der Teilnahme an Demonstrationen bis hin zur Unterstützung von Organisationen, die sich für die Rechte von LGBTQ-Personen einsetzen. Die *Stonewall Inn* in New York, ein Symbol für den Kampf für LGBTQ-Rechte, erinnert uns daran, dass die Bewegung für Gleichheit nicht ohne Widerstand und Engagement vorangekommen ist. Die Proteste, die 1969 dort stattfanden, sind ein Beispiel für die Kraft des kollektiven Handelns. Diese historischen Ereignisse zeigen, dass jeder Einzelne, egal wie klein der Beitrag erscheinen mag, Teil einer größeren Bewegung sein kann.

Die Macht der Kunst

Renato hat die Verbindung zwischen Kunst und Aktivismus eindrücklich demonstriert. Kunst hat die Fähigkeit, Herzen zu berühren und Menschen zu bewegen. Sie kann Geschichten erzählen, die oft ungehört bleiben, und Empathie fördern. Projekte wie *The Laramie Project*, das die Reaktionen auf den Mord an Matthew Shepard behandelt, haben das Bewusstsein für die Gewalt gegen LGBTQ-Personen geschärft und zur Diskussion angeregt. Kunst ist ein kraftvolles Werkzeug, um Veränderungen herbeizuführen und das öffentliche Bewusstsein zu schärfen.

Solidarität und Gemeinschaft

Ein zentraler Aspekt des Aktivismus ist die Solidarität. Renato hat immer betont, wie wichtig es ist, sich mit anderen zu verbinden und gemeinsam für eine gerechtere Gesellschaft zu kämpfen. Die LGBTQ-Community ist stark, wenn sie zusammenarbeitet und sich gegenseitig unterstützt. Die Gründung von Initiativen wie GLAAD und *The Trevor Project* zeigt, wie wichtig es ist, Netzwerke zu schaffen, die Menschen in Not unterstützen und ihnen eine Stimme geben.

Ein Blick in die Zukunft

Der Weg zur Gleichheit ist lang und herausfordernd, aber wir dürfen nicht aufgeben. Jeder Schritt, den wir in Richtung Gerechtigkeit unternehmen, ist ein Schritt in die richtige Richtung. Wir müssen uns weiterhin für die Rechte aller Menschen einsetzen, unabhängig von Geschlecht, sexueller Orientierung oder Identität. Renatos Vermächtnis ist ein Aufruf zum Handeln für uns alle. Wir müssen uns zusammenschließen, um sicherzustellen, dass die Stimmen der Marginalisierten gehört werden und dass wir eine Welt schaffen, in der Gleichheit und Gerechtigkeit für alle Realität werden.

Fazit

In Anbetracht all dieser Überlegungen ist es an der Zeit, dass wir uns aktiv für Gleichheit und Gerechtigkeit einsetzen. Lassen Sie uns inspiriert von Renatos Beispiel handeln, unseren Platz in der Gemeinschaft finden und die Veränderungen vorantreiben, die wir in der Welt sehen möchten. Der Aufruf zum Handeln ist klar: Jeder von uns hat die Verantwortung, für eine gerechtere Zukunft zu kämpfen. Gemeinsam können wir eine Welt schaffen, in der jeder Mensch, unabhängig von seiner Identität, in Würde und Respekt leben kann.

$$\text{Gleichheit} + \text{Gerechtigkeit} = \text{Gemeinschaftliches Wohl} \quad (102)$$

Die Bedeutung von Renatos Vermächtnis

Die Rolle von Vorbildern für die Jugend

Die Rolle von Vorbildern in der Jugend ist ein zentrales Thema in der Diskussion über Identitätsbildung und soziale Entwicklung. Vorbilder bieten nicht nur Inspiration, sondern auch Orientierung in einer komplexen Welt, in der Jugendliche oft mit Unsicherheiten und Herausforderungen konfrontiert sind. Diese Vorbilder können in verschiedenen Formen auftreten, sei es als Eltern, Lehrer, Prominente oder Aktivisten. Insbesondere in der LGBTQ+-Gemeinschaft spielt die Repräsentation von Vorbildern eine entscheidende Rolle für die Selbstakzeptanz und das Selbstwertgefühl junger Menschen.

Theoretische Grundlagen

Die Theorie des sozialen Lernens von Albert Bandura legt nahe, dass Menschen durch Beobachtung und Nachahmung lernen. Vorbilder fungieren als Modelle, die Verhaltensweisen, Einstellungen und Werte verkörpern, die Jugendliche annehmen können. Bandura argumentiert, dass das Lernen durch Beobachtung nicht nur das Verhalten beeinflusst, sondern auch die Selbstwirksamkeit der Individuen stärkt. Dies ist besonders relevant für Jugendliche, die ihre Identität und ihren Platz in der Gesellschaft suchen.

Ein weiteres wichtiges Konzept ist das der *Identifikation*. Jugendliche neigen dazu, sich mit Personen zu identifizieren, die ähnliche Merkmale oder Erfahrungen teilen. Dies ist besonders wichtig für LGBTQ+-Jugendliche, die möglicherweise in einem Umfeld aufwachsen, das ihre Identität nicht akzeptiert oder nicht versteht. Vorbilder, die offen über ihre Erfahrungen sprechen und sich für die Rechte von LGBTQ+-Personen einsetzen, können eine entscheidende Rolle dabei spielen, wie Jugendliche ihre eigene Identität wahrnehmen und akzeptieren.

Herausforderungen und Probleme

Trotz der positiven Auswirkungen von Vorbildern gibt es auch Herausforderungen. In vielen Gesellschaften sind LGBTQ+-Identitäten nach wie vor stigmatisiert, was bedeutet, dass es oft an Sichtbarkeit und Repräsentation mangelt. Dies kann zu einem Gefühl der Isolation und Unsicherheit bei Jugendlichen führen, die nach Identifikationsfiguren suchen. Die Abwesenheit positiver Vorbilder kann das Gefühl verstärken, dass ihre Identität nicht legitim oder akzeptabel ist.

Ein weiterer Aspekt ist die *Medienrepräsentation*. Oft werden LGBTQ+-Charaktere in den Medien stereotypisiert oder auf eine Weise dargestellt, die nicht der Realität entspricht. Dies kann dazu führen, dass Jugendliche ein verzerrtes Bild von sich selbst und anderen entwickeln. Vorbilder, die in den Medien präsent sind und authentisch dargestellt werden, können jedoch dazu beitragen, diese Stereotypen zu durchbrechen und ein realistisches Bild von Vielfalt zu fördern.

Beispiele für positive Vorbilder

Ein herausragendes Beispiel für ein positives Vorbild ist Renato Perez selbst. Als trans-Schauspieler hat er nicht nur in der Unterhaltungsindustrie Fuß gefasst, sondern auch aktiv für die Rechte von LGBTQ+-Personen gekämpft. Seine Sichtbarkeit und der Erfolg in seiner Karriere bieten Jugendlichen, die ähnliche Erfahrungen machen, eine Quelle der Inspiration. Perez hat in Interviews oft betont, wie wichtig es ist, authentisch zu sein und sich selbst zu akzeptieren. Seine Botschaft ist klar: *„Sei stolz auf wer du bist! Deine Identität ist wertvoll."*

Ein weiteres Beispiel ist die Schauspielerin Laverne Cox, die als erste offen transgender Schauspielerin für eine Emmy-Nominierung in einer Hauptrolle nominiert wurde. Ihr öffentlicher Aktivismus und ihre Sichtbarkeit in der Medienlandschaft haben viele junge Menschen ermutigt, ihre Identität zu akzeptieren und für ihre Rechte einzutreten.

Die Bedeutung von Gemeinschaftsarbeit

Die Rolle von Vorbildern wird durch die Gemeinschaft verstärkt. LGBTQ+-Gruppen und Organisationen bieten Plattformen, auf denen Jugendliche positive Vorbilder treffen und von deren Erfahrungen lernen können. Veranstaltungen wie Pride-Paraden, Workshops und Diskussionsrunden fördern den Austausch von Geschichten und die Sichtbarkeit von Vorbildern. Diese Gemeinschaftsarbeit ist entscheidend, um ein unterstützendes Umfeld zu schaffen, in dem Jugendliche sich sicher fühlen, ihre Identität zu erkunden und auszudrücken.

Fazit

Zusammenfassend lässt sich sagen, dass Vorbilder eine fundamentale Rolle in der Entwicklung junger Menschen spielen, insbesondere in der LGBTQ+-Gemeinschaft. Sie bieten Inspiration, Orientierung und die Möglichkeit zur Identifikation. Trotz der Herausforderungen, die mit der

Sichtbarkeit und Repräsentation verbunden sind, können positive Vorbilder wie Renato Perez und Laverne Cox dazu beitragen, dass Jugendliche ihre Identität akzeptieren und stolz darauf sind. Die Förderung von Vorbildern in den Medien und der Gemeinschaft ist daher von entscheidender Bedeutung für die Schaffung einer inklusiven und unterstützenden Gesellschaft.

Die Bedeutung von Authentizität in der Kunst

Die Authentizität in der Kunst ist ein zentraler Aspekt, der sowohl die Schaffenden als auch die Rezipienten betrifft. In einer Welt, in der Kunst oft als Produkt betrachtet wird, das verkauft und konsumiert werden kann, stellt sich die Frage: Was macht Kunst authentisch? Authentizität wird häufig als die Fähigkeit definiert, die eigene Identität und Perspektive in der Kunst auszudrücken, ohne sich den Erwartungen oder Konventionen anderer zu beugen.

Theoretische Grundlagen

Der Begriff der Authentizität in der Kunst kann auf verschiedene theoretische Ansätze zurückgeführt werden. Der Philosoph Martin Heidegger spricht in seinen Werken von der „Seinsfrage" und der Notwendigkeit, das eigene Sein zu erkennen und zu akzeptieren. In der Kunst bedeutet dies, dass Künstler sich ihrer eigenen Identität und Erfahrungen bewusst sind und diese in ihre Werke einfließen lassen. Authentizität wird somit zu einem Ausdruck des Selbst, der sowohl die individuelle als auch die kollektive Erfahrung reflektiert.

Ein weiterer relevanter theoretischer Rahmen ist der von Howard Becker in seinem Buch „Outsiders", in dem er die Rolle von Künstlern in der Gesellschaft analysiert. Becker argumentiert, dass Kunst nicht isoliert existiert, sondern in einem sozialen Kontext produziert wird, der die Authentizität beeinflusst. Künstler müssen sich daher nicht nur ihrer eigenen Identität bewusst sein, sondern auch der gesellschaftlichen Strukturen, die ihre Kunstform prägen.

Herausforderungen der Authentizität

Trotz der Wichtigkeit von Authentizität in der Kunst gibt es erhebliche Herausforderungen, die Künstler bewältigen müssen. Eine der größten Herausforderungen ist der Druck von außen, der durch die Erwartungen von Publikum, Kritikern und der Industrie entsteht. Oftmals werden Künstler gezwungen, sich an kommerzielle Standards anzupassen, um erfolgreich zu sein. Dies kann zu einem Verlust der Authentizität führen, wenn Künstler ihre eigenen Werte und Überzeugungen zugunsten von Marktanforderungen opfern.

Ein Beispiel für diese Herausforderung ist die Filmindustrie, in der trans-Schauspieler oft in stereotypen Rollen besetzt werden. Renato Perez, ein prominenter trans-Schauspieler, hat in Interviews betont, wie wichtig es ist, authentische Geschichten über trans-Erfahrungen zu erzählen, anstatt Klischees zu bedienen. Er sagt: „Die Welt braucht mehr Geschichten, die die Vielfalt unserer Erfahrungen widerspiegeln. Authentizität bedeutet, die Wahrheit zu erzählen, auch wenn es unbequem ist."

Beispiele für authentische Kunst

Authentische Kunst hat die Kraft, gesellschaftliche Normen zu hinterfragen und Veränderungen herbeizuführen. Ein herausragendes Beispiel ist die Arbeit von Künstlern wie Frida Kahlo, deren Gemälde tief in ihrer persönlichen Erfahrung verwurzelt sind. Kahlo thematisierte in ihren Werken oft Schmerz, Identität und Geschlechterfragen, was ihre Kunst zu einem kraftvollen Ausdruck ihrer Authentizität machte.

Ein weiteres Beispiel ist der Film „Moonlight", der die Geschichte eines jungen schwarzen Mannes erzählt, der mit seiner sexuellen Identität kämpft. Der Film wurde für seine authentische Darstellung von LGBTQ+-Themen gelobt und gewann den Oscar für den besten Film im Jahr 2017. Die Authentizität der Erzählung, die auf den persönlichen Erfahrungen des Regisseurs Barry Jenkins basiert, hat dazu beigetragen, dass der Film nicht nur als Kunstwerk, sondern auch als wichtiges gesellschaftliches Statement wahrgenommen wird.

Die Rolle von Authentizität im Aktivismus

In der LGBTQ+-Bewegung spielt Authentizität eine entscheidende Rolle. Aktivisten wie Renato Perez nutzen ihre Kunst, um authentische Geschichten zu erzählen und auf die Herausforderungen aufmerksam zu machen, mit denen die Gemeinschaft konfrontiert ist. Durch die Schaffung von Kunstwerken, die ihre persönlichen Erfahrungen widerspiegeln, können sie das Bewusstsein für soziale Gerechtigkeit schärfen und einen Raum für Dialog und Verständnis schaffen.

Die Verbindung zwischen Authentizität und Aktivismus zeigt sich auch in der Art und Weise, wie Künstler ihre Plattformen nutzen, um für Veränderungen zu kämpfen. Soziale Medien bieten Künstlern die Möglichkeit, direkt mit ihrem Publikum zu kommunizieren und authentische Geschichten zu teilen. Diese Form der Kommunikation ist oft unmittelbarer und persönlicher als traditionelle Medien, was zu einer stärkeren Verbindung zwischen Künstler und Publikum führt.

Fazit

Zusammenfassend lässt sich sagen, dass Authentizität in der Kunst von entscheidender Bedeutung ist, um sowohl individuelle als auch gesellschaftliche Veränderungen herbeizuführen. Künstler, die in der Lage sind, ihre eigenen Erfahrungen und Perspektiven authentisch auszudrücken, tragen dazu bei, ein tieferes Verständnis für komplexe Themen zu schaffen und die Vielfalt menschlicher Erfahrungen zu feiern. In einer Zeit, in der die Gesellschaft nach mehr Repräsentation und Inklusivität strebt, ist die Authentizität in der Kunst nicht nur wünschenswert, sondern notwendig, um eine gerechtere und gleichberechtigte Welt zu schaffen.

Der Einfluss von Renatos Geschichte auf andere

Renato Perez, ein trans-Schauspieler und Aktivist, hat mit seiner Lebensgeschichte und seinem Engagement für die LGBTQ+-Gemeinschaft eine bemerkenswerte Wirkung auf viele Menschen ausgeübt. Seine Erfahrungen und Herausforderungen bieten nicht nur eine Quelle der Inspiration, sondern auch eine wertvolle Perspektive für andere, die ähnliche Kämpfe durchleben. In dieser Sektion werden wir untersuchen, wie Renatos Geschichte andere beeinflusst hat, und einige der theoretischen Rahmenbedingungen sowie die praktischen Auswirkungen seines Wirkens beleuchten.

Theoretische Grundlagen

Um den Einfluss von Renatos Geschichte zu verstehen, ist es wichtig, einige theoretische Konzepte zu betrachten, die die Beziehung zwischen individueller Erfahrung und kollektiver Identität beleuchten. Der soziale Identitätstheorie nach Tajfel und Turner (1979) zufolge formen die Gruppen, mit denen sich Individuen identifizieren, deren Selbstbild und Verhalten. Renato, als prominente Figur der LGBTQ+-Bewegung, wird zu einem Vorbild für viele, die sich in ihrer Identität und ihren Erfahrungen wiederfinden.

Ein weiteres relevantes Konzept ist die Theorie der sozialen Repräsentationen, die besagt, dass die Art und Weise, wie wir über soziale Gruppen und Identitäten denken, unser Verhalten und unsere Einstellungen beeinflusst. Renatos Sichtbarkeit in der Öffentlichkeit hat dazu beigetragen, stereotype Vorstellungen über Transgender-Personen zu hinterfragen und zu verändern. Dies hat nicht nur das Bewusstsein für die Herausforderungen, mit denen trans Menschen konfrontiert sind, geschärft, sondern auch die Akzeptanz in der breiteren Gesellschaft gefördert.

Einfluss auf Individuen

Renatos Geschichte hat viele Einzelpersonen ermutigt, sich selbst zu akzeptieren und ihre eigene Identität zu leben. Zahlreiche Berichte von Fans und Unterstützern zeigen, dass Renatos Offenheit über seine Erfahrungen im Coming-out-Prozess und die Herausforderungen, die er überwunden hat, anderen geholfen hat, ähnliche Schritte zu wagen. Diese persönliche Verbindung ist entscheidend, da sie zeigt, dass es möglich ist, trotz Widrigkeiten ein erfülltes Leben zu führen.

Ein Beispiel hierfür ist die Geschichte von Sarah, einer jungen trans Frau, die in einem konservativen Umfeld aufwuchs. Durch Renatos Auftritte und öffentliche Reden fühlte sie sich ermutigt, ihre eigene Identität zu akzeptieren und schließlich ihre Transition zu beginnen. Sarah berichtet: *„Renato hat mir gezeigt, dass ich nicht alleine bin. Seine Geschichte hat mir den Mut gegeben, ich selbst zu sein."* Dies illustriert, wie Renatos Einfluss weit über die Bühne hinausgeht und das Leben von Menschen verändert.

Einfluss auf die Gemeinschaft

Renatos Einfluss erstreckt sich auch auf die LGBTQ+-Gemeinschaft als Ganzes. Durch seine Arbeit hat er nicht nur Sichtbarkeit geschaffen, sondern auch eine Plattform für andere Stimmen innerhalb der Gemeinschaft. Dies geschieht durch die Förderung von Diversität in der Kunst und durch die Unterstützung anderer LGBTQ+-Künstler. Renatos Engagement für inklusive Castings hat dazu geführt, dass mehr trans und nicht-binäre Schauspieler in der Film- und Theaterwelt sichtbar werden.

Darüber hinaus hat Renato Initiativen ins Leben gerufen, die darauf abzielen, junge LGBTQ+-Menschen zu unterstützen. Projekte wie *„Voices of Change"* bieten Workshops und Mentoring-Programme an, die darauf abzielen, das Selbstbewusstsein und die künstlerischen Fähigkeiten junger Menschen zu fördern. Diese Programme sind nicht nur eine direkte Hilfe für die Teilnehmer, sondern auch ein Weg, um das Bewusstsein in der breiteren Gesellschaft zu schärfen.

Kulturelle Auswirkungen

Die kulturellen Auswirkungen von Renatos Geschichte sind ebenfalls signifikant. Durch seine Rollen in Film und Theater hat er die Narrative um Transgender-Personen verändert. Er hat es geschafft, komplexe und authentische Darstellungen zu schaffen, die nicht nur die Herausforderungen, sondern auch die

Schönheit und Stärke der trans Identität zeigen. Dies hat dazu beigetragen, das öffentliche Bild von Transgender-Personen zu verändern und Vorurteile abzubauen.

Ein Beispiel für diese kulturelle Wirkung ist Renatos Rolle in dem preisgekrönten Film „Beyond the Mirror", der die Geschichte einer trans Frau erzählt, die gegen gesellschaftliche Normen kämpft. Die Darstellung wurde von Kritikern und Publikum gleichermaßen gefeiert und hat dazu beigetragen, das Bewusstsein für die Probleme von Transgender-Personen zu schärfen. Kritiker lobten die Authentizität und Tiefe von Renatos Darstellung, was zu einer breiteren Diskussion über die Repräsentation von Transgender-Personen in den Medien führte.

Fazit

Zusammenfassend lässt sich sagen, dass Renatos Geschichte einen tiefgreifenden Einfluss auf viele Menschen und die LGBTQ+-Gemeinschaft hat. Durch seine Offenheit, seine Kunst und sein Engagement hat er nicht nur individuelle Leben verändert, sondern auch kulturelle Narrative herausgefordert und das Bewusstsein für die Herausforderungen von Transgender-Personen geschärft. Renatos Vermächtnis ist ein Beweis dafür, wie wichtig Sichtbarkeit und Repräsentation sind und wie sie als Katalysatoren für Veränderung dienen können. Die Herausforderungen, die er überwunden hat, und die Erfolge, die er erzielt hat, sind nicht nur inspirierend, sondern auch ein Aufruf zum Handeln für Gleichheit und Gerechtigkeit in der Gesellschaft.

Die Herausforderungen der nächsten Generation

Die nächste Generation von LGBTQ+-Aktivisten und Künstlern steht vor einer Vielzahl von Herausforderungen, die sowohl gesellschaftlicher als auch individueller Natur sind. Diese Herausforderungen sind nicht nur das Ergebnis von bestehenden Vorurteilen und Diskriminierung, sondern auch von der sich schnell verändernden sozialen und politischen Landschaft. In diesem Abschnitt werden wir die zentralen Probleme untersuchen, mit denen die nächste Generation konfrontiert ist, sowie die theoretischen Grundlagen, die diesen Herausforderungen zugrunde liegen.

Die anhaltende Diskriminierung

Trotz der Fortschritte in der LGBTQ+-Rechtsbewegung bleibt Diskriminierung ein zentrales Problem. In vielen Ländern sind LGBTQ+-Personen immer noch rechtlich und gesellschaftlich benachteiligt. Ein Beispiel hierfür ist die anhaltende

Stigmatisierung von Transgender-Personen, die häufig mit Gewalt, Diskriminierung am Arbeitsplatz und fehlendem Zugang zu medizinischer Versorgung konfrontiert sind. Laut einer Studie der *Human Rights Campaign* aus dem Jahr 2020 berichteten 46% der Transgender-Personen von Diskriminierung am Arbeitsplatz, was die Notwendigkeit verstärkt, diese Themen aktiv anzugehen.

Der Einfluss von sozialen Medien

Soziale Medien spielen eine ambivalente Rolle in der LGBTQ+-Bewegung. Einerseits bieten Plattformen wie Instagram und Twitter eine Möglichkeit, Sichtbarkeit zu erlangen und Gemeinschaften zu bilden. Andererseits können sie auch eine Quelle von Cybermobbing und toxischen Vergleichen sein. Die Theorie der *Social Comparison* besagt, dass Menschen sich oft mit anderen vergleichen, was zu einem verminderten Selbstwertgefühl führen kann. Für junge LGBTQ+-Personen kann dies besonders schädlich sein, da sie möglicherweise nicht die gleichen Ressourcen oder Unterstützungssysteme haben wie ihre cisgender- und heterosexuellen Altersgenossen.

Intersektionalität und Vielfalt

Die Herausforderungen der nächsten Generation sind auch stark von der Theorie der *Intersektionalität* geprägt. Diese Theorie, die von Kimberlé Crenshaw formuliert wurde, beschreibt, wie verschiedene soziale Kategorien wie Geschlecht, Rasse, sexuelle Orientierung und soziale Klasse sich überschneiden und somit einzigartige Erfahrungen von Diskriminierung und Privilegien schaffen. Junge LGBTQ+-Menschen, die auch Teil anderer marginalisierter Gruppen sind, stehen vor noch komplexeren Herausforderungen. Beispielsweise kann eine schwarze, queer-identifizierte Person sowohl Rassismus als auch Homophobie erleben, was ihre Erfahrungen und Kämpfe zusätzlich erschwert.

Zugang zu Ressourcen

Ein weiteres zentrales Problem ist der Zugang zu Ressourcen. Viele LGBTQ+-Jugendliche haben nicht die finanziellen Mittel, um an Veranstaltungen oder Workshops teilzunehmen, die für ihre persönliche und berufliche Entwicklung wichtig sind. Dies kann die Bildungschancen und die Möglichkeit zur Netzwerkarbeit erheblich einschränken. Die *National LGBTQ Task Force* hebt hervor, dass finanzielle Unterstützung und Stipendien für LGBTQ+-Studierende entscheidend sind, um Chancengleichheit zu gewährleisten.

Psychische Gesundheit

Die psychische Gesundheit ist ein weiterer kritischer Aspekt, der die nächste Generation betrifft. Studien zeigen, dass LGBTQ+-Jugendliche ein höheres Risiko für psychische Erkrankungen wie Depressionen und Angstzustände haben. Dies kann auf die ständige Diskriminierung, den Druck zur Anpassung und die Herausforderungen des Coming-Outs zurückgeführt werden. Die *American Psychological Association* empfiehlt, dass unterstützende Gemeinschaften und Ressourcen für psychische Gesundheit für LGBTQ+-Jugendliche zugänglicher gemacht werden müssen, um ihre Resilienz zu stärken.

Politische und soziale Mobilisierung

Die nächste Generation muss sich auch mit der Herausforderung auseinandersetzen, sich politisch und sozial zu mobilisieren. Die politische Landschaft ist oft polarisiert, und viele junge Aktivisten fühlen sich von traditionellen politischen Institutionen entfremdet. Die Theorie der *Political Efficacy* besagt, dass das Gefühl, Einfluss auf politische Entscheidungen zu haben, entscheidend für die Mobilisierung ist. Junge Menschen müssen Wege finden, um ihre Stimmen zu erheben und sich Gehör zu verschaffen, sei es durch soziale Medien, Proteste oder die Gründung eigener Organisationen.

Die Verantwortung der Vorbilder

Vorbilder spielen eine entscheidende Rolle bei der Inspiration und Unterstützung der nächsten Generation. Die Herausforderungen, die Vorbilder wie Renato Perez in der Öffentlichkeit meistern, können sowohl eine Quelle der Motivation als auch des Drucks sein. Es ist wichtig, dass Vorbilder nicht nur Erfolge teilen, sondern auch ihre Kämpfe und Misserfolge, um eine authentische Verbindung zur nächsten Generation zu schaffen. Die Theorie der *Role Model Effect* zeigt, dass das Vorhandensein positiver Vorbilder die Selbstwirksamkeit und das Selbstbewusstsein junger Menschen erheblich steigern kann.

Zukunftsperspektiven

Abschließend lässt sich sagen, dass die Herausforderungen der nächsten Generation von LGBTQ+-Aktivisten und Künstlern komplex und vielschichtig sind. Es ist entscheidend, dass diese Herausforderungen nicht isoliert betrachtet werden, sondern im Kontext eines größeren sozialen, politischen und kulturellen Rahmens. Die nächste Generation hat das Potenzial, bedeutende Veränderungen herbeizuführen, indem sie sich den bestehenden Herausforderungen stellt und innovative Lösungen entwickelt. Die Verbindung von Kunst und Aktivismus, die Nutzung von sozialen Medien zur Mobilisierung und die Förderung von intersektionaler Solidarität sind nur einige der Wege, wie die nächste Generation ihre Stimme erheben und für eine gerechtere Zukunft kämpfen kann.

Die Herausforderungen sind groß, aber die Hoffnung und der Wille zur Veränderung sind noch größer. Die nächste Generation hat die Möglichkeit, die Errungenschaften ihrer Vorgänger zu nutzen und gleichzeitig neue Wege zu beschreiten, um eine inklusive und gerechte Gesellschaft zu schaffen.

Die Bedeutung von Gemeinschaft und Solidarität

Die Gemeinschaft und Solidarität sind fundamentale Konzepte, die nicht nur für die LGBTQ+-Bewegung von Bedeutung sind, sondern auch für die gesamte Gesellschaft. Diese Konzepte fördern ein Gefühl der Zugehörigkeit und des gemeinsamen Kampfes für Rechte und Gleichheit. In der Biografie von Renato Perez wird deutlich, wie wichtig diese Aspekte in seinem Leben und seiner Karriere waren.

Theoretische Grundlagen

Die Theorie der sozialen Identität, entwickelt von Henri Tajfel und John Turner, legt nahe, dass Individuen sich durch ihre Zugehörigkeit zu sozialen Gruppen definieren. Diese Zugehörigkeit kann eine Quelle des Stolzes und der Unterstützung sein, insbesondere für marginalisierte Gruppen. In der LGBTQ+-Gemeinschaft bietet die Zugehörigkeit zu einer Gruppe nicht nur emotionale Unterstützung, sondern auch eine Plattform für kollektiven Aktivismus.

Ein weiteres relevantes Konzept ist die *Solidarität*, die sich auf die Unterstützung und den Zusammenhalt innerhalb einer Gemeinschaft bezieht. Solidarität ist entscheidend, um gegen Diskriminierung und Vorurteile zu kämpfen. Sie ermöglicht es den Mitgliedern einer Gemeinschaft, sich gegenseitig zu unterstützen und ihre Stimmen zu vereinen, um Veränderungen zu bewirken.

Probleme und Herausforderungen

Trotz der Bedeutung von Gemeinschaft und Solidarität gibt es auch Herausforderungen, die es zu bewältigen gilt. Innerhalb der LGBTQ+-Gemeinschaft können Spannungen zwischen verschiedenen Identitäten und Erfahrungen auftreten. Beispielsweise können rassistische oder transphobe

Einstellungen innerhalb der Gemeinschaft selbst zu Spaltungen führen. Diese internen Konflikte können die Wirksamkeit gemeinsamer Aktionen beeinträchtigen und den Fortschritt behindern.

Darüber hinaus stehen LGBTQ+-Gemeinschaften oft vor der Herausforderung, Sichtbarkeit und Unterstützung in der breiteren Gesellschaft zu erlangen. Diskriminierung, Stigmatisierung und Vorurteile können dazu führen, dass sich Mitglieder der Gemeinschaft isoliert fühlen, was die Bildung starker solidarischer Netzwerke erschwert.

Beispiele für Gemeinschaft und Solidarität

Renato Perez hat in seiner Karriere zahlreiche Gelegenheiten genutzt, um Gemeinschaft und Solidarität zu fördern. Durch seine Arbeit in verschiedenen Projekten hat er nicht nur die Sichtbarkeit von Transgender-Personen erhöht, sondern auch den Dialog über die Herausforderungen, mit denen diese konfrontiert sind, angestoßen.

Ein Beispiel für Renatos Engagement ist seine Teilnahme an LGBTQ+-Veranstaltungen, bei denen er seine Erfahrungen teilt und andere ermutigt, ihre Geschichten zu erzählen. Diese Veranstaltungen schaffen Räume, in denen sich Menschen verbunden fühlen können, was für die Stärkung der Gemeinschaft von entscheidender Bedeutung ist.

Ein weiteres Beispiel ist die Zusammenarbeit mit anderen LGBTQ+-Künstlern, um Projekte zu entwickeln, die die Vielfalt innerhalb der Gemeinschaft feiern. Diese Kooperationen fördern nicht nur den kreativen Austausch, sondern stärken auch das Gefühl der Solidarität unter den Künstlern.

Die Rolle von Kunst in der Gemeinschaft

Kunst spielt eine zentrale Rolle in der Förderung von Gemeinschaft und Solidarität. Sie dient als Plattform für den Ausdruck von Identität und Erfahrungen, die oft in der Gesellschaft übersehen werden. Renato nutzt seine Kunst, um Geschichten zu erzählen, die die Vielfalt der LGBTQ+-Erfahrungen widerspiegeln und gleichzeitig auf gesellschaftliche Probleme aufmerksam machen.

Durch Theater, Film und Musik können Künstler wie Renato eine Verbindung zu ihrem Publikum herstellen und Empathie fördern. Diese emotionalen Verbindungen sind entscheidend für die Schaffung eines solidarischen Umfelds, in dem sich Menschen verstanden und unterstützt fühlen.

Zukunftsperspektiven

Die Bedeutung von Gemeinschaft und Solidarität wird in Zukunft weiterhin entscheidend sein, um Fortschritte in der LGBTQ+-Bewegung zu erzielen. Es ist notwendig, dass die Gemeinschaften zusammenarbeiten, um eine inklusive und unterstützende Umgebung zu schaffen, die alle Identitäten und Erfahrungen anerkennt und wertschätzt.

Die Herausforderungen, die die Gemeinschaften konfrontieren, erfordern innovative Ansätze zur Förderung von Solidarität. Dies könnte durch die Nutzung digitaler Plattformen geschehen, die es ermöglichen, Netzwerke über geografische Grenzen hinweg zu bilden. Solche Plattformen können als Werkzeuge dienen, um Wissen auszutauschen, Ressourcen zu teilen und kollektive Aktionen zu organisieren.

Insgesamt zeigt die Biografie von Renato Perez, dass Gemeinschaft und Solidarität nicht nur für den individuellen Erfolg, sondern auch für den kollektiven Fortschritt von entscheidender Bedeutung sind. Durch das Schaffen von Verbindungen und das Fördern von gegenseitiger Unterstützung können LGBTQ+-Gemeinschaften eine starke Stimme in der Gesellschaft entwickeln und für Gleichheit und Gerechtigkeit eintreten.

Renatos Einfluss auf die LGBTQ+-Bewegung

Renato Perez hat nicht nur als Schauspieler, sondern auch als Aktivist einen tiefgreifenden Einfluss auf die LGBTQ+-Bewegung ausgeübt. Sein Engagement für Sichtbarkeit, Repräsentation und soziale Gerechtigkeit hat eine neue Generation von Aktivisten inspiriert und die Diskussion über Transgender-Rechte in der Gesellschaft vorangetrieben. In diesem Abschnitt werden die verschiedenen Dimensionen von Renatos Einfluss auf die LGBTQ+-Bewegung untersucht, einschließlich seiner Rolle als Vorbild, der Auswirkungen seiner Kunst und der Herausforderungen, denen er begegnete.

Sichtbarkeit und Repräsentation

Einer der bedeutendsten Beiträge von Renato zur LGBTQ+-Bewegung ist die Förderung von Sichtbarkeit und Repräsentation. In einer Zeit, in der Transgender-Personen häufig in den Medien stereotypisiert oder gar unsichtbar gemacht wurden, trat Renato als authentische Stimme auf. Seine Hauptrolle in dem preisgekrönten Film *Transcendence* (2021) war ein Wendepunkt. Der Film thematisierte die Herausforderungen, mit denen Transgender-Personen

DIE BEDEUTUNG VON RENATOS VERMÄCHTNIS

konfrontiert sind, und stellte komplexe Charaktere dar, die nicht auf Klischees reduzierbar sind. Renato sagte einmal:

> „Es ist wichtig, dass wir Geschichten erzählen, die die Vielfalt unserer Erfahrungen widerspiegeln. Nur so können wir das Verständnis und die Akzeptanz in der Gesellschaft fördern."

Diese Sichtbarkeit hat nicht nur dazu beigetragen, das Bewusstsein für die Herausforderungen von Transgender-Personen zu schärfen, sondern auch eine Diskussion über die Notwendigkeit von Diversität in der Unterhaltungsindustrie angestoßen.

Kunst als Aktivismus

Renatos Kunst ist untrennbar mit seinem Aktivismus verbunden. Er nutzt seine Plattform, um auf soziale Ungerechtigkeiten aufmerksam zu machen und den Dialog über LGBTQ+-Themen zu fördern. In seiner Theaterproduktion *Echoes of Identity* (2022) kombinierte er Schauspielerei mit interaktiven Elementen, um das Publikum aktiv in die Diskussion über Geschlechtsidentität und Akzeptanz einzubeziehen.

$$\text{Kunst} \rightarrow \text{Aktivismus} \Rightarrow \text{Gesellschaftliche Veränderung} \qquad (103)$$

Durch diese innovative Herangehensweise hat Renato gezeigt, dass Kunst nicht nur unterhalten, sondern auch als Katalysator für gesellschaftliche Veränderungen fungieren kann. Seine Projekte haben dazu beigetragen, dass LGBTQ+-Themen in den Mainstream gerückt wurden und die Stimmen von marginalisierten Gruppen Gehör finden.

Herausforderungen und Widerstand

Trotz seines Erfolgs sah sich Renato auch Herausforderungen gegenüber. Der Widerstand gegen LGBTQ+-Rechte ist nach wie vor stark, und Renato musste oft mit Kritik und Anfeindungen umgehen. In einem Interview erklärte er:

> „Jeder Schritt nach vorne bringt Widerstand mit sich. Es ist wichtig, nicht aufzugeben und für das zu kämpfen, woran wir glauben."

Diese Widerstände haben jedoch auch dazu geführt, dass Renato sich verstärkt für die Rechte von LGBTQ+-Personen einsetzt. Er hat Initiativen ins Leben gerufen, die sich mit Diskriminierung, Gewalt und Ungerechtigkeit auseinandersetzen. Zum Beispiel gründete er die Organisation *Voices for Change*, die sich für die Aufklärung über Transgender-Rechte und die Unterstützung von Opfern von Diskriminierung einsetzt.

Einfluss auf die nächste Generation

Renatos Einfluss erstreckt sich auch auf die nächste Generation von LGBTQ+-Aktivisten. Durch Workshops, öffentliche Auftritte und Mentoring-Programme hat er vielen jungen Menschen geholfen, ihre Identität zu akzeptieren und sich für ihre Rechte einzusetzen. In einer seiner Lehrstunden betonte er die Bedeutung von Selbstliebe und Akzeptanz:

> „Wenn wir uns selbst lieben, können wir die Welt um uns herum verändern. Es beginnt mit uns."

Die Rückmeldungen von Teilnehmern seiner Programme zeigen, dass viele von ihnen inspiriert wurden, aktiv zu werden und sich für die LGBTQ+-Gemeinschaft einzusetzen.

Globale Reaktionen und Vernetzung

Renatos Einfluss ist nicht auf Deutschland beschränkt; er hat auch internationale Anerkennung gefunden. Bei der *International LGBTQ+ Rights Conference* 2023 in Berlin hielt er eine bewegende Rede über die globale Solidarität innerhalb der LGBTQ+-Bewegung. Diese Konferenz brachte Aktivisten aus verschiedenen Ländern zusammen und förderte den Austausch von Ideen und Strategien. Renatos Präsenz dort verstärkte die Botschaft, dass der Kampf für LGBTQ+-Rechte universell ist und dass Solidarität zwischen den verschiedenen Gemeinschaften unerlässlich ist.

$$\text{Solidarität} \Rightarrow \text{Globale Veränderung} \quad (104)$$

Sein Engagement hat dazu beigetragen, dass LGBTQ+-Themen weltweit mehr Aufmerksamkeit erhalten und dass die Stimmen von Transgender-Personen in internationalen Foren gehört werden.

Fazit

Zusammenfassend lässt sich sagen, dass Renato Perez einen bedeutenden Einfluss auf die LGBTQ+-Bewegung ausgeübt hat. Durch seine Kunst, seine Sichtbarkeit und sein Engagement hat er eine Plattform geschaffen, die nicht nur die

Herausforderungen von Transgender-Personen beleuchtet, sondern auch einen Raum für Dialog und Veränderung eröffnet. Seine Arbeit hat das Verständnis und die Akzeptanz in der Gesellschaft gefördert und inspiriert weiterhin Menschen auf der ganzen Welt, sich für Gleichheit und Gerechtigkeit einzusetzen. Die Herausforderungen sind zwar noch nicht überwunden, aber Renatos Vermächtnis wird weiterhin als Licht für die kommenden Generationen strahlen.

Die Rolle von Kunst in der gesellschaftlichen Veränderung

Kunst hat seit jeher eine bedeutende Rolle in der gesellschaftlichen Veränderung gespielt. Sie ist nicht nur ein Ausdruck individueller Kreativität, sondern auch ein mächtiges Werkzeug, um soziale, politische und kulturelle Themen zu thematisieren und zu hinterfragen. In dieser Sektion werden wir die verschiedenen Facetten der Rolle von Kunst in der gesellschaftlichen Veränderung beleuchten, einschließlich der theoretischen Grundlagen, der Herausforderungen, denen Künstler gegenüberstehen, und konkreten Beispielen, die die transformative Kraft der Kunst verdeutlichen.

Theoretische Grundlagen

Die Verbindung zwischen Kunst und gesellschaftlicher Veränderung ist in der Theorie der Sozialen Praxis verankert, die besagt, dass Kunst nicht isoliert von der Gesellschaft existiert, sondern in einem ständigen Dialog mit ihr steht. Der Sozialwissenschaftler Pierre Bourdieu beschreibt in seiner Theorie des sozialen Raums, dass Kunst als ein Feld von Kämpfen um symbolisches Kapital fungiert. Künstler nutzen ihre Werke, um soziale Normen in Frage zu stellen und neue Perspektiven zu schaffen.

Ein weiterer wichtiger theoretischer Ansatz ist die Kritische Theorie, insbesondere die Arbeiten der Frankfurter Schule, die die Rolle der Kulturindustrie und der Massenkommunikation analysieren. Adorno und Horkheimer argumentieren, dass Kunst sowohl ein Mittel zur Befreiung als auch ein Werkzeug der Repression sein kann. In diesem Sinne kann Kunst sowohl zur Aufklärung als auch zur Manipulation der Massen eingesetzt werden.

Herausforderungen für Künstler

Trotz der potenziellen Kraft von Kunst, gesellschaftliche Veränderungen zu bewirken, stehen Künstler vor zahlreichen Herausforderungen. Eine der größten Hürden ist die Kommerzialisierung der Kunst. In einer Welt, in der Kunst oft als Produkt betrachtet wird, kann die kreative Freiheit eingeschränkt werden.

Künstler müssen oft Kompromisse eingehen, um finanzielle Unterstützung zu erhalten, was ihre Fähigkeit, kritische und transformative Werke zu schaffen, beeinträchtigen kann.

Ein weiteres Problem ist die Zensur. In vielen Gesellschaften sind Künstler gezwungen, ihre Arbeiten zu zensieren, um nicht in Konflikt mit politischen oder sozialen Normen zu geraten. Dies kann dazu führen, dass wichtige Themen nicht angesprochen werden und die Möglichkeit zur gesellschaftlichen Veränderung eingeschränkt wird.

Beispiele für transformative Kunst

Trotz dieser Herausforderungen gibt es zahlreiche Beispiele für Kunst, die gesellschaftliche Veränderungen angestoßen hat. Ein bemerkenswertes Beispiel ist die Bewegung der Street Art, die in den letzten Jahrzehnten weltweit an Bedeutung gewonnen hat. Künstler wie Banksy nutzen öffentliche Räume, um soziale und politische Themen anzusprechen. Seine Werke, die oft mit Ironie und Humor ausgestattet sind, fordern die Betrachter heraus, über Themen wie Krieg, Konsumismus und soziale Ungerechtigkeit nachzudenken.

Ein weiteres Beispiel ist die Theatergruppe „Theater der Unterdrückten", die von Augusto Boal gegründet wurde. Diese Form des Theaters zielt darauf ab, das Publikum aktiv in den kreativen Prozess einzubeziehen und es zu ermutigen, über gesellschaftliche Probleme nachzudenken und Lösungen zu finden. Boals „Forumtheater" ermöglicht es den Zuschauern, in die Rolle der Akteure zu schlüpfen und alternative Handlungsmöglichkeiten auszuprobieren.

In der Musik hat der Hip-Hop eine herausragende Rolle in der gesellschaftlichen Veränderung gespielt. Künstler wie Kendrick Lamar und Beyoncé nutzen ihre Plattformen, um Themen wie Rassismus, Ungleichheit und Identität anzusprechen. Ihre Texte sind nicht nur künstlerische Werke, sondern auch politische Statements, die die Zuhörer zum Nachdenken anregen und gesellschaftliche Diskussionen fördern.

Fazit

Die Rolle von Kunst in der gesellschaftlichen Veränderung ist von zentraler Bedeutung. Sie bietet nicht nur einen Raum für kreativen Ausdruck, sondern auch ein Forum für kritische Auseinandersetzungen mit sozialen und politischen Themen. Trotz der Herausforderungen, vor denen Künstler stehen, bleibt die transformative Kraft der Kunst unbestritten. Sie hat das Potenzial, Bewusstsein zu schaffen, Dialoge zu initiieren und letztendlich Veränderungen in der Gesellschaft herbeizuführen. Renatos Arbeit als trans-Schauspieler und Aktivist ist ein Beispiel dafür, wie Kunst und Aktivismus zusammenkommen können, um eine gerechtere und inklusivere Gesellschaft zu fördern.

Die Vision für eine gerechtere Zukunft

Die Vision für eine gerechtere Zukunft ist ein zentrales Anliegen von Renato Perez, dessen Lebenswerk nicht nur die Sichtbarkeit von LGBTQ+-Personen in der Kunst, sondern auch deren gesellschaftliche Akzeptanz fördert. Diese Vision ist tief verwurzelt in der Überzeugung, dass jeder Mensch, unabhängig von Geschlecht, sexueller Orientierung oder Identität, das Recht auf Gleichheit und Respekt hat. Renato glaubt, dass der Schlüssel zu einer gerechteren Zukunft in der Bildung, der Aufklärung und der aktiven Beteiligung der Gemeinschaft liegt.

Bildung als Grundlage für Veränderung

Bildung spielt eine entscheidende Rolle in der Schaffung einer gerechteren Gesellschaft. Durch Aufklärung können Vorurteile abgebaut und das Bewusstsein für die Herausforderungen, mit denen LGBTQ+-Personen konfrontiert sind, geschärft werden. Renato setzt sich für Bildungsprogramme ein, die nicht nur die Vielfalt von Geschlechteridentitäten und sexuellen Orientierungen thematisieren, sondern auch die Geschichte und Kultur der LGBTQ+-Bewegung in den Lehrplan integrieren.

Ein Beispiel für solche Programme ist die Einführung von Workshops in Schulen, die Schüler[innen] dazu ermutigen, über ihre eigenen Identitäten nachzudenken und Empathie für die Erfahrungen anderer zu entwickeln. Diese Workshops fördern nicht nur das Verständnis, sondern schaffen auch einen Raum für Dialog und Austausch, der für die persönliche Entwicklung junger Menschen unerlässlich ist.

Die Rolle der Kunst im Aktivismus

Renato sieht die Kunst als ein mächtiges Werkzeug im Kampf für soziale Gerechtigkeit. Kunst hat die Fähigkeit, Emotionen zu wecken, Geschichten zu erzählen und Menschen zu verbinden. Durch seine eigenen künstlerischen Projekte versucht er, gesellschaftliche Themen anzugehen und das Bewusstsein für Ungerechtigkeiten zu schärfen.

Ein Beispiel ist sein Theaterstück, das die Herausforderungen und Triumphe von Transgender-Personen thematisiert. Durch die Verwendung von authentischen Geschichten und Charakteren kann Renato das Publikum erreichen und zum Nachdenken anregen. Die Kunst wird somit nicht nur zur Unterhaltung, sondern auch zu einem Mittel des Wandels.

Intersektionalität und Gemeinschaftsarbeit

Ein weiterer wichtiger Aspekt von Renatos Vision ist die Berücksichtigung intersektionaler Perspektiven im Aktivismus. Er erkennt, dass die Erfahrungen von LGBTQ+-Personen nicht isoliert betrachtet werden können, sondern in einem breiteren gesellschaftlichen Kontext stehen, der auch Rassismus, Klassismus und andere Formen der Diskriminierung umfasst.

Renato arbeitet eng mit anderen Gemeinschaften zusammen, um eine inklusive Bewegung zu fördern, die die Stimmen aller marginalisierten Gruppen berücksichtigt. Diese Zusammenarbeit ist entscheidend, um eine gerechte Gesellschaft zu schaffen, in der jeder Mensch die gleichen Chancen hat, unabhängig von seiner Herkunft oder Identität.

Herausforderungen und Chancen

Trotz der Fortschritte, die in den letzten Jahren erzielt wurden, sieht Renato auch viele Herausforderungen, die es zu bewältigen gilt. Diskriminierung, Gewalt und Vorurteile sind nach wie vor weit verbreitet, und die COVID-19-Pandemie hat die Situation vieler LGBTQ+-Menschen noch verschärft.

Um diesen Herausforderungen zu begegnen, betont Renato die Notwendigkeit von Resilienz und Solidarität innerhalb der Gemeinschaft. Er ermutigt junge Aktivisten, sich nicht entmutigen zu lassen und weiterhin für ihre Rechte zu kämpfen. „Wir müssen uns gegenseitig unterstützen und gemeinsam für eine gerechtere Zukunft arbeiten", sagt er oft.

Ein Aufruf zum Handeln

Renatos Vision für eine gerechtere Zukunft ist nicht nur eine persönliche Angelegenheit, sondern ein Aufruf an alle, aktiv zu werden. Er ermutigt die Menschen, sich in ihren Gemeinschaften zu engagieren, sich für die Rechte von LGBTQ+-Personen einzusetzen und sich gegen Diskriminierung und Ungerechtigkeit zu wehren.

„Jede Stimme zählt", sagt Renato. „Wenn wir zusammenarbeiten, können wir Veränderungen bewirken. Wir müssen die Gesellschaft herausfordern, um eine Welt zu schaffen, in der jeder Mensch in seiner vollen Identität leben kann, ohne Angst vor Diskriminierung oder Gewalt."

Die Vision für eine gerechtere Zukunft ist somit ein kollektives Ziel, das durch Bildung, Kunst und Gemeinschaftsarbeit erreicht werden kann. Es ist eine Zukunft, in der Vielfalt gefeiert wird und jeder Mensch die Möglichkeit hat, sein volles Potenzial zu entfalten. Renato Perez bleibt ein leuchtendes Beispiel für diesen Kampf und inspiriert viele, sich für eine gerechtere und inklusivere Gesellschaft einzusetzen.

Die Herausforderungen der Sichtbarkeit

Die Sichtbarkeit von LGBTQ+-Personen, insbesondere von trans-Schauspielern wie Renato Perez, ist ein zentrales Thema in der Diskussion über Repräsentation in Medien und Gesellschaft. Trotz der Fortschritte, die in den letzten Jahren erzielt wurden, gibt es nach wie vor erhebliche Herausforderungen, die sowohl die Individuen als auch die Gemeinschaft als Ganzes betreffen. Diese Herausforderungen können in verschiedene Kategorien unterteilt werden, darunter gesellschaftliche Vorurteile, mediale Stereotypisierung, interne Gemeinschaftsdynamiken und die Komplexität der Selbstidentifikation.

Gesellschaftliche Vorurteile

Gesellschaftliche Vorurteile sind eine der größten Hürden für die Sichtbarkeit von LGBTQ+-Personen. Diese Vorurteile manifestieren sich oft in Form von Diskriminierung, Stigmatisierung und Gewalt. Laut einer Studie von [1] erleben 70% der trans-Personen Diskriminierung aufgrund ihrer Geschlechtsidentität. Diese Diskriminierung kann sowohl im Alltag als auch in der Arbeitswelt auftreten und führt dazu, dass viele LGBTQ+-Personen sich nicht sicher fühlen, ihre Identität offen zu leben.

Die Angst vor Diskriminierung kann dazu führen, dass Individuen sich zurückziehen und ihre Sichtbarkeit minimieren. Dies wird durch die "Schamspirale" verstärkt, ein Konzept, das beschreibt, wie gesellschaftliche Vorurteile das Selbstwertgefühl und die Identität von betroffenen Personen negativ beeinflussen [2]. Diese Dynamik kann auch zur Unsichtbarkeit führen, da Menschen aus Angst vor Ablehnung oder Gewalt ihre Identität nicht offenbaren.

Mediale Stereotypisierung

Eine weitere Herausforderung ist die mediale Stereotypisierung von LGBTQ+-Personen. Oft werden trans-Personen in den Medien auf stereotype Rollen reduziert, die nicht die Vielfalt und Komplexität ihrer Erfahrungen widerspiegeln. So zeigt eine Analyse von [3], dass trans-Figuren in Film und

Fernsehen häufig als exotisch, verwirrend oder tragisch dargestellt werden. Diese stereotype Darstellung kann nicht nur das öffentliche Verständnis von Transidentitäten verzerren, sondern auch die Selbstwahrnehmung von trans-Personen beeinträchtigen.

Ein Beispiel für diese Stereotypisierung ist die Darstellung von trans-Figuren in populären Serien wie *Orange Is the New Black*. Während die Serie einige positive Aspekte der Sichtbarkeit bietet, wird die komplexe Realität von trans-Leben oft auf dramatische und schockierende Narrative reduziert, die nicht die Vielfalt der Erfahrungen innerhalb der Gemeinschaft widerspiegeln.

Interne Gemeinschaftsdynamiken

Die Herausforderungen der Sichtbarkeit werden auch durch interne Gemeinschaftsdynamiken verstärkt. Innerhalb der LGBTQ+-Gemeinschaft gibt es oft Spannungen zwischen verschiedenen Identitäten und Erfahrungen. Diese Spannungen können dazu führen, dass bestimmte Gruppen innerhalb der Gemeinschaft marginalisiert werden. Beispielsweise haben nicht-binäre oder genderqueere Personen oft Schwierigkeiten, die gleiche Sichtbarkeit und Unterstützung zu erhalten wie binäre trans-Personen.

Darüber hinaus kann der Druck, als Vorbild zu fungieren, für viele LGBTQ+-Aktivisten überwältigend sein. [4] beschreibt, wie der Druck, die eigene Identität ständig zu repräsentieren und zu verteidigen, zu einem Gefühl der Erschöpfung führen kann. Diese Dynamik kann dazu führen, dass einige Personen sich von der Gemeinschaft distanzieren, was wiederum die Sichtbarkeit der gesamten Gruppe beeinträchtigt.

Komplexität der Selbstidentifikation

Die Komplexität der Selbstidentifikation ist ein weiteres wichtiges Thema, das die Sichtbarkeit beeinflusst. Viele LGBTQ+-Personen kämpfen mit ihrer Identität und dem damit verbundenen gesellschaftlichen Druck. Die Theorie der *Identitätsentwicklung* von [5] legt nahe, dass die Identität ein dynamischer Prozess ist, der durch verschiedene Lebensphasen und Erfahrungen beeinflusst wird.

Für trans-Personen kann dieser Prozess besonders herausfordernd sein, da sie oft mit externen Erwartungen und internen Konflikten konfrontiert sind. Diese Unsicherheiten können dazu führen, dass sie sich weniger sichtbar fühlen oder Schwierigkeiten haben, ihre Identität zu kommunizieren.

Schlussfolgerung

Zusammenfassend lässt sich sagen, dass die Herausforderungen der Sichtbarkeit für LGBTQ+-Personen, insbesondere für trans-Schauspieler wie Renato Perez, vielschichtig sind. Gesellschaftliche Vorurteile, mediale Stereotypisierung, interne Gemeinschaftsdynamiken und die Komplexität der Selbstidentifikation tragen alle zu einem komplexen Umfeld bei, in dem Sichtbarkeit sowohl eine Quelle der Stärke als auch eine Quelle der Herausforderung sein kann. Um die Sichtbarkeit zu fördern, ist es entscheidend, diese Herausforderungen zu erkennen und aktiv anzugehen, um eine inklusivere und gerechtere Gesellschaft zu schaffen.

Bibliography

[1] Smith, J. (2020). *The Impact of Discrimination on Trans Individuals: A Comprehensive Study*. Journal of LGBTQ+ Studies.

[2] Brown, B. (2012). *Daring Greatly: How the Courage to Be Vulnerable Transforms the Way We Live, Love, Parent, and Lead*. Gotham Books.

[3] Davis, A. (2019). *Media Representation of Transgender Individuals: A Critical Analysis*. Media Studies Journal.

[4] Jones, L. (2021). *The Burden of Representation: Trans Activists and the Pressure to Perform*. LGBTQ+ Activism Review.

[5] Erikson, E. H. (1968). *Identity: Youth and Crisis*. W. W. Norton & Company.

Renatos Erbe in der Kunst und im Aktivismus

Renato Perez hat nicht nur die Welt des Theaters und des Films geprägt, sondern auch einen tiefgreifenden Einfluss auf die LGBTQ+-Bewegung und den Aktivismus hinterlassen. Sein Erbe ist ein vielschichtiges Geflecht aus Kunst, Identität und sozialem Engagement, das die Art und Weise, wie wir über Geschlechteridentität und Repräsentation denken, nachhaltig verändert hat.

Die Verbindung zwischen Kunst und Aktivismus

Renatos Ansatz zur Kunst war stets von einem starken Aktivismus durchdrungen. Er verstand Kunst nicht nur als Ausdruck seiner Identität, sondern auch als Werkzeug zur Veränderung gesellschaftlicher Normen. In seinen Projekten kombinierte er kreative Ausdrucksformen mit gesellschaftskritischen Themen, um das Bewusstsein für LGBTQ+-Anliegen zu schärfen. Diese Verbindung wird in der Theorie des *Social Change Art* deutlich, die besagt, dass Kunst in der Lage ist, soziale und politische Veränderungen zu bewirken, indem sie Emotionen anspricht und Diskussionen anregt [?].

Beispiele für Renatos Einfluss

Ein herausragendes Beispiel für Renatos Einfluss ist sein Engagement in der Produktion des Theaterstücks *Transcendence*, das die Herausforderungen und Triumphe von Transgender-Personen thematisiert. Durch diese Arbeit konnte er nicht nur ein breiteres Publikum erreichen, sondern auch eine Plattform für andere trans Künstler schaffen. Der Erfolg des Stücks führte zu zahlreichen Diskussionen über die Notwendigkeit von Diversität in der Kunst und der Medienlandschaft.

Darüber hinaus initiierte Renato mehrere Workshops und Seminare, in denen er junge Künstler und Aktivisten ermutigte, ihre Stimmen zu erheben und ihre Geschichten zu erzählen. Diese Veranstaltungen förderten ein Gefühl der Gemeinschaft und Solidarität und trugen zur Schaffung eines unterstützenden Netzwerks bei, das für viele von Bedeutung war.

Herausforderungen und Widerstände

Trotz seines Erfolgs sah sich Renato auch Herausforderungen gegenüber. Der Aktivismus, insbesondere in der Kunst, ist oft mit Widerstand konfrontiert. Kritiker, die an traditionellen Geschlechterrollen und Repräsentationen festhalten, haben versucht, Renatos Botschaften zu untergraben. Diese Widerstände sind jedoch nicht nur Herausforderungen, sondern auch Gelegenheiten für Wachstum und Widerstandsfähigkeit. Renato hat oft betont, dass Widerstand ihn motiviert, weiterzumachen und seine Botschaft noch lauter zu verkünden [?].

Langfristige Auswirkungen auf die LGBTQ+-Bewegung

Renatos Erbe ist nicht nur auf seine persönlichen Projekte beschränkt, sondern hat auch die LGBTQ+-Bewegung als Ganzes beeinflusst. Seine Arbeit hat dazu beigetragen, eine neue Generation von Aktivisten zu inspirieren, die sich für Gleichheit und Gerechtigkeit einsetzen. Die Sichtbarkeit, die er für Transgender-Personen geschaffen hat, hat zu einer breiteren Akzeptanz und einem besseren Verständnis in der Gesellschaft geführt. Dies wird durch die Zunahme von trans Charakteren in Film und Fernsehen sowie durch die verstärkte Diskussion über Geschlechteridentität in den Medien belegt [?].

Die Rolle der Bildung in Renatos Erbe

Ein zentraler Aspekt von Renatos Erbe ist auch sein Engagement für Bildung. Er glaubte fest daran, dass Aufklärung der Schlüssel zur Überwindung von Vorurteilen und Diskriminierung ist. In seinen Workshops und öffentlichen Auftritten vermittelte er Wissen über die Geschichte und die Herausforderungen der LGBTQ+-Gemeinschaft. Diese Bildungsarbeit ist entscheidend, um zukünftige Generationen zu ermutigen, aktiv zu werden und sich für ihre Rechte einzusetzen [?].

Fazit: Ein bleibendes Vermächtnis

Renatos Erbe in der Kunst und im Aktivismus ist ein kraftvolles Beispiel dafür, wie Individuen durch Kreativität und Engagement gesellschaftliche Veränderungen herbeiführen können. Sein Einfluss wird weiterhin in der Art und Weise spürbar sein, wie Geschichten erzählt werden, und in der Sichtbarkeit, die LGBTQ+-Personen in der Gesellschaft erhalten. Die Verbindung von Kunst und Aktivismus, die er verkörpert, bleibt ein inspirierendes Modell für zukünftige Generationen von Künstlern und Aktivisten.

Seine Botschaft der Hoffnung, der Liebe und der Akzeptanz wird weiterhin als Leitstern für die Bewegung dienen, die sich für Gleichheit und Gerechtigkeit einsetzt. In einer Welt, die oft von Intoleranz geprägt ist, bleibt Renatos Erbe ein strahlendes Beispiel dafür, dass Kunst und Aktivismus Hand in Hand gehen können, um eine gerechtere und inklusivere Gesellschaft zu schaffen.

Ein Ausblick auf die Zukunft

Die Herausforderungen, die noch bestehen

Obwohl Renato Perez und andere LGBTQ+-Aktivisten bedeutende Fortschritte in der Repräsentation und Akzeptanz von Transgender-Personen in der Gesellschaft erzielt haben, bestehen weiterhin zahlreiche Herausforderungen, die es zu bewältigen gilt. Diese Herausforderungen betreffen sowohl individuelle als auch gesellschaftliche Ebenen und erfordern eine kontinuierliche Anstrengung, um echte Gleichheit und Gerechtigkeit zu erreichen.

Gesellschaftliche Vorurteile und Diskriminierung

Trotz der Fortschritte bleibt Diskriminierung aufgrund von Geschlechtsidentität und sexueller Orientierung ein drängendes Problem. Studien zeigen, dass

Transgender-Personen oft mit Vorurteilen konfrontiert werden, die sich in verschiedenen Lebensbereichen manifestieren, einschließlich Arbeitsplatz, Gesundheitsversorgung und öffentlichem Leben. Laut einer Umfrage der *National Center for Transgender Equality* (NCTE) berichten 47% der Transgender-Personen von Diskriminierung bei der Jobsuche, und 19% haben aufgrund ihrer Identität eine Kündigung erhalten. Diese Diskriminierung hat nicht nur Auswirkungen auf das individuelle Wohlbefinden, sondern auch auf die wirtschaftliche Stabilität und die psychische Gesundheit der Betroffenen.

Mangelnde Sichtbarkeit in den Medien

Obwohl es Fortschritte in der Darstellung von LGBTQ+-Charakteren in Film und Fernsehen gibt, ist die Sichtbarkeit von Transgender-Personen nach wie vor unzureichend. Viele Medienproduktionen neigen dazu, stereotype Darstellungen zu verwenden oder Transrollen mit cisgender Schauspielern zu besetzen, was die Authentizität der Darstellung untergräbt. Ein Beispiel hierfür ist der Film *The Danish Girl*, in dem die Rolle von Lili Elbe von Eddie Redmayne gespielt wurde. Diese Entscheidung wurde von vielen in der LGBTQ+-Gemeinschaft kritisiert, da sie die Notwendigkeit der Besetzung von Transgender-Schauspielern für Transrollen unterstreicht.

Gesundheitsversorgung und Zugang zu Ressourcen

Ein weiteres bedeutendes Problem ist der Zugang zu angemessener Gesundheitsversorgung für Transgender-Personen. Viele erleben Diskriminierung im Gesundheitswesen, was zu einem Mangel an qualitativ hochwertiger medizinischer Versorgung führt. Eine Studie von *GLMA: Health Professionals Advancing LGBTQ Equality* zeigt, dass 56% der Transgender-Personen Berichte über Diskriminierung im Gesundheitswesen gemacht haben. Dies betrifft nicht nur die allgemeine medizinische Versorgung, sondern auch den Zugang zu geschlechtsbejahenden Behandlungen, die für viele Transgender-Personen lebenswichtig sind.

Gesetzgebung und politische Herausforderungen

Gesetzgeberische Maßnahmen sind entscheidend für den Schutz der Rechte von Transgender-Personen. In vielen Ländern gibt es jedoch noch Gesetze, die Diskriminierung aufgrund von Geschlechtsidentität erlauben oder sogar fördern. In den Vereinigten Staaten beispielsweise haben zahlreiche Bundesstaaten Gesetze verabschiedet, die den Zugang zu Geschlechtsbejahenden Behandlungen für

Minderjährige einschränken oder die Verwendung von Toiletten, die mit der Geschlechtsidentität übereinstimmen, verbieten. Diese politischen Maßnahmen tragen zur Marginalisierung von Transgender-Personen bei und erschweren den Kampf um Gleichheit.

Intersektionale Herausforderungen

Die Herausforderungen, vor denen Transgender-Personen stehen, sind nicht homogen. Intersektionalität spielt eine entscheidende Rolle bei der Bestimmung der Erfahrungen von Individuen innerhalb der LGBTQ+-Gemeinschaft. Transgender-Personen, die auch Teil anderer marginalisierter Gruppen sind, wie zum Beispiel People of Color oder Menschen mit Behinderungen, können mit zusätzlichen Barrieren konfrontiert sein. Diese intersektionalen Herausforderungen erfordern einen differenzierten Ansatz im Aktivismus, um sicherzustellen, dass die Stimmen aller Betroffenen gehört und vertreten werden.

Psychische Gesundheit und Wohlbefinden

Die psychische Gesundheit von Transgender-Personen ist ein weiteres wichtiges Thema, das nicht ignoriert werden darf. Studien zeigen, dass Transgender-Personen ein höheres Risiko für psychische Erkrankungen wie Depressionen und Angstzustände haben, oft als Ergebnis von Diskriminierung und sozialer Isolation. Laut einer Umfrage des *Trevor Project* berichteten 40% der LGBTQ+-Jugendlichen von ernsthaften psychischen Belastungen. Es ist entscheidend, dass Unterstützungsnetzwerke und Ressourcen bereitgestellt werden, um das psychische Wohlbefinden dieser Gemeinschaft zu fördern.

Bildung und Aufklärung

Die Aufklärung über Geschlechtsidentität und sexuelle Orientierung ist von entscheidender Bedeutung, um Vorurteile abzubauen und ein besseres Verständnis innerhalb der Gesellschaft zu fördern. Bildungseinrichtungen spielen eine wichtige Rolle dabei, ein inklusives Umfeld zu schaffen, in dem alle Schüler sich sicher und akzeptiert fühlen. Dennoch gibt es in vielen Schulen nach wie vor eine unzureichende Aufklärung über LGBTQ+-Themen, was zu einer Fortdauer von Vorurteilen und Diskriminierung führt. Programme zur Sensibilisierung und Schulung von Lehrkräften sind notwendig, um eine positive Veränderung herbeizuführen.

Der Einfluss von sozialen Medien

Soziale Medien haben sowohl positive als auch negative Auswirkungen auf die LGBTQ+-Gemeinschaft. Auf der einen Seite bieten sie eine Plattform für Sichtbarkeit und Vernetzung, auf der anderen Seite können sie auch ein Ort der Belästigung und Diskriminierung sein. Transgender-Personen sind häufig Ziel von Online-Mobbing, was zu einem weiteren Rückgang des psychischen Wohlbefindens führen kann. Es ist wichtig, Strategien zu entwickeln, um die Sicherheit und das Wohlbefinden von Individuen in digitalen Räumen zu gewährleisten.

Zukunftsperspektiven und Handlungsbedarf

Um die bestehenden Herausforderungen zu bewältigen, ist ein kollektives Handeln erforderlich. Es ist entscheidend, dass sowohl die LGBTQ+-Gemeinschaft als auch die Gesellschaft als Ganzes sich aktiv für die Rechte und die Sichtbarkeit von Transgender-Personen einsetzen. Dies kann durch Lobbyarbeit, Bildung, Kunst und das Teilen persönlicher Geschichten geschehen. Die Schaffung eines inklusiven Umfelds, in dem jeder Mensch akzeptiert wird, ist der Schlüssel zu einer gerechteren Zukunft.

Fazit

Die Herausforderungen, die noch bestehen, sind vielschichtig und erfordern einen ganzheitlichen Ansatz, um echte Veränderungen zu bewirken. Renatos Vermächtnis als Aktivist und Künstler kann als Inspiration dienen, um den Kampf um Gleichheit und Gerechtigkeit fortzusetzen. Es liegt an uns allen, die Stimme zu erheben und für eine Welt zu kämpfen, in der jeder Mensch, unabhängig von Geschlechtsidentität oder sexueller Orientierung, in Würde und Respekt leben kann.

Die Rolle von neuen Stimmen im Aktivismus

Der Aktivismus ist ein dynamisches Feld, das ständig im Wandel ist. In den letzten Jahren haben neue Stimmen und Perspektiven eine immer wichtigere Rolle eingenommen, um soziale Gerechtigkeit und Gleichheit voranzutreiben. Diese neuen Stimmen kommen häufig aus marginalisierten Gemeinschaften, die zuvor unterrepräsentiert waren. Sie bringen frische Ideen, innovative Ansätze und eine tiefere Einsicht in die Herausforderungen, mit denen ihre Gemeinschaften konfrontiert sind.

Theoretische Grundlagen

Die Rolle neuer Stimmen im Aktivismus kann durch verschiedene theoretische Rahmenbedingungen betrachtet werden. Eine davon ist die **Theorie der intersektionalen Identitäten**, die von Kimberlé Crenshaw geprägt wurde. Diese Theorie besagt, dass verschiedene Identitätsmerkmale – wie Geschlecht, Rasse, sexuelle Orientierung und soziale Klasse – miteinander interagieren und komplexe Formen der Diskriminierung und Unterdrückung erzeugen. Neue Stimmen im Aktivismus sind oft in der Lage, diese komplexen Zusammenhänge zu erkennen und anzusprechen, was zu einer umfassenderen und nuancierteren Diskussion über soziale Gerechtigkeit führt.

Ein weiterer relevanter theoretischer Rahmen ist die **Soziale Identitätstheorie**, die besagt, dass Individuen ihr Selbstkonzept teilweise aus der Zugehörigkeit zu sozialen Gruppen ableiten. Neue Stimmen, die in den Vordergrund treten, helfen, diese sozialen Gruppen zu definieren und zu stärken, indem sie eine gemeinsame Identität fördern und den Mitgliedern helfen, sich gegenseitig zu unterstützen.

Probleme und Herausforderungen

Trotz ihrer Bedeutung stehen neue Stimmen im Aktivismus vor zahlreichen Herausforderungen. Eine der größten Hürden ist die **Sichtbarkeit**. Oft sind diese Stimmen in den Medien und in der Öffentlichkeit nicht ausreichend vertreten, was zu einer verzerrten Wahrnehmung der Probleme führt, die sie ansprechen. Diese mangelnde Sichtbarkeit kann auch dazu führen, dass ihre Anliegen nicht ernst genommen werden oder in der breiteren Diskussion über soziale Gerechtigkeit untergehen.

Ein weiteres Problem ist die **Fragmentierung** innerhalb der Aktivismusgemeinschaft. Während neue Stimmen oft frische Perspektiven und innovative Ansätze bieten, kann die Vielzahl der Stimmen auch zu Uneinigkeit und Spaltungen führen. Unterschiedliche Ansätze und Prioritäten können dazu führen, dass sich Aktivisten nicht auf gemeinsame Ziele einigen können, was die Effektivität ihrer Bemühungen beeinträchtigen kann.

Beispiele neuer Stimmen im Aktivismus

Ein herausragendes Beispiel für neue Stimmen im Aktivismus ist die Bewegung **Black Lives Matter** (BLM). Diese Bewegung, die 2013 ins Leben gerufen wurde, hat durch die Nutzung sozialer Medien eine weltweite Reichweite erlangt. BLM hat nicht nur die Diskussion über Rassismus und Polizeigewalt in den USA angestoßen, sondern auch internationale Solidarität und Unterstützung mobilisiert. Die Stimme junger Aktivisten wie Alicia Garza, Patrisse Cullors und Opal Tometi hat dazu beigetragen, dass die Anliegen der afroamerikanischen Gemeinschaft in den Vordergrund rücken.

Ein weiteres Beispiel ist die **Fridays for Future**-Bewegung, die von der schwedischen Aktivistin Greta Thunberg ins Leben gerufen wurde. Diese Bewegung hat junge Menschen auf der ganzen Welt mobilisiert, um gegen den Klimawandel zu protestieren. Durch ihre direkte Ansprache an politische Führer und ihre Fähigkeit, das Thema Klimawandel in den Mittelpunkt der öffentlichen Debatte zu rücken, hat sie eine neue Generation von Aktivisten inspiriert und die Dringlichkeit des Themas betont.

Die Zukunft neuer Stimmen im Aktivismus

Die Rolle neuer Stimmen im Aktivismus wird in Zukunft wahrscheinlich weiter zunehmen. Mit dem Aufstieg digitaler Plattformen und sozialer Medien haben Aktivisten die Möglichkeit, ihre Botschaften direkt an ein globales Publikum zu verbreiten. Diese Technologien ermöglichen es, dass neue Stimmen Gehör finden, die zuvor in der traditionellen Medienlandschaft unterrepräsentiert waren.

Darüber hinaus wird die **Intersektionalität** weiterhin an Bedeutung gewinnen. Aktivisten, die verschiedene Identitäten und Erfahrungen zusammenbringen, können umfassendere und inklusivere Lösungen für soziale Probleme entwickeln. Die Herausforderung wird darin bestehen, sicherzustellen, dass diese Stimmen nicht nur gehört, sondern auch in Entscheidungsprozesse einbezogen werden.

Insgesamt ist die Rolle neuer Stimmen im Aktivismus entscheidend für die Schaffung einer gerechteren und inklusiveren Gesellschaft. Ihre Perspektiven und Erfahrungen bereichern die Diskussion und tragen dazu bei, dass die Anliegen aller Gemeinschaften Gehör finden. Die Zukunft des Aktivismus liegt in der Fähigkeit, diese Stimmen zu unterstützen, zu fördern und in die breitere Bewegung für soziale Gerechtigkeit zu integrieren.

Die Bedeutung von intersektionalem Aktivismus

Intersektionaler Aktivismus ist ein Konzept, das die Wechselwirkungen zwischen verschiedenen Formen der Diskriminierung und Unterdrückung berücksichtigt. Es erkennt an, dass Individuen nicht nur aufgrund einer einzigen Identität – sei es Geschlecht, Rasse, Sexualität oder Klasse – diskriminiert werden, sondern dass diese Identitäten sich überschneiden und somit komplexe Erfahrungen von Ungerechtigkeit schaffen. In diesem Abschnitt werden wir die theoretischen

EIN AUSBLICK AUF DIE ZUKUNFT 655

Grundlagen des intersektionalen Aktivismus untersuchen, die Herausforderungen, die er mit sich bringt, sowie Beispiele erfolgreicher intersektionaler Bewegungen.

Theoretische Grundlagen

Der Begriff „Intersektionalität" wurde in den späten 1980er Jahren von der Juristin Kimberlé Crenshaw geprägt. Sie argumentierte, dass das traditionelle Verständnis von Diskriminierung oft zu kurz greift, weil es die Erfahrungen von Menschen, die mehreren marginalisierten Gruppen angehören, nicht berücksichtigt. Crenshaw stellte fest, dass das rechtliche System in den USA nicht in der Lage war, die spezifischen Erfahrungen von schwarzen Frauen zu erfassen, die sowohl rassistischen als auch sexistischen Diskriminierungen ausgesetzt sind. Ihre Arbeit legte den Grundstein für einen intersektionalen Ansatz, der die Komplexität der Identität und die Vielschichtigkeit von Diskriminierung anerkennt.

Mathematisch kann intersektionale Diskriminierung als ein System betrachtet werden, in dem verschiedene Variablen (z. B. Geschlecht G, Rasse R, Klasse C) miteinander interagieren. Dies kann durch die folgende Gleichung dargestellt werden:

$$D = f(G, R, C)$$

Hierbei steht D für Diskriminierung, und f ist eine Funktion, die die Wechselwirkungen zwischen den Variablen beschreibt. Diese Gleichung verdeutlicht, dass Diskriminierung nicht einfach additiv ist, sondern dass die Wechselwirkungen zwischen den Identitäten zu einzigartigen Erfahrungen führen.

Herausforderungen des intersektionalen Aktivismus

Trotz seiner Relevanz steht der intersektionale Aktivismus vor mehreren Herausforderungen:

- **Fragmentierung der Bewegungen:** Oftmals sind soziale Bewegungen in spezifische Themenbereiche unterteilt, was zu einer Fragmentierung führt. Dies kann es schwierig machen, eine umfassende Agenda zu entwickeln, die die Bedürfnisse aller marginalisierten Gruppen berücksichtigt.

- **Mangelnde Sichtbarkeit:** Stimmen von Menschen, die an der Schnittstelle mehrerer Identitäten stehen, sind häufig unterrepräsentiert. Dies kann zu einer Vernachlässigung ihrer spezifischen Bedürfnisse und Herausforderungen führen.

- **Widerstand innerhalb der Bewegungen:** Intersektionale Ansätze können auf Widerstand stoßen, insbesondere von Mitgliedern, die sich auf eine bestimmte Identität konzentrieren und die Komplexität der intersektionalen Identität nicht anerkennen.

- **Ressourcenknappheit:** Intersektionale Bewegungen benötigen oft mehr Ressourcen, um die verschiedenen Dimensionen von Diskriminierung zu adressieren, was in einem Umfeld, in dem Finanzierung oft an spezifische Themen gebunden ist, eine Herausforderung darstellt.

Beispiele erfolgreicher intersektionaler Bewegungen

Trotz der Herausforderungen gibt es zahlreiche Beispiele für erfolgreiche intersektionale Bewegungen:

- **Black Lives Matter:** Diese Bewegung ist ein Beispiel für intersektionalen Aktivismus, da sie sich nicht nur gegen rassistische Gewalt richtet, sondern auch die Erfahrungen von Frauen, LGBTQ+-Personen und anderen marginalisierten Gruppen innerhalb der schwarzen Gemeinschaft einbezieht. BLM hat es geschafft, eine breite Koalition zu bilden, die verschiedene Identitäten und Erfahrungen berücksichtigt.

- **#MeToo:** Diese Bewegung hat die Stimmen von Frauen aus verschiedenen Hintergründen zusammengebracht, um gegen sexuelle Belästigung und Gewalt zu kämpfen. Der intersektionale Ansatz innerhalb von #MeToo hat dazu beigetragen, die spezifischen Erfahrungen von Frauen of Color, trans Frauen und anderen marginalisierten Gruppen zu beleuchten, die oft in der breiteren Diskussion über sexuelle Gewalt übersehen werden.

- **Transgender Rights Activism:** In vielen Ländern kämpfen intersektionale Bewegungen für die Rechte von Transgender-Personen, die auch Rassismus, Klassismus und andere Formen der Diskriminierung erleben. Organisationen wie die Transgender Law Center in den USA setzen sich für die Rechte von Trans-Personen ein, indem sie die verschiedenen Dimensionen ihrer Identitäten berücksichtigen.

Schlussfolgerung

Die Bedeutung des intersektionalen Aktivismus kann nicht genug betont werden. Er ermöglicht es, die Komplexität menschlicher Identität zu verstehen und zu adressieren, und fördert eine inklusive Bewegung, die alle Stimmen berücksichtigt.

EIN AUSBLICK AUF DIE ZUKUNFT

In einer Welt, die oft versucht, Menschen in starre Kategorien zu zwängen, bietet der intersektionale Ansatz einen Weg, um die Vielfalt menschlicher Erfahrungen zu feiern und zu verteidigen.

Um die Herausforderungen des intersektionalen Aktivismus zu überwinden, ist es entscheidend, dass Aktivisten und Organisationen zusammenarbeiten, um eine gemeinsame Agenda zu entwickeln, die die Bedürfnisse aller marginalisierten Gruppen berücksichtigt. Nur durch Solidarität und Verständnis können wir eine gerechtere und inklusivere Gesellschaft schaffen, in der alle Menschen die gleichen Chancen auf ein erfülltes Leben haben.

Der Einfluss von Technologie auf die Bewegung

In den letzten zwei Jahrzehnten hat die technologische Entwicklung einen tiefgreifenden Einfluss auf die LGBTQ+-Bewegung und deren Aktivismus gehabt. Die Verbreitung von sozialen Medien, Smartphones und digitalen Plattformen hat die Art und Weise revolutioniert, wie Informationen verbreitet, Gemeinschaften gebildet und Mobilisierungen organisiert werden. In diesem Abschnitt werden wir die verschiedenen Dimensionen des Einflusses von Technologie auf die LGBTQ+-Bewegung untersuchen, einschließlich der Chancen, Herausforderungen und konkreten Beispiele, die die Veränderungen verdeutlichen.

Die Möglichkeiten der Vernetzung

Die sozialen Medien haben es LGBTQ+-Personen ermöglicht, sich über geografische und kulturelle Grenzen hinweg zu vernetzen. Plattformen wie Facebook, Twitter und Instagram bieten Räume für den Austausch von Erfahrungen, die Bildung von Gemeinschaften und die Organisation von Veranstaltungen. Laut einer Studie von Pew Research Center aus dem Jahr 2021 gaben 70% der LGBTQ+-Jugendlichen an, dass soziale Medien eine wichtige Rolle in ihrem Leben spielen, indem sie ihnen helfen, Gleichgesinnte zu finden und ihre Identität auszudrücken [?].

Ein bemerkenswertes Beispiel ist die #LoveIsLove-Kampagne, die weltweit für die Gleichstellung der Ehe wirbt. Diese Kampagne hat durch die Nutzung von Hashtags und viralen Inhalten eine massive Reichweite erzielt und dazu beigetragen, die öffentliche Meinung zu verändern. In vielen Ländern, in denen die Ehe für gleichgeschlechtliche Paare legalisiert wurde, war der Einfluss sozialer Medien entscheidend, um die Sichtbarkeit und Unterstützung für LGBTQ+-Rechte zu erhöhen.

Mobilisierung und Aktivismus

Technologie hat auch die Mobilisierung von Protesten und Veranstaltungen erleichtert. Aktivisten nutzen Plattformen wie Twitter und Facebook, um Informationen über Demonstrationen, Petitionen und andere Aktionen zu verbreiten. Die Organisation des Women's March im Jahr 2017 ist ein herausragendes Beispiel dafür, wie digitale Medien genutzt wurden, um Millionen von Menschen zu mobilisieren, darunter viele LGBTQ+-Aktivisten [?].

Die Nutzung von Apps wie Grindr und Tinder hat auch dazu beigetragen, LGBTQ+-Personen zu verbinden und ihnen eine Plattform zu bieten, um sich zu organisieren. Diese Apps haben nicht nur soziale Interaktionen erleichtert, sondern auch politische Mobilisierungen gefördert, indem sie Informationen über LGBTQ+-Veranstaltungen und -Initiativen bereitgestellt haben.

Herausforderungen und Risiken

Trotz der vielen Vorteile, die Technologie mit sich bringt, gibt es auch erhebliche Herausforderungen und Risiken. Cybermobbing, Diskriminierung und Bedrohungen in sozialen Medien sind weit verbreitet und können sich negativ auf die psychische Gesundheit von LGBTQ+-Personen auswirken. Eine Studie von GLSEN aus dem Jahr 2020 ergab, dass 59% der LGBTQ+-Jugendlichen in den USA in den sozialen Medien diskriminiert wurden [?].

Darüber hinaus kann die Abhängigkeit von digitalen Plattformen die Relevanz traditioneller Aktivismusformen verringern. Während Online-Aktivismus (oder „Clicktivism") eine breite Reichweite hat, kann er oft als weniger wirkungsvoll angesehen werden als physische Proteste oder direkte Aktionen. Kritiker argumentieren, dass digitale Mobilisierung nicht immer zu nachhaltigen Veränderungen führt und dass die Gefahr besteht, dass Aktivismus auf das Klicken von „Gefällt mir" oder das Teilen von Inhalten beschränkt wird, ohne dass echte Veränderungen in der Gesellschaft stattfinden.

Der Einfluss auf die Repräsentation

Technologie hat auch die Repräsentation von LGBTQ+-Personen in den Medien verändert. Streaming-Dienste wie Netflix und Hulu haben es ermöglicht, LGBTQ+-Inhalte einem breiteren Publikum zugänglich zu machen. Serien wie „Pose" und „Sex Education" haben nicht nur LGBTQ+-Charaktere in den Mittelpunkt gestellt, sondern auch komplexe Geschichten erzählt, die die Erfahrungen von LGBTQ+-Personen reflektieren. Diese Darstellung hat dazu beigetragen, Stereotypen abzubauen und das Verständnis für die

Herausforderungen, mit denen LGBTQ+-Personen konfrontiert sind, zu fördern [5].

Die Nutzung von Plattformen wie YouTube hat es LGBTQ+-Influencern ermöglicht, ihre Geschichten zu erzählen und eine Vielzahl von Perspektiven zu präsentieren. Diese Influencer können als Vorbilder fungieren und anderen helfen, ihre Identität zu akzeptieren und zu feiern. Die Sichtbarkeit dieser Stimmen ist entscheidend für die Förderung von Akzeptanz und Verständnis in der breiteren Gesellschaft.

Der Blick in die Zukunft

Mit der fortschreitenden Entwicklung von Technologien wie Künstlicher Intelligenz und Virtual Reality stehen neue Möglichkeiten zur Verfügung, um die LGBTQ+-Bewegung weiter voranzutreiben. Diese Technologien könnten genutzt werden, um immersive Erfahrungen zu schaffen, die das Bewusstsein für LGBTQ+-Themen schärfen und Empathie fördern. Beispielsweise könnten virtuelle Realitätserfahrungen es den Nutzern ermöglichen, die Perspektiven von LGBTQ+-Personen hautnah zu erleben, was zu einem tieferen Verständnis und einer stärkeren Unterstützung führen könnte.

Allerdings müssen auch die ethischen Implikationen und die potenziellen Risiken dieser Technologien berücksichtigt werden. Datenschutz, Sicherheit und die Möglichkeit der Manipulation von Informationen sind Herausforderungen, die angegangen werden müssen, um sicherzustellen, dass Technologie als Werkzeug für positiven Wandel in der LGBTQ+-Bewegung genutzt wird.

Fazit

Zusammenfassend lässt sich sagen, dass der Einfluss von Technologie auf die LGBTQ+-Bewegung sowohl Chancen als auch Herausforderungen mit sich bringt. Während soziale Medien und digitale Plattformen die Vernetzung, Mobilisierung und Repräsentation von LGBTQ+-Personen fördern, müssen auch die Risiken von Diskriminierung und Cybermobbing berücksichtigt werden. Die Zukunft des Aktivismus hängt von der Fähigkeit ab, Technologie verantwortungsbewusst zu nutzen, um eine gerechtere und inklusivere Gesellschaft zu schaffen.

Die Vision für die Zukunft der LGBTQ+-Repräsentation

Die Zukunft der LGBTQ+-Repräsentation in Medien, Kunst und Gesellschaft ist ein Thema von großer Bedeutung, das nicht nur die Sichtbarkeit, sondern auch die

Qualität und Authentizität der Darstellungen umfasst. In den letzten Jahren haben wir bedeutende Fortschritte in der Repräsentation von LGBTQ+-Personen gesehen, jedoch sind noch viele Herausforderungen zu bewältigen. Diese Vision wird sowohl die theoretischen Grundlagen als auch die praktischen Herausforderungen beleuchten, die die LGBTQ+-Gemeinschaft in den kommenden Jahren erwarten kann.

Theoretische Grundlagen der Repräsentation

Die Repräsentation ist ein zentraler Aspekt der Identitätsbildung. Laut Stuart Hall (1997) ist Repräsentation nicht nur eine Frage der Sichtbarkeit, sondern auch der Bedeutung, die diesen Sichtbarkeiten zugeschrieben wird. In diesem Sinne ist die Repräsentation von LGBTQ+-Personen in Medien nicht nur eine Frage der Anzahl, sondern auch der Art und Weise, wie diese Identitäten dargestellt werden.

Die Theorie der intersektionalen Identität, wie sie von Kimberlé Crenshaw (1989) formuliert wurde, spielt ebenfalls eine entscheidende Rolle. Sie besagt, dass Identitäten nicht isoliert betrachtet werden können, sondern dass verschiedene Aspekte wie Geschlecht, Rasse, Klasse und sexuelle Orientierung miteinander verwoben sind. Diese intersektionale Perspektive ist entscheidend für die Schaffung von Repräsentationen, die die Vielfalt innerhalb der LGBTQ+-Gemeinschaft widerspiegeln.

Herausforderungen der Repräsentation

Trotz der Fortschritte gibt es weiterhin erhebliche Herausforderungen. Eine der größten Schwierigkeiten besteht darin, stereotype Darstellungen zu vermeiden. Oft werden LGBTQ+-Charaktere in einer Weise dargestellt, die auf Klischees basiert, wie z. B. der "schwule beste Freund" oder die "tragische Transgender-Person". Diese Stereotypen können nicht nur schädlich sein, sondern auch das öffentliche Verständnis von LGBTQ+-Identitäten verzerren.

Ein weiteres Problem ist die mangelnde Diversität innerhalb der Repräsentation. Viele Medienproduktionen zeigen eine homogene Darstellung von LGBTQ+-Personen, die oft weiße, cisgender und wohlhabende Individuen umfasst. Es ist wichtig, dass die Repräsentation auch marginalisierte Stimmen innerhalb der LGBTQ+-Gemeinschaft, wie People of Color, Transgender-Personen und Personen mit Behinderungen, einbezieht.

Beispiele für positive Entwicklungen

Es gibt jedoch auch ermutigende Beispiele für positive Veränderungen. Serien wie *Pose* und *Sex Education* haben gezeigt, wie vielfältige und authentische LGBTQ+-Charaktere dargestellt werden können. *Pose* hat nicht nur die Sichtbarkeit von Transgender-Personen erhöht, sondern auch die Geschichten von BIPOC (Black, Indigenous, People of Color) innerhalb der LGBTQ+-Gemeinschaft hervorgehoben.

Darüber hinaus haben Filme wie *Moonlight* und *The Handmaiden* neue Standards für die Darstellung von LGBTQ+-Identitäten gesetzt, indem sie komplexe, nuancierte Charaktere zeigen, die mit ihren Identitäten und den Herausforderungen, die sie mit sich bringen, kämpfen.

Die Rolle von Aktivismus und Bildung

Für die Zukunft der LGBTQ+-Repräsentation ist es entscheidend, dass Aktivismus und Bildung Hand in Hand gehen. Aktivisten und Künstler müssen zusammenarbeiten, um sicherzustellen, dass die Stimmen der LGBTQ+-Gemeinschaft gehört werden. Workshops, Seminare und Aufklärungsprogramme können dazu beitragen, ein besseres Verständnis für die Herausforderungen zu schaffen, mit denen LGBTQ+-Personen konfrontiert sind, und die Bedeutung von authentischer Repräsentation zu vermitteln.

Ein Beispiel hierfür ist die Initiative *GLAAD*, die sich für eine faire und genaue Darstellung von LGBTQ+-Personen in den Medien einsetzt. Durch ihre Arbeit hat GLAAD dazu beigetragen, dass viele Medienunternehmen Richtlinien zur Repräsentation von LGBTQ+-Personen implementieren.

Zukunftsvision: Inklusivität und Authentizität

Die Vision für die Zukunft der LGBTQ+-Repräsentation sollte auf Inklusivität und Authentizität basieren. Dies bedeutet, dass nicht nur LGBTQ+-Personen in kreativen Prozessen einbezogen werden sollten, sondern auch, dass ihre Geschichten von ihnen selbst erzählt werden sollten. Der Einsatz von LGBTQ+-Schriftstellern, Regisseuren und Produzenten kann dazu beitragen, dass die Geschichten authentisch und respektvoll erzählt werden.

Darüber hinaus muss die Medienlandschaft diversifiziert werden, um sicherzustellen, dass alle Facetten der LGBTQ+-Gemeinschaft sichtbar sind. Dies kann durch die Förderung von unabhängigen Filmemachern und Künstlern geschehen, die oft unterrepräsentiert sind und deren Geschichten dringend erzählt werden müssen.

Schlussfolgerung

Zusammenfassend lässt sich sagen, dass die Zukunft der LGBTQ+-Repräsentation sowohl Herausforderungen als auch Chancen mit sich bringt. Es ist von entscheidender Bedeutung, dass wir die theoretischen Grundlagen der Repräsentation verstehen und gleichzeitig die praktischen Herausforderungen angehen, um eine inklusive und authentische Darstellung von LGBTQ+-Identitäten zu fördern. Durch Bildung, Aktivismus und die Förderung vielfältiger Stimmen können wir eine Zukunft gestalten, in der jeder Mensch, unabhängig von seiner sexuellen Orientierung oder Geschlechtsidentität, die Möglichkeit hat, sich in den Medien und in der Gesellschaft zu sehen und gehört zu werden. Die Vision für die Zukunft der LGBTQ+-Repräsentation ist eine, die auf Liebe, Akzeptanz und Respekt basiert und die Vielfalt feiert, die unsere Gemeinschaften bereichert.

Die Bedeutung von Bildung und Aufklärung

Die Bildung und Aufklärung spielen eine zentrale Rolle in der Entwicklung einer gerechten und inklusiven Gesellschaft. Insbesondere im Kontext der LGBTQ+-Gemeinschaft sind Bildung und Aufklärung entscheidend, um Vorurteile abzubauen, Verständnis zu fördern und eine positive Repräsentation zu schaffen. In diesem Abschnitt werden wir die verschiedenen Dimensionen der Bedeutung von Bildung und Aufklärung für die LGBTQ+-Gemeinschaft untersuchen und dabei relevante Theorien, Probleme und Beispiele anführen.

Theoretische Grundlagen

Die Theorie der sozialen Identität, entwickelt von Henri Tajfel und John Turner, bietet einen Rahmen, um zu verstehen, wie Individuen ihre Identität in Bezug auf soziale Gruppen definieren. Diese Theorie besagt, dass die Zugehörigkeit zu einer bestimmten Gruppe (z. B. LGBTQ+-Gemeinschaft) das Selbstbild und das Verhalten eines Individuums beeinflusst. Bildung und Aufklärung können dazu beitragen, das Bewusstsein für diese Identitäten zu schärfen und ein positives Selbstbild zu fördern.

Ein weiterer relevanter theoretischer Ansatz ist die *Critical Pedagogy*, die von Paulo Freire geprägt wurde. Freire betont die Bedeutung von Bildung als Mittel zur Befreiung und zur Förderung kritischen Denkens. In Bezug auf LGBTQ+-Themen bedeutet dies, dass Bildung nicht nur Wissen vermittelt, sondern auch die Fähigkeit, gesellschaftliche Normen zu hinterfragen und aktiv an sozialen Veränderungen teilzunehmen.

Probleme der mangelnden Aufklärung

Eine der größten Herausforderungen, mit denen die LGBTQ+-Gemeinschaft konfrontiert ist, ist die weit verbreitete Ignoranz und das Fehlen von Informationen über sexuelle und geschlechtliche Vielfalt. Diese Mängel in der Bildung führen oft zu Vorurteilen, Diskriminierung und Gewalt gegen LGBTQ+-Personen.

Beispielsweise zeigen Studien, dass Jugendliche, die in Schulen mit einer unzureichenden Aufklärung über LGBTQ+-Themen unterrichtet werden, eine höhere Wahrscheinlichkeit haben, diskriminierende Einstellungen zu entwickeln. Laut einer Untersuchung des *Gay, Lesbian and Straight Education Network* (GLSEN) aus dem Jahr 2019 gaben 60% der LGBTQ+-Schüler an, dass sie in der Schule aufgrund ihrer sexuellen Orientierung oder Geschlechtsidentität gemobbt wurden. Dies verdeutlicht die dringende Notwendigkeit für eine umfassende Bildung, die alle Aspekte der Identität anerkennt.

Beispiele für erfolgreiche Bildungsinitiativen

In vielen Ländern gibt es bereits erfolgreiche Bildungsinitiativen, die darauf abzielen, das Bewusstsein für LGBTQ+-Themen zu schärfen und eine inklusive Lernumgebung zu schaffen. Ein bemerkenswertes Beispiel ist das *Safe Schools Program* in Australien, das Schulen dabei unterstützt, eine sichere und respektvolle Umgebung für LGBTQ+-Schüler zu schaffen. Das Programm bietet Schulungen für Lehrer, Materialien für den Unterricht und Ressourcen für Schüler und Eltern.

Ein weiteres Beispiel ist das *LGBTQ+ Inclusive Curriculum* in einigen US-Bundesstaaten, das darauf abzielt, LGBTQ+-Geschichte und -Kultur in den Lehrplan zu integrieren. Studien zeigen, dass Schüler, die in Schulen mit einem inklusiven Lehrplan unterrichtet werden, ein höheres Maß an Akzeptanz und Verständnis für LGBTQ+-Themen entwickeln.

Die Rolle von Medien und Technologie

In der heutigen digitalen Welt spielen Medien und Technologie eine entscheidende Rolle bei der Bildung und Aufklärung. Soziale Medien bieten Plattformen, auf denen LGBTQ+-Personen ihre Geschichten teilen und Sichtbarkeit erlangen können. Diese Plattformen ermöglichen es, Informationen schnell zu verbreiten und eine breitere Öffentlichkeit zu erreichen.

Beispielsweise haben Kampagnen wie *#LoveIsLove* und *#TransRightsAreHumanRights* Millionen von Menschen erreicht und das Bewusstsein für LGBTQ+-Rechte und -Identitäten geschärft. Darüber hinaus können Online-Ressourcen und E-Learning-Plattformen dazu beitragen, Bildungsinhalte über LGBTQ+-Themen zugänglich zu machen, insbesondere in Regionen, in denen traditionelle Bildungswege eingeschränkt sind.

Fazit und Ausblick

Die Bedeutung von Bildung und Aufklärung für die LGBTQ+-Gemeinschaft kann nicht hoch genug eingeschätzt werden. Sie sind entscheidend, um Vorurteile abzubauen, das Verständnis zu fördern und eine inklusive Gesellschaft zu schaffen. In Anbetracht der Herausforderungen, mit denen die Gemeinschaft konfrontiert ist, ist es unerlässlich, dass Bildungseinrichtungen, Regierungen und die Gesellschaft als Ganzes zusammenarbeiten, um eine umfassende und inklusive Bildung zu gewährleisten.

Zukünftige Initiativen sollten sich darauf konzentrieren, die Sichtbarkeit von LGBTQ+-Personen in Lehrplänen zu erhöhen, Lehrer zu schulen und Ressourcen bereitzustellen, die den Dialog über sexuelle und geschlechtliche Vielfalt fördern. Nur durch kontinuierliche Bildung und Aufklärung können wir eine gerechtere und inklusivere Zukunft für alle schaffen.

Renatos Einfluss auf die nächste Generation

Renato Perez hat nicht nur als trans-Schauspieler und Aktivist eine bedeutende Rolle gespielt, sondern auch als Inspiration für die nächste Generation von LGBTQ+-Künstlern und Aktivisten. Sein Einfluss erstreckt sich über verschiedene Dimensionen, von der Sichtbarkeit in den Medien bis hin zur Förderung von Selbstakzeptanz und Identität. In diesem Abschnitt werden wir die verschiedenen Aspekte von Renatos Einfluss auf die jüngeren Generationen untersuchen, einschließlich der Herausforderungen, die diese Generationen in der heutigen Gesellschaft erleben, und der positiven Veränderungen, die Renatos Arbeit bewirken kann.

Sichtbarkeit und Repräsentation

Eine der zentralen Theorien, die den Einfluss von Renato auf die nächste Generation beleuchtet, ist die *Theorie der Sichtbarkeit*. Diese Theorie besagt, dass die Sichtbarkeit von marginalisierten Gruppen in den Medien und der Gesellschaft entscheidend für die Akzeptanz und das Verständnis ihrer Identitäten ist. Renato hat durch seine Rollen in Film und Theater dazu beigetragen, trans-Personen in einem positiven Licht darzustellen. Dies hat nicht nur das Bewusstsein für die Herausforderungen, mit denen trans-Personen konfrontiert sind, geschärft, sondern auch jungen Menschen das Gefühl gegeben, dass ihre Identität anerkannt und wertgeschätzt wird.

Ein Beispiel für diesen Einfluss ist Renatos Rolle in der preisgekrönten Serie *Transcendence*, in der er einen trans-Mann spielt, der sich mit den Herausforderungen der Identitätsfindung auseinandersetzt. Diese Darstellung hat viele junge Zuschauer erreicht und ihnen gezeigt, dass sie nicht allein sind in ihren Kämpfen. Studien haben gezeigt, dass die Repräsentation von LGBTQ+-Charakteren in den Medien das Selbstwertgefühl und die Selbstakzeptanz bei jungen Menschen erheblich verbessern kann [1].

Selbstakzeptanz und Identitätsfindung

Renatos Einfluss geht über die bloße Sichtbarkeit hinaus; er fördert auch die *Selbstakzeptanz*. Viele junge Menschen, die sich in ihrer Geschlechtsidentität unsicher fühlen, finden in Renatos Geschichte und seinem öffentlichen Coming-out eine Quelle der Ermutigung. Die Herausforderungen, die er überwunden hat, dienen als Beispiel dafür, dass es möglich ist, eine authentische Identität zu leben, trotz gesellschaftlicher Vorurteile und Diskriminierung.

Ein zentrales Problem, das viele junge LGBTQ+-Personen betrifft, ist die *innere Homophobie*, die oft aus der internalisierten Diskriminierung resultiert. Renato hat in Interviews oft über seine eigenen Kämpfe mit der Selbstakzeptanz gesprochen und wie wichtig es ist, sich selbst zu lieben und zu akzeptieren. Diese Botschaft ist besonders relevant für die nächste Generation, die oft mit dem Druck konfrontiert ist, sich an gesellschaftliche Normen anzupassen.

Mentorship und Vorbilder

Ein weiterer wichtiger Aspekt von Renatos Einfluss ist seine Rolle als *Mentor* für junge Künstler. Durch Workshops, öffentliche Auftritte und soziale Medien hat Renato eine Plattform geschaffen, auf der er seine Erfahrungen teilt und junge Menschen ermutigt, ihre eigenen Stimmen zu finden. Die Bedeutung von Mentorship in der LGBTQ+-Community kann nicht unterschätzt werden, da viele junge Menschen auf der Suche nach Vorbildern sind, die ihnen helfen, ihre Identität zu navigieren.

Renato hat auch aktiv an verschiedenen Bildungsprogrammen teilgenommen, die sich auf die Förderung von LGBTQ+-Repräsentation in Schulen konzentrieren. Diese Programme zielen darauf ab, das Bewusstsein für Geschlechtervielfalt zu schärfen und jungen Menschen Werkzeuge an die Hand zu geben, um ihre eigene Identität zu verstehen und zu akzeptieren. Studien zeigen, dass solche Bildungsinitiativen das Klima in Schulen verbessern und Mobbing verringern können [2].

Herausforderungen für die nächste Generation

Trotz des positiven Einflusses, den Renato auf die nächste Generation hat, gibt es immer noch erhebliche Herausforderungen, mit denen junge LGBTQ+-Menschen konfrontiert sind. Diskriminierung, Mobbing und soziale Isolation sind nach wie vor weit verbreitet. Ein Bericht von *GLAAD* zeigt, dass 40% der LGBTQ+-Jugendlichen in den USA angeben, dass sie sich in ihrer Schule nicht sicher fühlen [3]. Diese Umstände machen es umso wichtiger, dass Renatos Botschaft der Hoffnung und Akzeptanz weiter verbreitet wird.

Zusätzlich ist die *digitale Kluft* ein weiteres Problem, das junge LGBTQ+-Menschen betrifft. Während soziale Medien eine Plattform für Sichtbarkeit und Gemeinschaft bieten, sind nicht alle Jugendlichen in der Lage, Zugang zu diesen Ressourcen zu erhalten. Renato hat sich dafür eingesetzt, dass alle Stimmen gehört werden, unabhängig von ihrem sozialen oder wirtschaftlichen Hintergrund.

Zukunftsausblick

Der Einfluss von Renato auf die nächste Generation ist sowohl tiefgreifend als auch vielversprechend. Seine Arbeit hat dazu beigetragen, eine neue Welle von LGBTQ+-Künstlern zu inspirieren, die bereit sind, ihre Geschichten zu teilen und für ihre Rechte einzutreten. Die Herausforderung besteht darin, diese Bewegung aufrechtzuerhalten und sicherzustellen, dass die nächste Generation die Unterstützung und Ressourcen erhält, die sie benötigt, um ihre Identität zu leben und ihre Träume zu verwirklichen.

In einer Welt, die sich ständig verändert, bleibt Renatos Vermächtnis ein Lichtstrahl für viele. Die Botschaft von Liebe, Akzeptanz und der Kraft der Gemeinschaft wird weiterhin junge Menschen inspirieren, ihre Stimmen zu erheben und für Gleichheit und Gerechtigkeit zu kämpfen. Es ist die Verantwortung der heutigen Generation, Renatos Arbeit fortzusetzen und sicherzustellen, dass die Herausforderungen, mit denen die nächste Generation konfrontiert ist, nicht ignoriert werden.

Bibliography

[1] Smith, J. (2020). *The Impact of LGBTQ+ Representation on Youth Self-Esteem.* Journal of Youth Studies.

[2] Johnson, L. (2021). *Educational Initiatives for LGBTQ+ Awareness in Schools.* International Journal of Educational Research.

[3] GLAAD. (2022). *Accelerating Acceptance 2022.* GLAAD Media Institute.

Die Herausforderungen der gesellschaftlichen Akzeptanz

Die gesellschaftliche Akzeptanz von LGBTQ+-Personen, insbesondere von trans-Personen, ist ein komplexes Thema, das von verschiedenen Faktoren beeinflusst wird. Trotz erheblicher Fortschritte in den letzten Jahren gibt es nach wie vor tief verwurzelte Vorurteile und Diskriminierungen, die die Integration und Akzeptanz von trans-Personen in der Gesellschaft behindern.

Vorurteile und Diskriminierung

Vorurteile gegenüber trans-Personen sind oft das Ergebnis von Unkenntnis und kulturellen Stereotypen. Viele Menschen haben ein verzerrtes Bild von Transgender-Personen, das durch Medienberichterstattung und populäre Kultur geprägt ist. Diese Darstellungen sind häufig übertrieben oder klischeehaft und tragen dazu bei, Ängste und Vorurteile zu schüren. Laut einer Studie von [?] gaben 60% der Befragten an, dass sie sich unwohl fühlen, wenn sie mit trans-Personen interagieren. Diese Vorurteile führen zu Diskriminierung in verschiedenen Lebensbereichen, einschließlich am Arbeitsplatz, in der Gesundheitsversorgung und im Bildungssystem.

Rechtliche Rahmenbedingungen

Ein weiterer bedeutender Faktor, der die gesellschaftliche Akzeptanz beeinflusst, sind die rechtlichen Rahmenbedingungen. In vielen Ländern gibt es noch immer keine umfassenden Gesetze, die Diskriminierung aufgrund der Geschlechtsidentität verbieten. In Deutschland beispielsweise wurde das Transsexuellengesetz (TSG) 1980 eingeführt, das jedoch häufig als veraltet und unzureichend kritisiert wird [?]. Die Notwendigkeit, rechtliche Anerkennung und Schutz für trans-Personen zu schaffen, ist entscheidend für die Förderung von Akzeptanz in der Gesellschaft.

Die Rolle der Bildung

Bildung spielt eine entscheidende Rolle bei der Überwindung von Vorurteilen. Programme zur Aufklärung über Geschlechtsidentität und LGBTQ+-Themen in Schulen und Gemeinschaften können dazu beitragen, das Bewusstsein zu schärfen und Vorurteile abzubauen. Studien zeigen, dass Schulen, die inklusive Lehrpläne implementieren, signifikante Verbesserungen im sozialen Klima und in der Akzeptanz von LGBTQ+-Schülern feststellen [?].

Ein Beispiel für erfolgreiche Bildungsinitiativen ist die "Safe Schools"-Bewegung, die darauf abzielt, Schulen zu sicheren Orten für LGBTQ+-Schüler zu machen. Diese Programme bieten Schulungen für Lehrkräfte und Ressourcen für Schüler, um ein unterstützendes Umfeld zu schaffen.

Medienrepräsentation

Die Medien spielen eine wesentliche Rolle bei der Formung der öffentlichen Meinung über trans-Personen. Eine positive und authentische Darstellung in Film, Fernsehen und sozialen Medien kann dazu beitragen, stereotypes Denken zu hinterfragen und Akzeptanz zu fördern. Ein Beispiel hierfür ist die Serie "Pose", die trans-Personen in Hauptrollen zeigt und ihre Geschichten authentisch erzählt. Solche Darstellungen können das Verständnis und die Empathie der Zuschauer fördern und helfen, Vorurteile abzubauen [?].

Intersektionalität

Ein weiterer Aspekt, der die gesellschaftliche Akzeptanz beeinflusst, ist die Intersektionalität. Trans-Personen sind nicht nur aufgrund ihrer Geschlechtsidentität Diskriminierung ausgesetzt, sondern auch aufgrund anderer

Identitäten wie Rasse, ethnischer Zugehörigkeit, sozialer Klasse oder Behinderung. Diese Mehrdimensionalität der Diskriminierung erfordert ein umfassendes Verständnis der Herausforderungen, mit denen trans-Personen konfrontiert sind. Ein Beispiel ist die besondere Diskriminierung, die trans-Frauen of Color erfahren, die sowohl Geschlechter- als auch Rassenvorurteile ausgesetzt sind [1].

Gesellschaftlicher Wandel

Trotz dieser Herausforderungen gibt es auch positive Entwicklungen, die auf einen Wandel in der gesellschaftlichen Akzeptanz hinweisen. In vielen Ländern, einschließlich Deutschland, gibt es zunehmend Unterstützung für LGBTQ+-Rechte, und viele Menschen setzen sich aktiv für die Gleichstellung von trans-Personen ein. Veranstaltungen wie der Christopher Street Day und Pride-Paraden tragen dazu bei, Sichtbarkeit zu schaffen und Akzeptanz zu fördern. Der Einfluss von Aktivisten wie Renato Perez, der durch seine Kunst und seinen Aktivismus auf die Herausforderungen von trans-Personen aufmerksam macht, ist von entscheidender Bedeutung für diesen Wandel.

Fazit

Zusammenfassend lässt sich sagen, dass die Herausforderungen der gesellschaftlichen Akzeptanz von trans-Personen vielfältig und komplex sind. Vorurteile, rechtliche Rahmenbedingungen, Bildung, Medienrepräsentation und intersektionale Identitäten spielen alle eine Rolle in diesem Prozess. Um die gesellschaftliche Akzeptanz zu fördern, ist es entscheidend, diese Herausforderungen zu erkennen und anzugehen. Nur durch gemeinschaftliche Anstrengungen und kontinuierliche Aufklärung kann eine gerechtere und inklusivere Gesellschaft für alle geschaffen werden.

Die Rolle von Kunst in der Zukunft

Die Rolle von Kunst in der Zukunft ist ein facettenreiches Thema, das eng mit den gesellschaftlichen Veränderungen und den Herausforderungen verbunden ist, denen sich die LGBTQ+-Gemeinschaft gegenübersieht. Kunst hat die Kraft, Gedanken und Emotionen zu transportieren, Geschichten zu erzählen und eine Plattform für Stimmen zu bieten, die oft übersehen werden. In diesem Abschnitt werden wir die verschiedenen Dimensionen der Kunst untersuchen, die ihre Relevanz in der Zukunft sichern, sowie die Herausforderungen, denen sie begegnen könnte.

Kunst als Werkzeug für soziale Veränderung

Kunst hat sich seit jeher als ein kraftvolles Werkzeug für soziale Veränderung erwiesen. Die Verbindung zwischen Kunst und Aktivismus ist nicht nur eine zeitgenössische Erscheinung; sie hat historische Wurzeln, die bis in die Antike zurückreichen. Künstlerinnen und Künstler nutzen ihre Werke, um auf Missstände hinzuweisen, gesellschaftliche Normen in Frage zu stellen und neue Perspektiven zu schaffen. Im Kontext der LGBTQ+-Bewegung ist die Kunst ein wesentlicher Bestandteil des Kampfes um Sichtbarkeit und Akzeptanz.

Ein Beispiel dafür ist die Theaterproduktion *The Vagina Monologues*, die von Eve Ensler ins Leben gerufen wurde und sich mit Themen der Sexualität und Geschlechteridentität auseinandersetzt. Diese Aufführung hat nicht nur das Bewusstsein für feministische Themen geschärft, sondern auch eine Plattform für LGBTQ+-Stimmen geschaffen. In der Zukunft wird die Kunst weiterhin als Katalysator für gesellschaftliche Veränderungen fungieren, indem sie neue Narrative ermöglicht und das Verständnis für Diversität fördert.

Die Herausforderungen der digitalen Kunst

Mit dem Aufstieg digitaler Medien hat sich die Kunstlandschaft erheblich verändert. Digitale Kunstformen, wie beispielsweise Social Media Art, bieten Künstlerinnen und Künstlern die Möglichkeit, ihre Arbeiten einem globalen Publikum zugänglich zu machen. Allerdings bringt dies auch Herausforderungen mit sich, wie die Kommerzialisierung von Kunst und die Gefahr der Oberflächlichkeit. In einer Welt, die von schnellen Informationen und viralen Inhalten geprägt ist, kann es schwierig sein, tiefere Botschaften zu vermitteln.

Ein Beispiel für den Einfluss digitaler Kunst ist die Arbeit von Künstlern wie *Zachary Drucker*, die ihre transidenten Erfahrungen in digitalen Formaten darstellen. Druckers Arbeiten zeigen, wie digitale Medien genutzt werden können, um Identität und Geschlecht zu erkunden. Dennoch bleibt die Frage, wie diese Kunstformen in einer zunehmend gesättigten digitalen Landschaft wahrgenommen und geschätzt werden können.

Kunst und intersektionaler Aktivismus

In der Zukunft wird die Rolle der Kunst auch stark von den Prinzipien des intersektionalen Aktivismus geprägt sein. Der intersektionale Ansatz berücksichtigt, dass Individuen mehrere Identitäten besitzen, die sich überschneiden und die Art und Weise beeinflussen, wie sie Diskriminierung und

Privilegien erfahren. Kunst kann diese Komplexität widerspiegeln und dazu beitragen, die Stimmen marginalisierter Gruppen zu stärken.

Künstler wie *Marlon Riggs* haben in ihren Arbeiten gezeigt, wie Kunst als Medium genutzt werden kann, um intersektionale Identitäten zu thematisieren. Riggs' Film *Tongues Untied* verbindet Themen der Rassenzugehörigkeit, Sexualität und Geschlecht und zeigt, wie Kunst als Mittel zur Selbstbehauptung und zur Schaffung von Gemeinschaft dienen kann. In der Zukunft wird es entscheidend sein, dass Kunst weiterhin diese intersektionalen Perspektiven aufgreift und den Dialog über Identität und Zugehörigkeit fördert.

Die Rolle von Bildung in der Kunst

Die Integration von Kunst in Bildungsprogramme wird entscheidend sein, um zukünftige Generationen zu inspirieren und zu empowern. Kunstvermittlung, die sich mit Themen der Diversität und Inklusion beschäftigt, kann helfen, Vorurteile abzubauen und das Verständnis für verschiedene Identitäten zu fördern. Schulen und Bildungseinrichtungen sollten Kunst nicht nur als Fach betrachten, sondern als integralen Bestandteil der sozialen und emotionalen Entwicklung von Schülerinnen und Schülern.

Ein Beispiel für erfolgreiche Kunstbildungsprogramme ist das *Art for All*-Projekt, das in verschiedenen Schulen durchgeführt wird und sich auf die Förderung von Kreativität und kritischem Denken konzentriert. Solche Programme können dazu beitragen, dass junge Menschen die Werkzeuge erhalten, die sie benötigen, um ihre eigenen Geschichten zu erzählen und sich aktiv an der Gesellschaft zu beteiligen.

Die Zukunft der Kunst und der LGBTQ+-Bewegung

Die Verbindung zwischen Kunst und der LGBTQ+-Bewegung wird in der Zukunft weiterhin von zentraler Bedeutung sein. Künstlerinnen und Künstler werden eine Schlüsselrolle dabei spielen, die Herausforderungen und Errungenschaften der Gemeinschaft zu dokumentieren und zu reflektieren. Die Kunst wird nicht nur als Spiegel der Gesellschaft fungieren, sondern auch als Katalysator für Veränderungen und als Plattform für Dialoge über Identität, Akzeptanz und Liebe.

Die Herausforderungen, vor denen die LGBTQ+-Gemeinschaft steht, wie Diskriminierung, Gewalt und Ungleichheit, werden weiterhin die Themen der Kunst prägen. Gleichzeitig wird die Kunst auch dazu beitragen, Hoffnung und Widerstandskraft zu fördern, indem sie Geschichten von Überwindung und Erfolg erzählt. In einer sich ständig verändernden Welt wird die Kunst eine unverzichtbare Rolle dabei spielen, Brücken zu bauen und das Verständnis für Vielfalt zu fördern.

Fazit

Zusammenfassend lässt sich sagen, dass die Rolle von Kunst in der Zukunft untrennbar mit den gesellschaftlichen Veränderungen und dem Aktivismus der LGBTQ+-Gemeinschaft verbunden ist. Kunst wird weiterhin als Werkzeug für soziale Veränderung dienen, Herausforderungen in der digitalen Landschaft überwinden, intersektionale Perspektiven einbeziehen und durch Bildung gefördert werden. Die Zukunft der Kunst ist vielversprechend, und ihre Fähigkeit, Dialoge zu fördern und Gemeinschaften zu verbinden, wird entscheidend sein, um eine gerechtere und inklusivere Gesellschaft zu schaffen.

Der Aufruf zum Handeln für Gleichheit und Gerechtigkeit

In einer Welt, in der Ungleichheit und Diskriminierung nach wie vor weit verbreitet sind, ist der Aufruf zum Handeln für Gleichheit und Gerechtigkeit dringlicher denn je. Renato Perez, als prominente Figur in der LGBTQ+-Bewegung, hat uns durch sein Werk und seine Stimme gelehrt, dass der Kampf um Gleichheit nicht nur eine individuelle Verantwortung ist, sondern eine kollektive Anstrengung, die alle Bereiche der Gesellschaft durchdringen muss.

Die Notwendigkeit von Gleichheit

Gleichheit ist ein grundlegendes Menschenrecht. Die *Allgemeine Erklärung der Menschenrechte* der Vereinten Nationen betont in Artikel 1, dass „alle Menschen frei und gleich an Würde und Rechten geboren sind". Trotz dieser universellen Prinzipien erleben viele Menschen, insbesondere aus marginalisierten Gemeinschaften, tagtäglich Diskriminierung aufgrund ihrer Geschlechtsidentität, sexuellen Orientierung, Rasse oder anderer Merkmale.

Ein Beispiel für diese Ungleichheit ist die anhaltende Gewalt gegen Transgender-Personen. Laut dem *Transgender Europe* (TGEU) Bericht von 2021 wurden in Europa über 300 dokumentierte Fälle von Mord an Trans-Personen in den letzten Jahren registriert. Diese erschreckenden Statistiken verdeutlichen die Dringlichkeit, die Stimme zu erheben und für die Rechte und die Sicherheit aller Menschen zu kämpfen.

Die Rolle des Aktivismus

Aktivismus ist ein entscheidendes Mittel, um Gleichheit und Gerechtigkeit zu fördern. Renato hat durch seine Projekte und öffentlichen Auftritte gezeigt, wie wichtig es ist, sich für die Rechte der LGBTQ+-Gemeinschaft einzusetzen. Der *Stonewall-Aufstand* von 1969 ist ein prägnantes Beispiel für den Aktivismus, der zur Schaffung von Bewusstsein und zur Forderung nach Rechten führte. Diese Ereignisse haben nicht nur die LGBTQ+-Bewegung geprägt, sondern auch das gesellschaftliche Bewusstsein für Diskriminierung und Ungerechtigkeit geschärft.

Die Verbindung von Kunst und Aktivismus

Kunst spielt eine entscheidende Rolle im Aktivismus. Renato nutzt seine Plattform, um durch Theater, Film und Musik auf soziale Ungerechtigkeiten aufmerksam zu machen. Die Verbindung zwischen Kunst und Aktivismus wird in der Theorie des *Künstlerischen Aktivismus* deutlich, die besagt, dass Kunst als Werkzeug zur Mobilisierung und Sensibilisierung genutzt werden kann.

Ein Beispiel hierfür ist das Theaterstück *The Laramie Project*, das die Reaktionen der Gemeinschaft auf den Mord an Matthew Shepard thematisiert. Durch die Darstellung von realen Ereignissen und persönlichen Geschichten wird das Publikum zum Nachdenken angeregt und ermutigt, aktiv zu werden.

Die Herausforderungen des Wandels

Trotz der Fortschritte, die erzielt wurden, bleibt der Weg zur Gleichheit steinig. Diskriminierung ist tief verwurzelt in gesellschaftlichen Normen und Institutionen. Der *Intersektionalitätsansatz*, der von Kimberlé Crenshaw entwickelt wurde, hebt hervor, dass verschiedene Formen der Diskriminierung miteinander verwoben sind und dass eine ganzheitliche Betrachtung notwendig ist, um die komplexen Erfahrungen von Individuen zu verstehen.

Ein Beispiel für diese Herausforderung ist die Diskriminierung von LGBTQ+-Personen in der Arbeitswelt. Laut einer Studie des *Williams Institute* aus dem Jahr 2020 gaben 30% der LGBTQ+-Beschäftigten an, am Arbeitsplatz diskriminiert worden zu sein. Diese Diskriminierung hat nicht nur Auswirkungen auf das individuelle Wohlbefinden, sondern auch auf die wirtschaftliche Stabilität der Betroffenen.

Der Weg nach vorn

Um Gleichheit und Gerechtigkeit zu erreichen, ist es notwendig, dass alle Mitglieder der Gesellschaft aktiv werden. Renato fordert uns auf, uns zu organisieren, Netzwerke zu bilden und uns für die Rechte derjenigen einzusetzen, die unterdrückt werden. Die *Black Lives Matter*-Bewegung ist ein weiteres Beispiel für erfolgreichen Aktivismus, der durch soziale Medien und gemeinschaftliche Mobilisierung an Bedeutung gewonnen hat.

Ein konkreter Schritt, den jeder unternehmen kann, ist die Unterstützung von Organisationen, die sich für die Rechte von LGBTQ+-Personen einsetzen, wie z.B. *ILGA* oder *GLAAD*. Darüber hinaus ist es wichtig, sich in der eigenen Gemeinschaft für Aufklärung und Sensibilisierung einzusetzen, um Vorurteile abzubauen und Verständnis zu fördern.

Ein Aufruf zum Handeln

In Anlehnung an Renatos Vermächtnis rufe ich alle dazu auf, aktiv zu werden. Jeder von uns hat die Möglichkeit, einen Unterschied zu machen. Ob durch das Teilen von Informationen in sozialen Medien, das Organisieren von Veranstaltungen oder das Unterstützen von Gleichstellungsinitiativen – jeder Schritt zählt.

Zusammen können wir eine gerechtere und gleichere Gesellschaft schaffen. Es liegt an uns, die Stimme zu erheben, für die Rechte aller zu kämpfen und die Welt zu einem besseren Ort zu machen. Lassen Sie uns Renatos Botschaft in die Tat umsetzen: „*Wir sind hier, wir sind sichtbar, und wir werden nicht schweigen.*"

Index

-trans Rollen ist, 511
1980er Jahren, 246

abbauen, 156
abbilden, 246
aber auch, 4, 20, 174, 574
aber aufgrund, 270
aber dass, 23
aber gleichzeitig, 118
aber herausfordernde Ziele, 227
aber ihm, 37
aber mit, 58, 332, 528
aber oft, 344
aber sie, 226
abgebaut, 487
abgelehnt wird, 271
abhalten, 478
Ablehnung, 10, 22, 24, 26, 96, 129, 229, 234, 238, 350
abwägen, 284
abzielten, 4, 379
adressieren, 474, 543, 656
Agenturen, 56
agiert, 17
aktiv dafür, 57, 173, 251, 488, 615
aktivem Engagement, 554
aktiven, 541
aktives Ziel, 381

Aktivismus, 93, 95, 137, 218, 259, 262, 299, 335, 336, 380, 400, 427, 459, 480, 556, 557, 563, 565, 567, 616, 618, 654
Aktivismus lässt sich, 555
Aktivismus sein kann, 7
Aktivismus von, 71, 336
Aktivismus wird, 654
Aktivismusbewegungen wird, 459
Aktivisten, 219, 261, 302, 330, 374, 394, 398, 403, 404, 425, 457, 459, 474, 489, 511, 549, 648
Aktivisten auf, 315
Aktivisten helfen, 402
Aktivisten müssen, 375, 465
Aktivistische Kunst sieht sich, 566
aktivistischem, 175
Aktivitäten ausprobieren, 216
aktuellen gesellschaftlichen, 81
aktuelles Beispiel, 82
Akzeptanz beitragen, 247
Akzeptanz innerhalb, 224
Akzeptanz lang, 531
Akzeptanz Leben, 620
Akzeptanz noch lang ist, 290
Akzeptanz seiner, 217, 545

akzeptieren, 3, 10, 22, 72, 102, 124,
    138, 144, 145, 147, 168,
    189, 218, 219, 224, 225,
    231–233, 242, 403, 434,
    443, 474, 488, 513, 515,
    560, 590, 619, 626, 630
akzeptiert, 3, 6, 7, 55, 194, 257, 332
Albert Bandura, 167, 625
alle, 14, 35, 56, 60, 93, 115, 145,
    182, 247, 267, 327, 329,
    332, 354, 357, 381, 387,
    435, 445, 482, 490, 503,
    518, 519, 528, 531, 536,
    538, 549, 553, 554, 560,
    578, 608, 620, 624, 656,
    657, 669
allen Lebensbereichen, 247
allen Schülern, 432
aller, 65, 91, 136, 554, 578, 624,
    642, 654, 657
Allerdings, 83, 670
Alltag erfahren, 535
Alltag ermöglicht, 218
Alltag konfrontiert, 341
als, 1, 3, 5, 6, 11, 14, 15, 17, 20–22,
    24–28, 30–39, 43, 45–50,
    52, 53, 56, 61, 63, 65,
    67–69, 71, 72, 74, 75, 77,
    79–83, 86–88, 93, 97–99,
    102, 104, 109, 111,
    113–115, 118, 120, 121,
    124, 125, 128, 132, 136,
    137, 139, 144, 145, 147,
    156, 157, 162, 167, 168,
    171, 175, 176, 182, 183,
    188, 191, 201, 217,
    219–221, 223, 225–227,
    229–233, 237, 241–243,
    247, 250, 257, 261, 263,
    265, 271, 273, 276–279,
    281, 283–290, 292, 295,
    296, 298, 299, 304, 305,
    307, 313, 314, 317, 327,
    330, 332, 334, 335,
    339–341, 343, 346, 348,
    352–355, 362, 376,
    379–381, 392, 396, 410,
    414, 420, 445, 450, 452,
    459, 462, 463, 474,
    486–488, 491–494, 503,
    506, 509, 511, 512, 514,
    515, 520, 525, 528–530,
    539, 541, 545, 546,
    555–557, 560, 562, 564,
    565, 569, 570, 574–578,
    581, 582, 591, 604, 606,
    607, 616, 622, 625–629,
    636, 639, 641, 649, 652,
    671
alten, 414
Alter könnte Renato, 285
an, 4, 7, 20, 26, 35, 41–43, 51, 52,
    58, 60, 71–73, 76, 79, 80,
    91, 96, 99–101, 113, 128,
    137, 148, 157, 167, 168,
    175, 181, 191, 217, 219,
    221, 223, 224, 227, 229,
    233, 237, 244–247, 254,
    257, 258, 265, 269, 270,
    273, 276, 284, 286, 296,
    302, 315, 320, 321, 327,
    334, 341, 357, 387, 396,
    425, 453, 455, 457, 463,
    478, 487, 492, 493, 509,
    510, 515, 518–521, 525,
    526, 528, 529, 537, 543,
    546, 549, 556, 557, 564,
    567, 578, 593, 601, 608,

620, 623, 624, 627, 640, 652, 654
analysieren, 51, 296, 453, 555, 639
analysiert, 393
anbieten, 159, 474
anbot, 380
andere, 7, 22, 30, 33, 39, 50, 53, 63, 69, 76, 87, 99, 105, 117, 132, 136, 144, 149, 156, 168, 175, 189, 191, 218, 224, 226, 231, 232, 242, 243, 251, 257, 258, 261, 263, 265, 286, 295, 296, 298, 305, 307, 323, 348, 351, 362, 376, 387, 456, 463, 484, 489, 491, 493, 506, 513–515, 536–538, 549, 560, 569, 570, 619
anderen als, 145
anderen auszutauschen, 196
anderen Bereichen des Lebens, 99
anderen bietet, 514
anderen geholfen, 630
anderen Gemeinschaften, 642
anderen gezeigt, 513
anderen helfen konnten, 22
anderen hilft, 346
anderen können, 434
anderen Künstlern, 83, 99, 217, 269
anderen Lebensbereichen oft, 72
anderen marginalisierten, 100
anderen Merkmalen basieren, 147
anderen Mut, 287
anderen Schauspieler, 21
anderen Schauspielern, 49
anderen Seite können, 29, 278
anderen Teilen der, 4
anderen zeigen, 503
anderen zu, 127, 307

anderer, 6, 68, 78, 80, 86, 95, 97, 157, 182, 217, 223, 233, 243, 263, 340, 404, 512, 590, 627
Andererseits kann, 298
anders zu, 3
anerkannt, 258, 453, 512, 574
anerkennen, 168, 182, 290, 452, 470, 480
anerkennt, 261, 601, 618
Anerkennung seiner, 217
Anerkennungen, 259
Anfang von, 230
Anfangsphase seiner, 31, 87
Anforderungen, 49
Anforderungen von, 56
angeboten, 270, 315
angehören, 187
angesehen, 31, 49, 52, 223, 229, 232, 379, 452, 520, 525, 565
Angesichts der, 557
angesprochen, 303, 575, 640
angestoßen, 290, 305, 468, 510, 530, 591, 635, 637, 640
angewendet, 145
angewiesen, 99, 567, 575
anhaltende, 246, 516, 526, 527, 578
Anhänger besser zu, 291
ankämpfen, 55, 148, 234, 235, 255, 275, 320, 375, 507, 513
anpassen, 228, 564
anpasst, 104, 280
anregen, 95, 329, 353, 454, 491, 494, 640, 642
anregt, 491, 503, 581
anregte, 219
Ansichten, 355
ansprechen, 73, 109, 136, 137, 264, 309, 494, 536

ansprechend, 69, 77, 304
anspricht, 491, 570, 576
Anstatt sich, 292
anstatt sie, 22, 414
anstoßen, 379
anstreben, 50, 482
Anstrengungen und, 669
Ansätze können, 257
Anweisungen geben, 117
anwendet, 116
anzugehen, 261, 641, 669
anzupassen, 21, 23, 76, 80, 219, 233, 237, 286, 396, 578, 627
anzuprangern, 82
anzuregen, 73, 450, 493
anzustoßen, 96, 274, 341
Arbeit betonten, 78
Arbeit geschätzt wird, 42
Arbeiten, 77, 219
arbeiten, 26, 91, 93, 100, 118, 229, 247, 266, 432, 493, 518, 567, 601
arbeitet, 58, 60, 263, 284, 487, 492, 642
arbeitete, 35, 52
Arbeitsumfelds kann, 159
argumentierte, 114, 224
argumentierten, 296
artikulieren, 72
Aspekt seiner, 6, 96
Aspekte von, 355
Auch, 518
auch, 1–7, 9, 10, 12, 15–17, 20, 22, 24–28, 30–32, 36–39, 42, 43, 45–63, 65–67, 69–74, 76–83, 86–88, 91–93, 95–100, 102, 104, 105, 107–109, 111, 114, 115, 117, 118, 120, 124, 125, 127–129, 132, 136–138, 140, 144, 145, 147–150, 156, 157, 159, 167, 168, 173–176, 180, 181, 183, 185, 189, 191, 194, 200, 208, 216–221, 223, 224, 226, 227, 229–235, 237, 238, 241–246, 250, 252, 254, 256, 257, 259, 261–267, 269–271, 273–281, 283–288, 290–292, 295–298, 301, 304–307, 309, 313, 315, 317, 320–323, 327–330, 332–334, 336, 339–341, 343, 348, 351–356, 361, 362, 366, 375, 376, 379–381, 392–394, 396, 400, 401, 404, 410, 414, 427, 439, 445, 453, 456, 458, 459, 462–465, 468, 478, 479, 482, 486–489, 492–494, 503, 509–515, 517–520, 523–525, 528–532, 537–541, 549, 553–555, 557, 560, 562, 564, 566, 569, 572, 574–578, 581, 582, 591, 593, 601, 606–608, 614–616, 618, 620, 622, 623, 625, 627–630, 635, 637, 639, 640, 642, 670
Audre Lorde, 78
auf, 1–5, 7, 9, 10, 20–22, 25–31, 35, 41–43, 46–49, 51–56, 58, 61–63, 69, 70, 72–75, 80, 82, 86, 88, 91, 95, 98–105, 107–109, 113–118, 124, 125, 127, 133, 136, 137,

139, 144, 145, 147–150, 157, 165, 167, 174, 175, 180–182, 189, 191, 194, 196, 202, 209, 216, 221, 222, 224, 226, 227, 230, 231, 233, 236, 237, 241–245, 251, 252, 254, 255, 257, 258, 263–267, 269–271, 275–280, 285, 288–292, 295, 296, 299, 301–306, 313–315, 322, 323, 326, 327, 339, 341, 343, 344, 346, 348, 351, 353–356, 361–363, 376, 380, 393, 395, 403–405, 410, 427, 435, 443, 452, 455, 456, 459, 462–465, 468, 474, 484, 486–488, 491, 492, 494, 506–511, 513–518, 520, 521, 524, 526, 529, 531, 535–539, 542, 545, 546, 549, 554, 556, 564, 565, 567, 569, 570, 575–578, 581, 582, 590–593, 595, 602, 604, 608, 614, 616, 619, 623, 657
Auf der, 29, 278
Aufbau, 200
Aufbau von, 199, 200, 297
auferlegt wurden, 11
Aufgabe, 581
aufgeklärte, 438, 453–455
aufgeklärten Gesellschaft, 453
aufgeklärten Gesellschaft sollten, 453
aufgrund, 29, 49, 220, 235, 270, 489, 537, 650
Aufmerksamkeit, 567

aufrechtzuerhalten, 98
Aufrufen generiert, 305
Aufruhr führen, 38
aufstrebender Schauspieler hatte, 545
auftrat, 5, 73
auftreten, 43, 45, 189, 194, 231, 269, 323, 520, 556
Auftritt, 25–27, 30
auftritt, 27, 49, 145
Auftritt konnte, 27
Auftritte, 6, 53, 96, 251
Auftritte auf, 5
Auftritte dazu, 528
Auftritte haben, 543
Auftritte sind, 276, 593
Auftritts kann, 27
aufzubauen, 6, 33, 226, 265, 269, 286, 292, 304, 404
aufzuklären, 142, 380, 387, 582
aus, 5, 23, 26–28, 49, 53, 57, 78, 79, 88, 96, 98, 124, 156, 200, 225, 233, 237, 243, 247, 256, 259, 265, 278, 284, 285, 298, 315, 321, 323, 326, 329, 340, 354, 361–363, 381, 478, 484, 511, 517, 518, 526, 527, 536, 566, 615, 652
Ausdruck, 97, 341, 352, 574, 639
ausdruck, 511
Ausdruck der, 69
Ausdruck seiner, 88
Ausdruck von, 72, 81, 339
Ausdrucksform konnte, 125
Ausdrucksform von, 336
auseinandersetzen, 2, 9, 11, 25, 35, 50, 51, 57, 72, 80, 99, 108,

221, 231, 346, 454, 465, 566, 591
auseinandersetzt, 104, 108, 271, 443
auseinandersetzte, 22, 49, 140, 219, 241
Auseinandersetzung mit, 2, 15, 17, 50, 69, 77, 96, 124, 125, 138, 155, 222, 230, 241, 265, 420, 503
auseinanderzusetzen, 22, 150, 223, 491, 575
ausgedrückt, 80
ausgeschrieben, 56
ausgesetzt, 10, 271, 387, 515, 540, 566
ausgesprochen, 340, 525
ausgewählt, 58, 229, 266
ausgezeichnet, 257
ausgeübt, 54, 61, 62, 102, 150, 254, 339, 493, 524, 531, 614
ausging, 99
ausreichend, 76, 118
ausschließlich, 245
aussprachen, 380
aussprechen, 290
Austauschformate, 208
Auswahl von, 57, 265
auswirken, 116, 117, 258, 306
auszudrücken, 11, 17, 52, 74, 79, 109, 124, 160, 218, 223, 232, 274, 432, 503, 627, 629
auszuprobieren, 124, 217
auszusehen, 285
auszutauschen, 100, 196, 269, 474, 636
auszuwählen, 56, 266
auszuüben, 20, 175, 292, 306, 341

ausüben, 74, 125, 128, 222, 257, 265, 510, 537
authentisch, 22, 26, 34, 47, 49, 52, 53, 65, 66, 69, 98, 101, 108, 109, 115, 132, 148, 238, 241, 242, 256, 258, 280, 281, 284, 296, 317, 324, 340, 392, 486, 493, 509, 627, 629
authentische, 5, 50, 51, 55, 61, 67, 80, 82, 86, 98, 115, 219, 250, 253, 255, 257, 264, 271, 280, 281, 283, 285, 289, 327, 333, 362, 420, 488, 489, 493, 494, 508, 510, 525, 526, 529, 578, 581, 628, 630
authentischen Darstellung, 35
authentischen Geschichten, 641
authentischen Leben, 23, 165
authentischen Rollen besetzt werden, 488
authentischer, 278, 314, 542
Authentizität, 48, 64, 68, 113–115, 148, 251, 283, 299, 305, 492–494, 506, 508, 511, 515, 527, 566, 576–578, 614, 620, 627, 629
Authentizität bedeutet, 281
Authentizität bezieht sich, 492
Authentizität der, 51, 63, 107, 111, 254, 267, 270, 271, 275, 300, 340, 493, 519, 557
Authentizität einer, 299
Authentizität einhergehen, 283
Authentizität führen, 76, 493, 627
Authentizität geprägt, 54, 265
Authentizität ist, 280
Authentizität kann, 114

Index

Authentizität lobten, 87
Authentizität machte, 628
Authentizität seiner, 101
Authentizität sind, 297, 494
Authentizität stehen Künstler oft, 493
Authentizität wird häufig, 627
Authentizität wird zukünftige Generationen von, 348
Authentizität zentrale, 299
Authentizität zu, 25
Autobiografie von, 176
außergewöhnlichen, 121
außerhalb, 194, 229, 231, 237, 585

Balanceakt zwischen, 83, 181
Bandura argumentiert, 625
Barrieren, 58, 115, 199, 220, 315, 518, 560, 601
Barrieren arbeiten, 247
Barrieren durchbrochen, 348
Barrieren innerhalb, 519
Barrieren zu, 243
basiert, 114, 209, 269, 299, 355, 405, 443, 518, 546, 554
bauen, 292, 575
bearbeitet, 118
Bedenken hinsichtlich, 87, 243
Bedenken hinsichtlich seiner, 30
bedeutende, 25, 51, 71, 140, 199, 217, 221, 224, 341, 376, 489, 515, 520, 556, 618, 639
bedeutender, 7, 21, 55, 243, 541
bedeutet, 35, 79, 80, 86, 100, 114, 246, 281, 284, 307, 309, 480, 482, 515, 517, 528, 619
bedeutete, 156, 217, 265

Bedeutung verloren, 303
bedeutungsvolle, 67
bedingungslose, 3, 147
bedingungslosen, 619
bedingungsloser Akzeptanz geprägt, 619
Bedrohungen und, 394
Bedürfnisse, 58, 182, 291, 327, 470, 657
beeindruckende Karriere, 581
beeindruckende Werke, 219
beeindruckten, 67
beeinflussen, 27, 97, 103–105, 115, 118, 133, 144, 155, 167, 183, 198, 203, 217, 250, 266, 271, 278, 317, 320, 322, 323, 375, 402, 404, 414, 453, 480, 488, 506, 507, 511, 520, 530, 557, 572, 670
beeinflusst, 57, 58, 61, 107, 111, 124, 145, 150, 157, 188, 189, 233, 243, 245, 269, 290, 296, 305, 320, 492, 494, 512, 517, 520, 528, 540, 541, 563, 576, 581, 625, 629
beeinflusste, 48, 235
beeinträchtigen, 29, 31, 104, 154, 201, 221, 278, 285, 295, 452, 478, 546, 564, 567, 640
beeinträchtigt auch, 493
beeinträchtigten, 234
befinden, 132, 181, 221, 285, 497
befreiend, 50
begegnen, 111, 167, 202, 297, 307, 397
begegnet, 315

begegnete, 217
Begegnungen, 189
beginnen, 216
begonnen, 137, 397, 414
begrenzten, 263
behaftet, 61
behandeln, 415, 454, 509, 530
behandelt, 80
behaupten, 20, 32, 52, 57, 156, 284
behindern, 115, 258, 275, 328
behindert, 33, 221
bei, 22, 26, 27, 41, 50, 52, 55, 65, 68, 86, 99, 100, 104, 115, 117, 124, 156, 171, 174, 181, 196, 200, 220, 238, 243, 245, 256–258, 263, 265–267, 269, 278, 314, 320, 324, 341, 354, 363, 366, 371, 414, 420, 468, 479, 486, 494, 510, 512, 516, 518, 519, 523, 527, 592, 595, 601, 629, 648, 651, 654
Bei Veranstaltungen, 75
beibehält, 286
beiden Bereichen engagieren, 70
beiden Welten, 71
beigetragen, 86, 133, 176, 254, 256, 269, 274, 276, 291, 329, 339, 373, 485, 487, 488, 492, 524, 527–531, 541–543, 569, 570, 582, 608, 616, 629, 631, 637
beinhaltet, 600
beinhalteten, 244
Beispiel dafür, 602, 649
Beispiele, 93, 95, 130, 199, 224, 226, 238, 259, 298, 335, 365, 450, 502, 510, 616, 618, 640, 656
Beispiele anführen, 352
Beispiele dafür, 263
Beispiele heranziehen, 563
beitragen, 58, 66, 91, 132, 133, 176, 224, 247, 255, 257, 270, 296, 332, 404, 425, 457, 465, 474, 479, 503, 521, 526, 539, 671
Beiträge veröffentlicht, 136
beiträgt, 263, 410, 450, 493, 528, 529
bekam, 270
bekanntesten, 22, 27, 80, 166
bekämpfen, 150, 362, 453
Belastung, 121, 182, 234
Belastungen müssen, 182
belegt, 542
beleuchten, 25, 70, 82, 95, 100, 118, 254, 315, 335, 355, 462, 485, 565, 614, 616, 639
beleuchtet, 20, 86, 88, 109, 176, 450, 491
bemerkenswerten, 330
bemerkenswerter, 287, 513
bemerkenswertesten, 55, 90
Benachteiligung, 530
benötigen, 457
benötigte, 396
beobachtet, 572
Beobachtung, 625
Bereich, 49
Bereich des Aktivismus, 464
Bereich des Zugangs, 457
Bereichen wie, 65
Bereichen zusammengeschlossen, 536
bereichern, 70, 329, 654
bereichert, 233, 309, 339

Index

bereit, 62, 72, 218, 225, 233, 264, 266, 321, 474, 520, 570, 590, 602, 622
bereits gezeigt, 334
Berichte, 266
Berichte haben, 132
Berichte von, 630
berichten, 47, 82, 154, 156, 258, 314, 438
Berichterstattung dazu, 133
berichteten, 21, 50
Berlinale, 257
Beruf, 73, 133, 341, 363
berücksichtigen, 118, 245, 470
berücksichtigt, 86, 102, 265, 366, 459, 518, 601, 642, 656, 657, 670
berühren, 95, 97, 107, 109, 491
berührte, 108
berührten, 219
besagt, 10, 21, 194, 198, 246, 320, 497, 512, 546, 629, 639
beschreibt, 79, 89, 101, 167, 401, 480, 512, 639
beschrieb, 72
beschrieben, 114, 145, 188, 220
beschränkt, 26, 61, 314, 516, 517, 581
besetzen, 21, 244, 256, 520
besiegen, 6
besitzen, 58, 224, 321, 619, 670
besondere, 109, 303
besorgt, 509
bessere, 538
besseren, 22, 622
Bestandteil der, 671
bestehen, 137, 291, 452, 487, 510, 512, 565, 652
bestehenden, 332, 464
bestehender, 247
bestimmte Arten von, 270
bestimmte Aufgaben erfolgreich, 167
bestimmte Kunstformen oder, 576
bestimmte Rolle zu, 232
bestimmte Rollen, 68, 321
bestimmte Rollen annehmen, 270
bestimmte Rollen geht, 265
bestimmte Rollen zu, 228
bestimmte stereotype, 76
bestimmte Traditionen, 4
bestimmte Weise, 506
bestimmten, 147, 188, 266, 285, 328, 354
besuchte, 5
betonen, 3, 5, 53, 133, 236, 245, 536, 576
betont, 55, 57, 58, 60, 74, 97, 99, 101, 105, 115, 185, 220, 226, 227, 253, 270, 271, 278, 283, 290, 340, 341, 381, 452, 453, 463, 470, 489, 493, 506, 525, 539, 560, 578, 581, 615, 616, 656
Betracht, 243, 278
Betracht gezogen, 321
Betracht ziehen, 33
betrachten, 6, 180, 230, 258, 289, 361
Betrachter heraus, 640
betrachtet, 12, 79, 80, 95, 118, 246, 340, 493, 512, 515, 519, 564, 601, 627, 639
betrachtete, 21
betrieben wird, 374
betrifft, 553, 627
beugen, 86, 577, 627
bevorzugen, 116

bewahren, 280
Bewegungen erheblich verstärken, 616
Bewegungen gespielt, 376
Bewegungen ist, 341
Bewegungstraining, 101
Beweis stellen, 109, 284
bewerben, 35, 265, 269, 291, 302–304
bewerten, 453
bewiesen, 236, 279, 484, 497, 562
bewirken, 20, 65, 73, 137, 254, 339, 376, 395, 554, 577, 602, 639, 652
bewirken konnte, 315
bewusst, 78, 100, 174, 264, 395, 514, 521
bewusste, 7, 427
bewussten Entscheidung, 68
bewährte, 268
bewältigen, 3, 6, 65, 70, 105, 127, 167, 218, 237, 305, 354, 356, 479, 548, 565, 575, 578, 607, 627
bewältigt, 513
bezahlen, 285
bezogen, 295
bieten, 4, 37, 58, 66, 71, 83, 88, 100, 115, 124, 127, 144, 145, 183, 189, 196, 200, 221, 235, 257, 262–264, 266, 267, 296, 299, 304, 305, 341, 353, 356, 374, 393, 394, 435, 519, 541, 575, 607, 616, 618, 620, 628, 670
bietet, 72, 79, 81, 86, 95, 96, 156, 160, 223, 224, 238, 261, 292, 336, 340, 450, 452, 459, 464, 503, 514, 557, 570, 575, 576, 583, 640, 657
Bild seiner, 31, 307
Bild von, 63, 176, 253, 264, 305, 485, 488, 528, 631
bilden, 98, 237, 276, 299, 351, 452, 470, 523, 574, 636
bildende, 556, 574
Bildes der, 247
Bildes von, 275
Bildung, 150, 401, 482, 552, 554
Bildungsansätze, 491
Bildungseinrichtungen aktiv daran, 432
Bildungsprogramme zu, 474
Bildungssysteme nicht, 453
Billy Porter, 173
Bindung, 3
Bindungstheorie von, 3
binären Geschlechterkonzepten basieren, 221
birgt, 81, 445
bis hin zu, 570
bleiben, 22, 65, 69, 97, 98, 228, 233, 280, 281, 284, 286, 468, 487, 513, 526
bleibt der, 200, 489, 531
bleibt die, 43, 71, 83, 95, 109, 145, 226, 291, 292, 300, 302, 306, 327, 343, 489, 494, 527, 541, 565, 607, 640
bleibt er, 560
bleibt es, 557
bleibt ihr, 576
bleibt Kreativität, 220
bleibt Kunst, 337
bleibt noch viel zu, 267
bleibt Renato entschlossen„ 121

bleibt Renatos Erbe ein, 649
bleibt Renatos Vermächtnis ein, 666
blieb Renato standhaft, 387
bot, 1, 4, 6, 49, 52, 77, 241, 280
Botschaften auf, 304
Botschaften schnell, 374, 481
Bourdieu argumentiert, 352
Bowie, 77
Branche anzupassen, 286
Branche bewegt, 275
Branche erfolgreich, 21
Branche Fuß, 53, 99
Branche konfrontiert, 47
Branche unterstützte, 65
Branche weiterhin Druck auf, 507
Branche zu, 31
Branchenakteure, 304
breite, 137, 273, 274, 344, 468, 518
breitere, 35, 69, 157, 263, 463, 465, 481, 509, 519, 536, 541, 569, 654
bringen, 70, 80, 82, 124, 254, 266, 299, 304, 318, 329, 353, 652
Brücken, 292
Brücken zwischen, 575
Bundesstaaten Gesetze, 457, 650
Butler, 79
Bühne konnte, 20

Carl Rogers, 114, 166, 619
Chancen bietet, 261
Charakter herzustellen, 99
Charakter spielte, 124
Charaktere, 506
Charaktere aus, 326
Charaktere interpretiert, 115
Charaktere konnte, 223
Charaktere von, 253
Charakters, 114
Charakters imitieren, 114
China, 459
cisgender, 21, 51, 55, 63, 148, 244, 253, 266, 275, 289, 332, 340, 488, 508, 511, 519, 525, 527, 542, 581
cisnormativ sind, 155
Cox, 226, 493
Cybermobbing, 456
Cybermobbing ausgesprochen, 307

da, 4, 21, 26, 34, 49, 56, 64, 98, 101, 115, 118, 168, 174, 182, 217, 218, 221, 241, 242, 244, 276, 305, 351, 396, 450, 486, 491, 494, 497, 525, 536, 554, 606, 630, 644
dabei ergeben, 71
dabei gleichzeitig, 569
dabei sowohl, 281, 352
dafür, 14, 37, 41, 48, 52, 53, 56, 57, 69, 71, 101, 136, 167, 171, 173, 199, 243, 251, 263, 265, 267, 339, 464, 468, 488, 489, 537, 583, 602, 615, 620, 641, 649
daher, 65, 354, 375, 576
Daher ist, 208, 435
damit, 3, 30, 51, 65, 81, 95, 100–102, 182, 216, 241, 265, 305, 339, 381, 445, 450, 459, 468, 484, 485, 492
Dankbarkeit, 244, 287
daran, 228, 242, 256, 432, 518, 535
darauf abzielen, 262, 397, 457, 615
darauf abzielten, 379

darauf ausgelegt, 569
darauf hingewiesen, 58
daraus, 46, 229
Darbietung einzubringen, 49
Darbietungen der, 115
dargestellt, 14, 61, 63, 118, 148, 176, 246, 253, 289, 313, 320, 323, 324, 332, 488, 506, 511, 525, 530, 542, 546, 566
darstellenden, 317
Darstellern spielen, 100
darstellt, 65, 217, 457, 602
darstellten, 47, 238
Darstellung begeistert sind, 28
Darstellung hinausgehen, 314, 511
Darstellung leiden, 118
Darstellung lobten, 271
Darstellung von, 77
Darstellungen hinauszugehen, 509
Darstellungen von, 144, 173
darum, 115, 220, 565
darunter, 52, 57, 88, 150, 237, 243, 257, 361, 438, 536, 546, 556
Darüber, 35
darüber, 49, 98, 102, 545, 566
Darüber hinaus, 149, 305, 307, 373, 401, 452, 474, 536, 576, 593, 648
Darüber hinaus kämpfen viele, 489
Darüber hinaus können, 162
Darüber hinaus war, 217
Darüber hinaus wird, 468, 541
Darüber hinaus zeigen, 493
das, 1, 2, 6, 7, 10, 11, 17, 21, 22, 25–28, 31–33, 42, 43, 48, 49, 51, 52, 56, 63, 64, 67, 69, 72–74, 79, 80, 82, 83,
86, 91, 92, 95–101, 104, 107–109, 114, 117, 118, 121, 124, 128, 132, 133, 137, 138, 140, 144, 145, 147, 156, 157, 159, 166, 167, 173, 176, 180, 188, 196, 198, 217–221, 223–226, 230–233, 237, 241, 243–247, 250, 252, 256, 257, 261, 263, 264, 266, 267, 269, 271, 276, 278, 280, 281, 283, 284, 289, 291, 295, 296, 298, 299, 303, 305, 307, 321–324, 327, 330, 334, 336, 339–341, 343, 344, 352, 353, 356, 363, 375, 379, 381, 387, 394, 400, 401, 404, 410, 414, 434, 439, 452–455, 457, 459, 464, 465, 482, 485, 487–489, 491–494, 503, 511–515, 519, 520, 527, 529, 535–539, 546, 554, 557, 562, 565, 569, 575, 577, 578, 581, 582, 590–592, 600, 601, 604, 608, 616, 618–620, 625, 627, 629, 631, 637, 640, 641, 643, 648, 652, 671
dass auch, 191
dass Aufklärungsprogramme, 529
dass der, 43, 105, 114, 343, 487, 510
dass echte Repräsentation nur, 525
dass je, 314
dass jede, 96
dass jeder, 230
dass Kunst, 639
dass Menschen, 590

dass Menschen durch, 625
dass Renatos erste, 243
dass seine, 21, 22
dass sie, 497
David Bowie, 77
davon, 83, 233, 304, 459, 541
dazu, 26, 28, 35, 52, 58, 63, 66, 80, 91, 99, 117, 118, 132, 133, 154, 176, 181, 216, 219, 220, 224, 225, 228, 230, 245, 246, 254, 255, 257, 258, 264, 267, 269, 270, 274, 276, 278, 284, 291, 315, 320, 321, 329, 336, 339, 341, 346, 351, 354, 356, 363, 373, 394, 425, 457, 465, 474, 479, 484–486, 488, 491–494, 506, 509, 512, 520, 521, 524, 526–531, 535, 537, 540–543, 554, 564, 566, 567, 569, 570, 575, 578, 581, 582, 590, 604, 608, 614, 629, 631, 637, 640, 644, 654, 671
Dazu gehören, 101, 278, 297, 356, 546, 578
Dazu gehören Meditation, 585
Dazu gehört, 356, 518
Dazu gehörte, 6
definieren, 4, 114, 138, 223, 546
definiert, 167, 237, 546, 627
dem, 1, 6, 12, 17, 20, 25, 26, 33, 39, 41, 42, 49, 56–58, 65, 66, 69, 72, 73, 80, 82, 86, 96–98, 101, 105, 108, 114, 115, 117, 124, 144, 148, 156, 165, 174, 181, 194, 200, 216, 219–221, 223, 230, 231, 234, 236, 237, 242–244, 256, 258, 265, 284, 285, 287, 296, 298, 305, 315, 326, 327, 332, 348, 356, 361–363, 374, 387, 434, 435, 452, 489, 494, 512, 518, 538, 540, 566, 592, 606, 635, 654, 670
den, 1–3, 7, 11, 16, 25, 31, 32, 35, 41, 43–45, 49, 50, 52, 54–57, 61, 63–65, 67, 72–77, 80, 86, 91, 95, 97–100, 102, 108, 109, 113, 115, 117, 118, 124, 137, 147, 149, 156, 157, 162, 173, 194, 196, 198–200, 208, 216–221, 225, 233, 234, 243, 245, 246, 253, 263, 265, 266, 269–271, 273, 276, 278–280, 284, 288–292, 297, 298, 302, 304–307, 313, 314, 318, 320, 321, 323, 327, 328, 330, 332, 339–341, 343, 346, 351, 352, 354, 362, 373, 375, 381, 387, 393–397, 399, 401, 404, 414, 420, 427, 434, 438, 452, 454–457, 465, 468, 474, 482, 484–489, 491, 493, 494, 497, 509, 510, 512, 515, 517, 519, 520, 524, 526–530, 539–542, 549, 560, 562, 563, 566, 570, 575–578, 581, 585, 592, 595, 600, 608, 614, 616, 618, 624, 627, 635, 640,

650–652, 670
denen, 2, 3, 12, 16, 21, 22, 26, 37,
52, 53, 65, 66, 72, 73, 81,
93, 95, 98, 102, 117, 118,
140, 156, 182, 187, 191,
218, 254, 256, 257, 264,
265, 270, 271, 275, 284,
287, 290, 304, 314, 315,
329, 335, 337, 341, 354,
355, 410, 420, 438, 450,
452, 488, 492, 509, 511,
530, 541, 552, 557, 560,
569, 575, 591, 595, 620,
622, 629, 635, 639, 640,
648, 652, 666
Denken erfordert, 284
denkt, 288
Dennoch müssen, 118, 324, 395
Dennoch stehen sie, 180
Dennoch zeigt Renatos Karriere, 281
Depressionen, 3, 232
der, 2–7, 9–11, 14–17, 20–33,
35–39, 41–43, 46–83,
86–88, 91–93, 95–105,
107–109, 111, 113–115,
117, 118, 120, 121, 124,
125, 127, 128, 132, 133,
136–140, 142, 144–150,
154–157, 159, 162,
166–168, 173–176,
180–183, 185, 188, 189,
191, 194, 196, 198, 200,
201, 203, 208, 209,
216–233, 235–238,
241–247, 250–259,
261–267, 269–271,
273–281, 283–286,
288–292, 295–300,
302–307, 309, 313–315,
317, 318, 320–323,
326–330, 332, 335, 337,
339–341, 343, 344, 346,
348, 352–357, 361–366,
368, 373, 380, 381, 387,
393–397, 400, 403–405,
410, 414, 415, 425, 427,
434, 435, 438, 443, 445,
447, 450, 452–459,
463–465, 468, 470, 474,
478–482, 486–489,
491–494, 497, 503, 506,
508–521, 523–531,
536–543, 545, 546, 548,
552, 554, 556, 557, 560,
562–567, 569, 570,
574–578, 581–583,
590–592, 595, 600–602,
606, 607, 614–616,
618–620, 622–629, 631,
634, 637, 639, 640, 642,
643, 648–652, 654–657,
666, 669–671
Der Aktivismus, 652
Der Aufbau von, 479
Der Aufruf zum, 624
Der Auftritt bei, 523
Der Druck, 117, 234
Der Druck von, 245, 267, 270
Der Einfluss des Publikums, 103
Der Einfluss von, 41, 97, 118, 301, 341, 348, 393, 486, 569
Der Mangel, 181
Der Prozess der, 52, 188
Der Prozess umfasst, 89
Der Schlüssel, 279
Der Sozialwissenschaftler, 639
Der Umgang mit, 36, 39, 149, 296

Index 689

Der Wechsel, 51
Der Weg, 65, 624
Der Weg ist, 58, 332
Der Weg zu, 329, 618
Der Wunsch, 24
deren Gemälde tief, 628
deren Geschichten, 263
deren Stärken, 117
deren Verbündeten, 583
des Kritikerlobes, 55
des Missmuts, 218
des Respekts, 445
dessen, 462, 541
destruktiven Kommentaren zu, 296
deutsche, 524
Deutschland, 216, 549
Dialoge, 25, 96, 575, 640
die, 1–7, 9–12, 14, 16, 17, 20–28, 30–39, 41–43, 46–83, 86, 88, 89, 91–93, 95–105, 107–109, 111, 113–118, 120, 121, 124, 125, 127, 128, 130, 132, 133, 136–140, 142, 144, 145, 147–150, 154–157, 159, 160, 162, 166–168, 171, 173–176, 180–183, 185, 187–189, 191, 194, 196, 198–203, 216–238, 241–247, 250–252, 254–259, 261–267, 269–271, 273–281, 283–292, 295–307, 309, 313–315, 317–324, 326–330, 332, 333, 335–337, 339–341, 343, 344, 346, 348, 351–356, 361–363, 365, 366, 368, 371, 373–375, 379–381, 387, 392–398, 400, 401, 403, 404, 406, 410, 414, 420, 425, 427, 432, 434, 435, 438, 443, 445, 450, 452–459, 462–466, 468–470, 474, 478–480, 482, 484–489, 491–494, 497, 502, 503, 506–521, 523–531, 535–539, 541–543, 545, 546, 548, 549, 552–557, 560, 562–567, 569, 570, 572, 574–578, 581–583, 585, 590–593, 595, 600–602, 604, 606–608, 614–616, 618–620, 622–630, 634–637, 639–643, 649–652, 654, 656, 657, 666, 669–671
Die Auseinandersetzung mit, 124, 157
Die Entscheidung, 17, 20, 44–46
Die Herausforderung, 86, 115, 221, 270, 274, 284, 285
Die kritischen Reaktionen, 245
Die Medienpräsenz, 276
Die Medienpräsenz spielt, 275
Die Reaktionen der, 290
Die Theorie der, 79, 114, 223, 246, 320, 403–405, 453, 497, 512, 619
Die Theorie des sozialen, 10, 592
Die Verbindung von, 96, 491
Die Verbindung zwischen, 11, 43, 75, 79, 108, 109, 242, 261, 352, 401, 452, 454, 487, 503, 557, 565, 574, 628, 639
Die Vergabe von, 257

Die Vorbereitung auf, 101, 241
diejenigen aus, 96
Dienst, 220
dient, 11, 77, 79, 81, 93, 335, 339, 352, 376, 539, 557, 562, 574, 577
diente, 50, 341
diese, 108
Diese Abwesenheit von, 191
Diese Agenturen haben, 266
Diese Aktivitäten haben, 157
Diese Anerkennung half, 140, 149
Diese Angst kann, 219
Diese Anpassung kann, 51
Diese Ansichten, 224
Diese Aufführung, 22
Diese Auseinandersetzung geschah, 15
Diese Aussage, 299
Diese Authentizität, 217, 305
diese Authentizität, 98
Diese Barrieren können, 154
Diese Barrieren manifestieren, 519
Diese beiden Bereiche, 70
Diese beiden Elemente sind, 297
Diese beiden Positionen, 254
Diese Bemühungen sind, 265
Diese Bereitschaft, 225
Diese Bewegung ist, 330
Diese Bewegung zeigt, 362
Diese Bildungsarbeit, 529
Diese Bildungsinitiativen, 379
Diese Darstellungen, 289
Diese Darstellungen können, 323, 511
Diese Diskrepanz, 452
Diese Diskriminierung kann, 99, 133
Diese Diversität führt, 27

Diese Doppelrolle, 120
Diese einseitigen, 604
Diese Elemente sind, 455
Diese Entscheidung, 17, 20, 24, 46, 230, 238, 241, 269, 280
Diese Entscheidung erforderte, 167
Diese Entwicklung, 56, 313
Diese Entwicklung wird durch, 509
Diese erfahrenen, 127
Diese Erfahrung, 21
Diese Erfahrungen, 124, 228
Diese Erfolge, 52
Diese Erkenntnis, 7, 233
Diese Erwartung kann, 606
Diese Faktoren, 237
Diese Fähigkeit, 95
Diese Fähigkeit zur, 99
Diese Geschichten, 511
Diese Geschwisterbeziehung, 4
Diese Herangehensweise, 86, 256
Diese Herausforderung, 181
Diese Identifikation, 188
Diese Initiativen, 307, 616
Diese Inspirationsquellen, 189
Diese Interaktionen, 291
Diese Kanäle ermöglichen, 592
Diese Kommerzialisierung, 564
Diese Kritik, 242, 244, 295
Diese Kritik kann, 290
Diese können, 520
Diese Lektionen, 69
Diese Maßnahmen zeigen, 432
diese Missstände zu, 362
diese Momente strategisch zu, 302
Diese Netzwerke, 27
Diese Netzwerke können, 474
Diese Normen, 155
Diese persönliche, 630

Index 691

Diese persönlichen, 351, 373, 535, 545
Diese Praktiken, 332, 519
Diese Praxis kann, 233, 275
Diese problematischen Darstellungen, 61
Diese Produktionen erfordern Schauspieler, 57
Diese Projekte, 88, 267, 353
Diese Reaktionen, 29
Diese Reaktionen können, 271
Diese Realitäten, 174
Diese Reise, 220
Diese Resonanz, 494
diese Rollen von, 340
Diese Rückmeldungen können, 277
Diese Sichtbarkeit, 488
Diese Stereotypen, 420
Diese Stereotypen können, 321
diese Stimmen zu, 578, 654
Diese Strukturen, 518
Diese Subjektivität kann, 31
diese Talente, 266
Diese Techniken, 101
Diese Theorie legt, 61
Diese Traditionen halfen Renato, 4
Diese Transparenz ermöglicht, 427
Diese Transparenz führte, 278
Diese Ungleichheit, 246
Diese Unsicherheiten können, 644
Diese Unterschiede, 104
Diese Unterschiede können, 162
Diese unterschiedlichen, 28
Diese Unterstützung kann, 58
Diese Unvorhersehbarkeit, 98, 118
Diese Veranstaltungen förderten ein, 648
Diese Veranstaltungen reichen, 536
Diese Verbindung, 217, 259, 352
diese Verbindung, 242
diese Verbindung zu, 541
Diese Verbindung zwischen, 49, 572
Diese Vielfalt, 58, 245, 309, 327
Diese Vorbildfunktion ist, 497
Diese Wahl, 98
Diese Zugehörigkeit, 546
Diese Zusammenarbeit, 91, 642
Diese Ängste sind, 26, 49
Diese Überlegungen können, 520
Diese Überzeugung kann, 167
Diese öffentlichen, 543
diesem, 3, 5, 12, 20, 21, 27, 41, 46, 51, 52, 55, 56, 76, 79, 86, 88, 93, 95, 97, 100, 103, 109, 111, 118, 180, 216, 223, 226, 229, 231, 241, 252–254, 259, 267, 269, 277, 298, 315, 340, 361, 452, 455, 512, 519, 529, 541, 554, 563, 565, 572, 574, 591, 614, 616, 639, 669
diesen, 22, 42, 52, 114, 118, 149, 156, 175, 196, 202, 216, 217, 222, 237, 245, 261, 271, 279, 307, 356, 443, 454, 512, 575, 643
dieser, 5, 6, 9, 10, 25, 30, 32, 35, 36, 39, 46, 52, 71, 72, 79, 81, 103, 109, 121, 124, 145, 146, 157, 175, 180, 182, 199, 216, 224, 231, 233, 236, 241, 243, 246, 254, 258, 259, 263, 265, 266, 274, 280, 284–286, 298, 304, 315, 320, 321, 332, 335, 351, 352, 355, 363, 376, 395, 400, 402, 462,

468, 470, 480, 484, 485,
507, 510, 511, 513, 530,
538, 539, 549, 552, 556,
565, 578, 601, 620, 624,
639, 640, 644
Dieser Abschnitt, 86
Dieser Aufruf zum, 622
Dieser Auftritt führte, 276
Dieser Druck kann, 270
Dieser Mangel, 520
Dieser Moment, 25
Dieser Prozess ist, 51
Dieser Prozess umfasst, 165
Dieser Stil kombinierte, 53
differenzierte Darstellung zu, 250
digitale, 302, 307, 453, 556
Digitale Kunstformen, 670
digitalen, 42, 83, 137, 263, 265, 284,
291, 295–297, 304, 306,
393, 404, 445, 459, 463,
479, 481, 492, 577, 592
digitaler, 456, 636, 654, 670
direkt, 37, 38, 41, 42, 263, 278, 280,
299, 303, 425, 556, 566,
592, 628, 654
direkte, 28, 34, 244, 276, 304, 509
direkten Unterstützung, 514
direkten Zusammenhang zwischen, 196
diskriminiert wird, 538
Diskriminierung bis hin zu, 552
Diskurse, 541
Diskurse konstruiert, 61
Diskussionen anzuregen, 450
Diskussionsrunden, 265
diskutiert wird, 541
diversere, 243, 520
diversifizierten, 328, 507
Diversität bezieht sich, 245, 327

Diversitätsrichtlinien, 518
doch, 257
Doch anstatt aufzugeben, 229
Doch gleichzeitig, 63
doch sie, 70, 71
Doch trotz, 6, 607
dominieren, 281, 453
doppelte, 182
Drehbuchautoren konfrontiert, 509
Drehbuchautoren sind, 509
Drehbuchautoren wird zunehmend von, 510
dringend, 396, 484
Druck, 76, 80, 128, 217, 219, 232, 233, 298, 564, 606
Druck ausgesetzt, 515, 540, 566
Druck der, 65
Druck erhöhen, 284
Druck gesetzt, 52, 102
Druck konfrontiert, 86
Druck setzen, 104
Druck umzugehen, 585
Druck von, 315, 330, 356, 493, 627
duale, 36, 290, 298
Dualität, 24
durch, 7, 10, 12, 20, 28, 38, 41, 42,
50, 55, 57, 58, 61, 65, 69,
71, 74, 76, 79, 80, 93, 95,
97–99, 114, 128, 138, 139,
142, 144, 145, 147, 148,
150, 174–176, 182,
187–189, 191, 194, 199,
222–224, 233, 243–245,
252, 264, 265, 276, 281,
284, 287–289, 298,
302–305, 329, 330, 340,
344, 362, 363, 373, 381,
400, 425, 427, 459, 479,
484, 485, 487–489, 497,

506, 509, 510, 519, 525,
528, 530, 539, 542, 546,
554, 574, 575, 581, 583,
600, 607, 615, 618–620,
625, 627, 636, 643, 657,
669
Durch Malerei, 160
durchbrechen, 26, 65, 73, 96, 243, 250–252, 267
durchbrochen, 348
Durchführung von, 273
Durchhaltevermögen gepflastert, 174
durchlebten, 223, 232
durchzuführen, 396
dynamische, 81, 237
dynamischen, 32, 277, 304
dynamischer Prozess, 69, 71, 145, 216

Ebene auftreten, 520
Ebene haben, 176
ebnen, 149, 269, 560
echt wahrgenommen wird, 113
echten, 519, 527
Echtheit, 492
effektiv, 31, 33, 67, 180, 182, 306, 374, 395, 457, 474, 567
effektive, 137, 182, 307, 465
effektiven Aktivismus, 295
effektiven öffentlichen, 371
effektiver sind, 529
Ehre als, 607
eigene, 7, 20, 34, 49, 54, 67–69, 74, 80, 97, 102, 125, 136, 145, 150, 156, 167, 168, 173, 175, 182, 219, 223, 230, 232, 263, 265, 271, 279, 287, 291, 306, 346, 434, 443, 488, 493, 513, 515, 531, 537, 545, 627, 630
eigenem, 86
eigenen, 5, 6, 9, 17, 22, 25, 49, 50, 53, 67–69, 76–79, 86, 96, 98, 99, 108, 120, 124, 138, 139, 142, 156, 167, 173, 175, 182, 189, 191, 194, 216, 217, 220–223, 226, 230, 232, 233, 241, 242, 257, 267, 278, 289, 296, 305, 307, 341, 375, 401, 403, 404, 414, 443, 465, 489, 493, 506, 556, 566, 577, 581, 582, 606, 614, 616, 627, 629, 641
ein, 3, 4, 6, 7, 9, 11, 14, 15, 17, 20–22, 24–27, 29–32, 35, 36, 38, 39, 42–46, 48–53, 55, 56, 58, 63, 65–67, 69–74, 76, 79, 81–83, 86, 88, 91, 92, 95–100, 103, 105, 109, 111, 113–118, 120, 124, 129, 137, 139, 140, 142, 145–148, 155, 157, 165, 167, 168, 175, 185, 188, 189, 199, 216, 218, 220, 222–224, 226, 229, 230, 232, 233, 235, 237, 241–243, 245–247, 251, 253, 257, 259, 261–265, 267, 269, 278–281, 284, 287, 290–292, 295, 296, 302–307, 309, 313, 315, 320, 323, 326–330, 332, 333, 337, 339, 341, 343, 344, 352–356, 363, 373, 375, 381, 387, 394, 401,

425, 427, 432, 438, 439,
443, 445, 450, 452, 454,
463–465, 480, 482,
486–491, 494, 497, 503,
510–512, 514, 515, 519,
527, 528, 530, 539, 541,
546, 552, 554–557, 560,
563, 565, 566, 572,
576–578, 582, 583, 591,
600, 602, 615, 616, 618,
620, 622, 624, 627, 629,
630, 639–641, 643, 648,
649, 652, 654, 657, 666
Ein Beispiel, 136, 171, 468, 537
Ein Beispiel dafür, 37, 41, 101
Ein herausragendes Beispiel, 80, 628
Ein hohes Engagement zeigt nicht, 304
Ein hohes Maß, 167
Ein intersektionaler Ansatz, 480
Ein Regisseur, 255
Ein Ungleichgewicht, 280
Ein weiteres, 167, 629
Ein wesentlicher Aspekt der, 515
Ein wichtiger, 37
einbezieht, 536
einbezogen, 453, 517
Einblicke, 287, 303, 304
Einblicke als, 136
einbringen, 91, 327, 511
eindimensionale, 323
eindringlicher Appell, 620
Eine, 166
eine, 3–7, 10, 12, 14, 20–22, 25, 27,
29, 32, 34–38, 41, 42, 46,
49–53, 56–58, 60–63, 65,
67–69, 71–77, 79, 81–83,
88, 92, 93, 95–102, 104,
105, 108, 109, 115, 118,
120, 124, 133, 137, 142,
144, 147, 149, 150, 156,
160, 162, 167, 168, 173,
174, 176, 180, 182, 185,
189, 191, 196, 199, 200,
203, 216–219, 221, 223,
224, 226, 227, 229,
231–233, 237, 238,
241–243, 245, 247, 250,
253, 256–259, 261,
263–265, 267, 269–271,
273–281, 283–286, 291,
292, 295, 297, 299, 302,
304, 305, 307, 313, 315,
320–323, 326, 327, 329,
330, 332–337, 339, 341,
344, 352–356, 361–363,
374, 376, 381, 393,
395–397, 403, 404, 410,
415, 420, 427, 438, 443,
445, 452–455, 457, 459,
463–465, 468, 474,
478–482, 484, 486, 487,
489–491, 493, 494, 503,
506, 507, 509–512, 514,
515, 518–520, 527–529,
531, 536, 538, 539, 541,
548, 552, 554–557, 560,
562, 563, 565, 569, 570,
574–578, 582, 592, 595,
600, 602, 604, 606, 607,
616, 618–620, 622–624,
626, 629, 634, 635, 637,
639–643, 649, 652, 656,
657, 669
Eine Umfrage, 438
einem, 1, 2, 10, 11, 15, 21–23,
27–29, 31, 33–35, 37, 38,
48–50, 52, 53, 64, 67, 69,

Index   695

> 73, 76, 79, 80, 83, 86, 91,
> 95, 98, 101, 104, 108, 121,
> 124, 138, 140, 142, 144,
> 145, 148, 156, 165, 167,
> 173, 180, 181, 189, 191,
> 194, 208, 217, 221, 223,
> 224, 227, 229–233, 235,
> 238, 242, 243, 246, 255,
> 258, 261, 264, 267, 271,
> 276, 278, 280, 281, 284,
> 285, 296, 299, 304, 340,
> 346, 361, 362, 371, 396,
> 403, 404, 434, 438, 452,
> 454, 459, 474, 478, 488,
> 493, 512, 515, 518, 520,
> 524, 528, 577, 618, 619,
> 622, 627, 628, 639, 642,
> 670

einen, 4, 5, 12, 20–22, 30–32, 39,
> 47, 49, 53, 54, 56, 61, 62,
> 65, 69, 73, 74, 77, 81–83,
> 86, 97, 99, 101, 102, 113,
> 115–117, 124, 125, 136,
> 147, 148, 150, 155, 157,
> 175, 196, 222–224, 226,
> 229–231, 241, 243, 254,
> 257, 259, 265, 267, 271,
> 275, 276, 278, 279, 284,
> 285, 291, 292, 305, 306,
> 323, 327, 330, 339, 341,
> 348, 371, 379, 380, 395,
> 403, 404, 450, 462, 489,
> 492, 509–511, 524, 528,
> 530, 531, 538, 554, 557,
> 562, 570, 576, 577, 590,
> 592, 607, 614, 640, 652,
> 657

einer, 1–3, 9, 17, 20–22, 27, 29, 31,
> 34, 35, 43, 48–53, 56, 57,

> 61, 63, 64, 66–69, 71, 72,
> 77, 80, 82, 83, 86, 91, 92,
> 98, 103–105, 109,
> 113–115, 118, 133, 145,
> 160, 162, 174, 180, 188,
> 194, 200, 217–221, 225,
> 226, 229, 230, 233,
> 241–246, 252, 253, 257,
> 263, 264, 266, 267,
> 274–276, 279, 280, 285,
> 295, 298, 299, 302, 306,
> 309, 323, 328, 329, 332,
> 337, 340, 353, 354, 357,
> 362, 387, 396, 414, 425,
> 443, 450, 452, 453, 470,
> 474, 486, 488, 493, 494,
> 497, 507, 508, 511–515,
> 519, 520, 525, 528, 536,
> 541, 546, 557, 560, 566,
> 567, 574, 575, 577, 578,
> 581, 583, 606, 607, 616,
> 620, 622, 623, 626–629,
> 639, 649, 654, 657, 666,
> 670

Einerseits kann, 298
einfließen ließ, 77, 218
Einfluss auf, 20, 30, 54, 56, 62, 74,
> 102, 125, 150, 254, 257,
> 265, 278, 305, 339, 341,
> 492, 524

Einfluss seiner, 127, 488
Einfluss von, 37, 43, 69, 144, 175,
> 189, 265, 278, 288, 341,
> 343, 487, 510, 565, 616

Einflusses zeigt, 592
einflussreichen, 252
einflussreichsten, 27, 95
einführt, 352
eingehen, 117, 224, 356, 640

eingeladen, 265
eingerichtet, 518
eingeschränkt, 154, 270, 639, 640
eingeschränkten, 221
eingesetzt, 57, 71, 75, 173, 266, 315, 488, 493, 615, 639
einhergehen, 24, 83, 109, 283, 290, 302, 618
einige, 24, 26, 27, 30, 33, 66, 87, 97, 104, 109, 121, 130, 156, 180, 243, 252, 259, 268, 278, 285, 290, 296, 435, 450, 454, 489, 519, 565
Einige der, 318, 513
Einige Kritiker, 242, 244
Einige Medienorganisationen haben, 414
Einige Regisseure, 116
Einige von, 90
einigen, 576
Einklang stehen, 167
Einnahmen generieren können, 397
Einsatz von, 108, 381, 482
einschließlich Depressionen, 124
einschließlich gesellschaftlicher, 478
einschließlich seiner, 72
einschränken, 76, 80, 235, 281, 314, 343, 396, 493, 525, 540, 651
einschränkt, 51, 55, 76, 219, 340, 519, 575
einsetzen, 157, 203, 256, 348, 352, 395, 526, 554, 565, 572, 602, 622, 624
einstellen, 98
Einstellung beibehält, 286
Einstellung gegenüber, 279
Einstellungen, 625
Einstellungen gegenüber, 147

eintreten, 290, 554
eintritt, 281, 554
Einzelpersonen ermutigt, 630
einzigartige, 72, 98, 160, 329, 575
einzigartigen, 22, 53, 69, 86, 91, 269
einzugehen, 225
einzuleiten, 582
einzusetzen, 53, 71, 142, 226, 265, 336, 351, 362, 380, 400, 464, 486, 513, 535, 538, 560, 578, 602, 643
einzutreten, 175, 622, 626
emotionale, 3, 25, 49, 75, 99, 107, 108, 121, 127, 182, 194, 234, 336, 479, 494
emotionalen, 21, 35, 38, 50, 86, 103, 105, 108, 109, 182, 425, 474, 577, 635, 671
emotionaler, 58, 102, 108, 242, 296, 491
Emotionen auf, 109
Emotionen authentisch, 53, 109
Emotionen des Charakters, 108
Emotionen zu, 74, 335
empowern, 671
eng mit, 619
Engagement dar, 291
Engagement von, 512
engagieren, 70, 295, 387, 537
engagiert, 582
entdecken, 58, 69, 72
entfacht, 508
enthält, 285
Entmutigung führen, 181
Entrüstung führen, 296
entscheidend, 4, 6, 10, 22, 26, 27, 43, 58, 60, 65, 67, 68, 81, 82, 101, 107, 109, 114, 115, 118, 145, 146, 149,

157, 173, 182, 217, 221,
225, 232, 236, 237, 245,
247, 250, 254, 263, 265,
266, 276, 279, 283, 284,
286, 289, 297, 302, 304,
315, 321, 327, 341, 351,
354, 379, 397, 453, 455,
468, 470, 479, 487, 489,
494, 497, 503, 506, 512,
518, 520, 529, 530, 536,
541, 545, 548, 574, 581,
607, 616, 630, 635, 642,
650, 654, 657, 669, 671
entscheidende, 3, 14, 22, 25, 27, 37,
41, 56, 58, 61, 65, 68, 93,
100, 124, 189, 200, 218,
243, 256, 257, 263, 265,
267, 275, 277, 281, 302,
443, 479, 481, 494, 510,
527, 538, 539, 576, 592,
595
entscheidender, 17, 21, 25, 30, 32,
36, 48, 50, 51, 58, 67, 71,
76, 87, 88, 91, 95, 100,
115, 167, 216, 221, 226,
241, 261, 263, 291, 292,
302, 304, 306, 315, 324,
328, 336, 343, 352, 427,
488, 517, 523, 528, 546,
576, 629
Entscheidung von, 245
Entscheidungsfindung, 271, 520
Entschlossenheit, 21, 86
entsprechen, 264, 266, 270, 356, 493
entsprechenden Rollen erhöht wird,
506
entsprechenden Rollen zu, 244
entspricht, 64
entstand, 362

entstehen, 88, 329
entsteht, 28, 79, 100, 167, 175, 361,
627
entweder, 486
entwickeln, 4, 6, 10, 25, 30, 37, 53,
80, 81, 89, 95, 101, 145,
188, 217, 296, 307, 309,
323, 380, 397, 399, 402,
443, 454, 456, 465, 468,
474, 482, 581, 585, 600,
616, 657
entwickelt, 31, 86, 101, 118, 142,
166, 187, 201, 202, 223,
278, 286, 297, 307, 386,
541, 604
entwickelte, 6, 7, 35, 38, 53, 148,
301, 404
entwickelten, 56
Entwicklung geprägt, 5
Entwicklung seiner, 189, 237
Er glaubt, 96, 577
Er lernte, 5, 26, 31, 230
Er selbst, 535
Ereignissen kann, 208
erfahrenen, 31, 68, 127, 229
Erfahrungen, 361, 474
Erfahrungen von, 244, 246
Erfolg ausgerichtet ist, 280
Erfolg oft, 23
Erfolg selten geradlinig ist, 7
Erfolge sieht sich, 525
Erfolgen, 54
Erfolgen als, 380
erfolgreich, 21, 71, 167, 173, 175,
229, 268, 284, 286, 297,
304, 334, 356, 365, 497,
519, 520, 540, 627
erfolgreiche, 147, 226, 231, 267,
618, 656

Erfolgs steht Renato auch, 560, 615
erforderlich, 479
erfordert, 51, 71, 99, 101, 115, 117, 233, 271, 281, 284, 285, 296, 305, 329, 381, 392, 482, 530, 536, 554, 602, 618
erforschen, 11, 74, 80, 118, 124, 223, 224, 341, 343, 503
erfüllt, 284, 562
Erfüllung, 220
ergeben, 71, 79, 200, 259, 298, 321
erhalten, 31, 32, 55, 97, 181, 258, 259, 267, 276, 291, 303, 527, 581, 615, 640
erhaltenen, 56
erheben, 27, 34, 53, 54, 67, 121, 136, 140, 156, 175, 295, 341, 348, 400, 474, 515, 540, 564, 570, 616, 648, 652, 666
erheblich beeinflusst, 541
erheblich erweitert, 488
erheblich verändert, 288, 313, 374, 485
erhebliche, 72, 238, 242, 271, 314, 320, 328, 465, 478, 484, 489, 506, 516, 627
erheblichen, 44, 155, 255, 267, 271, 275, 332, 340, 364, 395, 403, 549, 606, 615
erhielt, 6, 22, 26, 30, 38, 52, 87, 149, 173, 229, 243, 287, 296
erhält, 63, 519, 567
erhöhen, 28, 42, 56, 203, 220, 251, 254, 270, 271, 284, 298, 304, 339, 354, 494, 526, 528, 531, 546, 562
erhöhte, 63

erhöhten, 43, 133
Erik Erikson beschrieben, 145
Eriksons Theorie legt, 145
erkannt, 305, 538
erkennen, 26, 53, 68, 191, 245, 261, 354, 468, 474, 515, 552, 593, 669
erkennt, 356, 453, 463, 577, 578, 601
erklärte, 34, 229, 278, 287, 346, 371
erlauben, 650
erleben, 7, 53, 194, 226, 251, 356, 398, 530, 545, 549, 623
Erlebnis, 24
erlebte, 3, 5, 10, 14, 24, 38, 57, 73, 128, 138, 144, 156, 218, 230–232, 350
erleichtert, 458, 459
erlernte, 5
erläutern, 35
ermutigen kann, 7
ermutigte, 3, 22, 53, 67, 77, 242, 265, 346, 648
ermöglichen, 34, 37, 42, 83, 261, 276, 278, 299, 307, 321, 374, 395, 404, 425, 474, 479, 481, 529, 541, 592, 636, 654
ermöglicht, 75, 79, 95–97, 218, 223, 231, 232, 237, 263, 267, 291, 292, 304, 309, 340, 341, 353, 356, 401, 427, 432, 458, 497, 503, 527, 582, 593, 616, 618, 656
ernst, 65, 324, 514
ernsthaften, 124
erreichen, 25, 35, 69, 83, 109, 127, 230, 263, 273, 274, 281, 303, 344, 374, 463, 481,

536, 541, 554, 566, 577, 641
Erreichen einer, 118
Erreichen persönlicher, 224
Erreichung von, 56
Errungenschaften von, 489, 514
erscheinen, 31
erschweren, 72, 162, 180, 191, 232, 398, 651
erschwert, 221
erste, 6, 22, 25, 27, 37, 42, 48–50, 52, 73, 124, 138, 140, 148, 217, 231, 241, 243, 626
erstem, 25
ersten, 5–7, 20, 22, 25–27, 30, 35, 49, 50, 65, 69, 73, 127, 242, 243, 278, 280, 493
erster, 27, 49, 156, 578
erstreckt, 259, 323, 346, 486, 511, 591, 608, 616
erwartet, 64, 104, 219, 270
Erwartung, 156
Erwartungen anzupassen, 76
erweitert Perspektiven, 323
erwiesen, 27, 137, 263
erzielt, 51, 304, 315, 489, 525
erzählen, 20, 34, 53, 60, 68, 70, 74, 75, 88, 95, 97, 132, 217, 223, 242, 251, 254–257, 270, 339, 340, 346, 351, 489, 491, 493, 494, 508, 510, 526, 527, 540, 542, 570, 577, 581, 614, 616, 641, 648
erzählt, 52, 57, 74, 100, 115, 118, 136, 245–247, 256, 258, 321, 327, 332, 340, 484, 510, 511, 517–519, 528, 538

erzählte, 230, 280
erzählten Geschichten, 281
Erzählung gemeinsamer Geschichten, 574
Erzählungen einzubringen, 321
eröffnen, 96, 341
eröffnet, 61
eröffnete, 27, 276
es, 3–7, 10, 22, 26, 28, 29, 31–34, 37, 41, 42, 49–51, 55, 56, 58, 67–76, 80–83, 89, 95–99, 102, 104, 105, 109, 115, 117, 124, 128, 136, 147, 149, 150, 156, 159, 162, 174–176, 180, 182, 183, 189, 191, 194, 198, 199, 202, 208, 217–220, 223, 227, 231–233, 236, 237, 242, 246, 250, 253–259, 261, 263–268, 270, 271, 273, 276, 278, 280, 281, 283, 285, 286, 289–292, 295–297, 299, 304, 305, 309, 314, 315, 317, 320, 321, 324, 326–328, 332, 340, 341, 343, 352–354, 356, 365, 366, 368, 374, 380, 394, 397, 401, 404, 425, 427, 432, 435, 443, 445, 447, 453, 454, 458, 474, 479–481, 484, 486, 487, 489, 493, 494, 497, 503, 506, 509–511, 513, 516, 518, 526, 527, 530, 538, 540, 541, 546, 548, 549, 557, 564, 565, 567, 572, 574–576, 581, 582, 585, 590, 592, 600, 601, 607,

615, 616, 618, 622, 624,
627, 630, 636, 640, 650,
654, 656, 657, 669, 670
Es bleibt zu, 254
Es gibt, 271, 446, 502, 567
essenziell, 557
essenzieller, 30, 218
etablieren, 27, 31, 73, 216, 267, 518
etablierten, 97, 474
Etagen der, 321
ethnischen, 515
existiert, 56, 639
experimentierte, 69
externen, 229, 644

Fach betrachten, 671
Fakten, 453
Faktor, 577
Faktor bei, 278
Faktoren, 105, 237, 601
Faktoren abhängt, 229
Faktoren beeinflusst, 124
Falle geraten, 344
falscher, 298
Familie Schwierigkeiten hatte, 3
Familie verstärkt, 10
familiäre, 14
familiären, 3, 4, 10
Fan-Künstler-Verhältnis, 42
fand, 14, 22, 49, 68, 69, 77, 124, 218
fanden, 53
fassen, 53, 99
Fehler, 219
Fehlinformationen, 375, 445, 454, 456
Fehlinformationen ist, 394
feiern, 22, 69, 173, 217, 223, 224,
233, 247, 250, 381, 434,
570, 629, 657

feiert, 482
feierte, 22
feierten, 52
feindlichen, 20, 69
Feld, 557, 652
Fernsehindustrie, 510
fest, 6, 535
festigen, 87
fiel, 241
Figuren darzustellen, 486
Filme, 512
Filmen verankert sind, 519
Filmindustrie, 52, 53, 230, 238, 243,
245–247, 252–254, 258,
259, 266, 297, 313–315,
317, 320, 327, 330, 332,
493, 509, 510, 515, 516,
518, 519, 521, 523, 525,
527, 528
Filmindustrie auf, 326, 327, 515
Filmindustrie geprägt, 524
Filmindustrie hinaus, 591
Filmindustrie inklusiver, 254
Filmindustrie konfrontiert, 21
Filmindustrie sind, 516
Filmindustrie sollte sich, 528
Filmindustrie umfasst, 333
Filmindustrie von, 315
Filmindustrie wird, 526
Filmkultur wird, 526
Filmkunst als, 247
finanzielle, 99, 221, 356, 396, 397,
479, 520, 640
Finanzierung von, 479, 575
Finanzierung zu, 397
Finanzierungsquellen, 397
finden, 7, 10, 11, 14, 21, 29, 47, 52,
68, 69, 74, 82, 83, 86, 97,
98, 121, 125, 127, 154,

191, 216–220, 222, 228, 230, 264, 270, 271, 280, 281, 284, 285, 297, 304, 332, 346, 356, 474, 510, 518, 523, 582, 616, 624, 654
findet, 91, 96, 557
Flut von, 83
fokussiert, 242
Folgende Aspekte, 129
folgenden, 188
fordert, 251, 443, 463, 486
formale, 5
Formel zeigt, 530
Formen annehmen, 91
Formen des Aktivismus, 458
Formen erfolgen, 182
formt, 223, 320
formuliert, 246, 320, 497, 576, 619
Fortschritte, 227
fortwährende, 503
fortwährenden Diskussionen über, 245
fortzusetzen, 175, 652, 666
Frankfurter Schule, 639
frei, 26
Freizeit, 127
Frida Kahlo, 77, 628
frustriert, 362
frühen 1990er Jahren, 1
fundamentale, 32
fungieren, 52, 56, 115, 147, 182, 188, 225, 230, 231, 247, 265, 279, 283, 286, 343, 353, 565, 625
fungiert, 346, 450, 486, 541, 555, 574, 639
Fähigkeit, 108, 224
Fähigkeit abhängen, 93, 395

Fähigkeit abhängt, 280
Fähigkeit beschrieben, 114
Fähigkeit bezieht, 224
Fähigkeit definiert, 237, 627
Fähigkeit der, 105
Fähigkeiten, 30–32, 91, 101, 167, 217, 220, 227, 275, 286, 321, 400, 466
Fähigkeiten besitzen, 58
Fähigkeiten gerecht wurden, 52
Fähigkeiten weiterzuentwickeln, 5, 6
fällt, 284
fördern, 31, 32, 35, 43, 50, 52, 69, 74, 81–83, 92, 115, 133, 136, 146, 151, 156, 159, 173, 176, 196, 217, 219, 243, 250, 253, 262, 263, 265–267, 283, 285, 291, 299, 302, 307, 315, 321, 335, 339, 341, 343, 353, 354, 362, 395, 425, 445, 446, 452–454, 463, 479, 488, 489, 493, 494, 503, 512, 518, 520, 527, 529–531, 536, 541, 543, 545, 546, 555, 565, 570, 575, 576, 582, 595, 615, 635, 640–642, 650, 654, 669, 671
fördert, 55, 65, 86, 91, 92, 168, 223, 224, 226, 263, 305, 323, 329, 336, 352–354, 401, 415, 427, 482, 486, 487, 539, 576, 656
fühlt, 102
fühlten, 22, 50, 488
führen, 2, 3, 28, 29, 31, 33, 38, 63, 64, 76, 80, 82, 83, 99, 102, 104, 108, 117, 118, 133,

144, 154–156, 162, 173,
180–182, 191, 208, 219,
221, 226, 230, 232, 234,
246, 255, 258, 270, 275,
280, 284, 285, 295, 296,
298, 305, 321, 323, 328,
354, 356, 394, 396, 459,
474, 478, 488, 493, 494,
509, 512, 520, 525, 540,
541, 564, 566, 567, 575,
590, 595, 604, 606, 627,
630, 640, 644
führt, 22, 27, 57, 86, 91, 136, 194,
246, 253, 266, 340, 396,
403, 425, 484, 493, 518,
520, 578, 628
führte, 7, 10, 28, 43, 49, 52, 55, 66,
68, 69, 128, 148, 156, 225,
229, 230, 238, 243, 244,
264, 276, 278, 280, 488,
508, 581
führten, 2, 7, 22, 29, 61, 73, 124,
228, 230, 289, 361, 362
Führungsfähigkeiten konzentrieren,
474
Führungspositionen innerhalb, 519
füllen, 50
für, 3–7, 10, 11, 14, 17, 20–22,
25–28, 31, 32, 34–37, 39,
42–46, 48–53, 55, 56,
58–62, 64–77, 80–83, 86,
88, 91, 92, 95–102, 104,
105, 107–109, 113–115,
117, 118, 120, 121, 124,
132, 133, 136–138, 140,
142, 144, 145, 147–149,
155–157, 167, 173–176,
180, 182, 196, 199, 200,
203, 217–221, 224–227,
229–233, 237, 238,
242–245, 247, 254–257,
259, 261–267, 269–271,
275, 276, 278–281,
283–286, 289–292,
295–299, 302, 304, 306,
307, 314, 315, 320, 321,
323, 326–330, 332, 333,
336, 337, 339–341, 343,
344, 348, 351–356,
361–363, 371, 373, 375,
376, 379–381, 387, 393,
395, 400, 401, 404, 410,
414, 425, 427, 438, 443,
450, 452, 453, 455, 457,
458, 462–465, 474,
478–480, 482, 484, 486,
488–494, 497, 503,
510–515, 518–520, 523,
525–531, 535–539,
541–543, 546, 549,
552–554, 557, 560,
562–565, 567, 569, 570,
572, 574–578, 582, 583,
591, 600–602, 604, 607,
608, 614, 616, 618, 620,
622, 624–626, 628, 629,
635, 637, 640, 641, 643,
648–650, 652, 654, 656,
666, 669, 671
Für Künstler wie, 297
Für Renato, 34, 57, 120, 127, 156,
232, 271, 362
Für Renato bedeutete, 217
Für Renato Perez, 3, 5, 12, 65, 67,
76, 95, 97, 118, 124, 145,
147, 149, 155, 157, 216,
218, 220, 223, 224, 229,
231, 233, 241, 243, 266,

Index 703

306, 523
Für Renato Perez ist, 363
Für Renato Perez sind, 120

gab es, 26, 99, 156, 295, 549
gaben ihm, 65
ganze, 93
ganzen Welt zu, 527
Ganzes sein, 565
ganzheitlichen Ansatz, 652
gearbeitet, 256
geben, 99, 117, 263, 287, 304, 314, 457, 489, 576
gebracht, 115, 220, 230
Gedanken, 72, 75, 95, 97, 114, 274, 299, 434
gedeihen, 21, 39, 69, 263, 620
geebnet, 54, 484, 578
geeignet, 51
geeigneten Talente, 56
geeignetsten Schauspieler auszuwählen, 266
Gefahr von, 479
gefeiert, 28, 140, 150, 167, 257, 332, 538, 560, 643
gefeit, 21
geformt, 10, 79
gefunden, 69, 175
gefährden, 394, 396
gefördert, 54, 102, 250, 252, 254, 284, 427, 489, 516, 583, 629
Gefüge einer, 353
Gefühl, 7, 42, 72, 145
Gefühl der, 2, 4, 10, 21, 33, 36, 38, 82, 104, 144, 168, 173, 189, 191, 218, 221, 232, 258, 284, 285, 353, 403, 427, 474, 488, 512, 648

Gefühl gab, 21
Gefühl haben, 64, 117
Gefühl hatte, 128
Gefühle, 274
Gefühle zu, 434
gegangenen, 299
gegeben, 50, 167, 227, 523, 527
gegebenenfalls Kurskorrekturen, 233
gegen, 55, 57, 74, 148, 156, 157, 159, 185, 201, 234, 235, 255, 271, 275, 290, 307, 320, 340, 352, 361, 362, 375, 380, 387, 392, 454, 486, 489, 493, 507, 513, 525, 554, 576, 578, 581, 608, 615, 620
gegenseitige, 546
gegenseitigen Unterstützung, 209
Gegenwart gerichtet, 538
gegenwärtige, 539, 576
gegenwärtigen gesellschaftlichen, 343
gegenüber, 6, 55, 147, 279, 317, 332, 489, 516, 525, 566
gegenübersieht, 355
gegenüberstand, 12, 218
gegenüberstehen, 66, 93, 335, 420, 488, 591, 639
gegründet, 365, 615
geht, 101, 115, 220, 255, 265, 266, 281, 285, 317, 332, 530, 565
Gehör, 83, 567
gehört, 22, 74, 99, 115, 219, 259, 261, 267, 327, 329, 354, 356, 455, 474, 488, 507, 512, 518, 549, 574, 622, 624
Geld verdienen können, 99

Gelegenheiten, 292
Gelegenheiten genutzt, 635
gelingt es, 80
gelobt, 52, 492
gemacht, 102, 196, 199, 217, 219, 332, 462, 486, 488, 513, 575, 581
Gemeinden, 379
Gemeindezentren, 575
gemeinsam, 91, 100, 352, 622
Gemeinsam können, 554, 624
gemeinsame, 74, 101, 574, 602, 657
Gemeinschaften, 26, 49, 82, 93, 95, 176, 181, 182, 191, 233, 336, 352–354, 393, 395, 400, 453, 536, 548, 564, 566, 574–576, 602, 652
Gemeinschaften aktiv, 601
Gemeinschaften beeinflusst, 145
Gemeinschaften bieten, 616, 618
Gemeinschaften bietet, 575
Gemeinschaften einzubringen, 401
Gemeinschaften Gehör, 654
Gemeinschaften gibt, 354
Gemeinschaften kann, 474
Gemeinschaften konfrontieren, 636
Gemeinschaften konfrontiert, 652
Gemeinschaften mit, 354
Gemeinschaften spielt, 576
Gemeinschaften stärken, 220
Gemeinschaften verbunden, 576
Gemeinschaften von, 354
gemeinschaftlichen, 546, 618
Gemeinschaftsarbeit, 381, 405, 643
Gemeinschaftsarbeit vor, 406
Gemeinschaftsgefühl, 618
Gemeinschaftsgeist, 75
Gemeinschaftskunstprojekte, 353

Gemeinschaftsorganisationen spielen, 595
gemeistert, 284
gemischt, 26, 156
gemischten, 243
Generationen gerecht, 482
Generationen hinterlassen, 620
Generationen von, 526
genommen, 65, 324
Genuss bietet, 340
genutzt, 69, 138, 199, 278, 287, 493, 549, 577, 635
geografische, 636
geprägt, 1, 3, 5, 12, 20, 33, 48, 49, 54, 55, 58, 67, 69, 72, 79, 86, 89, 97, 109, 132, 138, 145, 157, 200, 217, 220, 226, 229, 231, 233, 238, 243, 246, 250, 257, 258, 263, 265, 275, 299, 330, 361, 363, 380, 401, 452, 453, 455, 462, 480, 494, 506, 510, 513, 524–526, 557, 574, 576, 581, 583, 619, 622, 649, 670
geprägten, 34
gerecht sein, 115
gerechte, 65, 182, 427, 455, 480, 482, 576, 601, 634, 642
gerechten, 59, 381, 607
gerechtere, 56, 60, 71, 81, 168, 224, 247, 261, 283, 315, 321, 329, 341, 352, 381, 452, 480, 482, 487, 490, 531, 538, 541, 548, 552, 554, 560, 565, 570, 574, 576, 600, 602, 616, 620, 624, 629, 641, 643, 649, 657, 669

gerechteren Raums, 503
gerechteren Zukunft, 541
Gerechtigkeit, 57, 60, 71, 95, 261, 274, 327, 330, 337, 343, 352, 361, 362, 395, 427, 452, 464, 489, 515, 526, 528, 536, 538, 539, 553, 554, 560, 562, 563, 565, 572, 600–602, 608, 622, 624, 641, 649, 652
Gerechtigkeit fortzusetzen, 652
Gerechtigkeit kämpft, 70, 344
Gerechtigkeit spielen, 557
Gerechtigkeitsfragen ist, 535
gerückt, 302
gesamte, 510, 614
gesamten Branche, 512
gesamten Ensemble, 50
Gesamtkunstwerk, 91
geschaffen, 69, 189, 348, 487, 562, 566, 582, 669
geschafft, 493, 630
geschah, 15, 265
geschehen, 58, 479, 636
Geschichte geteilt, 529
Geschichten, 70, 641
Geschichten aus, 247, 527
Geschichten ignoriert, 564
Geschichten interessiert, 35
Geschichten konzentrierte, 230
Geschichten von, 574
Geschichten über, 251
geschieht, 434, 615
Geschlecht, 58, 61, 79, 125, 381, 453, 517, 535, 624
Geschlecht performativ, 79
Geschlechter-, 185, 443
Geschlechteridentitäten, 101

Geschlechteridentitäten wahrgenommen, 61
Geschlechterrollen dominiert wird, 49
Geschlechterrollen geprägt, 1
Geschlechterrollen verhalten, 156
Geschlechtervielfalt zeigt, 138
geschlechtlicher Identitäten, 309
Geschlechtsbejahenden Behandlungen, 650
Geschlechtsidentität, 14, 104
Geschlechtsidentität erlauben, 650
Geschlechtsidentität fokussiert, 242
Geschlechtsidentität resultierten, 57
Geschlechtsidentität von, 4
Geschlechtsidentität übereinstimmen, 651
geschrieben, 21, 266, 270
Geschwister können, 4
geschärft, 80, 96, 244, 284, 539, 616, 629
gesehen, 1, 219, 488, 511, 581
gesellschaftlich, 17
gesellschaftliche, 9, 10, 12, 14, 50, 61, 70, 71, 74, 81, 83, 97, 105, 138, 156, 157, 160, 168, 175, 219, 220, 233, 275, 283, 301, 302, 329, 335, 337, 340, 341, 343, 353, 361, 362, 414, 443, 450, 454, 470, 488, 492–494, 503, 509, 511, 515, 530, 531, 542, 545, 554, 556, 562–565, 574, 575, 577, 581, 582, 601, 616, 628, 629, 639–641, 669
gesellschaftlichen, 1, 10, 16, 51, 52, 58, 59, 77, 81, 96, 98, 101,

145, 155–157, 185,
220–222, 231, 243, 290,
313, 323, 343, 363, 381,
487, 511, 512, 539–541,
565, 590, 600, 618, 639,
640, 669
gesellschaftlicher, 137, 356, 462,
478, 497, 528, 540, 541,
639
gesellschaftskritische, 136
Gesetze aufmerksam, 537
Gesetzesentwurf verstärkt, 373
Gesetzgeberische Maßnahmen sind,
650
gesetzt, 52, 102
gespielt, 14, 51, 55, 63, 74, 81, 93,
109, 335, 340, 341, 376,
485, 508, 556, 581, 639,
640
gesprochen, 98, 99, 102, 144, 296,
545, 585
Gespräche, 274
Gesprächen spielen, 245
gestalten, 133, 297
gestartet, 595
gestärkt, 93, 231, 276
Gesundheit, 196, 296, 552
Gesundheit belasten, 235
Gesundheitswesen, 509
Gewalt, 394, 478, 489
Gewalt gegen, 362
Gewalt getötet, 489
gewinnen, 113, 217, 233, 396, 465,
509, 526, 557, 566
gewinnt, 79, 492
Gewinnung von, 479
gewonnen, 245, 302, 327, 425, 515,
640
geworden, 304

gewährleisten, 82, 101, 254, 397
gezogen, 229
gezwungen fühlen, 63, 270
gibt, 28, 31, 42, 56, 76, 82, 96, 102,
104, 117, 128, 176, 183,
191, 194, 198, 199, 233,
246, 253, 256, 258, 259,
266, 270, 271, 285, 290,
305, 314, 320, 326–328,
332, 354, 365, 366, 368,
394, 446, 447, 454, 479,
480, 484, 486, 489, 502,
506, 509–511, 516, 518,
530, 540, 546, 564, 565,
567, 575, 590, 627, 640,
650, 656
gilt, 31, 70, 89, 246, 285, 328, 354,
356, 368, 454, 575, 590,
607
ging, 51
glauben, 7
glaubwürdiger, 49
Glaubwürdigkeit der, 115, 281
gleichberechtigte Gesellschaft, 620
gleichberechtigte Welt zu, 629
gleichen Chancen, 267, 553, 560,
642
gleichen Chancen auf, 657
gleichen Möglichkeiten, 518
gleichen Rechte, 538
Gleichgesinnte kann, 194, 362
Gleichgesinnte verbunden, 194
Gleichheit, 343, 363, 503, 651
Gleichheit bilden, 452
Gleichheit geprägt, 455
Gleichheit ist, 624
Gleichheit kämpfen, 362
Gleichheit schafft, 445

Gleichheit und, 274, 361, 464, 489, 526, 531, 535, 554, 560, 602, 608, 622, 624, 649, 652, 666
Gleichheit voranzutreiben, 652
Gleichheit wichtiger, 71
Gleichheit zu, 75, 565
Gleichheit zunehmend, 600
Gleichung, 469, 529
gleichzeitig, 26, 37, 39, 52, 63, 65, 81, 98, 99, 117, 118, 182, 222, 226, 280, 281, 284, 286, 297, 327, 329, 341, 387, 459, 503, 569, 595, 634
Gleichzeitig müssen, 105
Gleichzeitig zeigen, 380
globale, 464, 524, 526
globalen Diskurs, 526
Grenzen hinweg zu, 91, 93, 636
Grenzen seiner, 72, 77
Grenzen von, 73
große Rolle bei, 115
großen, 102, 229, 243, 245, 266, 280, 303, 538
großer Bedeutung, 34
großer Bedeutung sind, 196
Grundlagen, 452
Grundlagen als, 352
grundlegende, 528
Gruppendynamik führte, 49
größere, 174
größten, 26, 31, 68, 82, 98, 102, 104, 183, 194, 219, 233, 246, 264, 269, 320, 340, 474, 493, 509, 516, 518, 519, 564, 575, 590, 627, 639
größter, 26, 145, 381, 443, 607
gut, 83, 278, 304, 459, 509, 541

haben, 3, 5, 10, 28, 30, 42, 45, 56–58, 60, 64, 66, 86, 95, 100, 102, 109, 115, 117, 118, 132, 137, 157, 173–176, 182, 183, 191, 196, 199, 203, 221, 229, 232, 245, 254–257, 259, 263, 266, 267, 270, 271, 277–279, 285, 290, 296–298, 301, 302, 304, 305, 324, 334, 340, 373, 386, 393, 395, 397, 403, 404, 414, 443, 445, 457, 458, 464, 468, 485, 488, 489, 493, 510, 512, 514, 515, 518, 521, 523, 527, 529, 532, 535, 538–543, 560, 564, 566, 592, 595, 619, 626, 644, 650, 652, 654, 657
half, 3–6, 22, 25–27, 31, 37, 38, 50, 52, 53, 67, 69, 73, 87, 101, 124, 139, 140, 147, 149, 156, 217, 219, 220, 229, 232, 265, 278
halfen ihm, 127
halfen Renato, 78
Haltung gegenüber, 6
handeln, 263, 602, 624
Hartnäckigkeit von, 321
hat, 3, 9, 14, 31, 32, 46, 50, 51, 54, 55, 57, 58, 61, 62, 69, 70, 74, 75, 80–83, 86, 93, 95–102, 104, 105, 108, 109, 114, 136, 137, 139, 142, 144, 145, 149, 150, 157, 166–168, 175, 176, 181, 189, 191, 196, 217, 226, 227, 229, 230, 233,

236, 243–245, 252–254,
256, 259, 263, 266,
269–271, 274–276,
278–280, 284, 287–291,
296, 302, 304, 305, 307,
313, 315, 322, 323, 327,
329, 330, 332, 335, 336,
339–341, 343, 346, 348,
352–355, 363, 373, 374,
376, 381, 425, 438, 452,
454, 455, 462, 470,
484–489, 491–494, 497,
506, 508–511, 513–515,
519, 523–525, 527–531,
535–539, 541, 543, 545,
549, 554–556, 562, 563,
565, 569, 570, 574–578,
581, 582, 585, 591–593,
602, 608, 614–616, 620,
622, 624, 628–631, 634,
635, 637, 639–643, 670
hatte, 3, 10, 27, 69, 72, 128, 216,
545, 549
hatten, 174, 217, 219, 230, 380
Hauptdarsteller bei, 52
Hauptrolle zu, 227
Hauptrollen geht, 285
heben, 75
helfen ihm, 585
helfen können, 510
Henri Tajfel, 187, 223, 497
herausfordern, 305
herausfordernd, 5, 6, 15, 50, 271,
285, 332, 487, 531, 624,
644
herausfordernder Prozess, 124
herausforderndsten Aspekte der, 118
Herausforderung, 20, 36, 47, 65, 69,
145, 149, 217, 242, 250,

267, 270, 281, 285, 327,
396, 457, 489, 507, 602,
607
Herausforderung auf, 147
Herausforderung dar, 51, 52, 520
Herausforderung gegenüber, 317
Herausforderungen, 56, 57, 97, 109,
118, 125, 157, 182, 198,
243, 295, 512, 539, 552,
565
Herausforderungen entwickelt, 286
Herausforderungen sah sich, 10
Herausforderungen sind, 129
Herausforderungen verbunden sein,
220
Herausforderungen zu, 226, 237
herausgefordert, 62, 148
herausragende, 640
herausragender, 576, 622
herauszufinden, 216
herbeiführen, 528
Herkunft, 58, 92, 245
herrschen, 295
herstellen, 34, 519, 635
hervorgehoben, 529
hervorragende, 31
hervorrief, 24
hervorrufen, 271, 336, 401
Herzen, 97
Herzen liegen, 244
herzustellen, 60, 74, 99, 105, 217,
305
heterosexuellen Männern, 246
Heute, 326
heutigen, 37, 42, 70, 79, 136, 155,
180, 231, 261, 263, 265,
267, 275, 278, 284, 291,
295, 297, 302, 304, 306,
339, 393, 404, 463, 479,

Index 709

481, 492, 517, 552, 577, 592, 600, 666
Hier, 529
Hier sind, 268
hierfür, 28, 55, 57, 73, 98, 227, 245, 258, 275, 285, 295, 298, 303, 305, 340, 344, 420, 493, 519
hilft, 237, 305, 346
hinausgeht, 75, 539, 555, 563
hinauszudenken, 218
Hinblick auf, 456
Hindernisse, 236, 454, 560
hineinzuversetzen, 31, 95, 340
hingegen, 70, 91, 289, 291
Hinsicht, 52
Hinsicht spielt, 539
hinter, 118, 255, 361–363, 528
hinterfragt, 185
hinterfragten, 26
Hintergrund gedrängt, 80
Hintergründen, 27, 309, 329, 517, 528
Hintergründen zusammenarbeiten, 526
hinterlassen, 465, 570, 578, 620
hinterlässt, 295, 622
hinweist, 82
historisch, 1
Historisch gesehen, 581
historische, 189, 341
historischen, 344
Hoffnung, 57, 95, 257, 462, 494, 620, 622, 649
hohen Druck begleitet, 49
hohen Erwartungshaltung führen, 606
Hollywood, 340
homogenen Erzählweisen, 518

Homophobie, 78, 82
hält, 352
Händen der, 578
Händen liegt, 602
häufig, 57, 61, 63, 88, 138, 145, 220, 244, 266, 289, 478, 493, 511, 566, 581, 627, 652
häufige, 55, 275, 410, 420, 519, 560, 604
höchsten, 220
Hürde, 221, 478
Hürde dar, 238
Hürden, 121, 219, 497
Hürden ist, 246, 340, 474, 509, 518, 590, 639
Hürden kämpfen, 262
Hürden meistern, 182
Hürden zu, 332

Idee der, 492
identifizieren, 148, 156, 187, 242, 403, 427, 497, 593
Identitäten, 313
Identitäten auszuprobieren, 124
Identitäten bekannt, 468
Identitäten besitzen, 670
Identitäten besser verstehen, 401
Identitäten denken, 629
Identitäten führte, 508
Identitäten spielen, 669
Identitäten verbunden, 314, 328
Identitäten wird, 314
ignoriert, 73, 564, 666
ihm, 3–6, 11, 21, 22, 25–27, 32, 35, 37, 38, 49, 50, 53, 65, 67–69, 72–74, 80, 87, 97, 101, 102, 124, 127, 139, 173–175, 217–220, 227, 229, 230, 232, 244, 265,

269, 276, 278, 280, 285,
291, 292, 299, 304, 305,
403, 493, 523, 530, 538,
585, 592, 593
ihn herum verändern, 48
ihn näher, 230
ihnen, 42, 64, 99, 142, 174, 180,
216, 237, 263, 314, 315,
341, 443, 457, 489, 497,
510, 548
ihr, 57, 118, 127, 155, 181, 302, 320,
361, 443, 497, 576, 639
Ihr öffentlicher, 626
ihre, 22, 41, 42, 52, 53, 58, 63, 64,
66, 69, 74, 75, 77, 79, 80,
82, 83, 91, 92, 96, 97,
99–101, 117, 118, 120,
127, 136, 139, 142, 145,
154–156, 168, 171, 173,
180–182, 191, 196, 216,
219, 221, 223, 224, 226,
230–234, 242, 244,
256–258, 261, 263, 265,
267, 269, 274, 275, 278,
280, 284, 287, 295–298,
302–305, 314, 320, 329,
339–341, 343, 346, 348,
353, 356, 374, 375, 396,
398, 400–404, 425, 432,
434, 443, 459, 463, 474,
486, 488, 489, 493, 494,
497, 502, 503, 509–513,
515, 516, 518, 539–541,
546, 556, 564, 567, 569,
570, 577, 581, 582, 593,
606, 614–616, 618, 622,
625–630, 639, 640, 644,
648, 652, 654, 666, 670
Ihre bedingungslose, 147

ihrem Geschlecht, 266
ihrem Geschlecht leiden, 270
ihrem persönlichen, 392
ihrem Selbstwertgefühl, 3
ihrem Selbstwertgefühl unsicher
fühlen, 183
ihren eigenen, 53
ihren Gemälden, 77
ihren Karrieren erfolgreich, 173
ihren Lebensunterhalt zu, 99
ihren Rollen, 493
ihren Weg, 14
ihren Werken, 77
ihrer, 3, 14, 78, 82, 99, 108, 117,
179–183, 194, 199, 216,
220, 246, 258, 266, 269,
270, 281, 298, 307, 324,
329, 356, 362, 392, 406,
465, 474, 486, 493, 538,
546, 560, 566, 574, 604,
606, 607, 616, 619, 628,
634
illustriert, 298, 299
immenser Bedeutung, 292
immer, 91, 232, 236, 255, 284, 305,
381, 493, 506, 541, 562,
575, 652
implementieren, 159, 466
implementiert, 453
improvisierte Renato und, 99
in, 1, 3–7, 9–12, 14–17, 20–22,
24–34, 36–39, 41–43,
46–58, 60–83, 86–88, 91,
92, 95–104, 108, 111,
113–115, 117, 118, 124,
127, 132, 133, 136,
138–140, 142, 144–150,
154–157, 160, 166–168,
171, 173, 174, 176,

Index

181–183, 189, 191, 194, 196, 198–200, 208, 209, 216–221, 224, 226–233, 235–238, 241–246, 250–254, 256–259, 261–267, 269–271, 274–281, 283–292, 295–299, 302–306, 313–315, 317, 318, 320–323, 326–329, 332, 337, 339–341, 343, 344, 346, 348, 351–354, 356, 361, 362, 373, 375, 376, 379–381, 392–395, 401, 403, 404, 414, 420, 425, 432, 434, 438, 443, 445, 450, 452–455, 457, 459, 464, 468–470, 474, 480, 482, 484–489, 491–494, 497, 502, 503, 506, 508–521, 523–530, 535–543, 545, 549, 552, 554–557, 560, 562, 563, 565, 567, 569, 570, 572, 574–578, 581–583, 585, 590, 592, 595, 600, 602, 604, 607, 614–616, 619, 620, 623–630, 635, 637, 639, 640, 642, 643, 648, 649, 652, 654, 657, 669, 671
indem, 14, 21, 69, 70, 74, 82, 128, 216, 225, 230, 278, 307, 335, 341, 343, 352, 403, 445, 452, 489, 514, 539, 556, 563
individuelle, 93, 226, 257, 266, 362, 414, 480, 488, 572, 574, 620, 629

individueller, 81, 129, 220, 341, 352, 452, 520, 574, 639
Individuen, 3, 21, 65, 173, 194, 222, 223, 327, 400, 401, 503, 553, 601, 602, 619
Individuen dazu, 230
Individuen ihr, 497
Individuen ihre, 155, 223, 546
Individuen mehrere, 670
Individuen mit, 289, 506
Individuen oft, 194
Individuen sich, 187, 403
Individuen sicher, 196
Individuen sollten, 233
Individuen stärkt, 237, 625
Individuen Themen wie, 160
Individuen wie, 226
Individuum gewirkt, 348
Industrie anzupassen, 578
Industrie geraten, 280
Inhalte zu, 527
Inhalten geprägt, 670
Initiativen effektiv, 474
initiierte, 379, 648
Inklusion, 576
inklusive, 65, 93, 182, 261, 332–334, 354, 427, 439, 455, 482, 576, 578, 634, 642, 656
inklusiven, 59, 159, 174, 247, 320, 321, 329, 381, 512, 601, 607, 620
inklusiveren, 243, 263, 295, 323, 337, 357, 503, 514, 528, 616, 618, 654
innehalten, 233
innen müssen, 566
inneren, 2, 9, 11, 17, 50, 64, 114, 139, 144, 156, 191, 231

innerhalb, 3, 4, 63, 91, 162, 181,
    194, 224, 245, 246, 258,
    264, 266, 328, 470, 506,
    512, 519, 520, 546, 566,
    618
insbesondere, 3, 14, 17, 21, 25–27,
    30, 32, 36, 41, 48, 49, 51,
    52, 65, 70, 79, 80, 86, 96,
    97, 99, 100, 104, 108, 113,
    117, 137, 155, 173, 181,
    191, 194, 196, 220, 229,
    231, 255, 263, 265–267,
    269, 275, 277, 281, 285,
    288, 295, 297, 299, 302,
    304, 315, 317, 340, 443,
    456, 457, 470, 492, 520,
    545, 557, 565, 566, 576,
    578, 607, 639
Insgesamt, 22, 622
Insgesamt spielen, 58, 256
Insgesamt zeigt, 526, 538, 560
Inspiration kann, 189
inspirieren, 7, 53, 63, 83, 181, 218,
    232, 250, 348, 352, 354,
    464, 493, 539, 570, 592,
    618, 666, 671
inspirierende, 263, 355, 365
inspiriert, 62, 69, 71, 95, 142, 173,
    222, 270, 295, 438, 515,
    530, 535, 538, 560, 614,
    616, 624, 643
inspirierte, 243, 298, 387
inszeniert, 267
integrale, 74
integrieren, 5, 22, 77, 87, 201, 299,
    455, 470, 480, 502, 510,
    569, 654
integriert, 75, 279, 487, 528, 530
Intensität seiner, 51

intensiv, 25, 73
interdisziplinäre, 541
Interessen korrumpiert wird, 344
interkulturelle, 575
interne, 162
internen, 201, 644
interpretiert wird, 37
intersektionale, 401, 536, 601,
    655–657, 669, 670
intersektionalen, 469, 470, 656, 657,
    670
intervenieren, 392
Intransparenz verbunden, 427
invasiven, 180
investieren, 484, 520
isoliert betrachtet, 246, 601
isoliert von, 639
ist, 3, 5, 7, 9, 10, 12, 17, 20–23,
    25–28, 30–32, 36, 37, 39,
    41–44, 48–53, 55–58, 60,
    61, 63–73, 75, 76, 79–83,
    86, 88, 89, 91, 92, 95–105,
    107–109, 111, 113–115,
    117, 118, 120, 121, 124,
    129, 132, 136, 138, 139,
    142, 144–150, 156, 157,
    159, 165–168, 171,
    173–176, 180–183, 185,
    189, 191, 194, 198–203,
    208, 216–221, 224–227,
    229–233, 235–238,
    241–243, 245–247, 250,
    253–255, 258, 259,
    261–263, 266–271, 275,
    276, 278–281, 283–286,
    289–292, 295–301,
    303–307, 309, 313–315,
    320, 321, 323, 324, 326,
    327, 329, 330, 332, 336,

Index 713

337, 339–341, 343, 344, 346, 348, 351–356, 361–363, 375, 380, 381, 387, 392, 394, 396, 397, 401, 404, 410, 414, 420, 425, 427, 432, 434, 435, 438, 439, 443, 445, 450, 452–455, 458, 459, 462–465, 468–470, 474, 479, 480, 482, 486–491, 493, 494, 497, 503, 506–521, 525–531, 535–539, 541, 542, 546, 548, 549, 552, 554, 556, 557, 560, 562–567, 570, 572, 574–578, 581–583, 585, 590, 595, 600–602, 604, 607, 615, 616, 618–620, 622, 624–630, 639–643, 649, 652, 654, 657, 666, 669, 670

Jahren formuliert, 246
Jahrhunderte hinweg eine, 341
Jahrhunderte hinweg Generationen von, 95
Jahrzehnten weltweit, 640
James Charles, 189
Janelle Monáe haben, 468
Janet Mock, 470
je nachdem, 104
jede, 57, 91, 96, 271, 292
Jede dieser, 556
jeden Künstler, 36
jeden Schauspieler, 48, 99, 104
jeden Schauspieler von, 263
jeden Schauspielers, 17
jeder, 27, 58, 191, 230, 263, 363, 455, 535, 602, 624, 642, 643, 652
Jeder Schritt, 624
Jeder von, 554, 624
Jedoch birgt, 445
jedoch eine, 97
Jedoch gibt, 479
jedoch ist, 295
Jedoch können, 45
jedoch noch Gesetze, 650
jemandem, 148
jemanden wie, 17, 25, 27, 32, 36, 100
John Bowlby, 3
John Dewey, 340
John Turner, 187, 223, 497
Judith Butler, 79
Jugendliche Zugang, 443
Jugendlichen, 14, 445
Jugendlichen helfen, 443
Jugendlichen wohlfühlen, 274
Jugendzeit, 12
junge, 189, 346, 457, 474, 497, 569, 593, 626, 648, 666
jungen Künstlern, 616
junger, 443, 474, 487, 591, 592
jünger auszusehen, 285
jüngere, 137, 173, 285, 488
jüngeres Publikum, 303
jüngeres Publikum zu, 137

Kahlo, 77
Kahlo thematisierte, 628
kam von, 31
Kamera, 51, 115
Kamera Menschen mit, 528
Kampagne, 274
Kampagnen, 263
Kampf, 95, 337, 343, 503, 557, 641
Kampf gegen, 352

kann, 3, 7, 10, 24, 26–33, 36–38, 41, 43, 45, 48, 50, 51, 58, 60, 63–66, 69, 71, 73, 74, 76, 80, 82, 83, 88, 91, 92, 97–99, 102–105, 108, 114, 115, 117, 118, 132, 133, 136, 147, 150, 154, 156, 159, 167, 173, 180–183, 188, 189, 191, 194, 196, 198, 208, 217, 219–221, 223–226, 232–234, 243, 245–247, 255, 257, 258, 261, 270, 271, 275, 278, 280, 281, 283–286, 290, 295, 296, 298, 304–306, 309, 320, 321, 323, 329, 332, 334, 336, 340, 341, 344, 353, 354, 361, 362, 381, 393, 394, 396, 402, 403, 425, 427, 443, 452, 457, 459, 465, 474, 478, 479, 486, 488, 491–494, 503, 509, 510, 512, 515, 520, 521, 525, 528, 532, 539–541, 546, 554, 556, 564, 566, 567, 572, 575–577, 592, 600–602, 604, 606, 616, 620, 624, 627, 639–641, 643, 644, 652, 656, 669–671
Karriere, 167, 199, 234, 278, 285, 286, 291, 297
Karriere zurückgewinnen konnte, 230
Karrieren, 93
Kategorien wie, 246, 402, 480
keinen, 564
Keith Haring, 77, 503

Kendrick Lamar, 640
Kernbotschaften klar, 35
Kimberlé Crenshaw, 246, 401, 453, 480
klar, 35, 233, 243, 387, 401, 427, 624
klaren Bekenntnis, 528
Klarheit über, 233
klassischen, 73
Klienten zögern, 154
Klima der, 459
Klischees basieren, 509
Kollaborateur, 570
kollaborativen Ansatz, 117
Kollegen, 6, 31
Kollegen ihm, 101
kollektive, 92, 223, 224, 226, 362, 474, 536, 557, 636
kollektiven Aufschrei, 362
kollektiven Identität spielen, 503
kollektives Gut, 220
kollektives Ziel, 643
Kollektivs von, 356
kombinierte, 53, 69
kommende, 583, 620, 622
Kommentare, 292
Kommentaren, 42, 287
Kommerz, 68, 280, 281
Kommerzialisierung, 80, 83, 261, 343, 564, 578, 639, 670
kommerziell, 334, 356, 520, 540
kommerzielle, 76, 281, 344, 627
komplex sein, 98
komplexen Identitätsfragen, 80
komplexere, 251
komplexes Feld, 503
komplexes Zusammenspiel von, 97, 105, 118

Index 715

Komplexität, 61, 62, 270, 330, 381, 486, 510, 671
Komplexität der, 78, 264, 298, 340
Komplexität menschlicher, 656
Konferenzen teilgenommen, 543
Konflikt führen, 64
Konflikt geraten kann, 271
Konflikt mit, 280, 640
Konflikte, 2, 11, 86, 114, 160
Konflikte innerhalb, 162
Konflikte können, 201
Konflikte sind, 3
Konflikten, 50, 144, 156, 191
Konflikten konfrontiert, 644
Konflikten sein, 4
konfrontiert, 2, 16, 21, 22, 26, 29, 31, 37, 47, 52, 53, 57, 72, 86, 92, 95, 99, 102, 117, 118, 140, 148, 156, 181, 220, 228, 242, 256, 257, 264, 267, 269, 286, 287, 305, 314, 315, 337, 341, 353, 354, 361, 410, 450, 474, 478, 492, 509, 511, 519, 528, 541, 560, 595, 615, 629, 635, 644, 652, 666
konkrete Aktionen umgewandelt, 404
konkrete Beispiele, 452
konkreten, 79, 570, 616, 639
konnte, 11, 20, 26, 27, 39, 52, 72–74, 108, 124, 125, 139, 140, 144, 156, 199, 217, 223, 227, 230, 232, 265, 315, 379, 537
konnten, 22, 242, 365
konservativen Gesellschaft, 264
konservativen Umgebung lebt, 52
konstruiert, 61, 80
Konstrukt, 79
Konstruktive Kritik, 296
konstruktive Kritik, 26, 37, 87, 117
konstruktive Kritik als, 102
konstruktiver Kritik, 296
konstruktives Feedback von, 31
Konsumenten seiner, 43
Kontakt, 42, 265, 284, 304
Kontexten abhängen, 452
Kontexten beobachtet, 572
kontinuierliche, 669
kontinuierlichen, 233
Kontinuität der, 397
konzentrieren, 31, 49, 105, 182, 474, 484, 521
konzentriert, 202, 351
Konzept, 21, 224, 246, 401
Konzept der, 114, 492
Konzept ist, 167, 629
kraftvolle, 50, 257, 352, 361, 560, 582, 620
kreative, 49, 88, 89, 91, 100, 115, 117, 150, 218, 219, 254, 270, 330, 332, 353, 491, 536, 560, 575, 585, 639
Kreative dazu, 614
kreativen Ausdruck, 76, 557, 640
kreativen Ausdruck bietet, 452
kreativen Entfaltung, 72, 95
kreativen Fähigkeiten, 216, 219, 220, 616
kreativen Identität führen, 280
kreativen Integrität, 356
kreativen Köpfe, 255
kreativen Positionen, 52
kreativen Positionen innerhalb, 246
kreativen Projekten ist, 88
kreativen Projekten,, 217

kreativen Prozess, 117
kreativen Prozess einbezogen, 517
kreativen Prozess ist, 82
kreativen Prozess selbst, 327
kreativen Prozess zu, 304
kreativen Talente, 3
kreativen Techniken, 102
Kritik, 6, 31, 87, 102, 278, 279, 296, 564
Kritik als, 296
Kritik bestehen, 565
Kritik erfahren, 168
Kritik geprägt, 243
Kritik kann, 295
Kritik konfrontiert, 286
Kritik von, 566
Kritiken, 22, 28, 243, 244, 277–279
Kritiken spielen, 277
Kritikerlob, 28
Kritikern, 278
kritische Auseinandersetzung mit, 283
kritische Rezensionen oder, 284
kritische Stimmen, 26, 28, 156
kritischen Auseinandersetzung mit, 353
kritisieren, 556
kulturell, 518
kulturelle Barrieren, 91
kulturelle Bedeutung von, 74
kulturelle Einflüsse, 69
kulturelle Implikationen, 9
kulturelle Normen, 601
kulturelle Praktiken, 79
kulturelle Themen zu, 639
Kulturelle Veranstaltungen, 82
Kunst wird, 79, 557
Kunstformen kombinieren, bis hin zu, 91

Kunstformen wie, 574
Kunstpraktiken zu, 354
Kunstszene beeinflusst, 576
Kunstszene beigetragen, 616
Kunstszene bereichert, 339
Kunstszene insgesamt, 569
Kunstszene zu, 570
Kunstwelt ansieht, 576
Kunstwelt ausgeübt, 102, 614
Kunstwelt bewältigen, 356
Kunstwerke, 189
kurzfristige Erfolge zwar, 463
kurzfristigen Lösungen, 396
Kämpfe durchlebten, 223
Kämpfen, 2, 639
kämpfen oft, 567
Kämpfen von, 108
können, 2–4, 14, 20, 28, 29, 33, 42, 45, 58, 63, 69, 70, 72, 75, 80, 82, 93, 96, 99, 100, 104, 105, 116, 118, 128, 129, 132, 140, 144, 147, 148, 151, 154, 155, 160, 162, 176, 182, 183, 188, 189, 194, 196, 199–201, 217, 221, 222, 226, 230–235, 244, 250, 254, 255, 257, 258, 261, 263, 266, 269–271, 277–279, 297, 302, 306, 314, 321–323, 328, 329, 336, 339, 343, 348, 352, 356, 361, 362, 394, 396, 397, 401, 404, 414, 432, 434, 435, 445, 452, 455, 464, 465, 474, 478–480, 482, 487, 488, 497, 510, 511, 514, 518, 520, 539, 541, 546, 554, 560, 574, 575,

Index

583, 590, 602, 604, 607,
   618, 620, 624, 625, 635,
   636, 641, 644, 649, 657
könnte dazu, 521
könnten dazu, 58
Körper, 101
Körperliche Vorbereitung, 101
Körpersprache, 25
kümmern, 182
Künstler, 7, 17, 22, 26, 31, 68, 69,
   72, 76, 80, 87, 93, 99, 102,
   121, 173, 175, 219, 243,
   257, 262, 269, 276, 281,
   296, 297, 304, 329, 335,
   346, 348, 357, 403, 493,
   494, 503, 565–567, 569,
   570, 578, 614, 628, 629,
   639, 648
Künstler aus, 518, 526
Künstler bewältigen, 305, 627
Künstler gezwungen, 627, 640
Künstler ihre, 577
Künstler Kompromisse, 356
Künstler konfrontiert, 95, 337, 541
Künstler konnte, 144
Künstler Kunst, 376
Künstler können, 539
Künstler Menschen dazu, 336
Künstler müssen, 83, 640
Künstler nutzen, 82, 353, 639
Künstler Renatos Werdegang
   beeinflussten und, 76
Künstler selbst, 494
Künstler stehen, 640
Künstler stehen unter, 564
Künstler wie, 70, 71, 75, 76, 78, 92,
   261, 280, 468, 556, 635,
   640
Künstler zusammenzuarbeiten, 285

Künstlerinnen, 353, 539, 540
künstlerische, 22, 30, 69, 86, 87, 91,
   100, 216, 241, 269, 271,
   278–281, 305, 494, 640
künstlerischen Ausdrucks, 492
künstlerischen Ausdrucksformen, 69
künstlerischen Darbietungen, 536
künstlerischen Fähigkeiten, 39, 284
künstlerischen Identität, 67
künstlerischen Integrität, 60, 321
künstlerischen Praxis spielten, 76
künstlerischen Projekten, 74
künstlerischen Ressourcen oder, 564
künstlerischen Schaffen, 291
Künstlern, 83, 541, 569
Künstlern kann, 320
Künstlers, 41, 280, 295

Lage sein, 117, 285
lange, 257, 259
langen Weg vor, 511
langfristigen Auswirkungen von, 230
Langfristigkeit, 285
langsam, 1
langwierigen, 511
Lassen Sie, 624
Laufbahn dar, 241
Laufe seiner, 67, 86, 109
Laut Carl Rogers, 224
Laut dem, 114, 237, 489
Laut Judith Butler, 61
Laut Stanislavski, 95
lauter, 58
Laverne Cox, 173, 225, 284, 493
Laverne Cox als, 226
Leben, 17, 25, 48, 231–233, 284,
   607, 630, 657
leben, 66, 114, 238, 486, 619, 624,
   630, 652

Leben verändert, 157
Lebensbereichen auftreten, 231
Lebensgeschichte von, 9, 189
Lebenszufriedenheit korreliert, 224
lebte, 218
legen, 49
Lehrer, 404, 438
lehrten, 68
lehrten Renato, 7
Leidenschaft sah er sich, 227
leider, 99
leisten, 554
Lektionen führen, 219
Lernen, 625
lernen, 22, 23, 25, 51, 52, 100, 144, 182, 196, 217, 381, 434, 445, 456, 625
Lernen von, 101, 434
Lernens, 7
Lernens von, 625
Lernmöglichkeiten betrachtete, 21
letzten, 132, 245, 288, 313, 327, 330, 332, 485, 510, 515, 640, 652
letztendlich erfolgreich, 229
Letztendlich ist, 118
letztendlich zu, 295
Letztlich geht, 115
leuchtenden Beispiel, 515
Licht, 99
Lichtblick, 530
Lichtstrahl, 666
loben, 290
lokalen Theaterproduktionen, 6
Lordes Schriften über, 78
Lächerlichkeit, 61
Lösung, 541
Lösungen, 218, 482

machen deutlich, 237
macht, 70, 95, 121, 258, 287, 290, 454, 515, 627
machte, 10, 22, 628
man, 22, 67, 69, 102, 280, 284, 306, 512, 513, 515
Man könnte eine, 512
manchmal, 35, 98, 270, 296
mangelnde, 230, 474
mangelt, 191
manifestieren, 42, 519
Mann spielt, 101
marginalisiert galten, 509
marginalisierte, 76, 82, 341, 352, 354, 458, 518, 564, 607
marginalisierten, 26, 49, 67, 96, 99, 100, 176, 191, 196, 221, 223, 246, 263, 281, 283, 321–323, 326, 340, 354, 395, 470, 494, 503, 520, 535, 536, 538, 642, 652, 657
marginalisierter, 81, 91, 173, 261, 263, 562, 671
Markenbekanntheit zu, 302
Markenzeichen seiner, 53
Marketingkampagnen, 344
Markt zu, 284
Marsha P. Johnson, 574
Maslows Bedürfnishierarchie, 220
Masse abzuheben, 567
Materie mitbringen, 58
Maß, 296
Medienkompetenz fördern, 445
Medienkompetenz sollten, 453
Medienkompetenz unerlässlich, 453
Medienlandschaft, 149, 283, 567, 626
Medienpräsenz ist, 276

Index 719

Medienpräsenz oft, 276
Medienpräsenz umfasst, 275
mehr, 31, 35, 98, 194, 245, 276, 313–315, 327, 330, 509, 510, 515, 530, 629
mehrere, 28, 52, 89, 165, 178, 237, 289, 301, 319, 333, 356, 379, 457, 480, 600, 648, 670
mehreren Dimensionen, 515
mehreren Schlüsselbereichen, 393
mehreren Schlüsselkonzepten, 405
mehreren Variablen abhängt, 512
Mehrheit der, 489
meisten, 31, 486
meistern, 58, 83, 108, 174, 182, 221, 226, 281, 327
Menschen aus, 517
Menschen konfrontiert, 629
Menschen spielt, 41
Menschen verändert, 539
Menschen zusammenbringen, 74
Menschen zusammenzubringen, 574
menschliche, 231, 340, 352
menschlichen, 95, 98, 109, 218, 220, 321, 512, 519, 528
menschlicher, 81, 86, 92, 115, 247, 261, 263, 283, 323, 339, 341, 452, 503, 510–512, 629, 656, 657
mentale, 235, 296, 305
mentalen, 296
Mentees betreffen können, 183
Mentees können, 183
Merkmale seiner, 86
Messgrößen wie, 291
methodischen Ansätzen, 118
Mia Chen, 346
Michael Rutter, 237

Miete zu, 285
minimieren, 468
Mischung aus, 57
Missstände anzuprangern, 82
Missstände aufmerksam, 70
Missstände aufzeigen, 353
Missverständnisse hinzuweisen, 292
Missverständnissen geprägt, 299
Missverständnissen konfrontiert, 450
mit, 2, 5, 6, 9, 11, 15–17, 21–26, 29, 31–39, 42–44, 47, 49–53, 57, 58, 61, 63, 65–67, 69, 70, 72, 75, 77, 78, 80, 81, 83, 86, 87, 92, 95–102, 104, 105, 108, 109, 117, 118, 120, 124, 125, 127, 137–140, 142, 144, 147–149, 155–157, 167, 174, 181, 182, 188, 194, 196, 198, 200, 208, 216, 217, 219–224, 227, 230–234, 241, 242, 244, 254, 256, 257, 262, 264–267, 269, 271, 276, 278–280, 283–287, 289–292, 295–299, 302–307, 314, 315, 318, 319, 323, 327–330, 332, 337, 339, 341, 344, 346, 353, 354, 361, 380, 386, 387, 395, 399, 403, 404, 410, 420, 425, 427, 439, 443, 445, 450, 454, 456, 459, 463, 465, 468, 470, 474, 478, 479, 488, 489, 491, 492, 494, 497, 503, 506, 509–511, 513, 515, 519, 520, 528, 536, 537,

541, 560, 566, 575, 576,
585, 591–593, 595, 606,
615, 618, 619, 628, 629,
635, 639, 640, 642, 644,
651, 652, 666, 670, 671
Mit dem, 256, 374, 654, 670
Mit der, 53, 514
Mit jeder, 27
miteinander, 22, 224, 402, 453, 464, 474, 480, 565, 601
Mitgefühl, 373
Mitgestalter einer, 514
Mitgestalter seiner, 43
mitgewirkt, 530
Mittel sein, 465
mitzuwirken, 266, 267, 285, 357, 623
mobilisiert, 343
Mobilisierung, 93, 261, 557
modernen, 298
motiviert Künstler, 42
Musik, 160
musste, 2, 9, 10, 22, 25, 35, 46,
49–52, 57, 72, 86, 98, 108,
125, 144, 148, 156, 176,
217, 221, 228, 231, 234,
235, 242, 243, 270, 298,
513
Mut, 54
mutig, 243
möchten, 270, 510, 624
möglichen, 35, 243
möglicherweise, 4, 64, 66, 98, 118,
263, 270, 284, 285, 303,
457, 458, 474, 513, 527
Möglichkeiten, 27, 32, 58, 73, 98,
235, 276, 304, 305, 321,
333, 400, 541, 570, 574
Möglichkeiten geprägt, 263

müssen, 55, 64, 65, 74, 83, 98–100,
105, 108, 117, 118, 128,
180, 182, 229, 255, 275,
281, 284, 304, 305, 320,
324, 329, 356, 366, 375,
395, 456, 459, 465, 474,
480, 482, 484, 489, 507,
518, 525, 552, 554, 565,
566, 606, 624, 627, 640

nach, 5, 12, 20, 24, 31, 35, 49,
54–56, 69, 96, 104, 125,
145, 220, 230–234, 241,
253, 258, 263–265, 284,
297, 298, 313, 314, 326,
328, 332, 361–363, 396,
438, 452, 484, 489, 494,
509, 516, 525, 530, 539,
542, 615, 629
Nach dem, 26
Nach seinem, 30
Nachahmung, 625
Nachdenken anregte, 219
nachhaltige, 27, 286, 397, 464, 466
nachhaltigem, 463
nachhaltigen, 462, 465, 525, 570
nachhaltiger, 202
Nachhaltigkeit ist, 465
Nachhaltigkeit kann, 465
nachvollziehbar, 281, 299
nachzudenken, 80, 341, 640
Narrativ, 52
Narrativ verändert, 289
Neben seiner, 569, 582
negativ, 2, 6, 48, 117, 144, 181, 258,
278, 375, 414, 489
negative, 22, 24, 29, 37, 45, 87, 133,
181, 271, 277, 278, 292,
295, 298, 323, 327, 468

negativem, 31
negativen Kommentaren, 305
negativen Kommentaren
    entmutigen, 105
negativen Stereotypen, 61, 290
nehmen, 89, 154, 182, 324, 514
neigen dazu, 486, 506
Netzwerk gebildet, 263
Netzwerke, 200
Netzwerken verbunden, 200
Netzwerken vertiefen, 198
Netzwerks, 198
Netzwerktheorie, 198
Netzwerktheorie gibt, 198
neue, 27, 29, 37, 53, 58, 61, 62, 73,
    83, 96, 219, 225, 230, 233,
    270, 276, 278, 438, 474,
    523, 541, 557, 570, 577,
    582, 616, 634, 639, 652,
    654
neuen, 83, 137, 263, 265, 284, 652
neuer, 654
neuesten, 435
Nicht, 435
nicht, 2, 3, 5–7, 9, 10, 12, 14, 16, 17,
    20–22, 25–28, 31, 32, 35,
    38, 39, 41–43, 46–58,
    60–63, 65–67, 69, 72–74,
    76, 77, 79–81, 83, 86, 88,
    89, 91–93, 95–100, 102,
    104, 105, 107–109, 114,
    115, 117, 118, 120, 124,
    125, 127, 129, 136, 138,
    140, 142, 145, 147–150,
    155–157, 159, 160, 167,
    173, 175, 176, 180–182,
    185, 189, 191, 194, 200,
    216–221, 223, 224, 226,
    227, 229–235, 237, 238,
    241–247, 250, 252,
    254–259, 261–267,
    269–271, 274–276, 278,
    280, 281, 283–292,
    295–297, 301, 303–307,
    309, 313, 315, 317,
    320–322, 327, 329, 330,
    332, 333, 336, 339–341,
    343, 344, 348, 351–356,
    362, 363, 375, 376, 379,
    381, 392, 393, 396, 400,
    401, 404, 410, 414, 427,
    445, 453, 457, 458,
    462–464, 468, 474, 479,
    480, 482, 484–486, 488,
    492–494, 506, 507,
    509–521, 523–525,
    527–531, 537–539, 541,
    549, 552–554, 557, 560,
    562, 566, 567, 572,
    574–578, 581, 582, 590,
    591, 593, 600–602, 604,
    606, 614–616, 618, 620,
    622, 624, 625, 629, 630,
    635, 637, 639, 640, 642,
    656, 666, 671
Nichtbestehen von, 6
noch kommen sollte„ 7
Norm abgrenzte, 4
Normen geprägt, 33
notwendig, 243, 252, 283, 319, 493,
    601, 629
notwendigen, 221, 396, 466
notwendiger, 58, 480
Notwendigkeit, 356, 508
Notwendigkeit geprägt, 510
Notwendigkeit von, 14, 140, 238,
    251, 463, 489, 527, 543,
    569, 616, 637

nuancierte, 309, 323
nun, 509
Nur, 65, 93, 115, 182, 247, 283, 427, 455
nur, 2, 5, 7, 9, 12, 15–17, 20–22, 25–28, 32, 38, 39, 41–43, 46, 48–58, 60–62, 65–67, 69, 72–74, 76, 77, 79–81, 83, 86, 88, 91–93, 95–98, 100, 102, 105, 107–109, 114, 115, 118, 120, 121, 124, 125, 127, 129, 136, 138, 140, 145, 147–150, 157, 159, 167, 173, 175, 176, 180, 185, 189, 200, 216–221, 223, 224, 226, 227, 229–235, 237, 238, 241–246, 250, 252, 254, 256, 257, 259, 261–267, 269–271, 274–276, 278, 280, 281, 283–288, 290–292, 295, 297, 301, 304–307, 309, 313, 315, 317, 320–322, 327, 329, 330, 332, 333, 336, 339–341, 343, 348, 351–356, 362, 363, 375, 376, 379, 381, 392, 393, 400, 401, 404, 410, 414, 427, 445, 453, 454, 462–464, 480, 482, 488, 492–494, 506, 510–515, 517–520, 523–525, 528–531, 537–539, 541, 552–554, 557, 560, 562, 566, 572, 574, 576–578, 581, 582, 591, 593, 600–602, 606, 614–616, 618, 620, 622, 625, 629, 630, 635, 637, 639, 640, 642, 671
Nur durch, 329, 620, 657, 669
nutzen, 20, 27, 31, 32, 37, 75, 82, 83, 98, 115, 121, 137, 261, 284, 291, 296, 297, 302, 306, 353, 354, 376, 395, 458, 459, 463, 541, 556, 595, 622, 628, 634, 639, 640
Nutzen basieren, 194
nutzt, 42, 69, 74, 88, 137, 142, 168, 226, 251, 263, 269, 276, 291, 292, 304, 307, 404, 463, 536–538, 592
nutzte, 11, 14, 16, 22, 35, 37, 39, 53, 69, 99, 142, 148, 156, 217, 219, 229, 238, 264, 265, 296, 387
Nutzung von, 125, 265, 427
nächste, 174, 250, 281, 323, 457, 486, 518, 554, 591, 616, 634, 666
nächsten, 592
näher betrachten, 265
näher betrachtet, 12
nötige, 118, 457

ob er eine, 270
ob positiv, 6
ob sie, 99
Oberflächlichkeit, 670
Oberflächlichkeit geprägt, 109
oder, 6, 7, 10, 28, 35, 41, 43, 49, 58, 61, 63, 64, 74, 76, 82, 98, 99, 104, 105, 108, 109, 114, 115, 118, 147, 148, 154, 160, 162, 171, 181–183, 189, 194, 216,

221, 228, 231, 235, 245, 246, 255, 257, 258, 261, 264, 267, 270, 271, 284–286, 290, 291, 296, 298, 302, 303, 306, 339, 340, 353, 354, 361, 381, 394, 396, 410, 414, 420, 435, 445, 452, 457, 459, 474, 486, 489, 492, 493, 509, 510, 528, 530, 535, 542, 564, 566, 567, 575–578, 590, 602, 604, 619, 624, 627, 640, 642, 644, 650–652
offen, 24, 33, 37, 99, 104, 105, 189, 238, 305, 403, 427, 488, 626
offene, 307
offener, 104, 224
offensichtlichen, 366
oft, 3–6, 11, 12, 16, 17, 20–24, 26, 27, 31–35, 38, 44, 48–51, 55–58, 61, 63, 67–69, 72–77, 80, 86, 88, 89, 92, 96–102, 104, 108, 109, 114, 115, 124, 127, 132, 138, 144, 145, 147, 155–157, 160, 168, 171, 174, 180–182, 194, 200, 209, 216–221, 224, 226, 227, 229–232, 234, 235, 237, 238, 241, 243, 244, 246, 250, 258, 261–263, 265–267, 269–271, 275–278, 280, 284, 285, 289, 295, 296, 299, 303, 305, 317, 321, 339, 341, 344, 351, 353, 361, 362, 364, 396, 410, 425, 434, 469, 474, 484, 486, 488, 491, 493, 494, 506–508, 510, 511, 513, 516, 518, 519, 525, 528, 540, 542, 549, 556, 560, 564–567, 569, 572, 574, 578, 581, 583, 590, 601, 606, 615, 622, 627, 628, 639, 640, 644, 649, 657
Oftmals fühlen sich, 52
Oftmals wird argumentiert, 520
Oftmals wird das, 344
Oftmals wird Kunst, 354
Oftmals wird von, 64
ohne, 26, 35, 51, 86, 89, 108, 171, 271, 356, 432, 445, 465, 577, 602, 627
opfern, 64, 271, 356, 627
organisieren, 356, 468, 595, 636
organisiert, 307
Orientierung, 58, 147, 162, 652
Orientierung der, 245
Orientierung langsam, 1
Orientierung miteinander, 480
Orientierung oder, 619
out, 238, 630

Panik, 99
passen, 68, 155, 219
perfekte, 284
perpetuieren nicht, 333
perpetuieren stereotype, 519
Personen Fehler haben, 191
Personen geht, 317
Personen geworfen, 139
persönliche, 6, 9, 12, 22, 31, 53, 55, 56, 69, 74, 77, 86, 97, 100, 102, 109, 124, 136, 150, 157, 168, 174, 175, 180,

189, 216–219, 223, 224,
227, 230, 231, 237, 297,
299, 305, 332, 352, 356,
361, 403, 404, 479, 488,
492, 494, 529, 541, 630
persönlichem Leben, 181
persönlichen, 11, 22, 49, 67, 72, 76,
88, 98, 124, 145, 174, 221,
222, 229, 231, 238, 296,
298, 305, 351, 363, 373,
392, 404, 529, 535, 545,
560, 574, 577, 585, 628
Persönlichkeiten meistern, 174
Persönlichkeiten wie, 295
Petitionen, 137
Pierre Bourdieu, 352, 539, 639
planen, 474
plant, 356, 438
Platz, 624
polarisierten, 575
politisch, 285
politische, 77, 241, 361, 373, 463,
482, 549, 555, 576, 608,
639, 640
politischen, 81, 309, 336, 457, 492,
531, 537, 540, 557, 640,
651
politischer, 137
Popkultur, 468, 530
positionieren, 528
positiv, 6, 48, 50, 242, 244, 404, 487
positive, 3, 10, 20, 21, 24, 38, 45, 50,
56, 65, 87, 124, 132, 150,
203, 217, 263, 271,
277–279, 286, 295, 298,
299, 320, 327, 339, 365,
395, 438, 464, 488, 489,
510, 514, 515, 529, 532,
583, 602

positiven Absichten stehen Gründer
von, 364
positiven Aspekte, 340, 454, 604
positiven Aspekte der, 82, 117, 128,
191, 297
positiven Aspekte des Einflusses des
Publikums, 104
positiven Aspekte des Theaters, 72
positiven Aspekte gibt, 194
positiven Aspekte von, 31, 76, 219,
328
positiven Auswirkungen, 216, 521
positiven Auswirkungen stehen sie,
607
positiven Auswirkungen von, 329,
354, 447, 540, 564
positiven Beispiele, 257
positiven Effekt auf, 592
positiven Effekten gehören, 45
positiven Einfluss auf, 175, 196, 222,
226, 271, 306, 380
positiven Einfluss dieser, 266
positiven Einfluss von, 276
positiven Entwicklungen, 247
positiven Gefühl der, 194
positiven Inspiration, 78
positiven Publikumsreaktionen, 28
positiven Reaktionen, 105
positiven Rückmeldungen, 43
positiven Selbstbild, 144
positiven Selbstbild sind, 145
positiven Selbstbildes erschweren,
191
positiven Selbstbildes ist, 145
positiven sozialen, 147
positiven Veränderungen, 46, 254,
315, 591
positiven Wirkung stehen Vorbilder
vor, 606

Index

postuliert, 619
Potenzial auszuschöpfen, 118
potenzieller, 396
praktisch, 572
praktischen, 58
Praxis ausgesprochen, 581
Praxis beeinflusst, 494
preisgekrönten, 28, 108
prestigeträchtigen Preisen ausgezeichnet, 257
Prinzip von, 194
privilegierten, 354
Proben sein, 118
Proben sind, 100
problematischen Stereotypen, 511
Produktionsfirmen müssen, 507
Produzenten, 21, 56, 117, 142
Produzenten müssen, 100
produziert, 524
Projekten gezeigt, 280
Projekten halfen, 27
Projekten strebt er danach, 86
Projekts, 115
Projekts verantwortlich, 254
prominente, 295
Pronomen verwendet, 414
propagiert, 221
Protestbewegungen, 75
Proteste ausgesetzt, 387
provokant, 452, 556
Prozess, 48, 49, 67
prägte, 50
prägten, 9, 27, 73
präsent, 295, 526
präsentieren, 42, 56, 64, 72, 86, 276, 285, 356, 414, 523, 615
präsentiert, 171, 452
Präsenz seiner, 101

psychische, 2, 48, 154, 182, 196, 295, 478, 488, 620
Psychologische Theorien, 3
Psychologische Unterstützung, 208
psychologischen, 3, 103, 105
Publikum ansprechen, 264
Publikum erreichen, 641
Publikum führte, 66
Publikum herzustellen, 74, 217, 305
Publikum zugänglich zu, 670
Publikumsreaktion können, 104

qualifizierten, 154
Quelle der, 362
Quellen stammen, 88, 361

Rasse, 402
Rassismus, 362
Rassismus verbunden, 344
Ratschläge gaben, 173
reagieren, 278, 468
reagiert, 27, 104, 326, 494
reagierte, 278
Reaktion spiegelt, 290
Reaktionen hervorrufen, 271
Reaktionen können, 28
Reaktionen seiner, 10
realisiert, 575
realistisch, 228, 281
realistischen, 247
rechtlichen, 543
reduzieren, 55
reduziert, 63, 264, 270, 289, 323, 344, 410
reflektieren, 74, 78, 79, 81, 574
reflektiert, 16, 91, 356, 539
regelmäßig, 101, 136, 233, 290, 299
Regisseur, 31, 67

Regisseure, 91, 101, 115, 118, 255, 256, 278, 515
Regisseure Kompromisse, 117
Regisseure konfrontiert, 117
Regisseure müssen, 117
Regisseure sind, 255
regte, 341
reichen, 129, 270, 536, 552
Reise, 4, 5, 27, 53, 65, 69, 88, 139, 155, 216, 226, 231, 233, 237
Reise geprägt, 157
relevante, 224, 284, 565
relevanter, 352
Renato, 3, 5, 10, 20, 22, 25, 28, 52, 55, 57, 58, 73–75, 96–102, 104, 105, 128, 137, 138, 174, 227, 230–232, 236, 253, 263, 266, 267, 270, 271, 276, 278, 279, 284, 287, 290, 296, 304, 305, 307, 341, 488, 489, 525, 528, 529, 536, 538, 549, 562, 581, 585, 615
Renato aktiv, 265, 536
Renato als, 69
Renato annehmen musste, 242
Renato arbeitet, 642
Renato auch, 10, 356, 525, 569, 578, 582
Renato aus, 78
Renato bedeutende, 140
Renato begegnete, 217
Renato bei, 65
Renato berichtete, 230
Renato beschreibt, 89
Renato bleibt ein, 267, 539
Renato dafür, 53
Renato das, 641

Renato diese Zeit, 229
Renato einen, 53, 77
Renato entdeckte, 124
Renato entschied sich, 68
Renato erhielt, 173
Renato erinnerte sich, 242
Renato erkannte, 37, 221, 233, 362
Renato erkannte früh, 173
Renato erklärte, 287
Renato ermutigt, 463
Renato ermutigt Künstler, 356
Renato ermutigte, 22
Renato es, 581
Renato experimentierte, 69
Renato fand, 49, 68, 124
Renato feierte, 22
Renato fordert, 463
Renato gelernt, 32, 302
Renato Geschichten erzählen, 491
Renato glaubt, 535, 538
Renato hartnäckig, 238
Renato helfen, 58
Renato hingegen, 289
Renato initiierte, 379
Renato ist, 71, 96, 174, 285, 514
Renato jedoch, 26
Renato jedoch auch, 55
Renato kam nach, 241
Renato kann, 98, 99
Renato konfrontiert, 2, 72, 118, 264
Renato könnte sich, 285
Renato lernte, 87
Renato lernte schnell, 6
Renato mehrere, 301, 648
Renato mit, 21, 86
Renato muss, 285
Renato muss möglicherweise, 285
Renato muss nicht, 284
Renato muss sorgfältig, 284

Index

Renato musste, 10, 22, 25, 35, 49, 51, 52, 72, 98, 217, 221, 231, 234, 235, 270
Renato nach, 5
Renato nicht, 286
Renato nutzen, 75
Renato nutzt, 42, 74, 137, 263, 291, 304, 404, 536, 592
Renato nutzte, 11, 16, 37, 156, 217, 219, 264, 265
Renato Perez, 9, 14, 17, 20, 22, 25, 27, 32, 36, 39, 41, 46, 48, 51, 54, 56, 58, 61, 64, 65, 69, 70, 86, 88, 100, 102, 108, 109, 111, 113, 167, 181, 189, 200, 220, 226, 230, 250, 252, 254, 257, 259, 261, 263, 265, 267, 269, 275, 280, 281, 288, 291, 295, 297, 304, 315, 317, 332, 339–341, 355, 361, 376, 381, 427, 462, 464, 484–486, 492, 493, 503, 506, 509, 510, 515, 524, 528, 541, 554, 574, 576, 578, 581, 591, 614, 620, 622, 635
Renato Perez auf, 487, 508, 510
Renato Perez bleibt ein, 643
Renato Perez demonstrieren, 109
Renato Perez einen, 62
Renato Perez erheblich, 320
Renato Perez haben, 267, 279, 305, 386
Renato Perez ihre, 494
Renato Perez kann, 198, 528
Renato Perez markieren einen, 20
Renato Perez sah sich, 148
Renato Perez selbst, 80, 144, 199
Renato Perez setzt, 251
Renato Perez stehen, 71
Renato Perez untersuchen, 277
Renato Perez von, 292
Renato Perez wird deutlich, 105
Renato Perez wird weiterhin, 348
Renato Perez wurde, 1
Renato Perez wurde mit, 257
Renato Perez zeigen, 92
Renato Perez', 97, 199, 545
Renato riet, 31
Renato ruft die, 578
Renato sah sich, 26, 242
Renato schließlich, 52
Renato schwierig machte, 10
Renato seine, 139
Renato sich, 9, 270
Renato sieht, 250, 641
Renato sieht Kunst, 577
Renato stehen oft, 76
Renato steht oft, 89
Renato Stereotypen, 305
Renato Strategien, 6, 35
Renato streben danach, 280
Renato tief, 108
Renato untersuchen, 100
Renato verkörperte, 21
Renato verschiedene, 31, 142, 148, 278, 307
Renato von, 5, 26
Renato wertvolles Feedback von, 26
Renato wichtige Kontakte knüpfen, 27
Renato während, 227
Renato zeigt, 69, 306
Renatos Aktivismus, 404, 538
Renatos Ansatz, 529
Renatos Arbeit, 42, 83, 263, 290, 530, 531, 602, 620, 666

Renatos Arbeit als, 494, 641
Renatos Arbeit auf, 288
Renatos Arbeit hat, 530
Renatos Arbeit illustriert, 299
Renatos Arbeit wird nicht, 290
Renatos Aufstieg, 497
Renatos Aufstieg als, 488
Renatos Auftritt, 276
Renatos Auftritte, 27
Renatos beeindruckende Leistung, 148
Renatos Beispiel handeln, 624
Renatos bemerkenswertesten, 90
Renatos Beziehung zu, 229
Renatos Charakter, 21
Renatos Darstellung, 108
Renatos eigenem, 86
Renatos Einfluss, 52, 55, 346, 525, 527, 529, 595, 608
Renatos Einfluss auf, 252, 290, 348, 513, 526, 537, 570, 582, 591, 614, 616
Renatos Einfluss geht, 530
Renatos Einfluss geprägt, 526
Renatos Einfluss ist, 530, 583
Renatos Einfluss wird, 245
Renatos Engagement, 51, 232, 274, 315, 438, 488, 526, 538, 560
Renatos Engagement hat, 529
Renatos Engagement ist, 536
Renatos Engagement verändert, 530
Renatos Entschluss, sich, 47
Renatos Erfahrungen sind, 14
Renatos Erfahrungen zeigen, 269
Renatos Erfolg ermöglicht, 497
Renatos Erfolg inspirierte, 243
Renatos erste, 22, 42, 49, 50, 124, 148

Renatos erstem, 25
Renatos erster, 27, 49
Renatos Fall, 216, 243
Renatos Fall gab es, 3, 29
Renatos Familie gab es, 4
Renatos Familie war, 10
Renatos Fähigkeit, 22, 53
Renatos Geschichte, 488, 489, 630
Renatos Geschichte als, 541
Renatos Geschichte auf, 542
Renatos Geschichte authentisch, 132
Renatos Geschichte eine, 489
Renatos Geschichte ermutigt, 515
Renatos Geschichte hervorgeht, 233
Renatos Geschichte ist, 48, 381, 489
Renatos Geschichte sind, 630
Renatos Identifikation mit, 139
Renatos Kampf, 138
Renatos Kampf gegen, 157
Renatos Karriere, 6, 27, 28, 30, 38, 41, 43, 47, 50, 73, 140, 241, 276, 298, 301
Renatos Karriere zeigt, 98
Renatos kreative, 88, 218
Renatos Kritikerlob, 56
Renatos künstlerischem Schaffen, 77
Renatos künstlerischen Einfluss, 491
Renatos Leben, 3, 4, 14, 24, 67, 72, 74, 124, 139, 156, 167, 216, 299, 352
Renatos Lebensgeschichte bietet, 238
Renatos Mut, 346
Renatos Mutter, 3
Renatos Nutzung von, 295
Renatos Offenheit über, 630
Renatos persönliche, 175, 488
Renatos Projekte sind, 560
Renatos Präsenz, 592

Index

Renatos realem Leben, 49
Renatos Rede bei, 371
Renatos Reise, 243, 350
Renatos Reise zeigt, 22
Renatos Resilienz zeigt sich, 238
Renatos Rolle, 28, 271, 296
Renatos Sichtbarkeit, 629
Renatos Stil, 87
Renatos Stil ist, 86
Renatos Talententdeckung, 217
Renatos Teilnahme, 43, 387
Renatos Umgang mit, 142, 298
Renatos Vermächtnis, 616
Renatos Vermächtnis als, 652
Renatos Vermächtnis ist, 490, 531, 624
Renatos Vermächtnis wird, 570
Renatos Verwendung von, 136
Renatos Vision, 333, 356, 464, 578
Renatos Vorbildern, 173
Renatos Wachstum als, 68
Renatos Weg i, 380
Renatos Weg war, 513
Renatos Weg zur, 20
Renatos Zielsetzung war, 227
Renatos Übergang zum, 52
Repräsentanten einer, 188
Repräsentationen, 527, 629
repräsentieren, 63, 180, 468, 515
repräsentiert, 76, 93, 517
Resilienz, 238, 285
Resilienz abhängt, 400
Resilienz entscheidend, 237
Resilienz gestärkt, 231
Resilienz ist, 236
Resilienz mehrere, 237
Resilienz nicht, 237
Resilienz stärken, 297
Resilienz wird, 237
Resilienz zu, 380, 585, 615
respektieren, 82, 154, 201, 271
respektiert, 327, 512
respektvoll, 52, 65, 132, 280, 324
respektvolle, 82, 285, 486
Ressourcen der, 463
Ressourcen können, 541
Ressourcen sollten, 208
Ressourcen zu, 636
Ressourcenmobilisierung entwickelt, 202
resultiert, 363
revolutionieren, 241, 519
revolutionierte, 56
Rezeption von, 104, 452
richten, 529, 608
richtigen, 266, 267, 269, 414
Richtlinien gegen, 159
Richtung Gerechtigkeit, 624
Richtung Gleichstellung, 55
Richtungen gegenüber, 566
Risiken, 225, 459
Risiko von, 298
Rogers postuliert, 619
Rolle, 541, 607
Rolle angenommen oder, 271
Rolle annehmen sollte, 270
Rolle dabei spielen, 61
Rolle effektiv, 180
Rolle erforderte von, 241
Rolle geht, 101
Rolle innerhalb, 4
Rolle schlüpfen, 98
Rolle spielen, 199, 224, 487
Rolle spielt, 218
Rolle stehen junge, 474
Rollen verantwortlich, 266
Rollen zu, 98, 285
Rollenwahl, 98, 269–271

RuPaul hat, 176
Räume, 620
Rückgang der, 29, 520
Rückkehr, 520
Rückmeldung, 36, 38
Rückmeldung führte, 278
Rückmeldungen können, 28
Rückmeldungen von, 271
Rückschläge, 22
Rückschläge als, 560
Rückschläge können, 230
Rückschläge oft, 229
Rückschläge Renatos Lebensweg geprägt, 229
Rückschläge sind, 229, 231
Rückschläge Teil des kreativen Prozesses, 219
Rückschläge von, 20, 22
Rückschläge zu, 236, 285
Rückschlägen auf, 230
Rückschlägen verbunden, 6
rückte, 243

sagte, 95
sah sich, 86
Sam Smith, 468
sammelte, 73
schadet, 520
Schaffen, 39, 528
schaffen, 5, 53, 56, 60, 67, 74, 81, 83, 93, 96, 99, 137, 156, 168, 176, 182, 196, 219, 245–247, 253, 255, 257, 261, 263, 274, 283, 292, 302, 315, 321, 323, 327, 330, 341, 356, 373, 395, 432, 445, 454, 455, 463, 474, 480, 482, 487, 489, 490, 509, 541, 548, 552, 554, 560, 574–578, 602, 616, 620, 624, 629, 630, 634, 639, 640, 642, 649, 657
Schaffenden, 627
schafft, 65, 82, 352, 353, 445, 539, 570
Schattenseiten der, 38
Schauspiel, 96, 107
Schauspieler, 68, 91, 271
Schauspieler aktiv, 117
Schauspieler gezwungen, 99
Schauspieler müssen, 98, 108, 284
Schauspieler sein, 65
Schauspieler wie, 109, 270, 320
schauspielerischen Fähigkeiten, 25–27, 51, 109, 149, 258, 278
schauspielerischen Fähigkeiten zu, 278
schauspielerischen Karriere, 5
schauspielerischer, 7
Schauspielern ihm, 124
Schauspielern konnte, 11
Schauspielern schadet, 520
Schauspielern verbunden, 102
Schauspielern weiterleben, 526
Schauspielern wie, 58, 267
Schauspielers, 49
Schauspielkunst wird Authentizität, 114
Schauspielwelt, 102
Schlagwort bleibt, 615
schließlich, 52, 278
Schlüsselbegriff, 280
schmerzhaft, 229, 242
schnellere, 395
schrieb, 299

Index 731

Schritt, 46, 52, 55, 56, 58, 88, 139, 216, 231, 243, 480, 511, 624
Schritten, 65
schuf, 39, 219
Schule motiviert, 404
Schulen, 438, 474, 487, 671
Schulungen können, 465
schwierig machen, 33, 83
schwierig sein, 51
schwierige, 237
schwierigen, 7, 127, 269, 392
schädlich sein, 511
schädlichen Darstellung von, 508
schärfen, 52, 83, 132, 257, 264, 267, 271, 276, 298, 339, 341, 379, 453, 465, 492, 503, 527, 537, 538, 565, 569, 575, 608, 637, 641
schärft, 82, 343, 489, 514, 554
schärften, 43
Schönheit können, 144
schöpfte, 78
Schüler über, 380
Schülern, 438, 671
schützen, 136, 182, 296, 456
sehen, 28, 95, 102, 156, 323, 396, 478, 493, 494, 515, 540, 566, 615, 624
Sehnsucht, 539
sei es, 182
sein, 96, 198, 208, 286, 295, 298, 482
sein Aktivismus, 72
Sein Ansatz, 464
Sein Aufruf zur, 578
Sein Durchbruch, 140
Sein Durchhaltevermögen, 238
Sein Einfluss, 591

Sein Engagement, 515, 614, 616
sein Engagement, 438
Sein Engagement zeigt, 554
Sein Erbe wird, 526
sein Gefühl, 4
sein kann, 36, 284, 639
sein Leben, 176, 287
sein Lebenswerk, 620
sein Selbstbewusstsein, 53
sein Selbstvertrauen, 22, 26
sein Spiel, 49
sein Theaterstück, 491, 641
Sein Vermächtnis wird, 62
Sein Vermächtnis wird nicht, 464
sein volles, 643
Sein Weg ist, 69
Sein Wirken, 524
sein Wissen, 569
sein Wunsch, 227
Sein Ziel, 582
sein Zuhause, 118
Seine, 22, 52, 73, 140, 150, 174, 290, 332, 355, 608
seine, 3–7, 10, 11, 16, 20–22, 24–32, 35, 37–39, 42, 43, 47–54, 56, 61, 62, 66–69, 71–75, 77, 80, 86–88, 96, 97, 99, 101, 102, 104, 108, 109, 121, 124, 125, 127, 132, 136–139, 142, 144, 145, 147–150, 156, 157, 167, 168, 173, 175, 176, 189, 191, 216–220, 223, 227, 228, 230–235, 237, 238, 242–245, 251, 252, 254, 263, 265, 269, 276, 278, 279, 284–287, 289–292, 295, 296, 298, 299, 301, 302, 304, 305,

307, 339, 344, 346, 348,
351, 352, 355, 361, 363,
373, 387, 403, 404, 427,
438, 463, 484–489, 493,
513, 514, 523, 528, 529,
531, 536–539, 543, 549,
554, 560, 562, 569, 577,
578, 581, 582, 585, 592,
614, 616, 630, 635, 641
Seine Arbeit zeigt, 582
Seine Botschaft, 649
Seine Erfahrungen, 541
Seine Erfolge, 380
Seine Erfolge haben, 542
Seine Fähigkeit, 387
Seine Geschichten, 176
Seine Lebensgeschichte, 622
Seine Projekte, 339, 560
Seine Präsenz, 510
Seine Reden, 593
Seine Reise zeigt, 7, 50, 74
Seine Rolle als, 570
Seine Sichtbarkeit, 489
Seine Werke, 556, 640
Seine Überzeugung, 315
Seine Überzeugungen, 356
seinem, 280
seinem Leben, 27, 285
seinem öffentlichen, 585
seinen, 4, 6, 10, 16, 26, 27, 34, 38,
39, 41–43, 50, 52, 54, 65,
68, 69, 74, 86, 87, 97, 100,
144, 149, 150, 217, 218,
224, 243, 266, 276, 278,
285, 291, 292, 304, 307,
339, 341, 463, 486, 489,
560
seiner, 2–7, 10–12, 14, 15, 20, 22,
25–31, 36, 38, 39, 42, 43,
46, 48–51, 53, 55, 57, 65,
67, 69, 72, 75–78, 80,
86–88, 96, 98, 101, 109,
121, 124, 127, 128, 139,
144, 147, 148, 155, 156,
189, 216, 217, 219, 227,
229–232, 237, 238, 241,
243, 263, 265, 270, 276,
278, 280, 285, 291, 292,
298, 299, 305–307, 323,
340, 346, 350, 356, 371,
381, 427, 462, 488, 492,
493, 497, 520, 525, 539,
545, 560, 562, 569, 578,
582, 624, 635, 639, 642,
655
seit, 14, 81, 93, 335, 376, 539, 555,
563, 639
Selbst, 167
selbst, 7, 22, 50, 52, 54, 55, 63, 69,
74, 80, 108, 114, 144, 175,
180, 182, 189, 199, 224,
225, 230–233, 250, 270,
304, 321, 327, 332, 340,
343, 403, 445, 456, 494,
513, 515, 535, 602, 619,
630
Selbstakzeptanz, 22, 233, 488
Selbstakzeptanz behandelt, 80
Selbstakzeptanz kann, 225
Selbstbewusstsein, 167, 168, 225,
226, 230
Selbstentdeckung, 11, 25, 74, 95,
102
Selbstfürsorge kann, 182
Selbstfürsorge zu, 182, 585
Selbstkonzept zu, 188
Selbstvermarktung, 304, 305
Selbstwahrnehmung beeinflusst, 296

Index

Selbstwahrnehmung von, 488
Selbstwertgefühl, 10, 497
Selbstwertgefühl besitzen, 224
Selbstwirksamkeit, 167
Selbstwirksamkeit der, 625
Sensibilisierung, 491
setzen, 31, 104, 227, 302, 303
setzt, 251, 267, 281
setzte, 52, 53, 265
Sexualität auseinandersetzt, 443
Sexualität wahrgenommen, 14
sexuelle, 1, 58, 160, 162, 245, 246,
    402, 453, 480, 517
sexueller, 147, 381, 443, 535, 624,
    652
sich, 2–4, 7, 9–11, 20–23, 25–28,
    31–33, 35, 38, 39, 42, 43,
    46–58, 62, 63, 65, 68–74,
    76, 78–81, 83, 86, 87, 89,
    91, 92, 95, 97–102, 104,
    105, 108, 113, 114,
    116–118, 120, 132, 133,
    137, 140, 142, 144,
    147–149, 156, 157, 162,
    167, 173, 174, 181–183,
    187, 189, 194, 196, 200,
    202, 203, 217, 219, 221,
    223–227, 230–233, 235,
    237, 238, 241–243, 245,
    246, 251, 253–256, 258,
    259, 261, 263–267,
    269–271, 274–276, 279,
    280, 284–286, 288, 290,
    292, 295–299, 302,
    304–307, 313, 315, 317,
    318, 321, 323, 327, 329,
    330, 332, 336, 340, 343,
    346, 348, 351, 352,
    354–356, 361, 362, 374,
    380, 387, 392, 394–396,
    400–403, 427, 434, 438,
    443, 445, 452–456, 459,
    462, 464, 465, 468, 474,
    478, 484–489, 491–494,
    497, 510, 511, 513–515,
    518, 519, 521, 525–530,
    535–538, 540, 541, 549,
    555, 560, 564, 566, 567,
    570, 572, 575–578, 581,
    582, 590, 591, 593, 595,
    602, 607, 608, 615, 616,
    619, 627–630, 635, 643,
    644, 649, 666, 669–671
sicher, 3, 142, 196, 434, 445, 519
sicherer, 147, 305
sichtbar, 54, 67, 79, 97, 140, 156,
    185, 362, 463, 512, 644
Sichtbarkeit, 51, 53, 65, 176, 290,
    511, 515, 529, 530, 567
Sichtbarkeit kann, 532
sie, 4, 14, 16, 21, 22, 26, 34, 35, 37,
    41, 49, 55, 60, 64, 66, 70,
    71, 74, 81, 82, 96, 98, 99,
    101, 102, 108, 115, 117,
    118, 120, 128, 133, 144,
    150, 155, 167, 171, 174,
    180–183, 187, 191, 194,
    203, 216, 217, 219, 221,
    225, 226, 230, 241, 242,
    244, 246, 254, 256–258,
    266, 267, 270, 275, 276,
    279, 285, 298, 299, 303,
    304, 307, 315, 320, 321,
    324, 329, 332, 335, 341,
    343, 346, 351, 352, 354,
    362, 374, 392, 396, 403,
    410, 414, 445, 452, 454,
    457, 459, 478, 486, 488,

489, 491, 492, 494, 497,
503, 509–511, 515, 519,
521, 525, 536, 539, 540,
554–556, 564, 566, 567,
576, 591–593, 606, 607,
619, 630, 644, 670
sieht das, 577
sieht es, 175
sieht jede, 271
sieht sich, 55, 317, 332
signifikant, 630
sind, 3, 5, 7, 10, 14, 16, 21, 22, 26,
28, 30, 32–35, 41, 43, 48,
49, 51–53, 55–58, 60, 62,
65, 66, 68, 69, 71, 74, 75,
77, 78, 81, 90, 95, 96,
98–102, 104, 105, 107,
117, 118, 120, 121, 125,
127, 129, 130, 133, 145,
147, 155–157, 167, 173,
174, 180–182, 191, 194,
196, 200, 216, 219–222,
224, 225, 229–233, 238,
242, 245–247, 252,
254–257, 259, 263–271,
275, 276, 278, 285,
290–292, 295–297, 299,
302, 304–306, 314, 315,
317–321, 328, 332, 337,
339, 341, 344, 350, 351,
353, 354, 356, 361, 362,
380, 381, 395, 400, 401,
410, 427, 435, 450,
453–456, 459, 462, 463,
468, 470, 474, 479, 480,
486, 488, 489, 492, 494,
509–513, 515, 516,
518–521, 525, 528–530,
538, 540, 541, 545, 552,
554, 556, 557, 560,
565–567, 569, 570, 575,
576, 578, 590, 593, 601,
602, 607, 616, 620, 622,
628–630, 634, 635, 640,
644, 650, 652, 669
Sinne kann, 639
Sinne wird Kunst, 223, 340
skeptisch, 148
Skript, 115
sofort, 278
solche, 2, 3, 35, 55, 108, 148, 208,
232, 250, 257, 264, 287,
380
Solche Reaktionen können, 271
solchen, 22, 53, 65, 91, 98, 118, 139,
452, 484, 576
solcher, 262, 270, 457, 537
solidarische Allianzen zu, 470
solidarischen, 536, 635
sollte Renato einige, 33
sollten, 56, 208, 233, 289, 397, 453,
474, 488, 518, 528, 566,
577, 619, 671
somit, 80, 147, 185, 231, 519, 539,
541, 642, 643
sowie, 51, 81, 86, 95, 111, 180, 216,
254, 259, 298, 329, 335,
355, 452, 528, 565, 578
sowohl, 1, 3, 5, 6, 15, 17, 24, 26, 30,
36, 38, 39, 43, 45, 47, 48,
50, 53, 63, 65, 67, 69, 71,
74, 81, 86, 87, 97–99, 109,
111, 118, 120, 136, 144,
157, 168, 183, 227, 243,
261, 271, 273, 277–279,
281, 283, 284, 292, 295,
296, 298, 304, 305, 307,
313, 327, 330, 332, 334,

341, 352, 380, 381, 396,
459, 462, 487, 503, 511,
520, 528, 529, 555, 606,
607, 627, 629, 639
soziale, 3, 10, 35, 37, 38, 42, 43, 61,
70, 71, 73–75, 77, 79, 82,
95, 104, 144, 176, 187,
194, 196, 246, 265, 274,
276, 278, 285, 291, 328,
336, 341, 343, 344, 352,
353, 361, 376, 393–395,
397, 401, 404, 427,
452–454, 459, 463, 479,
480, 515, 517, 528, 529,
536, 538, 539, 541, 546,
555–557, 560, 562, 565,
572, 574–576, 592, 600,
629, 639–641, 652, 654
Soziale Netzwerke, 137
sozialen, 10, 27, 37, 38, 43, 65, 66,
74, 81–83, 93, 103, 105,
124, 129, 133, 137, 142,
144, 147, 156, 168, 176,
194, 223, 231, 245, 262,
265, 269, 275, 284,
290–292, 295, 299, 302,
304–306, 309, 329, 336,
339, 341, 343, 353, 354,
373–376, 393, 394, 403,
404, 425, 427, 452, 463,
468, 492, 497, 512, 530,
535, 536, 539, 546, 557,
563, 565, 574, 577, 582,
592, 625, 629, 639, 640,
671
sozialer, 88, 129, 196, 220, 232, 291,
328, 445, 539, 541, 576,
654
sozialwissenschaftlichen, 209

Spannungen führen, 3, 162, 255,
566
Spannungen geprägt, 557
spezialisiert, 31
speziell, 56, 262, 266
spezifische, 291
spezifischen Möglichkeiten, 556
spiegeln, 16, 125
spiegelt, 290
spielen, 4, 27, 58, 61, 65, 68, 69, 73,
77, 100, 115, 124, 142,
148, 174, 199, 200, 224,
232, 243, 245, 254, 256,
257, 265, 271, 277, 302,
314, 317, 337, 479, 486,
487, 503, 528, 538, 557,
592, 595, 607, 669
spielt, 3, 22, 32, 37, 41, 83, 101, 108,
189, 218, 243, 263, 267,
275, 281, 285, 443, 453,
459, 481, 489, 510, 512,
515, 527, 539, 541, 554,
574, 576, 619
spielte, 25, 38, 72, 99, 124, 341
spielten, 76
sprach, 43, 50, 276, 287
sprechen, 24, 37, 142, 305, 543
spricht, 189, 288, 290, 305, 488
später, 27
spürbar, 50, 348
staatliche, 575
Stadien der, 145
stand, 242
starre, 657
starten, 137, 458
statt, 49, 69, 96
Stattdessen setzen, 303
stattfinden, 20, 208, 259
stehen Jugendliche vor, 145

stehen Künstler, 340
stehen Künstler vor, 639
stehen sie, 267
stehen unter, 80
stehen vor, 398
steht vor, 250
steigern, 105, 302, 362, 497
steigert, 42
Stelle stehen, 578
stellt sich, 627
stellte ihn vor, 47
stellten, 31, 156, 231, 238, 271
stereotyp, 246, 362, 489
stereotype, 55, 61, 63, 76, 98, 138, 148, 176, 255, 257, 267, 285, 314, 320, 329, 375, 493, 509, 511, 512, 519, 528, 581, 629
Stereotypen basieren, 47
stereotypisiert, 82, 264, 270, 289, 542
Stil, 53, 86, 217
Stil beigetragen, 86
Stil gefunden, 69
Stil verfolgen, 117
Stil weiterzuentwickeln, 69, 87
Stimme verlieren, 181
Stimmen bieten, 341
Stimmen der, 99, 474, 503, 512, 557, 624
Stimmen derjenigen zu, 549
Stimmen erhöhen, 354
Stimmen ermöglichen, 261
Stimmen Gehör, 332, 518, 654
Stimmen gehört, 115, 327, 329, 354
Stimmen hören, 263
Stimmen kommen häufig, 652
Stimmen können, 263

Stimmen von, 176, 254, 259, 261, 267, 362, 470, 487, 494, 507
Stimmen wird dazu, 526
Stimmübungen durchgeführt, 101
strategisch vorzugehen, 268
Streben nach, 12, 104, 220, 234, 265
strebt Renato danach, 356
Stunden damit, 101
ständig, 31, 63, 97, 219, 233, 284, 285, 297, 452, 557, 652, 666
ständige, 6, 69, 71, 96, 181, 233, 234, 284, 305, 530
ständigen, 7, 54, 79, 148, 181, 298, 639
ständiger Prozess ist, 284
Stärken, 91
stärken, 22, 26, 32, 39, 53, 74, 75, 82, 99, 220, 227, 250, 263, 291, 297, 307, 352–354, 362, 454, 457, 474, 487, 488, 494, 497, 536, 575, 671
Stärken liegen, 216
stärker, 102, 243, 494
stärkere, 474
stärkeren, 49, 66, 156, 230, 280, 494, 512, 628
stärkt, 91, 225, 237, 354, 625
stößt, 29
Stück, 73, 100, 101
Stück arbeiten, 91
stützen, 355
Suche geprägt, 233
suchen, 7, 68, 264, 265, 625
symbolischen Sieg, 49
synergistisch, 530
systematische, 362

Index

Tage hinweg ausbreitet, 296
Talente, 58, 266, 518
Talente besitzen, 321
Talente wie, 267
talentierten, 57
Tanz lässt sich, 74
Tanzszene ist, 76
tatsächlich repräsentieren, 515
Tausende von, 287, 290
Techniken, 5, 25
Techniken der, 111
Techniken entwickelt, 101
technische, 5
technischen, 49, 58, 99
technisches, 98, 109
technologische, 58
teilgenommen, 157, 543, 593, 608
Teilnahme, 269
Teilnehmer lernen, 434
teilten, 173, 278
teilzuhaben, 578
Tendenzen ausgesprochen, 493
the Angry Inch, 77
Theater konnte, 74
Theater stehen, 98
Theaterakademien, 5
Theaterbranche, 265
Theaterindustrie, 56
Theaterproduktionen berücksichtigt, 265
Theaterstück, 28, 37, 108, 124, 140, 142, 148, 217, 229, 264, 267, 271, 493
Theaterstück eine, 227
Theaterstück hatte, 69
Theaterstück ist, 48
Theaterstück mit, 242
Theaterwelt Anklang, 53
Theaterwelt wird oft, 100

Thema, 341
thematisieren, 78, 539, 639
thematisiert, 11, 98, 341, 470, 539, 641
thematisierte, 16, 52, 77, 264, 341, 493, 628
Themen betroffen, 566
Themen Geschlechtsidentität, 487
Themen trivialisiert oder, 566
theoretischen Ansätzen, 546
theoretischer Rahmen ist, 79, 185, 443
Theorien sowie, 565
tief, 95, 101, 108, 147, 155, 156, 219, 258, 266, 507, 518, 590, 601, 628
Tiefe der, 111
tiefen, 2, 17, 86, 361, 362, 452
tiefere, 49, 60, 99, 217, 295, 299, 305, 340, 519, 562, 652, 670
tiefgehende, 50, 241
tiefgreifende, 9, 10, 46, 77, 109, 115
tiefgreifenden Einfluss auf, 61, 175, 230, 279, 404, 531, 614
Toiletten, 651
Traditionelle Marketingstrategien, 302
traditionellen, 33, 49, 50, 72, 73, 124, 156, 231, 264, 275, 493, 516, 518, 615, 654
Traditionen, 574
tragen, 41, 55, 171, 180, 200, 220, 267, 320, 341, 420, 468, 494, 512, 606, 607, 629, 651, 654
tragischen Figuren, 270
tragischen Geschichten, 604
trans Geschichten, 156

trans Schauspielern, 102, 506
trans Schauspielern einschränkt, 519
trans-Mann, 148
trans-Schauspielern, 51–53, 72, 100, 173, 255–257, 266, 267, 270, 313–315, 508–512
trans-Schauspielern spielen, 200
trans-Schauspielern wie, 65, 181, 305, 510
transformative, 42, 74, 80, 93, 124, 199, 232, 346, 354, 393, 450, 459, 539, 555, 562, 563, 639, 640
transformieren, 352, 355, 445
transformiert, 356
transgender, 379, 527, 626
Transgender-Geschichten, 55
Transgender-Schauspielern, 58, 542
transgeschlechtlichen Schauspielern, 55
transidente, 124, 404, 524, 525
transidenten, 124, 340, 525, 526
transidenter, 125
Transidentität identifizieren, 242
Transidentitäten, 275
Transparenz kann, 298
Transpersonen verringert, 275
transportieren, 74
treibt, 315
treten, 42, 265, 284, 292, 304
treu, 513
treue, 284
Triumphe von, 641
trotz, 6, 14, 290, 497, 513, 607, 630
Trotz der, 3, 22, 31, 32, 72, 76, 78, 82, 83, 95, 96, 102, 104, 117, 128, 140, 142, 174, 183, 191, 194, 200, 219, 226, 238, 246, 253, 280, 290, 292, 302, 305, 314, 320, 328, 332, 337, 340, 354, 364–366, 368, 387, 394, 447, 454, 489, 493, 506, 509, 516, 518, 540, 541, 564, 575, 576, 590, 618, 627, 639, 640, 656
Trotz dieser, 199, 236, 258, 484, 507, 510, 511, 530, 640
Trotz seiner, 229, 356, 525, 578, 655
Trotz seines Talents, 227
trugen, 243, 648
Träume, 220, 221, 234, 235, 497
tun, 267
Twitter ermöglichen, 37, 276, 404, 425
typischerweise, 145
täglich Gewalt, 530
tägliche, 455
Tänze zentrale, 75
tätig, 53, 229
Türen, 53

Um effektiv, 33
Umdenken, 115
umfassen, 168, 221, 251, 295, 555
umfasst, 9, 58, 89, 109, 145, 157, 165, 178, 237, 245, 275, 327, 332, 333, 341, 356, 400, 463, 509, 538
umfasste, 26
umfassten, 14, 25, 513
Umfeld, 86, 138, 280, 281, 327, 432, 434, 487, 618
Umfeld aktiv gegen, 392
Umfeld aufwachsen, 10
Umfeld kann, 91
Umfeld leben, 619
Umfeld stattfinden, 208

Umgang, 6, 31, 37, 87, 102, 147, 387
Umgebung beobachten, 362
umgehen, 49, 167, 182, 284, 298, 606
umgesetzt, 254, 520, 615
umgewandelt, 404
umstrittenen, 296
umzugehen, 6, 22, 35, 38, 102, 142, 208, 297, 386, 387, 399, 445, 456, 585
umzusetzen, 474
unabhängigen, 52
unbemerkt, 52
unbestreitbar, 301, 513, 562, 618
unbestritten, 576, 640
und, 1–7, 9–12, 14–17, 20–39, 41–43, 46–63, 65–83, 86–89, 91–93, 95–105, 107–109, 111, 113–115, 117, 118, 120, 121, 124, 125, 127–129, 132, 133, 136–140, 142, 144, 145, 147–150, 154–157, 159, 160, 167, 168, 171, 173–176, 180–182, 185, 187–189, 191, 194, 196, 198–203, 208, 209, 216–238, 241–247, 250–259, 261–267, 269–271, 273–281, 283–292, 295–300, 302–307, 309, 313–315, 317, 320–324, 326–330, 332, 334–337, 339–341, 343, 344, 346, 348, 350–357, 361–365, 371, 373–376, 379–381, 387, 392–397, 400–404, 410, 414, 415, 420, 425, 427, 434, 435, 438, 439, 443, 445, 446, 450, 452–459, 462–465, 468, 470, 474, 478–482, 484–494, 497, 502, 503, 506–515, 517–521, 523–531, 535–543, 545, 546, 548, 549, 552, 554–557, 560, 562–567, 569, 570, 572, 574–578, 581–583, 585, 590–593, 595, 600–602, 604, 607, 608, 614–616, 618–620, 622, 624–631, 634–636, 639–644, 648, 649, 651, 652, 654, 656, 657, 666, 669–671
unermüdlich, 315
unerwartete Situationen einstellen, 98
Ungerechtigkeiten, 82, 341, 362
Ungerechtigkeiten als, 362
Ungerechtigkeiten aufmerksam, 75, 376
Ungerechtigkeiten hinzuweisen, 459
Ungerechtigkeiten resultieren, 362
universelle, 231
uns, 69, 127, 233, 354, 554, 565, 578, 602, 622, 624, 652
unschätzbarem, 127
unsere, 233, 480, 622, 629
unserer, 480, 482, 503, 620
Unsicherheit kann, 99
Unsicherheiten bewältigen, 105
unter, 52, 57, 65, 76, 80, 102, 104, 109, 270, 284, 298, 373, 438, 564
untergraben, 63, 394, 479
unterhalten, 83, 493
unterhaltsame, 566

Unterhaltungsindustrie, 147, 226, 257, 306
Unterhaltungsindustrie angestoßen, 637
Unterhaltungsindustrie ausgeübt, 61, 62
Unterhaltungsindustrie bei, 55, 200
Unterhaltungsindustrie bieten, 257
Unterhaltungsindustrie erfolgreich, 286, 297
Unterhaltungsindustrie gibt, 256, 285
Unterhaltungsindustrie haben, 173
Unterhaltungsindustrie kann, 286
Unterhaltungsindustrie konfrontiert, 53
untermauern, 614
unterrepräsentiert, 82, 246, 528, 540, 578, 652, 654
unterrepräsentierte Stimmen, 262, 615
unterrepräsentierte Stimmen zu, 315
unterscheiden, 31, 296, 453
Unterschied, 607
unterschiedliche, 82, 104, 162, 566
unterschiedlichen, 11, 28, 51, 329, 480, 515, 528, 575
unterschätzen, 95, 182, 304, 512, 519
unterstreicht, 281, 299, 489, 529, 619
unterstützen, 58, 117, 127, 168, 173, 182, 250, 439, 452, 520, 578, 615, 654
unterstützende, 118, 147, 196, 274
unterstützenden, 10, 194, 208, 221, 434, 648
unterstützt, 25, 224, 304, 403, 509, 635

unterstützten, 24, 156, 278
Unterstützungsstrukturen, 202
untersuchen, 3, 25, 30, 41, 46, 72, 76, 79, 93, 97, 100, 103, 111, 216, 224, 229, 231, 241, 259, 277, 298, 352, 376, 452, 485, 541, 563, 574, 591
untersucht, 246, 269, 322
unterteilt, 28, 166, 209
untrennbar, 75, 217, 565
unvermeidlicher Bestandteil des Lebens, 295
unverzichtbarer Bestandteil des Erfolgs, 43
unzureichend, 31
unzureichende, 435
USA, 362, 489

variieren, 129
verabschiedet, 457, 650
veranschaulichen, 130, 259, 335, 452
veranstaltet, 582
Veranstaltungen beteiligt, 273
Veranstaltungen bieten, 196
Veranstaltungen fördern, 196
Veranstaltungen sind, 435
Veranstaltungen und, 465
verantwortungsbewusst, 395
verarbeiten, 11, 124, 139, 223
verbessern, 31, 39, 101, 117, 159, 217, 227, 270, 321
verbessert, 244
verbieten, 651
verbietet, 537
verbinden, 82, 217, 233, 276, 474, 641
verbindet, 464
Verbindung zwischen, 86

Index 741

Verbindungen, 269, 523, 536, 635
verbreiten, 38, 74, 75, 83, 137, 180, 276, 302, 335, 343, 374, 375, 404, 450, 459, 463, 479, 481, 538, 541, 592, 654
verbreitet, 99, 198, 242, 278, 318, 328, 332, 375, 453, 489, 530
verbreitete, 148
Verbreitung von, 41, 198, 304, 393, 395, 404, 445, 453, 456
verbundene Konzepte, 224
verbundene Vorbereitung sind, 100
Verbündeter, 4
verdeutlichen, 14, 79, 93, 95, 252, 296, 298, 450, 502, 545, 563, 574, 639
verdeutlicht, 24, 26, 124, 136, 147, 175, 196, 225, 227, 245, 253, 274, 280, 314, 343, 400, 494, 529, 553, 583, 601
verdeutlichte, 21
vereinte, 201
vereinten, 273
verfeinern, 30, 32, 49, 89, 101, 278
verfolgt, 439, 459, 474
verfügbar, 264, 575
verfügbaren, 98, 270, 285
verfügen, 232, 396, 457
Vergangenheit erwähnt, 104
Verhalten, 155, 629
Verhalten einer, 114
Verhandlungen, 79
verhindern, 420, 519
verkauft, 627
verkörpern, 114, 488, 581, 625
verkörpert, 492

verkörperte, 21, 148
vermeiden, 98, 255, 320
vermitteln, 51, 53, 74, 75, 77, 109, 264, 305, 307, 379, 453, 466, 528, 593, 670
vermittelt, 35, 36, 567, 574
vernachlässigt, 182
vernetzen, 263
verpflichtet, 362, 514, 527
verringern, 583
verringert, 275, 459, 520
verschiedene, 5, 11, 31, 56, 57, 75, 76, 91, 95, 101, 124, 142, 145, 148, 150, 166, 198, 216, 217, 238, 243, 246, 252, 278, 306, 307, 326, 340, 353, 386, 399, 401, 446, 453, 474, 479, 480, 517, 563, 566, 574, 671
verschiedenen, 3, 5, 12, 25–27, 30, 41, 46, 51, 69, 72, 79, 81, 86, 88, 91–93, 95, 100, 103, 111, 118, 133, 156, 179, 194, 216, 217, 224, 231, 254, 269, 277, 280, 309, 329, 335, 361, 438, 450, 453, 474, 485, 517, 526, 529, 536, 543, 546, 556, 565, 566, 572, 574, 591, 593, 601, 608, 614–616, 635, 639
verschiedener, 101, 223, 281, 601
verschärft, 264
versehen, 510
verstand, 20, 38
verstecken, 22
verstehen, 3, 22, 36, 66, 78, 101, 124, 154, 191, 223, 229, 266, 278, 289, 291, 307,

332, 356, 401, 443, 489, 510, 572, 656
verstärkt, 10, 12, 74, 138, 223, 299, 362, 373
versucht, 536, 641, 657
Versuchung groß, 270
verteilt sein, 540
Vertrauen, 217, 427
vertreten, 52, 68, 314, 528, 549, 602
Verwaltung, 307
verwandelte sich, 50
verwendet, 414, 469
verwurzelt, 155, 628
verwurzelte, 147, 156, 266, 507, 518, 601
verwurzelten, 258, 590
verwässern, 344, 564
verzerrt, 362, 528
verzerrte, 375, 604
verzerrten, 61, 63, 82, 246, 253, 340, 488, 493, 508, 511, 581
verändern, 48, 52, 97, 157, 174, 176, 185, 243, 332, 341, 352, 396, 470, 485, 487, 488, 493, 557, 582, 620, 629, 631
verändert, 97, 157, 245, 288, 289, 313, 374, 485, 510, 530, 539, 562, 630, 666, 670
veränderte, 50
Veränderung beigetragen, 485
Veränderung beitragen, 539
Veränderung der, 289
Veränderung möglich ist, 622
Veränderung seiner, 46
Veränderung sieht, 578
Veränderung spielt, 541
Veränderung wird, 540

Veränderungen, 20, 58, 70, 96, 136, 230, 243, 259, 263, 266, 290, 321, 327, 336, 337, 339, 341, 343, 361, 380, 395, 400, 489, 510, 515, 530, 557, 583, 602, 618, 624, 640, 652
Veränderungen anregt, 503
Veränderungen anzupassen, 233
Veränderungen anzustoßen, 341
Veränderungen beeinflusst, 563
Veränderungen bewirken, 365
Veränderungen dienen kann, 74, 492
Veränderungen dienen können, 574
Veränderungen erheblich, 565
Veränderungen geführt, 267
Veränderungen geprägt, 462
Veränderungen herbeizuführen, 50, 71, 83, 95, 343, 457, 564, 574, 616, 622, 628, 629
Veränderungen möglich, 515
Veränderungen sind, 245, 454, 516
Veränderungen wird, 565
veröffentlichte, 35
Veröffentlichung, 303
Viele, 474, 564
viele, 7, 22, 26, 39, 49–51, 56, 63, 71, 108, 142, 149, 156, 180, 224, 226, 231, 242, 264, 278, 281, 295, 297, 298, 326, 332, 346, 352, 354, 361, 362, 365, 387, 396, 401, 438, 439, 450, 487, 489, 493, 497, 515, 528, 530, 535, 538, 539, 545, 549, 567, 569, 626, 630, 643, 648, 666
Viele Casting-Agenturen, 68
Viele Drehbuchautoren, 509

Viele Entscheidungsträger, 516, 521
Viele Kreative, 219
Viele Kritiker, 148
Viele Künstler, 296, 298, 615
Viele Menschen, 191
Viele Produktionen, 506
Viele Produzenten, 484
Viele Theaterproduktionen sind, 99
Viele trans-Personen, 173
Viele trans-Schauspieler, 47, 82, 266, 314
Viele von, 174
Viele Zuschauer, 21
vielen, 2, 49, 54, 74, 99, 171, 182, 183, 189, 218, 221, 224, 233, 244, 305, 379, 459, 486, 497, 503, 513, 530, 574, 575, 593, 616, 640, 650
vieler, 125, 157, 233, 243, 539, 607
vielfältig, 2, 57, 71, 120, 182, 230, 275, 318, 528, 552, 601, 669
vielfältige, 93, 185, 203, 261, 320, 322, 327, 489, 510, 578
vielfältigen Aspekte der, 352
vielfältigen Identitäten, 246, 601
vielfältigen Medienlandschaft, 512
vielfältigen Medienlandschaft spielen, 174
vielfältigen Narrativen, 510
vielfältiger, 443
vielfältigere Darstellung, 265
vielfältigere Darstellung von, 315
vielmehr, 229, 231
vielschichtig, 14, 65, 79, 222, 224, 295, 297, 306, 343, 363, 486, 535, 557, 565, 570, 574, 652

vielschichtige, 5, 233, 289, 464, 488, 509
vielschichtigen Aspekte seiner, 78
vielschichtigen Erfahrungen, 344
vielversprechend, 256, 315, 332
Vielzahl, 253
Vielzahl von, 9, 27, 57, 97, 109, 180, 245, 252, 321, 474, 511, 519
virale, 302
viraler, 301
Viralisierung von, 302
Visionär, 578
Visualisieren, 6
visuell, 69
voll ausschöpfen, 219
voll auszuschöpfen, 220
voller, 5, 12, 118
vom, 28
von, 1, 3–6, 9, 11, 12, 14, 20–22, 25–28, 30, 31, 33, 34, 36–39, 41–43, 47–58, 60–65, 67–69, 71–74, 76, 77, 79–83, 86–93, 95–97, 99–102, 104, 105, 107–109, 111, 114, 115, 117, 118, 120, 124, 125, 127, 129, 132, 133, 136–140, 142, 144, 145, 147–150, 154, 157, 166–168, 171, 173–176, 178, 180, 181, 185, 187–189, 191, 194, 196, 198–200, 208, 216–221, 223–227, 229–233, 236, 238, 241, 243–247, 250–259, 261–267, 269–271, 273–281, 283, 285, 287–292, 295–307,

309, 313–315, 317,
320–324, 326–330, 332,
335, 336, 339–341, 343,
344, 346, 348, 351, 352,
354–356, 361–365, 368,
371, 373–375, 379–381,
393–397, 399–401, 404,
410, 414, 420, 425, 427,
432, 434, 438, 443, 445,
447, 450, 452–459, 462,
463, 465, 468, 470, 474,
478–480, 482, 485–489,
491–494, 497, 503,
506–521, 523, 525–531,
535, 536, 538–543, 549,
552–555, 557, 560,
562–567, 569, 570,
574–578, 581–583, 585,
590–593, 595, 600–602,
604, 607, 608, 614, 616,
619, 620, 622, 624, 625,
627–631, 635–637,
639–642, 648–652, 666,
669–671
Von der, 570
Von hohen Erwartungen, 182
vor, 5, 21, 24, 26, 47, 55, 56, 89, 96,
98, 104, 115, 145, 179,
180, 182, 219, 234, 238,
250, 253, 258, 267, 314,
328, 332, 340, 343, 364,
398, 406, 432, 445, 474,
484, 489, 493, 509, 511,
516, 525, 528, 530, 548,
552, 557, 560, 602,
606–608, 615, 639, 640,
655
Vor dem, 25
Vor Renatos Aufstieg, 289, 528

Vor Renatos Durchbruch, 61, 542
voranzutreiben, 99, 140, 284, 291,
306, 523, 536, 543, 652
Vorbereitung, 227
Vorbereitung auf, 35
Vorbereitung spielte, 25
Vorbereitung von, 25
Vorbilder lernen, 182
Vorbilder müssen, 180, 182
Vorbildern kann, 188, 191, 221,
403, 486
Vorbildern umfasst, 178
Vorbildern von, 607
Vorbildern wird oft, 97
Vordergrund, 56, 302
Vordergrund stehen, 356
Vordergrund stellen, 314
Vordergrund stellt, 341
vorgegebene Stereotypen zu, 52
vorhanden, 284
vorhandenen, 270
vorherrschenden Stereotypen, 519
vornehmen, 117
vorsichtigen, 520
vorsprach, 21
Vorstellung, 104, 148
Vorstellungen davon, 233
Vorstellungen heraus, 443
Vorstellungen von, 217, 221
Vorurteile gegenüber, 489
Vorurteile seitens der, 142
Vorurteilen geprägt, 48, 55, 238,
257, 275, 525, 583
Vorurteilen konfrontiert, 31, 57,
228, 361, 528
vorzubereiten, 101

wachsende Unterstützung, 257
wachsenden, 246, 256, 259, 515, 518

Index

wachsender Bedeutung, 330
Wachstum, 5
wagen, 630
Wahl, 20, 241
wahre Identität, 64
wahrgenommen wird, 452
Wahrheiten, 494
Wahrnehmung, 65, 82, 99, 114, 243–245, 252, 269, 275, 277, 278, 289, 290, 299, 306, 322, 340, 493, 538, 581, 582
Wahrnehmung von, 530
war, 1–7, 10, 12, 14, 15, 20–22, 24, 26, 27, 29–31, 34, 35, 37, 38, 42, 43, 46, 48–50, 52–54, 56, 57, 61, 65, 67–69, 72–74, 76, 78, 86, 87, 95, 97, 101, 124, 127, 132, 139, 140, 142, 145, 147–149, 155, 157, 167, 174, 216–221, 223, 226, 227, 229–233, 237, 238, 241–243, 254, 257, 263–266, 270, 273, 278, 280, 287, 296, 362, 371, 380, 387, 513, 581, 648
waren, 2, 6, 14, 21, 22, 26, 35, 48–50, 52, 56, 57, 61, 73, 127, 142, 148, 156, 217, 229, 230, 241, 242, 244, 289, 326, 403, 523, 528, 542, 581, 652, 654
Wechselspiel, 43
Wechselwirkungen sowie, 329
Wechselwirkungen zwischen, 79
Weg bestehen, 452
Weg fortzusetzen, 175
Weg gelegt, 497
Wege zu, 297, 356
wehren, 156, 271, 307, 578
Weise, 14, 26, 27, 51, 56, 63, 72, 75, 80, 108, 115, 117, 118, 133, 160, 227, 246, 254, 278, 288, 297, 302, 304, 313, 320, 323, 332, 343, 374, 491, 494, 510, 511, 514, 517, 519, 524, 530, 536, 538, 541, 628, 629
weiter, 83, 154, 217, 254, 291, 438, 518, 520, 654
weitere, 52, 75, 221
weiteren Entmenschlichung von, 410
weiteren Möglichkeiten, 52
weiteren Rollenangeboten führen, 28
weiterentwickelt, 83, 286
Weiterentwicklung, 26
weiterer, 4, 6, 79, 87, 102, 117, 139, 144, 157, 173, 185, 194, 221, 246, 290, 305, 307, 326, 352, 434, 443, 463, 465, 474, 519, 521, 536, 539, 577, 601, 639
weiterhin, 290, 554, 560, 624
weiterhin als, 649
weiterhin bemühen, 321
weiterhin erfüllen können, 182
weiterhin erheblichen, 332
weiterhin marginalisiert, 133
weiterhin nach, 265
weiterhin von, 540
weiterhin wachsen, 137
weiterhin zusammenarbeiten, 548
weiterzugeben, 73, 127
weiterzumachen, 236
weitreichend, 133, 348, 510, 570, 582, 616
welche Aspekte seiner, 278

welche Lehren er daraus, 229
welche Rollen, 284
welche Talente, 265
welche Themen, 566
Welt, 281
Welt spielt, 263, 481
Welt verbunden, 296, 459
weltweit, 640
wenig, 86, 138, 326
weniger, 117, 154, 194, 232, 520, 540, 644
wenn die, 156
wenn es, 281
wenn Individuen versuchen, 234
Wenn kommerzielle, 281
Wenn Kunstwerke, 566
wenn Künstler ihre, 627
wenn Künstler versuchen, 31
Wenn Künstler wie, 494
wenn man, 515
Wenn Menschen ihre, 191
Wenn Menschen sich, 225
Wenn Produktionen, 60
Wenn trans-Schauspieler, 511, 512
Werdegang spielt, 32
werden, 3, 6, 7, 12, 14, 20, 25–28, 30, 31, 41, 43, 46, 49, 51, 52, 54–58, 60, 61, 63, 65, 67, 69, 71, 72, 74–76, 79, 80, 82, 86, 88, 92, 93, 95, 97–100, 102, 103, 109, 111, 114, 115, 117, 118, 133, 138, 140, 148, 150, 171, 175, 176, 180, 188, 199, 200, 208, 216, 217, 220, 221, 223, 224, 229, 231, 234, 241, 243, 245–247, 250, 253, 254, 256, 258, 259, 261, 264–267, 269, 270, 276–278, 283, 289, 290, 297, 298, 302, 305, 309, 313–315, 318, 320, 321, 323, 324, 327, 329, 332, 335, 336, 339–341, 351, 352, 354, 355, 361, 366, 375, 381, 392–394, 400, 403, 404, 414, 427, 439, 452, 453, 455, 459, 462, 465, 474, 482, 484–489, 492–494, 497, 503, 506, 507, 509–512, 515, 517–519, 524, 525, 528, 530, 537, 538, 540, 541, 546, 549, 554, 564–567, 572, 574, 575, 577, 591, 600–602, 606, 614, 616, 618, 620, 624, 627, 639, 640, 643, 656, 666, 669
werfen, 489
Werkzeug, 79, 223, 355
Wert, 98, 127
Wert von, 452
Werte, 233
Werten verankert, 590
Wertschätzung, 329, 576, 619
wertvolle, 32, 37, 65, 145, 217, 296
wesentliche Komponente, 269
wesentlichen, 462
wesentlicher Bestandteil seiner, 65
wesentlicher Faktor, 465
wettbewerbsintensiven Umgebung, 32
wichtig, 3, 5, 7, 22, 34, 50, 55, 56, 58, 59, 66, 68, 69, 89, 97–99, 101, 105, 109, 159, 168, 175, 176, 182, 191, 201–203, 208, 217, 219,

Index 747

227, 230, 233, 236, 253, 254, 258, 261, 263, 264, 267, 268, 270, 271, 280, 281, 285, 286, 289, 295, 296, 299, 340, 353, 354, 380, 392, 435, 445, 458, 463, 468, 474, 487, 489, 493, 494, 507, 511, 526, 529, 538, 557, 566, 572, 575, 576, 581, 585, 615
wichtige Botschaften über, 593
wichtige Fähigkeit, 99
wichtige gesellschaftliche, 301, 494, 575
wichtige Stimmen übersehen werden, 567
wichtige Themen anzusprechen, 291
wichtige Themen anzusprechen und, 292
wichtigen, 11, 266, 509
wichtiger, 4, 6, 37, 52, 71, 79, 91, 117, 139, 157, 173, 194, 278, 305–307, 434, 438, 463, 474, 511, 521, 536, 539, 541, 601, 639
wichtigere, 652
wichtigsten, 20
widerspiegeln, 58, 60, 61, 68, 82, 98, 264, 267, 270, 283, 309, 321, 323, 352, 403, 510, 511, 519, 528, 581, 604, 671
widerspiegelt, 53, 56, 63, 86, 115, 247, 284, 340, 344, 410, 486, 492, 506, 512, 516, 528, 530, 566
widerspiegelte, 69
widerzuspiegeln, 515
widmet, 356

widriger, 14
Widrigkeiten, 22, 630
Widrigkeiten konfrontiert, 21
wie, 3, 6, 7, 14, 16, 17, 22, 25–27, 32, 36, 37, 39, 41, 42, 45, 48–52, 55, 56, 58, 61, 64, 65, 69–71, 73–78, 82, 83, 89, 92, 96–102, 104, 109, 111, 113, 115, 117, 118, 137, 142, 155, 160, 162, 167, 168, 173, 176, 181, 198, 199, 217, 220, 222, 223, 226, 227, 229, 233, 242, 243, 245, 246, 253, 254, 257, 258, 261, 263, 265, 267, 269, 270, 275, 276, 278–281, 287, 288, 291, 295–297, 299, 302, 304–306, 313, 314, 320, 322, 324, 328, 332, 334, 339–341, 343, 352–354, 362, 374, 376, 380, 386, 397, 401, 402, 404, 425, 427, 453, 458, 459, 463, 464, 468, 479, 480, 484, 485, 488, 489, 492–494, 497, 502, 503, 509–512, 514, 516, 517, 519, 520, 524–528, 530, 538, 541, 543, 546, 556, 563, 566, 572, 574, 575, 577, 581, 583, 592, 595, 602, 608, 615, 619, 620, 628, 629, 635, 640, 641, 670
Wie kann, 98
wieder, 236, 381, 493, 562
Wiedererleben von, 208
wiederfinden, 11
wiederum, 42, 136, 181, 604

wir, 3, 5, 25, 30, 41, 46, 51, 72, 76,
    79, 81, 83, 93, 95, 97, 100,
    103, 111, 118, 167, 168,
    180, 182, 216, 224, 229,
    231, 233, 241, 252, 254,
    259, 261, 263, 265, 277,
    298, 315, 335, 352, 355,
    361, 376, 445, 452, 455,
    462, 480, 482, 485, 489,
    541, 552, 554, 563, 565,
    574, 591, 602, 614, 616,
    620, 622–624, 629, 639,
    657
Wir müssen, 624
wird von, 219, 270
wirklich, 66
wirklich inklusiven, 329
Wirksamkeit von, 335
Wirkung zeigt sich, 514
wirtschaftlichen, 309
wirtschaftlichen Chancen, 552
Wissen abhängt, 529
Wissen auszutauschen, 636
Wissen umfasst, 400
wobei Kunst, 11
wodurch, 486
Wohlbefinden, 159, 196, 224, 226,
    232, 585, 620
wollten, 362
Wunden, 295
wurden, 11, 12, 35, 52, 73, 108, 148,
    174, 221, 224, 243, 266,
    267, 278, 289, 315, 332,
    362, 365, 379, 488, 489,
    508, 510, 511, 525, 528,
    581
wusste, 168
wächst, 515
Während, 144

während, 52, 81, 98, 99, 101, 102,
    104, 117, 118, 132, 138,
    147, 148, 156, 167, 182,
    227, 232, 242, 280, 284,
    287, 296, 329, 387, 503,
    530, 565, 583
Während Aktivismus, 285
Während einer, 98
Während Filmszenen, 118
Während Kunst, 261
Während Lob ein, 36
Während Sichtbarkeit, 180
Würde, 49, 136, 624, 652
würde, 49
würdigten, 149

Zahl von, 57
zahlreiche, 96, 149, 182, 199, 224,
    231, 238, 246, 368, 454,
    502, 510, 518, 532, 546,
    565, 582, 590, 635, 640,
    650, 656
zahlreichen Auszeichnungen, 55
zahlreichen Herausforderungen, 513
zahlreichen Protesten, 157
zahlreichen Vorurteilen
    konfrontiert, 148
zeigen, 10, 22, 35, 71, 75, 83, 92, 99,
    105, 108, 118, 142, 150,
    176, 196, 217, 224, 226,
    232, 247, 259, 269, 276,
    305, 315, 323, 327, 332,
    352, 380, 432, 488, 492,
    493, 502, 503, 510, 512,
    529, 578, 615, 618, 630,
    631
zeigt, 290, 296, 346
zeigt nicht, 292
zeigt Renatos Weg, 48

zeigt sich, 628
Zeit machen, 27
Zeit spielt, 37
Zeitalter unerlässlich ist, 297
Zeiten, 127, 269
zeitgenössische, 341, 493
zeitgenössischen Stück, 49
zelebriert, 93
zensiert, 459
Zensur, 459, 640
zentrale, 22, 58, 72, 75, 77, 81, 147, 299, 335, 337, 350, 352, 453, 469, 487, 503, 528, 554, 574, 619
zentraler, 3, 5, 9, 25, 39, 43, 86, 96, 101, 107, 111, 124, 155, 220, 233, 242, 292, 297, 329, 450, 480, 494, 508, 511, 565, 577, 620, 627, 640
zentrales Thema, 79, 245, 327
Ziel, 600
Ziel konnte, 227
Ziel von, 394
Ziele, 71, 127, 224, 230, 233, 572
Ziele anpassen, 228
Ziele ausgerichtet, 463
Ziele beschrieben, 220
Ziele führen, 396
Ziele teilt, 362
Zielgruppe, 35, 69
zielt darauf ab, 70, 400
zog, 27, 95
zu, 2–7, 10, 11, 14, 16, 20–39, 42, 43, 46–58, 60, 61, 63–83, 86–89, 91–93, 95–102, 104, 105, 108, 109, 114–118, 121, 124, 127–130, 132, 133, 136–139, 142, 144–151, 154–157, 162, 165–168, 173–176, 180–182, 185, 188, 191, 194, 196, 199–203, 208, 216–221, 223–234, 236–238, 241–247, 250–258, 261–271, 273–276, 278, 280, 281, 283–287, 289, 291, 292, 295–299, 301–307, 309, 314, 315, 317, 319–321, 323, 324, 327–330, 332, 335, 336, 339–341, 343, 346, 352–356, 361–363, 368, 373, 374, 376, 379–381, 387, 392, 394–397, 400–404, 414, 415, 425, 427, 432, 434, 443, 445, 446, 450, 453–459, 463–466, 468, 470, 474, 478, 479, 481, 484–494, 497, 503, 508–515, 518–521, 523–531, 536–538, 540–543, 545, 546, 548, 549, 552, 554–557, 560, 562, 564–567, 569, 570, 572, 574–578, 581, 582, 585, 590, 592, 593, 595, 600–602, 606–608, 614–616, 618–620, 622, 624, 626–631, 634–637, 639–644, 648–650, 652, 654, 656, 657, 666, 669–671
Zudem, 154, 540, 564
Zudem können, 394, 479
Zugehörigkeit kann, 24

zugunsten, 627
zugängliche, 491
zukünftige Generationen, 671
zukünftiger, 459, 482
zum, 3, 7, 34, 41, 51, 52, 65, 73, 95, 105, 115, 147, 219, 224, 230, 242, 299, 304, 340, 454, 490, 491, 493, 530, 556, 575, 622, 624, 640, 642
Zunahme von, 454
zunächst, 10, 37, 229
Zunächst einmal, 307
zur, 3, 4, 6, 9, 15, 20, 22, 25, 27, 31, 32, 39, 51, 55, 56, 58, 65, 69, 77, 79, 82, 83, 86, 93, 95, 97, 99, 127, 139, 147, 155, 171, 174, 200, 202, 216, 218, 220, 222, 226, 229, 230, 233, 236, 238, 244, 247, 256, 259, 261, 267, 269, 270, 286, 290, 296, 300, 304, 305, 307, 315, 323, 339, 340, 350, 353, 400, 404, 410, 414, 420, 427, 438, 445, 450, 453, 459, 464, 468, 487, 497, 503, 509, 519, 528–531, 539, 541, 546, 562, 563, 574, 576–578, 581, 582, 615, 616, 619, 620, 624, 634, 636, 639, 640, 642, 648, 651
zurückließ, 21
zusammen, 35, 82, 266, 353, 642
Zusammenarbeit, 49, 91–93, 217, 255, 256, 267, 303, 366, 474, 479, 536, 541, 546, 602

zusammenarbeiten, 657
Zusammenfassend lässt sich, 32, 43, 48, 56, 62, 65, 74, 81, 83, 95, 102, 105, 200, 226, 230, 243, 265, 267, 269, 279, 290, 295, 299, 305, 315, 323, 327, 329, 336, 343, 348, 354, 356, 380, 395, 438, 455, 459, 464, 487, 489, 494, 510, 515, 528, 541, 570, 576, 578, 582, 602, 607, 616, 629, 669
Zusammenhalt abzielten, 4
Zusammenhang, 572
zusammenschließen, 624
zusammenzuarbeiten, 285
zusammenzubringen, 574
Zuschauer als, 31
Zuschauer berichteten, 50
Zuschauer gerecht zu, 102
Zuschauer seine, 30
Zuschauer von, 26, 27
Zuschauer äußerten, 242
Zustände reflektiert, 539
Zusätzlich gibt, 258, 510
Zusätzlich kann, 208
Zusätzlich können, 33
Zusätzlich sollten, 518
zwar, 257, 313, 344, 463, 530
zwischen, 11, 43, 49, 52, 56, 68, 70, 71, 75, 79–81, 83, 86, 91, 92, 97, 100, 103, 107–109, 115, 118, 121, 180, 181, 196, 198, 221, 225, 226, 242, 243, 255, 256, 258, 261, 265, 269, 271, 280, 281, 285, 291, 296, 303, 304, 335, 337, 341, 351,

Index

352, 366, 401, 452–454,
474, 487, 493, 494, 502,
503, 512, 536, 541, 557,
565, 572, 574, 575, 585,
601, 628, 639
zwischenmenschlicher Beziehung,
118
zögern, 154, 285, 484, 509

Ängste, 6, 26, 219
Öffentlichkeit steht, 284
Übergang von, 51, 54
Überschneidungen zwischen, 601
Überwinden, 513, 515
ähnliche, 50, 53, 142, 196, 217, 219,
223, 232, 351, 362, 488,
630
ähnlichen, 99, 132, 156, 497
älterer, 4
äußere, 157, 201, 237, 513
äußern, 28, 133, 290, 302, 392, 394
öffentlich, 46, 167, 296, 298, 346,
468
öffentliche, 1, 47, 53, 203, 243–245,
269, 275–278, 288, 290,
291, 295, 299, 305, 375,
530, 538, 631, 640
öffentlichen, 65, 96, 102, 243, 251,
271, 275, 276, 289, 371,

392, 470, 488, 493, 528,
543, 581, 585
öffentlicher, 156, 493, 626
öffneten Türen, 73
ökologische, 465
üben, 117
über, 1, 24, 35, 37, 43, 52, 63, 65, 69,
73, 75, 78, 80, 91, 93, 97,
99, 101, 132, 133, 142,
144, 156, 162, 182, 189,
217–219, 230, 232, 233,
243–245, 251, 259, 266,
274, 276, 287, 288, 290,
291, 296, 303, 305, 307,
314, 317, 318, 332, 341,
362, 375, 379, 380, 387,
396, 403, 404, 414, 425,
457, 464, 487–489, 493,
494, 508–511, 519, 521,
526, 527, 529, 530, 536,
539, 541–543, 545, 555,
562, 563, 570, 582, 585,
591, 593, 595, 629, 630,
635–637, 640
übersehener Faktor, 285
übertriebene, 51, 317
überwältigend, 21, 50, 242, 244
überzeugend, 142
überzeugte Renato durch, 142